中央编译局文库编辑委员会

主　　任：衣俊卿
委　　员：衣俊卿　俞可平　张卫峰　魏海生　王学东　杨金海
　　　　　柴方国　尹汾海　何增科　季正聚　郗卫东　张文成
　　　　　李惠斌　杨雪冬　李京洲　和　龑　薛晓源　陈家刚

中央编译出版社文库编辑中心编辑小组

和　龑　韩继海　薛晓源　邢艳琦　谭　洁　尹承东　贾宇琰　叶　芳
冯　章　董　巍　苗永姝　郑　锦　杜永明　李小燕　侯天保　李媛媛

国家"十二五"重点图书

国际共产主义运动历史文献
第 2 卷

主　编　王学东
副主编　戴隆斌（常务）　童建挺

共产主义者同盟文献（2）

本卷主编　张文红

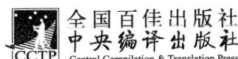

《国际共产主义运动历史文献》顾问委员会

衣俊卿　俞可平　顾锦屏　高　放　张中云　殷叙彝　胡文建
宋洪训　顾家庆　洪肇龙　杨光远　林勋建　和　龑

《国际共产主义运动历史文献》编辑委员会

主　　编：王学东
副 主 编：戴隆斌（常务）　童建挺
编　　委：（以姓氏笔画为序）
　　　　　王　瑾　邢艳琦　许宝友　张文成　张文红
　　　　　陈新明　林德山　胡振良　彭萍萍　薛晓源

参加本卷译校工作的有
蒋仁祥　朱中龙

参加本卷编辑出版工作的有
苗永姝　尹承东　谭　洁

丛书编务统筹
苗永姝　郑　锦　李媛媛

总 序

国际共产主义运动，是由以马克思主义为指导的无产阶级政党领导的国际性的无产阶级革命运动，其宗旨是推翻资产阶级统治和一切剥削制度，建立和发展社会主义制度，进而最终实现人的彻底解放，建立共产主义社会。

国际共产主义运动迄今已有一百六十多年的历史。19世纪40年代，马克思、恩格斯在创立科学社会主义理论的同时，努力把它与当时西欧无产阶级的革命实践相结合，于1847年6月创建了第一个国际性的无产阶级政党——共产主义者同盟，亲自拟定并于1848年2月公开发表了同盟纲领《共产党宣言》。这标志着国际共产主义运动的兴起。

自从共产主义者同盟建立以来，历经第一国际（国际工人协会）、第二国际、第三国际（共产国际），国际共产主义运动由小到大、由弱到强，从西方推进到东方、从欧洲扩展到全球，终于突破资本主义链条上一个又一个薄弱环节，取得了社会主义由一国到多国的胜利。二战后社会主义阵营的建立、民族解放运动的胜利进军、社会主义国家革命与建设的重大成就，为国际共产主义运动史书写了辉煌的篇章。20世纪末，由于东欧剧变、苏联解体，国际共产主义运动遭遇了严重挫折。但是，历史并没有因此而终结。由《共产党宣言》奠基的国际共产主义运动仍在曲折中前进。各资本主义国家中的共产党、工人党仍在不断探索无产阶级取得解放的道路；中国等社会主义国家仍继续高举社会主义伟大旗帜，为完善社会主义、最终实现共产主义而不懈奋斗。

国际共产主义运动一百六十多年跌宕起伏的发展历程，积累了卷帙浩繁的文献档案，留下了丰富的历史遗产。深入发掘和充分利用这些文献档案，对于我们准确地了解和把握国际共产主义运动的发展进程及各个时期的特点，科学地研究和总结国际共产主义运动丰富且宝贵的经验教训，具有极其重要的意义。特别是无产阶级国际组织，作为国际共产主义运动的重要载体，其文献档案对于国际共产主义运动史研究更是具有特殊的重要意义。

早在1984年春，中国国际共产主义运动史学会就发起编辑出版《国际共产主义运动史文献》。当时由中共中央编译局、中国社会科学院马列主义毛泽东思想研究所和近代史研究所、中共中央党校和中国人民大学等单位共同组建了编辑委员会。编委会商定：这套文献主要收编共产主义者同盟、第一国际、第二国际、第三国际、共产党和工人党情报局这五个国际组织已发表的全部文献档案，包括历次代表大会、代表会议和其他重要会议的记录、决议和有关文件；收编材料力求齐全；凡外国有选编完整的版本者，根据外国版本翻译；凡文件散见于外国不同出版物者，尽力搜集完整，组织力量统一编译；文件完全按照原件翻译，译文力求准确，不作修改删节，以便读者根据完整、准确的第一手材料了解这些国际组织的历史。在当时代管全国哲学社会科学基金的中国社会科学院科研局的资助下，经过编辑委员会、编译工作者和中国人民大学出版社的共同努力，这套文献于1986年开始陆续出版，截至1997年共出版了21卷。

到上世纪末，文献的编辑出版工作遇到了巨大困难。首先是编委会发生了重大变故，主编林基洲、副主编王颖和校纪英相继谢世；其次是出版经费难以为继。为继续出版这套文集，中国国际共产主义运动史学会多方努力，组成以会长顾锦屏为主编的新编委会，从全国哲学社会科学规划办公室争取到一笔资助，于1999—2001年又出版了两卷。此后，因缺乏经费，编辑出版工作完全陷于停顿。

2010年，在中共中央编译局和中国国际共产主义运动史学会的鼎力支持下，中央编译出版社以这套文献申报国家出版基金项目，获得立项资助。中共中央编译局对此项目高度重视，在国家出版基金资助的基础上，给予了相应的资金支持，组建了新编委会，成立了专门机构负责文献整理和编辑工作，并将这套文献纳入"中央编译局文库"出版规划。

经新编委会研究决定，这套文献定名为《国际共产主义运动历史文献》，在其前身《国际共产主义运动史文献》的基础上重新编辑出版。通过进一步广泛搜集资料和适当改变编辑方式，新《文献》的资料更详尽、收文更齐全。例如，在原《文献》的某些卷次中，对已出版的马克思主义经典著作中译本只列目录，不收正文，而新《文献》则全部依据最新的中译本收录，以方便读者查阅。此外，《国际共产主义运动历史文献》扩大了文献资料的搜集和选材范围，采用开放式结构，规模暂定60卷，约2500万字。

中共中央编译局和中国国际共产主义运动史学会对这套文献的编辑出版工作给予了强有力的支持，中央编译出版社为这套文献的立项和出版做了大量艰苦细致的工作，文献的前两任编委会和编译工作者在十分困难的条件下为这套文献奠定了良好的基础，中国人民大学出版社为这套文献的重新编辑出版提供了帮助，在此一并表示衷心感谢。

《国际共产主义运动历史文献》
编辑委员会
2011年12月20日

编辑说明

共产主义者同盟是马克思、恩格斯亲自创立的第一个国际性的无产阶级政党。它的建立及其纲领《共产党宣言》的发表,标志着国际共产主义运动的兴起。共产主义者同盟对推动国际共产主义运动的发展发挥了重要的历史作用。它是"一个极好的革命活动学校",培养了第一批无产阶级革命家;它所从事的革命活动,为后人提供了宝贵的经验教训;《共产党宣言》提出的理论原则,一直是国际无产阶级解放运动的指南。

《共产主义者同盟文献》,是根据德国统一社会党中央马列主义研究院和苏共中央马列主义研究院集体编辑(编者:黑尔维希·弗德、马丁·洪特、叶菲姆·康捷尔、索菲亚·列维奥娃)、柏林狄茨出版社出版的德文本(Der Bund der Kommunisten, Dokumente und Materialien, Redaktion: Herwig Förder, Martin Hundt, Jefim Kandel, Sofia Lewiowa, Dietz Verlag Berlin)编译的。德文本分3卷出版,第1卷1970年出版,1983年再版;第2卷1982年出版;第3卷1984年出版。

本书力求全面、完整地反映共产主义者同盟的历史面貌,即反映马克思和恩格斯作为同盟的组织者和领导者的卓越活动,反映同盟从中央委员会到各支部的活动,尤其是反映同盟本身的内部发展、同盟的公开活动及其盟员在日益广泛的工人运动和民主运动中的活动情况。因此,本书的选材范围很广,力求做到最大限度的完备性;同时也注意了选材的精练,在不损害有关材料原有资料价值的情况下,删除了其中意义不大、重复、离题太远的段落。书中收入了1836—1852年间共产主义者同盟全部历史的有关文件和资料，主要是：（1）同盟的纲领、章程和通告信；（2）同盟各级组织的会议记录和决议；（3）包括马克思、恩格斯在内的同盟领导人和重要活动家的有关书信、著作和回忆录；（4）一些有同盟盟员在其中活动并产生重要影响的工人组织和民主团体（如伦敦工人共产主义教育协会、科隆工人联合会、民主派兄弟协会等）的相关文件，这些文件是同盟活动的佐证；（5）当时的报刊对上述组织和同盟盟员活动的相关报道；（6）当时一些国家的政府镇压、迫害同盟和同盟盟员的官方资料，如审讯记录和被捕者的供词等。

在本书收录的文件中，各种手稿占有重要位置。这些手稿，首先是书信，包括马克思、恩格斯本人的书信和其他人写给马克思、恩格斯的书信，大都来自苏共中央马列主义研究院提供的拷贝。其他记述同盟活动的书信和文件，是在德国、瑞士和其他一些国家的档案馆里发现的，其中有一些是第一次发表。除手稿外，还有大量印刷品（小册子、传单，以及今天已经难得见到的报刊杂志中所发表的呼吁书、声明、报道和文章等）也多半是第一次重新发表。

本书收录的文件均按时间顺序编排，加上序码，并根据同盟历史的各个重要发展阶段分成8章。每个文件的篇末都注明原件的出处。原件是手稿的，注明"手稿"字样；第一次发表的手稿，还注明"第一次发表"字样。德文本编者对原件所作的删节，均用删节号加方括号"［……］"表示，并在篇末注明"节录"字样；从较长的文件中摘出较短的段落，则注明"摘要"字样。凡是今天还常用的缩略语均予以保留，凡是明显可以补齐的缩写文字或遗漏文字均予以补齐（补齐的内容加方括号）。

德文本编者用脚注对文件正文作简短的说明和补充；卷末注则用来说明资料情况和解释有关内容，或补充一些从其他资料中摘取的材料。

本书中文本最初收入《国际共产主义运动史文献》，并按照德文本的结构编为3卷，由中国人民大学出版社于1989—1990年出版。中文本略去了德文本导言和各章说明，正文未作删节和改动。马克思和恩格斯的著作和书信，凡《马克思恩格斯全集》、《马克思恩格斯选集》中文版中已发表者，一律只列目录，不收正文。

在重新编辑出版的《国际共产主义运动历史文献》中，《共产主义者同盟文献》中文本根据同盟历史发展的重要时期编成4卷，内容分别是：第1卷——正义者同盟和共产主义通讯委员会（1836—1847年初）；第2卷——共产主义者同盟的创建及其在1848—1849年革命中的活动（1847年1月—1849年7月）；第3卷——总结革命经验及共产主义者同盟的改组和分裂（1849年8月—1851年5月）；第4卷——科隆共产党人案件及1852年以后盟员的活动和同盟的影响（1851年5月以后）。

新《文献》编者对照原文对原中译本中的明显错误作了修订，参照中共中央编译局编译马克思主义经典著作的标准重新统一了人名、地名、组织机构名、报刊名等专用名，并将原《文献》中省略的马克思和恩格斯的著作和书信及各卷的插图全部编入新《文献》。马克思、恩格斯的著作和书信均采用中共中央编译局编译的最新版本，选录的顺序是：《马克思恩格斯文集》、《马克思恩格斯全集》中文第2版、《马克思恩格斯全集》中文第1版。为防止中文版卷末注与德文版卷末注混淆，马克思、恩格斯著作和书信的卷末注均改为脚注，并注明"——原卷末注"；对改为脚注后篇幅过大或频繁出现的原卷末注，适当作了删节或归并。其他文件的脚注，未加说明的是德文本编者注；中文本译者或编者所加的注，均注明"——译者注"或"——编者注"。

目 录

第三章　共产主义者同盟的创建及其纲领《共产党宣言》的制定
（1847年1月至1848年2月） ………………………… 1

138　伦敦共产主义通讯委员会给布鲁塞尔共产主义
　　　通讯委员会的信（1847年1月20日） ……………… 3

139　正义者同盟人民议事会告同盟书（1847年2月）……… 5

140　关于伦敦工人共产主义教育协会成立七周年
　　　纪念活动的报道（1847年2月8日）………………… 12

141　弗里德里希·恩格斯论共产主义者在普鲁士联合省议会
　　　召开以后的任务（1847年2—3月）………………… 14

142　卡尔·马克思（布鲁塞尔）给罗兰特·丹尼尔斯
　　　（科隆）的信（1847年3月7日）…………………… 18

143　弗里德里希·恩格斯（巴黎）给卡尔·马克思
　　　（布鲁塞尔）的信（1847年3月9日）……………… 20

144　卡尔·马克思（布鲁塞尔）给弗里德里希·恩格斯
　　　（巴黎）的信（1847年5月15日）………………… 22

145　海尔曼·艾韦贝克（巴黎）给卡尔·马克思
　　　（布鲁塞尔）的信（1847年6月）…………………… 23

146	章程草案 共产主义者同盟第一次代表大会通过（1847年6月9日） …… 25
147	共产主义信条草案 共产主义者同盟第一次代表大会通过（1847年6月9日） …… 30
148	共产主义者同盟第一次代表大会致同盟盟员的通告信（1847年6月9日） …… 37
149	伦敦共产主义者同盟中央委员会给汉堡支部的信（1847年6月24日） …… 52
150	卡尔·马克思论无产阶级阶级斗争的发展（1847年7月初） …… 54
151	约瑟夫·魏德迈（哈姆）给卡尔·马克思（布鲁塞尔）的信（1847年7月7日） …… 57
152	斯蒂凡·波尔恩关于他以特使身份而作的瑞士之行的回忆摘录（1847年7月底至10月中） …… 59
153	卡尔·马克思所作的关于建立共产主义者同盟布鲁塞尔支部和区部的记录（1847年8月5日） …… 60
154	关于布鲁塞尔德意志工人协会成立和发展的报道（1847年8月底至10月底） …… 62
155	亨利希·毕尔格尔斯（科隆）给卡尔·马克思（布鲁塞尔）的信（1847年8月30日） …… 64
156	《共产主义杂志》试刊号，第1期（1847年9月初） …… 67
157	约瑟夫·魏德迈（哈姆）给卡尔·马克思（布鲁塞尔）的信（1847年9月1日） …… 92
158	卡尔·马克思《〈莱茵观察家〉的共产主义》一文摘录（1847年9月5日） …… 94
159	安德烈亚斯·哥特沙克（科隆）给莫泽斯·赫斯（布鲁塞尔）的信（1847年9月5日） …… 96

160	共产主义者同盟中央委员会告同盟书（1847年9月14日）	97
161	关于伦敦民主派兄弟协会成立两周年纪念活动的报道（1847年9月20日）	115
162	弗里德里希·恩格斯《共产主义者和卡尔·海因岑》一文摘录（1847年9月26日至10月3日）	117
163	斯蒂凡·波尔恩《海因岑的国家》一书摘录（1847年9月底）	122
164	弗里德里希·恩格斯（布鲁塞尔）给卡尔·马克思（荷兰）的信（1847年9月28日和30日）	127
165	佩尔·格特雷克《论无产阶级及其通过真正的共产主义获得解放》一书摘录（约1847年10—11月）	139
166	维克多·特德斯科（列日）给卡尔·马克思（布鲁塞尔）的信（1847年10月初）	148
167	奥托·吕宁（雷达）给卡尔·马克思（布鲁塞尔）的信（1847年10月5日）	150
168	莫泽斯·赫斯《无产阶级革命的后果》一文摘录（1847年10月10日）	152
169	伦敦共产主义者同盟中央委员会给布鲁塞尔区部的信（1847年10月18日）	153
170	巴黎共产主义者同盟盟员反对卡尔·海因岑的声明（1847年10月24日）	158
171	弗里德里希·恩格斯（巴黎）给卡尔·马克思（布鲁塞尔）的信（1847年10月25—26日）	160
172	卡尔·马克思《道德化的批判和批判化的道德》一文摘录（1847年10月28日至11月25日）	164

173 弗里德里希·恩格斯《共产主义原理》
（1847年10月底至11月底） ……………………… 168

174 安德烈亚斯·哥特沙克（科隆）给卡尔·马克思（布鲁塞尔）
的信（1847年11月5日） ……………………… 186

175 关于布鲁塞尔民主协会成立大会的报道
（1847年11月7日和15日） ……………………… 188

176 弗里德里希·恩格斯（巴黎）给卡尔·马克思（布鲁塞尔）
的信（1847年11月14—15日） ……………………… 189

177 弗里德里希·恩格斯（巴黎）给卡尔·马克思（布鲁塞尔）
的信（1847年11月23—24日） ……………………… 192

178 布鲁塞尔民主协会告瑞士人民书（1847年11月29日） …… 197

179 弗里德里希·恩格斯关于在伦敦举行的纪念1830年
波兰革命国际大会的报道（1847年11月29日） …… 199

180 卡尔·马克思和弗里德里希·恩格斯在伦敦工人共产主义教育
协会的演说记录摘要（1847年11月30日和12月7日） …… 202

181 卡尔·马克思和弗里德里希·恩格斯论共产主义者同盟
第二次代表大会（1847年11月29日至12月8日） …… 205

182 弗里德里希·列斯纳回忆共产主义者同盟第二次代表大会
（1847年11月29日至12月8日） ……………………… 207

183 共产主义者同盟章程（同盟第二次代表大会通过）
（1847年12月8日） ……………………… 209

184 卡尔·马克思（伦敦）给帕·瓦·安年科夫（巴黎）
的信（1847年12月9日） ……………………… 215

185 伦敦民主派兄弟协会给布鲁塞尔民主协会的信
（1847年12月初） ……………………… 216

186	关于伦敦民主派兄弟协会的一次大会的报道（1847年12月13日）	219
187	乔治·朱利安·哈尼（伦敦）给卡尔·马克思（布鲁塞尔）的信（1847年12月18日）	221
188	关于布鲁塞尔民主协会的一次会议的报道（1847年12月20日）	222
189	伦敦工人共产主义教育协会给伯尔尼瑞士联邦议会的信（1847年12月21日）	223
190	关于布鲁塞尔德意志工人教育协会新年庆祝活动的报道（1847年12月31日）	225
191	布鲁塞尔德意志工人共产主义教育协会会员名单（1848年初）	229
192	约瑟夫·魏德迈（哈姆）给卡尔·马克思（布鲁塞尔）的信（1848年1月2日）	232
193	关于伦敦民主派兄弟协会的一次大会的报道（1848年1月3日）	234
194	关于布鲁塞尔民主协会的一次大会的报道（1848年1月9日）	236
195	弗里德里希·恩格斯（巴黎）给卡尔·马克思（布鲁塞尔）的信（1848年1月14日）	237
196	约瑟夫·魏德迈（哈姆）给卡尔·马克思（布鲁塞尔）的信（1848年1月17日）	240
197	弗里德里希·恩格斯（巴黎）给卡尔·马克思（布鲁塞尔）的信（1848年1月21日）	241
198	共产主义者同盟中央委员会决议（1848年1月24日）	243

199 伦敦民主派兄弟协会给法国无产者的信
　　（1848年1月31日） ……………………………… 244

200 关于伦敦工人共产主义教育协会成立八周年纪念活动
　　的报道（1848年2月7日） ……………………… 248

201 布鲁塞尔民主协会委员会给伦敦民主派兄弟协会
　　的信（1848年2月13日） ……………………… 258

202 卡尔·马克思和弗里德里希·恩格斯《共产党宣言》
　　（1848年2月底） ……………………………… 261

第四章　革命时期的共产主义者同盟及其在工人运动和民主运动中的活动

　　（1848年2月至1849年7月） …………………… 303

203 弗里德里希·恩格斯《巴黎的革命》一文摘录
　　（1848年2月27日） …………………………… 305

204 弗里德里希·恩格斯论布鲁塞尔的革命事件和威廉·沃尔弗
　　的被捕（1848年2月27日） …………………… 306

205 共产主义者同盟阿姆斯特丹支部给伦敦中央委员会
　　的信（1848年3月2日） ……………………… 308

206 共产主义者同盟中央委员会关于将其所在地从布鲁塞尔
　　迁往巴黎的决议（1848年3月3日） …………… 310

207 《人民的要求》（科隆共产主义者的传单）
　　（1848年3月3日） ……………………………… 312

208 关于巴黎的一次德国民主主义民众大会的报道
　　（1848年3月6日） ……………………………… 313

209 共产主义者同盟伦敦区部给巴黎中央委员会的信
　　（1848年3月8日） ……………………………… 316

210 弗里德里希·恩格斯（布鲁塞尔）给卡尔·马克思（巴黎）
的信（1848年3月8—9日） ················· 319
211 共产主义者同盟巴黎区部会议记录（1848年3月8日）······ 322
212 共产主义者同盟巴黎区部会议记录（1848年3月9日）······ 325
213 《人民的要求》（共产主义者同盟科隆支部的传单）
（1848年3月10日左右） ··················· 327
214 卡尔·马克思（巴黎）给弗里德里希·恩格斯（布鲁塞尔）
的信（1848年3月12日左右） ················ 329
215 共产主义者同盟伦敦区部给巴黎中央委员会的信
（1848年3月15日） ···················· 331
216 卡尔·马克思（巴黎）给弗里德里希·恩格斯（布鲁塞尔）
的信（1848年3月16日） ·················· 334
217 燕妮·马克思（巴黎）给约瑟夫·魏德迈（哈姆）
的信（1848年3月17日） ·················· 337
218 弗里德里希·恩格斯（布鲁塞尔）给卡尔·马克思
（巴黎）的信（1848年3月18日） ·············· 339
219 罗兰特·丹尼尔斯（科隆）给卡尔·马克思（巴黎）
的信（1848年3月19日左右） ················ 343
220 共产主义者同盟伦敦区部给巴黎中央委员会
的信（1848年3月22日） ·················· 346
221 共产主义者同盟布鲁塞尔总区部给巴黎中央委员会
的信（1848年3月22日） ·················· 349
222 格奥尔格·维尔特（科隆）给卡尔·马克思（巴黎）
的信（1848年3月25日） ·················· 350
223 安德烈亚斯·哥特沙克（科隆）给莫泽斯·赫斯
（布鲁塞尔）的信（1848年3月26日） ············ 352

224	共产党在德国的要求（1848年3月27日左右）………………	354
225	卡尔·沙佩尔（伦敦）给巴黎共产主义者同盟 中央委员会的信（1848年3月28日） ………………	358
226	弗里德里希·安内克（科隆）给弗里茨·哈马赫尔（埃森） 的信（1848年3月28日） ………………………………	361
227	关于柏林工人俱乐部成立的报道（1848年3月30日）……	362
228	共产主义者同盟某个盟员（巴登）给巴黎中央委员会 的信（1848年3月底）…………………………………	365
229	共产主义者同盟中央委员会反对巴黎德意志民主协会 的声明（1848年3月底）………………………………	366
230	卡尔·马克思和弗里德里希·恩格斯（巴黎）给 埃蒂耶纳·卡贝（巴黎）的信（1848年3月底）………	367
231	关于共产主义者同盟盟员从巴黎返回德国的报道 （1848年3月31日）……………………………………	370
232	共产主义者同盟中央委员会的收付款单据 （1848年4月2日）………………………………………	370
233	美因茨工人教育协会告全体德国工人书 （1848年4月5日）………………………………………	374
234	弗里德里希·列斯纳关于共产主义者同盟盟员参加伦敦 宪章派的示威游行的回忆（1848年4月10日）…………	377
235	亨利希·楚劳夫（埃尔伯费尔德）给莫泽斯·赫斯（科隆） 的信（1848年4月10日）………………………………	379
236	约翰·席克耳（美因茨）给卡尔·马克思（科隆） 的信（1848年4月14日）………………………………	380
237	科隆工人联合会给美因茨工人教育协会的信 （1848年4月14日）……………………………………	381

238 海尔曼·艾韦贝克（巴黎）给莫泽斯·赫斯（科隆）
的信（1848年4月16日） ……………………………… 383

239 路易·海尔贝格（伦敦）给莫泽斯·赫斯（科隆）
的信（1848年4月17日） ……………………………… 384

240 威廉·沃尔弗（布雷斯劳）代表共产主义者同盟中央委员会
给卡尔·瓦劳等人（美因茨）的信（1848年4月18日）…… 387

241 弗·阿·贝格曼（雷根斯堡）给共产主义者同盟
中央委员会的信（1848年4月21日） ………………… 392

242 共产主义者同盟美因茨支部给科隆中央委员会的信
（1848年4月23日） …………………………………… 395

243 阿道夫·克路斯（美因茨）给科隆共产主义者同盟中央委员会
的报告（1848年4月23日左右）……………………… 399

244 美因茨工人教育协会以德意志工人联合会临时中央委员会
名义给科隆工人联合会的信（1848年4月23日）……… 401

245 布鲁塞尔德意志工人协会给莫泽斯·赫斯（科隆）
的信（1848年4月24日） ……………………………… 403

246 卡尔·马克思（科隆）给弗里德里希·恩格斯（巴门）
的信（1848年4月24日前后） ………………………… 404

247 弗里德里希·恩格斯（巴门）给卡尔·马克思（科隆）
的信（1848年4月25日） ……………………………… 405

248 卡尔·沙佩尔（威斯巴登）给科隆共产主义者同盟
中央委员会的信（1848年4月26日） ………………… 408

249 恩斯特·德朗克（美因河畔法兰克福）给卡尔·马克思
（科隆）的信（1849年4月29日） …………………… 410

250 共产主义者同盟巴黎区部给科隆中央委员会的信
（1848年4月30日） …………………………………… 412

251 恩斯特·德朗克（科布伦茨）给科隆共产主义者同盟
　　　　中央委员会的信（1848年5月5日） ………………… 414
252 弗里德里希·恩格斯（巴门）给卡尔·马克思（科隆）
　　　　的信（1848年5月9日） ……………………………… 416
253 共产主义者同盟科隆区部会议记录（1848年5月11日） … 418
254 斯蒂凡·波尔恩（柏林）给卡尔·马克思
　　　　（科隆）的信（1848年5月11日） …………………… 420
255 恩斯特·德朗克（美因河畔法兰克福）给卡尔·马克思
　　　　（科隆）的信（1848年5月15日） …………………… 423
256 恩斯特·德朗克（美因河畔法兰克福）给卡尔·马克思
　　　　（科隆）的信（1848年5月17日） …………………… 425
257 科隆工人联合会给哈瑙工人联合会的信
　　　　（1848年5月20日左右） ……………………………… 427
258 海尔曼·艾韦贝克（巴黎）给卡尔·马克思（科隆）
　　　　的信（1848年5月21日） ……………………………… 428
259 斯蒂凡·波尔恩撰写的社论（1848年5月25日） ………… 429
260 伦敦工人共产主义教育协会给科隆工人联合会的信
　　　　（约1848年5月底） …………………………………… 432
261 弗里德里希·恩格斯《马克思和〈新莱茵报〉（1848—1849年）》
　　　　（1848年6月1日至1849年5月19日） ……………… 433
262 《新莱茵报》编辑委员会的声明（1848年6月1日） ……… 447
263 弗里德里希·恩格斯《法兰克福议会》一文摘录
　　　　（1848年6月1日） …………………………………… 448
264 海尔曼·艾韦贝克等人（巴黎）给莫泽斯·赫斯（巴黎）
　　　　的信（1848年6月5日） ……………………………… 449

265	《新莱茵报》刊登的《法兰克福激进民主党和法兰克福派的纲领》一文摘录（1848年6月7日）………………	450
266	科隆工人联合会给伦敦工人共产主义教育协会的信（1848年6月12日）………………………………………	452
267	共产主义者同盟伦敦区部给科隆中央委员会的报告（1848年6月18日）………………………………………	453
268	《北极星报》刊登的关于《新莱茵报》出版的报道（1848年6月24日）………………………………………	457
269	柏林工人代表大会的邀请书（1848年6月26日）………	458
270	弗里德里希·恩格斯关于巴黎六月起义的《六月二十五日》一文摘录（1848年6月29日）…………………………	461
271	卡尔·马克思关于巴黎六月起义的社论（1848年6月29日）…	462
272	《新莱茵报》刊登的关于科隆工人联合会领导人被捕的消息（1848年7月3日）……………………………	468
273	民主派兄弟协会关于六月起义的呼吁书摘录（1848年7月4日）………………………………………	469
274	伦敦工人共产主义教育协会给科隆工人联合会的信（1848年7月4日）………………………………………	470
275	朱利安·哈尼为《新莱茵报》撰写的文章摘录（1848年7月5日）………………………………………	471
276	亨利希·弥勒（科隆）给莫泽斯·赫斯（巴黎）的信（1848年7月5日）………………………………………	472
277	科隆工人联合会委员会会议记录（1848年7月6日）……	474
278	海尔曼·艾韦贝克（巴黎）给莫泽斯·赫斯（巴黎）的信（1848年7月10日）……………………………	477
279	科隆工人联合会委员会会议记录（1848年7月13日）……	478

280 关于卡尔·沙佩尔在科隆工人联合会作报告的报道
　　　（1848年7月17日） ……………………………… 479
281 《新莱茵报》对柏林工人代表大会纲领的看法
　　　（1848年7月25日） ……………………………… 480
282 科隆工人联合会委员会会议记录（1848年7月31日） …… 482
283 关于召开莱茵地区各民主团体第一届代表大会
　　　的通知（1848年8月4日） ……………………… 483
284 关于卡尔·马克思在科隆民主协会全体会议上反驳
　　　威廉·魏特林的报道（1848年8月4日） ………… 484
285 科隆莱茵省民主主义者代表大会会议记录摘录
　　　（1848年8月13—14日） ………………………… 486
286 科隆工人联合会委员会会议记录（1848年8月17日） …… 489
287 布鲁塞尔德意志工人协会给柏林工人代表大会
　　　的公开信（1848年8月17日） …………………… 490
288 汉堡圣乔治工人联合会授予卡尔·毕林参加柏林工人
　　　代表大会的全权证书（1848年8月17日） ……… 494
289 科隆工人联合会委员会会议记录（1848年8月28日） …… 494
290 关于卡尔·马克思在维也纳第一届工人联合会会议上
　　　作演说的报道（1848年8月30日） ……………… 497
291 关于卡尔·马克思1848年9月2日在维也纳第一届工人
　　　联合会会议上发表演说的报道（1848年9月2日） …… 498
292 弗里德里希·恩格斯论比利时的死刑判决
　　　（1848年9月3日） ………………………………… 499
293 科隆工人联合会全体会议记录（1848年9月3日） ……… 502
294 巴黎德意志协会的呼吁书（1848年9月10日） ………… 506
295 科隆工人联合会委员会会议记录（1848年9月11日） …… 508

296 关于科隆弗兰肯广场民众大会和选举科隆安全
    委员会的报道（1848年9月13日） ············ 509
297 科隆工人联合会委员会会议记录（1848年9月14日） ······ 512
298 关于沃林根民众大会的报道（1848年9月17日） ········ 514
299 卡尔·马克思《科隆革命》一文摘录（1848年9月25日）····· 516
300 《新莱茵报》刊登的关于科隆即将举行戒严的消息
    （1848年9月26日） ······················· 518
301 约瑟夫·莫尔（伦敦）给科隆工人联合会的信
    （1848年10月10日） ······················ 519
302 《新莱茵报》编辑部关于复刊的声明（1848年10月12日） ···· 523
303 科隆工人联合会委员会会议记录（1848年10月16日） ····· 523
304 科隆工人联合会给伦敦民主派兄弟协会的信
    （1848年10月19日） ······················ 525
305 科隆工人联合会全体会议记录（1848年10月22日） ······· 526
306 卡尔·马克思（科隆）给弗里德里希·恩格斯
    （日内瓦）的信（1848年10月26日） ············· 527
307 社会问题委员会在柏林第二届民主主义者代表大会上
    的报告（1848年10月30日） ················· 528
308 海尔曼·艾韦贝克（柏林）给莫泽斯·赫斯（巴黎）
    的信（1848年11月1日） ···················· 533
309 科隆工人联合会委员会会议记录（1848年11月2日） ····· 535
310 科隆工人联合会委员会会议记录（1848年11月6日） ····· 536
311 卡尔·毕林受德国工人汉堡地区委员会的委托给莱比锡
    中央委员会的信（1848年11月12日） ············ 537
312 卡尔·马克思（科隆）给斐迪南·拉萨尔（杜塞尔多夫）
    的信（1848年11月13日） ··················· 538

313 民主主义者莱茵区域委员会关于拒绝纳税的呼吁书
　　　（1848年11月14日） …………………………………… 540
314 海尔曼·艾韦贝克（科隆）给莫泽斯·赫斯（巴黎）
　　　的信（1848年11月14日） ………………………………… 541
315 卡尔·马克思（科隆）给弗里德里希·恩格斯（洛桑）
　　　的信（约1848年11月中旬） ……………………………… 542
316 科隆工人联合会委员会会议记录（1848年11月16日） …… 545
317 民主主义者莱茵区域委员会的呼吁书（1848年11月18日）… 546
318 科隆工人联合会委员会会议记录（1848年11月23日） …… 547
319 雅科布·沙贝利茨（巴塞尔）给莫泽斯·赫斯（巴黎）
　　　的信（1848年11月25日） ………………………………… 549
320 卡尔·马克思（科隆）给弗里德里希·恩格斯（伯尔尼）
　　　的信（1848年11月29日） ………………………………… 552
321 共产主义者同盟章程（约1848年11月底12月初） ………… 554
322 卡尔·布伦（汉堡）给约翰·菲力浦·贝克尔（比尔）
　　　的信（1848年12月2日） ………………………………… 560
323 A. 里德尔（列日）给卡尔·马克思（科隆）的信
　　　（1848年12月5日） ………………………………………… 562
324 洛桑工人联合会给弗里德里希·恩格斯的出席伯尔尼工人
　　　代表大会的委托书（1848年12月8日） ………………… 563
325 瑞士的德国工人联合会中央委员会(伯尔尼)给三月同盟理事会
　　　（美因河畔法兰克福）的信（草稿）（1848年12月11日）…… 566
326 弗兰茨·施彭格勒（慕尼黑）给格奥尔格·基克
　　　（莱比锡）的信（1848年12月17日） …………………… 570
327 奥古斯特·格贝尔特（贝桑松）给弗里德里希·恩格斯
　　　（伯尔尼）的信（1848年12月21日） …………………… 571

328	瑞士的德国工人联合会中央委员会（伯尔尼）给沃韦工人联合会的信（草案）（约1848年12月25日）	574
329	弗·施洛特贝克（拉绍德封）给弗里德里希·恩格斯（伯尔尼）的信（1848年12月29日）	578
330	卡尔·马克思的新年献词《革命运动》（1849年1月1日）	581
331	科隆工人联合会委员会会议记录（1849年1月15日）	584
332	约瑟夫·魏德迈（达姆施塔特）给卡尔·马克思（科隆）的信（1849年1月22日）	587
333	尤利乌斯·利西格诺洛（曼海姆）给伯尔尼德国工人联合会的信（1849年1月23日）	588
334	《新莱茵报》关于布鲁塞尔民主派兄弟协会举行宴会的报道（1849年1月28日）	590
335	《新莱茵报》关于海德堡工人联合会地区代表大会的报道（1849年1月28日和29日）	591
336	科隆工人联合会委员会会议记录（1849年1月29日）	593
337	卡尔·马克思（科隆）给恩斯特·德朗克（巴黎）的信（1849年2月3日）	596
338	科隆工人联合会全体会议记录（1849年2月4日）	598
339	《新莱茵报》关于米尔海姆工人联合会举行宴会的报道（1849年2月11日）	600
340	卡尔·德斯特尔（莱比锡）给卡尔·马克思（科隆）的信（1849年2月12日）	601
341	科隆工人联合会委员会会议记录（1849年2月15日）	602
342	关于汉堡工人教育协会成立四周年纪念活动的报道（1849年2月21日）	604

343	J. P. 施米茨（宾根）给卡尔·马克思（科隆）的信（1849年2月22日） …… 605
344	《新莱茵报》关于科隆纪念法国二月革命一周年宴会的报道（1849年2月24日） …… 607
345	科隆工人联合会全体会议记录（1849年2月25日） …… 609
346	海尔曼·艾韦贝克（巴黎）给卡尔·马克思（科隆）的信（1849年2月26日） …… 611
347	恩斯特·德朗克（巴黎）给弗里德里希·恩格斯（科隆）的信（约1849年3月初） …… 613
348	斐迪南·弗莱里格拉特（科隆）给雅科布·沙贝利茨（巴塞尔）的信（1849年3月8日） …… 615
349	索林根民主联合会给马克思、弗莱里格拉特、恩格斯、沙佩尔和沃尔弗（科隆）的邀请信（1849年3月11日） …… 617
350	符腾堡工人联合会中央委员会（乌尔姆）给斯图加特工人联合会的信（1849年3月11日） …… 619
351	弗兰茨·施彭格勒（慕尼黑）给莱比锡德国工人中央委员会的信（1849年3月12日） …… 620
352	《新莱茵报》关于科隆为纪念三月革命举行宴会的报道（1849年3月19日） …… 622
353	威廉·沃尔弗《西里西亚的十亿》一书摘录（1849年3月22日至4月25日） …… 624
354	共产主义者同盟一支部主席（柏林）给奥古斯特·黑策尔（柏林）的信（约1849年3月底） …… 628
355	共产主义者同盟柏林总区部给伦敦中央委员会的信（1849年3月底） …… 629

356	卡尔·马克思《雇佣劳动与资本》一书摘录 （1849年4月5日）	630
357	科隆工人联合会委员会会议决议（1849年4月11日）	633
358	关于民主协会莱茵区域委员会会议的报道 （1849年4月14日）	634
359	科隆工人联合会全体会议决议（1849年4月16日）	635
360	科隆工人联合会委员会会议决议的摘录（1849年4月17日）	636
361	科隆工人联合会第一分会反对安德烈亚斯·哥特沙克 的决议（1849年4月22日）	637
362	莱茵省和威斯特伐利亚工人联合会临时委员会 召开代表大会的通知（1849年4月24日）	640
363	伦敦工人共产主义教育协会给斯图加特工人联合会 的信（约1849年4月底至5月初）	644
364	科隆工人联合会委员会会议记录（1849年5月1日）	646
365	乔治·朱利安·哈尼（伦敦）给弗里德里希·恩格斯 （科隆）的信（1849年5月1—2日）	647
366	《新莱茵报》告科隆工人书（1849年5月4日）	649
367	卡尔·马克思在汉堡为卡尔·布伦开具的前往布雷斯劳 的介绍信（1849年5月6日）	651
368	《新莱茵报》关于弗里德里希·恩格斯参与组织 埃尔伯费尔德武装反抗的报道（1849年5月10—15日）	652
369	卡尔·马克思关于《新莱茵报》被查封的文章 （1849年5月19日）	655
370	《新莱茵报》告科隆工人书（1849年5月19日）	660
371	科隆工人联合会委员会会议记录（1849年5月21日）	661

编号	标题	页码
372	弗里德里希·列斯纳回忆科隆工人联合会在德国维护帝国宪法的运动期间的活动（1849年5月中旬以后）	663
373	弗里德里希·恩格斯《德国维护帝国宪法的运动》一文摘录（1849年5月中旬至7月）	664
374	《新莱茵报》编辑部反对《西德意志报》的声明（1849年5月31日）	671
375	卡尔·马克思（巴黎）给弗里德里希·恩格斯（凯撒斯劳滕）的信（1849年6月7日）	672
376	奥斯瓦尔德·狄茨（弗兰肯塔尔—普法尔茨）给弗里德里希·卡尔·海特尔（威斯巴登）的信（1849年6月8日）	676
377	卡尔·沙佩尔在伊德施泰因全邦代表大会上的讲话（1849年6月10日）	677
378	科隆工人联合会全体会议记录（1849年6月18日）	681
379	斐迪南·弗莱里格拉特（科隆）给卡尔·马克思（巴黎）的信（1849年6月22日）	682
380	关于科隆工人联合会纪念六月起义一周年宴会的报道（1849年6月25日）	683
381	弗·格吕伯尔（汉堡）给卡尔·马克思（巴黎）的信（1849年7月2日）	684
382	恩斯特·德朗克（巴黎）给约瑟夫·魏德迈（美因河畔法兰克福）的信（1849年7月25日左右）	687
383	弗里德里希·恩格斯（沃韦）给燕妮·马克思（巴黎）的信（1849年7月25日）	688
384	彼得·格尔哈德·勒泽尔1853—1854年关于1848—1849年革命时期的共产主义者同盟的供词摘录	693

注 释 ……………………………………………………………………… 699

插　图

伦敦共产主义通讯委员会1847年1月20日给约瑟夫·莫尔签署的授权书 …… 4
1847年2月正义者同盟人民议事会告同盟书，载于《1848年民主手册》 …… 9
共产主义信条草案（首页），1847年6月9日共产主义者同盟
　第一次代表大会通过 …………………………………………………… 34
卡尔·马克思1847年8月5日所作的关于建立共产主义者同盟
　布鲁塞尔支部和区部的记录（片段） ………………………………… 61
共产主义者同盟中央委员会出版的《共产主义杂志》试刊号首页 ……… 78
《德意志—布鲁塞尔报》首页 …………………………………………… 119
斯蒂凡·波尔恩 …………………………………………………………… 124
波尔恩批评卡尔·海因岑的《海因岑的国家》一书封面 ……………… 125
伦敦共产主义者同盟中央委员会1847年10月18日给布鲁塞尔区部
　的信（首页和末页），信中邀请卡尔·马克思参加大会 ……………… 155
共产主义者同盟第二次代表大会代表维克多·特德斯科 ……………… 194
弗里德里希·恩格斯1847年11月23—24日给卡尔·马克思的信 ……… 195
1848年出版的《共产党宣言》封面 ……………………………………… 290
1848年出版的《共产党宣言》首页 ……………………………………… 291
1848年瑞典出版的《共产党宣言》 ……………………………………… 292
马克思所作的共产主义者同盟巴黎区部1848年3月8、9日会议记录 …… 324
在巴黎首次印刷的《共产党在德国的要求》 …………………………… 356

共产主义者同盟中央委员会1848年4月2日的付款单据 …………… 372
约瑟夫·莫尔和亨利希·鲍威尔1848年4月2日的收款单据 …………… 372
美因茨工人教育协会1848年4月5日告全体德国工人书 …………… 375
卡尔·瓦劳 …………… 376
共产主义者同盟科隆区部1848年5月11日会议记录 …………… 419
恩斯特·德朗克1848年5月17日给卡尔·马克思的信 …………… 426
《新莱茵报》编辑 …………… 439
《新莱茵报》第一号首页 …………… 440
1848年7月《科隆工人联合会会刊》关于选举约瑟夫·莫尔
　为联合会主席的报道 …………… 475
汉堡圣乔治工人联合会授予卡尔·毕林参加1848年8月
　柏林工人代表大会的全权证书 …………… 495
弗里德里希·施洛特贝克1848年12月29日给弗里德里希·恩格斯的信 …… 579
索林根民主联合会1849年3月11日给马克思、弗莱里格拉特、恩格斯、
　沙佩尔和沃尔弗的邀请信 …………… 618
弗兰茨·施彭格勒1849年3月12日给莱比锡德国工人中央委员会
　的信（第1页、第3页和末页） …………… 621
1849年《科隆工人联合会会刊》报头 …………… 641
1849年4月22日《科隆工人联合会会刊》刊载的关于召开
　莱茵省和威斯特伐利亚工人联合会代表大会的决议 …………… 642
弗里德里希·恩格斯1849年7月25日给燕妮·马克思的信（末页） ……… 690

第三章

共产主义者同盟的创建及其纲领《共产党宣言》的制定

(1847年1月至1848年2月)

138
伦敦共产主义通讯委员会给布鲁塞尔共产主义通讯委员会的信[99]

1847年1月20日

致布鲁塞尔共产主义通讯委员会

下列署名的伦敦共产主义通讯委员会成员授权公民约瑟夫·莫尔,代表他们同布鲁塞尔共产主义通讯委员会进行会谈,并口头转告伦敦方面的情况。同时,建议布鲁塞尔委员会对公民莫尔——他是我们委员会的成员——就所有重要问题作出准确的解释,并把你们要转告伦敦委员会的一切告诉他。

卡尔·沙佩尔

亨利希·鲍威尔

卡尔·普芬德

弗里德里希·德珀尔

阿尔伯特·列曼

卡尔·莫尔

约翰·格伯尔

1847年1月20日于伦敦

手稿
莫斯科苏共中央马列主义研究院
中央党务档案馆,F. 20, Nr. 99

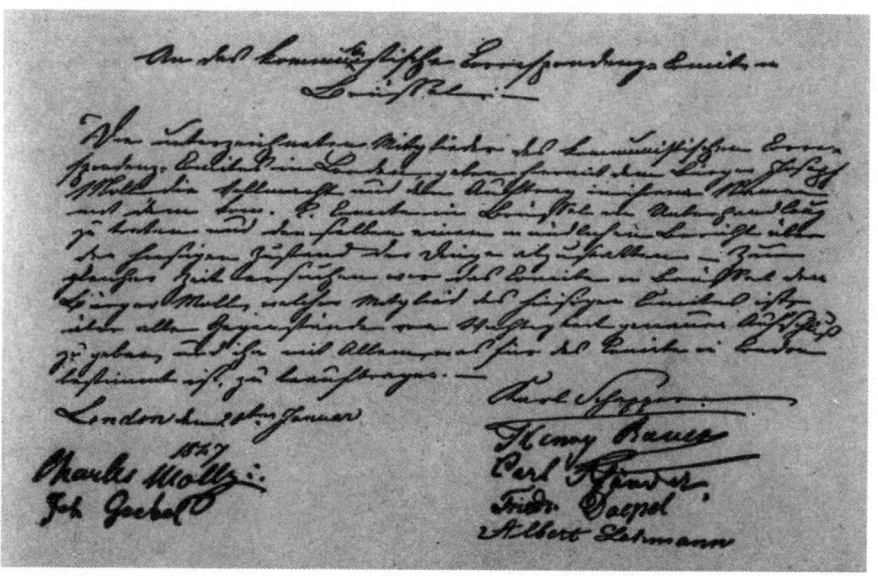

伦敦共产主义通讯委员会1847年1月20日给约瑟夫·莫尔签署的授权书

139
正义者同盟人民议事会告同盟书

1847年2月

亲爱的兄弟们!

我们承担起主持工作的责任①以后,曾希望得到各方面的有力支持。但我们的希望落空了。因为有些地方甚至没有给我们写过一封信或一个报告。这种不正常的做法应该结束。目前,当地平线上笼罩着乌云的时候,当无处不表现出生机勃勃的时代精神的时候,当我们显然是在迎接着一场波澜壮阔的、决定人类世世代代命运的革命运动的时候,可不能睡大觉,一刻也不能突出个人。不!现在人类要求每个战士都应履行自己的职责。

人形魔鬼吞下了不幸的波兰的最后部分,现在他们联合起来,胡作非为,试图消灭法国人民的自由精神,随时准备攻击瑞士和意大利。他们不是公正地对待各国人民,而是用霰弹和刺刀强迫他们保持沉默。成千上万的俄国蛮子驻扎在德国边境,随时准备吞并中欧和西欧各国,并把我们的父老兄弟赶往冰天雪地的西伯利亚,糟蹋我们的妻子女儿。兄弟们!我们能袖手旁观吗?我们能光有言论,没有实际行动吗?我们能缩着脖子,屈服于奴役吗?!**不能**,我们听见了你们大家的呼喊,我们或者胜利,或者死亡。因此,兄弟们!在人民的旗帜下联合起来!如果战斗就在这个春天打响,那么,就请投身到正义的战士的最前列中去,并且表现出我们能像掌握语言那样好地掌握武器。同时,你们走到哪

---

① 参看本书第1卷注91。

里，就要把共产主义原理传播到哪里，人民一定会高兴地欢迎这个卓越的学说的，因为这个学说使他们有希望从苦难中获得彻底解放。如果暴君要在今年春天发动进攻，那么，这就是我们必须给你们提供的一点意见。到那时，我们的作用也将告终，而我们最后的一项任务将是，以我们的言行来促使那些掌握共产主义原理的人进入临时政府。如果相反，敌人今年还不动手，那我们就该全力以赴，认认真真地来组织我们的党。只有在欧洲无产阶级的帮助下，人类才能获得自己的解放。因此，我们的神圣职责是：尽快组织起我们的战斗力量，并尽速地使无产者摒弃信口雌黄的自由派的影响。因为自由派可能会参加政治革命，目的是能够戴着总统的冠冕去占领君主的王位，他们愿意使我们摆脱君主的暴政，是为了置我们于钱袋的专制统治之下。

我们在第一个告同盟书①里曾提出在5月初召开一次共产主义者代表大会。但现在我们不得不把它推迟到今年6月1日。② 因为发生了一些不测的事情，必须采取特别的预防措施。

建议你们赶紧选出参加大会的代表，并为他们筹集必要的旅费。为了能在6月1日召开第一次会议，全体代表应于5月30日报到。大会上，我们将首先报告工作，并授权代表们决定我们今后的常设机构所在地。

第二，必须进行彻底的改组。人类以不可阻挡之势向前发展，人们的意识正在觉醒，随着这种意识觉醒的是人们对自由的渴望，因此，我们必须考虑到人们的各种需要，不要强使他们屈从于违背自己意愿的各种法律。

第三，需要制订一个简明的共产主义信条，用欧洲各种文字印刷出

---

① 本书第1卷文件134。
② 在原件中有这样的脚注：关于代表大会的讨论将在以后报道。

来，并在各国广为散发。这一点十分重要，因而，请你们集中注意力，认真讨论下面与此有关的一些问题，以便我们能最终一劳永逸地弄清楚，我们想要达到的目标是什么。

第四，应该谈一谈有关创立一种能全面代表我们党的报纸。① 你们大概不难理解，没有专门的机关报，一个党是难以存在的。因此，我们相信，你们一定能够全力以赴保证这个刊物于 6 月份开始出版。全体代表都必须搞清楚，在他们本地区能有多大的销售量。

最后一点，也就是第五点，任命将要分赴各地去进行组织工作的代表。因此，请把你们知道的德国和斯堪的纳维亚的全部联系地址，以及至今没有向你们报告工作的人的地址，告诉你们的代表。把这几点和你们打算提交大会的问题，一起讨论一下，并把必要的细则告诉你们的代表。

至于当前的状况，那么，我们虽然可以说，成员的数量确是不少，但遗憾的是，还必须承认，我们既缺乏紧密的团结，又缺乏和谐的工作。而做不到这一点，我们就永远不可能对事物的进程施加真正的影响。很遗憾，共产主义者还没有组织坚强的政党，还没有建立一定的牢固的根据地，因而在那些共产主义者还不够坚定的地方，他们就经常依附于其他党派。他们说反正这些党派也是要求进步的，可不能对人家过于求全责备。这种状况必须改变。当前，我们是站在运动的前列，我们就应该有自己的旗帜，而且一定要时刻团结在这面旗帜的周围，不应该湮没在庸夫俗子的汪洋大海之中。如果我们的队伍能紧密团结、奋勇前进，那么，其余的人就会跟随我们前进。如果我们是四分五裂、依附于其他党派的话，则必将永远一事无成。我们应该以站在英国运动前列的宪章派为榜样。他们提出了六点宪章，并声明："谁不支持我们，谁就

---

① 参看文件140。

是反对我们。"起初，虽然庸夫俗子们都因此发出绝望的狂吠，但现在呢，这些人开始越来越向他们靠拢了。我们也应该提出自己的目标，提出共产主义的基本原理，并坚持这些目标和原理，而需要讨论的只是，采取什么办法能促使这些目标更容易更迅速地实现。你们到时候就会看到，我们在前头走，凡夫俗子大军就会尾随而来。

我们从瑞典方面得到了十分喜人的消息。共产主义思想在那里取得了很大的胜利，只是还杂掺着一些基督教的色彩，就像我们当初的情形一样。但是，这一定会妥善解决的。我们的不少兄弟打算在瑞典各地组织公开的无产阶级联合会。在斯德哥尔摩，他们已经着手干起来了。

不论君主或牧师采取什么办法来反对我们，一切都会对我们有利的，因此，勇敢地**前进**吧！

在法国和比利时，我们按新的方式暂时组织起来了。我们希望，至今还是我们主要宣传阵地的巴黎，将来依然如此。我们希望并要求巴黎的兄弟们在将来同样要严格履行自己的职责，开办一所学校，以培养能在世界各地传播我们学说的人才。

伯尔尼传来了喜讯，我们的兄弟将在那里出版一种共产主义杂志。① 请你们给予支持。对瑞士来说，创办一个代表我们党的刊物是极为必要的。但十分遗憾，由于近两年来恼人的意见分歧，在那里我们处于涣散状态。信奉基督教的共产主义者向非基督教徒，或者说，向所谓的无神论者进行了一场极为残酷的战争。这场战争主要是由威·魏特林挑起的，他企图在瑞士组织一个党，因为到处碰壁，结果一事无成。我们希望瑞士方面的兄弟们懂得，我们是在地球上建立生活，我们不需要地球以外的辅助手段。

---

① 这个计划未能实现。

第三章 共产主义者同盟的创建及其纲领《共产党宣言》的制定

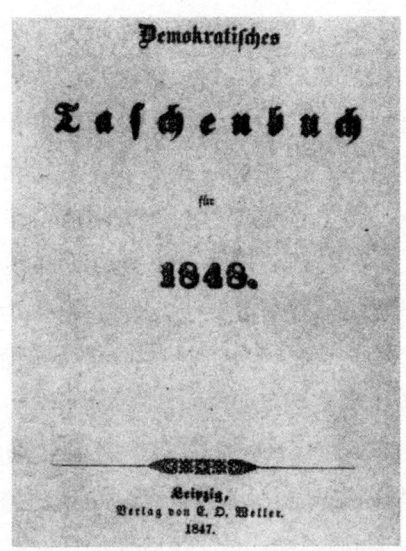

1847年2月正义者同盟人民议事会告同盟书，载于《1848年民主手册》

我们得到洛桑①的兄弟们的消息说,他们正在勇敢地、干劲十足地工作,并且为我们的正义事业已取得了很大成绩。

在伦敦,事情进展顺利。伦敦东区和西区的两个协会日益壮大,现在成员已发展到500名左右。德国牧师在教堂的讲台上绝望地哀鸣(这恰好帮了我们的事业的忙),否则就无声无息地待在几乎完全丧失了活动能力的青年会中。他们得到这种下场,可能是因为虔诚的日耳曼基督徒、**德国的本生**眼下也帮不了他们的忙。因为他正为了在英国内阁和英国国内掩饰骗子的交易和普鲁士外交上的招摇撞骗而忙得不可开交。关于英国宪章派的活动和奥康瑙尔的土地计划的报告,我们下次再谈,否则这个告同盟书就太长了。顺便说一句,这个计划我们绝不同意,相反,我们认为,它是荒谬绝伦的一派胡言,是愚蠢透顶之作。

现在提出下列三个问题供讨论,并请你们尽速把对这三个问题讨论的结果以及对我们在第一个告同盟书中提出的三个问题讨论的结果一并告诉我们,以便我们在下一个告同盟书中向你们概述各种不同的意见。

(1)什么是共产主义?共产主义者追求的是什么?

(2)什么是社会主义?社会主义者追求的是什么?

(3)通过什么途径才能最迅速、最容易地实行共有共享制?

下面是我们的看法,可作为引子。你们知道,共产主义是一种制度,按照这个制度,土地是全民的公共财产;按照这个制度,每个人都根据自己的能力劳动,即"生产",根据自己的力量享受,即"消费"。可见,共产主义者的目标是消灭整个旧的社会制度,并用崭新的制度去代替它。

"社会主义"一词来源于拉丁文 Socialis,即"有关社会的"。因此,"社会主义",如这个名称本身所表明的那样,是研究社会组织、研究

---

① 也可能是莱比锡。

人与人之间的社会关系的。但它不提出任何新的制度，而主要是给旧楼做一些修修补补的工作，给因天长日久而出现的缝隙上抹上灰浆，以掩人耳目，或者充其量像傅立叶派那样，在老朽的、被称做资本的基础上，增盖一层新楼。"社会主义"这个概念是那么含糊不清，甚至连一切监狱改革的发明者，办公大楼、医院、廉价食堂的创办者，统统都可算做社会主义者。正因为"社会主义"一词实质上并不表明确切的概念，所以它既表明一切，又什么也不表明。所有浅薄之徒和幻想主义者以及所有想有所作为但却缺乏行动勇气的好汉们，都聚集在这面旗帜之下，辱骂那些不愿修缮旧楼而要建立崭新大厦的共产主义者。但是，任何一个明智的人都不难理解，修补和装饰陈腐不堪的社会制度，简直是白费时间。因此，我们必须坚持"共产主义"这个字眼，并勇敢地把它写在我们的旗帜上，然后再来清点集合在这旗帜周围的战士人数。当我们听到说什么"共产主义"和"社会主义"基本上是一回事的时候（特别是最近一个时期，这种说法更流行），当有人建议我们用"社会主义者"这个称号来代替"共产主义者"的时候（"共产主义者"这个称号把某些神经不很坚强的人吓住了），我们决不能沉默。相反，我们应该对这类谬论给予有力的反击。说到共有共享制，那么，主要问题是，它是否可以立即实行，还是我们应该有一个过渡时期，以便在这个过渡时期对人民进行教育。如果应该这样，那么，这个过渡时期需要多久？其次，是能够而且必须大规模地实行，还是应该首先进行一些小规模的试验？在实行时，是应该使用暴力，还是必须以和平方式进行改造？我们认为，在此已为你们的讨论提供了一个引子。最后，我们再次重复一下上一个告同盟书中提出的要求：不论傅立叶主义（其目的是保留用糖衣裹着的奴役劳动）在哪里出现，都要起来为捍卫我们神圣的原则而斗争。此外，我们要求你们，要同浅薄的幻想主义作斗争。遗憾的是，这种幻想主义在一些地方显然已经渗透到共产主义者的队伍中去了。困难的时刻正在来临。因此，我们需要强有力的男子汉，而不是幻想家。幻想家不是诅咒人类的贫困，拿起剑去战斗，而只会抛洒廉价的眼泪。最后我们还要进一言：要当心叛乱、阴谋、购置武器等诸如此类的胡说八道。我们的敌人将采取一切手段，挑起街头骚乱然后再进行镇压；用他们的话来说，这就是恢复秩序和实现自己的魔鬼计划。严肃的、镇静的态度，将迫使暴君抛弃假面具，到那时——不是胜利，就是死亡。

再见，兄弟们！请速回音。

《1848年民主手册》1847年莱比锡
版第290—299页

140
关于伦敦工人共产主义教育协会成立七周年纪念活动的报道[①]

1847年2月8日

2月8日，星期一晚上，手工业者教育协会在其装饰得焕然一新的宽敞明亮的大厅（德鲁里巷191号）里隆重庆祝协会成立七周年纪念

[①] 雅科布·沙贝利茨的日记（参看注100）表明，这篇报道是他写的；《威斯特伐利亚汽船》（1847年第3年卷第5期第266—267页）也发表了一篇关于协会成立纪念日的报道。

日。该协会现已拥有 300 多名会员，并在去年争取到了一个强有力的同盟者——在伦敦东区**怀特查珀尔**诞生的姐妹协会；这个协会成立刚八个月，会员人数就达到了 169 人。① 晚宴结束后，卡尔·沙佩尔以主席身份首先以强有力的语气向协会致词。他扼要地描述了协会在过去一年中的活动情况，并呼吁会员们继续努力，决不畏惧主要由这里的德国牧师向协会发起的攻击。教育协会早在上次会议上，在同姐妹协会取得了联系以后就作出决定，要建立一个印刷所，出版一个定名为《无产者》的月刊（非政治性的），其宗旨应是维护无产阶级的利益。[100] 这个决议在各方面都很重要，它将取得不可估量的成果。接着是《北极星报》编辑朱利安·哈尼讲话，他向与会者报告了刚刚收到的关于普鲁士宪法最后通过的消息，并对宪法作了尖刻辛辣的评论，在这里他引用了下列名句："大山分娩，生个耗子！"②

接着，公民米什洛、毕茨、厄内斯特·琼斯博士、普芬德、施特劳斯、亨·鲍威尔等人相继讲了话，也同前两个人一样博得了热烈的掌声。[……] 两位丹麦人以他们同胞的名义许下诺言，将来要在斯堪的纳维亚宣传协会的原则。接着，公民约·莫尔在一片欢呼声中不得不演唱了《马赛曲》，当他唱到叠句时全体与会者报以欢乐的喝彩声。公民沙贝利茨还为行将出版的协会机关刊物《无产者》举杯祝酒，爱尔兰人多伊尔为工人阶级的事业发表了热情洋溢的讲话。[……]

1847 年 2 月 12 日《德意志伦敦报》第 98 号   节录

---

① 1847 年 2 月 25 日《德意志—布鲁塞尔报》第 16 号也刊登了这一段。
② 贺雷西《诗论》第 139 行。

141
弗里德里希·恩格斯论共产主义者在普鲁士联合省议会召开以后的任务

1847年2—3月

德国的社会主义著作界一个月不如一个月了。它日益局限于那些"真正的社会主义者"的高谈阔论。"真正的社会主义者"的全部本领不过是把德国哲学、德国式的庸人伤感情绪和一些被歪曲了的共产主义口号掺混在一起。它标榜和平，以至在经受检查的书刊上它也可以倾吐肺腑，畅所欲言。甚至德国警察对它都很难有什么挑剔。这就足以证明它不是德国著作界的进步的革命的因素，而是守旧的反动的因素。

这些"真正的社会主义者"不仅包括自封为 par excellence〔最道地的〕社会主义者的人们，而且还包括德国大部分盗用"共产主义者"名义的著作家。后者比前者更坏，如果他们之间可以比较好坏的话。

在这种情况下，不言而喻，这些 soi-disant〔所谓的〕共产主义著作家决不代表德国共产主义者的党。党不承认他们是自己的著作界的代表，他们也不代表党的利益。相反地，他们维护的是完全不同的利益，捍卫着完全不同的、在一切方面都和共产主义政党的原则相对立的原则。

"真正的社会主义者"（前面已经讲过，德国的 soi-disant〔所谓的〕共产主义著作家大都属于这一种人）从法国共产主义者那里听说，由君主专制过渡到现代的代议制根本不能消灭广大人民的贫困，只不过使一个新的阶级——资产阶级获得政权而已。他们又从法国共产主义者那里听说，正是这个资产阶级利用它的资本压迫人民群众最厉害，因此它是作为人民群众代表的共产主义者或社会主义者的 par excellence〔真正的〕敌人。"真正的社会主义者"懒于把德国的社会政治发展水平和法国的社会政治发展水平比较一下，或是研究研究决定着今后全部发展的德国的现实情况。他们没有认真思考，就忙着把刚刚听到的东西搬到德国来。党的活动家总是力图达到实在而具体的效果，总是代表整个阶级共同的特定利益，如果他们真是党的活动家，那他们至少会注意到法国资产阶级的反对者（从《改革报》的编辑们一直到极端的共产主义者）是怎样进行反对资产阶级的论战的，特别应该注意到法国广大无产者的公认的代表老卡贝是怎样进行这种论战的。他们早应该看出，党的这些代表人物不仅经常接触到迫切的政治问题，而且甚至像选举改革草案这一类往往不代表无产阶级**直接**利益的政治措施，他们也决不会傲慢地等闲视之。但是我们的"真正的社会主义者"不是党的活动家，而是德国的理论家。在他们看来，要紧的不是实际的利益和效果，而是永恒的真理。他们所努力保护的利益，是一切"人"的利益；他们所力图达到的效果，只限于哲学上的"收获"。这样，他们只需使自己的新观点符合于自己的哲学良心就可以在全德国大喊大叫说，政治进步和一切政治都是祸害，正是宪法所规定的自由把对人民危害最大的阶级——资产阶级捧上了王座，不论资产阶级遭到了怎样的攻击，这种攻击还远不算多。

　　在法国，十七年以来一直是资产阶级独掌政权，这种情况是世界上任何一个国家所没有的。因此，法国无产者、他们的党的领袖和他们的著作界代表对资产阶级的攻击，就是对统治阶级、对现行政治制度的攻击。这是**肯定的革命**行动。下面一些事实表明居于统治地位的资产阶级对这一点知道得多么清楚：出版物和社团无数次地被起诉，集会和宴会遭到禁止，资产阶级利用警察对改革派①和共产主义者进行百般吹毛求疵的迫害。而德国的情况就完全不同了。在德国，资产阶级不仅不是统治者，它甚至是现存各邦政府最危险的敌人。对各邦政府说来，"真正的社会主义者"这种转移目标的活动是正中下怀的。反对资产阶级的斗争给法国共产主义者所带来的后果，十之八九是监禁和流放，但是它给我们的"真正的社会主义者"带来的，却无非是书报检查机关的赞扬而已。法国无产阶级论战的革命热火一到了德国理论家的冰冷的胸膛里，就冷却到书报检查机关所准许的程度，而革命的热火经过这一番阉割之后，就恰中德国各邦政府的心意，它们就利用它共同去反击进攻的资产阶级。"真正的社会主义"竟把前所未有的最革命的原理变成了保护德国 status quo〔现存秩序，现状〕这个泥坑的一道围墙。"真正的社会主义"从头到脚都是反动的。

资产阶级早已注意到"真正的社会主义"这种反动倾向。可是它又毫不犹豫地径直地把这一流派当做德国共产主义在著作界的表现，它公开或暗地里责备**共产主义者**，认为他们反对代议制、陪审制、出版自由以及叫嚷着反对资产阶级，都只是有利于各邦政府、官僚和贵族。

德国共产主义者该解脱他们为"真正的社会主义者"的反动行为和欲望所承受的这种罪责了。代表着德国无产阶级的非常明确、非常具体的要求的德国共产主义者，应该无比坚决地和上述这一帮（因为他们只不过是一帮歹徒而已）文人划清界限了。这些人自己也不知道自己代表谁，因而不由自主地就投入了德国各邦政府的怀抱；他们自以为"使人们变得现实"，其实他们除了把德国的市侩的庸俗气奉为神圣而外什

---

① 这里指的是《改革报》（《Réforme》）的支持者。他们主张建立共和国并实行民主改革和社会改革。——原卷末注

么也没有做。实际上，我们共产主义者同这帮在理论上胡说八道、摇摆不定的狡猾家伙毫无共同之处。我们对资产阶级的攻击完全不同于反动的贵族，譬如说法国的正统主义者或"青年英国"① 对它的攻击，同样也完全不同于"真正的社会主义者"对它的攻击。德国现状的代表者根本无法利用我们所采取的攻势，因为这种攻势与其说是针对资产阶级，不如说是针对这种现状。如果说资产阶级是我们的**自然**敌人，只有把这个敌人打倒我们的党才能取得政权，那么德国的现状就是我们的更大的敌人，因为它横在我们和资产阶级之间，妨碍我们打击资产阶级。因此，我们决不置身于反对德国现状的广大群众之外。我们只是这一反对派大军中最先进的支队，同时，由于我们并不掩盖自己向资产阶级进攻的打算，所以这个支队的地位也最为明显。

随着普鲁士联合省议会的召开，在反对德国现状的斗争中出现了一个转折点。这种现状是继续存在下去还是被消灭，都要取决于这届议会的行动。这样一来，德国那些态度很不明确、彼此间界限混乱不清但在思想方面又各不相关的党派，就必须弄清楚自己所代表的利益和应该采取的策略了：它们应该彼此划清界限，开始进行实际活动。这些党派中的最年轻的共产党不能规避这一必要的任务。它也必须明确自己的立场、战斗计划和手段。第一个步骤就是揭露那些力图钻进它队伍里来的

---

① 法国正统主义者是1830年被推翻的、代表世袭大地主利益的波旁王朝的拥护者。在反对以金融贵族和大资产阶级为支柱的当政的奥尔良王朝时，一部分正统主义者常常抓住社会问题进行蛊惑宣传，说自己维护劳动者，使他们不受资产者的剥削。"青年英国"是英国托利党中的一些政治活动家和著作家的集团，成立于19世纪40年代初。"青年英国"的活动家们反映了土地贵族对资产阶级经济势力和政治势力的增强心怀不满，他们采取蛊惑手段，企图把工人阶级置于自己的影响之下并利用工人阶级来反对资产阶级。卡·马克思和弗·恩格斯在《共产党宣言》中，把这些集团的代表人物的观点叫做封建的社会主义。——原卷末注

反动的社会主义者。它应该尽快地完成这一步骤，因为它已足够强大，用不着同那些败坏它声誉的同盟者合作。[……]

手稿　　　　　　　　　　　　　　　　　　　　　　　　　节录
莫斯科苏共中央马列主义研究院
中央党务档案馆，F. 1, op. 1, Nr. 214
(《马克思恩格斯全集》德文版第4卷第40—43页，参看《马克思恩格斯全集》中文第1版第4卷第46—65页)

142
卡尔·马克思（布鲁塞尔）给罗兰特·丹尼尔斯（科隆）的信

1847年3月7日

[1847年] 3月7日 [于布鲁塞尔]

亲爱的丹尼尔斯：

你或者你们科隆的某一个人可能会收到赫斯关于共产主义事务的一

第三章　共产主义者同盟的创建及其纲领《共产党宣言》的制定

封信。我迫切地请求你，在我通过 W.① 把文件和书信交给你们以前，不要让**你们当中的任何人**回信。无论如何我要再一次**迫切地**请求你**到我这里来一趟**。我有重要的事情告诉你，而这些事情是不能通过信件告诉的。如果你不能来，那么亨·毕尔格尔斯在一两天内务必来。你或者你的代表就住在我家里……②

总之，你或者亨·毕尔格尔斯尽快到**梅赫伦**来。

请立即把所附的信③交给埃尔伯费尔德格律恩街的楚劳夫。

别到布**鲁塞尔**来，要到**梅赫伦**；你或者毕尔格尔斯何时来，请提前一天来信告知。

你能把你的日常事务搁几天吗？④

你的　马克思

手稿　　　　　　　　　　　　　　　　　　　　　　　　　　节录

莫斯科苏共中央马列主义研究院
中央党务档案馆，F.1, op.1, Nr.180
(《马克思恩格斯全集》德文版第 27 卷第 464 页，参看《马克思恩格斯全集》中文第 2 版 第 47 卷第 456—457 页)

---

① 大概是指魏德迈或维尔特。——编者注
② 原信此处缺损。后面几句话是写在信的前头空白处的。在"在我家里"这几个字后面，马克思注了"见上面"的字样。——编者注
③ 这封信没有保存下来。——编者注
④ 这一句话和签名写在信的左边空白处。——编者注

143
弗里德里希·恩格斯（巴黎）给卡尔·马克思（布鲁塞尔）的信

1847年3月9日

[1847年] 3月9日星期二 [于巴黎]

亲爱的马克思：

附上的小册子是今天早晨云格交给我的；几天前艾韦贝克把这本小册子带给了他们。这个东西我看了一下，我说，这是**莫泽斯**①写的，并且给云格逐点作了分析。今天晚上我见到了艾韦贝克，他承认小册子是他带来的，而在我对这个东西给以彻底批判以后，他才说出来，这本糟糕的低劣作品的作者原来就是**他**——艾韦贝克自己。他说，这是他在我来这里的头几个月里写成的。由于他最初陶醉于我所报道的新闻而产生了灵感。这些小伙子就是这样。他曾经嘲笑**赫斯**用那些跟自己不相配的别人的羽毛装饰自己，并禁止施特劳宾人②把我对他们作的报告内容偷偷传达给格律恩，以防格律恩剽窃，可是他自己却埋头干起来，——像往常那样怀着最良好的愿望——而且干得一点也不比别人高明。**莫泽斯**和格律恩搞坏的事不会比这个民间的淋病医生更多。当然，我先是嘲弄

---

① 莫·赫斯。——编者注
② 施特劳宾人（Straubinger）是德国的流动的手工业帮工。马克思和恩格斯这样称呼那些还受落后的行会意识和成见支配的德国手工业者，这些人抱着反动的小资产阶级幻想，认为可以从资本主义的大工业退回到小手工业去。——原卷末注

第三章 共产主义者同盟的创建及其纲领《共产党宣言》的制定 21

他一下，然后就禁止他在任何时候再搞这种玩意儿。但是，这种人显然是改不了的。[……]

我在萨塞勒的贝尔奈斯那里住了大约一个星期。这个人也做了些蠢事。他给《柏林阅览室》写稿，而且高兴得像个孩子，因为那里常发表他针对资产者而发的所谓共产主义的空谈。当然，编辑部和书报检查机关保留那些仅仅反对资产者的部分，而删去那些为数不多的、会使他们自己难堪的暗示。他咒骂陪审制、"资产阶级的新闻出版自由"、代议制等等。我解释给他听，这叫做不折不扣的 pour le roi de Prusse①，间接地是反对我们党，他听不进，热烈的感情相当冲动，说不可能有什么成效；我向他说明，《阅览室》是由政府津贴的，他坚决否认，还援引了一些迹象，而这些迹象，除了萨塞勒多愁善感的居民以外，在所有的人看来恰恰都证明我说得对。结果是：高尚的热忱、热烈的感情不能违背自己的信念去写作，不能理解要宽恕他至今仍恨得要死的那些人的这种政策。"这不是我的风格！"——这就是永恒的最后的论据。我已经读过不少这一类注明来自巴黎的文章；这些文章都再好不过地符合政府的利益和"真正的社会主义"的风格。我快要放弃贝尔奈斯了[……]

你很快就会收到关于宪法问题的小册子②。我将把它写在单张纸上，以便你能够补充或删节。[……]

---

① 直译是："为了普鲁士国王的利益"；转义是："白费精神"，"毫无所得"。——编者注
② 指恩格斯1847年3—4月写的《德国制宪问题》一文。恩格斯本来预备以单行本的形式在德国发表。可是由于出版者被捕，这本小册子当时未能发表。——原卷末注

手稿 节录

莫斯科苏共中央马列主义研究院中央党务档案馆，F.1, op.1, Nr.215（《马克思恩格斯全集》德文版第27卷第77、78页，参看《马克思恩格斯全集》中文第2版第47卷第457—460页）

144
卡尔·马克思（布鲁塞尔）给弗里德里希·恩格斯（巴黎）的信

1847年5月15日

[1847年]5月15日[于布鲁塞尔]

亲爱的恩格斯：

你知道，福格勒已于5月初在亚琛被捕。这样一来，目前已没有可能出版你寄来的那本小册子①。我十分喜欢这本小册子的前三分之一。其余三分之二肯定要修改。关于这一点，留待下次专门详谈。[……]

---

① 恩格斯《德国的制宪问题》。——编者注

我不能去伦敦了。① 经济情况不允许我去。但愿我们会派沃尔弗② 去。这样，有你们两个人在那里，也就够了。[……]

手稿　　　　　　　　　　　　　　　　　　　　　　　　　　　节录

莫斯科苏共中央马列主义研究院
中央党务档案馆，F.1, op.1, Nr.216
《《马克思恩格斯全集》德文版第27卷
第82页，参看《马克思恩格斯全集》
中文第2版第47卷第463—464页）

145

海尔曼·艾韦贝克（巴黎）给卡尔·马克思（布鲁塞尔）的信

1847年6月

1847年6月于巴黎

亲爱的：

我已经很久没有写信了，因为恩格斯可以处理一切事务。不过我今

---

① 马克思去伦敦是打算参加正义者同盟第一次代表大会的。这次代表大会于1847年6月初在伦敦召开。恩格斯作为巴黎支部的代表，威·沃尔弗作为布鲁塞尔共产主义者的代表参加了大会的工作。大会决定把组织名称改为共产主义者同盟，并用无产阶级政党的战斗性的国际主义口号"全世界无产者，联合起来!"代替模糊不清的旧口号"人人皆兄弟!"。大会从同盟开除了魏特林派。大会还审查了恩格斯积极参加起草的《共产主义者同盟章程》。新的章程明确规定了共产主义运动的最终目的，删除了某些使组织带有密谋性质的条款，民主原则成为同盟的组织的基础。最后，这个章程在共产主义者同盟第二次代表大会上通过。——原卷末注

② 威·沃尔弗。——编者注

天去信是想打听一下你的健康情况，打听一下你亲爱的夫人和孩子们的近况。正像你从恩格斯那里知道的那样，这里发生了很大变化：过时的施特劳宾人①已被恩格斯和他的一些积极拥护者搞垮了。我之所以做不到这一点，是因为我现时已是老朽无能；在立宪国家中，老朽无能这个词的意思，就是必须换个新官上任去放三把火。另一方面，我想，有目的地同卡贝老爷子建立更密切的联系是必要的。我相信我是了解这个老撒旦的，所以我认为这是再好不过的事了，因为只要你对他**献一点殷勤，他就会对你有很好的看法**。比如你不妨从他把《**人民报**》改为**周刊**的那个月起就订阅该报；他改出周刊已经有好几个月了，仅仅这一点就足以证明，他的实力，经济实力和其他实力都大大地加强了。[……]

请你不要对我的建议感到奇怪，它对卡贝将会产生良好的影响。我觉得他在我们中间物色反对傅立叶派和蒲鲁东派的同盟者。[……]

矮子②的情况我一点也不知道。恩格斯为他吃尽了苦头，这一点我可以作证。**自去年秋天以来**，我就没有见过他。目前，我同莫泽斯·赫斯根本没有什么来往。他多次邀请我，可我总共同他见过三次面。我知道他是肺结核病患者，理应给予同情，但我不能同情他。**他满嘴尽是谎言，一味毫无意义地吹嘘**，为此我很讨厌他。不过，你们似乎对这种喜欢饶舌的人已习以为常了。他独断专行，**不时**往卡贝那里跑，关于这一点，无论他还是卡贝，对我和恩格斯都只字不提，还自以为有理。要留神。

---

① 施特劳宾人是德国的手工业者帮工。马克思和恩格斯用这个名称来称呼那些在很大程度上还受着落后的行会意识和成见支配的德国手工业者；马克思和恩格斯也用这个绰号来称呼某些参加德国工人运动、暴露出小资产阶级宗派主义倾向的人。——译者注

② 指卡尔·路德维希·贝尔奈斯。

尊敬的牧师卡尔·格律恩博士我只是在明信片上见过。有一次他在给我的信中称我为**莫逆之交，我严词拒绝了**，同时还附带**说明了理由**。我受人愚弄已经够多了，再也不想同干这种事的人称兄道弟了，今后我要加倍小心。[……]

手稿   节录
莫斯科苏共中央马列主义研究院   第一次发表
中央党务档案馆，F. 20, Nr. 11

146
章程草案
共产主义者同盟第一次代表大会通过
1847年6月9日

共产主义者同盟章程

全世界无产者，联合起来！

第一章　同盟

第一条　同盟的目的：通过传播财产公有的理论并尽快地求其实现，使人类得到解放。

第二条 同盟分为**支部**和**区部**,同盟的最高领导机关是作为权力执行机关的**中央委员会**。

第三条 对每个志愿入盟者的要求：

（a）行为正当；

（b）决不做可耻的事；

（c）承认同盟的各项原则；

（d）有公认的谋生手段；

（e）不属于任何政治的或民族的团体；

（f）必须获得一致通过，才能被接收入某一支部；

（g）忠实履行自己的诺言并保守机密。

第四条 所有盟员都一律平等，他们都是兄弟，因而有义务在一切场合下互相帮助。

第五条 盟员皆有盟内化名。

第二章 支 部

第六条 支部的组成至少三人至多十二人，超过十二人时须另立支部。

第七条 每个支部选举主席和副主席各一人。主席主持各种会议；副主席管理盟员缴纳的盟费。

第八条 支部成员应满腔热忱地努力吸收能干的人入盟，以壮大同盟的队伍，始终力求做到以原则为准绳，而不是以这个人或那个人为准绳。

第九条 接收新盟员由支部主席和充当介绍人的盟员办理。

第十条 各支部互不相识，须有各自选定的特别名称。

第三章 区　部

第十一条　区部辖有两个以上十个以下支部。

第十二条　区部委员会由这些支部的主席和副主席组成。区部委员会从委员中选出领导人。

第十三条　区部委员会是区部内各支部的权力执行机关。

第十四条　各独立的支部须加入已有的区部委员会，或同其他单个的支部成立新的区部。

第四章　中央委员会

第十五条　中央委员会是全盟的权力执行机关。

第十六条　中央委员会的成员不少于五人，由中央委员会所在地区的区部委员会选出。

第五章　代表大会

第十七条　代表大会是同盟的立法机关。

第十八条　每个区部派遣一名代表。

第十九条　代表大会于每年八月举行。遇紧急情况中央委员会有权召集非常代表大会。

第二十条　每届代表大会指定本届中央委员会所在地。

第二十一条　代表大会的一切立法性决议须提交各支部通过或否决。

第二十二条　中央委员会作为同盟的权力执行机关，有义务向代表大会报告工作，因此应出席代表大会，但无表决权。

第六章　一般规定

第二十三条　凡行为不正当或违反同盟原则者，视情节轻重或令其离盟或开除出盟。凡开除出盟者不得再接收入盟。

第二十四条　犯有罪行的盟员由区部委员会审理，区部委员会还应督促判决的执行。

第二十五条　各支部必须对被令离盟者和被开除出盟者进行最严密的监视，同时还应密切监视该地区的可疑分子，如发现他们有危害同盟的活动，必须立即报告区部委员会，然后由区部委员会采取必要的措施，以保证同盟的安全。

第二十六条　支部、区部委员会以及中央委员会至少每两周开会一次。

第二十七条　支部每周或每月缴纳盟费，数额由各区部委员会规定，盟费将用于传播财产公有的原则和支付邮费。

第二十八条　区部委员会每六个月向所属各支部报告收支情况。

第二十九条　区部委员会和中央委员会的委员由选举产生，任期一年。一年后必须重新当选，方可连任，否则由他人替换。

第三十条　每年九月进行选举。选举人如认为自己的担任公职的人员执行职务的情况不能令人满意，可随时召回。

第三十一条　区部委员会应关心其所属支部有可供进行有益而必要的讨论的材料。中央委员会有义务将所有对我们的原则有重要意义因而应予讨论的问题交给各区部委员会。

第三十二条　每个区部委员会、尚未成立区部委员会的支部以及单独活动的盟员，必须同中央委员会或某个区部委员会保持定期的通信联系。

第三十三条　任何一个盟员改变住址时均须事先报告本支部的主席。

第三十四条 每个区部委员会可以采取它认为适当的措施,以保证区部的安全并加强其活动。但这些措施不得违反总章程。

第三十五条 有关修改章程的一切提案必须送交中央委员会,再由中央委员会提请代表大会审议决定。

第七章 接收盟员

第三十六条 在宣读章程后,由第九条中规定的两位盟员向被接收入盟的人提出下列五个问题。如果后者对这些问题回答:"愿意",那么就要他许下诺言,然后宣布他为盟员。

这五个问题是:

(a) 你相信财产公有的原则是真理吗?

(b) 你认为要尽快地实现这些原则,建立一个强有力的同盟是必要的吗?你愿意加入这样一个同盟吗?

(c) 你保证始终不渝地用言语和行动来传播财产公有的原则并促其实现吗?

(d) 你保证对同盟的存在及其一切事情保守机密吗?

(e) 你保证服从同盟的决议吗?

那么请向我们许下你的诺言作证!

以代表大会的名义并受代表大会的委托

秘 书　　　　主 席

海　德[①]　卡尔·席尔[②]

1847年6月9日于伦敦

[①] 卡·沙佩尔的盟内化名。——编者注

[②] 威·沃尔弗的盟内化名。——编者注

复制的手稿　　　　　　　　　　　　　　　　　　　　　　　　摘要
莫斯科苏共中央马列主义研究院
中央党务档案馆，NL 116 （参看
《马克思恩格斯全集》中文第 1 版
第 42 卷第 419—423 页）

147
共产主义信条草案
共产主义者同盟第一次代表大会通过
1847 年 6 月 9 日

共产主义信条草案

第一个问题：你是共产主义者吗？

答：是的。

第二个问题：共产主义者的目的是什么？

答：把社会组织成这样：使社会的每一个成员都能完全自由地发展和发挥他的全部才能和力量，并且不会因此而危及这个社会的基本条件。

第三个问题：你们打算怎样实现这一目的呢？

答：废除私有财产，代之以财产公有。

第四个问题：**你们的财产公有建立在什么样的基础上呢？**

答：第一，建立在因发展工业、农业、贸易和殖民而产生的大量的生产力和生活资料的基础之上，建立在因使用机器、化学方法和其他辅助手段而使生产力和生活资料无限增长的可能性的基础之上。

第二，建立在这样的基础上：在每一个人的意识或感觉中都存在着这样的原理，它们是颠扑不破的原则，是整个历史发展的结果，是无须加以论证的。

第五个问题：**这是一些什么原理呢？**

答：例如，每个人都追求幸福。个人的幸福和大家的幸福是不可分割的，等等。

第六个问题：**你们打算用什么方法为实现你们的财产公有作好准备呢？**

答：启发并团结无产阶级。

第七个问题：**什么是无产阶级？**

答：无产阶级是完全靠自己的劳动而不是靠某一种资本的利润为生的社会阶级；因而这一阶级的祸福和存亡取决于生意的好坏，一句话，取决于竞争的波动。

第八个问题：**是不是说，无产者不是一向就有的？**

答：是的，不是一向就有的。穷人和劳动阶级一向就有；并且劳动者几乎一向都是穷人。但无产者却不是一向就有的，正如竞争并不一向是自由的一样。

第九个问题：**无产阶级是怎样产生的？**

答：无产阶级是由于采用机器而产生的，这些机器发明于上个世纪中期，其中最重要的是蒸汽机、纺纱机和织布机。这些价钱很贵、因而只有富人才买得起的机器，挤掉了当时的工人，因为用机器生产商品比原来的工人用不完善的纺车和织布机生产商品又便宜又快。这样一来，机器就使工业全部落到大资本家手里，并且使工人仅有的一点薄产，主要是他们的工具、织布机等，变得一钱不值，以致资本家占有了一切，而工人却一无所有。从此就实行了工厂制度。当资本家看出这样做对他们是何等有利时，他们就力图把工厂制度扩展到越来越多的劳动部门。他们使工人之间的分工越来越多了；结果，从前完成整件工作的每个工人，现在只做这件工作的一部分了。这种简化的劳动使产品生产得更快，因而也更便宜。这时人们才发现：几乎在一切劳动部门都可以使用机器。一个劳动部门只要照工厂的方式进行生产，它就像纺纱业和织布业一样落到了大资本家的手里，而工人也就失掉了最后的一点独立性。我们逐渐可以看出：几乎所有的劳动部门都照工厂的方式进行生产了。于是，从前的中间等级，特别是小手工业师傅日益破产，劳动者早先的状况发生了根本的变化，产生了两个逐渐并吞所有其他阶级的新的阶级。这两个阶级就是：

一、大资本家阶级，他们在所有先进国家里几乎独占了生活资料和生产这些生活资料的手段（机器、工厂、工场等）。这是**资产者**阶级或**资产阶级**。

二、无财产者阶级，他们仅仅为了换得生活资料，不得不把自己的劳动出卖给第一个阶级，即资产者。由于在这种劳动交易中买卖双方不是**平等**的，而是资产者处于有利的地位，因此无财产者就不得不接受资产者提出的苛刻条件。这个依赖于资产者的阶级叫做**无产者**阶级或**无产阶级**。

第十个问题：**无产者和奴隶有什么区别？**

答：奴隶**一次**就被完全卖掉了。无产者必须一天一天、一小时一小时地出卖自己。奴隶是**某一个**主人的财产，而且正是由于这个原因，他的生活不管怎样坏，总还是有保障的。而无产者可以说是整个资产者**阶**

级的奴隶，不是**某一个**主人的奴隶，如果没有人需要他的劳动，就没有人购买它，因而他的生活是没有保障的。奴隶被看做**物**，不算市民社会的成员。无产者被承认是人，是市民社会的成员。因此奴隶能够比无产者生活得好些，但无产者处于较高的发展阶段。奴隶通过**成为无产者**，并在所有的私有制关系中**只要**废除**奴隶制**关系就能解放自己。无产者却只有废除**一切所有制**才能解放自己。

第十一个问题：**无产者和农奴有什么区别？**

答：**农奴**使用一块土地，也就是使用一种生产工具，为此，他要交出或多或少的一部分收入。无产者用属于他人的生产工具做工，这个他人把由竞争所决定的一份产品让给无产者，作为对他的劳动的报酬。在农奴那里，劳动者得到的那一份是由他自己的劳动决定的，因而也是由他自己决定的。在无产者那里，劳动者得到的那一份是由竞争决定的，因而首先是由资产者决定的。农奴的生活有保障，无产者的生活没有保障。农奴获得解放的道路是：把他的封建主赶走，自己变成财产所有者，从而进入竞争领域并暂时加入有产阶级的队伍，即特权阶级的队伍。无产者则通过消灭财产、竞争和一切阶级差别而获得解放。

第十二个问题：**无产者和手工业者有什么区别？**

答：不同于无产者的所谓手工业者，上个世纪几乎到处都有，而今天还散见各处，他们顶多是**暂时的**无产者。他们的目的是为自己获得资本，并用它来剥削其他劳动者。当行会仍然存在，或者当经营自由还没有导致手工业照工厂的方式进行生产、还没有导致激烈的竞争时，他们往往还可以达到这个目的。但是，一旦手工业采用了工厂制度，竞争也非常盛行时，这种前景就消失了，手工业者就日益成为无产者。因此，手工业者获得解放的道路是：**或者是**成为资产者或一般是变为中间等级，**或者是**由于竞争而成为无产者（正如现在所经常发生的），并参加无产阶级的运动，也就是参加或多或少自觉的共产主义运动。

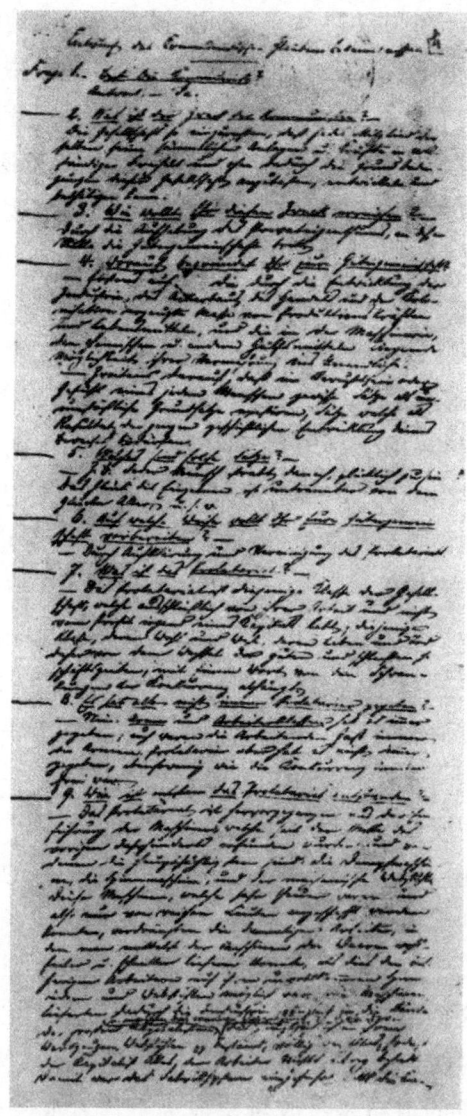

共产主义信条草案（首页），1847年6月9日共产主义者同盟第一次代表大会通过

第十三个问题：这么说，你们并不认为任何时候都可能实现财产公有？

答：是的，我们并不这样认为。只有在机器和其他发明有可能向全体社会成员展示出获得全面教育和幸福生活的前景时，共产主义才出现。共产主义是关于奴隶、农奴或手工业者不可能实现而只有无产者才可能实现的那种解放的学说，因此它必然属于十九世纪，而以往任何时候是不可能有的。

第十四个问题：让我们回到第六个问题吧。如果他们打算用启发并团结无产阶级的方法来为公有制作准备，你们是否因此就拒绝革命呢？

答：我们确信，任何密谋都不但无益，甚至有害。我们也知道，革命不是随心所欲地制造的，革命在任何地方和任何时候都是完全不以单个的政党和整个阶级的意志和领导为转移的各种情况的必然结果。但我们也看到，世界上几乎所有国家的无产阶级的发展都受到有产阶级的暴力压制，因而是共产主义者的敌人用暴力引起革命。如果被压迫的无产阶级因此最终被推向革命，那么，我们将用实际行动来捍卫无产阶级的事业，正像现在用语言来捍卫它一样。

第十五个问题：你们打算一下子就用财产公有来代替今天的社会制度吗？

答：我们不想这样做。群众的发展是不能命令的。它受到群众生活条件的发展的制约，因而是逐步前进的。

第十六个问题：你们认为，用什么方法才能实现从目前状况到财产公有的过渡呢？

答：实行财产公有的第一个基本条件是通过民主的国家制度达到无产阶级的政治解放。

第十七个问题：一旦你们实现了民主制，你们的第一个措施是什么？

答：保障无产阶级的生活。

第十八个问题：你们打算怎样实现这一点呢？

答：一、限制私有财产，以便做到为私有财产逐渐转变为社会财产作好准备，例如实行累进税、对继承权实行有利于国家的限制，等等。

二、让工人在国营工场和国营工厂，以及在国营农场工作。

三、使所有的儿童享受公费教育。

第十九个问题： 你们在过渡时期怎样实施这种教育呢？

答：所有的儿童，从能够离开母亲照顾的时候起，都在国家设立的机构中受教育和学习。

第二十个问题： 在实行财产公有时不会同时宣布公妻制吗？

答：绝不会。只有在保持现有的各种形式会破坏新的社会制度时，我们才会干预夫妻之间的私人关系和家庭。此外，我们知道得很清楚，在历史的进程中，家庭关系随着所有制关系和发展时期而经历过变动，因此，私有制的废除也将对家庭关系产生极大影响。

第二十一个问题： 民族在共产主义制度下还将继续存在吗？

答：按照公有制原则结合起来的各个民族的民族特点，由于这种结合而必然融合在一起，从而也就自行消失，正如各种不同的等级差别和阶级差别由于废除了它们的基础——私有制——而消失一样。

第二十二个问题： 共产主义者排斥现有的各种宗教吗？

答：迄今一切宗教都是单个民族或几个民族的历史发展阶段的表现，而共产主义却是使一切现有宗教成为多余并使之消灭的发展阶段。

以代表大会的名义并受代表大会的委托

秘 书 　　　　主 席
海　德[①]　卡尔·席尔[②]
1847年6月9日于伦敦

---

① 卡尔·沙佩尔的盟内化名。——编者注
② 威廉·沃尔弗的盟内化名。——编者注

复制的手稿

莫斯科苏共中央马列主义研究院中央党务档案馆，NL 116（参看《马克思恩格斯全集》中文第 1 版第 42 卷第 373—380 页）

148
共产主义者同盟第一次代表大会致同盟盟员的通告信

1847 年 6 月 9 日

代表大会致同盟

亲爱的兄弟们：

中央委员会（人民议事会）于今年 2 月①宣布召集，并于今年 6 月

---

① 领导正义者同盟的人民议事会（它的所在地于 1846 年 11 月由巴黎迁往伦敦）在 1847 年 2 月写信给同盟的地方组织，要求选举代表，出席定于 6 月 1 日在伦敦开幕的代表大会。在人民议事会的信中还确定了代表大会的议事日程。代表大会决定同盟的执行领导机关仍设在伦敦，这个机关按照通过的章程草案从这个时候起开始称为中央委员会。——原卷末注

2日在伦敦这里开幕的同盟第一次代表大会,已经结束了自己的工作。鉴于我们同盟的整个处境,大会的各次会议未能公开举行①。

然而,我们代表大会的成员有责任事后把会议的情况向你们公开,至少向你们提供我们讨论的概况。

我们必须这样做,尤其是因为前中央委员会向我们作过总结报告,而**我们**现在应向你们声明,代表大会对这个总结报告是满意的。我们之所以必须这样做,还因为我们在新章程中加了一条:代表大会的一切立法性决议须经各支部表决②;因此,至少就我们决议的这一部分来说,我们已经出于双重原因要向你们说明我们的理由了。

在审查了代表资格证以后,前议事会首先向代表大会作了关于它的领导工作的总结报告和关于同盟情况的报告。代表们对议事会维护同盟利益和着手改组同盟的活动深表满意。于是这一项就完成了。我们从中央委员会的报告和呈交代表大会的书信原件中引用了一些材料,现概述如下。

在**伦敦**,我们同盟最坚强有力。结社自由和言论自由极其便于宣传,并且使许多能干的盟员有机会发挥自己的力量和才能以利于同盟及其事业。为此目的,同盟利用了"德意志工人教育协会"③ 和它的怀特

---

① 共产主义者同盟作为秘密组织不能公开举行自己代表大会的会议和公布会议的材料。——原卷末注
② 指的是共产主义者同盟章程草案第二十一条(见文件146)。——原卷末注
③ 伦敦德意志工人教育协会是卡·沙佩尔、约·莫尔和正义者同盟的其他活动家于1840年2月建立的。共产主义者同盟成立后,在协会里起领导作用的是同盟的地方支部。协会在自己的不同活动时期都有分会设在伦敦工人区。1847年和1849—1850年,马克思和恩格斯积极参加了协会的活动。可是,由于在共产主义者同盟内部引起分裂的维利希沙佩尔宗派主义冒险主义集团在协会中势力的暂时增强,马克思、恩格斯和他们的许多拥护者于1850年9月17日退出了协会。从五十年代末起,马克思和恩格斯重新参加了教育协会的活动,这个协会在颇大程度上促进了马克思主义原则在第一国际纲领中的确立。协会作为国际俱乐部一直存在到1918年,为英国政府所封闭。——原卷末注

查珀尔分会。此外，盟员还参加了"民主派兄弟协会"、法国共产主义讨论会①等组织。

巴黎的前议事会自己认识到，伦敦的同盟比它更有能力担任对同盟事务的中央领导。中央委员会的所有文件的妥善保管和中央委员会成员本身的安全，在任何地方都不如在这里有保障。代表大会在会议期间有充分的机会看到，伦敦各支部拥有足够数量的有才干的人，可以把同盟的最高执行权托付给他们。因此，代表大会决定，中央委员会仍然设在伦敦。

在**巴黎**，同盟最近几年来大大地堕落了。② 区部委员会成员和议事会成员长期以来只进行关于形式的争论和关于所谓的违反章程的争论，而不注意整个同盟的或同盟各区部的事务。在各支部内，也是讨论这样一些浪费时间的、多余的而且会引起分裂的琐事。至多也不过是讨论那些自魏特林的《保证》③ 发表以来就反复讨论而且讨论得厌烦了的老问题。巴黎同盟本身丝毫没有进步，丝毫没有参加阐明原则的工作，没有投入无产阶级的运动，而这一切在其他地方的同盟组织中，以及**在同盟**

---

① 指的是十九世纪四十年代法国秘密的工人团体，在其成员中广泛传播着空想派别的各种各样的社会主义思想和共产主义思想（卡贝、德萨米和其他人）。——原卷末注
② 在这个总结报告中描述的1845—1846年正义者同盟巴黎各支部的情况，同自从1846年8月15日起旅居巴黎的恩格斯寄给在布鲁塞尔的马克思和布鲁塞尔共产主义通讯委员会的其他成员的报道是相符合的（见《马克思恩格斯全集》中文版第27卷所载恩格斯1846年8月—12月的信）。总结报告的这一部分看来是根据恩格斯的报道写成的。恩格斯在克服同盟巴黎各支部内部的思想混乱，在划清它们的革命一翼同倾向于庸俗的"真正的社会主义"和魏特林的空想平均共产主义的小资产阶级分子的界限方面起了决定性的作用。但也不排斥，这一部分可能是恩格斯自己写的。——原卷末注
③ 威·魏特林《和谐与自由的保证》1842年沃韦版。——原卷末注

之外都做到了。结果是,所有那些对在同盟内得到的东西感到不满的人,就在同盟外寻求进一步的解释。这种寻求解释的需要被一个文坛上的骗子和工人的剥削者——德国著作家**卡尔·格律恩**利用了。这家伙看到共产主义的著作能赚钱时,就附和共产主义。过了不久,他看到今后充当共产主义者会招致危险,于是就在新近由他译成德文的蒲鲁东关于国民经济学的矛盾一书①中,为自己的退却找到了借口。上面说到的那个格律恩把这本一般说来毫无意义的书中提出的国民经济学推论作为自己在巴黎向盟员讲演的基础。听他讲演的有两种人:第一种人对共产主义已经感到十分厌烦;第二种人也许希望在这个格律恩那里找到支部会议上未能解决的一大堆疑问和问题的解答。后一种人数相当多,他们是巴黎各支部的最有才干和最有发展前途的成员。上面说到的那个格律恩用自己的空话和徒有虚名的博学曾在一段时间内迷惑了他们之中的许多人。因此,同盟分裂了。一方是在人民议事会和区部中完全占优势的一派,即魏特林派,另一方是那些仍然认为还可以向格律恩学点东西的人。可是这些人也很快就看到格律恩发表反对共产主义者的恶毒言论;看到他的全部学说根本不能够代替共产主义。激烈的辩论发生了,在辩论中表明,几乎所有的盟员都仍然忠于共产主义,只有两三个盟员为上面说到的那个格律恩和他的蒲鲁东体系辩护。同时查明,就是这同一个格律恩惯于欺骗工人,把他们为波兰起义者募集的总共三十法郎的捐款②用于他的私人目的,并且为了出版论普鲁士议会的决定这本毫无价

---

① 比·约·蒲鲁东《经济矛盾的体系,或贫困的哲学》(《Système des contradictions économiques, ou Philosophie de la misère》),由卡·格律恩译成德文,于1847年在达姆斯塔德出版。——原卷末注
② 大概指的是正义者同盟的巴黎盟员为1846年克拉科夫起义的参加者募集的捐款。——原卷末注

值的小册子①，向工人骗取了大概数百法郎。结果是，格律恩以前的听众多数不到场了，他们另外组成了一派，认为自己的主要任务是，进一步阐述共产主义原则的所有结论以及这个原则与社会状况的联系。由于这次分裂，巴黎的同盟组织瓦解了。中央委员会在去年冬天派去了一名特使②，他尽了最大努力把组织恢复了起来。但是不久争论又出现了；三个不同的派别和三种不同的原则是不可调和的。进步派借助于魏特林派让三四个顽固的、直接声明反对共产主义的格律恩分子离盟。可是在选举代表大会代表时，两派在区部委员会的会议上又互相争吵起来。分裂已不可避免；至少是为了进行选举，进步派力量最强的三个支部作出决定：同作为魏特林派的主要支柱的两个支部分开，并且在自己的全体会议上选举一名大会代表。这些都实现了。这样，魏特林派被暂令离盟，盟员的人数减少了三分之一。代表大会研究了两派提出的辩护之后，声明同意这三个支部的做法，因为魏特林派到处阻碍同盟的发展，这种情况在伦敦和瑞士都是经历过的。代表大会一致决定让巴黎的魏特林派离盟，并让巴黎多数派的代表③出席代表大会。

这样，巴黎的盟员的人数固然大为减少，可是起阻碍作用的分子被清除了，并且由于这场斗争人们振奋起来从事新的活动。一种新的精神、一种崭新的毅力出现了。警察的搜捕看来已经停止，而且一般地说，搜捕并不是针对现在取得了胜利并且只有一个成员被驱逐的那一派，而几乎只是针对格律恩派的，这证明，整个搜捕是以普鲁士政府的情报为根据的，这一点马上就会看到。如果说政府驱散了城门附近的几

---

① 指的是卡·格律恩的小册子《国王对普鲁士议会的决定。论时局问题》1846年比尔文肯版。——原卷末注
② 约·莫尔。——编者注
③ 弗·恩格斯。——编者注

次公开集会，那么这主要也是与在那里大放厥词并激烈地攻讦共产主义的格律恩分子——因为在这里共产主义者当然不可能自由地还击他们——有关的。这样一来，现在在巴黎的同盟的情况比它同意让人民议事会迁走时好得多。现在我们的人数少了一些，但是我们是团结的，而且我们在那里有一些有才干的人。

在**里昂**，同盟有了有组织的成员，看来他们是在尽力地参加工作。

在**马赛**，我们同样建立了组织。关于那里的盟员，有人写信告诉我们："马赛同盟的情况不很好。通过信件来鼓励未必会有什么帮助。"我们将设法在今年秋天从我们中间派几个人到那里去，把同盟重新组织起来。

在**比利时**，同盟也站稳了脚跟。在布鲁塞尔有一个干练的支部，它的成员是德国人和比利时人；在列日，他们已经在**瓦龙族**的工厂工人中建立了第二个支部。在这个国家里，同盟的前途非常令人鼓舞，我们希望在下一次代表大会上比利时有一些代表出席。

在**德国**，我们曾经有几个支部在柏林，今年春天这些支部突然被警察强行解散。盟员们可能已经从报纸上得知，警察驱散了由盟员主持的一次工人集会，进行了追查，结果有好几个领导成员被逮捕。在被捕的人中有一个叫弗里德里希·门特尔的人，是个裁缝，出生在波茨坦，大约二十七岁，身材中等，长得很结实，等等。他以前在伦敦和巴黎待过，在巴黎时属于格律恩派，是一个伤感主义的惯会说关于爱的呓语的人，此外，他在历次旅行中，对同盟情况了解得相当详细；这个人没有经受住这次小小的考验。这一事件再次表明，这种低能、思想混乱、多愁善感的人最终只能在宗教中得到满足。就是这个门特尔在几天之内就完全被一个牧师感化了，并在监禁期间两次参加圣餐礼这种滑稽剧。一个柏林的盟员给我们来信说："……他在法庭上讲了巴黎、伦敦、汉堡和基尔的支部（这些支部他全都亲自访问过）的情况，并且供出了海尔曼·克利盖往柏林邮寄自己的《人民代言者报》时使用的地址。他同另一个被告当面对质：难道我没有把这些书卖给你吗？难道我们没有在某处和某处集会吗？难道你不是正义者同盟的盟员吗？当所有这些问题得到的回答都是'不'时，门特尔说：你能为此对全能全知的上帝负责吗？还说了许多类似的蠢话。"幸好这个门特尔的卑鄙行为没有能够使其余的被告上当，这样，政府别无办法，只好把被捕者暂时释放。这个门特尔的告密显然是与在巴黎的德国共产主义者受到迫害一事有密切关系的。我们感到庆幸的是，这个格律恩分子门特尔错把格律恩分子当做同盟的真正领导人来告发了。因此，真正的共产主义者一般没有受到迫害。当然，由于这个事件，整个柏林区部在组织上就乱了。可是，由于那里的盟员具有我们所熟悉的毅力，我们希望，很快就会着手同盟的改组工作。

在**汉堡**，也建立了组织。诚然，柏林的迫害事件使那里的盟员有些害怕了。不过联系却一直也没有中断。

此外同盟在阿尔托纳、不来梅、美因茨、慕尼黑、莱比锡、柯尼斯堡①、托恩②、基尔、马格德堡、斯图加特、曼海姆和巴登-巴登也建立了组织。在斯堪的纳维亚，同盟已经在斯德哥尔摩建立了组织。

在**瑞士**，同盟的情况不像我们所希望的那样令人高兴。在这里魏特林派一开始就占优势。瑞士各支部在发展上的缺点特别表现在：一方面，它们没有能够把过去同青年德意志派的斗争进行到底，另一方面它们只是以宗教精神来反对青年德意志派，并且听任例如像荷尔斯泰因的傲慢的格奥尔格·库尔曼那样一些最卑鄙的骗子任意愚弄自己。由于警察的迫害，瑞士的同盟在组织上遭到很大破坏，以致大会决定采取非常

---

① 现在称做：加里宁格勒。——编者注
② 现在称做：托伦。——编者注

措施来重建组织。不言而喻，关于这些措施的结果和性质，支部只有以后才能得知。

关于**美国**，首先必须等待中央委员会所派去的特使的详细消息，然后才能对那里的同盟的活动情况提出确切的报告。①

从这个报告和交来的同盟信件本身，可以得出两个结论：首先，当伦敦的人民议事会担负起领导职责时，同盟的处境无疑是很困难的，前中央委员会②一点也不重视它所承担的义务；它完全忽视了同盟的团结，除了同盟这次遭到的组织上的破坏外，在个别支部中还逐渐产生了敌对分子。在这种威胁到同盟生存的情况下，伦敦中央委员会立即采取了必要的措施：派遣特使，让危害整个组织的生存的个别盟员离盟，重新建立联系，召开全体代表大会和拟定须在大会上讨论的问题。同时，它采取步骤，吸收其他从事共产主义运动而一直在盟外的人士加入同盟，③ 这些步骤取得了很大的成功。

代表大会在解决了这些问题以后便对章程进行审议。这次讨论的结果是章程的所有条款获得一致通过；大会建议把新章程提交各支部最后通过。为了陈述进行修改的理由，我们特作如下说明：

正义者同盟更名为共产主义者同盟一事被通过了，因为：第一，由于前面提到的那个门特尔的无耻叛变，旧的名称已被政府知道，因此改

---

① 文件到这里为止是威·沃尔弗的手迹；以下是另一人（不是约·莫尔就是亨·鲍威尔）的笔迹。——编者注
② 指正义者同盟人民议事会，它在其所在地从巴黎迁到伦敦（1846年11月）以前主要是由魏特林分子组成。——原卷末注
③ 显然是指正义者同盟的领导面晤马克思和恩格斯，建议他们加入同盟和参加同盟在科学共产主义原则的基础上的改组工作。1847年1月底—2月初，约·莫尔代表人民议事会同在布鲁塞尔的马克思和在巴黎的恩格斯进行了谈判。——原卷末注

变名称是适宜的。第二,而且也是主要的一点,因为旧的名称是在特殊的情况下,并考虑到一些特殊的事件才采用的,这些事件与同盟的当前目的不再有任何关系。因此这个名称已不合时宜,丝毫不能表达我们的意愿。许多人要正义,即要他们称为正义的东西,但他们并不因此就是共产主义者。而我们的特点不在于我们一般地要正义——每个人都能宣称自己要正义——,而在于我们向现存的社会制度和私有制进攻,在于我们要财产公有,在于我们是共产主义者。因此,对我们同盟来说,要有一个合适的名称,一个能表明我们实际是什么人的名称,于是我们选用了这个名称。按照同样的精神,我们换掉了从政治联合遗留下来的名称:"区"和"议事会",这些名称带有德意志特性,这种特性会对我们同盟的已向各国人民公开的反民族主义的性质产生不好的影响。我们把这些名称换成另一些真正能表达所应表达的意思的词。采用这样简单明确的名称,更加有助于我们的带宣传性质的同盟去掉敌人竭力想强加于我们的那种密谋性质。

大会没有任何争议就一致认为:必须重复召开现在在这里首次召开的代表大会,**定期地**召开这样的代表大会,并且在保留各支部批准权的条件下把同盟的全部立法权移交给代表大会。——我们希望,在这里作出的决定中会找到一些重要的条文来保证代表大会为整体利益进行有效的活动。

一些条款被删去了,其中属于盟章规定的,用明确的盟章条款来代替,而其中属于一般共产主义原理的,则用共产主义信条来代替;这样,章程就具有更简单和更划一的格式,同时更准确地规定了每个领导机构的作用。

在章程的问题解决之后,就转入讨论由中央委员会准备的或者由各代表提出的各种各样的建议。

首先讨论一位代表提出的关于六个月后召开一次新的代表大会的建

议。代表大会认为，本届大会是在同盟的组织被削弱的时候宣布召集和举行的，它作为第一次代表大会，首先应当把自己看做是组织建设的大会。它认为，为了彻底解决当前的重要问题，召开一次新的代表大会是必要的；同时由于新的章程规定例行代表大会应在八月份召开，这样只有两个来月的间隔时间，又由于不能把第二次代表大会推迟到1848年8月，于是就决定，今年11月29日（星期一）在伦敦这里召开第二次代表大会。——不管是恶劣的季节还是又要增加费用都挡不住我们。——同盟已经经受了一次危机，在当前的情况下决不应当害怕为此作出巨大的努力。——新的同盟章程包括关于选举代表的必要规定，因此我们希望，将有许多区部派遣代表参加第二次代表大会。

同一位代表提出的关于拨出一定的基金用来派遣特使的建议，也获得了全体的赞同。——大家认为，我们的同盟要派遣两种特使。第一种是用同盟的费用派到一定地方去执行特殊的使命：或者在同盟还不存在的地区建立同盟，或者在同盟已经瓦解的地方重建同盟。这种特使必须受中央委员会的直接监督。第二种是要回自己的故乡或者要到其他地方去的工人。这些工人往往是很能干的人，只要同盟补偿他们为同盟而花费的额外开支，就可利用他们去访问一些距离他们旅居之处不远的支部，这将对同盟有很大的益处。这样的临时特使当然只能受区部委员会的直接监督，只是在特殊情况下才受中央委员会的监督。——因此代表大会决定：委托中央委员会每三个月向每个区部委员会收取一定的经费，并用这笔钱来建立派遣第一种特使的基金。此外，委托各区部委员会比过去更经常地以上述方式利用外出旅行的能干盟员作为**临时**特使，并从区部委员会自己的基金中预付给他们额外的旅费。在特殊情况下，区部委员会可以请求从中央委员会的基金中拨给这笔费用；至于是否满足这类金钱要求，当然要由中央委员会来决定。每个特使应对给他提供经费的委员会负责并向它汇报工作。

你们大家都将看到，通过特使来组织宣传并使宣传服从集中的领导是多么需要。——我们希望，我们在经过深思熟虑之后作出的决定能受到你们的欢迎并给我们的事业带来良好的效果。

下一个问题是关于同盟机关刊物的问题；大家没有任何争议地认为，这样的刊物极端需要。大家还同样没有争议地认为，这个刊物只能在伦敦出版，最多每星期出一期，最少每月出一期。——刊物名称、题词、开本已经确定，你们将通过在7月出版的试刊看到。有一个委员会负责编辑工作，直到杂志出版为止；然后将由一个编辑①——已经任命——在委员会的协助下担任领导工作。——这一点讨论完以后，代表大会就转到开支问题。首先为了使印刷所完善，还需要很多东西，特别需要一台铁制印刷机，为此中央委员会受托向各区部收取一笔费用。然后对开支进行了估算。——结果是：如果一个印张的周刊每期售价2便士=4苏=2银格罗申=6克利泽，那么为了弥补开支就需要有相当多的订户，可是目前还不可能精确估计到是否有这么多订户。——如果出月刊，没有编辑，也许订户少些就能维持，可是月刊满足不了同盟的要求。——但是，如上所述，我们能否为周刊征求到必要数量的订户，是没有把握的，以致我们无法为此承担必需的义务。——因此我们决定如下：在7月份暂时免费发行一期试刊。然后各个支部通过它们的区部将自己有多少盟员呈报上来，因为大会决定，至少在杂志每月发行一期的时期内，每个盟员要付一本杂志的钱，而每个支部只能得到一本，剩余的免费分发。——此外，盟员必须调查清楚在自己的地区里肯定可以推销多少份，必须征求订户，并汇报这方面的情况。——然后代表大会将在11月根据中央委员会提供的情况作下一步的决定，而且，尽可能在

---

① 威·沃尔弗。——编者注

新年前出版杂志。目前伦敦印刷所将用于印刷传单①。

　　最后是关于共产主义信条的问题。——代表大会认识到：公开宣布同盟的原则是极其重要的步骤；一种信条，过几年，也许过几个月，就不再合乎时宜，不再符合多数人的意愿了，这种信条一定会起有害的作用，而一个有用的信条将会带来益处，因此，对待这一步骤必须特别慎重，不应操之过急。正是在这个问题上，如同在同盟机关刊物的问题上一样，大会深深感到，它不应拿出最终的方案，而只应提出建设性的倡议，以便通过对信条**提纲**的讨论给正在复苏的同盟生活提供新的养料。因此，代表大会决定草拟这个提纲，把它发给各支部讨论、编写，各支部要把修改建议与补充意见寄给中央委员会。提纲②随信附上。——我们把它推荐给各支部进行严肃的、仔细的考虑。——我们一方面想离一切粗制滥造体系的行为和庸俗的共产主义远一点，另一方面又想避开多愁善感的共产主义者关于爱的粗俗无聊的呓语。相反，我们力求通过对共产主义所由产生的社会关系的不断考察，永远保持一块稳固的基地。我们希望，中央委员会将从你们那里收到很多的补充意见和修改建议，并且再次要求你们就这个问题进

---

① 伦敦中央委员会计划出版共产主义者同盟的定期机关刊物（报纸或者杂志），因为缺乏经费而没有成功。只是于1847年9月初在伦敦出版了一期《共产主义杂志》试刊。它是在伦敦德意志工人教育协会的印刷所中印刷的。从这期的内容中可以看到马克思和恩格斯的影响。在刊登的（威·沃尔弗、卡·沙佩尔和其他人的）文章中，批判了"真正的社会主义"和空想社会主义的其他派别，回击了海因岑对共产主义者的攻讦，叙述了无产阶级运动的策略原理。在杂志的试刊中，第一次在刊物里作为题词出现了"全世界无产者，联合起来！"的口号。从1847年9月起，共产主义者同盟的事实上固定的机关报是《德意志—布鲁塞尔报》，当时马克思和恩格斯已成为该报的撰稿人，并把报纸的编辑事务集中在自己的手中。——原卷末注

② 见《马克思恩格斯全集》中文第1版第42卷第373—380页。——编者注

行特别热烈的讨论。

亲爱的兄弟们！这就是概况，就是我们讨论的结果。① 我们很乐意以最终决定的形式解决向我们提出的各项问题，很乐意创办同盟机关刊物，很乐意以信条形式宣布共产主义原理。但是为了同盟的利益，为了共产主义运动的利益，我们应当在这里限制自己，应当再次向大多数人呼吁并把我们准备好的**东西**留待第二次代表大会去通过。

亲爱的兄弟们！现在你们应当来证实你们对同盟的事业、对共产主义事业的关心。同盟胜利地度过了一个分崩离析的时期。优柔寡断和萎靡不振已经克服，同盟自身中出现的敌对分子已被清洗。新的成员已加入了。同盟的前途有了保证。可是，亲爱的兄弟们！我们的处境不允许我们有片刻放松我们的努力：还不是所有的创伤都已治好，还不是所有的漏洞都已填补，我们所进行的斗争的某些痛苦后果还是显而易见的。因此，同盟的利益和共产主义的事业还要求你们在一个短时期内进行紧张的活动；因此，在几个月之内，你们对自己的工作不能有片刻厌倦。特殊的情况要求特殊的精力。我们的同盟经历过这样的危机时刻：在此期间，我们首先必须同由于德国和其他国家的警察迫害的沉重压力，更多地是由于迅速改善社会状况的希望越来越渺茫而引起的沮丧作斗争；在此期间，我们不仅必须同我们的敌人，即受资产阶级控制或者与资产阶级勾结在一起反对我们的各国政府的迫害作斗争，而且要同我们自己内部的敌人作斗争；我们考虑到同盟的危险处境，考虑到讲德语的整个共产党有瓦解之虞，还必须不顾情面地战胜这些内部敌人并使之不能为害。——兄弟们！这样的危机是不可能一夜之间就克服的。尽管同盟存在，尽管组织的力量又得到加强，但也还需要几个月的连续工作，然后才能说：我们作为共产主义

---

① 从这里开始，又是威·沃尔弗的手迹。——编者注

者、作为同盟盟员尽了自己的责任。

兄弟们！我们坚信，你们像我们一样，也会感到这些情况的重要性；坚信你们也完全能对付这种困难的情况，现在我们满怀信任地向你们呼吁，向你们对共同事业的热忱呼吁！我们知道，资产阶级的无耻的利欲使你们几乎没有一点时间去为我们的事业工作；我们知道，资产阶级把你们靠艰苦劳动换取的微薄工资压到最低限度；我们知道，现在正处于饥荒和商业萧条时期，你们的负担特别沉重；我们知道，一旦你们终于找到时间和拿出钱来为共同事业进行活动时，资产阶级就会迫害你们，逮捕你们，损害你们的健康，威胁你们的生命；所有这些情况我们是知道的，尽管如此，我们还是毫不犹豫地要求你们再捐献一些钱，号召你们加倍努力。因为，如果我们不知道，为谋求整体福利作出决定而把我们选举出来的人，也准备努力和毫不犹豫地执行我们的决定；如果我们不知道，在我们同盟内，没有人不把共产党的利益，把推翻资产阶级以及把公有制的胜利视为他自己切身的、最宝贵的利益；如果我们不知道，有足够决心参加同盟，不怕因此而招致巨大危险的人，也有足够的决心和毅力甘冒这种危险，使同盟成为整个欧洲的一个强大组织；最后，如果我们不知道，这些人遇到的障碍越大，他们就越勇敢、越积极、越受到激励；如果我们不知道所有这些情况，我们就该羞得面红耳赤，退出整个运动。

兄弟们！我们代表着一个伟大壮丽的事业。我们正宣布历史上最伟大的变革，这个变革，无论就其彻底性还是就其成果的丰硕来说在世界史上是无与伦比的。我们不知道，我们将在多大程度上能够享受这次变革的成果。可是我们知道，这次变革来势迅猛，日益临近；我们看到，在法国、德国、英国和美国，到处都有愤怒的无产阶级群众投入运动，并且用一种有时还是嘈杂的但越来越响亮和清楚的声音，要求从金钱的统治下、从资产阶级的桎梏中解放出来。我们看到，资产者阶级越来越富,中间等级则日益破产,这样,历史的发展本身将引起一场伟大的革命。由于人民的苦难和富人的骄横,这场革命有朝一日终将爆发。兄弟们!我们大家都希望活到那一天。即使革命没有像议事会的信件①中所预料的那样在今年春天发生,即使我们未能有机会拿起武器,那么你们也不要因此而迷惘!这一天必将到来,那时人民群众将集结自己的队伍,打垮资本家的雇佣军,——那时将显示出,我们的同盟是什么样的组织,它是怎样工作的!即使我们享受不到这场伟大斗争的**所有**成果,即使我们有千百人牺牲在资产阶级的霰弹之下,但是我们所有的人,甚至包括牺牲者,终究是经历了一场**斗争**,而这场斗争和这一胜利是值得为之奋斗终身的。

就此结束。祝一切顺利!

以代表大会的名义
秘书　　　　主席
海　德②　卡尔·席尔③
1847年6月9日于伦敦

复制的手稿
莫斯科苏共中央马列主义研究院
中央党务档案馆,NL 116 (参看
《马克思恩格斯全集》中文第1版
第42卷第424—437页)

---

① 指的是《正义者同盟人民议事会告同盟书,1847年2月》。——原卷末注
② 卡尔·沙佩尔的盟内化名。——编者注
③ 威廉·沃尔弗的盟内化名。——编者注

149
伦敦共产主义者同盟中央委员会给汉堡支部的信

1847年6月24日

伦敦共产主义者同盟中央委员会致汉堡同盟支部

1847年6月24日于伦敦

亲爱的兄弟们：

你们本月18日的来信及柏林的附件我们都按时收到了。你们准备一如既往地用言论和行动来争取我们的权利，这使我们感到高兴。

现在我们把代表大会致同盟的通告信以及新的章程和共产主义信条草案寄给你们，并且请你们对下面六个问题尽速作出答复，以便我们现在就能开始为第二次代表大会做必要的准备工作：

1. 你们是否满意代表大会的工作，是否同意代表大会所作出的决议；

2. 你们对新章程是赞成还是反对；

3. 你们能否每一季度或每半年为我们提供一次用于代表大会通告信中规定的目的所需的经费，以及能提供多少；

4. 你们是否已经组成区部，如果尚未组成，那么你们在什么地方能最容易和最妥善地将它组成。——见章程第十四条

5. 在你们那里能否发行将在八月份出版的同盟机关刊物，以及能发行多少册；

6. 社会的和共产主义的思想是否在你们那里的居民中间得到传播，是以什么方式传播的，它们在居民中间有什么反应。

其次，我们请你们对共产主义信条草案进行一次认真的讨论，并且尽快地把你们认为适当的补充和修改的意见告诉我们，以便我们能够加以整理和提交下次代表大会讨论，从而由大会确定信条的最后文本。

你们是否单独地或者同另一地方一起派一名代表出席下次代表大会。此事现在如已商妥，把情况告诉我们，那也是很好的。

我们希望你们尽一切努力巩固和组织阿尔托纳、马格德堡、柏林等地的同盟，因此，请你们一有机会就把章程、信条草案以及代表大会的通告信转交上述地方的盟员。

最后，我们还必须指出，因为现在只有代表大会有权修改章程，所以你们应当简单地表明，你们对章程是赞成还是反对。如果你们认为必须修改和补充，请把你们在这方面的建议寄给我们，然后由我们把这些建议提交下次代表大会讨论和作出决定。

兄弟们，再见！我们希望不久将得到你们的好消息，衷心地问候你们。

以中央委员会的名义并受中央委员会的委托

秘书　　　　　主席

约瑟夫·莫尔　卡尔·沙佩尔

既然威·马尔在汉堡，你们或许还认识他本人，那么请问，吸收他为我们的事业工作，是不可能和不恰当的吗？

通讯地址：伦敦肯宁顿路切斯特街44号

罗斯夫人

手稿
莫斯科苏共中央马列主义研究院
中央党务档案馆，NL 116 （参看
《马克思恩格斯全集》中文第 1 版
第 42 卷第 438—440 页）

150
卡尔·马克思论无产阶级阶级斗争的发展
1847 年 7 月初

[……] 正如**经济学家**是资产阶级的学术代表一样，**社会主义者和共产主义者**是无产者阶级的理论家。在无产阶级尚未发展到足以确立为一个阶级，因而无产阶级同资产阶级的斗争尚未带政治性以前，在生产力在资产阶级本身的怀抱里尚未发展到足以使人看到解放无产阶级和建立新社会必备的物质条件以前，这些理论家不过是一些空想主义者，他们为了满足被压迫阶级的需求，想出各种各样的体系并且力求探寻一种革新的科学。但是随着历史的演进以及无产阶级斗争的日益明显，他们在自己头脑里找寻科学真理的做法便成为多余的了；他们只要注意眼前发生的事情，并且有意识地把这些事情表达出来就行了。当他们还在深寻科学和只是创立体系的时候，当他们的斗争才开始的时候，他们认

为贫困不过是贫困,他们看不出它能够推翻旧社会的革命的破坏的一面。但是一旦看到这一面,这个由历史运动产生并且充分自觉地参与历史运动的科学就不再是空论,而是革命的科学了。[……]

在英国,工人们就不限于组织一些除临时罢工外别无其他目的并和罢工一起结束的局部性同盟。他们还建立经常性的同盟——**工联**,作为工人同企业主进行斗争的堡垒。现在,所有这些地方工联已组成为全国职工联合会①,拥有会员8万人,中央委员会设在伦敦。工人在组织这些罢工、同盟、工联的同时也进行政治斗争,现在工人们正在**宪章派**的名义下形成一个巨大的政党。

工人们最初企图**联合**时总是采取同盟的形式。

大工业把大批互不相识的人们聚集起来。竞争把他们的利害关系分开。但是维护工资这一对付老板的共同利益,使他们在一个共同的思想(反抗、组织**同盟**)下联合起来。因此,同盟总是具有双重目的:消灭工人之间的竞争,以便同心协力地同资本家竞争。反抗的最初目的只是为了维护工资,后来,随着资本家为了压制工人而逐渐联合起来,原来孤立的同盟就组成为集团,工人们为抵制经常联合的资本而维护自己的联盟,就比维护工资更为必要。下面这个事实就确切地说明了这一点:使英国经济学家异常吃惊的是,工人们献出相当大一部分工资支援经济学家认为是单只为了工资而建立的联盟。在这一斗争(真正的内战)中,未来战斗的一切要素在聚集和发展着。达到这一点,同盟就具有政治性质。

经济条件首先把大批的居民变成工人。资本的统治为这批人创造了

---

① 全国职工联合会(National Association of United Trades)是工联的组织,1845年在英国成立。联合会的活动限于争取出卖劳动力的优惠条件和改善工厂立法的经济斗争。联合会一直存在到60年代初,但是1851年以后它在工会运动中没有起多大作用。——原卷末注

同等的地位和共同的利害关系。所以,这批人对资本说来已经形成一个阶级,但还不是自为的阶级。在斗争(我们仅仅谈到它的某些阶段)中,这批人逐渐团结起来,形成一个自为的阶级。他们所维护的利益变成阶级的利益。而阶级同阶级的斗争就是政治斗争。[……]

被压迫阶级的存在就是每一个以阶级对抗为基础的社会的必要条件。因此,被压迫阶级的解放必然意味着新社会的建立。要使被压迫阶级能够解放自己,就必须使既得的生产力和现存的社会关系不再继续并存。在一切生产工具中,最强大的一种生产力是革命阶级本身。革命因素之组成为阶级,是以旧社会的怀抱中所能产生的全部生产力的存在为前提的。

这是不是说,旧社会崩溃以后就会出现一个表现为新政权的新阶级的统治呢?不是。

工人阶级解放的条件就是要消灭一切阶级;正如第三等级即资产阶级解放的条件就是消灭一切等级一样。①

工人阶级在发展进程中将创造一个消除阶级和阶级对立的联合体来代替旧的资产阶级社会;从此再不会有任何原来意义的政权了。因为政权正是资产阶级社会内部阶级对立的正式表现。

在这以前,资产阶级和无产阶级间的对抗仍然是一个阶级反对另一个阶级的斗争,这个斗争一旦达到最紧张的地步,就成为全面的革命。可见,建筑在阶级对立上面的社会最终将成为最大的矛盾、将导致人们的肉搏,这用得着奇怪吗?

---

① 这里所谓等级是指历史意义上的封建国家的等级,这些等级有一定严格限定的特权。资产阶级革命消灭了等级及其特权。资产阶级社会只有阶级,因此,谁把无产阶级称为"第四等级",他就完全违背了历史。——弗·恩·(恩格斯在1885年德文版上加的注)

不能说社会运动排斥政治运动。从来没有哪一种政治运动不同时又是社会运动的。

只有在没有阶级和阶级对抗的情况下,社会进化将不再是政治革命。而在这以前,在每一次社会全盘改造的前夜,社会科学的结论总是:

"不是战斗,就是死亡;不是血战,就是毁灭。问题的提法必然如此。"(乔治·桑)①

卡尔·马克思《哲学的贫困》1847年巴黎和布鲁塞尔版第118—119、174—178页(《马克思恩格斯全集》德文版第4卷第143、180—182页,参看《马克思恩格斯全集》中文第1版第4卷第157—158、195—198页) 摘要

151
约瑟夫·魏德迈(哈姆)给卡尔·马克思(布鲁塞尔)的信

1847年7月7日

1847年7月7日于哈姆

亲爱的马克思:

吕宁带着年轻的夫人到瑞士旅行去了,我目前代替他的职务,所以

---

① 乔治·桑的历史小说《扬·瑞日卡》的序。——原卷末注

你的来信**暂时**由我答复。但我会马上把你的信寄给吕宁,以便让你尽快得到满意的解释。至少我不相信,吕宁会拖延答复。¹⁰¹ [……]

关于你再次谈到发表批判《人民代言者报》的那篇文章一事①,在你向我表示不希望发表时,我早已把文章交给吕宁了。同时,《人民代言者报》已刊登了那篇文章,吕宁不认为你的顾虑有充分的根据。¹⁰²但考虑到文章所产生的效果,我还为他没有顺从你的顾虑而感到高兴。我的文章所表述的观点本来就是在你的激励下产生的,甚至完全有赖于你才产生的,我随时随地都是这么认为的,如果有机会,我还将公开声明这一点。我如果不在布鲁塞尔逗留,那我从国民经济学家的研究中所得到的收获恐怕连一半都没有,是的,我也许根本就写不出这样的文章,对于你的悉心指导我将永远感激不尽,铭诸肺腑。

请转告沃尔弗,希望他把通讯②的续篇,至少是7、8两个月的续篇寄到哈姆来,因为我在这里以测量专家的身份参加科隆—明登铁路线的工作。关于他的稿酬问题,我已写信给书商。但请他把你反对蒲鲁东的书直接寄往瑞士。

祝你安好

你的 约·魏德迈

手稿　　　　　　　　　　　　　　　　　　　　节录
莫斯科苏共中央马列主义研究院　　　　　　　第一次发表
中央党务档案馆,F. 1, op. 5, Nr. 139

---

① 本书第1卷文件88。
② 为《威斯特伐利亚汽船》写的通讯;并参看文件157。

152
斯蒂凡·波尔恩关于他以特使身份而作的瑞士之行的回忆摘录[103]

1847年7月底至10月中

［……］今年10月，我受伦敦中央委员会的委托，访问了里昂和瑞士的"支部"，向它们作了几个报告，把它们引向社会发展的新阶段，为即将发生的事件做好准备。天空乌云密布，预示着**宗得崩德**战争的暴风雨即将来临。［……］

在巴黎一个交易所的院子里，我同恩格斯握手告别。［……］

我在里昂时就有人告诉我，我在所到之处，即我要去完成我的使命的地方，保证会像在里昂一样受到友好的接待。几天以后，我可能前往日内瓦继续旅行。［……］

我不愿充当像机器一样运转的游说者，我要找工作，而且已经找到了工作。为了在经济上自主，我在日内瓦多待了几周。［……］

在秋高气爽的夜晚，我和新朋友们一起散步，向他们介绍我的新感受，简直就同逍遥学派的讲课一模一样。每个星期天，我们都登上萨莱沃山，我比以往任何时候都觉得幸福，所以四个星期以后我才满怀喜悦的心情穿越纳沙泰尔山脉，前往当时已有近两万人从事钟表生产的大镇拉绍德封。

纳沙泰尔州当时由于**君合国**的缘故还同普鲁士王室有联系，因而它还有一些机构会使人想起这个君合国。瑞士的任何地方都不像这个州，竟用一种警察式的警觉眼光死死盯住外国人的一举一动,特别是死死盯住按照法国模式组成社会主义团体的那些德国工人的一举一动。因此,秘密的夜间集会就得在汝拉山里举行。[……]

我的下一站是伯尔尼。[……]

我在雷策尔①的印刷所找到了工作,我征得"老板先生"的同意,在印刷所排印我在晚上写成的批判海因岑的著作。② 雷策尔先生虽然是个地道的保守分子,但在我缴纳了必要的费用后,他就同意在他的刊物上发表该著作,而我则把它寄往伦敦,广为传播。[……]

斯蒂凡·波尔恩《一个四八年战士的回忆》1898年莱比锡版第54—62页

节录

153
卡尔·马克思所作的关于建立共产主义者同盟布鲁塞尔支部和区部的记录

1847年8月5日

8月5日。建立新支部。

---

① 在原件中是雷伯尔。
② 文件163。

第三章　共产主义者同盟的创建及其纲领《共产党宣言》的制定

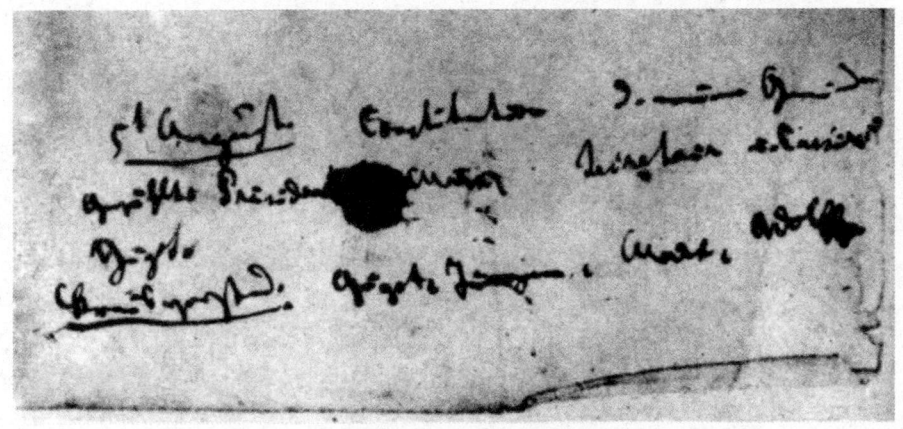

卡尔·马克思1847年8月5日所作的关于建立共产主义者
同盟布鲁塞尔支部和区部的记录（片段）

马克思当选为主席，日果当选为秘书兼财务员。

区部委员会：日果、荣格、马克思、沃尔弗

手稿
莫斯科苏共中央马列主义研究院
中央党务档案馆，F. 1，op. 1，Nr. 220
(《马克思恩格斯全集》德文版第 4
卷第 593 页，参看《马克思恩格斯
全集》中文第 1 版第 4 卷第 571 页)

154
关于布鲁塞尔德意志工人协会成立和发展的报道[104]

1847 年 8 月底至 10 月底

［……］迄今为止，德国工人在布鲁塞尔都居住得很分散，彼此不相往来，没有集会的场所。他们充其量只不过在星期天和不上班的星期一在这一家或那一家小酒馆里小聚一番，在一块儿喝喝酒、抽抽烟而已。除此之外，一般说来，多数人都互不相识，同样，他们对德国故土所发生的事情也一无所知。他们只能看懂德文报刊——因为那时工人们没有钱光顾咖啡馆——看不懂比利时报刊。由于大多数人根本不懂法

文，或者说他们无法充分利用法文报刊，因此，在一个大都市里，不懂法语又对佛兰德语懂得很少的人或多或少是孤独的。

两个月前，一些工人决定创立一个团体，以满足社交愿望。于是，37个人在8月底集体讨论了一次，结果便成立了一个名叫"布鲁塞尔德意志工人协会"的团体，全体与会者（37人）全都注册入会，成了会员。他们起草了章程。章程规定，该协会的宗旨是联合迄今或多或少孤独生活在布鲁塞尔的德国人，在指定的白天或晚上进行社交活动（唱歌、朗诵等等），讨论共同感兴趣的问题。

现在两个月过去了，协会已拥有70多名成员。会员们在每个星期日和星期三（目前都在市政厅附近的天鹅旅馆）集会。每星期日都有一个会员综述上周在德国和其他国家发生的最重要的事件；接着便是唱歌、朗诵等社交活动。现在，有不少妇女也来参加集会。星期三晚上，讨论由某个会员在上周提出并得到多数人同意的问题。在这里，值得一提的是关于采用机器和实行工厂制度对工人阶级状况的影响问题，关于保护关税制度和自由贸易制度等问题的几次富有教益和生动活泼的讨论。

协会现有一个小图书室，内藏65册图书和小册子，还有1本地图册和若干幅地图；协会订了3份德文报纸；我们专门规定星期五为读报日。此外，为了娱乐，由会员们自编自演的剧目，博得了不参加演出的会员们异口同声的喝彩。[……]

1847年10月28日《德意志—布鲁塞尔报》第86号　　　　　　　　　　　　　　节录

155
亨利希·毕尔格尔斯(科隆)给卡尔·马克思 (布鲁塞尔)的信

1847年8月30日

请注意:

写于收到你8月28日的来信之前。①

亲爱的马克思:

我早就打算给你写信了,特别是最近,你批判蒲鲁东的那部著作写得精彩极了,我读后觉得是一种难得的享受,为此我特向你表示感谢。

我们迫切地列为公开辩论的各种问题,竟得不到任何人的理解。德国资产阶级还根本不知道自己就是我们所说的资产阶级;在一定程度上,它还受着博爱主义的影响,而博爱主义尚未预料到从属于它的阶级的抗争。比如,在科隆从事生产和商业的人们中间,可称之为有知识的坚定的资产者的也许不足10人,大部分人在实践的推动下才会认识到他们的阶级立场的后果。当然,人们只要进一步考虑一下德国的无产阶级,这一点是不难得到解释的。这里的绝大部分人都没有完全意识到自己的状况和前途,简直令人不可思议。少数人在法国或英国的那种社团式的与外界隔绝的手工业者学校里虽然学到了一些东西,但他们很快就销声匿迹了,他们的抽象意识在德国的实践中毫无用处。只有赫斯和魏

---

① 这句话是后加的,马克思1847年8月28日给毕尔格尔斯的信没有保存下来。

特林这样的人才对此抱有幻想。德国的工厂工人和施特劳宾人①还在自始至终地倾听相互进行激烈竞争的资产阶级的那一套笨拙的饶舌，以便接受从世界市场的行情中推论出来的宣传。因此，我根据日果的指示上报了详细情况，而他似乎也没有对我们作出如实的答复。

不过，如果有谁凭空想象德国有一个**共产党**，那确实是个天大的误会，据我们观察，这是没有影子的事。因为人们根本不会认为皮特曼的改革年鉴②的观点就是共产主义！当然，比如在威斯特伐利亚，有许多人都顽固地自封为共产主义者。还有目前正在布雷斯劳出版《人民明镜》的柏林候选人尤利乌斯·贝伦兹，看来也自以为是共产主义者。但是，人们日益看清了其中的奥秘；结果是什么？是费尔巴哈和施蒂纳的混合物，是关于人性的人的一套空话，是关于爱是同竞争即利己主义相对的社会准则的一套空话，是包括赫斯的贫困编年史③在内的关于无产阶级的思辨体系，这就是一切！这些人也自以为非常革命，急于并拢双脚向前一跃便进入共产主义。由于目前还做不到这一点，于是他们就辱骂资产者和禁止娱乐活动的警察，而且在谈吐和穿着方面都很下流。如果他们最终失去耐心，就前往美洲。如果说这些共产主义者主要不是由格律恩的蒲鲁东④造就的，那么，就是由纯粹的惰性造就的，因为声明"扬弃"财产，然后把它看做是不值一提的东西，根本不再为它费心劳神，要比探索经济学范畴乃至研究

---

① 见本卷第24页脚注①。
② 指皮特曼于1845年和1846年的《莱茵社会改革年鉴》。
③ 指赫斯1845—1846年出版的《社会明镜》，它主要报道无产阶级和其他劳动阶层的贫困状况。
④ 指格律恩翻译的蒲鲁东的著作《经济矛盾的体系……》的德译本，该译本以《政治经济学的哲学，或贫困的必然性》为书名于1847年在曼海姆出版。

各种生产关系更加省事。很明显，依靠这样的共产主义者不能建立任何政党。他们完全置身于实际运动之外，因此他们在实践中很有可能被证实是精明能干的资产者。我说的是比勒费尔德人，他们这样发展下去，只有两种可能：或者带着模糊不清的博爱主义倾向完全倒向资产阶级一边，或者远走异邦，流亡国外。

再说一遍，在实际生活中谁也不知道在德国有什么共产党，因为我不相信德国其他地方会与这里及威斯特伐利亚有什么不同。这一点，我可以担保。[……]

我正想结束这封信的时候，收到了你28日的来信，我很想把开头的三分之二删掉，但我终于没有这样做。你至少会清楚地看到，我欣然同意你准备主管评论性月刊的计划。我想，为了使你的活动重新转向德国，还需要作一些介绍。我为我们在这个问题上取得一致意见而感到高兴。至于你所说的杂志的领导权问题、认股问题以及计划性、对你的绝对信任和立即出版的必要性等问题，我都没有意见。我只对第一点，即经费问题有些想法。如果要建立自己的排字车间、印刷所和发行部，那势必又要同书商建立联系，而这样一来就会产生一个问题：购置印刷所的设备及其必要附件的经费是否准备从杂志的利润中提取？为杂志①争取一个同时靠出版其他著作获利的书店或印刷所，价钱是否更便宜？当然这是后话。[……]

手稿	节录
莫斯科苏共中央马列主义研究院	第一次发表
中央党务档案馆，F. 20, Nr. 12	

---

① 该杂志的出版计划最终还是落空了，参看文件174。

156
《共产主义杂志》试刊号，第1期[105]

1847年9月初

共产主义杂志

（试刊号）

"全世界无产者，联合起来！"

第1期　　　　　　　　　　　　　　1847年9月于伦敦 售价：2便士①

引　言

各政治党派、各宗教团体出版了数以千计的报章杂志，因而都有了自己的喉舌。唯独无产阶级，即一无所有的大众至今未能创办一个持久的、能够完全维护自己利益的、特别是可以当做工人自修指南的刊物。虽然无产者迫切需要这样的刊物，而且很多地方已经作过出版这种刊物的尝试，可惜都没有成功。在瑞士有人先后出版了《年轻一代》、《喜讯》和《现代报》；在法国有《前进报》和《未来报》；还有莱茵普鲁士的《社会明镜》等等。然而，没过多久，这些刊物就全都销声匿迹了。有的是由于警察的干涉，编辑部被查封；有的是由于缺少必要的资

---

① 下面编辑部有关编辑部的地址的说明和该杂志在其他国家的售价见注105。

金，不能继续发行。无产者对此爱莫能助，而有产者又不愿资助。继这些不幸事件之后，有人从各个方面向我们呼吁，要求我们再作一番尝试，说我们在英国可以享受完全的出版自由，不用害怕警察的追究。

学者们、工人们虽然答应资助我们，可是，我们仍有些犹豫不决，因为我们担心创办不久就又缺乏维持刊物出版的必要资金。最后，有人建议我们自己办一个印刷所，这样，这一筹办中的刊物就可以有保障了。预订开始以后，伦敦两个教育协会的会员们给了我们力所能及、甚至力所不及的帮助，很快就筹集了25英镑。我们用这些钱到德国预约了必要的稿件。我们协会的排字工人义务排印。于是，我们的刊物的第一期就这样与大家见面了。我们的刊物还得到来自大陆的一些资助，继续出版将是没有问题的。目前我们还缺少一台印刷机，一俟我们筹足资金买到这台印刷机，我们的印刷所就完全有能力除了印刷我们的杂志外，还印刷其他维护无产阶级利益的书籍。我们决心稳妥行事，所以出了这个试刊号后，暂时还要等一段时间，看看能从外界得到多少资金，然后再继续出版。我们希望到今年年底能得到一个准确的消息，然后决定我们的杂志是出半月刊还是出周刊。目前暂时每月出一期，资金大部分来自伦敦。现在每一期的价格定为：2便士、4苏、2银格罗申或6克罗泽，但是，等订数达到2000份，每期的价格即可大大下降。

无产者，现在是你们开始行动的时候了，请给我们提供稿件，根据你们的经济能力订阅我们的杂志，利用各种机会传播我们的杂志。这是一种神圣的正义的事业——正义反对非正义、被压迫者反对压迫者的事业，我们相信真理，反对迷信，反对谎言。我们在这里所做的一切，都是无偿的，不拿报酬的，这是我们应尽的义务。无产者，你们要获得自由，就要从沉睡中觉醒，互相紧密团结！人类要求每一个人尽到自己的义务。

无产者！

我们把你们称做无产者，可这个词的来源和含义，你们中的大多数人大概还不知道，所以我们在此先对这个词作一个扼要的解释。

早先，罗马国家日趋昌盛，达到高度文明的时候，它的公民便分化成了两个阶级：有产阶级和无产阶级。有产阶级向国家缴纳直接税，无产阶级把自己的孩子交给国家，国家用他们来保护富人，让他们在无数的战场上流血丧命，以巩固有产阶级的政权，扩充他们的财富。拉丁语 Proles 的意思是孩子、后代。于是，无产者构成了除贫困和孩子以外一无所有的公民阶级。

随着现代社会越来越文明，随着机器的发明和大工厂的建立，随着财富在少数人手里越来越集中，无产阶级人数也越来越多。少数享有特权的人占有了全部财富，广大人民群众则除了贫困和孩子以外一无所有。今天，我们无产者和我们的孩子，像在罗马国家时一样，被迫在兵营里、在机器旁受苦受难，保卫压迫他们的压迫者，按照压迫者的旨意去流血牺牲；我们的姐妹和女儿也像那时一样，被迫去满足那些淫荡的富人们的兽欲；被压迫的穷人也像那时一样，对富有的压迫者怀有刻骨的仇恨。不过，现代社会的无产阶级，比起罗马国家的无产阶级来，条件要好得多。那时的无产者不具备自己解放自己的手段和必要的文化，他们除了复仇和在复仇斗争中死去以外，没有别的办法。而今天的无产者，多亏有了印刷技术，有许多人受过很高的文化教育，其余的人也日益强烈地通过努力联合奋起反抗。而当奋起反抗的人越来越多，他们互相团结得越来越紧密的时候，特权阶级就在我们面前显出一副极端自私自利、道德极其败坏的面孔。现代文明提供了足以使全社会的人幸福的手段。因此，现代无产者的目的，不仅仅是破坏、复仇，在死亡中寻求解放，而是要建立一个使每个人都能自由而幸福地生活的社会。现代社会的无产者，就是一切不靠资本生活的人们，即工人和学者、艺术家和小资产者。小资产阶级虽然还占有一点财产，但是很明显，由于大资本的可怕的竞争，他们正在迅速下降到同无产者完全相同的地位。所以我们现在就可以把他们算做我们一边的人，因为他们同我们一样十分关心不致落到我们应当摆脱的那种一贫如洗的境地。我们双方必须团结起来，互相帮助。

　　本杂志的宗旨是：为无产阶级的解放而斗争，促使无产阶级的解放尽快实现，鼓舞一切被压迫者联合起来。

　　我们把杂志命名为《共产主义杂志》，因为我们深信并且懂得，要实现无产阶级的解放，必须对现存的所有制关系实行彻底的变革。一句话，必须建立一个以公有制为基础的社会。为此，我们打算写一个简单的大家容易理解的共产主义信条，信条草案已经写成。从今以后，这个信条就是我们的宣传准则，因此极其重要，所以我们认为，我们有责任首先把草案寄给大陆上的朋友们，以便听取他们对草案的意见。收到朋友们的答复后，我们将立即对草案作出必要的修改和补充，并在下一期上发表。

　　关于共产主义运动，许多人都把它理解错了，有些人甚至故意诽谤和歪曲。所以，我们不得不在此根据我们对运动的认识和参加运动的情况，为共产主义运动说几句话。我们主要想在这里声明，我们不是什么样的人，以便预先驳斥人家可能对我们进行的种种诽谤。

　　我们不是某种制度的兜售者。我们的经验告诉我们，光对未来社会应采取什么制度进行讨论和冥思苦想，而完全忽视能引导我们走向这个制度的途径，是十分无谓十分荒谬的。如果哲学家和学者们能为建立一个未来社会设计出制度，我们认为那是一件有益的事。但是，如果我们无产者一本正经地去讨论未来财产公有制条件下的工厂制度和管理形式,甚至在服装的剪裁、打扫厕所的最好方法等问题上争论不休,那就太可笑了,我们也就该戴上人家常常加在我们头上的不切实际的梦想家的桂冠了。我们这一代的任务是寻找和创造建立一个新型大厦所必需的建筑材料,下一代的任务将是建设这座大厦。我们深信,到那时将不乏其建筑师。

我们不是沉湎于爱的梦想的共产主义者。我们并不在月光下为人们的苦难痛哭流涕,也不沉湎于向往金光灿烂的未来。我们知道,我们的时代多灾多难,它要求每一个人都努力奋斗,爱的梦想完全是一种精神上的自我消沉,而每个自我消沉的人必定无所作为。

我们不是现在就来侈谈永久和平的共产主义者,此时我们在各地的敌人正在磨刀霍霍。我们完全明白,在我们用暴力争得政治权利以前,大约除了英国和北美的自由国家外,要达到一个美好的世界,是绝不可能的。也许有些人会诅咒我们,骂我们是革命者,我们不在乎。我们至少是不想欺骗人民,而是要向他们讲清事实,提醒他们注意即将来临的风暴,以便他们能够有所准备。我们并不发誓说要在某一个预定的日子开始革命或杀死君主。但是我们也不是百依百顺的绵羊,毫无怨言地忍受种种苦难。我们完全清楚,大陆上的贵族派和民主派一定会进行一场战争,我们的敌人也知道这一点,而且正在准备。所以每个人都有义务做好准备,防止敌人对我们进行突然袭击,把我们消灭。这将是一场最后的严重的斗争。如果我们党能赢得这场斗争,那么,我们所希望的永远不动刀枪的时代就会到来。

我们不是那种以为斗争一胜利,便可以像变魔术一样立即实现财产公有制的共产主义者。我们知道,人类没有捷径可走,而只能一步一步地前进。我们不可能在一夜之间从一个不和谐的社会跨进一个和谐的社会。根据不同的情况,这里还需要经过一个长短不定的过渡时期。私有制只能逐步地转变为公有制。

我们不是主张消灭个人自由，把世界变成一个大兵营或一个大习艺所的共产主义者。诚然，有这样一些共产主义者，他们只图省事，认为个人自由有碍于和谐，主张否定和取消个人自由。但是，我们不愿意拿自由去换取平等。我们坚信，而且在下几期上还要证明，任何一个社会都不可能比公有制社会有更大的个人自由。

我们已经说明我们不是什么样的人。在我们的信条里，我们将要说明我们是什么样的人和我们要做什么。现在我们还要对属于其他政治党派和社会团体的无产者说几句话。我们大家都反对压迫我们、把我们置于苦难之中的现代社会；可遗憾的是，我们不去想这些，不团结起来，却常常同室操戈，让我们的压迫者幸灾乐祸。我们大家不是携起手来共同行动，建立一个各党派都可以在其中通过自己的言论和著作为自己争取多数的民主国家，而是每当我们取得一次胜利时，就在该做什么、不该做什么的问题上争来争去。这不禁使我们想起了猎熊者的故事：他们还没有见到熊的影子就为争熊皮而争吵不休。现在是时候了，我们必须捐弃前嫌，携起手来，共同维护我们的利益。要做到这一点，各党派的著作家们必须立即停止对不同意见的刻薄指责，立即停止对各党派的拥护者的恶毒辱骂。就我们而言，我们尊重每一个人，即使是一个自以为正确而固执己见的贵族和虔诚主义者也罢。只有那些戴着某一个政治党派、社会团体或宗教团体的假面具，心目中却只有一个卑鄙的自我的人，我们不能宽容。每一个正直的人都有义务尽快揭掉这些伪君子的假面具，把他们的丑恶灵魂暴露在大庭广众之中。一个人有时维护一种错误的观点，这是完全可能的。但是，只要他认为这种观点正确，并忠心地捍卫它，我们就不能歧视他。从这个角度来看，比如**卡尔·海因岑**就没有权利像他在《德意志代言者报》第2期上那样攻击共产主义者。看来，**卡尔·海因岑**如果不是对共产主义一窍不通，那就是因他同一些共产主义者之间存在个人的敌对情绪而放肆地辱骂了一个始终站在民主大军最前列的大党。我们读了他攻击共产主义者的文章，感到十分惊讶。可是，他的辱骂无损于我们，因为他笔下的共产主义者事实上根本不存在，显然是他凭借自己的想象力臆造出来，供他消灭的。我们说我们感到惊讶，还因为我们不理解，一个民主主义者怎么可能把不和的火种扔到战友的行列里去；更使我们惊讶的是，我们读到他的文章的末尾时发现，他所提出的九点要求[106]同共产主义者的要求几乎完全一样。我们之间的唯一区别是，**卡尔·海因岑**公民认为，他的九点要求是建设一个新社会的原则基础；而我们认为，这是我们走向完全的公有制社会的过渡时期的原则基础。因此，我们大家联合起来，达到**卡尔·海因岑**的要求，是明智的。如果我们实现了这些要求人民就满足了，就想止步不前，那么我们就要服从人民的意志；但是，如果人民要同共产主义者一起继续前进，那么**海因岑**公民要反对恐怕就没什么理由了。我们知道，**海因岑**公民眼下火气很大，因为我们的压迫者正在想方设法追究、诽谤和污蔑他。因此，我们绝对不会在这时指责他，相反，我们决不拒绝伸过来的团结之手。团结就是力量，只有团结才能使我们奔向目标。

因此，我们各国无产者要联合起来——在法律允许的地方要公开联合，因为我们的行动是光明正大的；但在暴君专横地下令禁止的地方要秘密联合。那些禁止人们集会讨论时事和要求权利的所谓法律，是暴君们的命令。尊重和恪守这种法律，就是胆小和可耻；蔑视和破坏这种法律，就是勇敢和光荣。最后，我们还要说明一点，我们的杂志将不给那些个人争论提供篇幅，但要辟出篇幅表扬那些尽到自己义务的人。无产者要是受到压迫和虐待，他们尽可以来找我们，我们将勇敢地维护他们，把他们的压迫者的名字交给公众舆论去唾骂，而在公众舆论面前，就是最顽固的暴君也会发抖。

公民卡贝的移民计划[107]

巴黎的公民卡贝向法国的共产主义者发出了一个呼吁书。他在呼吁书中说：我们在这里遭到政府、牧师、资产阶级甚至革命共和派的迫害、诽谤和诬蔑，他们甚至企图切断我们的生路，从肉体上和精神上毁灭我们。所以，让我们离开法国，让我们到伊加利亚去。他希望有两三万名共产主义者愿意跟随他到世界的另一边去建立共产主义移民区。卡贝想迁移到什么地方去，他并没有明说，但可能是北美的自由国家，或者是得克萨斯，或者也许是不久前才被美国人占领的加利福尼亚，他打算在那里建立他的伊加利亚。

我们无疑也像所有共产主义者一样，乐于承认卡贝以不知疲倦的热情和值得钦佩的毅力为受苦受难的人类的事业进行了斗争，而且是进行了卓有成效的斗争；我们乐于承认他告诫人们反对一切阴谋，为无产阶级立下了不可估量的功勋。但是，这一切并不能使我们容忍他安安稳稳地走下去，因为我们认为，他走的是一条错误的道路。我们尊重公民**卡贝**这个人，但我们反对他的**移民计划**。我们坚信，如果他提出的移民计划得以实现，那么，共产主义原则将会受到莫大损害，各国政府将获得胜利，而**卡贝**的最后岁月将因痛苦的幻想破灭而黯然失色。

我们持这种观点，其理由如下：

1. 因为我们相信，如果在一个国家里无耻透顶的贿赂盛行，人民遭到极其卑鄙的剥削和压迫，权利和正义不再发挥作用，社会开始分解为无政府状态（就像目前的法国那样），那么，正义和真理的维护者务必主动承担义务，留在国内，对人民进行宣传教育，使意志消沉者鼓起新的勇气，为建立一个新的社会组织奠定基础，勇敢地同流氓无赖作斗争。如果想把正直的人，想把为美好未来而斗争的战士统统搬走，想给蒙昧主义者和流氓无赖腾出地盘，那么，欧洲将会而且必定会沦丧——欧洲正是世界上由于统计学和经济学的原因能够最先最容易地实行财产公有制的地方——而贫穷的人类还要经受几百年之久新的战火和贫困的考验。

2. 因为我们深信，**卡贝**的计划是在美洲建立一个伊加利亚，即建立一个以财产公有制原则为基础的移民区，而今这个计划尚未能实现，也就是说：

（1）因为所有愿意跟**卡贝**一起移居国外的人，尽管是热情的共产主义者，但因其所受的教育还带有太多当今社会的种种弊端和偏见，以致他们在进入伊加利亚时还不能马上抛弃这类弊端和偏见；

（2）因为人们还带有种种弊端和偏见，所以从一开始就不可避免地必然会在移民区内产生争执和摩擦，而且外部强大的敌对社会以及欧洲各国政府的密探还会日益加剧这种争执和摩擦，直到这种争执和摩擦导致这个共产主义社会彻底瓦解为止；

（3）因为大多数移民是手工业者，而移民区首先需要的是能开荒种地的身强力壮的农民，而使一个工人转变成农民，可不像一些人想象的那么容易；

（4）因为气候变化而造成的贫困和疾病会使许多人失去勇气并考虑退出移民区。现在，许多人只看到这个计划好的一面，所以满腔热情地接受它，但是，如果他们看到了严酷的现实，如果发现样样东西都匮乏，如果大家失去了赤贫工人在欧洲暂时还能得到的那一点点文明的舒适东西，那么，许多人的悲观失望就会代替原来的满腔热情；

（5）因为对于那些承认个人自由的原则（伊加利亚人肯定也是如此）的共产主义者来说，建立财产公有制而不经历过渡时期，即民主主义的过渡时期（在这个时期中个人财产将逐步变为公有财产），就像农民不播种而想收获一样是不可能的。

3. 因为像**卡贝**打算搞的这种尝试遭到失败，固然不可能压制共产主义的原则或者永远阻碍这个原则的实施，但是，却可能使成千上万共产主义者丧失勇气，脱离我们的队伍。因此，忧心忡忡的无产阶级很可能还要忍受一代人或者几代人的贫困。

4. 最后，因为几百人或者几千人根本不能建立财产公有制，除非这种公有制像美洲的**拉普**的公有制等等那样采取某种完全与世隔绝的宗派的性质，否则就休想维持下去。但是，建立这样一种公有制，既不是我们的意图，（我们希望）也不是伊加利亚人的意图。

此外，我们还要提到一点，美洲的伊加利亚人如果想同外界保持联系，很可能甚至几乎肯定会遭到迫害。但愿每一个想随同**卡贝**到美洲去的人先读一读那篇关于摩门教信徒遭受迫害的报道。摩门教是一个宗教共产主义派别，它在那里曾遭受而且现在仍然遭受迫害。

这就是我们为什么认为**卡贝**的移民计划有害的原因。我们号召各国的共产主义者：兄弟们！让我们留在古老的欧洲这个突破口吧！让我们在这里工作和斗争吧！因为现在只有在欧洲这里已经具备了建立财产公有制的各种因素，只有在这里，而不是在其他什么地方，将首先建立这种公有制。

[威廉·沃尔弗:][108] 普鲁士邦议会与普鲁士和全德国的无产阶级

从1815年以来，德国的资产阶级即中等阶级就为夺取政权，同中世纪无限王权的封建统治制度即"天赋"制度进行斗争。由于其他国家对所有工业关系和交往关系进行日益广泛的改造（德国羞羞答答地缓慢地跟在那些国家后面匍匐爬行），这种斗争已经成为必要。新形势要求采取新形式；建立在资本和自由竞争之上的资产阶级的日益增长的力量，不想而且也不能再扮演一个从属的哑角了。但是，不能迅速赢得胜利，其障碍不仅由于德国资产阶级那种天生的胆怯，而且更由于它的四分五裂和互不联系。资产阶级分成 38 个地区和邦，彼此不相往来，甚至相互忌妒。它时而在我们德意志祖国的这个地区，时而又在那个地区作出零散的努力，试图达到它所希望的目的。它在许多地区都订立了条约——美其名曰制宪或宪法——并多少获准参与了各邦的行政管理。在这期间，它所获准的东西尚属纸上谈兵，实际上始终保留着那个"天赋"制度以及与之相结合的那些夸夸其谈、专横跋扈的土地贵族和官僚。

之所以出现上述情况，是因为德国各邦诸侯发动一系列整体会战来对抗矛盾重重、四分五裂的资产阶级，对抗它所作的零零散散的努力和孤立无援的进攻。诸侯的这一系列会战都是在梅特涅这个大恶棍的指挥下进行的，并且善于利用这种整体性，全面战胜一切反抗企图和进攻。而德意志联邦议会是由德意志各邦诸侯的走狗和雇佣政客拼凑而成的，是唯一能被利用来再次清除使资产阶级在德意志的这一个或那一个大小邦中暂时取得的优势的那些东西的阵地。上面所说的那个"邦主"由此得益匪浅：他每次都可以假仁假义地担保，他本人是非常自由主义的，乐意批准一切，乐意恪守一切诺言，但联邦议会不允许他这样干，为此他很苦恼。他的邦要对抗强大的普鲁士、强大的奥地利，显得太弱小了。于是人们不得不忍受他深感遗憾的东西。而这个"邦主"却在幸灾乐祸，暗中窃喜。

正因为如此，普鲁士目前发生的政治运动具有极其重大的意义。普鲁士拥有 1600 万人口，这一点在德国的天平上是举足轻重的，而且，要是同一个只有三四百万人口，甚至只有 6000 人口（如利希滕施泰因—瓦杜兹公国）的德意志祖国相比，那普鲁士的作用就更不同凡响了。它的 1600 万人口可以说比分散在 33 个邦的其余 2800 万人口的意

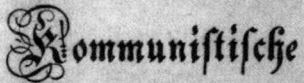

共产主义者同盟中央委员会出版的《共产主义杂志》试刊号首页

义还要重大。普鲁士资产阶级取得的每一个胜利，同时就是德意志其余2800万人的胜利。如果普鲁士资产阶级能使其波茨坦的"基督教日耳曼"国王改掉怪脾气，并采取严厉的惩罚手段使他服从自己的意志，那么，德国其他地区的资产阶级也就能立即放手去干。那时，德意志联邦议会的专制主义就会破产。德国整个资产阶级正在逐步采取联合行动，正在把"天赋"国王和中世纪地主老爷送去见鬼，今后这帮人只有作为资产阶级的代表和成员才能享有席位和表决权。让我们粗略地看一看普鲁士邦议会的工作。柏林白厅发生的事件表明了普鲁士各党派的现状，清楚地反映了普鲁士的政治运动对整个德国其他地区的重要性。我们只有首先说明召开邦议会的原因，才能理解邦议会的工作方法。波茨坦的国王终于同意采取他自从登基到最近一直愤怒地明确表示反对的措施，这究竟是怎么回事？无论谁试图在普鲁士报纸上阐述帝国各等级的必要性，无论谁要求那个波茨坦的统治者兑现二十多年前许下的诺言，不是都遭到书报检查机关的无情删节和阻挠吗？每个在公开演说中对帝国各等级的要求进行辩护的人，难道没有被指控为叛逆犯而遭到惩治吗？而现在，波茨坦的那个统治者忽然自己变成了叛逆犯，证明他过去是撒谎，现在竟干起他曾经那么不厌其烦地强烈表示决不愿意干的事情！那么，究竟是什么原因促使他如此一反常态呢？

无非是已经枯竭的国库，加之得不到帝国各等级的支持；国库是再也无法填满了。尽管已有30年的和平期，尽管每年的收入持续上升，尽管劳动人民要上缴各种苛捐杂税，但是，由于国王和宫廷挥霍无度，由于军费开支庞大，由于本来就很有钱的文武百官还寡廉鲜耻地领取退休金，由于整个国家行政管理机构的无能和浪费，所以，所有钱财都被花得一干二净。国王及其大臣们挖空心思想出的各种办法均不奏效。甚至王国银行的最后计划也只取得微不足道的成功，只得到一点暂时的慰藉。因为普鲁士政府惊讶地发现，它还是一如既往地得不到分文贷款。

啊呀！1820年的那项法律中有一段太死板、太令人讨厌了，以致非加以修改不可。否则，那些曾经同意给普鲁士政府哪怕预支1塔勒的国内外资本家必定要更加执拗地改变初衷。

因此，"基督教日耳曼"的国王陛下煞费苦心，终于抛出了二月三日诏书。在诏书中，一切都构思得那么圆滑，那么巧妙，仿佛专制王权将要得到它迫切需要的东西，而又不致使它迄今所拥有的权力遭到丝毫损伤。为了这个目的，这个诏书不仅给像一群小学生一样的邦议会预先规定了"至高无上的"行为准则，而且照顾到了元老院的整个发明。这个由若干多少有些愚蠢、富裕和傲慢的王子以及一帮最大、最高贵，因而最反动、最卑鄙、最无耻的地主——显然违背了原来的法律——组成的元老院，肯定成为第二元老院的绊脚石。此外，甚至在第二元老院中，中世纪地产的代表也已经占据了优势，因为贤明的国王喜欢把所有八个地方等级的大杂烩称为第二元老院。至于这个元老院的其他成员，可怜的选举法已有明文规定，宁可选用其他各个等级的人，而不能让大量既有知识又精力充沛的资产阶级人物进入元老院。因此，弗里德里希-威廉先生在议会演说中口气极为强硬，态度极为粗暴，试图吓倒那些对"仁慈的"政府的邪恶良心稍感忧虑的人们。他作了这一番表演以后，竟感到洋洋得意、自满自足。对他来说，重要的是捞钱，并且亲眼看到他的政府早已丧失殆尽的信用重新恢复。他对实现自己的希望充满信心。"只要我拿到5000万到1亿贷款，在资本家中间恢复我的信用，那么，我就可以从容不迫地把这帮善良的年轻议员送回家去，我将使他们难以马上再召集议会。这是我对付各委员会的权宜之计，让他们出色地为我效劳。要对600名议员行贿，代价实在太大了，而如果我只贿赂几个委员会成员，那事情就好办多了。一个基督教政府的勋章、金钱、奉承和其他手段，定会发生作用。我只要有金钱和信用，就能成为'强大的'国王，今后继续以上帝的名义放飞我的爱好和情绪，一如既往地随心所欲地拔掉我那些羔羊般的忠实臣民身上的毛。"波茨坦的那个统治者就是这样对他的亲信说的。邦议会怎么回答呢？

邦议会的回答是，它拒绝一切涉及钱的提案，拒绝关于地租银行的法案，拒绝关于贷款修建柏林—柯尼斯堡铁路线的法案；同时声明，它可以批准向政府提供资金，但条件是，政府必须恢复二月三日诏书中被贬抑的土地权利，定期召集帝国各等级会议，向他们充分解释国家收入的使用情况，总而言之，政府必须永远放弃那种可笑的"天赋"要求，转到立宪的或符合宪法的轨道上来。关于废除餐饮税、屠宰税和实行所得税的法律草案也遭到类似的命运，即遭到了议会的拒绝。这方面的决定性原因有一部分如上所述，有一部分则在于富有的议员们反对比过去缴纳更多的国家捐税。元老院中有一大批特别出名的这样的议员，其中包括王室最富有的王子（如阿尔布雷希特亲王等等）以及全国大多数高贵的地主。此外，还有许多议员投反对票，是因为他们对普鲁士官僚们的残忍、高傲和无耻暴政了如指掌，以致在国民的收入问题上不愿把新的宗教裁判权拱手让给普鲁士的官僚们，只要他们仍穿着"天赋"的外衣而不依赖资产阶级。

这些事件发生以后，人们本来可以期望，邦议会也将顽固坚持它屡次都肯定地作为等级的权利所要求的东西。可是，它并没有这样做。在7月26日邦议会会议结束以前不久，国王给议会作了答复。这个波茨坦的统治者在答复中对"忠实的"等级的一些要求作了让步；至于其他一些更重要的要求，他在"慎重考虑"以后把它们推迟了，还有一些要求他根本没有提到；最后，关于"委员会"这个最重要的问题，他命令，根据二月三日诏书的规定马上选举委员会。

各等级怎么办？他们都服从了。莱茵省、西里西亚等地的一些议员忠于自己的观点，并拒绝参加这次选举；另一部分人参加选举，但只是为了抗议和反对等级的权利罢了；其余的人则是作为日耳曼统治者的驯服走狗参加选举的。

如上所述，德国资产阶级所固有的怯懦本身对邦议会改变结论起了很大的作用，这种改变对于邦议会来说当然是非常可耻的。自由主义反对派的许多成员的勇气看来经受了过分严峻的考验，他们的勇气变得消沉了，因此，他们终于来了个向右转！一些被看成是自由派首领的阴险奸刁的议员也起了同样恶劣的影响，冯·奥尔斯瓦尔德先生就是其中的一个。他在许多场合，特别是在申请出版自由（这种自由暂时已成为泡影）的时候，早已充分证明自己是地地道道的政治扒手和骗子。此外，如果考虑到等级的整个构成，考虑到中世纪地产的优势，考虑到盘踞在第二元老院里的大量王室官员，再估计到王室宴会款待、说奉承话、满脸堆笑所起的作用，再加上其他更加有效的宫廷手腕，那么，对于这个最后结果也就不必大惊小怪了。

但是，即使目前取得的成绩显得如此微不足道的，执政党还是那么兴致勃勃。但是，那种成绩立即会带来迥然不同的让步，而这些让步很快就会变成悲哀，因为负责国债的代表团和各个"委员会"境况不佳，未能为政府做出任何使它感兴趣的业绩。它们不敢不顾舆论去损害帝国各等级即将得到的权利。代表团和各个"委员会"的多数人表示支持政府，自由派成员落选了，而即使在这种未必真实的情况下，专制王权也不会前进一步。任何一个资本家都不会如此幼稚天真，在邦议会进行谈判以后，在反对派一再表示抗议以后，面对原先的至今没有付诸实施的法律条文，竟把自己的钱袋拱手交给政府。如果资本家还是把钱袋交给政府，那么，当他们的一切要求在短期内遭到拒绝（本来就会如此）时，就只能怪他们自己了。

这里的关键首先就是钱。王国没有足够的钱，而它又非常需要钱，所以资产阶级将会而且一定会实现自己的要求。此外，所谓"强大的"的王权也无力顶住现代"时代精神"那带有破坏性的惊涛骇浪。普鲁士邦议会的不同凡响的重要性是不能按照弗里德里希-威廉先生最近向邦议会发表的声明来衡量的。邦议会的谈判之所以重要，是因为普鲁士舆论在11周内有了很大进展，而如果没有邦议会，要取得这些进展非要花多年时间不可。在这里，普鲁士资产阶级仿佛第一次在舆论面前同官僚制度和君主专制制度进行了斗争，沉重打击了这两个敌人，使它们遭到了惨重的失败，以致战败者不久便无条件地向胜利者让步。在此之前，一个大臣在普鲁士，无论在哪个方面都被看做是至高无上的，以致一个普通公民几乎不敢正视他一眼。而今，就连这种目空一切的大人物也不得不屈从于邦议会，凡是参加过辩论的大臣们，无一不暴露出自己的无能。在11周内，大臣们一个接一个受到了嘲弄；他们因自命不凡、头脑简单，带有中世纪的狂妄自大以及对邦事务的拙劣管理，时而受到尖刻的讽刺，时而受到蔑视，时而受到愤怒的声讨等等的惩罚。这帮"国王顾问"所起的作用如此可怜，真可谓史无前例。可悲的**艾希霍恩**连同他的"基督教国家"在邦议会面前惨遭失败。不懂历史的**萨维尼**不得不羞羞答答地把他的历史胡说塞回了口袋，他的那套陈旧货色得不到一个买主的青睐，因而受到了更多的冷嘲热讽。蒂勒、杜厄斯堡、博伊恩等人的处境也与其大同小异。甚至连博德尔施文格的厚颜无耻也不能保证原先围绕在内阁头上的光环有一点点安全感。而波茨坦的那个统治者同样也遭到了大臣们所遭到的一切打击。从来没有一个议会开幕演说像他4月11日的议会开幕演说那样，几乎遭到了每一次邦议会会议的讽刺。大家虽然没有直接点到它，但是，邦议会的辩论本身就是对这位"基督教"国王4月11日发表的议会开幕演说的一份长篇抗议，其论据即不乏讽刺性，也不乏严肃性。现在，辩论的内容已全部公诸于众，共计数百页之多，其中有探讨，有阐述，于是就产生了这样的情况：引起了公众对国家事务的关心，而在过去，只有在个别地方，首先在一些较大的城市才有这类情况。现在，关心国家事务，在全国范围内已经相当普遍,原先那些只扫自家门前雪或者对本地区以外的事务几乎不闻不问的人,而今也关心起国家大事来了。是的,现在,整个德国都像普鲁士一样,密切注视着柏林发生的事件。人们已经感觉到,普鲁士资产阶级的每一个胜利也就是整个德国资产阶级的胜利;同时也已经感觉到,普鲁士实行的一切也必定将在德意志联邦的其他各邦迅速发挥作用。

然而,我听说我们中间有许多人在叫喊:我们无产者对资产阶级的斗争有什么兴趣?难道资产阶级不是我们最危险的敌人?难道他们不是又在普鲁士邦议会中明目张胆地蔑视我们,在争取改善工人阶级状况的请愿问题上,暴露出其明显的险恶居心吗?中等阶级即资产阶级能否夺取政权,同我们有什么关系?甚至有人说,阻止资产阶级的胜利,拥护政府而不是反对政府,对我们来说不是更必要、更有利吗?

在我们中间,提出这类问题和持这种观点的人,对资产阶级的仇恨是正当的,然而这些仇恨心理蒙住了他们的眼睛,以致既没有看清无产阶级的状况,也没有看清使无产阶级获得彻底解放的手段。

资产阶级是我们的敌人,这是毋庸争辩的。它的全部力量的基础是私有财产、资本以及其他与此有关的东西。只有废除私有财产,消灭作为阶级的资产阶级,进而一劳永逸地消灭一切阶级差别,我们无产者才能获得解放。因此,资产阶级同我们之间的斗争是一场你死我活的斗争,不仅要使用言论,而且要使用拳头和毛瑟枪。

光凭我们德国无产者就能走得那么远,以至能按照我们的利益彻底改造社会制度,即马上推翻资产阶级、实现共产主义原则吗?除了资产阶级,而且早在资产阶级以前,同我们势不两立的不是还有另一个敌人吗?我们要打倒资产阶级,不是首先要打倒那个敌人吗?这另一个敌人,就是专制的、无限的王权。它自诩"天赋"王权,以上帝的名义剥削我们,使我们落到中世纪地主的魔掌中,把我们禁锢在"基督教日耳曼"国家里。每当我们被奴隶的锁链弄得遍体鳞伤并试图挣脱锁链时,它就向资本提供警察、宪兵、牧师和大炮给予支持。它真的要我们去感激它,去支持它反对资产阶级吗?为了从我们这里得到感激和支持,它究竟干了些什么呢?仅看这个最新时代,它在 30 年和平时期的军费开支就达 8.5 亿塔勒。它用我们缴纳的税金养着芭蕾舞女和王室妓女①;用我们的钱豢养了一支越来越庞大、越来越粗鄙的官僚大军;给本来就富有的人支付了高得出奇的养老金;从所谓的救济金中抽钱支持放荡不羁的贵族地主,给贵族以越来越多的特权,而把我们的生活降低到还不如领主的牲口;让我们这些人听凭警察任意宰割,为我们制造打人的机器和建造监狱;使我们的劳动服从于资本和自由竞争,通过高明的抽税泵把我们口袋里的劳动所得的最后一点剩余吸得一干二净,只为我们的肚子规定了阳光这一最廉价的食物。这种专制王权难道不能为我们多做一点事情吗?当然能!波茨坦的弗里德里希-威廉先生(也被称为威廉四世)曾经证明,"慈父般的"统治艺术也懂得为无产阶级做一点好事。由于警察当局颁布了 1845 年的工商业管理条例,工人阶级同以前相比就更受资本家和雇主的操纵了。有人曾试图联合起来,积聚力量,以期抵制降低工资或维持较高工资(这样做至少能满足最迫切的需要),但这类尝试在实施这个新的管理条例以后竟受到了严惩。而资本家只要站在政府一边,就可以享有反对工人的一切自由。在新的雇工条例中,"慈父般的"政府允许面包业雇主不仅可以给雇工加上形形色色带侮辱性的绰号,而且还可以任意鞭打,只要不使挨打者致残就行。而被迫侍候人的人只要不被打成残废,就不得申诉和控告。在 1844 年 6 月 14 日的一份秘密诏令中,波茨坦的那个"基督教"国王命令书报检查部门压制各种杂志讨论无产阶级同有产阶级的关系,不允许把工人的

---

① **在原件中有这样的脚注:**能搞女人的难道不是弗里德里希-威廉四世之流吗?

状况同中世纪地主和资产阶级的状况相比较。1844年，当西里西亚山区数千名织工不甘忍受贫困和绝望，奋起反抗工厂主时，"慈父般的"国王就下令把其中的一部分人枪毙或用刺刀刺死，把另一部分人投入监狱，对大多数人则施以鞭打背部20—40下的惩罚。我们无产者把这种仁政善举归功于"基督教日耳曼"王权。

　　1847年是个歉收年，它使我们经受了进一步的考验。莱茵省、威斯特伐利亚、西里西亚、波兹南和东普鲁士的成千上万名无产者忍饥挨饿，成了饥饿病的牺牲品，而"基督教日耳曼"国王及其走狗却一如既往地寻欢作乐、耽于酒色、逍遥自在。这时，国王忽然心生一计，他也要摆摆救济灾民的架势。于是他颁布了禁止用马铃薯酿酒的法令和若干类似的规定，企图以此蒙蔽工人阶级。无产阶级正在日益使人感到畏惧，柏林等地发生粮荒骚乱以后，更是如此。"慈父般的"政府正是出于这种畏惧心理，正在努力"改善工人阶级的福利"。那么这种努力表现在哪里呢？首先从柏林派一名政府要员前往不来梅，责成他尽快地而且无条件地购买6000吨粮食，立即运往柏林等等。这位要员找到了不来梅的德利乌斯①商号，向其出示了全权证书；由于他要不惜任何代价买到6000吨粮食，所以粮食经纪人涌向四面八方去抢购，以致每吨粮食的价格在两小时内就提高了40金塔勒。价格还在上涨。在不来梅，只能买到1500吨，于是，粮食经纪人把在什切青、但泽等地买到的、还存放在那里的粮食以惊人的、由那位普鲁士政府要员自己哄抬起来的价格卖给了他。这次在不来梅哄抬粮价造成了严重后果，整个德国北部的粮价在几天之内都上涨了，迫使工人阶级比原先多付三分之一的钱去购买面包，而且作为纳税人还不得不承担由于政府笨拙地做粮食生意所造成的损失。用德语说，这就叫做"慈父般的仁政善举"；作为强大的

---

① 在原件上是德林斯。

"天赋"国王施这种仁政的基础是：如果那些挨饿的工人像在柏林、什切青等地那样竟敢聚众闹事，就实行镇压和枪杀。同时，"慈父般的"国王却让人用工人阶级的钱制造了价值50多万的盾牌，作为一份王室玩具送给他伦敦的教子，一个几乎还不会擦鼻涕的孩子。

如果要一一列举这个"专制"王权的全部罪名，那实在不胜枚举，但愿仅举这几个例子就够了。从这些例子中可清楚地看出，与只为自己谋利益的资产阶级相比，王权至少同样是我们的敌人。但是，资产阶级为了建立自己的统治，就需要政治自由，这是"专制"王权绝对不会同意的。而我们无产者到那时则能利用较多的政治自由，作为我们加速推翻现存制度的杠杆。如果我们考虑到这一点，那就不言而喻，我们当然有兴趣参加现今的政治运动，我们的利益要求我们帮助资产阶级加速消灭王权。我们同资产阶级同路就到此为止，不再往前走了！一旦消灭了"天赋"敌人、"基督教"警察国家和"慈父般的"政府，那么，我们就要同最后一个对手即资产阶级作斗争了。到那时，我们就更容易认清战场，胸有成竹地制定作战计划。

当然，只要我们相互之间还不亲近，只要我们无产者还缺乏联系，还没有组织起来，还没有用联合一致的力量改造我们的状况，那我们就既不可能对"慈父般的"统治制度，也不可能对资产阶级取得显著的胜利。直到现在为止，我们在德国既没有维护我们利益的出版自由，也没有举行公开集会的权利，以便我们相互讨论和阐明社会状况，讨论和阐明无产者和有产者的状况，简言之，讨论和阐明一切同无产阶级有关的问题。毫无疑问，上述政治自由定会促进解放事业，无产阶级借助这类政治自由，就能加速地组织起来。因此，现今的政治运动，其中也包括出版自由和结社自由的权利，对我们具有巨大意义。当然，在取得那些权利以前，我们不要那么愚蠢，在那里袖手旁观、耐心等待。凡是法律禁止我们干的事情，我们偏要同法律**对着**干。法律是我们的敌人，是"慈父般的"政府为了富人和有产者的利益制订的；法律之所以能约束我们无产者，就是因为我们太软弱。凡是人家公开禁止我们干的事情，我们就秘密地干；在这方面，非法的东西对我们来说就是合法的。我们遇到的艰难险阻越大，我们就越要有更大的毅力，越要开展更多的活动，排除艰难险阻，把自己组织起来，采取共同行动。有一句古话说得好："好汉不求人"。说实在的，我们无产者如果不起来自己解放自己，谁也不会也不能解放我们。

现在，我们无论对"天赋"王权还是对资产阶级都已经无所畏惧了。我们感到恐惧的是，我们的人几乎没有什么联系，而只有频繁的同室操戈和自相残杀，只有无知，甚至不懂得团结就是力量的道理！柏林的几百名无产者不就是这样吗？他们没有计划，没有一致意见，没有共同目标，就参加了那次使整个首都胆战心惊，使地方当局甚至最高当局半天不知所措的粮荒骚乱。两位政府高级官员不是也承认，无产者只要稍微懂得使用自己的力量并采取共同行动，柏林即使拥有再多的军队，也早已在无产者的控制之下了吗？是的，柏林掌握在人民手里甚至达5小时之久，只是人民自己并不知道罢了。在普鲁士的其他地方，在德意志的其他邦也发生过类似的情况。若干为数不多的，而且没有计划、没有商定采取统一行动的无产者，就能给现存制度带来如此危险。显而易见，只要我们组织起来、联合一致、万众一心，那么，什么力量也不能夺走我们的胜利。我们由于**四分五裂**，甘当软弱无力的奴隶，所以就得忍受贫困和苦难，忍受上等人和富有者的歧视，乞求他们慈悲；我们要**组织起来，联合起来**，砸碎私有制或者"基督教日耳曼"政府缠在我们身上的像干柳条一样的锁链。

德国的移民

早在很早的时候，人们就向往一个更加美好的新世界，在那里，他们期望得到幸福。即使在今天，他们仍然一心希望这样的新世界。可惜，希望也只不过是希望而已，这种希望是不可能实现的，因为人们长期以来明知那里找不到新世界，却还在老地方寻找。少数人甚至今天才知道、才理解，这个更加美好的新世界离我们近在咫尺，只要被压迫者联合起来，只要坚持不懈地努力，就能找到这个新世界。当然，那些认为只要到美洲去寻找，就能找到新世界的人是极端错误的。这个更加美好的新世界是找不到的，必须通过斗争才能得到。我们只有坚定地站在一起，自己帮助自己，上帝才会帮助我们。

从前，数百万欧洲人拥向东方，以期摆脱封建领主的暴政，以期走出地狱，进入天堂，因为他们还希望，在换了他们的拯救者的地方，在人间就能与上帝同喜。但是，只有少数人到达了他们预定的目的地，而大多数人则由于疾病和土耳其人的刀剑，在见到耶路撒冷以前就归天了。

现在，数百万欧洲人又拥向西方，认为在西方能为自己和家属找到一片自由的乐土和幸福的未来。但是，大多数人的希望都落空了。成千上万的人挤在脏乱不堪的轮船上，由于疾病，还未见到美洲海岸就一命呜呼了；成千上万的人死在合众国的街头和习艺所，当然他们不是死于土耳其人的刀剑，而是在被骗子和无赖抢走了所有财物，在肉体上精神上受到彻底摧残后死去的；成千上万的人为维持生计，不得不向美国资产阶级出卖自己的劳动力，他们在那里和在欧洲一样受剥削，甚至受到更深重的剥削，当他们的体力完全耗尽的时候，就像在欧洲一模一样，只要能死在某个医院或习艺所，就感到很高兴了；能维持自己和家庭生活的人为数极少。

善良的德国人生活在一个统一而自由的、有幸处于34个拥有主权的大小诸侯统治下的德国，心情自然不十分好，因此对迁徙异国他乡心驰神往。可惜，在所有的移民中，没有人像德国人那样遭到如此残酷的欺骗、抛弃、掠夺和虐待。

在德国、荷兰、比利时的一些城市，在伦敦、纽约以及德国移民起程和到达的所有地方，都有那么一批人自成一帮，骗取这些多半没有经验的德国移民的财物。英国人称这帮人为地头蛇，这种称呼十分恰当，因为他们贪得无厌，不管是穷人的十字币①，还是比较富裕者的杜卡特②，他们都要统统吞下，以肥私囊。比如在伦敦这里，移民们一到，就被这帮地头蛇团团围住，然后被带到某个地方。只要移民身边还有一些钱财，就很难逃脱这帮地头蛇的手心。那些事先已经交付过渡洋费的人还算是幸运的，他们至少还能前往美洲，而另一些人则不得不留下来，到头来，也迫不得已只好干起抢劫自己同胞的勾当，就像他们被抢劫一样。有人可能会惊奇地问：出现这种事，警察干预了吗？回答很简单，英国法律明文规定："没有原告的地方，就没有法官。"这些可怜的德国人语言不通，在这个大城市里人生地不熟，几乎没有人收留他们，所以，他们中很少有人能找到偷窃他们财物的那些人并把他们交给法庭审理。地头蛇们只需从一个洞穴迁到另一个洞穴，暂时在那里藏身，等被窃者乘坐的船只一起航，就又可以爬出洞来重操旧业，继续干他们的勾当。一个移民即使能把一个地头蛇交给警察当局，也得不到什么好处；小偷虽然被送进了监狱，但被窃财物已经无影无踪了，并且陪审法庭尚未开庭，轮船就拔锚起航了，而被窃者要继续赶路，于是没有原告出庭，地头蛇也就被宣判无罪释放。成千上万的人在勒阿弗尔、安

---

① 十字币是1300—1900年在德、奥、匈通用的辅币。——译者注
② 杜卡特是1300—1900年在欧洲通用的金币名。——译者注

特卫普、鹿特丹等地的境遇也像在伦敦这里一样，那些还带了一点东西前往纽约的人算是幸运的，大多数人都落到了当地的地头蛇手里。这帮地头蛇对德国移民干的这些令人难以置信的坏事，几乎都是人家告诉我们的，我们将在我们的下一期杂志上刊登几篇这样的报道，借以全面告诫移民。我们请求住在本市东区的朋友们，把他们听到的有关移民们受骗上当的经过告诉编辑部。

在德国，许多人提出了这样的问题：我们在伦敦有不少公使和领事，他们怎么不收留本国移民？

英国人和法国人，不管是旅游者还是移民，到处都能得到他们本国的领事和公使的保护、劝告和支持。而德国人，至少德国的无产者就不是这样，他们一旦退出所谓的"臣民联合会"，一旦离开德国，就没有一个德国公使或领事再关心他们了。德国驻英国这里的公使和领事（德国人民每年在他们身上要花10万之多）有别的事情要干。虔诚的本生建立了青年会和福音教会，使无产者不受无神论和共产主义的毒害，并把他们赶进"基督教日耳曼"国家的大羊圈；其他人有时派遣密探打进各个工人团体，或者去寻欢作乐。

现在还有谁来关心无产者，况且还是想要成为共和派的无产者呢？

战友们，顺便说一句！如果你们以后不再向那个遥远的美洲共和国迁徙，不在旅途中遭受虐待和勒索，而是在德国联合在一起，不信"基督教日耳曼"的胡说，不听你们的最仁慈的邦主们的劝说前往友善的乐土（也许就是虔诚的兄弟们非常乐于派你们去的得克萨斯或者中非），或是去寻找更适合于你们体质的气候（大约是俄国），而是在德国建立一个人人愿意劳动、适于生存的共和国，情况会怎么样。——嗯！你们认为怎么样？这种尝试是值得花费力气的，这样可以节约许多时间和金钱，同时肯定会比进军那个新大陆少牺牲百分之九十的人。

无产者，想想这个问题吧！

1847年9月《共产主义杂志》（伦敦）第1期（试刊号）第1—15页

157
约瑟夫·魏德迈（哈姆）给卡尔·马克思（布鲁塞尔）的信

1847年9月1日

亲爱的马克思：

我和吕宁终于幸运地先后收到了你的书。① 这次拖延的主要责任不在邮局，尽管我曾委托雷达邮局把所有寄给我或吕宁的邮件立即给我寄往哈姆。这一次，应负主要责任的是那些在雷达收到了这个邮件却误认为是吕宁的邮件的人。我几次去信才把书给我寄来。

几天后吕宁就回来了。我把你的愿望②告诉他了，以后的事由他

---

① 指卡尔·马克思《哲学的贫困》一书，参看文件150。
② 可能是指在《威斯特伐利亚汽船》上发表一篇评论马克思《哲学的贫困》的文章的计划。斐迪南·沃尔弗撰写的题为《马克思反对蒲鲁东》的评论文章，刊登在该杂志1848年1月号和2月号上。

张罗。

尽管我确实知道,我的信件被拆开过好多次,但是,我还是不怕经常利用普鲁士邮局。这帮人不敢利用他们所读到的东西,因为他们不愿公开承认他们破坏通信秘密。只要尽量避而不谈密谋的事,我相信,利用邮局是不会有什么危险的。**截取**信件的事我还根本没有碰到过。

在我们这里,我最指望利用铁路进行宣传鼓动。不久以后,我们威斯特伐利亚人通过铁路将无往而不至。有了铁路,这里迄今为止的死气沉沉、与世隔绝的生活才会复苏。有些能干的人还分散地蛰居在小圈子里,到头来他们一定染上了庸俗习气,因为他们只得永远生活在庸人们中间。而今人们聚会就方便了,因为情况总会发生变化的。就是在英国,也只允许我们拥有很小一块地盘去发展工业无产阶级,情况是会变化的。第一台织机至少已在威斯特伐利亚制成。

《德意志—布鲁塞尔报》的近况怎样?我听说你们要支持它。以前的情况我是知道的,它实在太可悲了,人们哪有兴趣传播它,就连我至今也还不信任冯·伯恩施太德先生,以致不敢给他寄去文章。我相信,其他人的情况也不会更好,否则决不会缺乏经费了。[109]

请来信谈谈这个问题。

祝好

你的　约·魏德迈

书报检查官又开始卑鄙可耻地删节了,沃尔弗只要把他在9月号上发表的通讯同8月号上发表的通讯作一比较就肯定会发现这一点。[①]

---

① 指威廉·沃尔弗的两篇通讯《布鲁塞尔,7月18日》和《布鲁塞尔,8月22日》,载于1847年《威斯特伐利亚汽船》第8、9期第477—482页和537—538页。

手稿

第一次全文发表

莫斯科苏共中央马列主义研究院
中央党务档案馆，F.1, op.5, Nr.144

158
卡尔·马克思《〈莱茵观察家〉的共产主义》一文摘录

1847年9月5日

　　［……］相当多的德国社会主义者经常叫嚣反对自由资产阶级，而结果，除了德国各邦政府，这种做法对任何人都没有好处；现在像《莱茵观察家》一类的政府报纸竟根据这些先生的词句声称，硬说代表无产阶级利益的不是自由资产阶级，而是政府；共产主义者不论和前者还是和后者，都没有任何共同的地方。

　　的确有人力图把这些论调强加在德国共产主义者身上，并责备他们和政府结成了联盟。

　　这种责难是很可笑的。政府不会同共产主义者联合，共产主义者也不会同政府联合。原因很简单：在德国所有的革命党派中间，共产主义者的党是最革命的，这一点政府比任何人都知道得清楚。［……］

〔……〕人民，尤其是其中主张共产主义的人，知道得很清楚，自由派资产阶级只关心他们本身的利益，很难指望他们会对人民表示同情。但假如国教顾问先生由此做出结论，说人民参加政治运动会被自由派资产阶级利用来达到其自身的目的，那我们就不能不这样回答他：这在国教顾问看来也许完全近乎真理，但同时又是极端的妄想。

人民，或者（如果用个更确切的概念来代替这个过于一般的含混的概念）无产阶级考虑问题的方法却是和宗教事务部的人士所想象的完全不同。无产阶级不会问，人民的福利对资产者是重要的还是次要的，资产者是不是**想**把无产者当炮灰。他们根本不**想**知道资产者想怎么样，他们想知道的是资产者**被迫**追求的目的是什么。问题就在于什么能使无产阶级取得更多的手段以达到自己目的：是目前的政治制度即官僚统治，还是自由派想望的制度即资产阶级统治。他们只要把英国、法国和美国的无产阶级的政治地位跟他们在德国的地位比较一下就会相信，资产阶级的统治不仅使无产阶级在**反对**资产阶级本身的斗争中得到崭新的武器，而且还给他们创造了一种和过去完全不同的地位——他们已成为一种公认的力量。

国教顾问先生也许以为，日益靠近共产党的无产阶级不会利用出版自由和结社自由吧？请他看看英法的工人报纸吧！请他看看（即使一次也好）宪章派的群众大会吧！〔……〕

我们不打算浪费时间来证明：除非资产阶级和人民共同努力，否则便不能推翻贵族；要人民在除了资产阶级还有贵族存在的国家里居于统治地位，是荒谬绝伦的事。艾希霍恩的国教顾问的这种论调，不值得我们提出郑重其事的理由来反驳。

有些先生以为，对人民采取一些残酷的措施，就可以挽救处境极其令人担忧的普鲁士君主制度；为了教训这些先生，我们只想提出一些善意的意见。对国王来说，一切政治因素中最危险的是人民。但不是弗里德里希-威廉所说的那种吃了拳头、得点小恩小惠就感动得流泪的人民，这种人民自然不危险,因为他们只存在于国王的想象中。而真正的人民即无产者、小农和城市贫民,正像霍布斯所说的,是 puer robustus, sed malitiosus,一个结实而调皮的孩子;他不会让国王(无论是瘦瘦的还是肥胖的)牵着自己的鼻子走。

这种人民首先要向陛下要求有普选权的宪法,要求结社自由、出版自由和其他令人不快的东西。[……]

1847 年 9 月 12 日《德意志—布鲁塞尔报》第 73 号(《马克思恩格斯全集》德文版第 4 卷第 191、193—194、202 页,参看《马克思恩格斯全集》中文第 1 版第 4 卷第 207、210、220—221 页) 摘要

159
安德烈亚斯·哥特沙克(科隆)给莫泽斯·赫斯(布鲁塞尔)的信

1847 年 9 月 5 日

亲爱的朋友:

[……]一个适合我口味的小团体终于建立起来了,而且是由安内克夫妇建立的。我们每周聚会两次,读报、唱歌和讨论,不言而喻,我们也搞一些零星的宣传鼓动。[110]我们希望,至少在《德国旁观者》上刊

登一则发行马克思的书①的广告。广告一登出来，我就把它寄给你。[……]代我向马克思以及我认识的所有人问好。向你的夫人致意。

你的 哥·

手稿　　　　　　　　　　　　　　　　　　　　　　　　　　　　　节录
莫斯科苏共中央马列主义研究院
中央党务档案馆，F. 173, op. 1, Nr. 2632

160
共产主义者同盟中央委员会告同盟书
1847 年 9 月 14 日

中央委员会致同盟

全世界无产者，联合起来！

兄弟们！

自从代表大会结束和把大会的通告信②发给你们以来，已经三个月过去了。因此，我们向你们再作一次关于过去这段时期的工作总结，并

---

① 指卡尔·马克思的《哲学的贫困》一书。
② 见《马克思恩格斯全集》中文第 1 版第 42 卷第 424—437 页。——编者注

且向你们概述一下同盟的当前状况。

遗憾的是，我们不能告诉你们十分令人高兴的消息，可是我们决定把一切事情的真相告诉你们，而不管它是令人高兴还是令人忧虑。有些人大概会认为，始终应该强调情况的最好方面，以便使人们不致失去勇气。与此相反，我们认为，应当让大家知道我们必须与之斗争的那些巨大的和多种多样的困难。——谁是一个真正的人，谁就不会被困难吓倒，相反，却会受到激励而采取新的行动。

当我们的同盟还没有强大和巩固起来的时候，当它还没有积极地参与时事的时候，我们的作用是微不足道的。——的确，我们现在有一个新的基础，而且某些地方似乎也在以新的热情进行工作，可是总的说来，离我们早就应该做到的还很远。——在代表大会的通告信发出之后，我们就希望能从各地得到对这封信的令人满意的和明确的回答。——中央委员会随通告信发出了一封附信①，在附信中再次强调了必须答复的问题，并请求迅速而明确地作答。

直到现在，我们只收到布鲁塞尔区部委员会的明确答复②，其他地方则通知我们已经收到通告信，对我们所作的努力表示感谢，并发表了一些一般性的意见，这就是全部情况。

这种懈怠是从哪儿产生的？它要把我们引向何方？——许多德国无产者希望获得解放，可是，如果他们不比以前更努力地工作，那么他们的确将不会有所进展。——烤鸽子不会自动飞入我们口中。——他们精神上的怠惰妨碍着许多人去行动；另一些人虽然说得很多，但是一旦要求捐款，他们就满脸的不高兴，提出各种各样的借口，一文钱也不给；

---

① 见《马克思恩格斯全集》中文第1版第42卷第438—440页。——编者注
② 在原稿中有这样的脚注："昨天收到莱比锡来信，见下文。"（见《马克思恩格斯全集》中文第1版第42卷447页）——编者注

还有一些人充满了资产阶级的怯懦；只看到巡警和宪兵，并且总是认为，行动的时机还没有到来。看到这一切，真是气得肚子痛。西里西亚、萨克森、莱茵普鲁士、威斯特伐利亚、黑森等地的绝大多数无产者，而且是最有活动能力的人，几乎没有或者根本没有领导，至少没有共产主义者的领导。

因此，我们再次要求我们的盟员能最终从睡梦中觉醒，着手工作，并要求首先对代表大会的通告信作出明确的回答，以便至少使我们知道，我们能指靠谁。

在代表大会结束之后，我们把代表大会的通告信、新章程、共产主义信条和中央委员会的附信寄往瑞士、法国、比利时、德国和瑞典的十个建有支部的城市。——此外，我们还从伦敦派出了全权特使，两个到美国，一个到挪威，一个到德国，一个到荷兰①。——所有的特使向中央委员会保证尽力工作，并且在他们将要逗留的地方立刻建立新的支部，使这些支部与我们取得联系。

根据代表大会的决定，新的同盟机关刊物②必须在八月份出版，大家答应为这个刊物投稿，并给予财力支援。此外，要求所有的盟员尽力予以帮助。遗憾的是，在这方面绝大部分诺言又停留在口头上了。除布鲁塞尔区部目前每月为报刊提供一镑，为宣传提供五法郎以及海德兄弟寄给我们一篇文章以外，直到现在我们什么也没有收到。——有人答应给编辑委员会送必需的稿件来，可是，一个星期一个星期地拖下去，最后编辑委员会还是不得不亲自动手，包办一切，以便至少能出版一个试刊。如果我们今后得不到比以往更多的支援，那么我们在这里也无法前进。要使我们的印刷所设备齐全，除了印刷同盟机关刊物之外还能印刷

---

① 大概指约·多尔。——编者注
② 《共产主义杂志》。——编者注

传单和小册子，我们还缺少六百法郎。这笔钱如单独在伦敦筹集，我们是办不到的。

自从代表大会的通告信发出以来，我们得到了以下几个地方的消息：

瑞典①。我们收到从这里派出的一位特使②——他经过赫尔辛格到达瑞典并且徒步走遍了这个国家——的信，信上注明：5月23日于乌普萨拉。这位特使在伦敦这里别无长物，就在他的小手提箱里装满了共产主义的传单，并且顺利地越过边界把传单带到瑞典。——他给我们写道，在所有有德国工人的城市中，他就在作坊里访问这些工人，在他们中间散发我们的传单，他的宣传得到工人们的巨大响应。遗憾的是，因为他没有找到工作，所以不能在一个地方逗留那么长的时间去建立支部。——在斯德哥尔摩他把中央委员会最初的两份告同盟书③转交给地方支部（我们在北方的共产主义前哨），他带去的消息给那里的兄弟们增添了新的勇气。——他从斯德哥尔摩到乌普萨拉，又从乌普萨拉到耶夫勒，在那里工作了一段时间，现在，正在去于默奥和托尔讷奥的路上。这真是拉普人中的一位共产主义特使！

从卡尔斯克鲁纳到伦敦来的一个盟员告诉我们说：以前在巴黎和伦敦的C兄弟在W建立了支部，并且那里的盟员已经超过一百名。从卡尔斯克鲁纳来的兄弟给了我们C的地址，我们把这个告同盟书连同新章程以及给那里的盟员的一封专函一起寄给了他。——我们收到从斯德哥尔摩寄来的一封注明日期是7月8日的信。我们那里的兄弟们满腔热情

---

① 在原稿上本段开头有个数字1。——编者注
② 指奥古斯特·安德斯，后来他有个绰号叫"拉普人"。——编者注
③ 指的是正义者同盟的领导机构于1846年11月和1847年2月，即在它改组为共产主义者同盟之前发出的两份告同盟书。——原卷末注

地赞同我们的原则。盟员福尔塞尔兄弟在他用瑞典语写的一本小册子①中反驳了一个公开攻击共产主义的教士，同时也在这本小册子中向人民阐明了我们的原则。——瑞典最大的报纸《晚报》也捍卫共产主义，反对僧侣主义。此外，他们给我们写道：“我们以前把斯德哥尔摩这里的教育协会看做是共产主义的预备阶段，可惜现在它已落入市侩的手中。然而，在这里的斯堪的纳维亚协会②内部大半是真正的民主分子，我们大家都是这个协会的会员，而且我们中间还有一个人是这个协会的主席，我们正从这个协会中招募我们的盟员。"在收到这封信之后，我们立刻用拉丁字体抄写了代表大会的通告信、共产主义信条和章程，因为多数瑞典人不认识哥特字体，我们通过邮局把所有这些文件寄给了他们。——我们等待着对最近这次信件的答复。

德国。约在六个星期以前，一位特使从这里到柏林去，他给那里的兄弟们带去了我们的信，他一定会鼓励那里的兄弟们坚持下去。——他想在那里只逗留大约一个星期，然后到莱比锡去，并从那里给我们写报告。我们希望不久就得到消息。

在 Br.③ 的兄弟们通知我们收到了我们的寄件，并且答应在最近给予详细的答复，但是直到现在还没有兑现。

汉堡的兄弟们确认已经收到我们的寄件，并对改变正义者同盟这个名称表示遗憾，他们希望恢复这个名称；其次，他们声明，像在代表大

---

① 指的是福尔塞尔的小册子《共产主义和基督教》1847年斯德哥尔摩版。——原卷末注
② 斯堪的纳维亚协会是存在于十九世纪四十年代后半期的激进民主派的协会。曾与共产主义者同盟有联系。参加这个协会的主要是工人和手工业者。该协会的主席是同盟盟员、翻译家、出版商和书商佩尔·约特雷克，秘书是埃克斯特廖姆。——原卷末注
③ 可能指不来梅或者布雷斯劳（弗罗茨瓦夫）。——编者注

会的通告信中所说的那样，如此激烈地攻击威·魏特林的追随者和格律恩的追随者，这使他们深为不满。他们主张温和、团结，并且说："一个人在原则方面不管是站得高一点还是低一点，我们不应当因此而攻击他和分裂自己的队伍，因为，你们想一想，如果我们表现得如此片面，我们能够行动吗？我们要把所有进步力量吸引到我们这边来，并设法通过说服的方法逐渐促使他们接受我们的思想。"

我们必须答复汉堡的兄弟们，在代表大会通告信中陈述的关于改变同盟名称的理由是十分充分的，如果提不出重要的反对理由，中央委员会将在下次代表大会上坚持保留共产主义者同盟这个名称。——这个名称恰恰表明，我们是什么人，我们要求什么，而老的名称却反映不出这个情况。正义者同盟这个名称是模糊不清的，然而我们必须是明确的。——因此，但愿汉堡的兄弟们再读一读代表大会通告信中提出的理由。如果他们能驳倒这些理由，那么我们就同意他们，如果相反，光是感情用事，我们将不予理睬。

关于第二点，我们想指出，我们决不是攻击魏特林分子和格律恩分子，而只是揭露了他们的真面目。——觉醒的时候到了，因此我们不能再同失去所有活力的梦幻者和贩卖体系者打交道了，我们不愿意拖着尸体走。格律恩分子是这样的人：他们喋喋不休地空谈平等，但并不懂得这个词是什么意思，他们批评一切，唯独不批评自己，一句话，他们是说得很多而什么也没有做的自命不凡的人。我们不是圆滑的资产者，因此我们说话不是拐弯抹角，而是直截了当，也就是直言不讳。

十余年来，有人在同盟内鼓吹温和、宽容和团结，尽管进行了这些说教，尽管宣传兄弟友爱，可是我们几乎什么也没有干，而且在最近一年来濒于瓦解。——我们必须改变我们的做法，如果要求我们一辈子庸庸碌碌，耽于空想，那是没有道理的。——我们的看法是：一千个盟员，其中有一半不坚定和不热心，还不如一百个能干的盟员。——我们不是停下来，去扶助那些裹足不前的人，而是勇敢地向前进，这样，也许能使其他人快一点行动起来。——此外，汉堡的兄弟们尽管提倡温和，可是看来收效甚微，因为关于为宣传和办刊物寄钱来的事，他们只字未提；关于同盟机关刊物的事，他们说，由于失业增加，只能购买很少几期刊物。

我们在这里必须说清楚，每个盟员**必须**购买一本杂志，如果盟员付不起钱，就让他所在的支部代付。

再说一遍，兄弟们，不要为了不合时宜的温和，为了互相对立的力量的凑合而消耗掉我们的全部力量，从而使我们成为其他党派嘲笑的对象——只要我们愿意，我们就能够有效地工作。如果我们愿意，我们不要别的，要的只是：勇气！勇气！勇气！如果人们不能或者不愿像我们那样走得那么远，——好吧！只要他们心怀诚意，我们就不会不尊重他们，可是要我们为了同他们联合而倒退，那我们声明：永远办不到！

不久以前，我们莱比锡的兄弟们来信说，一些盟员被中央委员会的措词有点激烈的书信吓倒，从而退出了同盟。其余的盟员答应同心同德，尽力工作。——我们只能祝贺莱比锡的兄弟们，因为他们摆脱了那些没有勇气成为真正的人的人。昨天我们收到了莱比锡的来信，这已经是以一种与过去截然不同的、更为坚强有力的语调写成的信。——可以看出，那里的支部摆脱了犹豫不决的状态。

首先，莱比锡支部认为，必须把信条制订得更科学，更适合于社会各阶级。——它建议对信条进行差不多是全面的修改，并为此申述了理由。我们将把这些建议修改的地方提交下次代表大会讨论。中央委员会同意信中提出的大部分建议。其次，莱比锡支部声明，为了推销我们的杂志，它除了为盟员购买的份数外准备还购买十二份。如果所有的支部都学习莱比锡支部的榜样，那么同盟的机关刊物就可以每个星期出版而且半价出售了。——我们要求把为宣传和办刊物而收集起来的捐款尽快地寄来。——我们估计，在莱比锡很快会成立第二个支部，如果不是这样，那么第一个支部就可能并入 Bl.① 的支部；我们将对此采取必要的措施。

我们没有从 Mn.② 得到一点消息，也不知道那里的通讯地址，因为我们在那里的通讯员想必是到巴黎去了。——我们将设法尽快地同那里的支部恢复联系。

我们不可能把代表大会的通告信由邮局寄往美因茨。——这里的一个盟员刚刚在一个月之前动身前往，我们已把所有的东西都交给他随身带去。——因此，我们现在还不能得到那里的答复。不久以前我们收到美因茨的盟员的一封来信，信中告诉我们说，那里正打算成立第二个支部，从而组成一个区部。——我们的美因茨的兄弟们经常受到警察的监视，然而这只能更加促使他们为我们的事业努力地工作。——光荣属于勇敢的美因茨的无产者；如果在德国到处都像那里一样行动，那么我们的事业就兴旺发达了。

荷兰。在阿姆斯特丹有一个教育协会同我们保持着联系，协会中有些能干的人。——三个星期以前我们派去一个全权特使③，打算成立一个支部。④

美国。今年春天从这里前往纽约去的特使，给我们描绘了一幅关于

---

① 大概指柏林。——编者注
② 大概指慕尼黑。——编者注
③ **约翰·多尔。**——编者注
④ 1847年8月被派往阿姆斯特丹的**约翰·多尔**在10月把由八人组成的共产主义者同盟阿姆斯特丹支部成立的消息告诉了中央委员会。阿姆斯特丹工人教育协会成立于1847年2月14日。在它的组织和活动中，共产主义者同盟盟员起了积极的作用。1848年3月，伦敦的德国工人教育协会给阿姆斯特丹的工人教育协会送去一百册《共产党宣言》。共产主义者同盟盟员、阿姆斯特丹工人教育协会的领导人，由于组织1848年3月24日的阿姆斯特丹人民群众大会以支持法国革命和德国革命，遭到警察的残酷迫害。——原卷末注

同盟在新大陆的状况的可悲图景。——当魏特林到达那里①并在同盟内播下不和的火种的时候，纽约的同盟已经取得了很大的进步。——在各次会议上都发生了极其激烈的争吵，结果是整个组织瓦解。——纽约的支部以前经常劝告我们要温和，固请我们同魏特林和解；可是，现在，在魏特林到达后十四天，这些支部自己就同他发生了激烈的争吵，因此，通讯员情绪低落，以致为了避免把那里的同盟的可悲情况揭露出来而不想再给我们写信了。——这些情况是在那里的特使写信告诉我们的；在这样的情况下，他在纽约什么事也做不成了，于是就到威斯康星州去，他答应在那里为我们的事业尽力工作。

在菲拉得尔菲亚还有好多盟员，我们坚决要求他们在那里重新建立支部。——我们委托几个星期以前从这里前往纽约和菲拉得尔菲亚去的两个特使，要他们尽最大努力按照修改了的章程在这两个地方把同盟恢复起来。

法国。马赛的情况还是和以前一样。有几个盟员从里昂往那里去了，他们答应尽他们的最大可能使那里的同盟获得新生。

里昂来信说，那里的盟员在尽力地工作，并在讨论信条。——除关于接收新盟员问题的第七章以外，里昂区部同意全部新章程。——里昂的盟员认为，没有必要要求被接收者宣誓，因为有许多例子证明，有的人什么事都满口答应，结果一点也不履行；主要应该看一个人的品行怎样。——我们向里昂人指出，我们要求的决不是誓言，而是诺言。此外，里昂人写道：

"因为我们在九月又处于危急状态，所以我们请求你们征询巴黎人的意见，他们能否派出一些愿意为共同的事业牺牲、愿意在里昂居住一些时候的能干盟员。老的盟员都想离开，因此缺少**能够担任**领导的人。

---

① 在1847年初。——编者注

因此你们要设法防止可能发生的瓦解。

关于即将在你们那里出版的杂志，我们还不能确定能要多少份，因为一切都可能发生变化。"

关于为办刊物和宣传而寄钱来的问题，他们在信中没有提到。

我们坚决要求巴黎的兄弟们尽快地派一些能干的盟员到里昂去。

巴黎来信告诉我们说，章程在那里获得一致通过，各支部正在讨论信条，盟员的人数有了显著的增加。我们还没有获悉讨论的结果，也没得到关于他们是否为办刊物和宣传而筹集经费的消息。但是，我们必须说，巴黎人值得赞扬的是：他们最近捐了不少钱，用于派遣一个代表①出席代表大会和一个特使②到瑞士。

很遗憾，从一位在巴黎的盟员写给中央委员会的私人信件③中，可以看出，在巴黎的各支部中还有许多人尚未摆脱格律恩的谬论和蒲鲁东的稀奇古怪的观念。奇怪的是，这些身为共产主义者同盟盟员的人，似乎在摒弃共产主义；他们只要平等，此外什么也不要。——看来这些内部纠纷也是我们很少从巴黎得到消息的原因。蒲鲁东成了这样的真正德国的哲学家，以致连他自己也不再知道他想要做什么；格律恩把蒲鲁东的观点弄得更含糊了，因此，当然不能要求这两个人物的学说的追随者有清楚的认识。我们要求蒲鲁东的信徒和格律恩的信徒读一读马克思的《哲学的贫困》——我们听说，这本书也译成了德文④。他们将会明白，他们噜噜苏苏和拐弯抹角地要求的平等国家不是别的，就是现代的国

---

① 弗·恩格斯。——编者注
② 斯·波尔恩。——编者注
③ 可能是恩格斯的信。——编者注
④ 马克思准备出版《哲学的贫困》德译本的计划没有实现，在马克思生前只用德文发表了这部著作的第二章的一些片断。这部经恩格斯校订过的著作的第一个德文本于1885年出版。——原卷末注

家。——可见，他们在一个错误的思想圈子里打转，最后又回到原来的地方。

我们要求巴黎的共产主义者紧密地团结起来，努力使错误思想在各支部中消失。如果格律恩的信徒和蒲鲁东的信徒坚持他们的原则，那么只要他们还是正直的人，他们就应该退出同盟而单独行动。——在我们同盟中只能有共产主义者。——只要我们的支部中有格律恩的信徒，那就不管是他们还是我们，都不能进行有效的宣传；力量将会分散，年轻人会泄气。——可见，分裂要比内部纠纷好①。

被清除的魏特林分子又给我们写来一封冗长的信，在信中攻击我们和巴黎的支部并硬说他们自己是真正的共产主义者。他们在信的结尾要求我们给他们一个可靠的通讯地址，因为他们大概还有事要委托我们办。——但是，他们丝毫没有谈到：他们虽然是少数，却把巴黎各支部的全部储金扣留，掌握在他们中间的一个人手中。——这样的行为同他们的领导者的盗窃理论②无疑是一致的。

我们很客气地给他们回信说，我们是根据义务和信念行动的，我们

---

① 1847年初秋，在共产主义者同盟巴黎各支部中出现了复杂的局面。被第一次代表大会开除的魏特林分子同格律恩的拥护者联合起来了。10月发生分裂，有一个支部声明反对共产主义的原则，中央委员会决定将它开除出盟。当时在巴黎的恩格斯在1847年10月25—26日写信给马克思说："在我到达的前几天，最后的一些格律恩分子（整个一个支部）被赶了出去，不过其中半数是会回来的。现在我们只有30个人。我立即建立了一个宣传支部，整天奔波，勤勉工作。我立即被选进了区部，任务是搞通讯。有20—30个人被推荐正待接收入盟。我们很快又会更加壮大起来。"（见《马克思恩格斯全集》中文第2版第47卷第489—490页）——原卷末注
② 暗指1845年在伯尔尼出版的威·魏特林的著作《一个贫苦罪人的福音》，作者在这本书中为盗窃辩护，认为它是反对资本主义的斗争手段。——原卷末注

也将坚持我们认为是正确的东西。因此，他们的诽谤不能损害我们。——我们把他们索取的地址寄去了，但是从此以后就再也没有听到他们的消息。

瑞士。中央委员会把一个特使①即将到达的消息告诉了在拉绍德封的兄弟们，并要求他们尽力协助他改组瑞士的同盟。

伯尔尼支部从前些时候起就已经表现得模棱两可。那里来信告诉我们，他们打算出版一个共产主义的刊物《漫游者》，并请求我们予以支持。

我们给洛桑和拉绍德封寄去二十五法郎和一张五十法郎的支票。但是，这笔钱却被伯尔尼人用于印刷当时已经表明自己是共产主义者的最凶恶敌人的卡·海因岑的小册子。——6月29日，我们又收到伯尔尼的来信，信中告诉我们，青年德意志派②用尽一切手段来反对瑞士的共产主义者；信中还要求我们尽快地创办一个同盟机关刊物。同时给我们寄来了一本小册子《德国的饥饿和德国的君主们》，并请求我们为了使《战争条例》、《准备》等③能继续传播而自愿捐款。信中写道："共和派中的某某人，也就是勇敢的海因岑，的确怀有高尚的意向，但是他的双手被缚住了，他不是德国共和运动的灵魂，现在他是得力助手，等等。"

海因岑极端疯狂地反对共产主义者，但是伯尔尼支部却印刷和传播他的小册子，看来是同他有着密切联系的。我们对这一点过去和现在都

---

① 斯·波尔恩。——编者注
② 指的是在瑞士的德国流亡者的秘密革命组织"青年德意志"的前成员，这个组织在1845年被警察破坏。——原卷末注
③ 提到的是下述印刷品：匿名小册子《德国的饥饿和德国的君主们》、卡·海因岑的小册子《为专制国家官兵制定的近代战争条例三十条》（纽施塔特版）。——原卷末注

第三章　共产主义者同盟的创建及其纲领《共产党宣言》的制定　　　　　　109

有怀疑。——我们不愿意让别人牵着我们的鼻子走，每一个正直的人今天都应当亮出自己的旗帜。因此，我们给伯尔尼支部写了一封严肃的信，请它立即作出解释，然而直到现在还没有得到答复。

我们的特使从日内瓦来信说，在那里我们的事业取得了十分可喜的进展。——今年春天，有两个盟员在日内瓦成立了一个支部；当特使在那里逗留时，成立了第二个支部，而且第三个支部也可望成立。——除此以外，还有一个公开的协会，正被用来培训能干的共产主义者。因此，看来我们的党在日内瓦又站稳了脚跟，如果我们的兄弟们在那里继续像以前那样努力工作，那么瑞士的共产主义者不久就会变得比任何时候都更有力量。——正如特使在信中所说的那样，被开除的魏特林分子已经往拉绍德封写了许多信，这些信充满着对一些盟员的最恶毒的人身攻击，并要求那里的盟员加入他们一伙。但是，拉绍德封各支部没有接受这些人的要求，而是等待我们的特使到达，再给予明确的答复。我们的特使在日内瓦同洛桑的彼得逊取得了联系，后者对瑞士的共产主义者仍然有相当大的影响。但愿我们的特使能够争取他参加我们的运动。

巴黎的魏特林分子用从我们的同盟那里强占去的钱把一个叫霍恩舒的人作为特使派往瑞士，他的任务是把那里的支部拉到他们那边去。这个霍恩舒现在在洛桑。他以前在伦敦待过，因此我们对他很熟悉，可以断定，他根本没有能力进行任何宣传。——他是一个非常无聊的空谈家，根本没有多大用处。他在离开伦敦的时候请求他的支部垫付一小笔旅费，答应在最短期间内归还。支部同意给他二十五法郎。——从那时起两年过去了，尽管时常提醒他，但他还是分文未还。像霍恩舒这类以迎合自己好逸恶劳和傲慢自负的脾气为唯一目的的人，至今还有机会糟蹋无产者辛辛苦苦挣得的钱，这确实是可悲的。

我们的特使现在正在日内瓦湖周围的各城市旅行，然后将到拉绍德封等地去。——为了能完成这次旅行，他请求我们继续提供经费；我们立即给他寄去五十法郎，但这些钱是我们借来的，因为我们的储金已经用光了。

比利时。在比利时，我们的事业很顺利。——自代表大会以来，在这个国家已成立了两个区部。其中一个在列日，我们与它尚无直接联系，但是，每天都在等那里的来信。

布鲁塞尔区部同莱茵普鲁士建立了联系，工作很努力。① 它已建立了歌咏团和教育协会。② 这两个团体都受共产主义者同盟盟员领导，它们是入盟者的预备学校。

章程在布鲁塞尔获得通过；不过提出两处修改意见交下次代表大会讨论。——第一处修改涉及第一章第三条的"e"，第二处涉及第五章第二十一条。③ 布鲁塞尔人说："我们认为，禁止盟员加入任何政治的或民族的组织是不策略的，因为，这样一来，我们就会丧失能影响这些

---

① 指科隆、威斯特伐利亚、埃尔伯费尔德的共产主义者小组。这些小组早期曾同马克思和恩格斯创立的布鲁塞尔共产主义通讯委员会有联系，并在共产主义者同盟第一次代表大会以后开始建立同盟支部。——原卷末注

② 指马克思和恩格斯为了对工人宣传科学共产主义思想而于1847年8月底在布鲁塞尔建立的德意志工人协会。在马克思、恩格斯及其战友们的领导下，协会成为在比利时的无产阶级革命力量实行公开联合的中心。协会的优秀分子参加了共产主义者同盟。协会对比利时工人运动产生了显著的影响，对布鲁塞尔民主协会的建立起了重要的作用。布鲁塞尔德意志工人协会的活动，在1848年法国二月革命之后不久，由于比利时警察当局逮捕和驱逐了它的成员而终止。——原卷末注

③ 布鲁塞尔区部委员会对共产主义者同盟章程草案的修改意见，反映了马克思为使无产阶级政党的组织原则完善化，为在党的结构中克服正义者同盟所固有的宗派主义关门倾向的残余而进行的斗争。共产主义者同盟第二次代表大会接受了这些修改意见。关于代表大会的决议要经过支部批准的条款取消了，而关于禁止盟员参加其他政治组织，则只限于那些目标与同盟背道而驰的组织。——原卷末注

组织的一切机会。"其次，关于第二十一条，"如果处于革命高潮时期，那么这种限制就会束缚代表大会的全部活动能力。我们记得，1794 年贵族们在国民公会上曾提出过同样的要求，想使它的所有活动瘫痪。"

我们要求各支部仔细审查上述建议，并向自己的大会代表发出与这两项建议有关的指示。

关于共产主义信条，提出了许多重要的修改，我们将把它们提交代表大会讨论。

上面提到，布鲁塞尔区部同意为办刊物捐款二十五法郎，目前每月为宣传捐款五法郎。——我们请其他区部尽快地仿效这个范例。

伦敦。在伦敦，新的章程一致通过了。所有的支部都在热烈地讨论共产主义信条。——讨论一结束，这里的区部委员会便会把所有的修改和补充意见送交我们。——最近两个月，有一大批盟员离开这里，但是，我们一定会在近期内把这个已经形成的空额重新补上。教育协会是我们的预备学校，它们的巨大效果正日益明显。

伦敦区部十分团结，而且有为我们的事业尽力工作的良好意愿。——最近半年，我们在这里支出了一千多法郎用于书刊，用于杂志①、邮费、印刷费、与代表大会有关的各项开支和派遣特使等等。——其次，每个盟员每周须向教育协会储金会交纳三便士，此外，几乎没有一次晚间会议不为急需救济者进行私人募捐。——我们的盟员一半以上没有工作，生活贫困。因此，我们不能再像以前那样单独承担所有的费用。——因此，为了使同盟的印刷所能有齐全的设备，为了继续发行我们的杂志以及为了宣传，我们不得不恳切请求所有的区部和支部尽力和尽快地给予我们以金钱上的帮助。目前，我们的钱已全部告罄。以前一旦别人需要钱时，我们总是把钱寄去，因此，现在我们也可

---

① 《共产主义杂志》。——编者注

以料想到，人们不会把我们抛开不管。

我们同盟的杂志的试刊在伦敦销路很好，并且引起居住在这里的外国人的重视。——我们把它陈列在许多书店和报亭里销售。杂志已按所有地址寄去，而且还存有一千份，以便能寄到还需要它的地方去。

关于同盟的情况和我们的工作情况的报告就到此结束；现在你们自己可以判断一下：我们的事业的情况怎样，中央委员会作为同盟的权力执行机关在最近三个月是否履行了自己的职责。

你们将会看到，如同我们已在告同盟书一开头所说的那样，虽然到处都在积极地工作，但是，整个说来，我们离早就应该达到的目标还很远。因此，兄弟们，我们希望你们现在贡献出你们的全部力量，使我们能迅速前进，并能在下次报告中提供比以往更为令人兴奋的消息。

然而在结束这个报告之前，我们还要求你们认真考虑以下各点。我们坚决要求：

1. 所有的区部和独立支部只要有可能都必须选举一名代表出席下次代表大会，并设法使代表能于今年11月29日抵达伦敦。——你们知道，在第一次代表大会上，我们未能作出最终决定，因此，认为有必要在今年召开第二次代表大会。① ——第二次代表大会将具有特别重要的意义，因为这次大会不仅要拟定共产主义信条，而且还要作出关于同盟及其机关刊物的最终组织以及将来如何进行宣传的决定。——因此，有尽可能多的代表出席这次代表大会是完全必要的。——兄弟们！我们希望你们要为履行自己的职责而不惜牺牲。

---

① 第一次代表大会认为在这次大会上通过的文件——共产主义信条草案和章程——是初步方案，必须在地方上讨论，经过修订并由共产主义者同盟第二次代表大会（1847年12月）最后批准。——原卷末注

2. 凡是还没有为办刊物和宣传募集捐款的区部和支部必须毫不迟延地做到。——如果大家都给一点，那么我们就能更有效地工作。——没有钱我们就不能进行宣传。——我们要求那些已经募集了捐款的区部和支部尽快把款寄来。

3. 凡是还没有对代表大会通告信作出明确答复的区部和支部必须迅速地作出答复。

4. 凡是还没有说明自己需要多少份我们的杂志的区部和支部，必须立即告知所需之数。其次，务必把能够最迅速、最安全地将杂志投递到各有关地点的路线通知我们。

5. 所有的区部和支部必须向我们报告：在他们所在的地区是否在进行共产主义宣传以及宣传的方式是怎样的。

6. 欢迎所有盟员给我们的杂志编辑部投寄文章和诗歌。我们已经说过，不少盟员曾答应为第一期撰稿，但是他们没有履行自己的诺言；我们只能认为这是我们显然不应有的懈怠。

希望不久能够从你们那里得到令人满意的和明确的消息。向你们致敬。

以中央委员会的名义并受中央委员会的委托

卡尔·沙佩尔　亨利希·鲍威尔

约瑟夫·莫尔

1847年9月14日于伦敦

又及。正当告同盟书要付印时，我们收到德国和瑞士特使的来信。

德国的来信说：我们在柏林的兄弟们，特别是在那里发生了尽人皆知的事件①之后，热情空前高涨。——政府正好帮了我们的忙。——由于围绕着共产主义者掀起的喧哗，我们的原理已为大家所熟知，人民对我们的原理不但不畏惧，反而受到鼓舞。特使在他的信的结尾写道：兄弟们，我们可以满怀信心地展望未来，到处都有捍卫正义事业的能干的人。

来自瑞士的消息最为可喜。——同盟在那里已组成，并且在十个以上的不同地区已经有了组织。——彼得逊被争取过来了。

特使写道：在拉绍德封和洛克勒，我们有在我看来是最好和最热心的盟员。——他们的斗志不可动摇。——好啊，兄弟们，前进吧！——被开除的魏特林分子到处碰壁。——与伯尔尼支部的误会消除了。——我们现在声明：我们对那里的兄弟们采取了不公正的态度，他们是坚定地遵循我们的原理的。——我们为能作这样的声明而感到无比的高兴。其余的在下次报告中再谈。

中央委员会
卡尔·沙佩尔　约瑟夫·莫尔
亨利希·鲍威尔

复制的手稿
莫斯科苏共中央马列主义研究院
中央党务档案馆，NL 116　（参看
《马克思恩格斯全集》中文第 1 版
第 42 卷第 441—457 页）

---

① 指1847年春在柏林被捕的正义者同盟盟员的审判案。由于盟员的出卖者、主要证人门特尔否认自己以前的口供，法庭不得不对许多被捕者判处很轻的惩罚，并宣告一些被捕者无罪。——原卷末注

161
关于伦敦民主派兄弟协会成立两周年
纪念活动的报道

1847 年 9 月 20 日

9月20日,德国、英国和法国的一些民主主义者在伦敦白鹿酒馆举行友好宴会,庆祝1872年法兰西共和国建立①。

伦敦宪章派委员会委员琼斯先生首先为人民主权干杯。他说:人民主权是我们唯一承认的主权。

接着为法兰西共和国建立祝酒。

《北极星报》(英国最好的人民报纸)编辑哈尼先生讲了话,表示希望能看到正在复活的法兰西共和国的原则在全世界取得胜利。

伦敦德意志工人协会主席卡·沙佩尔先生补充说明了意大利人今天为这些原则而进行斗争的情况。他说,他们要通过这些原则重新取得民族独立,撵走奥地利的专制君主。卡·沙佩尔先生大声疾呼,让所有这些可恶的暴君灭亡吧,他们竟同加里西亚的卑鄙刽子手相勾结,镇压意大利高尚的蓬勃发展的运动;意大利,从阿尔卑斯山到塔伦特海湾同仇敌忾,群情激昂,一致反对外来统治。

---

① 原件上是革命。

接着，卡·沙佩尔先生也同琼斯、哈尼和其他所有到会的民主主义者一样，坚决反对向美洲移民。他说，这是一个理论家①的梦想，这种移民同逃亡毫无二致。¹¹¹

伦敦的民主主义者对你们说，我们应该在欧洲同专制主义作斗争。如果你们在法国的处境不太好，就到意大利去，帮助我们在那里的兄弟们砸烂他们那沉重的锁链，人们就不会再把你们称为人民事业的叛徒。

因此，这个非常正确的观点就谴责了卡贝先生在巴黎提出的反民主主义的移民计划，顺便说一句，卡贝将永远无法实现他的计划。

接着，基恩、奥博尔斯基上校和普芬德三位先生相继祝酒，祝各国人民的民主繁荣昌盛！

接着为工人的解放祝酒：愿各国无产者团结在一起，捍卫自己的权利——他们的幸福就是奖赏。② 每一次祝酒都有《马赛曲》和其他爱国歌曲为之伴奏。

又及：

27 日晚上，在布鲁塞尔这里举行的民主宴会也想到了伦敦的兄弟们，我们虽分处大海两岸，但我们的心是连结在一起的。

1847 年 9 月 30 日《德意志—布鲁塞尔报》第 78 号

---

① 指埃蒂耶纳·卡贝。
② 在《北极星报》上发表的报道中，狄克逊的祝酒词是这样说的："为了劳动的解放，愿各国无产者共同行动，争取实现自身的社会解放！"

162
弗里德里希·恩格斯《共产主义者和卡尔·海因岑》一文摘录

1847年9月26日至10月3日

共产主义者和卡尔·海因岑

［第一篇］

布鲁塞尔9月26日。今天的《德意志—布鲁塞尔报》刊登了海因岑的一篇文章。在这篇文章中，海因岑以反驳编辑部的无谓指责、为自己进行辩护为借口，大张旗鼓地开始同共产主义者论战。［……］

党的报刊的任务是什么呢？首先是组织讨论，论证、阐发和捍卫党的要求，批驳和推翻敌对党提出的各种要求和论断。德国民主派报刊的任务是什么呢？就是从以下各个方面证明民主制的必要性：目前这个在某种程度上代表贵族的政府是应当受到鄙弃的，那种使政权转到资产阶级手里的立宪制度是不完备的，人民只要不掌握政权就不可能改善自己的处境。因此，这种报刊应当说明，无产者、小农和小资产者（因为在德国，构成"人民"的正是这些人）为什么受官吏、贵族和资产阶级的压迫；应该说明，为什么不仅产生了政治压迫，而且首先产生了社会压迫，以及采取哪些手段可以消除这种压迫；它应该证明，无产者、小农和小资产者取得政权是采取这些手段的首要条件。其次，它应该探讨，立即实现民主制的可能性究竟有多大，党有哪些手段可以采取，当它还很软弱不能独立行动的时候，它应当联合哪些党派。所有这些任务，海因岑先生完成了一项吗？没有。他根本没有花费精力这样做。他没有向人民即无产者、小农和小资产者说明任何问题。他从来没有研究过各阶级和党派的情况。他所做的，无非是在"暴动，暴动，暴动！"这一个题目上玩弄花样。[……]

然而海因岑先生也答应进行社会改革。当然，这是由于人民对他的号召表示冷淡才慢慢使他不得不这样做。这又是些什么改革呢？就是**共产主义者**提出的那些废除私有制的准备步骤。在海因岑先生那里唯一可以认为是正确的东西，却又是他从他所激烈抨击的共产主义者那里剽窃来的。就是这些东西一到他的手里，也成了荒谬绝伦、虚无缥缈的东西。一切旨在限制竞争和限制大资本聚积在个别人手里的措施，一切限制或废除继承权的办法，以及一切通过国家来对劳动进行组织的办法等等，所有这些措施作为革命的措施不仅是可能实行的，甚至是必须实行的。这些措施之所以有可能实行，是因为整个奋起反抗的无产阶级赞同这些措施并用武力支持这些措施。尽管经济学家借口一些困难和弊端来反对这些措施，这些措施还是有可能实行的，因为正是这些困难和弊端将迫使无产阶级为了不致失掉自己的胜利果实而勇往直前，直到完全废除私有制。这些措施作为废除私有制的准备措施和过渡的中间阶段是有可能实行的，而且它们也只能是这样一种措施。

可是海因岑先生却要把所有这些措施都当做确定不移的最终的措施。他认为这些措施不应当是为实现任何目标而采取的准备步骤，而应该是最终的措施。在他看来，这些措施不是手段，而是目的。这些措施不是要导向革命的社会状态，而是要导向宁静的资产阶级的社会状态。这样一来，这些措施就成为不能实现的，而且是反动的了。与海因岑相反，资产阶级经济学家认为这些措施与自由竞争比较起来是反动的，他

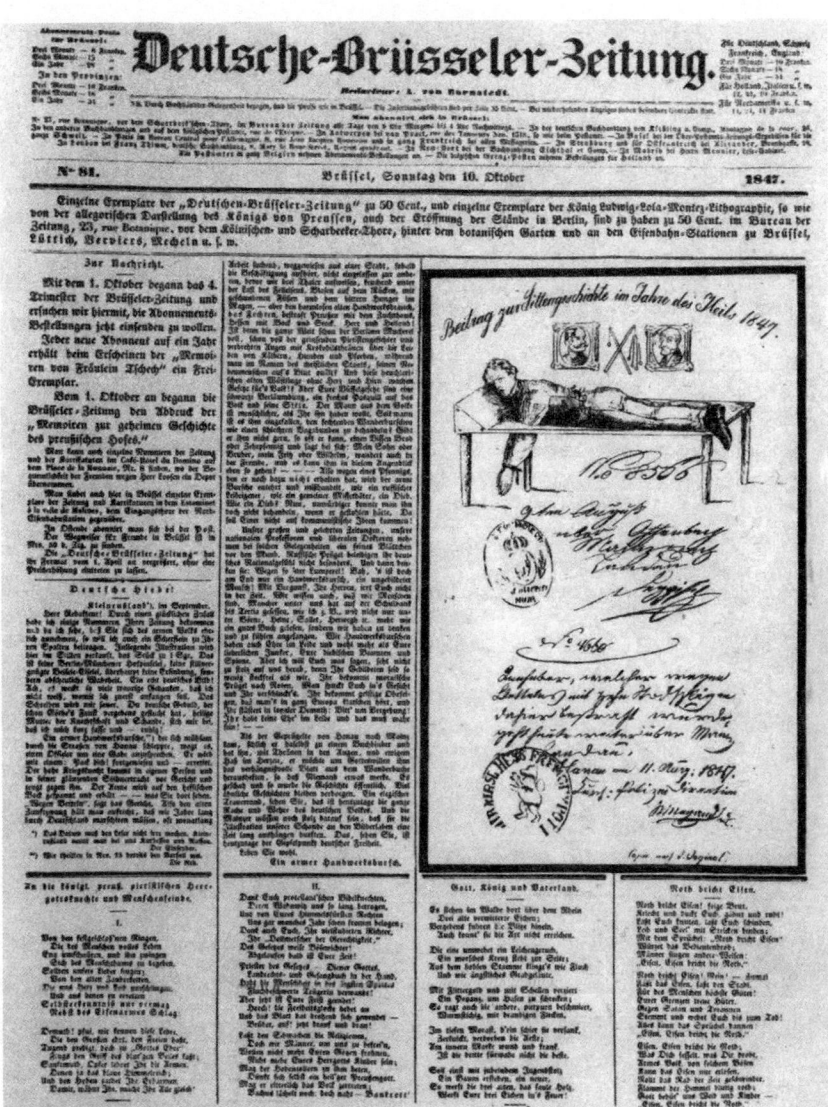

《德意志—布鲁塞尔报》首页

们这种看法完全正确。自由竞争是私有制最后的、最高的、最发达的存在形式。因此一切从私有制的基础出发而同时又反对自由竞争的措施都是反动的，都力图恢复私有制的低级发展阶段，因此，这种措施最终必将在竞争面前遭到失败，使目前这种社会状态重新恢复。只要我们把上述社会改革看成单纯的社会福利措施，看成革命的过渡的措施，资产者的这些反对意见就会显得毫无力量，而这些反对意见却会使海因岑先生的农业的、社会主义的、黑红黄色的共和国彻底破产。[……]

总之，这些措施在共产主义者那里是有意义的、明智的，因为它们不是随意提出的措施，而是从工业、农业、商业和交通工具的发展中，以及由此决定的资产阶级和无产阶级的阶级斗争的发展中必然产生的结果；由此产生的这些措施并不是最终的措施，而是从过渡性的阶级斗争本身产生的过渡性的社会福利措施。

这些措施在海因岑先生那里却既无意义，又不明智，因为在他那里它们纯粹是任意编造出来的改善世界的庸俗幻想，因为他丝毫也没有指出这些措施和历史发展的联系，因为海因岑先生一点儿都不考虑实现自己的建议的物质可能性，因为他不是力求表述工业领域的各种必然性，而是力求用法令来消除这些必然性。[……]

[第二篇]

我们在第一篇文章中已经说明，共产主义者之所以抨击海因岑，并不是因为他不是共产主义者，而是因为他是一个蹩脚的民主派政论家。他们并不是以**共产主义者**的身份，而是以**民主主义者**的身份对他进行抨击的。至于同他展开论战的恰恰是共产主义者，这一点完全是出于偶然；即使这个世界上根本没有什么共产主义者，民主主义者也肯定是要起来反对海因岑的。[……]

在目前条件下，共产主义者根本不想同民主主义者进行无益的争论，相反，目前在党的一切实际问题上，他们自己都是以民主主义者的身份出现的。在所有的文明国家，民主主义的必然结果都是无产阶级的政治统治，而无产阶级的政治统治又是实行一切共产主义措施的首要前提。因此在民主主义还未实现以前，共产主义者和民主主义者就要并肩战斗，民主主义者的利益也就是共产主义者的利益。在此以前，两派的分歧是纯理论性质的，完全可以从理论上进行讨论，而决不会使共同行动因此受到任何影响。人们甚至可以对民主主义实现以后应当立即为一向受压迫的阶级采取的一些措施取得一致意见，如大工业和铁路交给国家管理，所有儿童的教育费用由国家负担等等。[……]

海因岑先生异想天开地认为，共产主义是一种从一定的理论原则即自己的**核心**出发并由此得出进一步的结论的**教义**。海因岑先生大错特错了。共产主义不是教义，而是**运动**。它不是从原则出发，而是从**事实**出发。共产主义者不是把某种哲学作为前提，而是把迄今为止的全部历史，特别是这一历史目前在文明各国造成的实际结果作为前提。共产主义的产生是由于大工业以及由大工业带来的后果，是由于世界市场的形成，是由于随之而来的不可遏止的竞争，是由于目前已经完全成为世界市场危机的那种日趋严重和日益普遍的商业危机，是由于无产阶级的形成和资本的积聚，是由于由此产生的无产阶级和资产阶级之间的阶级斗争。共产主义作为理论，是无产阶级立场在这种斗争中的理论表现，是无产阶级解放的条件的理论概括。[……]

总之，共产主义者应当而且也希望同德国激进派采取共同行动。但是他们保留对任何一个败坏整个党派声誉的政论家进行抨击的权利。仅仅是本着这种精神，我们才对海因岑先生进行了抨击。

弗·恩格斯
1847 年 10 月 3 日于布鲁塞尔

注意：我们刚才收到一个工人①写的小册子：《海因岑的国家。**斯蒂凡**的批评意见》伯尔尼版，由雷策尔印行。如果海因岑先生的写作水平能赶上这个工人的一半，那他就可以感到欣慰了。除了其他一些东西外，海因岑先生从这本书中可以相当清楚地了解到，为什么工人对他的农业共和国丝毫不感兴趣。我们还要指出一点，这是第一本由工人写成的书，这本书不是进行道德说教，而是力图说明当代政治斗争归根结底是社会各阶级之间的斗争。

1847年10月3、7日《德意志—布鲁塞尔报》第79、80号（《马克思恩格斯全集》德文版第4卷第309、312—316、317、321—322页，参看《马克思恩格斯文集》第1卷第657、660—663、665—666、671—672、675页）

摘要

163

斯蒂凡·波尔恩《海因岑的国家》一书摘录

1847年9月底

[……]但是，如果说真的存在国家变革的需要，如果某些迄今

---

① 斯·波尔恩。——编者注

被压制的利益想要产生效果，那么，只有孩子们才会相信（他们以后也会感到失望），有人想要实现"永恒的自然规律"或"永恒的真理"或"理想的国家"。手握武器的阶级希望获得自由，而要获得自由，就必须夺取政权。这个阶级想把自己的利益变成国家的利益。因此，它进行革命，但并不是为了某种理想国家的所谓伟大思想。

在任何时代，国家都是统治阶级镇压其他弱小阶级的阶级组织，无论是共和制、君主制还是君主立宪制，都是如此；而且现在如此，将来仍然如此，我们不要寄厚望于未来。

你们要革命吗？为什么？你们要建立被压迫阶级的统治吗？统治！统治！这是突然发出的什么样的呼救声啊！我们不要任何形式的统治！庄重的共和主义者要同一些昏昏欲睡的社会主义者试比高低。

但是，我们主张，国家就应该是统治阶级镇压其他弱小阶级的组织，一点不错，就是为了镇压！

海因岑不满意，我也不满意。他要革命，我也不甘落后。但是，究竟谁应该进行革命呢？

难道是所谓被奴役或被歧视的德国？真是一个妙不可言的回答！

哪个阶级应该而且能够成为统治阶级？

全体人民！又一个庄重的共和主义者叫道，统治属于全体人民！

[……]

海因岑可能厌恶"资产阶级"和"无产阶级"这两个词，可惜我们不能为他创造新词。

这就是在普鲁士宪法通过以后在这里也势必相互对立的两派。如果我们走得这么远，那么，海因岑就只有两种选择：或者收回他的文章，转向资产阶级；或者站到工人阶级一边。但是，工人阶级根本不想

斯蒂凡·波尔恩

波尔恩批评卡尔·海因岑的《海因岑的国家》一书封面

知道**他的**国家，它要成为统治阶级。我告诉你们，到那时谁不愿在理智上屈服于这个统治阶级，谁就要倒霉，这将是一种非常严肃的统治。我们敢于直截了当地断言，到那时谁不愿服从工人阶级的法律，就要强迫他服从，我们有权这样做！谁不愿把自己算做工人阶级的一员，不愿为国家劳动，他也就不能享受国家的任何福利。如果海因岑被迫承认，这是为了工人阶级的利益，这是为了保障它的物质幸福所必不可少的，土地不是个别人的财产，而是公共的财产，那么他就不能要求工人阶级像他一样不彻底，宣布一切其他财产为圣物，并一味加以限制，除非土地的所有者非常客气地感谢这种公正的照顾。〔……〕

没有教养的工人和本文作者一样，从未想到根据哲学的原理来建立国家，更确切地说，他们把社会上的伟大运动理解为党派斗争。这些工人属于一个被压迫的、现在正变得强大的阶级。他们同一个德国著作家相比，必然更有兴趣进行这样的斗争。他们说，他们现在每天都要受12—14小时的折磨，而用于独立发展的时间则少得可怜。他们深信，废除私有制不可能成为他们个人发展的障碍，因为他们现在已经没有私有财产，而公平合理地分工以及越来越多地使用机器对他们必然有利，因为他们能赢得更多的时间和手段用于他们的自我培养。〔……〕

〔斯蒂凡·波尔恩〕《海因岑的国家。斯蒂凡的批评意见》1847年 节录
伯尔尼版第6、11—12页

164
弗里德里希·恩格斯（布鲁塞尔）给卡尔·马克思（荷兰）的信

1847年9月28日和30日

[1847年] 9月28日星期二
30日星期四 [于布鲁塞尔]

亲爱的马克思：

近几天这里出了一件很怪的事。这里的德国人中间所有对我们和我们的表现怀有不满的分子组成了一个联盟，为的是推倒你、我和一切共产主义者，并与工人协会①竞争。**伯恩施太德**极为不满。奥特贝格说我们利用了伯恩施太德，这种说法得到了赞德库尔的传播与支持，并被克吕格尔和莫拉斯所利用，这一切使伯恩施太德对我们大家充满了怨气。**莫拉斯**和**克吕格尔**到处诉苦，说我们对他们态度傲慢，更是给他火上加

---

① 德意志工人协会是马克思和恩格斯于1847年8月底在布鲁塞尔建立的德国工人团体，全称是布鲁塞尔德意志工人教育协会，目的是对侨居比利时的德国工人进行政治教育，向他们宣传科学共产主义思想。在马克思和恩格斯及其战友的领导下，协会成了团结侨居比利时的德国工人革命无产者的合法中心，并同佛兰德和瓦隆的工人俱乐部保持直接的联系。协会中的优秀分子加入了共产主义者同盟的布鲁塞尔支部。协会在建立布鲁塞尔民主协会方面起了重要作用。1848年法国资产阶级二月革命后不久，由于协会的大多数成员被比利时警察当局逮捕和驱逐出境，协会在布鲁塞尔的活动即告停止。——原卷末注

油。**载勒尔**发火，是因为在成立工人协会时他遭到了不可原谅的忽视，同时还因为协会的顺利发展，与他的全部预言背道而驰。海尔贝格正在设法进行不流血然而却是有力的报复，因为他觉得自己遭到了而且每天都在遭到粗暴的对待。伯恩施太德发火的原因也是如此，他赠了书和地图，竟没有能为自己弄到一个有影响的民主派的地位，也没有搞到荣誉会员资格，使协会陈列他的半身雕像；相反，他的排字工人①明天晚上将要把他当做一个平平常常的人来投票表决。使他发火的原因还有，他，一个高贵的绝顶聪明的人，在工人中间找到嘲弄人的机会要比他原来期望的少得多。至于莫拉斯，则是因为他没有能够把《布鲁塞尔报》②争取到海因岑那边去而感到恼火。总之，所有这些五花八门的分子联合起来向我们出击，是想把我们贬低到与安贝尔和比利时民主派相比的次要地位，并且建立一个比我们微不足道的工人协会更了不起、更广大的团体。所有这些先生们都渴望有朝一日也发明点什么东西，而且这些胆怯的坏蛋们认为，干这种事最恰当的时机是你不在这里的时候。但他们完全打错了算盘。

因此，他们决定偷偷摸摸地举行一次世界主义民主派的晚宴，并且在晚宴上完全出人意料地建议组织一个"民主派兄弟协会"③之类

---

① 布鲁塞尔德意志工人协会主席卡·瓦劳。——编者注
② 《德意志—布鲁塞尔报》。——编者注
③ 民主派兄弟协会是宪章运动左翼代表人物（乔·哈尼、威·琼斯）和革命流亡者（正义者同盟的盟员等）为了在各国民主运动之间建立密切的联系，于1845年在伦敦成立的。该团体中也有意大利、西班牙、波兰、匈牙利等国的代表。马克思和恩格斯参加了1845年9月22日各国民主派会议的筹备工作，这个协会实际上就是在这次会议上成立的。马克思和恩格斯同"民主派兄弟协会"保持着经常的联系，竭力通过协会从思想上影响宪章运动。协会会员在理论上的幼稚观点，曾受到马克思和恩格斯的批判。1848年宪章派失败以后，协会的活动大为削弱，1853年协会完全解体了。——原卷末注

的团体①，包括举行工人大会，如此等等。他们建立了一个什么委员会，为了装装样子还把对他们不构成危险的安贝尔拉入了委员会。在听到各种不确定的传闻后，星期日②晚上我才在协会里从伯恩施太德那里得到这件事情的一些确实的消息，晚宴已经定在星期一举行。详细情况从伯恩施太德那里打听不出来，只听说要来参加晚宴的有若特兰、梅利奈将军、阿道夫·巴泰尔斯和卡茨等人，以及波兰人、意大利人等等。虽然关于整个这个联盟我一点也没有料想到（星期一早晨我才知道，伯恩施太德有些恼怒，莫拉斯和克吕格尔满腹牢骚，正在搞阴谋诡计；而载勒尔和海尔贝格怎么样，我一点都不知道），但我觉得这件事有可疑之处。然而，为了比利时人，为了在小小的布鲁塞尔不致发生任何没有我们参加的民主主义的事情，还是得去。不过，应当设法去一伙人。因此，瓦劳和我宣布了这件事，并表示坚决支持，结果马上就有三十来个

---

① 世界主义民主派晚宴于1847年9月27日在布鲁塞尔举行。参加者有120人，其中有比利时人、德国人、法国人、波兰人、瑞士人和一个俄国人。宴会作出两项决定：1.1847年11月29日在布鲁塞尔举行波兰革命周年纪念大会。2.按照民主派兄弟协会的模式在比利时成立一个国际民主协会。恩格斯被选入组织委员会。民主协会就是根据这个倡议在1847年11月7—15日的布鲁塞尔大会上成立的。1847年11月15日，马克思当选为该协会的副主席，比利时的民主主义者吕·若特兰被推选为主席。在马克思的影响下，布鲁塞尔民主协会成了国际民主主义运动的中心之一。1848年法国资产阶级二月革命时期，民主协会的无产阶级革命力量曾设法武装比利时工人，开展争取建立民主共和国的斗争。但在1848年3月初，马克思被驱逐出布鲁塞尔以及比利时当局镇压了协会中最革命的分子以后，比利时的资产阶级民主主义者就没有能力领导反对君主政体的运动了，民主协会的活动成了纯地方性的活动，1849年协会的活动实际上已告停止。——原卷末注

② 1847年9月26日。——编者注

人愿意前往。星期一早晨鲁普斯①告诉我，除名誉主席老梅利奈和执行主席若特兰以外，他们还要选两个副主席，其中一个是安贝尔，另一个是德国人，可能是工人。可惜瓦劳不合适，因为他不会讲法语。这是伯恩施太德对他说的。他（鲁普斯）回答说，那么，应当由我做副主席。于是我对鲁普斯说，由他来当这个副主席，他绝对不愿意。我也不愿意当，因为我看起来太年轻，但是最后我想，为应付各种可能发生的事件，最好是我同意当副主席。

我们是晚上去的。伯恩施太德装成什么都不知道，什么都还没有筹备好似的，仅仅有一些负责人（依然是把德国人除外），和几个报名登记了的发言者，其中除克吕格尔和莫拉斯以外，我没有打听到其他人的名字。伯恩施太德因布置会场而不停地奔忙，一会儿找这个人，一会儿又找那个人，竭尽全力进行欺骗、搞阴谋诡计和阿谀奉承。不过我当时还没有发现搞特殊阴谋的任何迹象，这种阴谋后来才暴露出来。我们是在法院广场的列日瓦酒馆。选举负责人时，伯恩施太德违反一切约言，提名选瓦劳。而瓦劳听了沃尔弗（鲁普斯）的请求没有接受这个提名；并建议选我，这件事顺利通过。这样一来，整个阴谋就被打乱和破坏了。这时他们多少有些张皇失措，露出了马脚。在安贝尔举杯纪念为自由而死的殉难者以后，我用法语提议为纪念1792年的革命和随之而来的共和元年葡月1日②这个纪念日而干

---

① 威·沃尔弗。——编者注
② 共和元年葡月1日纪念日，即1792年9月22日，这是法兰西第一共和国的奠基日。1793年10月24日国民公会通过了以共和历代替基督教历。新纪元自共和国奠基日开始。——原卷末注

第三章　共产主义者同盟的创建及其纲领《共产党宣言》的制定　　　131

杯。① 继我之后克吕格尔发言，他的发言令人发笑，经常停顿，最后不得不掏出自己的稿子来。接着莫拉斯慷慨陈词，而说的仅仅是他个人的琐事。这两个人都用德语讲。他们的发言语无伦次，我完全记不得了。然后是佩列林用佛来米语、根特的律师斯皮特霍恩用法语建议为英国人民而干杯。接着，使我大为惊讶的是，驼背蜘蛛海尔贝格用法语作了一个冗长的、说教式的、乏味的演说。在演说中，第一，他神气活现地称自己是《民主工场报》的编辑；第二，他声称，他，伟大的海尔贝格，好几个月以来一直追求着——不过这段话应当用法语转述：L'association des ouvriers belges, voilà le but que Je poursuis depuis quelques mois（c. a. d. depuis le moment où J'ai daigné prendre connaissance du dernier chapitre de la Mis. d. l. phil）。② 因此，追求这个目标的是他，而不是卡茨和其他的比利时人。"我们要前仆后继，踏上父兄的道路"③，云云。他要完成卡茨和若特兰无法做到的事情；第三，他建议成立一个民主派兄弟协会，并重新组织大会；第四，把建立这两个组织的工作委托给选出来的常务局④。

　　这是多么混乱啊！第一，把世界主义的事情同讨论比利时事务的比利时大会混为一谈；第二，虽然他们一切都成了泡影，但却不是完全抛弃这个建议，反而把这个建议委托给现常务局！而如果他认为我就要离

---

① 恩格斯在1847年9月27日民主派宴会上的演讲没有保存下来。有些发言人的演讲发表在1847年10月7日《德意志—布鲁塞尔报》第80号上。——原卷末注
② "比利时工人协会，这就是我几个月以来（就是说从我有幸读了《哲学的贫困》最后一章 的时候起）所追求的目标。"——编者注
③ 《马赛曲》第7段首句歌词。——编者注
④ 指塞·载勒尔和卡·莱茵哈德1845年春在布鲁塞尔办的德国报刊通讯常务局，发布德国各报的各种消息。威·沃尔弗也在该局工作。——原卷末注

开了，那他难道就不知道，除了你以外，根本就别想让随便什么人进常务局吗？但是，这个蠢货已经把他的讲话稿准备好，写出来了，他的虚荣心不允许他放弃任何足以表现自己首创精神的事情。这件事当然是通过了，然而在那种虽然十分做作、但是仍吵吵嚷嚷的狂热气氛中，根本别想把这个混乱不清的建议叙述得更好一些。接着是阿·巴泰尔斯发言（茹尔①不在这里），其后瓦劳要求发言。但是我惊讶地看到伯恩施太德突然跳起来，十分热情地要求让载勒尔发言，说他是早就报名登记过的发言者。载勒尔抓住这个机会，作了一个冗长、空洞、愚蠢、荒唐可笑而且简直是丑态百出的演说（用法语讲的），对立法权、行政权和执行权发表了惊人的胡说，向民主主义者提出了种种英明的忠告（海尔贝格也是这样，他对教育和培训问题大大胡扯了一番）；然后，载勒尔就摆出大人物的姿态，谈到各个民主主义团体，说自己加入了这些团体，**也许还领导了这些团体**（原话就是这样）；最后，他叙述了他那个高贵的常务局以及来自巴黎的最新消息等等。总之，令人恶心。随后还有许多人发言，——一个瑞士的蠢驴②、佩列林、卡茨（很好）等等；到10点钟若特兰（他为德国人感到十分惭愧）结束了会议。突然，海尔贝格要求肃静，并宣布，维尔特在自由贸易问题大会上的演讲③明天将载于《工场报》的增刊上，**增刊将单独出售！！！** 扎莱夫斯基也抽抽噎噎

---

① 茹·巴泰尔斯。——编者注
② 来自苏黎世的马蒂。——编者注
③ 指格·维尔特在1847年9月18日布鲁塞尔国际经济学家会议上的演讲。这次讨论自由贸易的大会于1847年9月16—18日召开。马克思、恩格斯和威·沃尔弗等人参加了大会，准备在会上批判资产阶级政治经济学，尤其是自由贸易的学说；并捍卫工人阶级的利益。当维尔特9月18日本着这一精神发表演说后，会议组织者于当日就结束了讨论。马克思未能在会上发言。维尔特的演讲曾被摘要刊登在当时的德文、英文和法文的报刊上。——原卷末注

地讲了些不幸的波兰同伟大的、高尚的和富有诗意的德国的联合。最后，大家都十分安静地，但是十分不满地回家去了。

9月30日**星期四**。写完上面的话以来，又发生了各种各样的事情，并且多已解决。星期二早晨我弄明白了这整个阴谋，于是我就到处奔走，设法抵制；深夜两点钟我就跑到常务局找鲁普斯，想打听一下：能否在伯恩施太德加入工人协会的问题上投反对票？星期三我又到处走了一趟，但是，所有的人都认为我们搞不成这件事情。星期三晚上，我来到协会，伯恩施太德已经在那里了，态度暧昧；最后，托米斯带来了新的一期报纸①，我星期一给他送去的反对海因岑的文章②**没有登出来**，我送去的时候（中午两点）他不在，所以就送到印刷所去了。我问他怎么回事，他说没有版面了。我提醒他记住你曾和他说定的事。③ 他否认这件事；我一直等到瓦劳来了为止。瓦劳告诉我：有足够的版面，但是，星期二伯恩施太德**派人**从印刷所把这篇文章**拿走**后没有再送回来。我走过去找伯恩施太德，很不客气地告诉他这件事。他试图撒谎为自己开脱。我重新提起那桩说定的事，他再次否认，用各种空话来搪塞。我向他说了几句不客气的话（这时克吕格尔、日果、安贝尔等人都在场），并且问他："这篇文章你是否想在星期日登出来，是不是？"——"关于这个问题我们还得商量一下。"——"我不再同你谈这个问题了。"说到这里，我就不再理他。会议开始了。伯恩施太德用手托着脑袋，带着一种特殊的必胜信心看着我。我也看着他，等待事态的发展。托米斯先生登场了；正如你所知道的，他曾经要求过发言。他从口袋中

---

① 《德意志—布鲁塞尔报》。——编者注
② 恩格斯《共产主义者和卡尔·海因岑》。——编者注
③ 马克思和阿·伯恩施太德说定的事指1847年9月就马克思和恩格斯在《德意志—布鲁塞尔报》经常撰稿问题与伯恩施太德达成的协议。1847年的后几个月，该报实际上成了共产主义者同盟的机关报。——原卷末注

取出一篇写好的演讲稿，照本宣科，对我们的佯攻①进行一连串极荒唐的反击。这样拖了很久，还是没完没了，所以就引起大家的不满，许多人要求发言，瓦劳就提醒托米斯注意时间。于是，这个托米斯就这个问题念了6句古怪的话，便回到坐位上去了。接着是赫斯讲话，他很出色地为我们进行了辩护。然后是云格。再后是巴黎的沃尔弗②，他的讲话虽然有3次卡住了，但是博得了热烈掌声。接着还有很多人发言。沃尔弗透露说，我们表示反对，仅仅是表面文章。于是我不得不出来说几句。我谈到——我的讲话使伯恩施太德茫然不知所措，他本以为我尽搞私人纠纷——我谈到保护关税制度的革命方面，自然把那个托米斯完全撇在一边，并提出了一个新问题。被采纳了。接着是休息。我对伯恩施太德的严厉态度、托米斯的完全失败（从托米斯的发言中可以看到一个伯恩施太德的影子）以及我结束讲话时的厉害口气使他大受震动，他跑来对我说：亲爱的年轻人，您太感情用事了，等等。总之，我应该在文章上署名。——不。——那么我们至少应该商量一下简短的编者按语。——好，明天11点在瑞士咖啡馆。

　　后来，就开始讨论接收伯恩施太德、克吕格尔和沃尔弗入会的问题。赫斯首先站起来，就星期一的会议向伯恩施太德提了两个问题。伯恩施太德用谎话来搪塞，而赫斯十分软弱，竟然表示满意。云格责难伯恩施太德私下在协会中的活动，因为他冒名引进了赞德库尔。费舍非常激烈地反对伯恩施太德，尽管事先没和我们商量，却做得很

---

① 1847年9月29日，德意志工人协会的一次讨论关税保护和自由贸易问题的会议上，为了活跃气氛，马克思和恩格斯假意开始争论。后来，恩格斯在1891年1月29日给海·施留特尔的信中回忆此事时说道："有一次在布鲁塞尔的德意志工人协会中，辩论显得很沉闷。于是我和马克思说好，装作开始争论，他主张自由贸易，我则主张保护关税。"——原卷末注

② 斐·沃尔弗。——编者注

第三章　共产主义者同盟的创建及其纲领《共产党宣言》的制定　　135

对。还有很多人要发言。总之，陶醉于胜利的伯恩施太德先生着着实实地受到了工人们的嘲笑。他非常丢脸，惊惶失措——他本来以为自己赠了书自然就完全取得了信任——因而只能躲躲闪闪地、软弱无力地、吞吞吐吐地作出回答，尽管瓦劳狂热地袒护他，会议主持得很糟，并且时时让他打断发言人的话。当瓦劳让推荐对象退席，并且提议进行表决的时候，一切还不明朗。我推荐的**克吕格尔获得通过，他是个很纯洁的人，不会有损于协会**，而且得到了沃尔弗无条件的支持。讨论到伯恩施太德的时候，瓦劳作了长篇激烈的发言为他辩护。这时我就起来发言，揭露了涉及协会的全部阴谋，逐条驳斥了伯恩施太德的遁词，最后，我声明：伯恩施太德阴谋反对我们，要和我们竞争，但是，我们胜利了，因此，现在我们可以允许他入会。在讲话时——这是我所作的最好的一次讲话——我的话常常被掌声打断；特别当我说到，这些先生以为已经赢得一切，因为我，他们的副主席，要离开这里了，但是他们没有想到，在我们之中有一个人，他有充分理由占据这个位置，只有这个人才能够在布鲁塞尔这里代表德国民主主义者，这就是马克思——这时响起了热烈的掌声。总之，在我以后没有人再发言，这样一来，伯恩施太德就没有得到被驱逐的光荣。他站在门外，听到了一切。我本想对他当面讲这些话的，然而当时不能这样做，因为要养精蓄锐准备作最后一击，而瓦劳也打断了讨论。但是，他像沃尔弗和克吕格尔一样，听到了每一句话。与他相比，沃尔弗几乎是被全票通过。

　　总之，在昨天的会上伯恩施太德、克吕格尔等人遭到羞辱，所以他们为了面子在很长时间内是不会再来协会了。但是他们还是会来的。这个不知羞耻的伯恩施太德，由于我们比他更不讲礼貌，由于他的一切计划遭到彻底失败，并由于我们的坚决反对，已经完全被击败了。他别无他法，只能在布鲁塞尔奔波，到处诉说自己蒙受的耻辱——这是他垮台的最后一个梯级。他愤怒地回到会场,但是无精打采,当我向协会告别,并且带着一切应有的荣誉被欢送离去的时候,他生气地溜走了。在讨论他的时候,毕尔格尔斯在场,他是前天晚上来到这里的。

我们的工人们在这个事件的整个过程中表现得**十分出色**;对赠送的26本书和27幅地图只字未提,他们对待伯恩施太德极其冷淡无情,所以当我发言并作出结论时,我手中已掌握足以使他落选的绝大多数票。连瓦劳本人也承认这一点。当然,我们对他很厉害,把他羞辱一通后吸收了他。这事给协会留下了一个很好的印象;工人们第一次起了作用,击破种种阴谋而控制了大会,从而使那个想在他们中间扮演头面角色的人有所收敛。只有几个办事员之类的人仍然不满,群众是热情拥护我们的。他们感到,一旦他们联合起来,他们就会成为怎样的一种力量。

今天上午我到瑞士咖啡馆去了,伯恩施太德没有露面。但是,我见到了维尔特和载勒尔,他们刚才和伯恩施太德谈过话,而载勒尔一贯俯首听命和阿谀奉承,我当然没有理睬他。还有,昨天的会议是那么富有戏剧性,会议的安排和进展是那么成功,以致巴黎的沃尔弗单纯出于对这件事的美学感觉马上就站到了我们一边。今天我还去过阿·巴泰尔斯那里,并且对他说:德意志协会对星期一所发生的事情不负任何责任;克吕格尔、伯恩施太德、莫拉斯、载勒尔和海尔贝格等人连会员都不是;在德意志协会一无所知的情况下发生的这件事,其目的显然是要同协会进行竞争。明天,还要发出一封同样内容的信给若特兰,由委员会全体委员署名。明天我同鲁普斯一起去找安贝尔。此外,关于我离开此地后布鲁塞尔"民主派兄弟协会"的组织委员会里的空缺问题,我给若特兰写了一封信,内容如下:

阁下:我不得不离开布鲁塞尔几个月,所以我认为我无法履行荣幸

第三章　共产主义者同盟的创建及其纲领《共产党宣言》的制定　　　137

地受9月27日会议委托的职能。

因此，我请您从旅居布鲁塞尔的德国民主主义者中找一个人，参加委员会的工作，负责建立一个国际民主团体。

我冒昧地向您推荐一位布鲁塞尔的德国民主主义者，如果他当时参加了会议的话，会议本来会选他担任我的职务，由于他没有出席，大家委托我担任了这个职务。我说的是马克思先生，我深信，他最有资格在这个委员会中代表德国民主派。因此，不是马克思先生将代替我的职务，而是我当时在会议上代替了马克思先生等等。

因为我事先已经和若特兰约定：我将书面通知他我要离开此地的事，并且建议让你参加委员会。若特兰也到外地去了，两星期后才回来。如果说这件事情没有什么结果的话（我想是如此），那就是海尔贝格的建议落空了；而如果有什么结果的话，那就是我们把这事办成了。不管怎样，我们赢了，你，继你之后是我，都被公认为布鲁塞尔的德国民主主义者的代表，而他们的整个阴谋也都一败涂地了。

今天晚上举行了支部①会议。由我主持。除瓦劳以外（这个人已悔悟，他昨天的表现当然可找出各种辩解的理由，我也承认这些理由有根据），大家对于处置伯恩施太德一事一致感到欢欣鼓舞。这些人开始意识到自己的作用。他们是第一次作为一个组织，作为一种力量来对付别人，而且他们感到极为骄傲的是，一切都进行得如此顺利，并且取得了如此辉煌的胜利。云格乐不可支，里德尔高兴得都不知道做什么好，连年轻的奥内曼斯也扬扬得意，像一只神气的斗鸡。我还要重复一遍，这

---

① 指共产主义者同盟布鲁塞尔支部，该支部是1847年8月5日在共产主义通讯委员会的基础上成立的。支部委员会包括马克思、恩格斯、阿·云格和威·沃尔弗等，马克思任支部主席。——原卷末注

件事对协会来说，无论是对内还是对外都是极大的鼓舞，而且今后仍然是这样。那些从来不发言的人也抨击了伯恩施太德。甚至连阴谋也有益于我们：一方面，伯恩施太德到处散布说，是德意志民主主义工人协会举行了大会，而另一方面，我们却否认了这一点；由于这两种情况，比利时的民主主义者到处都在谈论协会的事，而且他们把协会看做一个十分重要的、多少有些神秘的力量。巴泰尔斯今天说：德国民主派正在布鲁塞尔成为一支巨大的力量。

顺便说一下，在委员会给若特兰的信上也有你的名字。日果将以马克思不在期间的书记身份来签字。

你要尽快把你的钱款问题处理好，回到这里来。我实在等不及了，我想走，但是，我却必须在这里静观这些阴谋的进展。现在我是绝对不能走了。因此，你来得越早越好。不过首先要把钱款问题处理好。无论如何，我会尽一切可能坚守我的岗位；只要有可能，就一直等到你来。但是正因为这样，所以希望你快些来。

你的 恩格斯

手稿
莫斯科苏共中央马列主义研究院
中央党务档案馆，F. 1, op. 1, Nr. 224
(《马克思恩格斯全集》德文版第
27卷第84—92页，参看《马克思
恩格斯全集》中文第2版第47卷
第471—481页)

165
佩尔·格特雷克《论无产阶级及其通过真正的共产主义获得解放》一书摘录[112]

约1847年10—11月

论无产阶级及其通过真正的共产主义获得解放

引 言

　　普遍的误解以及在关于真正的共产主义及其学说和目标的演说、小册子和报载文章中到处可见的愚昧无知，就是本书出版的动因。

　　共产主义，这个无产阶级的福音的渊源可以追溯到原始基督教，也就是说，它与基督教有着共同之处，即它的学说不是通过高等学校，而是通过穷人的工场和住所来传播的。基督教福音曾经使犹太人非常恼火，使希腊人非常难堪，而共产主义必然使特权阶级十分恼火，必然使世俗观念十分难堪。

　　瑞典的共产主义者请求，除了这本小册子中论述的各项原则以外，将来再不要把其他原则强加给他们和他们在国外的志同道合者。他们最大的希望是，但愿这些学说和原则尽可能成为每个人自己思考的对象，而且成为普遍而公开讨论的主题。

　　如果他们从现在起公开阐述自己的信条，那么，他们希望今后不再听到这样的话，即叫他们承担下列任务：推翻社会和王权、在社会成员中分配财产、用暴力剥夺现今的所有者、废除家庭生活和婚姻等等。因为每一个喜欢阅读这一著作的人也许都会明白，他们什么也不要，只要由民族意志准备好了的、通过合法途径取得的改革。他们听命于人类的整个秩序，而且是为了上帝及其事业。[……]

无产阶级

无产阶级是专靠自己的劳动，而不是靠某一种资本的利润生存的社会阶级，因此，这一阶级的祸福、存亡都取决于总的经济情况的繁荣或萧条，总而言之，取决于竞争的激烈程度。

在古罗马，被称为无产者的是这样一些公民：他们收入低微，以致不得不免缴国家的各项税收，他们除了把自己生的孩子交给国家以外，对国家再无用处。他们特别热衷于从事活动，即为了出价最高的人们的利益而参加各种革命运动，因为他们作为罗马公民把各种和平的劳动都看成是同他们格格不入的。因此，他们与绝大部分属于工人阶级的当代无产者相比并没有多少共同之处。

任何时代都有穷人和工人阶级，而且从事劳动的人几乎总是穷人，但无产阶级并不是一向就有的，正如竞争也并不是一向自由一样。

无产阶级是由于机器的使用而产生的。机器是在18世纪中叶发明的，其中最主要的机器是：蒸汽机、各种纺纱机和织布机。这些价格昂贵，因而只有富人才买得起的机器排挤了当时的工人。这是因为机器制造出来的商品比工人用不完善的纺纱机和织布机生产出来的更便宜。这样一来，机器使一些最重要的工业部门完全转移到了大资本家的手里，并且使工人仅有的那一点薄产，主要是工具、织布机等等变得一钱不值。资本家垄断了一切，不给工人留下一点东西。

从此便实行了工厂制度。

资本家发现这种制度对他们非常有利,于是他们不断试图扩展新的劳动部门。他们日益在工人中实行分工,以致以前能制造整个产品的工人现在只能制造这个产品的某一部分。因此,工人本身就变得像一部机器,并且通过这种分门别类的简单化劳动可以比以前更快地生产出更便宜的产品来。人们终于发现,这种有生命的机器或工人在许多情况下可以同机械的机器相交换,以致几乎在每一个劳动部门都能使用机器。因此,任何一个使用机器的劳动部门,完全像过去的纺纱厂和织布厂一样,也落到了大资本家的手里,而工人仅存的一点独立性也被剥夺了。我们渐渐发现,几乎所有的劳动部门,尤其是在英国、法国、德国和美国,都实行了工厂制度。这样一来,原来的中间等级,特别是小手工业师傅就日益破产,工人的原来状况完全改变了,从而产生了两个逐步吞没其他阶级的新阶级,即:

1. 大资本家阶级。现在他们在所有工业发达的国家里几乎是一切生活所必需的日用消费品以及生产这些日用消费品的工具(机器、工厂、车间)的独占者。这就是**资产者**阶级或**资产阶级**。

2. 完全没有财产的阶级。它被迫向资产者阶级出卖自己的劳动力,只是为了换取生活必需品。但是这两种人在这场交易中所处的地位并不是平等的,好处总是在资产阶级一边,所以,无产者不得不屈从于资产阶级提出的苛刻条件。这个依附于资产阶级的阶级叫做**无产者**阶级,或者如上所述,叫做**无产阶级**。

下面让我们把**无产者**同他们的每个近亲——奴隶、农奴和手工业者分别比较一下。

奴隶是一次性地被出卖的,而无产者不得不每日每时地出卖自身。奴隶是某一个主人的财产,因此,尽管生活极其困苦,却是有保障的;而无产者可以说是整个资产者阶级的奴隶,而不是某一个主人的奴隶,所以生活没有保障，因为凡是不需要他们的劳动力的人，是不会去购买他们的劳动力的。奴隶被看做是一件物品，而不是资产阶级社会的成员，因此，奴隶的生存条件可能比无产者好一些，但从社会角度看，无产者正处在一个更高的发展阶段。奴隶只须变成无产者，在一切所有权关系中只须废除奴隶制关系，就能获得解放；而无产阶级只有彻底废除所有权，才能获得解放。

农奴有权占有一块土地，也有权占有一些生产工具，而且这些或多或少是他们用一部分收入换来的。无产者也用生产工具从事劳动，但这种工具是属于另一个人的，这个人为无产者的劳动转让一定份额的产品，但这一份额的大小是由竞争决定的。劳动者的份额在两种情况下由他自己的劳动决定，也就是说，他作为农奴，就由他自身决定；而作为无产者，虽说也由他自身，但主要是由竞争，即首先是由资产阶级决定。农奴的生存有保障，而无产者的生存却没有保障。农奴获得解放的途径是，或者他的封建主将其释放，或者赶走他的封建主。如果是前者，他将变成无产者；如果是后者，他将变成所有者本身，也就是说，他自己介入竞争，加入有产者的特权阶级行列。而无产者获得解放的途径只能是废除一切所有权、一切竞争和一切阶级差别。

手工业者除了自己的劳动技巧和劳动力以外，大多数人一开始就没有什么别的资本，因此，他实际上属于无产阶级，但一般说来，他只在一定时期才是无产者。他的目标是自己挣得资本，以便有朝一日能使用他人的劳动力。这个目标，在还有行会的地方，或者职业自由尚未导致按工厂方式去经营手工业，从而还没有导致激烈竞争的地方，很快就能达到。但是，一旦在手工行业中也实行工厂制度，展开十分激烈的竞争，这种希望就会付诸东流，手工业者本身就会每况愈下，变得像无产者一样。手工业者获得解放的途径是，或者在有利的经济繁荣时期成为资产者，或者直接转变为中产阶级；而如果他（经常出现这样的情况）

由于经济不景气、由于竞争而被迫成为无产者,那么就更加接近无产阶级,即或多或少不自觉地更加接近共产主义的前进运动。

现在我们已考察了当代无产阶级的产生,并把它同过去各个被压迫的社会阶级作了比较。自无产阶级产生以来,至今还不到一个世纪,如果我们更详细地考察一下当前的各种社会情况,我们就会发现,无产阶级已经相当强大,以致可怕地威胁着社会大厦。无论政治家还是慈善家,对如何排除这种危险都感到束手无策。他们惊讶地看到,无产者的人数在对自由的国家宪法宣传和阐释得最多的国家中增长得最多。甚至在北美合众国这样一个拥有最自由的国家宪法的国家里,群众的贫困也是与进步同步增长的。只要共产主义运动——它在那里发展得比其他任何地方都快——不与民主派领导人联合实行阻碍革命改革的那种和平改良,那里和欧洲完全一样,一场无产阶级革命看来也是不可避免的。在个人主义能一如既往地用法律来保障自己的特权的那些国家里,必然产生这样的结果。一个国家财富的增长只对少数享有特权的人有利,只有加强宣传教育才能使被压迫群众更清楚地认识到他们的人权和公民权,认识到拒绝他们的权利是不公正的行为。政治家和慈善家只要顽固地坚持个人主义及其法律保护下的所有权,那么,不管采取什么手段,也无法排除这种危险。只要他们不想向个人主义的对立面——共产主义转变,修改立法,实现财产公有制,就随时准备在万不得已时用所谓的合理分配去代替所有权。社会的两大阶级,即资产阶级和无产阶级,鉴于不同的社会地位和不同的利益,迟早要作为两股敌对的力量相互对立。斗争是无法避免的。这场斗争关系到社会,关系到人类及其未来,花时间去调和是徒劳的。如果事先不通过和平途径实行改革,那么,一场暴力颠覆、一场革命就不可避免。在这种情况下,当代的政治家无非分成两派:他们或者是改革的朋友,或者是革命者,有一些极为充分的理由迫使我们把保守派算做后者,因为他们比谁都更起劲地进行顽固的反抗，从而使局势更加恶化。

还有某个政治学派的追随者也是改革的朋友，该学派的学说在最近10年中以惊人的速度得到传播和同情，特别是在新旧大陆各国的工人阶级中得到了传播和同情。但是，尽管如此，无论是上述所谓聪明的国务活动家还是世俗的和教会的学者，通常都称该学派为癫狂或渎神。然而，危险越临近，就可能越为人们欢迎和接受。这些改革的朋友被称为共产主义者。毫不奇怪，在那些无法摆脱由教育和社会制度铭刻在他们心灵上的一套关于当代个人主义所有权观念的人看来，共产主义及其财产公有制是毫无意义的、不公平的、不可能的。任何反对日益强大、受压迫日益深重的无产阶级的法律，到头来也保护不了这种所有权。

在共产主义中，也像在其他体系内部一样，存在各种不同的派别。[……]

德国共产主义者，其中包括斯堪的纳维亚共产主义者，同上述伊加利亚共产主义者相比，只有一些细小的区别，但绝没有原则上的区别。他们特别反对后者的移民运动。

无论是法国的共产主义者还是德国的共产主义者，都不承认同傅立叶派有任何联系，而傅立叶派也不承认人们相互之间的基督教平等，他们的目标是这样来组织劳动：让资本家能够有更大的把握从中得到好处。除此之外，他们还通过非宗教和非道德的原则排斥一切宗教上和道德上的志同道合者。

我们的意图是通过真正的共产主义来阐明无产阶级的解放，因此，我们首先要探讨前面提到的共产主义前进运动，搞清它是想通过和平途径来实现当今社会制度的改革，还是想通过过渡时期的共产主义来实现上述改革；然后，我们要把共产主义看成是完善的社会组织（就与当前的社会组织比较而言）。

过渡时期的共产主义

共产主义者的奋斗目标是这样来建立社会：让每个社会成员都能够完全自由地发挥和运用自己的全部才能和力量，但不得因此而损害他人的权利。他们想通过废除私有制，用公有制取而代之，从而达到这个目标。

为了能达到这个目标，共产主义者要求建立在完全民主原则基础上的选举改革，要求运用被基督教神圣化了的平等和博爱原则。

此外，共产主义者还要求彻底实行民主，但不允许为了实行财产公有制而用暴力剥夺任何人的私有财产；他们只要求人民代议制容忍一种过渡时期制度，这种制度将日益缩小公民相互间的不平等并日益扩大平等，首先它将有利于那些愿意加入共同体的人们。

共产主义者希望公民愿意参加这种共同体，并希望在每一个人的意识中或感情上都有一定的不可动摇的原则。这些原则不需要任何证明，因为它们是历史发展的结果。其中有一条原则可以表述为下面一句话：每一个人都为得到幸福而努力奋斗；也可以表述为这样一句话：个别人的幸福同所有人的幸福是密不可分的，等等。

共产主义者相信，这种有益于所有人的财产公有制是能够实现的，即使人数增长许多倍。他们的根据是，工业、农业、商业和移民区的发展创造了大量生产力和生活资料，而且机器和化学等等辅助手段的应用还能够无限增加生产力和生活资料。

共产主义者想对无产阶级进行宣传教育，改善他们的道德状况并使他们联合起来，从而实现向这种财产公有制的过渡。

历史告诉我们，共产主义观点过去在各国人民中间也曾经发挥过作用。历代的一些极其正直、聪明过人的先哲也宣扬过公有制的学说。但是，不管这种学说对人类如何重要，却很快就销声匿迹了，因为它遭到了利己主义和权力欲的激烈反对。这种学说在公元最初几个世纪里就已经有非常明确的表现，但随着时间的推移以及个人主义对共产主义的胜利，它被基督教彻底消灭了。这种学说只有当机器和其他发明能够向每一个社会成员展现全面教育和幸福生活的前景时，才能指望取得完全胜利。共产主义是关于无产者的解放的学说，而不是关于奴隶、农奴和手工业者的解放的学说，因此，共产主义必然属于19世纪，在以往任何时代它都不像现在这样，由于需要而成为必不可少的了。

如上所述，共产主义者是要通过对无产阶级进行宣传教育、改善他们的道德状况并使他们联合起来以传播财产公有制，他们的奋斗目标不是暴力颠覆，不是革命，因为他们确信，一切密谋行动都不仅是无意义的，而且还是有害的。同样他们也知道，没有明确的目的，不具备条件，革命是无法进行的。无论何时何地，革命总是完全不以个别政党或整个阶级的意志和领导为转移的各种情况的必然结果。但是，他们也明白，几乎世界上所有国家的无产阶级的公民权都受到有产阶级的暴力压制，这样一来，共产主义者的敌人无异于在用暴力导致一场革命。如果被压迫的无产阶级由此被卷入革命，如果共产主义者像从前用言论一样用行动来维护无产阶级的事业，那完全是正常的。广大群众在遇到这种灾难的时候，越是能更多地了解和平的博爱的共产主义原则，就越不会对革命通常带来的复仇、残忍和恐怖感到害怕。

此外，共产主义者的目标不是立即实行财产公有制；因为群众成长的时间是不能预先确定的，而且财产公有制有赖于群众在其中生活的社会关系的发展，因此只能逐步实行。

实行财产公有制的第一个主要条件，就是通过民主的国家宪法实现无产阶级的政治解放。只有达到这一点，才有可能确保无产阶级的生存。而要达到这一点，就必须：

（1）通过立法实现对私人所有权的限制，逐步变私有制为社会所有制，比如通过有利于国家的累进税和限制继承权等等；

（2）通过工人在国家工场和国家工厂，以及在国家农场就业；

（3）通过由国家负担费用对所有儿童进行教育，使他们从不需要母亲照料的时候起，就在国家开设的学校里接受教育、照料和训练。

倘若现存制度干扰新的社会制度，共产主义者就要干涉**丈夫**和**妻子**间的私人关系，甚至干涉家庭生活。此外，他们完全清楚，各个不同历史时代的家庭关系在各个不同发展时期是随着所有制关系的变化而发生变化的，因此，废除私有制也会对家庭关系产生很大影响，其最重要的结果将是**妇女解放**。

至于**民族性**，在根据公有制原则联合起来的各国人民中间，民族性由于这种联合而必将被同化或被消灭，就像各个等级和等级差别由于它们的根源——私有制的废除而消失一样。

此外，还讨论了**宗教**在共产主义制度下的地位，并且就共产主义者对现存宗教抵制到何等程度这一问题作出答复。对这个问题的答复是：所有现存的宗教仅仅是各个民族和人民群众的历史发展的表现，所以，它们将由于公有制原则而融合在一起，因为共产主义正是赋予社会制度本身一种完全的宗教性质的历史发展阶段。社会制度的统一和财产**公有制**必然导致宗教精神的统一和爱的**普遍性**。共产主义教育全体公民，彼此之间以兄弟相称，都看做是一个家庭的成员、一个父亲的孩子。共产主义使那些同这种政治的和宗教的观点没有必然联系的教条变成多余的。共产主义者千方百计地避免有关宗教教义的一切争执，因为他们很清楚，宗教教义在任何时代都在人们中引起分裂与不和。从保罗给提摩太的信中可以看出，最初的真正基督徒就遵守这条原则。他在信中写道:"但你要抛掉俗不可耐的无聊寓言,应该笃信宗教。"(第4页第7行,参看第1页第3—6行、第4页第3行、第6页第3—6行,以及参看第二封信第2页第23行、第4页第3、4行。)[……]

[佩尔·格特雷克]《论无产阶级及 节录
其通过真正的共产主义获得解放》
1847年斯德哥尔摩版第1—15页

166
维克多·特德斯科(列日)给卡尔·马克思(布鲁塞尔)的信
1847年10月初

亲爱的马克思:

我趁此机会让拉比安给你捎去一封短信。一周后你们将收到列日区部的半月报告。消息很好。德国人支部一共有7个成员,我是其中之一。现在,我们正在为联合会寻找会址。民主协会①还没有建立起来;

---

① 指"共和民主协会",即布鲁塞尔"民主协会"列日分会。

我们15个年轻人已经登记加入。民主派的名流们不愿意参加。巴耶派则断然拒绝,因为他们认为,只要举行几次会议,人民就会要求采取行动,但现在采取行动的时机尚未成熟。

我下决心对此不予理睬;不幸的是,几个年轻人因巴耶派的拒绝而发生动摇。

我收到了你的几份演说[113],并分发给大家。巴耶曾答应我对此发一篇报道,顺便提一下《哲学的贫困》。当我向他要回我的文章时,他对我说,他的兄弟已把我的文章要走了。我原想把文章寄给《社会辩论报》的,而迈因茨竟把此事忽略了。

卡·格律恩想让人在分会①中介绍他入会,但是,我详细介绍了他的情况后,大家一致表示拒绝。他的兄弟讲了一次文学课,并且,为了办成此事,为《自由报》写了一篇歌颂巴耶的长文以表示支持。根据我的请求,巴耶把该文锁进了抽屉的底层。有人为了格律恩的事提过十来次申请,但全是枉然。而他们的协会至今什么也没有干,这个协会全是由那些缄口不谈政治的小商人组成的。

至于我,事情办得很糟糕,我看我的事还要糟糕很长一段时间。

里德尔还没有找到工作。

再见,我的朋友,我希望你夫人和你保持对我的真诚的好感。②

手稿　　　　　　　　　　　　　　　　　　　　第一次全文发表
莫斯科苏共中央马列主义研究院
中央党务档案馆,F. 20, op. 1, Nr. 13

---

① 很可能指共产主义者同盟的支部。
② 接下去是草书签名。

167
奥托·吕宁（雷达）给卡尔·马克思（布鲁塞尔）的信

1847年10月5日

尊敬的先生：

我赶紧给您回信。关于代表大会的文章①我是很欢迎的，但由于第10期的版面已经排满，所以我不得不请求你把它压缩一下（约1/2印张）；也就是说，主要评论这件事本身，而对那些人，即对各篇演说，只要提一提，点缀一下就行了。不过论据要像车夫的老马一样脚踏实地。此外，布雷斯劳的沃尔弗②也寄来了一篇这方面的通讯③，最迟在两周内就发表！

关于你的小册子④的出版问题，我已写信给克吕韦尔。您将收到的这封信，就是他转来的。如果他没有写什么，那是由于他没有时间或者对此事不感兴趣。我也担心，检查机关看到某些论述（关于无产阶级的必然革命的态度等等的论述）时也许会提出严厉的非难。[……]

---

① 指马克思的关于讨论自由贸易问题的布鲁塞尔代表大会的文章，该文没有在《威斯特伐利亚汽船》上发表。
② 威廉·沃尔弗。
③ 《布鲁塞尔，9月22日》，载于1847年《威斯特伐利亚汽船》第10期第594—599页。
④ 指马克思的著作《哲学的贫困》在帕德博恩的克吕韦尔出版社出版。

鉴于书商方面的原因，《威斯特伐利亚汽船》1月号不得不在今年12月中出版发行。您是愿意转告布雷斯劳的沃尔弗，让他（除了他自己知道的为11月号写的通讯①外）再为1月号写一篇很详细的内容比较一般的通讯②（如果没有特殊内容的话），在11月15—20日连同为12月号写的通讯一起寄来呢，还是您愿意自己写？请同沃尔弗商量一下。您只要别忘了在11月20日左右把两篇通讯一起寄来就行。

还有一个请求。《人民手册》③今年不出版了，书商认为办不到。这样一来，第四年卷要到1848年中才能出版。我很喜欢巴黎的沃尔弗，我准备把他写的关于您的小册子的文章④收入《汽船》1月号；这样，无论如何要比在《人民手册》上发表得早。文章一发表，克吕韦尔将马上支付稿酬。劳驾您转告一下，好吗？

魏德迈前天同我的妹妹举行了婚礼；他向您问好。眼下我简直无法脱身，只要有可能，我就去看望您，先向您和异教徒沃尔弗⑤致以亲切的问候。

您的 奥·吕宁

---

① 《布鲁塞尔，10月22日》，载于《威斯特伐利亚汽船》1847年卷第11期第667—669页。
② 《布鲁塞尔，12月》，载于《威斯特伐利亚汽船》1848年卷第1期第22—26页。
③ 指吕宁编辑的《人民手册》年刊，第一、二年卷（1845年卷和1846年卷）1845年在比勒费尔德出版，第三年卷（1847年卷）1847年在帕德博恩出版。
④ 斐迪南·沃尔弗《马克思反对蒲鲁东》，载于1848年《威斯特伐利亚汽船》第1期第7—16页、第2期第51—63页。
⑤ 威廉·沃尔弗。

手稿
莫斯科苏共中央马列主义研究院
中央党务档案馆，F. 1, op. 5, Nr. 149

第一次发表

168

莫泽斯·赫斯《无产阶级革命的后果》一文摘录[114]

1847 年 10 月 10 日

布鲁塞尔，10 月 10 日。当前，我们的朋友需要讨论一个极为重要的问题。这个问题就是：无产阶级在推翻了统治阶级、建立了自己的政权以后，必须采取什么措施。这个问题在两个方面可以说是我们的生存问题；要回答这个问题，首先必须明确：1. 我们常说的受到许多指责的"激进派阵营"的分裂，是不是不可**调和的**，或者对我们有害；2. 我们的敌人非常害怕，而我们则非常希望并努力争取的革命，是否迟早必定要爆发；我们认为，这次革命是否又是只对资产者老爷有利，或者，它是否将对**人民**、对**工人**有益。为了有助于我们在这里，在激进派机关报上回答这些问题，为了让我们的外国朋友也了解即将开始的关于这个问题的讨论，我们愿意在本报报道有关讨论的情况，同时作一些述评。[……]

1847 年 10 月 14 日《德意志—布鲁塞尔报》第 82 号

摘要

169

伦敦共产主义者同盟中央委员会给布鲁塞尔区部的信

1847 年 10 月 18 日

全世界无产者,联合起来!

1847 年 10 月 18 日于伦敦

中央委员会致布鲁塞尔区部

兄弟们!

你们就告同盟书①给我们的回信,已经收到了。比利时方面取得的成绩是可喜的。自从发生不愉快的误解(那次误解,正像我们希望的,已经被遗忘)以来,你们的来信总是十分勉强和冷淡。什么原因,你们最清楚;至少我们不明白,我们在哪些方面使你们采取如此冷淡的态度。

布鲁塞尔区部派代表参加下次代表大会,是**完全必要**的;因为在这次代表大会上将要决定,同盟作为一个整体是应该分崩离析呢,还是应该从中切除在许多地方存在的溃疡。我们的意见是:如果我们想有所建树,后者是我们能够采取的唯一办法。当前,同盟内一片混乱,成员中有那么多鼠目寸光者,他们总想不惜任何代价突出自己。真是活见鬼。

---

① 文件160;布鲁塞尔区部的回信没有保存下来。

沃尔弗大概1月初就要完全迁居伦敦,所以,**如果马克思能来参加大会,那我们一定会感到满意**。我们一定尽力而为,减轻你们的开支。贡献出你们的全部力量吧,如果我们能克服这次危机,就一定能胜利。

你们批准买印刷机的款项,为何还不给我们寄来?

我们得到了来自美因茨的消息。我们的特使已经在那里和支部成员见了面。你们想想,被开除的魏特林分子竟已写信去美因茨,以最无耻的语言诽谤我们,要当地的支部同我们断绝关系而归并到他们那里去。我们怎么也弄不明白,他们是怎么搞到美因茨的地址的。他们的信发出不久,莱宁格尔就亲临美因茨,使尽浑身解数,动员美因茨人脱盟。他们的目的虽未达到,但由于魏特林分子的无耻游说,我们当地的成员还是被搞糊涂了,陷入了惶惶不安之中,也就是说,意志消沉了。幸好我们的特使及时赶到,重新纠正了一切。他在美因茨和威斯巴登为我们进行了扎扎实实的工作。

瓦劳到布鲁塞尔时(他说是受美因茨支部的委托)就给我们写了一封信,报告了那里的十分可喜的消息。而现在我们感到十分惊奇,我们的特使说,瓦劳在美因茨期间,连一次支部会议也没有参加过。现在你们接受他参加了你们的区部委员会,所以我们要求你们调查一下,是什么原因促使他如此玩忽同盟盟员的职守,并把有关情况告诉我们。

汉堡方面还没有来信。一位从那里来的同盟盟员说,马尔滕斯对我们十分不满,原因是我们曾经劝告汉堡支部别再傻里傻气。在汉堡,那个习惯于侈谈爱的日耳曼基督徒席尔格斯,就像一块铅砣似的挂在同盟(他是同盟盟员)的脚上。汉堡是我们的一个极其重要的据点,那里有我们的优秀分子,但是我们要想在那里有所建树,首先必须让那个老帮派滚蛋。

在巴黎,已经发生了分裂。有一个支部,除两个人外全都表示反对共产主义原则,因此,我们把这个支部暂时开除出了同盟。一个头脑不

第三章　共产主义者同盟的创建及其纲领《共产党宣言》的制定

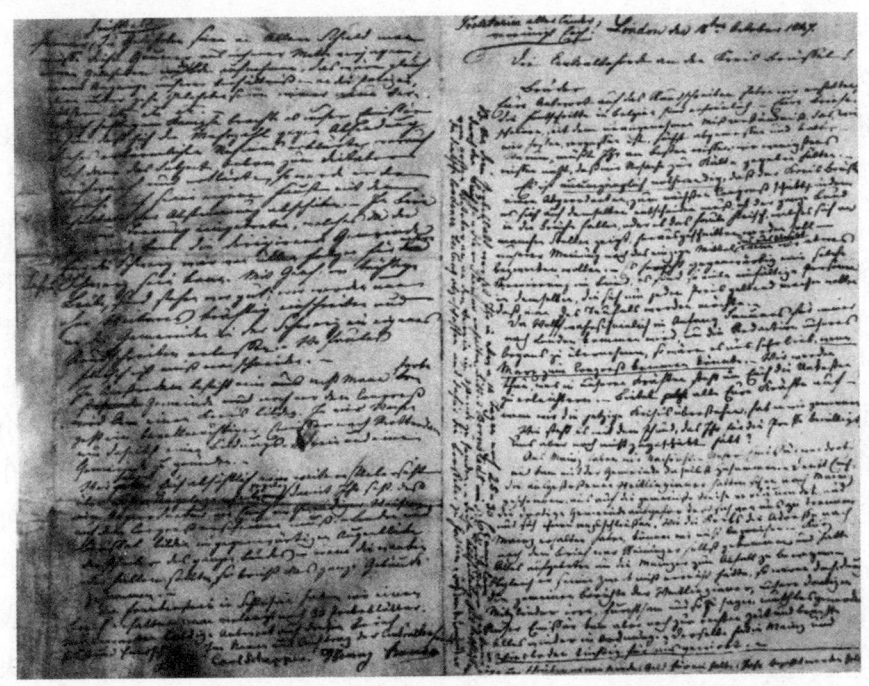

伦敦共产主义者同盟中央委员会 1847 年 10 月 18 日给布鲁塞尔区部的信（首页和末页），信中邀请卡尔·马克思参加大会

清的名叫恩德斯的人是支部主席，他读了格律恩翻译的蒲鲁东的书①，就把这些人的头脑搞糊涂了。其余的支部为了同被开除的魏特林分子重新联合，已同他们进行会谈。我们一了解到这种情况，就严厉禁止他们继续进行这种会谈，因为代表大会已经开除了魏特林分子，所以任何个人都不能擅自同他们联合。我们向他们解释说，如果他们认为重新联合是适宜的，那也应当通过他们的代表向下次代表大会提出这个提案，因为只有代表大会才有权作出决定。真可悲，有些人想成为共产主义者，也想懂得共产主义的原则，可是连民主主义者都不如。他们不遵守民主原则，就是证明。

鬼知道，瑞士方面在搞什么名堂。在伯尔尼，就有一个姓厄博姆的瑞典人，是支部主席。他糊涂得惊人，目光短浅，以对学者的无比仇恨而闻名。这大概是由于他本人实在过于愚蠢，成不了学者，可又十分想当学者的缘故。这个人以前曾给我们写过信，毛遂自荐，要当我们杂志的编辑——这真是难以形容的无耻。要知道，他连一个正确的句子都不会写呢。自然，我们对这样的自荐无从回答。从此，他对我们就怀恨在心了。他总是在寻找合适的机会，以便对我们泄私愤。结果，这样的机会终于找到了。当伪君子霍恩苏赫如泣如诉地向他**乞求**公正的支持时，这个厄博姆竟不顾我们特使②的抗议，把霍恩苏赫作为魏特林派的代表介绍给支部全体成员，并把我们臭骂了一通，还使支部通过了一项决议，**号召**我们**立即**重新联合。自然，警告信是委托厄博姆写的。据我们的特使说，这封信一开头就把魏特林派吹捧了一番，接着，又把我们狠狠地侮辱了一通，最后，要我们重新联合，并威胁说，否则伯尔尼支部

---

① 比·约·蒲鲁东《政治经济学的哲学或贫困的必然性》，由卡尔·格律恩译成德文，1847年达姆施塔特版。
② 可能是斯蒂凡·波尔恩。

就要退出同盟。其次，还说什么一切罪过都在于学者，应该把这些骗子从我们队伍里驱逐出去；什么接受一个学者入盟，就无异于向警察当局告我们的密，因为十个学者里总有九个是叛徒，等等。

经过激烈的斗争，我们的特使终于使大多数人都反对发出这封卑鄙而又毫无意义的信。可厄博姆这家伙，当时就摆出独裁者的架势，站起来说，他一定要发出这封信，并心甘情愿承担一切风险，包括不利的选举结果。就这样，伯尔尼的组织分裂了。由于伯尔尼支部是瑞士方面的主要支部，这次分裂就可能对我们和瑞士方面的工作产生不利的后果。在日内瓦，有很干练的人，我们同他们保持着良好的关系。我们将立即采取有力措施，并给瑞士各支部发出专门的通告。溃烂的组织必须切除。

阿姆斯特丹支部有8名成员，而且在代表大会召开之前还要成立区部。一个月后，一名全权特使将去鹿特丹组织教育协会和支部。

我们有意告诉你们这些详情，以便让你们明白，你们必须派代表参加代表大会。目前，伦敦和布鲁塞尔是整个同盟的顶梁柱，如果这两根顶梁柱动摇或倒塌，那整个大厦就要土崩瓦解。

我们收到了西里西亚弗兰肯施泰因方面的来信。他们还要30份试刊号①。

等待你们的回信。

敬礼并握手。

代表中央委员会，并受其委托

约·莫尔　卡尔·沙佩尔

亨利希·鲍威尔

又及：两周后，你们将通过书商蒂姆收到25—30份试刊号②。请伯

---

① 《共产主义杂志》，文件156。
② 《共产主义杂志》，文件156。

恩施太德从10月1日起将《[德意志—]布鲁塞尔报》寄给东区的协会。该协会已决定不订《德意志伦敦报》，改订《[德意志—]布鲁塞尔报》。请转告伯恩施太德，让他写信告诉我们，这半年的报费寄给谁。

又及：《[德意志—]布鲁塞尔报》的挞伐号[115]我们在这里是以4苏的价格出售。他如若愿意按这个价格再给我们寄100份，我们将很高兴。

手稿 第一次用原文发表
莫斯科苏共中央马列主义研究院
中央党务档案馆，F. 20, Nr. 116

170
巴黎共产主义者同盟盟员反对卡尔·海因岑的声明

1847年10月24日

声　明
（迟到的声明）

最可尊敬的伯恩施太德先生：

刚才我在贵报上看到海因岑先生反对弗·恩格斯的一篇长文①，他在该文中提到共产主义者时使用了带有极端侮辱性的语言。他在文中

---

① 卡·海因岑《共产主义的一个"代表"》，载于1847年10月21日《德意志—布鲁塞尔报》第84号。

再次故技重演，竟把共产主义者同奴才和警察相提并论，而且这次竟然如此寡廉鲜耻，甚至胡说什么巴黎的德国共产主义者已把他的一批小册子（顺便说一句，这些小册子无非就是喋喋不休地毫无意义地呼吁人们采取暴力行动，至于暴力行动结束后应该怎么干，却未作任何说明，而为了不致重蹈1830年法国人的覆辙，竟为资产者老爷们自相残杀，对此作出说明是非常必要的）直截了当地交给了警察局。这种事情根本没有发生过，而且永远也不会发生，尽管上述海因岑的小册子对总的事业有百害而无一利。这些小册子鉴于上述原因早已被退回了。[……]

关于海因岑嫁祸于共产主义者的其他事情，那实在太可笑了，以致不值得再一次在这些报纸上作出回答，因为那样做无异是浪费时间。此外，如果海因岑先生再这样攻击共产主义，那么他在工人共产主义者中不难找到敢于同他拼搏的战士。我希望能借贵报一角发表这篇短文。

致以崇高的敬意

工人共产主义者 C. 兰格①
代表许多共产主义者
1847年10月24日于**巴黎**

1847年11月4日《德意志—布鲁塞尔报》第88号　　　　　　　　　　　　　　　　节录

---

① 可能是阿道夫·克路斯在同盟内部使用的化名，参看文件242。

171
弗里德里希·恩格斯（巴黎）给卡尔·马克思（布鲁塞尔）的信

1847年10月25—26日

1847年10月［25—］26日于巴黎

亲爱的巴托洛缪：

我今天才给你写信，是因为我今天才得以见到小个子路易·勃朗（经过同看门的女人的剧烈斗争之后）。我同他进行了长时间的交谈，结果是这个小个子对一切都表示同意。他十分客气，十分友善，而且看起来他最迫切的愿望就是要同我们建立最密切的联系。他也完全没有那种以保护人自居的法国人派头。我曾经写信告诉他，我将正式受伦敦、布鲁塞尔和莱茵地区民主派的全权委托，同时也是以宪章派代表的身份去拜访他。① 他详细地打听了各种情况；我对他描述说，我们党目前的状况非常好，谈到了瑞士②、雅科比③和我们的同盟者巴

---

① 这封信没有保存下来。——编者注
② 瑞士当时正处在国内战争前夕。瑞士七个经济落后的天主教州为对抗进步的资产阶级改革和维护教会特权于1843年缔结了单独联盟（**宗得崩德**）。它的反动企图遭到了40年代中在大部分的州和瑞士代表会议里取得优势的资产阶级激进派和自由派的反对。1847年7月，瑞士代表会议决定解散**宗得崩德**。于是后者在11月初向其他各州采取军事行动。1847年11月23日，**宗得崩德**的军队被联邦政府的军队击溃。天主教僧侣和城市上层贵族后来不止一次地利用一部分落后保守的农民企图抗拒自由主义的改革和夺取各州的政权。联邦政府的胜利和1848年宪法的通过，使瑞士由国家的联盟变成联邦国家。——原卷末注
③ 约·雅科比是德国激进派的代表，自1847年普鲁士召开联合议会以来，

登人①等等。

我说你是领袖:"您可以把马克思先生看做我们党(就是说,德国民主派中最先进的一派,我在他面前就是这一派的代表)的领袖,把他最近出版的反对蒲鲁东先生的著作②看做我们的纲领"。他对此十分注意。最后他答应在《改革报》上发布关于你这本著作的消息。他告诉我很多目前在工人中开展的地下运动的情况;说工人们已经把他的《劳动组织》这本书廉价印了3000册,而且两星期以后不得不重印了3000册;他说,工人们现在比任何时候都更革命,不过,他们已经学会了等待适当的时机,不搞暴动,只进行**有把握**获得成功的决定性打击等等。[……]

我同样在积极地做弗洛孔老爷子的工作。③我先是以英国人代表的身份同他见面,并且以哈尼的名义问他,为什么他对《星报》④那样冷淡。

(续前注) 他就批判它是人民代表制的代用品。1847年4月和6月,他游历萨克森、德国南部、瑞士,访问了科隆和布鲁塞尔,在布鲁塞尔与《德意志—布鲁塞尔报》取得了联系。——原卷末注

① 我们的同盟者巴登人是指巴登的反对派运动中的小资产阶级民主派,其代表有弗·黑克尔、古·司徒卢威等,他们在1847年9月12日于巴登大公国的奥芬堡召开的代表会议上通过了一个激进的政治改革纲领。——原卷末注

② 马克思《哲学的贫困》。——编者注

③ 斐·弗洛孔是法国《改革报》的编辑。这里是说恩格斯积极为《改革报》撰稿。1847年10月26日《改革报》刊登的《英国的商业危机。宪章运动。爱尔兰》是他发表在该报的第一篇文章。之后,他又自告奋勇把他为《北极星报》写的有关宪章运动的报道的综述译成法文提供给《改革报》。这些文章通常都以《宪章运动》和《宪章风潮》为题,附有编者按。恩格斯直到1848年1月还在为《改革报》撰稿。虽然恩格斯的观点与该报编辑尤其是路易·勃朗和赖德律-洛兰的观点有分歧,但他的有关宪章运动的文章在《改革报》克服民族排外性方面仍有一定作用,对该报读者法国工人和中间阶层的激进分子也产生了革命影响。——原卷末注

④ 《北极星报》。——编者注

他说，是的，他很遗憾，他很愿意谈谈这件事，只是编辑部里没有人懂得英文！我自告奋勇每星期给他写一篇文章，他乐意地接受了。[……]

我到弗洛孔老爷子那里去了一次。这个老实人对我极为诚恳，我向他叙述我同《工场》的来往经过时那种老实真诚的态度，几乎使他感动得热泪盈眶。我从《工场》谈到《国民报》："当我们在布鲁塞尔讨论我们应该去找法国民主派中哪一派的时候，我们一致的意见是，必须首先同《改革报》建立联系，因为在外国对《国民报》存在着强烈的和完全有根据的成见。首先，这个报纸的各种民族偏见妨害它同别人接近"。——是的，是的，一点不错，弗洛孔说，这甚至就是《改革报》创办的原因；我们从第一天起就声明：我们不挤占别人。——而且，我继续说道，如果说我可以相信我的先行者（因为我从未到《国民报》去过）的话，那些先生们老是装出一种愿意保护外国人的样子，而这同他们的民族偏见也是完全一致的；但是我们不需要他们的保护，我们不要任何一个保护者，我们要的是同盟者。——对呀，但是我们完全不同，我们没有想过这一点。——这是确实的，因此我对《改革报》的先生们的这种态度表示赞扬。[……]

此外，对这些人，我已经用不着作任何让步。我对路·勃朗说，我们同他们在一切实际问题和时局问题上是一致的；在纯理论问题上我们也正朝一个目标走；他的著作①第一卷中所阐述的那些原则，在许多方面同我们的原则是一致的；至于其他的问题，他可以在你的著作中找到比较详细的叙述。关于宗教问题，我们认为是完全次要的问题，这个问题在任何时候都不应该成为同一党派内的人们互相争执的理由。尽管如此，对于理论问题进行友好的讨论是完全可行的，甚至是值得欢迎的，他对此表示完全同意。[……]

---

① 路·勃朗《法国革命史》。——编者注

施特劳宾人那里的情况极度混乱。在我到达的前几天,最后的一些格律恩分子(整个一个支部)被赶了出去,不过其中半数是会回来的。现在我们只有30个人。我立即建立了一个宣传支部,整天奔波,勤勉工作。我立即被选进了区部,任务是搞通讯。有20—30个人被推荐正待接收入盟。我们很快又会更加壮大起来。对莫泽斯①,我开了一个很厉害的玩笑(**此事请保密**)。他的确写成了一篇绝妙的教义问答修正稿。② 而我就在上星期五③的区部会议上对这篇稿子按问题逐个进行了分析,我还没有谈到一半,大家就表示满意了。**在没有任何人反对的情况下,我受托草拟一篇新的教义问答**④在本星期五的区部会议上进行讨论,并且要**背着各支部**寄往伦敦。当然,这件事要做得神不知,鬼不觉,否则我们全都得下台,并且会引起公愤。

波尔恩要到布鲁塞尔你们那里去,他是去伦敦的。⑤ 也许在这封信到达以前他就能到。他够冒失的,竟要经过普鲁士,沿莱茵河顺流而下,

---

① 莫·赫斯。——编者注
② 1847年夏,共产主义者同盟伦敦中央委员会把《共产主义信条草案》分给同盟区部、支部讨论,这个草案是恩格斯起草的,在同盟第一次代表大会上讨论后决定分发到各支部讨论。10月中旬,当恩格斯从布鲁塞尔返回巴黎时,以教义问答形式写成的同盟纲领草案已经在巴黎支部讨论。莫·赫斯向巴黎区部委员会提交了一份他拟定的修正草案;在受到恩格斯的严厉批判之后赫斯的修正案被否决。但恩格斯对他自己的那个草案也不再满意,因为在起草它时,他必须考虑到参加同盟第一次代表大会的代表还受到空想共产主义的影响这一事实。恩格斯又起草了新的草案《共产主义原理》,克服了这种缺陷,更为详细地阐明了工人阶级运动的纲领原则,不过仍然是以教义问答的形式写的。这一新文件后来获得巴黎支部的批准,成为共产主义者同盟第二次代表大会的纲领草案。——原卷末注
③ 1847年10月22日。——编者注
④ 恩格斯《共产主义原理》。——编者注
⑤ 斯·波尔恩是共产主义者同盟的盟员,恩格斯说他是途经布鲁塞尔后去伦敦的。1847年10月到达布鲁塞尔,拜访了马克思,但是没有前往伦敦参加同盟第二次代表大会。——原卷末注

冒着被捕的危险。在他到达时，请给他指点指点，这个小伙子最能领会我们的观点，所以如果给他点引导，他在伦敦也非常有用。［……］

可怜的莫泽斯是不是中邪了，不断地在报上发表关于无产阶级革命的后果的幻想？①

手稿 节录

莫斯科苏共中央马列主义研究院
中央党务档案馆，F. 1, op. 1, Nr. 228
（《马克思恩格斯全集》德文版第
27 卷第 93—95、97—99 页，参看
《马克思恩格斯全集》中文第 2 版
第 47 卷第 484—491 页）

172
卡尔·马克思《道德化的批判和批判化的道德》一文摘录

1847 年 10 月 28 日至 11 月 25 日

［……］"财产关系上的不公平"以现代分工、租代交换形式、竞

---

① 指莫·赫斯在 1847 年 10—11 月的《德意志—布鲁塞尔报》上连载的《无产阶级革命的后果》一组文章。——原卷末注

争、积聚等等为前提，决不是来自资产阶级的阶级政治统治，相反，资产阶级的阶级政治统治倒是来自这些被资产阶级经济学家宣布为必然规律和永恒规律的现代生产关系。因此，当使资产阶级生产方式必然消灭，从而也使资产阶级的政治统治必然颠覆的物质条件尚未在历史进程中、尚未在历史的"运动"中形成以前，即使无产阶级推翻了资产阶级的政治统治，它的胜利也只能是暂时的，只能是**资产阶级革命**本身的辅助因素（如1794年时就是这样）。所以，法国的恐怖统治所能起的作用，只是通过自己的猛烈锤击，像施法术一样把全部封建遗迹从法国地面上一扫而光。这样的事情是懦怯的资产阶级在几十年中也办不到的。因此，人民的流血牺牲只是给资产阶级扫清了道路。同样，如果资产阶级实行阶级统治的经济条件没有充分成熟，要推翻君主专制也只能是暂时的。人们为自己建造新世界，不是如**粗俗之徒**的成见所臆断的靠"地上的财富"，而是靠他们垂死的世界上所有的历来自己创置的产业。他们在自己的发展进程中首先必须**创造**新社会的**物质条件**，任何强大的思想或意志力量都不能使他们摆脱这个命运。［……］

　　正如我已在《德法年鉴》上证明的，德国染上了基督教德意志的特殊病症①。它的资产阶级出现太晚了，当它开始同君主专制进行斗争而力图确立自己的政权的时候，一切先进国家中的资产阶级已经在同工人阶级进行残酷的斗争了，它那种政治幻想在欧洲人的意识中早已过时。在这个国家里一方面还保存着君主专制的政治贫乏以及一大群已趋没落的半封建等级和关系，同时又局部地存在着由于工业的发展和德意志对世界市场的依附而在资产阶级和工人阶级之间引起的现代矛盾以及

---

① 见卡·马克思《〈黑格尔法哲学批判〉导言》（《马克思恩格斯文集》第1卷第3—18页）。——原卷末注

由此产生的斗争；西里西亚和波希米亚的工人起义①就是一个例子。因此，德国资产阶级在政治上尚未形成阶级之前就同无产阶级处于对抗地位。"臣民"之间的斗争不顾一切汉巴赫之歌②而在君主和贵族被赶出国土之前就爆发了。

海因岑先生对这种充满矛盾的事态（这当然会在德国文学上有所反应）做不出别的解释，只是说，这要唯敌人的**良心**是问，这是共产主义者进行反革命阴谋的后果。

可是德国工人非常清楚：**君主专制**在为了讨好资产阶级而向无产阶级敬以霰弹和皮鞭的时候是毫不犹豫的（而且也不能犹豫）。既然如此，他们为什么还宁肯受专制政府及其半封建侍从的粗暴压迫而不愿受**资产阶级的直接统治**呢？工人非常清楚：资产阶级不仅在政治上必将比君主专制对他们作出更大的让步，而且为了自己的工商业它还会违背自己的意旨为工人阶级创造团结的条件，工人阶级的团结就是工人胜利的首要前提。工人知道，要消灭**资产阶级**的财产关系不能通过保存**封建的**财产关系来实现。他们知道，资产阶级反对封建等级和反对君主专制的革命运动只能使他们自己的革命运动加速进展。他们知道，他们自己同资产阶级的斗争只有在资产阶级胜利之日才能开始。尽管如此，他们对海因岑先生的资产阶级幻想也是不会同意的。他们不仅能够而且应当参

---

① 指1844的6月4—6日西里西亚纺织工人的起义（这是德国无产阶级和资产阶级之间第一次大规模的阶级搏斗）和1844年6月下半月捷克工人的起义。——原卷末注

② 指汉巴赫大典进行时唱的歌曲，这次大典于1832年5月27日在巴伐利亚邦普法尔茨地方的一个城堡汉巴赫附近举行，这是德国资产阶级自由派和激进派代表组织的一次政治性示威。参加大典的人发言号召全体德国人团结一致反对德国君主，为争取资产阶级自由和宪制改革而斗争。——原卷末注

加**资产阶级革命**，因为这个革命是**工人革命**的前提。但是工人丝毫也不能把资产阶级革命当做自己的**最终目的**。

工人在实际上就是这样做的，在不久以前反谷物法同盟的运动中，**英国**宪章派就做出了光辉的范例。他们一刻也没有相信资产阶级激进主义者的虚伪保证和捏造，一刻也没有停止同他们作斗争，他们充分自觉地帮助自己的敌人战胜了托利党人；但是当谷物法废除后的第二天在选举斗争的战场上两相对抗的已不是托利党人和自由贸易派，而是自由贸易派和宪章派了。宪章派就是因为同这些资产阶级激进主义者作斗争才在议会中给自己争得了席位。[……]

注意。我们向《德意志—布鲁塞尔报》的读者推荐一篇斯蒂凡①写的批评文章：《海因岑的国家》。不言而喻，对著者来说，海因岑只是一个引子；即使他随便用一个德国的空谈著作家来使真正革命工人的观点同好辩、谩骂的小资产者的观点对比，也同样会成功的。[……]

1847年11月11、18、25日《德意志—布鲁塞尔报》第90、92、94号（《马克思恩格斯全集》德文版第4卷第338—339、351—352、359页，参看《马克思恩格斯全集》中文第1版第4卷第331—332、346—347、355页）

摘要

---

① 斯蒂凡·波尔恩。——编者注

173
弗里德里希·恩格斯《共产主义原理》[116]

1847年10月底至11月底

《共产主义原理》

第一个问题：什么是共产主义？

答：共产主义是关于无产阶级解放的条件的学说。

第二个问题：什么是无产阶级？

答：无产阶级是完全靠出卖自己的劳动①而不是靠某一种资本的利润来获得生活资料的社会阶级。这一阶级的祸福、存亡和整个生存，都取决于对劳动的需求，即取决于工商业繁荣期和萧条期的更替，取决于没有节制的竞争的波动。一句话，无产阶级或无产者阶级是19世纪的劳动阶级。

第三个问题：是不是说，无产者不是一向就有的？

---

① 马克思和恩格斯在19世纪40—50年代，即马克思制定出剩余价值理论以前所写的著作中使用过"劳动价值"、"劳动价格"、"出卖劳动"这样的概念。1891年，恩格斯在为马克思的《雇佣劳动与资本》这本小册子所写的导言中指出："用后来的著作中的观点来衡量"，这些概念"是不妥当的，甚至是不正确的"（见《马克思恩格斯文集》第1卷第701页）。马克思和恩格斯在后来的著作中使用的是"劳动力价值"和"劳动力价格"、"出卖劳动力"等概念。

答：是的，不是一向就有的。穷人和劳动阶级一向就有；并且劳动阶级通常都是贫穷的。但是，生活在上述条件下的这种穷人、这种工人，即无产者，并不是一向就有的，正如竞争并不一向是自由的和没有节制的一样。

第四个问题：无产阶级是怎样产生的？

答：无产阶级是由于工业革命而产生的，这一革命在上个世纪下半叶发生于英国，后来，相继发生于世界各文明国家。工业革命是由蒸汽机、各种纺纱机、机械织布机和一系列其他机械装备的发明而引起的。这些价钱很贵，因而只有大资本家才买得起的机器，改变了以前的整个生产方式，挤掉了原来的工人。这是因为机器生产的商品要比工人用不完善的纺车和织布机生产的又便宜又好。这样一来，这些机器就使工业全部落到大资本家手里，并且使工人仅有的一点薄产（工具、织布机等）变得一钱不值，于是资本家很快就占有了一切，而工人却一无所有了。从此，在衣料生产方面就实行了工厂制度。机器和工厂制度一经采用，这一制度很快就推行到所有其他工业部门，特别是印花业、印书业、制陶业和金属品制造业等部门。工人之间的分工越来越细，于是，从前完成整件工作的工人，现在只做这件工作的一部分。这种分工可以使产品生产得更快，因而也更便宜。分工把每个工人的活动变成一种非常简单的、时刻都在重复的机械操作，这种操作利用机器不但能够做得同样出色，甚至还要好得多。因此，所有这些工业部门都像纺纱和织布业一样，一个跟着一个全都受到了蒸汽动力、机器和工厂制度的支配。这样一来，这些工业部门同时也就全都落到了大资本家的手里，工人也就失掉了最后的一点独立性。除了原来意义上的工场手工业，手工业也渐渐受到工厂制度的支配，因为这里的大资本家也在通过建立可以大量节省开支和实行细致分工的大作坊，不断挤掉小师傅。结果，我们现在可以看到，在文明国家里，几乎所有劳动部门都照工厂方式进行经营了，在所有劳动部门，手工业和工场手工业几乎都被工业挤掉了。于是，从前的中间等级，特别是小手工业师傅日益破产，工人原来的状况发生了根本的变化，产生了两个逐渐并吞所有其他阶级的新阶级。这两个阶级就是：

一、大资本家阶级，他们在所有文明国家里现在已经几乎独占了一切生活资料和生产这些生活资料所必需的原料和工具（机器、工厂）。这就是资产者阶级或资产阶级。

二、完全没有财产的阶级，他们为了换得维持生存所必需的生活资料，不得不把自己的劳动出卖给资产者。这个阶级叫做无产者阶级或无产阶级。

第五个问题：无产者是在怎样的条件下把劳动出卖给资产者的？

答：劳动和其他任何商品一样，也是一种商品，因此，劳动的价格和其他任何商品的价格一样，也是由同样的规律决定的。正像我们在下面将看到的，在大工业或自由竞争的统治下，情形都一样，商品的价格平均总是和这种商品的生产费用相等的。因此，劳动的价格也是和劳动的生产费用相等的。而劳动的生产费用正好是使工人能够维持他们的劳动能力并使工人阶级不致灭绝所必需的生活资料的数量。工人的劳动所得不会比为了这一目的所必需的更多。因此，劳动的价格或工资将是维持生存所必需的最低额。但是，因为工商业有时萧条有时兴旺，工人所得也就有多有少，正像厂主出卖商品所得有多有少一样。如果把工商业繁荣期和萧条期平均起来，厂主出卖商品所得既不多于他的生产费用，也不少于他的生产费用，同样，工人平均所得也是既不会多于这个最低额，也不会少于这个最低额。大工业越是在所有劳动部门占统治地位，工资的这一经济规律体现得就越充分。

第六个问题：在工业革命前，有过什么样的劳动阶级？

答：在不同的社会发展阶段上，劳动阶级的生活条件各不相同，劳动阶级在同有产阶级和统治阶级的关系中所处的地位也各不相同。在古代，劳动者是主人的**奴隶**。直到今天在许多落后国家甚至美国南部他们还是这种奴隶。在中世纪，劳动者是土地贵族的**农奴**，直到今天在匈牙利、波兰和俄国他们还是这种农奴。此外，在中世纪，直到工业革命前，城市里还有在小资产阶级师傅那里做工的手工业帮工，随着工场手工业的发展，也渐渐出现了受较大的资本家雇用的工场手工业工人。

第七个问题：无产者和奴隶有什么区别？

答：奴隶一次就被完全卖掉了。无产者必须一天一天、一小时一小时地出卖自己。单个的奴隶是**某一个**主人的财产，由于他与主人利害攸关，他的生活不管怎样坏，总还是有保障的。单个的无产者可以说是整个资产者**阶级**的财产，他的劳动只有在有人需要的时候才能卖掉，因而他的生活是没有保障的。只有对整个无产者**阶级**来说，这种生活才是有保障的。奴隶处在竞争之外，无产者处在竞争之中，并且亲身感受到竞争的一切波动。奴隶被看做物，不被看做市民社会的成员。无产者被承认是人，是市民社会的成员。因此奴隶能够比无产者生活得好些，但无产者属于更高的社会发展阶段，他们本身处于比奴隶更高的阶段。在所有的私有制关系中，只要废除奴隶制关系，奴隶就能解放自己，并由此而成为无产者；无产者只有废除一切私有制才能解放自己。

第八个问题：无产者和农奴有什么区别？

答：农奴占有并使用一种生产工具，一块土地，为此他要交出自己的一部分收益或者服一定的劳役。无产者用别人的生产工具为这个别人做工，从而得到一部分收益。农奴是交出东西，无产者是得到报酬。农奴生活有保障，无产者生活无保障。农奴处在竞争之外，无产者处在竞争之中。农奴可以通过各种道路获得解放：或者是逃到城市里去做手工业者；或者是交钱给地主代替劳役和产品，从而成为自由的佃农；或者是把他们的封建主赶走，自己变成财产所有者。总之，农奴可以通过不同的办法加入有产阶级的队伍并进入竞争领域而获得解放。无产者只有通过消灭竞争、私有制和一切阶级差别才能获得解放。

第九个问题：无产者和手工业者有什么区别？①

第十个问题：无产者和工场手工业工人有什么区别？

答：16—18世纪，几乎任何地方的工场手工业工人都占有生产工具，如织布机、家庭用的纺车和一小块在工余时间耕种的土地。这一切，无产者都没有。工场手工业工人几乎总是生活在农村，和地主或雇主维持着或多或少的宗法关系。无产者通常生活在大城市，和雇主只有金钱关系。大工业使工场手工业工人脱离了宗法关系，他们失去了仅有的一点财产，因此而变成无产者。

第十一个问题：工业革命和社会划分为资产者与无产者首先产生了什么结果？

答：第一，由于在世界各国机器劳动不断降低工业品的价格，旧的工场手工业制度或以手工劳动为基础的工业制度完全被摧毁。所有那些迄今或多或少置身于历史发展之外、工业迄今建立在工场手工业基础上的半野蛮国家，随之也就被迫脱离了它们的闭关自守状态。这些国家购

---

① 在恩格斯的手稿中，以下是半页空白，没有答案。在《共产主义信条草案》中有对这个问题的答案："不同于无产者的所谓手工业者，上个世纪几乎到处都有，而今天还散见各处，他们顶多是暂时的无产者。他们的目的是为自己获得资本，并用它来剥削其他劳动者。当行会仍然存在，或者当经营自由还没有导致手工业照工厂的方式进行生产、还没有导致激烈的竞争时，他们往往还可以达到这个目的。但是，一旦手工业采用了工厂制度，竞争也非常盛行时，这种前景就消失了，手工业者就日益成为无产者。因此，手工业者获得解放的道路是：或者是成为资产者或一般是变为中间等级，或者是由于竞争而成为无产者（正如现在所经常发生的），并参加无产阶级的运动，也就是参加或多或少自觉的共产主义运动。"（见《马克思恩格斯全集》中文第1版第42卷第377页）

买比较便宜的英国商品,把本国的工场手工业工人置于死地。因此,那些几千年来没有进步的国家,例如印度,都已经进行了完全的革命,甚至中国现在也正走向革命。事情已经发展到这样的地步:今天英国发明的新机器,一年之内就会夺去中国千百万工人的饭碗。这样,大工业便把世界各国人民互相联系起来,把所有地方性的小市场联合成为一个世界市场,到处为文明和进步做好了准备,使各文明国家里发生的一切必然影响到其余各国。因此,如果现在英国或法国的工人获得解放,这必然会引起其他一切国家的革命,这种革命迟早会使这些国家的工人也获得解放。

第二,凡是大工业代替了工场手工业的地方,工业革命都使资产阶级及其财富和势力最大限度地发展起来,使它成为国内的第一阶级。结果,凡是完成了这种过程的地方,资产阶级都取得了政治权力,并挤掉了以前的统治阶级——贵族、行会师傅和代表他们的专制王朝。资产阶级废除了长子继承权或出卖领地的禁令,取消了贵族的一切特权,这样便消灭了特权贵族、土地贵族的势力。资产阶级取消了所有行会,废除了手工业者的一切特权,这样便摧毁了行会师傅的势力。资产阶级用自由竞争来取代行会和手工业者的特权;在自由竞争这种社会状况下,每一个人都有权经营任何一个工业部门,而且,除非缺乏必要的资本,什么也不能妨碍他的经营。这样,实行自由竞争就是公开宣布:从今以后,只是由于社会各成员的资本多寡不等,所以他们之间才不平等,资本成为决定性的力量,从而资本家,资产者成为社会上的第一阶级。但是,自由竞争在大工业发展初期之所以必要,是因为只有在这种社会状况下大工业才能成长起来。资产阶级这样消灭了贵族和行会师傅的社会势力以后,也就消灭了他们的政治权力。资产阶级在社会上上升为第一阶级以后,它也就在政治上宣布自己是第一阶级。它是通过实行代议制而做到这一点的。代议制是以资产阶级的在法律面前平等和法律承认自由竞争为基础的。这种制度在欧洲各国采取立宪君主制的形式。在这种立宪君主制的国家里，只有拥有一定资本的人即资产者，才有选举权。这些资产者选民选出议员，而这些资产者议员可以运用拒绝纳税的权利，选出资产者政府。

第三，工业革命到处都使无产阶级和资产阶级以同样的速度发展起来。资产者越发财，无产者的人数也就越多。因为只有资本才能使无产者找到工作，而资本只有在使用劳动的时候才能增加，所以无产阶级的增加和资本的增加是完全同步的。同时，工业革命使资产者和无产者都集中在最有利于发展工业的大城市里，广大群众聚集在一个地方，使无产者意识到自己的力量。其次，随着工业革命的发展，随着挤掉手工劳动的新机器的不断发明，大工业把工资压得越来越低，把它压到上面说过的最低额，因而无产阶级的处境也就越来越不堪忍受了。这样，一方面由于无产阶级不满情绪的增长，另一方面由于他们力量的壮大，工业革命便孕育着一个由无产阶级进行的社会革命。

第十二个问题：工业革命进一步产生了什么结果？

答：大工业创造了像蒸汽机和其他机器那样的手段，使工业生产在短时间内用不多的费用便能无限地增加起来。由于生产变得这样容易，这种大工业必然产生的自由竞争很快就达到十分剧烈的程度。大批资本家投身于工业，生产很快就超过了消费。结果，生产出来的商品卖不出去，所谓商业危机就到来了。工厂只好关门，厂主破产，工人挨饿。到处出现了极度贫困的现象。过了一段时间，过剩的产品卖光了，工厂重新开工，工资提高，生意也渐渐地比以往兴旺起来。但这是不会长久的，因为很快又会生产出过多的商品，新的危机又会到来，这种新危机的过程和前次危机完全相同。因此，从本世纪初以来，工业经常在繁荣

第三章　共产主义者同盟的创建及其纲领《共产党宣言》的制定　　175

时期和危机时期之间波动。这样的危机几乎定期地每五年到七年发生一次①，每一次都给工人带来极度的贫困，激起普遍的革命热情，给整个现存制度造成极大的危险。

第十三个问题：这种定期重复的商业危机会产生什么后果？

答：第一，虽然大工业在它的发展初期自己造成了自由竞争，但是现在它的发展已经超越了自由竞争的范围。竞争和个人经营工业生产已经变成大工业的枷锁，大工业必须粉碎它，而且一定会粉碎它。大工业只要还在现今的基础上进行经营，就只能通过每七年出现一次的普遍混乱来维持，每次混乱对全部文明都是一种威胁，它不但把无产者抛入贫困的深渊，而且也使许多资产者破产。因此，或者必须完全放弃大工业本身（这是绝对不可能的），或者大工业使建立一个全新的社会组织成为绝对必要的，在这个全新的社会组织里，工业生产将不是由相互竞争的单个的厂主来领导，而是由整个社会按照确定的计划和所有人的需要来领导。

第二，大工业及其所引起的生产无限扩大的可能性，使人们能够建立这样一种社会制度，在这种社会制度下，一切生活必需品都将生产得很多，使每一个社会成员都能够完全自由地发展和发挥他的全部力量和才能。由此可见，在现今社会中造成一切贫困和商业危机的大工业的那种特性，在另一种社会组织中正是消灭这种贫困和这些灾难性的波动的因素。

这就完全令人信服地证明：

---

① 恩格斯曾指出："……我把工业大危机的周期算成了五年。这个关于周期长短的结论，显然是从 1825 年到 1842 年间的事变进程中得出来的。但是 1842 年到 1868 年的工业历史证明，实际周期是十年，中间危机只具有次要的性质，而且在 1842 年以后日趋消失。"（见《马克思恩格斯文集》第 1 卷第 371 页）

（1）从现在起，可以把所有这些弊病完全归咎于已经不适应当前情况的社会制度；

（2）通过建立新的社会制度来彻底铲除这些弊病的手段已经具备。

第十四个问题：这种新的社会制度应当是怎样的？

答：这种新的社会制度首先必须剥夺相互竞争的个人对工业和一切生产部门的经营权，而代之以所有这些生产部门由整个社会来经营，就是说，为了共同的利益、按照共同的计划、在社会全体成员的参加下来经营。这样，这种新的社会制度将消灭竞争，而代之以联合。因为个人经营工业的必然结果是私有制，竞争不过是单个私有者经营工业的一种方式，所以私有制同工业的个体经营和竞争是分不开的。因此私有制也必须废除，而代之以共同使用全部生产工具和按照共同的协议来分配全部产品，即所谓财产公有。废除私有制甚至是工业发展必然引起的改造整个社会制度的最简明扼要的概括。所以共产主义者完全正确地强调废除私有制是自己的主要要求。

第十五个问题：这么说，过去废除私有制是不可能的？

答：不可能。社会制度中的任何变化，所有制关系中的每一次变革，都是产生了同旧的所有制关系不再相适应的新的生产力的必然结果。私有制本身就是这样产生的。私有制不是一向就有的；在中世纪末期，产生了一种工场手工业那样的新的生产方式，这种新的生产方式超越了当时封建和行会所有制的范围，于是这种已经超越旧的所有制关系的工场手工业便产生了新的所有制形式——私有制。对于工场手工业和大工业发展的最初阶段来说，除了私有制，不可能有其他任何所有制形式，除了以私有制为基础的社会制度，不可能有其他任何社会制度。只要生产的规模还没有达到不仅可以满足所有人的需要，而且还有剩余产品去增加社会资本和进一步发展生产力，就总会有支配社会生产力的统治阶级和贫穷的被压迫阶级。至于这些阶级是什么样子，那要看生产的发展阶段。在依赖农业的中世纪，是领主和农奴；在中世纪后期的城市里，是行会师傅、帮工和短工；在17世纪是工场手工业主和工场手工业工人；在19世纪是大工厂主和无产者。非常明显，在这以前，生产力还没有发展到能以足够的产品来满足所有人的需要，还没有发展到私有制成为这些生产力发展的桎梏和障碍。但是现在，由于大工业的发展，**第一**，产生了空前大规模的资本和生产力，并且具备了能在短时期内无限提高这些生产力的手段；**第二**，生产力集中在少数资产者手里，而广大人民群众越来越变成无产者，资产者的财富越增加，无产者的境遇就越悲惨和难以忍受；**第三**，这种强大的、容易增长的生产力，已经发展到私有制和资产者远远不能驾驭的程度，以致经常引起社会制度极其剧烈的震荡。只有这时废除私有制才不仅可能，甚至完全必要。

第十六个问题：能不能用和平的办法废除私有制？

答：但愿如此，共产主义者当然是最不反对这种办法的人。共产主义者很清楚，任何密谋都不但无益，甚至有害。他们很清楚，革命不能故意地、随心所欲地制造，革命在任何地方和任何时候都是完全不以单个政党和整个阶级的意志和领导为转移的各种情况的必然结果。但他们也看到，几乎所有文明国家的无产阶级的发展都受到暴力压制，因而是共产主义者的敌人用尽一切力量引起革命。如果被压迫的无产阶级因此最终被推向革命，那时，我们共产主义者将用行动来捍卫无产者的事业，正像现在用语言来捍卫它一样。

第十七个问题：能不能一下子就把私有制废除？

答：不，不能，正像不能一下子就把现有的生产力扩大到为实行财产公有所必要的程度一样。因此，很可能就要来临的无产阶级革命，只能逐步改造现今社会，只有创造了所必需的大量生产资料之后，才能废除私有制。

第十八个问题：这个革命的发展过程将是怎样的？

答：首先无产阶级革命将建立民主的国家制度，从而直接或间接地建立无产阶级的政治统治。在英国可以直接建立，因为那里的无产者现在已占人民的大多数。在法国和德国可以间接建立，因为这两个国家的大多数人民不仅是无产者，而且还有小农和小资产者，小农和小资产者正处在转变为无产阶级的过渡阶段，他们的一切政治利益的实现都越来越依赖无产阶级，因而他们很快就会同意无产阶级的要求。这也许还需要第二次斗争，但是，这次斗争只能以无产阶级的胜利而告终。

如果不立即利用民主作为手段实行进一步的、直接向私有制发起进攻和保障无产阶级生存的各种措施，那么，这种民主对于无产阶级就毫无用处。这些作为现存关系的必然结果现在已经产生出来的最主要的措施如下：

（1）用累进税、高额遗产税、取消旁系亲属（兄弟、侄甥等）继承权、强制公债等来限制私有制。

（2）一部分用国家工业竞争的办法，一部分直接用纸币赎买的办法，逐步剥夺土地所有者、工厂主、铁路所有者和船主的财产。

（3）没收一切反对大多数人民的流亡分子和叛乱分子的财产。

（4）在国家农场、工厂和作坊中组织劳动或者让无产者就业，这样就会消除工人之间的竞争，并迫使还存在的厂主支付同国家一样高的工资。

（5）对社会全体成员实行同样的劳动义务制，直到完全废除私有制为止。成立产业军，特别是在农业方面。

（6）通过拥有国家资本的国家银行，把信贷系统和货币经营业集中在国家手里。取消一切私人银行和银行家。

（7）随着国家拥有的资本和工人的增加，增加国家工厂、作坊、铁路和船舶，开垦一切荒地，改良已垦土地的土壤。

（8）所有的儿童，从能够离开母亲照顾的时候起，都由国家出钱在国家设施中受教育。把教育和生产结合起来。

（9）在国有土地上建筑大厦，作为公民公社的公共住宅。公民公社将从事工业生产和农业生产，将把城市和农村生活方式的优点结合起来，避免二者的片面性和缺点。

（10）拆毁一切不合卫生条件的、建筑得很坏的住宅和市区。

（11）婚生子女和非婚生子女享有同等的继承权。

（12）把全部运输业集中在国家手里。

自然，所有这一切措施不能一下子都实行起来，但是它们将一个跟着一个实行，只要向私有制一发起猛烈的进攻，无产阶级就要被迫继续向前迈进，把全部资本、全部农业、全部工业、全部运输业和全部交换都越来越多地集中在国家手里。上述一切措施都是为了这个目的。无产阶级的劳动将使国家的生产力大大增长，随着这种增长，这些措施实现的可能性和由此而来的集中化程度也将相应地增长。最后，当全部资本、全部生产和全部交换都集中在国家手里的时候，私有制将自行灭亡，金钱将变成无用之物，生产将大大增加，人将大大改变，以致连旧社会最后的各种交往形式也能够消失。

第十九个问题：这种革命能不能单独在一个国家发生？

答：不能。单是大工业建立了世界市场这一点，就把全球各国人民，尤其是各文明国家的人民，彼此紧紧地联系起来，以致每一国家的人民都受到另一国家发生的事情的影响。此外，大工业使所有文明国家的社会发展大致相同，以致在所有这些国家，资产阶级和无产阶级都成了社会上两个起决定作用的阶级，它们之间的斗争成了当前的主要斗争。因此，共产主义革命将不是仅仅一个国家的革命，而是将在一切文明国家里，至少在英国、美国、法国、德国同时发生的革命，在这些国家的每一个国家中，共产主义革命发展得较快或较慢，要看这个国家是否有较发达的工业、较多的财富和比较大量的生产力。因此，在德国实现共产主义革命最慢最困难，在英国最快最容易。共产主义革命也会大大影响世界上其他国家，会完全改变并大大加速它们原来的发展进程。它是世界性的革命，所以将有世界性的活动场所。

第二十个问题：最终废除私有制将产生什么结果？

答：由于社会将剥夺私人资本家对一切生产力和交换手段的支配权以及他们对产品的交换和分配权，由于社会将按照根据实有资源和整个社会需要而制定的计划来管理这一切，所以同现在的大工业经营方式相联系的一切有害的后果，将首先被消除。危机将终止。扩大的生产在现今的社会制度下引起生产过剩，并且是产生贫困的极重要的原因，到那个时候，这种生产就会显得十分不够，还必须大大扩大。超出社会当前需要的生产过剩不但不会引起贫困，而且将保证满足所有人的需要，将引起新的需要，同时将创造出满足这种新需要的手段。这种生产过剩将成为新的进步的条件和起因，它将实现这种进步，而不会像过去那样总是因此造成社会秩序的混乱。摆脱了私有制压迫的大工业的发展规模将十分宏伟，相形之下，目前的大工业状况将显得非常渺小，正像工场手工业和我们今天的大工业相比一样。工业的这种发展将给社会提供足够的产品以满足所有人的需要。农业在目前由于私有制的压迫和土地的小块化而难以利用现有改良成果和科学成就，而在将来也同样会进入崭新的繁荣时期，并将给社会提供足够的产品。这样一来，社会将生产出足够的产品，可以组织分配以满足全体成员的需要。因此，社会划分为各个不同的相互敌对的阶级就是多余的了。这种划分不仅是多余的，甚至是和新的社会制度互不相容的。阶级的存在是由分工引起的，而迄今为止的分工方式将完全消失。因为要把工业和农业生产提高到上面说过的水平，单靠机械和化学的辅助手段是不够的，还必须相应地发展使用这些手段的人的能力。当上个世纪的农民和工场手工业工人被卷入大工业的时候，他们改变了自己的整个生活方式而成为完全不同的人，同样，由整个社会共同经营生产和由此而引起的生产的新发展，也需要完全不同的人，并将创造出这种人来。共同经营生产不能由现在这种人来进行，因为他们每一个人都只隶属于某一个生产部门，受它束缚，听它剥削，在这里，每一个人都只能发展自己才能的**一方面**而偏废了其他各方面，只熟悉整个生产的某一个部门或者某一个部门的一部分。就是现在的工业也越来越不能使用这样的人了。由整个社会共同地和有计划地来经营的工业，更加需要才能得到全面发展、能够通晓整个生产系统的人。因此，现在已被机器破坏了的分工，即把一个人变成农民、把另一个人变成鞋匠、把第三个人变成工厂工人、把第四个人变成交易所投机者的分工，将完全消失。教育将使年轻人能够很快熟悉整个生产系统，将使他们能够根据社会需要或者他们自己的爱好，轮流从一个生产部门转到另一个生产部门。因此，教育将使他们摆脱现在这种分工给每个人造成的片面性。这样一来，根据共产主义原则组织起来的社会，将使自己的成员能够全面发挥他们的得到全面发展的才能。于是各个不同的阶级也必然消灭。因此，根据共产主义原则组织起来的社会一方面不容许阶级继续存在，另一方面这个社会的建立本身为消灭阶级差别提供了手段。

由此可见，城市和乡村之间的对立也将消失。从事农业和工业的将是同一些人，而不再是两个不同的阶级，单从纯粹物质方面的原因来看，这也是共产主义联合体的必要条件。乡村农业人口的分散和大城市工业人口的集中，仅仅适应于工农业发展水平还不够高的阶段，这种状态是一切进一步发展的障碍，这一点现在人们就已经深深地感觉到了。

由社会全体成员组成的共同联合体来共同地和有计划地利用生产力；把生产发展到能够满足所有人的需要的规模；结束牺牲一些人的利益来满足另一些人的需要的状况；彻底消灭阶级和阶级对立；通过消除旧的分工，通过产业教育、变换工种、所有人共同享受大家创造出来的福利，通过城乡的融合，使社会全体成员的才能得到全面发展，——这就是废除私有制的主要结果。

第二十一个问题：共产主义社会制度对家庭将产生什么影响？

答：共产主义社会制度将使两性关系成为仅仅和当事人有关而社会无须干预的纯粹私人关系。共产主义社会制度之所以能实现这一点，是由于这种社会制度将废除私有制并将由社会教育儿童，从而将消灭迄今为止的婚姻的两种基础，即私有制所产生的妻子依赖丈夫、孩子依赖父母。这也是对道貌岸然的市侩关于共产主义公妻制的号叫的回答。公妻制完全是资产阶级社会的现象，现在的卖淫就是公妻制的充分表现。卖淫是以私有制为基础的，它将随着私有制的消失而消失。因此，共产主义组织并不实行公妻制，正好相反，它要消灭公妻制。

第二十二个问题：共产主义组织将怎样对待现有的民族？

——保留原案①。

第二十三个问题：共产主义组织将怎样对待现有的宗教？

——保留原案②。

第二十四个问题：共产主义者和社会主义者有什么区别？

---

① 在回答第二十二个问题的地方，写着"保留原案"的字样。这是指答案应当维持恩格斯写的《共产主义信条草案》中的答案，即"按照公有制原则结合起来的各个民族的民族特点，由于这种结合而必然融合在一起，从而也就自行消失，正如各种不同的等级差别和阶级差别由于废除了它们的基础——私有制——而消失一样。"（见《马克思恩格斯全集》中文第 1 版第 42 卷第 380 页）

② 在回答第二十三个问题的地方，写着"保留原案"的字样。这是指答案应当维持恩格斯写的《共产主义信条草案》中的答案，即"迄今一切宗教都是单个民族或几个民族的历史发展阶段的表现，而共产主义却是使一切现有宗教成为多余并使之消灭的发展阶段"（见《马克思恩格斯全集》中文第 1 版第 42 卷第 380 页）。

答：所谓社会主义者分为三类：第一类是封建和宗法社会的拥护者，这种社会已被大工业、世界贸易和由它们造成的资产阶级社会所消灭，并且每天还在消灭。这一类社会主义者从现今社会的弊病中得出了这样的结论：应该恢复封建和宗法社会，因为它没有这种种弊病。他们的所有建议都是直接或间接地为了这一目的。共产主义者随时都要坚决同这类**反动的**社会主义者作斗争，尽管他们假惺惺地表示同情无产阶级的苦难并为此而洒出热泪。因为：

（1）他们追求一种根本不可能的事情；

（2）他们企图恢复贵族、行会师傅、工场手工业主以及和他们相联系的专制君主或封建君主、官吏、士兵和僧侣的统治，他们想恢复的这种社会固然没有现今社会的各种弊病，但至少会带来同样多的其他弊病，而且它根本不可能展现通过共产主义组织来解放被压迫工人的任何前景；

（3）当无产阶级成为革命的和共产主义的阶级的时候，这些社会主义者总要暴露出他们的真实意图。那时他们马上和资产阶级联合起来反对无产者。

第二类是现今社会的拥护者，现今社会必然产生的弊病，使他们为这个社会的存在担心。因此，他们力图保持现今社会，不过要消除和它联系在一起的弊病。为此，一些人提出了种种简单的慈善办法，另一些人则提出了规模庞大的改革计划，这些计划在改组社会的借口下企图保存现今社会的基础，从而保存现今社会本身。共产主义者也必须同这些**资产阶级社会主义者**作不懈的斗争，因为他们的活动有利于共产主义者的敌人，他们所维护的社会正是共产主义者所要推翻的社会。

最后，第三类是民主主义的社会主义者，他们希望沿着和共产主义者相同的道路去实现×××问题①中所提出的部分措施,但他们不是把这些措施当做走向共产主义的过渡办法,而是当做足以消除贫困和现今社会的弊病的措施。这些民主主义的社会主义者,或者是还不够了解本阶级解放条件的无产者,或者是小资产阶级的代表,这个阶级直到争得民主和实行由此产生的社会主义措施为止,在许多方面都和无产者有共同的利益。因此,共产主义者在行动的时候,只要民主主义的社会主义者不为占统治地位的资产阶级效劳和不攻击共产主义者,就应当和这些社会主义者达成协议,同时尽可能和他们采取共同的政策。当然,共同行动并不排除讨论存在于他们和共产主义者之间的分歧意见。

第二十五个问题:共产主义者怎样对待现有的其他政党?

答:在不同的国家采取不同的态度。在资产阶级占统治地位的英国、法国和比利时,共产主义者和各民主主义政党暂时还有共同的利益,并且民主主义者在他们现在到处坚持的社会主义措施中越接近共产主义者的目的,就是说,他们越明确地坚持无产阶级的利益和越依靠无产阶级,这种共同的利益就越多。例如在**英国**,由工人组成的宪章派就要比民主主义小资产者或所谓激进派在极大程度上更接近共产主义者。

在实行民主宪法的**美国**,共产主义者必须支持愿意用这个宪法去反对资产阶级、并利用它来为无产阶级谋利益的政党,即全国土地改革派②。

---

① 手稿此处空白,指的是第十八个问题。——编者注
② 全国土地改革派即北美土地改革派,又称美国"全国改革协会",成立于1845年,是一个以手工业者和工人为核心的政治团体,宗旨是无偿地分给每一个劳动者一块土地。19世纪40年代后半期,协会宣传土地改革,反对种植场奴隶主和土地投机分子,并提出实行十小时工作制、废除农奴制、取消常备军等民主要求。许多德国手工业侨民参加了这一土地改革运动。——原卷末注

在**瑞士**，激进派虽然本身也是个成分极其复杂的政党，但他们是共产主义者所能接触交往的唯一政党，其中瓦特州和日内瓦州的激进派又是最进步的。

最后，在**德国**，资产阶级和专制君主制之间的决战还在后面。但是，共产主义者不能指望在资产阶级取得统治以前就和资产阶级进行决战，所以共产主义者为了本身的利益必须帮助资产阶级尽快地取得统治，以便尽快地再把它推翻。因此，在同政府的斗争中，共产主义者始终应当支持自由派资产者，只是应当注意，不要跟着资产者自我欺骗，不要听信他们关于资产阶级的胜利会给无产阶级带来良好结果的花言巧语。共产主义者从资产阶级的胜利中得到的好处只能是：（1）得到各种让步，使共产主义者易于捍卫、讨论和传播自己的原则，从而使无产阶级易于联合成一个紧密团结的、准备战斗的和有组织的阶级；（2）使他们确信，从专制政府垮台的那一天起，就轮到资产者和无产者进行斗争了。从这一天起，共产主义者在这里所采取的党的政策，将和在资产阶级现在已占统治地位的那些国家里所采取的政策一样。

手稿
莫斯科苏共中央马列主义研究院
中央党务档案馆，F. 1, op. 1, Nr. 229
(《马克思恩格斯全集》德文版第 4 卷第 361—380 页，参看《马克思恩格斯文集》第 1 卷第 676—693 页)

174
安德烈亚斯·哥特沙克（科隆）给卡尔·马克思（布鲁塞尔）的信

1847年11月5日

11月5日于科隆

尊敬的先生：

我没有及时答复您的友好来信，您不要归咎于任何其他情况，而只怪我的拖拉作风。昨天，我又会见了亨·毕尔格尔斯。我们感到遗憾的是，为计划中的评论①暂时只能承诺12个股份，但我们相信，只要您详细讲明交款的方式或者能够出版第一册，认购的人还会大大增加。同时我们认为很有必要告诉您，那12个股份都安排给了这里的小资产者，也就是说，没有安排给前《莱茵报》的**任何一个**股东或领导人，德斯特尔医生至今还没有恳请这些先生入股。因此，您也许认为有必要直接求助于其中的一位或几位先生。

我们迫切等待着您的反蒲鲁东文章的译文②，我可以担保销售很多本，如果这种担保对该书的出版能起到某些作用。奥·韦勒已在他的

---

① 参看文件155；从哥特沙克1848年1月26日给马克思的信（莫斯科苏共中央马列主义研究院中央党务档案馆，F.1, op.5, Nr.158）中可以看出，出版该杂志的计划因1847年底1848年初的严酷形势而未能实现。
② 参看文件167；译文没有完成。

《民主手册》中发表了反蒲鲁东的结尾部分，译文相当蹩脚。① 我们希望，在我们试图竭尽全力出版您和朋友们的著作时能抵制卢格—格律恩集团的阴谋。¹¹⁷因此，我已嘱咐安内克夫人写信给阿恩斯贝格的谢弗，建议他一开头就发表您的著作或由赫斯翻译的巴贝夫和德萨米的著作②，他是《威斯特伐利亚瞭望台》杂志的出版人，正打算创办一家出版社。他的回信一到，我就马上告诉您。莱比锡的奥·韦勒也写信对我们说，他完全不受阿·卢格的影响。我们将在可供我们使用的各家报纸上戳穿格律恩的牛皮，给《杜塞尔多夫日报》附上的文章③可以证明这一点。反蒲鲁东一书的详细广告已经寄给《德国旁观者》，另一份将在《威斯特伐利亚汽船》（顺便说一句，它要经受非常严酷的斗争）上发表，第三份将在《布雷斯劳人民明镜》上发表。

我以尽快获得您的消息为荣，请接受我的由衷敬意。

安·哥特沙克

手稿　　　　　　　　　　　　　　　　　　　　　　　　第一次发表
莫斯科苏共中央马列主义研究院
中央党务档案馆，F. 1, op. 5, Nr. 152

---

① 指马克思的著作《哲学的贫困》，即从"我们应当把资产阶级……"开始的最后8段，以《资产阶级和无产阶级》为题发表在《1848年民主手册》1847年莱比锡版第215—217页。
② 莫泽斯·赫斯当时没有发表他的译作：泰奥多尔·德萨米《公共法典》（1842年巴黎版）和菲力浦·邦纳罗蒂《为平等而密谋，又名巴贝夫的密谋》（1828年布鲁塞尔版）。赫斯1846年才开始着手翻译这两部著作。
③ 参看注117。

175
关于布鲁塞尔民主协会成立大会的报道[118]

1847年11月7日和15日

［……］11月7日和15日，以各国人民的团结和友谊为目的的**民主协会**相继召开了第一次和第二次全体代表会议。在这两次会议上成立了新的协会，任命了常务局，通过了为期三个月的临时章程，会员人数明显增加。会员中有来自比利时各城市的人，他们是艺术家、工人、律师、房产主、商人、布鲁塞尔自由大学的教授、著作家等（特德斯科、迈因茨、若特兰、斯皮特霍恩、阿·皮卡尔，费德尔、丰克、马萨尔等先生，来自列日、根特、布鲁塞尔等地的律师，阿格奈桑协会的主席塞诺[119]、梅利奈将军、日果、凯洛博士、内兰），一些波兰人（列列韦尔、科达契夫斯基、扎莱夫斯基等等），许多德国人（马克思、莫·赫斯、柯尼斯堡的弗·克吕格尔、布雷斯劳的威·沃尔弗、柏林的布赖尔医生〔现在布鲁塞尔〕、《德意志—布鲁塞尔报》编辑阿·冯·伯恩施太德、波尔恩、施洛特曼），马赛的《人民主权报》前任编辑安贝尔等等。

常务局是在第二次全体代表会议上最后成立的，梅利奈将军被提议为名誉主席①，这个建议经鼓掌欢呼通过。

若特兰律师先生被一致推选为主席。安贝尔和马克思先生为副主

---

① 这个提议是由威廉·沃尔弗提出的。

席。(鼓掌)阿尔伯·皮卡尔先生为书记。丰克律师先生为司库。列列韦尔、迈因茨、斯皮特霍恩和格奥尔格·维尔特为翻译。(鼓掌)①

协会的下一次会议将在28日星期天举行,地点届时另行通知。

在两次会议期间始终保持秩序井然。有40人出席了第二次会议,他们在28日的会议上才能被吸收入会。[……]

1847年11月18日《德意志—布鲁塞尔报》第92号

节录

176
弗里德里希·恩格斯(巴黎)给卡尔·马克思(布鲁塞尔)的信

1847年11月14—15日

昨晚进行了代表选举。② 经过一个极其混乱的会议以后,我以三分之二的票数当选。这一次我完全没有暗中进行活动,而且也没有机会这样做。反对纯粹是做做样子;一位工人被提名也是做做样子,而推荐他的那些人都投了我的票。

---

① 会议记录表明,当选者得到的票数分别为:若特兰47票,安贝尔37票,马克思36票,皮卡尔35票,丰克46票,列列韦尔35票,迈因茨35票,斯皮特霍恩33票,维尔特25票。
② 指共产主义者同盟巴黎区部选举出席共产主义者同盟第二次代表大会的代表一事。

钱正在筹集。请写信告诉我,你和特德斯科去不去。如果你们不能去,我也不能一个人去,不能一个人参加代表大会,这是没有意义的。如果你们两人不能去,那么事情就要落空,就得推迟几个月。如果是这样,请你给伦敦写信,好及时把这件事通知各地。[……]

我在去伦敦途中不能到布鲁塞尔去了,因为手头太紧。我们只好约定在奥斯坦德相会——27号(星期六)晚上,星期日渡过海峡,以便星期一我们就能够开始工作。可能在29日,星期一,波兰纪念日,"民主派兄弟协会"要进行某些活动,届时我们一定去参加。①这是很好的事情。你在伦敦要作一次法语演讲,然后我们把它登在《改革报》上。

(续前注) 共产主义者同盟第二次代表大会于1847年11月29日—12月8日在伦敦召开。

参加大会的有来自德国、英国、法国、比利时、瑞士、波兰的代表,可能还有来自丹麦、瑞典和其他国家的代表。其中作为伦敦中央委员会的成员有:卡·沙佩尔、亨·鲍威尔、约·莫尔等,然而根据第一次代表大会通过的章程草案,他们出席大会,但不能起决定作用。伦敦区部也派出了专门的代表。布鲁塞尔区部的代表是马克思,而恩格斯则是巴黎的代表。除了马克思之外,来自比利时的还有代表吕莱希区部的维·特德斯科。

从新章程的署名可以推断,大会是在主席沙佩尔主持下开始的,恩格斯是秘书,负责编辑和签发大会文件。大会的重要任务是制定章程和纲领。章程在大会上最终得以通过。但是对纲领进行了详细讨论。马克思与恩格斯一起详细地阐明了科学共产主义的基本思想。通过长时间的认真讨论,代表们认识到了马克思和恩格斯的观点的正确性,委托他们起草共产主义者同盟的纲领,他们起草的这个纲领就是《共产党宣言》。

① 1847年11月29日"民主派兄弟协会"在伦敦举行了纪念1830年波兰起义的国际大会。马克思转达了布鲁塞尔民主协会致"民主派兄弟协会"关于两个组织之间建立更密切联系的呼吁书。在这次大会上马克思和恩格斯都发表了关于波兰问题的演说。

对马克思和恩格斯的演说的报道和概述发表在1847年12月3日《德意志伦敦报》第140号、1847年12月4日《北极星报》第52号和1847年12月9日《德意志—布鲁塞尔报》第98号上。恩格斯还就此事专门给《改革报》写了一篇报道,发表在1847年12月5日的《改革报》上。

我们德国人一定要有所作为，好让法国人看看。一次演说比 10 篇文章和 100 次访问还管用。

你在 10 月 2 日的《北极星报》上大概已经看到哈尼和"民主派兄弟协会"关于召开一次民主派代表大会的要求。① 要支持这个要求。我在法国人中间也一定加以支持。我们可以争取明年在伦敦召开这个代表大会，也许同我们的代表大会同时举行。如果这个代表大会能够举行，那么这对法国人将产生很好的影响，并且使他们谦虚一些。如果这个代表大会开不成，那么就是由于法国人的缘故而失败的，法国人至少会被迫作一个表白。如果能在布鲁塞尔召开就更好了②，在伦敦，菲格斯③可能会干些蠢事。

别的新闻没有了。请把附信交给伯恩施太德，并且立即写信告诉我你是否去伦敦。

你的　恩·
1847 年 11 月 15 日［……］

手稿　　　　　　　　　　　　　　　　　　　　　节录
莫斯科苏共中央马列主义研究院
中央党务档案馆，F. 1, op. 1, Nr. 230
(《马克思恩格斯全集》德文版第 27 卷第 101—102 页，参看《马克思恩格斯全集》中文第 2 版 第 47 卷第 495—497 页)

---

① 《民主派兄弟协会的声明。致欧洲民主派》，载于 1847 年 10 月 2 日《北极星报》第 519 号。——编者注
② 召开国际民主派大会的倡议是民主派兄弟协会和布鲁塞尔民主协会共同提出的。马克思 在 1847 年 11 月底逗留伦敦期间，和宪章派领导人以及无产阶级与民主派侨民的代表谈过此事。1848 年初，他们同意在布鲁塞尔召开代表大会。大会计划在 1848 年 8 月 25 日即比利时革命 18 周年纪念日举行。但是，由于 1848 年 2 月欧洲革命爆发，这一计划没有实现。
③ 菲·奥康瑙尔。——编者注

177
弗里德里希·恩格斯（巴黎）给卡尔·马克思（布鲁塞尔）的信

1847年11月23—24日

[1847年11月23—24日]

星期二晚上［于巴黎］

亲爱的马克思：

今天晚上才决定我去①。这样，星期六②晚上到达奥斯坦德，在正对火车站的水池旁边的王冠旅馆见面，星期日早晨过海峡。你们如果乘4点到5点之间的火车动身，将大致和我同时到达。

如果出乎意料，星期日没有开往多佛尔的邮船，就立即回信告诉我。就是说，你星期四早晨接到这封信，就必须马上去打听一下，如果需要回信给我，就在当天晚上（我认为要在5点钟以前）把信投到邮政总局去。所以，如果你想对我们的约会作些变动，还来得及。如果我星期五早晨接不到你的回信，那我就等着星期六晚上在王冠旅馆和你以及特德斯科见面了。这样我们就有足够的时间进行讨论；这次代表大会肯定是决定性的，**因为这一次我们将完全按照我们自己的方**

---

① 见《马克思恩格斯全集》中文第2版第47卷第495—496页。——编者注
② 1847年11月27日。——编者注

针来掌握大会。①

我迄今为止怎么也不能理解，你为什么不制止莫泽斯②散布他那些流言。这把我给彻底搞糊涂了，害得我不得不在工人中间没完没了地进行反驳。一系列区部会议都耗费在这上面，在各支部中根本不可能对这种"淡而无味"的蠢话采取什么措施，特别是在选举之前，这是根本不能设想的。[……]

星期二晚上。请你把《信条》考虑一下。我想，我们最好是抛弃那种教义问答形式，把这个东西叫做《共产主义宣言》。因为其中或多或少要叙述历史，所以现有的形式完全不合适。我把我在这里草拟的东西③带去，这是用简单的叙述体写的，时间十分仓促，还没有作仔细的修订。我开头写什么是共产主义，接着写什么是无产阶级——它产生的历史，它和以前的劳动者的区别，无产阶级和资产阶级之间的对立的发展，危机，结论。其中也谈到各种次要问题，最后谈到了共产主义者的党的政策中应当公开的内容。这里的这个东西还没有提请批准，但是我想，除了某些小小不言的地方，要做到其中至少不包含任何违背我们观点的东西。

星期三早晨。刚才收到你的信④，信中所说的事情我在前面已经回答了。我去过路·勃朗那里。但很不走运——他到外地去了，也许今天会回来。明天，必要时后天，我再去一趟。——星期五晚上我还不能够

---

① 马克思和恩格斯认为共产主义者同盟第二次代表大会是决定性的会议，为贯彻自己的方针，他们在会上不懈地宣传科学共产主义原理，最后使与会代表认识到马克思恩格斯观点的正确性。大会委托马克思和恩格斯起草共产主义者同盟的纲领。他们起草的纲领，即《共产党宣言》于1848年2月发表。——原卷末注
② 莫·赫斯。——编者注
③ 恩格斯《共产主义原理》。——编者注
④ 这封信没有保存下来。——编者注

共产主义者同盟第二次代表大会代表维克多·特德斯科

第三章 共产主义者同盟的创建及其纲领《共产党宣言》的制定

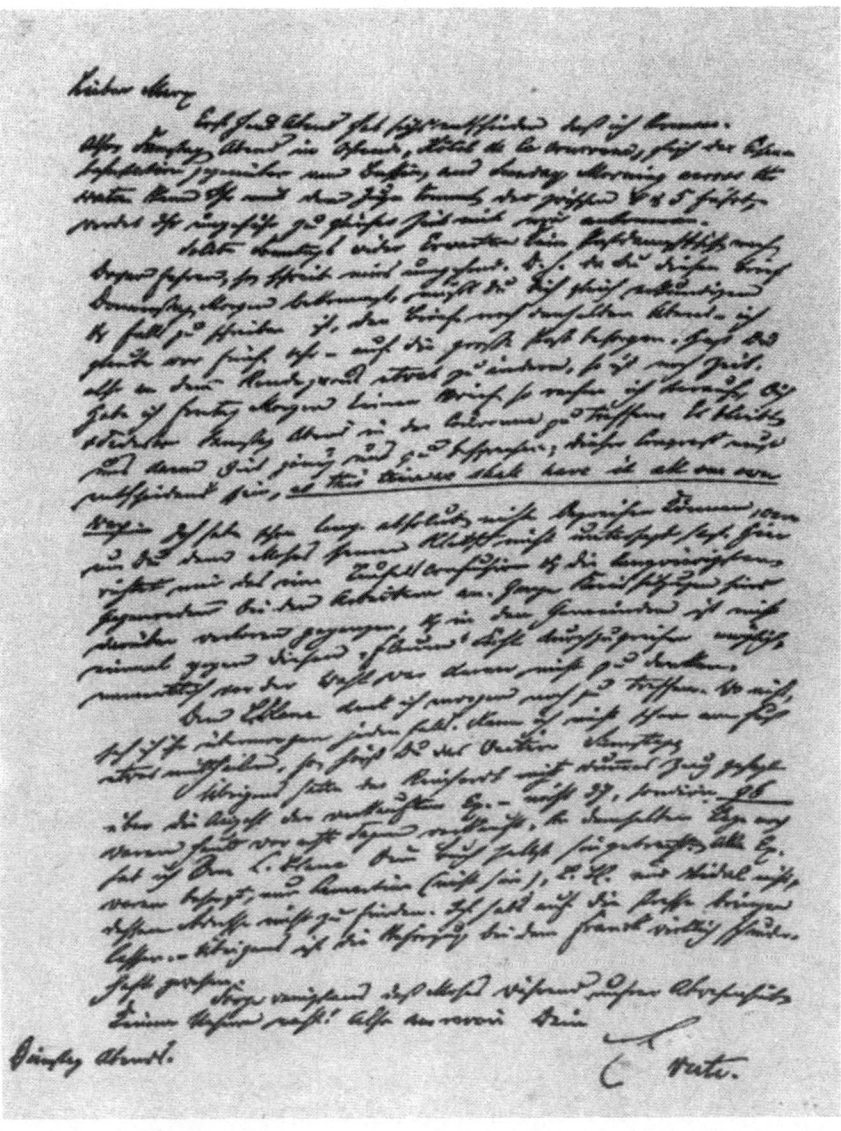

弗里德里希·恩格斯1847年11月23—24日给卡尔·马克思的信

到达奥斯坦德,因为钱要到星期五才能凑齐。

你的表兄弟菲力浦斯今天早晨到我这里来过。

如果你能向波尔恩灌输一点东西,他将能写出很好的演讲词。有一个工人做德国人的代表①,这很好。但是,必须使鲁普斯②彻底抛弃过分的谦逊。这个正派的人是应当**推到**第一线的少数人中的一个。千万不要派维尔特去当代表!他总是十分懒惰,只是那次会议上的一时的成功③才使他上了点劲!此外他还想做一个独立的盟员。就让他继续自行其是吧。

手稿 节录

莫斯科苏共中央马列主义研究院
中央党务档案馆,F. 1, op. 1, Nr. 231
(《马克思恩格斯全集》德文版第
27 卷第 104—108 页,参看《马克
思恩格斯全集》中文第 2 版 第 47
卷第 498—503 页)

---

① 指斯·波尔恩,他受马克思之托在民主协会于布鲁塞尔举行的纪念 1830 年波兰革命 17 周年的会议上发言,当时马克思正在伦敦出席共产主义者同盟第二次代表大会。恩格斯在下面提到的沃尔弗和维尔特与波尔恩一样可能都是出席布鲁塞尔会议的德意志工人协会的代表。这次会议在 1847 年 11 月 29 日举行,波尔恩代表德国工人发言。——原卷末注
② 威·沃尔弗。——编者注
③ 指格·维尔特在 1847 年 9 月 18 日布鲁塞尔国际经济学家会议上的演讲。这次讨论自由贸易的大会于 1847 年 9 月 16—18 日召开。马克思、恩格斯和威·沃尔弗等人参加了大会,准备在会上批判资产阶级政治经济学,尤其是自由贸易的学说;并捍卫工人阶级的利益。当维尔特 9 月 18 日本着这一精神发表演说后,会议组织者于当日就结束了讨论。马克思未能在会上发言。维尔特的演讲曾被摘要刊登在当时的德文、英文和法文的报刊上。——原卷末注

178
布鲁塞尔民主协会告瑞士人民书

1847 年 11 月 29 日

**建立于布鲁塞尔（比利时）、以各国人民的团结和友谊
为目的的民主协会致瑞士人民**

我们的瑞士兄弟！［……］

　　我们由于最近各种意外的政治事件从欧洲各个角落来此集会，并且也处于像你们一样自由和几乎照你们那种方式获得自由的小民族之中；我们对于上述目的是了如指掌的，所以我们认为有必要向你们瑞士人，我们的兄弟，表示我们一致的希望，希望你们对蓄意反对你们的外交阴谋予以应有的反抗。

　　我们恳求你们不要理睬五国宫廷（我们不是说：五国人民）向你们提出的阴险的调停建议，它们互相勾结，以便把你们诱入致命的圈套。你们不应害怕来自他们方面的各种威胁。你们只是应该当心他们的阴谋。

　　即使这些宫廷的威胁来势汹汹，你们只要估计到他们有日益增长的内部困难，是可以同他们实际上拥有的力量较量一番的。

　　如果他们想以力服人，你们将不乏同盟者。我们的瑞士兄弟，你们已如此完好地把欧洲的民主自由这笔神圣的遗产保存至今，并敢于在最近用它来为大多数人的权利和利益服务，我们再一次向你们建议把它保存下去。

你们将向世界显示坚韧不拔的精神，为此先向你们表示我们的谢意和我们的真挚同情。

谨代表上述民主协会，并根据1847年11月29日协会全体会议（同一天在布鲁塞尔市政厅先举行了波兰起义周年纪念活动）通过的决定，

协会委员会：

名誉主席　**梅利奈**将军，1830年国民军团领导人

主　　席　**律·若特兰**，律师，1830年比利时全国代表大会前成员

　　　　　迈因茨，比利时上诉法院律师

副 主 席　**安贝尔**，马赛《人民主宰报》前编辑

副 主 席　**卡尔·马克思**，《莱茵报》前编辑

　　　　　约阿希姆·列列韦尔，国民政府成员

　　　　　格奥尔格·维尔特

协会秘书　**阿·皮卡尔**，比利时上诉法院律师

　　　　　斯皮特霍恩，根特法院律师，1830年兰德临时政府首脑

　　　　　佩列林，制鞋工人

　　　　　阿·伯恩施太德，《德意志—布鲁塞尔报》编辑

联合组成布鲁塞尔协会的德国工人同意这一告瑞士人民书。下列签名的该协会委员会成员可以作证。

　　　主　席——**瓦劳**

　　　副主席——**赫斯**

　　　秘　书——**沃尔弗**

　　　司　库——**里德尔**

（《马克思恩格斯全集》德文版第4卷第593—596页，参看《马克思恩格斯全集》中文第1版第42卷第467—470页）

179

弗里德里希·恩格斯关于在伦敦举行的纪念1830年波兰革命国际大会的报道

1847年11月29日

纪念1830年波兰革命

亲爱的公民！

我昨晚来到这里，正巧赶上了纪念1830年波兰革命的群众大会。

我曾参加过不少类似这样的集会，但从未见到像这样热情洋溢，在不同民族的人们中间这种开诚相见畅所欲言的和谐气氛。

英国工人阿诺特先生被推选为主席。

第一个发表演说的是《北极星报》编辑厄内斯特·琼斯先生。他虽然抨击了1830年起义时的波兰贵族的行为，但是对于波兰为挣脱压迫者的桎梏所作的努力却是热烈赞许的。他的卓越有力的演说博得了热烈的掌声。

在他讲完后，米什洛先生用法语发表了演说。

接着发言的是德国人沙佩尔先生。他通知会议说，布鲁塞尔的民主协会①已派遣一个副主席、德国民主主义者马克思先生到伦敦来安排布鲁塞尔民主协会和伦敦"民主派兄弟协会"之间的通讯联系，同时筹备召开欧洲各国民主派代表大会。

当马克思先生出现在讲台上的时候，会上发出了不绝的掌声。

马克思先生用德语演说，由沙佩尔先生翻译。马克思先生宣称，波兰解放的信号将由英国发出。他说，只有当西欧的文明国家在争取民主制度的时候，波兰才会自由。而在这些欧洲国家中，英国的民主运动是力量最强、为数最多、最具有全国性组织规模的民主运动。正是在英国，无产阶级和资产阶级的对立发展到了极点，所以这两个社会阶级间的决战，愈来愈成为不可避免的了。因而，正是在英国最有可能开始这场战斗，它将以民主主义的普遍胜利而告终，同时波兰的桎梏也将在这场战斗中被粉碎。欧洲其他民主派的成功将取决于英国宪章派的胜利，所以，波兰也将赖英国而得救。

---

① 民主协会于1847年秋在布鲁塞尔成立，它把无产阶级革命者（其中主要是德国的革命流亡者）和资产阶级及小资产阶级的民主进步分子团结在自己的队伍中。马克思和恩格斯对协会的成立起了积极的作用。1847年11月15日，马克思当选为该协会的副主席，比利时的民主主义者律·若特兰被推选为主席。在马克思的影响下，布鲁塞尔民主协会成了国际民主主义运动的巨大中心之一。在法国资产阶级二月革命时期，布鲁塞尔民主协会中的无产阶级成分曾设法武装比利时工人开展争取民主共和国的斗争。但在1848年3月初马克思被驱逐出布鲁塞尔和比利时当局拘捕了协会中最革命的分子以后，比利时的资产阶级民主主义者就不能领导劳动群众反对君主政体的运动。民主协会的活动就成了更狭窄和纯地方性的了，到1849年活动实际上已告停止。——原卷末注

《北极星报》的主笔哈尼先生接着向布鲁塞尔的民主派表示谢意，感谢他们一开始就同伦敦的民主派联系，而对伦敦的万国联盟中资产阶级的讨好丝毫不予理睬。这个联盟是自由贸易派所创立的，其目的是为了自由贸易的利益而利用外国的民主派，并为了同几乎全由工人所组成的"民主派兄弟协会"进行竞争。

其后发言的是来自巴黎的德国民主主义者恩格斯先生，他宣称，德国特别关心波兰的解放，因为德意志各邦政府的暴政正部分地扩展到波兰。德国民主派应该把推翻有辱德国的暴政看做自己的绝对责任。

来自列日的特德斯科先生说话坚毅有力，他感谢1830年波兰战士们公开宣布了起义的英勇行为。他的演说由沙佩尔先生翻译，不时博得暴风雨般的掌声。

在查理·基恩先生作了简短的演说后，奥博尔斯基上校代表波兰人致答词。

最后发言的是英国工人威尔逊先生，还在不久前，由于他的坚决反对，差一点没有把万国联盟的大会解散了。

经哈尼和恩格斯两先生的提议，会议以三阵爆裂般的掌声向欧洲三大民主主义的报纸——《改革报》、《北极星报》和《德意志—布鲁塞尔报》致敬；经沙佩尔先生的提议，三次高呼反对三家反民主主义的报纸——《辩论日报》、《泰晤士报》和奥格斯堡的《总汇报》。

与会者全体脱帽肃立，高唱《马赛曲》，大会在歌声中结束。

1847年12月5日《改革报》（《马克思恩格斯全集》德文版第4卷第413—415页，参看《马克思恩格斯全集》中文第1版第4卷第413—415页）

180

卡尔·马克思和弗里德里希·恩格斯在伦敦工人共产主义教育协会的演说记录摘要

1847年11月30日和12月7日

1847年11月30日弗·恩格斯在伦敦德意志工人教育协会的演说记录

公民们！三百五十年前克里斯托弗尔·哥伦布发现美洲时，他大概没有想到：他的发现不仅会推翻那时的整个欧洲社会及其制度，而且也会为各国人民的完全解放奠定基础；可是，现在越来越明显，情况正是这样。由于美洲的发现，找到了通往东印度的新航线，这就完全改变了欧洲过去的贸易关系；结果，意大利和德国的贸易关系完全衰落，而其他国家则上升到前列；西方国家掌握了贸易，因此英国开始起主导作用。在美洲发现之前，各个国家，甚至在欧洲，彼此还很少来往，整个说来，贸易所占的地位很不显著。只是在找到通往东印度的新航线之后和在美洲开辟了对欧洲商业民族有利的广阔活动场所之后，英国才开始越来越把贸易集中在自己手中，这就使其他欧洲国家不得不日益紧密地靠拢。这一切导致大商业的产生和所谓世界市场的建立。欧洲人从美洲运出的大量财宝以及总的说来从贸易中取得的利润所带来的后果，是旧贵族的没落和资产阶级的产生。与美洲的发现联系着的，是机器的出现，从而开始了我们现在所进行的不可避免的斗争——无产者反对有产者的斗争。

在发明机器之前，几乎每一个国家都是需要多少就生产多少，贸易基本上只限于这个或那个国家根本不能生产的产品；一当机器出现，就开始大量生产，致使许多地方不得不停工，因为有些人现在开始购买机器生产的产品来满足自己的需要，而过去这样的产品是这些人用自己的双手制造的。以前的工人的地位完全改变了。整个人类社会过去由四至六个不同阶级组成，现在则分成两个彼此敌对的阶级。

自从英国人霸占海上贸易并把机器生产发展到能够以自己的产品供应几乎整个文明世界，自从资产阶级获得政治统治，英国人就在亚洲获得顺利发展，而资产阶级也开始在那里蒸蒸日上。随着机器的推广，其他国家的野蛮状态不断被消灭。我们知道，葡萄牙人①踏上东印度时发现那里所处的发展阶段与英国人去那里时是同一个阶段，印度人总是一个世纪一个世纪地按着老方式生活下去，也就是吃、喝、呆板地过日子；祖父怎样耕种自己的小块土地，孙子也就怎样做；而发生的许多强制性的变革，只不过是各个部落之间争权的斗争。当英国人到那里去并开始推销自己的工业品时，印度人失去了谋生之计，这才开始摆脱自己的一成不变的状况。工人们已经离开故乡，并和其他民族混杂在一起，第一次接受文明的熏陶。旧的印度贵族彻底垮台了，在那里人们受到挑唆而互相敌对，就像我们这里一样。

稍后，我们看到，在**中国**这个一千多年来一直抗拒任何发展和历史运动的国家中，随着英国人及其机器的出现，一切都变了样，并被卷入文明之中。

奥地利，这个欧洲的中国，这个内部制度没有被法国革命所动摇，甚至拿破仑对它也毫无办法的独一无二的国家，向蒸汽力让步了；在机器的影响下，那里一切都突然改变了；保护关税引起机器在这个国家的出现。结果小资产阶级兴起，推翻了上层贵族；梅特涅是有点上当了，

---

① 在记录中写成：西班牙人。显然是笔误。——编者注

当然，这是他从未料到的；在波希米亚议会的最近一次会议上，资产阶级向他表示拒绝批准五万古尔登的税款。社会阶级发生了变化，小手工业者破产了，不得不转为普通的工人，因此，出现了对梅特涅来说可能是危险的因素。

在意大利，工业生产也增长了，资产阶级处处骑在梅特涅的脖子上，政府陷入了困境，以致梅特涅不得不同意波希米亚拒绝支付五万古尔登的税款。

总之，由于美洲的发现，整个社会分为两个阶级，这种情况没有世界市场的产生是不会发生的。全世界的工人到处都有同样的利益，中间阶级正在各地消失，而且它们的不同利益开始趋于一致。因此，革命不管在哪个国家开始，它必将影响其他国家，而且只有现在才可能有真正的解放。

1847年11月30日卡·马克思在伦敦德意志工人教育协会的演说记录

关于比利时，我可以告诉大家，那里成立了工人协会[①]，目前有会员105人。布鲁塞尔的德国工人过去完全处于分散状态，现在已经代表一种力量了；过去哪里也不邀请他们，而今年协会的代表却被请求参加市政当局在布鲁塞尔举行的波兰革命周年纪念活动，并被请求代表这个协会发言。万一政府由于协会无疑地对比利时工人也有影响而企图压制它，它已决定将自己的300册藏书及其他财产转交给伦敦协会。

我还想在著述方面发表一点意见。现在**路易·勃朗**在自己的一部著

---

① 指马克思和恩格斯于1847年8月底在布鲁塞尔创建的德意志工人协会。——原卷末注

作①中证明：在法国革命时期，在无产阶级攻打巴士底狱这座城市监狱的关头，资产阶级却作出决定，反对那些用自己的鲜血保证了资产阶级取得胜利的人。革命的所有主要活动家现在都以其真正的身份出现，许多以无产阶级精神撰写并对社会有显著影响的传单也出现了。法国人从事活动更多地是为了一个党而不是为了获利。在七月革命②之前，流传过以资产阶级精神撰写的传单，同样，现在流传着以无产阶级精神撰写的传单。[……]

《社会主义和工人运动史文库》1919年莱比锡版第8年卷第395—398页，(参看《马克思恩格斯全集》中文第1版第42卷第471—475页) 摘要

181

卡尔·马克思和弗里德里希·恩格斯论共产主义者同盟第二次代表大会

1847年11月29日至12月8日

共产主义者同盟③这个在当时条件下自然只能是秘密团体的国际工

---

① 指1847年在巴黎出版的路·勃朗的著作《法国革命史》。——原卷末注
② 1830年。——编者注
③ 共产主义者同盟是历史上第一个建立在科学社会主义基础上的无产阶级政

人组织,1847年11月在伦敦举行的代表大会上委托我们两人起草一个准备公布的详细的理论和实践的党纲。结果就产生了这个《宣言》,《宣言》原稿在二月革命①前几星期送到伦敦付印。[……]

《共产主义宣言。有作者序言的新版》1872年莱比锡版第3页(《马克思恩格斯全集》德文版第18卷第95页,参看《马克思恩格斯文集》第2卷第5页) 摘要

(续前注) 党,1847年在伦敦成立。共产主义者同盟的前身是1836年成立的正义者同盟,这是一个主要由无产阶级化的手工业工人组成的德国政治流亡者秘密组织,后期也有一些其他国家的人参加。随着形势的发展,正义者同盟的领导成员终于确信马克思和恩格斯的理论是正确的,并认识到必须使同盟摆脱旧的密谋传统和方式,遂于1847年邀请马克思和恩格斯参加正义者同盟,协助同盟改组。1847年6月,正义者同盟在伦敦召开第一次代表大会,按照恩格斯的倡议把同盟的名称改为共产主义者同盟,因此这次大会也是共产主义者同盟的第一次代表大会。大会还批准了以无产阶级政党组织原则为基础的章程草案,并用"全世界无产者,联合起来!"的战斗口号取代了正义者同盟原来的"人人皆兄弟!"的口号。同年11月29日—12月8日举行的同盟第二次代表大会通过了章程,大会委托马克思和恩格斯起草同盟的纲领,这就是1848年2月问世的《共产党宣言》。——原卷末注

① 二月革命指1848年2月爆发的法国资产阶级民主革命。代表金融资产阶级利益的"七月王朝"推行极端反动的政策,反对任何政治改革和经济改革,阻碍资本主义发展,加剧对无产阶级和农民的剥削,引起全国人民的不满;农业歉收和经济危机进一步加深了国内矛盾。1848年2月22—24日巴黎爆发革命,推翻了"七月王朝",建立了资产阶级共和派的临时政府,宣布成立法兰西第二共和国。二月革命为欧洲1848—1849年革命拉开了序幕。无产阶级和小资产阶级积极参加了这次革命,但革命果实却落到了资产阶级手里。——原卷末注

182
弗里德里希·列斯纳回忆共产主义者同盟第二次代表大会

(摘自《1848年前后》1898年版)
1847年11月29日至12月8日

[……]① 卡贝离开了伦敦。不久,在1847年11月底举行了共产主义者同盟第二次代表大会。这一次,卡尔·马克思也出席了大会。他和恩格斯从布鲁塞尔来到伦敦,目的是要在同盟代表大会上捍卫现代社会主义的原则。大会一共进行了10天。各次会议只有代表参加,我不是代表。但是我们知道谈的是什么问题,所以我们非常关切地期待着讨论的结果。不久我们就听说代表大会一致赞同马克思和恩格斯所阐述的原则,并且委托他俩起草一份宣言。后来,1848年初,当《共产党宣言》手稿送到伦敦时,我把手稿送到印刷所,并从那里取回清样交给卡尔·沙佩尔校对,也算为发表这一划时代的文献尽了一份力。

那是我生平第一次见到马克思和恩格斯。他俩给我的印象是永远不会磨灭的。

---

① 在上文中列斯纳还描述了与卡贝的讨论情况(参看注107)。

马克思当时还很年轻，约莫 28 岁的样子，但是他给我们留下了深刻的印象。他中等身材，结实有力，肩宽额高，满头密密的黑发，目光炯炯，能洞察一切。就在那时他的尖刻的讽刺已足以使他的论敌丧胆了。马克思是天才的人民领袖。他发表的演说简洁而有条理，逻辑性很强；他决不浪费笔墨，一字一句都有深刻的涵义，都是整个论据中不可缺少的一环。在马克思身上嗅不到一点空想家的气息。我对魏特林时期的共产主义和《共产党宣言》的共产主义之间的差别了解得越深刻，就越明确地感到马克思是成熟的社会主义思想的代表。

弗里德里希·恩格斯是马克思的精神上的兄弟，一望而知是典型的日耳曼人。他体格匀称，动作灵敏，有金色的头发和漂亮的胡子。他不大像一个学者，倒像一个年轻有为的近卫军上尉。

恩格斯本人对现代社会主义的创立和传播作出了很大的贡献，但是他常常强调他那不朽的朋友的作用。像恩格斯这样的人，你对他了解得越深刻，就会越加敬爱他。

他们俩是以无产阶级的事业为己任的人。

当时，我们在工人教育协会里有点过于激动。我们坚信必须立即"行动"，而根本没有考虑到，要使无产阶级能够推翻资产阶级世界，还需要进行大量的教育和组织工作。［……］

弗里德里希·列斯纳《1848 年前后》，载于 1898 年《德意志言论》（维也纳）第 3 期第 108—109 页

摘要

183
共产主义者同盟章程

（同盟第二次代表大会通过）

1847年12月8日

共产主义者同盟章程

全世界无产者，联合起来！

第一章　同盟

第一条　同盟的目的：推翻资产阶级政权，建立无产阶级统治，消灭旧的以阶级对立为基础的资产阶级社会和建立没有阶级、没有私有制的新社会。

第二条　盟员的条件：

（a）生活方式和活动必须符合同盟的目的；

（b）具有革命毅力并努力进行宣传工作；

（c）承认共产主义；

（d）不得参加任何反共产主义的（政治的或民族的）团体并且必须把参加某团体的情况报告有关的领导机关；

（e）服从同盟的一切决议；

（f）保守同盟的一切机密；

（g）必须获得一致通过，才能被接收入某一支部。盟员如果不能遵守这些条件即行开除（见第八章）。

第三条 所有盟员都一律平等，他们都是兄弟，因而有义务在一切场合下互相帮助。

第四条 盟员皆有盟内代号。

第五条 同盟的组织机构是：支部、区部、总区部、中央委员会和代表大会。

第二章 支部

第六条 支部的组成至少三人至多二十人。

第七条 每个支部选举主席和副主席各一人。主席主持各种会议，副主席管理财务，主席缺席时由副主席代理主席职务。

第八条 接收新盟员须经支部事先同意，由支部主席和充当介绍人的盟员办理。

第九条 各地区的支部彼此不得相识或保持任何联系。

第十条 各支部均须有特别称号。

第十一条 任何一个盟员迁居时均须事先报告本支部的主席。

第三章 区部

第十二条 区部辖有两个以上十个以下支部。

第十三条 由这些支部的主席和副主席组成区部委员会。区部委员会从委员中选出领导人。区部委员会同本区各支部和总区部保持联系。

第十四条 区部委员会是区内各支部的权力执行机关。

第十五条 各独立支部须加入已有的区部，或同其他各别的支部成立新的区部。

第四章 总区部

第十六条 本国或本省内的各区部隶属于一个总区部。

第十七条 由代表大会根据中央委员会的建议按省划分同盟各区部和指定总区部。

第十八条 总区部是本省各区部的权力执行机关。它同各区部和中央委员会保持联系。

第十九条 新建立的区部加入邻近的总区部。

第二十条 总区部向最高权力机关——代表大会报告工作，在代表大会闭幕期间则向中央委员会报告工作。

第五章 中央委员会

第二十一条 中央委员会是全盟的权力执行机关，向代表大会报告工作。

第二十二条 中央委员会的成员不少于五人，由代表大会指定为中央委员会所在地区的区部委员会选出。

第二十三条 中央委员会同各总区部保持联系，每三个月作一次关于全盟状况的报告。

第六章 一般规定

第二十四条 支部、区部委员会以及中央委员会至少每两周开会一次。

第二十五条 区部委员会和中央委员会的委员任期为一年，连选得连任，选举者可以随时撤换之。

第二十六条 每年9月进行选举。

第二十七条 区部委员会必须根据盟的意图对各支部所进行的讨论加以领导。如中央委员会认为某些问题的讨论具有普遍的和直接的利害关系，可以提交全盟讨论。

第二十八条 盟员至少每三个月同所属区部委员会联系一次，支部每月联系一次。每个区部至少每两个月向总区部报告一次本地区的工作进展情况，每个总区部至少每三个月向中央委员会报告一次本地区的工作进展情况。

第二十九条 同盟各级机关必须采取必要的措施来保证同盟的安全并加强其活动，按照章程独立负责进行活动，并立即把一切通知上级机关。

第七章　代表大会

第三十条 代表大会是全盟的立法机关。关于修改章程的一切提案均经总区部转交中央委员会，再由中央委员会提交代表大会。

第三十一条 每个区部都可派遣代表。

第三十二条 盟员不超过三十人的区部派代表一名，满六十人者派两名，满九十人者派三名，以此类推。各区部可以选举不属于本地区的盟员为自己的代表。凡属上述情况，则各区部须赋予自己的代表以全权并给予详细的指示。

第三十三条 代表大会于每年8月举行。遇紧急情况中央委员会得召集非常代表大会。

第三十四条 每届代表大会指定本届中央委员会所在地，同时指定下届代表大会的开会地点。

第三十五条 中央委员会得出席代表大会，但无表决权。

第三十六条 代表大会于每次会议后除发指示信件外，还可以代表全党发表宣言。

第八章 反盟罪行

第三十七条 凡不遵守盟员条件者（见第二条），视情节轻重或暂令离盟或开除出盟。凡开除出盟者不得再接收入盟。

第三十八条 开除盟籍的问题只能由代表大会决定。

第三十九条 区部或独立支部可以暂令个别盟员离盟，但必须立即报告上级机关备案。在这种情况下代表大会同样作为最高权力机关作出决定。

第四十条 被暂令离盟的盟员重新入盟问题，须由中央委员会根据区部的提议处理。

第四十一条 反盟的罪行由区部委员会审理；区部委员会还应督促判决的执行。

第四十二条 为了盟的利益必须对被暂令离盟者、被开除盟籍者和可疑者加以监视，使他们不能为害。有关这些人的阴谋活动必须立即通知有关支部。

第九章 盟的经费

第四十三条 代表大会为每个国家规定每一盟员应缴纳的最低盟费。

第四十四条 盟费半数上缴中央委员会，半数由区部或支部留用。

第四十五条 中央委员会的经费用作下列各项支出：

（一）联络费用和组织费用。

（二）印发传单。

（三）中央委员会因执行某种任务所派代表的一切费用。

第四十六条 地方委员会的经费用作下列各项支出：

（一）联络费用。

（二）印发传单。

（三）在必要时派遣代表的一切费用。

第四十七条 凡支部和区部六个月不向中央委员会交盟费，中央委员会即令其暂时离盟。

第四十八条 区部委员会最迟不超过三个月向所属各支部报告收支情况。中央委员会向代表大会报告盟的经费分配情况和盟的收支情况。任何滥用盟的经费的行为都要受到最严厉的惩罚。

第四十九条 特别费用和召开代表大会的费用由特殊收入开支。

第十章　接收盟员

第五十条 支部主席向被接收入盟的盟员宣读和说明章程的第一条到第四十九条，要在简短的讲话中特别强调入盟者应尽的义务，然后向他发问："那么，你愿意加入这个同盟吗？"如果后者回答："愿意！"，那么主席就要他保证尽盟员的一切义务，然后宣布他为盟员并在下一次会议上将他编入支部。

受1847年秋召开的第二届代表大会之委托公布。

秘书　　　　　　　主席

签名：恩格斯　　签名：卡尔·沙佩尔

1847年12月8日于伦敦

维尔穆特和施梯伯《19世纪共产主义者的阴谋》1853年柏林版第1部分第239—243页，(《马克思恩格斯全集》德文版第4卷第596—601页，参看《马克思恩格斯全集》中文第1版第4卷第572—577页）

184
卡尔·马克思（伦敦）给帕·瓦·安年科夫（巴黎）的信

1847年12月9日

[1847年]12月9日于伦敦

亲爱的安年科夫：

党的事情（我在这里不能详述），促使我前来伦敦①。同时我也利用这次伦敦之行，建立了布鲁塞尔民主协会同英国宪章派之间的联系，并在一个公开的集会上对英国宪章派讲了话②。[……]

---

① 党的事情指共产主义者同盟的事情。1847年11月底，马克思和恩格斯一起来到伦敦，参加共产主义者同盟第二次代表大会。——原卷末注
② 这个公开集会指1847年11月29日"民主派兄弟协会"为纪念1830年波兰起义而举行的伦敦国际大会。马克思和恩格斯都在大会上发表了关于波兰问题的演说。——原卷末注

手稿　　　　　　　　　　　　　　　　　　　　　　　　摘要

莫斯科苏共中央马列主义研究院
中央党务档案馆，F. 1, op. 1, Nr. 233
(《马克思恩格斯全集》德文版第
27卷第472页，参看《马克思恩
格斯全集》中文第2版第47卷第
503页)

185
伦敦民主派兄弟协会给布鲁塞尔民主协会的信①
1847年12月初

伦敦"民主派兄弟协会"致布鲁塞尔
"旨在团结各国人民的民主协会"

1847年12月初

民主派兄弟们，本协会的会员和朋友们在1847年11月29日举行

---

① 1847年12月26日《德意志—布鲁塞尔报》第103号也刊登了这封信。这里刊登的译文，有些地方与原文稍有出入，但未作说明。关于民主协会对这封信的答复见文件201。

的纪念不幸然而光荣的 1830 年波兰革命的公开大会①上宣读了你们 1847 年 11 月 26 日的来信。

你们的代表、我们的可敬朋友和兄弟马克思博士将向你们报告他出席大会并在大会上宣读你们的来信时受到热烈欢迎的场面。一双双眼睛都闪耀着喜悦的光芒，大家异口同声地高喊"欢迎"，每个人都伸出双手，以真挚情谊的无比温暖欢迎你们的代表。

你们委员会的名称博得了我们的会员们的赞同。人类理应感谢你们的建议者，感谢他们为自由事业作出的功绩和牺牲。一个协会只要有了英勇的梅利奈将军和著名而廉洁的爱国者列列韦尔这样的人，就定能赢得各国民主派的信任。至于我们，我们将非常乐意接受你们提出的联盟。[……]

在我们的上次（9 月 22 日）创立纪念会上，我们提出了联合召开一次各国民主派代表大会的建议，我们非常高兴地获悉，你们也提出了一个类似的建议。国王们搞阴谋诡计，必将遭到各国人民的一个相反同盟的反对。不管何时召开民主派代表大会，你们可以把英国民主派计算在内，它将会参加大会。你们协会的任务将是同我们的协会建立联系，使我们在整个欧洲的兄弟的代表们聚集一堂。

你们的代表马克思博士，将向你们报告我们与他共同为尽可能有效地加强我们两个协会之间的联系而采取的各项措施。

让欧洲各国被压迫的人民自己想方设法实现自己的解放，允许他们对试图建立的自由政治制度的特殊形式持不同意见。他们在为实现自由所必需的社会改革中出现不一致的意见，是可能的——在这个问题上不可能也不必要达到思想上和行动上的完全一致。但是，对于各国民主派来说，有两点是完全一致的，即**人民的主权和各民族的团结**。各国民主派要求，一定要在全体人民中建立起名副其实的国家政权——确立和改

---

① 参看文件 179。

变社会的政治和社会制度的权力。同样，无愧于这个名称的一切民主派都承认，在所有国家中，**人民的**利益都是相同的，各个民族在为正义的斗争中必须相互支持。因此，**人民的主权和普遍的团结**这两条原则使各国真正的改革者结成一条战无不胜的严密阵线。

我们真诚地祝愿你们的协会取得成就，祝愿你们的会员们幸福。我们向你们表示兄弟般的问候并向你们保证，我们将永远支持你们，以便促进光荣原则的实现，而我们的协会就是为传播这些原则而创立的。

我们十分清楚，我们必须求助于**真正的**人民，求助于无产者，求助于那些在现今的社会制度强加给他们的奴隶制度下流血流汗的人们。我们十分清楚，要实现普遍的团结，我们必须着眼于这些人。土地贵族和金钱贵族的兴趣是肢解各个民族，而到处遭到这些吸血鬼①压榨、被这帮强盗夺走劳动果实的无产者的兴趣却是相互联合。他们定将联合起来。他们将从织机旁、从铁砧旁、从耕犁旁、从茅屋里、从阁楼间、从地窖里走出来，是的，他们**现在**已从各处走出来了，他们是博爱的天使和人类的拯救者。

民主万岁！各民族的友谊万岁！

书记和委员会委员签名②：

乔·朱利安·哈尼
厄内斯特·琼斯
查理·基恩
托马斯·克拉克
} 英国

让·奥·米什洛
H. 贝尔纳
} 法国

---

① 在《德意志—布鲁塞尔报》上的译文中，吸血鬼为资产阶级。
② 《德意志—布鲁塞尔报》上的签名同本书刊印的《北极星报》上的签名有明显不同。

卡尔·沙佩尔	⎫ 德国
约瑟夫·莫尔	⎭
雅·沙贝利茨（巴塞尔）	⎫ 瑞士
H. 克雷尔（卢塞恩）	⎭
彼得·霍尔姆	⎫ 斯堪的
彼得·隆特贝格①	⎭ 纳维亚
路德维克·奥博尔斯基	⎬ 波兰
卡尔·博泽②	⎫ 俄国
勃鲁姆	⎭

1847年12月11日《北极星报》 节录
（伦敦）第529号

186
关于伦敦民主派兄弟协会的一次大会的报道

1847年12月13日

民主派兄弟协会

上星期一晚上，该协会在德鲁里巷日耳曼大厅举行了一次大会。大

---

① 文件199为：古斯塔夫·隆德贝格。
② 文件199为：卡尔·波泽。

会由约翰·奥弗顿主持，朱利安·哈尼在会上就章程修改草案等向全体会员作了说明。经过短时间的讨论，该草案获得一致通过。（章程附在本报道后面）[120]

大会确认迄今为止各位代理书记的职务，即：乔·朱利安·哈尼和查理·基恩为英国书记；让·奥古斯特·米什洛为法国书记；卡尔·沙佩尔为德国书记；雅·沙贝利茨为瑞士书记；路德维克·奥博尔斯基为波兰书记；彼得·霍尔姆为斯堪的纳维亚书记。此外，卡尔·博泽当选为俄国书记。

根据章程第5条，会上还选出另外一些成员，同书记一起行使一个特别委员会的职权。当选为委员会成员的有：厄内斯特·琼斯和托马斯·克拉克代表英国；贝尔纳代表法国；约瑟夫·莫尔代表德国；克雷尔代表瑞士；隆特贝格代表斯堪的纳维亚；索斯诺夫斯基代表波兰，还有勃鲁姆代表俄国。然后大会作出决定，责成委员会于1月1日星期六晚上8时举行一次会议，以便准备在下星期一召开的每月例会的议题。①

大会经过热烈而有趣的讨论，根据公民沙佩尔和隆特贝格的提议作出决定，"委托书记起草并发送一份致瑞士联邦议会的告人民书"。[121]

根据公民沙佩尔和布恩翰的提议，大会作出决定，"英国派四名会员，其他在协会中有代表的每个国家各派两名会员在告瑞士人民书上签名"。根据公民沙佩尔和基恩的提议，大会还决定，"把这份告人民书交给《北极星报》发表，另外再单独印成活页，以每份1便士出售"。

朱利安·哈尼报告说，在委员会的一次会议上一致决定：

举行一次各国民主派代表大会[122]是人心所向；

恳请布鲁塞尔民主协会与本协会共同负责会议的筹备工作；

上述代表大会定于明年9月25日，即比利时革命周年纪念日在布

---

① 参看文件193。

鲁塞尔举行；

恩请布鲁塞尔协会准备将要提交代表大会讨论的议题，其他被公认的民主派团体有权对议题中的提案提出附议；

向第一次代表大会提议，第二次代表大会（1849年）应在伦敦召开。

根据朱利安·哈尼和约翰·阿诺特的提议，大会批准了委员会的这些决议。

然后大会作出决定，任命公民哈尼、沙佩尔、奥博尔斯基、琼斯和基恩组成代表团，就民主派代表大会的召开向宪章派执行委员会和宪章派伦敦代表委员会提出建议；任命公民沙佩尔、莫尔、贝尔纳、布恩翰和阿诺特组成代表团，向德意志民主协会①提出同样的建议。[……]

1847年12月18日《北极星报》（伦敦）第530号

节录

187
乔治·朱利安·哈尼（伦敦）给卡尔·马克思（布鲁塞尔）的信

1847年12月18日

亲爱的马克思：

我的身体至今一直非常不好，所以这里只能告诉你，关于明年9月

---

① 指工人共产主义教育协会。

在布鲁塞尔举行民主派代表大会的提议①已经在民主派兄弟协会、德意志工人协会、首都宪章派委员会和宪章派执行委员会的每月例会上一致通过。

1848年的第一周再给你写信。

乔·朱·哈·
1847年12月18日于伦敦

手稿
莫斯科苏共中央马列主义研究院
中央党务档案馆，F. 20，Nr. 14

188
关于布鲁塞尔民主协会的一次会议的报道
1847年12月20日

"民主协会"12月20日的会议（在布鲁塞尔的一家旧式庭院里召开）空前活跃。海牙、列日等地纷纷来信，要求建立分会。② 才华横

---

① 见文件186。
② 1848年1月27和30日《德意志—布鲁塞尔报》第301和302号报道了关于1848年1月23日根特分会创立庆典的情况。参看文件201。

溢、感情炽烈的律师特德斯科接受委托前往列日完成这一使命；弗里德里希·恩格斯接受委托前往巴黎，同那里的法国民主派取得联系，（鼓掌）他已经接受了伦敦民主派兄弟协会的类似委托。

卡尔·马克思在与会者的一片热烈掌声中向布鲁塞尔协会报告了伦敦协会来信一事。① [……]

1847年12月26日《德意志—布鲁塞尔报》第103号　　　　　　　　　　　　　　　节录

189
伦敦工人共产主义教育协会给伯尔尼瑞士联邦议会的信[123]

1847年12月21日

尊敬的先生们：

你们对扼杀自由的派别采取坚决而有力的态度，我们对此深表钦佩。[……]

自由瑞士的敌人曾经公开声称，**宗得崩德**是在为欧洲的王权而战

———————
① 文件185。

斗；而我们却声明，瑞士人是在为欧洲的自由而战斗。只要战斗在继续，我们认为，我们就不得干预瑞士的内部事务。但是，我们现在不能忘记，当一切爱好自由的人们心中充满胜利喜悦的时候，还有**孤立无援的孤儿寡母**正在为自己在战斗中阵亡的保护人和赡养人哭泣；还有**伤病员**，他们已经无法继续维持生计。在这里，用言论和行动解除他们的痛苦，是每一个民主主义者的职责，不管他是哪个国家的人。

因此，我们在我们的协会中，为在反对耶稣会会士的战争中的受伤者以及阵亡的瑞士公民的遗孀和遗孤募了捐，现把 100 **法国法郎**捐款寄给你们，请把这笔捐款交给你们任命的救济委员会去支配。

我们都是工人，而且我们当中的大多数人都或多或少受到了席卷英国的商业危机的冲击，陷入了可悲的境地。因此，尊敬的先生们，请你们谅解，我们能够寄给你们的捐款数目虽小，但代表我们的深情厚意。[……]

瑞士共和国，欧洲自由的堡垒万岁！

以"工人教育协会"的名义并受其委托

主　席：亨利希·鲍威尔

副主席：古斯塔夫·比贝尔

书　记：格奥尔格·埃卡留斯

司　库：蒂·约·皮茨

图书馆管理员：阿舍尔曼

以在协会中有代表的所有国家的名义：

A. 格罗斯（匈牙利）

I. 尼什特拉伊（匈牙利）

J. 索斯诺夫斯基（波兰）

F. 利希蒂（瑞士）

盖诺兹（波希米亚）

约翰·奇克（英国）
A. 列曼（德国）
J. D. 诺伊曼（俄国）
彼得逊（丹麦）
哈默林德（瑞典）
A. 安德森（挪威）
让森斯（比利时）
迪沙尔（法国）

1847 年 12 月 21 日于伦敦

手稿　　　　　　　　　　　　　　　　　　　　　　　　　节录

莫斯科苏共中央马列主义研究院
中央党务档案馆，F. 20, op. 1, Nr. 102

190
关于布鲁塞尔德意志工人教育协会新年庆祝活动的报道

1847 年 12 月 31 日

［……］"德意志工人协会"决定，31 日晚上 9 时半左右举行宴

会，届时协会全体会员和协会同意邀请的所有客人都可以参加。〔……〕此外，协会还邀请了布鲁塞尔民主协会的名誉主席梅利奈将军、主席若特兰、书记皮卡尔以及经受了半个世纪考验的波兰民主主义者和闻名欧洲的伟大学者**约阿希姆·列列韦尔**。所有的人都高兴地接受了邀请，以表热烈的同情之心。民主协会副主席安贝尔（法国人）同时也是德意志工人协会的会员，他和全家人一起参加了宴会。〔……〕

瓦劳主席首先站起来发表了热情洋溢的讲话，谈到了博爱民主的原则、无产阶级的目标、对剥削的仇恨、对美好未来的坚定信念。他的讲话不时被兴高采烈的与会者的一阵阵暴风雨般掌声所打断。

然后，卡尔·马克思发言，并用法语为布鲁塞尔民主协会祝酒。他在清楚和确切的分析中强调了同专制制度相对立的比利时自由思想派的使命，正确评价了一部自由主义宪法的良好作用和一个公民在其中可以进行自由讨论、拥有结社权的国家的良好作用，同时还说，博爱主义的种子将撒遍整个欧洲。① （热烈鼓掌）

皮卡尔先生以民主协会的名义高度赞赏布鲁塞尔的德国人、他们的目标以及对创建民主协会的推动作用。他的讲话令人信服、充满民主主义，而且形式上也相当成功。尔后他为德意志工人协会的繁荣昌盛祝酒！（热烈鼓掌）

然后，高龄的列列韦尔站起来（全场爆发了经久不息的暴风雨般的掌声），以民主波兰的名义，对民主的德国表示同情，希望它成为统一、伟大、强盛、摆脱诸侯恶棍、自己支配自己的国家，成为波兰的友好邻

---

① 在原件上有这样一个注：在德意志工人协会前几次举行的会议上，卡尔·马克思有一次在会上就"什么是工资"这个重要问题发表了演说；他讲得清楚、实事求是和浅显易懂，他引用实际的证据十分尖锐地批判了现存的状况，因此我们打算在最近把这个演说介绍给我们的读者。

邦；对在诸侯压迫者和当前剥削者的统治下的官方德国表示深恶痛绝。他的讲话宣告了波兰人民和德国人民的联盟，不时被热烈的掌声所打断。尔后，列列韦尔为一个自由的、解放了的新德国的强大，为德国人民的安康祝酒。(长时间的鼓掌)［……］

接着沃尔弗①发言。(热烈鼓掌)他的发言通俗易懂，刚健有力，充满信念和烈火般的感情，既有真正民间的幽默，又有对柏林等地国王的困境满怀仇恨和深刻蔑视。发言者描述了正好一年前的今天在布鲁塞尔这里创办一个维护德国无产阶级事业的刊物的情况，这个刊物逐步得到发展，生机盎然，现已成为欧洲唯一的一个真正自由思想的德国刊物；因为在德国，由于书报检查制度和其他障碍，甚至连最出色的报纸，如《德国旁观者》、《威斯特伐利亚汽船》和曼海姆的《晚报》，也不能完全公开表达真正的民主思想。现在，《德意志—布鲁塞尔报》是唯一能完全明确地表达无产阶级的观点、愿望、需要和希望的报纸。(鼓掌)它战胜了巨大困难，发挥了编辑的牺牲和献身精神，它将继续这样做下去，而所有志同道合者的责任是，支持该报的努力，并到处承认它在这一年里所发表的一切。沃尔弗在结束讲话时说，因此，我为《德意志—布鲁塞尔报》及其编辑伯恩施太德的安康干杯。(全场热烈鼓掌和三呼万岁)

布鲁塞尔报编辑站起来说：我只说几句话，因为为我们的报纸的事业而进行斗争和作出牺牲的并非我一个人。当我们缺少资金时，在这里，我们的朋友、无产者、工人和排字工都无偿地提供资金，我们大家同心协力，和衷共济，奔向同一个目标，遵循同一种精神：他们和我们的优秀同事们能如此大公无私地从事活动，是因为他们意识到了自己的神圣使命，理应对他们高呼万岁！(为这些真正的无产者热烈鼓掌)

---

① 威廉·沃尔弗。

接着日果发言，并为两家真正的民主报纸——英国的《北极星报》和法国的《改革报》祝酒。（热烈鼓掌）

继日果祝酒后，有人给奥格斯堡女人①、《科隆日报》和《莱茵观察家》发出了三声刺耳的"嘘嘘声"。

斯蒂凡·波尔恩接着发言。（鼓掌）他阐述说，组织领袖云格②的离去将给工人协会带来巨大损失。云格是最卓越的会员之一，他既有刚强坚定的性格，又有不可动摇的信念。他明天（1月1日）早晨就要离开此地，前往安特卫普，当天从那里坐船前往美国（纽约、波士顿）。全协会都为这位坚定的朋友云格热情地欢呼祝酒！波尔恩希望云格不久将重返欧洲，并坚信他将到处为无产阶级的不可阻挡的解放事业进行宣传。

云格要求发言，全场发出了暴风雨般的掌声表示欢迎，因为我们每个人都知道，这种场面是多么可贵，大家都是他的朋友，他所讲的话有根有据，清晰明了，真实可信，刚毅果断。

云格说：我不管到什么地方都将继续干同样的事情，始终如一。我在青年时代就参加了革命，我将终身永葆革命本色，不会缺席未来的欧洲革命。（热烈鼓掌）当解放的警钟敲响时，不光是我一个人回来，而且还有其他许多人同我一起回来。（好极了！好极了！）接着云格朗诵了一首讽刺普鲁士国王的诗。这首诗引起了哄堂大笑，它证明了，无忧宫的"骑士英雄"已成为欧洲滑稽可笑的化身，同时也成了卑鄙无耻的化身。[……]

马赛《人民主权报》的前编辑安贝尔为劳动组织（在他看来，这是进行一次新的社会改革的基础）发表了一篇言简意赅的祝酒词。他是从前的法国人权协会的有影响的创始人和会员之一，所以他的这一讲话

---

① 指奥格斯堡《总汇报》。
② 关于阿道夫·云格，参看本书第1卷注74。

博得了一片掌声，受到了热烈欢迎。

比利时阿格奈桑协会①主席、钳工梅斯肯斯为德意志工人协会祝酒。瓦劳主席向他致答辞，向我们的兄弟们、比利时工人和阿格奈桑协会高呼万岁。[……]

宴会后是音乐，接着是戏剧节目，在演出中马克思博士夫人发挥了非凡的朗诵才能②。接着是跳舞，舞会不时被轻松愉快、严肃认真的合唱和独唱所打断。晚会一直延续到第二天早晨六点钟左右。在晚会上，莫·赫斯也讲了话，向前来参加晚会的妇女们表示感谢，并且有理由强调，参加协会和赞同协会目标的妇女人数将逐月增加。（鼓掌并高呼妇女万岁！）[……]

1848年1月6日《德意志—布鲁塞尔报》第2号

节录

191
布鲁塞尔德意志工人共产主义教育协会会员名单[124]

1848年初

1. A. 恩格尔   2. L. 恩斯-

---

① 参看注119。
② **在原件上有这样的脚注**：杰出的妇女们为无产阶级的教育所起的作用，给人们留下了良好的印象，也给人们树立了值得学习的榜样。

3. G. 费舍
4. 日果
(5. 哈默)
6. 豪泽尔
7. 豪尔瓦斯
8. 鲍恩斯
9. 考施克-
(10. 凯勒)
11. 洛尔-
12. 吕德克-
13. A. 列曼-
14. 卡·马克思
15. H. 弥勒
16. 奥内姆斯
17. 阿·里德尔
18. 施泰因根斯
19. 施洛特曼
(20. 特默)
21. 福森
22. 瓦劳
(23. 文齐希)
24. 威·沃尔弗
(25. 克罗嫩)
26. 席克耳
27. 莱维
28. 许纳拜恩

29. 布拉赫滕多夫
30. 罗伊斯-
31. 康拉第
32. 弗兰克
33. Ch. 勒德尔-
34. 范克伦＋（被开除）
35. 扬森
36. 奥特堡
37. 德托马
38. B. 弥勒（金匠）
39. 格罗尔
(40. 贝嫩卡姆布)
41. 沙尔特斯
42. W. 霍夫曼
43. A. 德莱
44. 安贝尔
45. 赫斯
(46. 伊尔茨)
47. 勒德尔（鞋匠）
48. 克吕格尔
49. F. 沃尔弗
50. 伯恩施太德
51. R. 库尔温德-
52. 查·沃尔弗
53. 瓦伊阿沃-
54. 乌尔里希

55. 许特-
(56. 拉斯曼)
57. 布洛斯
58. 希尔施比勒尔
59. 埃贝尔-
60. 科奇-
61. 波尔恩
62. 海尔贝格
63. 道姆（+）-
64. 彼得逊
65. 罗特迈尔
66. 福格勒
67. 沙勒
68. 格吕茨马赫尔
69. 卢卡斯
70. 海嫩
71. Fr. 库尔温德
72. 索霍夫-
73. 迈耶尔
74. 施奈德
75. 比尔克霍芬-
76. 尼布林-
77. 卡岑堡
78. 青克-
79. 黑泽曼
80. 林德纳
81. 雷库姆
82. 凯尔夫兴
83. 施米特龚斯特
84. 施米茨-
85. 佩尔西尔-
86. 萨尔托里乌斯-
87. 福格特-
88. 维内克-（还没有会员证）-
89. 约翰·马克斯（同上）-
90. 里姆普（同上）-
91. 范海普（同上）-

路易·福尔克[①]由布拉赫滕多夫和谢尔[②]介绍，

[①] 这个人和下面几个人的名字是用铅笔写在另一张小纸片上的，他们可能是准备入会的人，因为在他们每个人名字的后面都有两名会员，即介绍人和担保人的名字。

[②] 这个人的名字难以辨认，值得注意的是，在第一张名单上没有此人的名字。

克拉默由沃尔弗和莱维介绍，

勒费弗尔由鲍恩斯和沙尔特介绍，

利德由列曼和里姆普介绍，

斯基奥由弥勒和赫斯介绍。

手稿①

莫斯科苏共中央马列主义研究院

中央党务档案馆，F. 20，Nr. 197

192
约瑟夫·魏德迈（哈姆）给卡尔·马克思（布鲁塞尔）的信

1848年1月2日

1848年1月2日

致以衷心的新年问候，亲爱的马克思！感谢你又给我提供了一点你的生活信息。[……] 这里的一切虽然有些进展，却缓慢得可怕。如果在此之前没有什么来自外界的巨大干扰，无疑我们能等待来年第二届联

---

① **手稿复制品**：朱利安·库伊佩斯《威廉·沃尔弗和布鲁塞尔德意志工人协会（1847—1848年）》，载于《社会史文库》1963年汉诺威版第8卷第104页等。

合省议会的召开。那时资产阶级可能会战胜封建主义，但到目前为止，反动派还是那么恬不知耻、趾高气扬。而最可悲的是，在资产阶级同专制制度之间的这场胜败未决的斗争中，我们党根本不能有什么表现，当然，正式建党就更不可能了。我们到处都只有几个人聚集在一块儿，也就是说，到处都只有一个领导人懂得把年轻资产阶级中的一些革命分子聚集在自己的周围。只有过一次像巴登那样的自由，只召开过一次奥芬堡大会①，而事情会发生变化。但在取得更大的斗争场所之前，人们不得不以德国式的耐心来伪装自己，为取得一点小小的成就而沾沾自喜。我还没有放弃我的办报计划，我想立即抓住书报检查制度刚刚实行的时刻，呼吁在莱茵省创办一家民主报纸。我的奋斗目标至今还是通过对外通讯为自己获得必要的生活资料，使我不再受外来工作的影响，致力于研究和宣传。我是否能成功，还不得而知。

《德意志—布鲁塞尔报》我只有几号，而且我只读了一篇你反对海因岑的文章②，它颇合我意。不过从1日起，我们就有几份报纸了。你们掌握了这家报纸，简直太棒了。我相信，它不久就会征得足够的订户。为保障它眼前的生存，我们无产者能捐赠多少就应该捐赠多少。当然只能捐助少许钱，但是我想，这少许钱也是值得欢迎的，何况同别人的少许钱加在一起，也许就足以保证它的生存了。你们也将会从我们这里收到通讯，不过，要是信件付邮资不被列为通讯员的必要条件，至少不被列为知名通讯员的必要条件就好了。请尽快通过可靠的途径给我答复，再把可靠的通讯处告诉我。你如能给我搞到一本去年第四季度的《德意志—布鲁塞尔报》，我将非常高兴。我原先根本没有这份报纸，但我很想从头至尾拜读你的大作。〔……〕

格律恩这个无赖还没有给我答复。③ 我早已估计到，我把此事泄露

---

① 1847年9月12日，巴登的民主派在奥芬堡提出了一项资产阶级民主纲领。
② 见文件172。
③ 指在《威斯特伐利亚汽船》上刊登马克思的批判文章；参看注101。

给编辑部①会激起极大的义愤，对此我很高兴。但是，如果没有必要的话，我可以对他不屑一顾。他的污点是够多的，我们从现在起就必须立即防止同他接触，以免玷污我们自己。

我的夫人和我向你和你的全家致以衷心的问候，并请转达我对日果和沃尔弗的问候。巴枯宁现在可能也在布鲁塞尔吧，他没有从俄国抢救出什么财产来吧？

请尽快回信。

你的

手稿　　　　　　　　　　　　　　　　　　　　　　　　　节录
莫斯科苏共中央马列主义研究院　　　　　　　　　　　第一次发表
中央党务档案馆，F. 1, op. 5, Nr. 156

193
关于伦敦民主派兄弟协会的一次大会的报道

1848年1月3日

[……]朱利安·哈尼宣读了告大不列颠和爱尔兰工人书②并建议

---

① 指《特里尔日报》，魏德迈在40年代中期曾担任过该报编辑。
② 《民主派兄弟协会告大不列颠和爱尔兰工人书》，载于1848年1月8日《北极星报》第533号。1848年1月20日《德意志—布鲁塞尔报》转载了这个告工人书。

大会通过。

约翰·阿诺特附议通过这个告工人书。

卡尔·沙佩尔［……］衷心赞同告工人书中的每一句话。但是，对工人谈有关宪章运动问题，是否属于协会的职权范围，他表示怀疑。他担心协会的动机可能会引起误解，有人可能会以为民主派兄弟协会想要代替宪章派执行委员会的职能。①

菲力浦·麦格拉斯请他的朋友沙佩尔相信，民主派兄弟协会和宪章派执行委员会之间不可能发生任何摩擦。他说，他和他的同事幸运地得到了协会的支持；执行委员会委员就是协会会员。同时他保证，今天缺席的兄弟委员将同他一样，赞同这个出色的由他的朋友哈尼起草的告工人书中的每一句话。他说，告工人书中说的是真理，而真理是强大的，并且终将取得胜利。他认为这样的告工人书极其重要，他表示衷心支持。（鼓掌）

主席表示赞同他的朋友麦格拉斯所说的每一句话。他说，由于这个告工人书的真实性，由于它有益的原则，由于它雄辩的文字，所以他由衷地表示赞同。（鼓掌）

卡尔·沙佩尔说，他的朋友麦格拉斯和主席的特别出色的讲话打消了他唯一的顾虑。

最后，这个告工人书经过表决获得一致通过。［……］

1848年1月8日《北极星报》（伦敦）第533号

节录

---

① 参看注120。

194
关于布鲁塞尔民主协会的一次大会的报道

1848年1月9日

《德意志—布鲁塞尔报》关于1848年1月9日马克思在民主协会会议上的演说的报道

参加会议的人从来没有这样多。许多听众站在大厅深处。接收了7名新会员。

由于**卡尔·马克思**作了关于自由贸易的报告,这次会议是协会过去召集的会议中最有意义的一次。马克思用法语作的报告长达一个多小时,但是听众的注意力并没有松懈。

根据一个会员的建议,一致决定——不,有一票反对——由协会出钱刊印这个演说。

我们只指出,布赖埃尔医生的演说的结束语,即认为生产资料(机器等等)应当属于**全**社会而不应当属于社会的单个成员,博得全体的赞同。[……]

1848年1月16日《德意志—布鲁塞尔报》第5号(参看《马克思恩格斯全集》中文第1版第42卷第478页)

摘要

195
弗里德里希·恩格斯（巴黎）给卡尔·马克思（布鲁塞尔）的信

1848年1月14日

[18]48年1月14日于巴黎

亲爱的马克思：

我没有给你写信，原因是我直到今天还没有能抓住该死的路易·勃朗。① 这无疑是他故意安排的。但我一定要抓到他——我每天都去一趟，或者在咖啡馆里守候他。与此相反，对弗洛孔老爷子还能做些工作。他对《布鲁塞尔报》和《北极星报》袒护《改革报》反对《国民报》的手法② 异常高兴。甚至对路·勃朗和赖德律的指责，以及我声明我们现已决定在伦敦以共产主义者身份公开进行活动的话，都没有使他困惑。当然，他提了些堂皇的理由来辩驳：你们有专制的倾向，你们会扼杀法国的革命；我

---

① 马克思在出席共产主义者同盟第二次代表大会之后，大约于1847年12月17日回到布鲁塞尔，不久恩格斯也抵达布鲁塞尔。在布鲁塞尔，恩格斯与马克思一起撰写了《共产党宣言》。恩格斯于1847年年底回到巴黎后，他想会见路·勃朗督促他为《改革报》写一篇有关马克思《哲学的贫困》的评论。——原卷末注

② 指恩格斯《〈改革报〉和〈国民报〉》、《"满意的"多数派议员。基佐的"改革"方案。加尔涅-帕热斯先生的古怪见解。民主派在沙隆举行的宴会。赖德律-洛兰先生的演说。民主派大会。弗洛孔先生的演说。〈改革报〉和〈国民报〉》等。——编者注

国有1100万小农,他们同时又是最狂热的私有者,如此等等,虽然他也骂过农民,——但是,归根结底,我们的原则彼此太接近了,我们应该携起手来;至于我们,我们将尽自己的力量支持你们,等等。[……]

这里同盟①的情况很糟。这帮家伙如此松懈,互相之间如此无谓地忌妒,是我从来没有遇到过的。魏特林主义者的活动和蒲鲁东主义者的活动确实是这些蠢驴的生活的最完整的反映,所以对此毫无办法。他们之间的一些人是道地的施特劳宾人②,正在衰老的粗人,而另一些人是新兴的小资产者。一个像爱尔兰人那样靠着压低法国人的工资来生活的阶级,是毫不中用的。现在我再作一次最后的尝试,如果这次不成功,

---

① 指正义者同盟,它是1836年由无产阶级化的手工业工人组成的德国政治流亡者在巴黎成立的秘密组织。后来这个组织逐渐具有了国际性。该同盟成员的观点反映了当时德国无产阶级的半手工业性质,受魏特林粗陋的平均共产主义影响,后来又受"真正的社会主义"和蒲鲁东的小资产阶级空想的影响。1838年同盟在法国秘密团体影响下通过的章程,具有半密谋的性质。一定数目的同盟成员组成支部,支部联合为区部,整个同盟的领导机关是人民议事会。人民议事会的地点起初在巴黎,后来在伦敦。同盟在德国、法国、瑞士和英国都建有支部。申请加入正义者同盟的人,必须宣誓保守同盟的秘密。违反誓言者将受到严惩。正义者同盟内部在1839—1846年间充满了思想斗争。同盟的领导人不断克服空想的和小资产阶级的社会主义观点,到19世纪40年代中期,逐渐与科学共产主义奠基人马克思和恩格斯接近,并最终确信他们的理论正确,遂于1847年邀请他们参加正义者同盟并协助同盟改组。马克思和恩格斯加入了正义者同盟。1847年6月初,在马克思恩格斯的决定性影响下正义者同盟在伦敦举行了代表大会,实行了改组,更名为共产主义者同盟。关于正义者同盟的历史,可参看马克思的《福格特先生》和恩格斯的《关于共产主义者同盟的历史》。——原卷末注

② 施特劳宾人(Straubinger)是德国的流动的手工业帮工。马克思和恩格斯这样称呼那些还受落后的行会意识和成见支配的德国手工业者,这些人抱着反动的小资产阶级幻想,认为可以从资本主义的大工业退回到小手工业去。——原卷末注

我就放弃这种宣传。希望伦敦的文件①快点来，使这项工作重新活跃一些；那时我将抓住时机。这些人由于到现在还没有看到代表大会②的任何结果，自然就变得松松垮垮。我现在正同施土姆普弗和诺伊贝克介绍给我的一些新工人来往，但还不能说会有什么结果。

请告诉伯恩施太德：（1）在订阅方面，叫他不要对这里的工人采取那种商业上的严格态度，否则他会失去他们所有的人；（2）莫泽斯给他找的那个代理人，是一个叫苦连天的懦夫，并且十分虚荣，但只有他还愿意而且能够做这件事，所以叫他不要得罪这个人；这家伙很努力，但他不能自己掏钱补上，虽然他**已经这样做了**。他不得不用自己收入的钱来弥补他在通讯等等方面的开支；（3）如果他给这里寄报纸③，每一号不要超过10—15份，而且还要看机会。大包邮件通常是送到杜沙特尔的部里，在那里取邮件要费很多时间；而且为了破坏这种交易，部里还加收很多的邮资附加费。像这样的邮包要付6—8法郎，人家非要你付，你又有什么办法呢？埃塞朗曾经想在列日找一个铁路列车员来办这件事情；请你写信到列日去，把这件事办妥；（4）那些存在这里的报纸，已经找机会寄往南德意志了；如有机会，让伯恩施太德再寄一些新报纸来，以便在咖啡馆等处进行宣传；（5）这几天内伯恩施太德将收到一篇文章④和有关普鲁士财政的历史概论。但你必须把有关1843年委员会⑤的那部分再看一遍并加以必要的修改，因为这个概论是凭非

---

① 指共产主义者同盟中央委员会关于同盟第二次代表大会结果的材料。——编者注
② 共产主义者同盟第二次代表大会。——编者注
③ 《德意志—布鲁塞尔报》。——编者注
④ 恩格斯《1847年的运动》。——编者注
⑤ 指普鲁士的联合委员会，它是一个等级咨议机关，委员由各省议会按照等级从自己的议员中选出。——原卷末注

常模糊的回忆写成的。[……]

手稿　　　　　　　　　　　　　　　　　　　　　　　　节录
莫斯科苏共中央马列主义研究院中央党务档案馆，F.1, op.1, Nr.242
（《马克思恩格斯全集》德文版第27卷第109—112页，参看《马克思恩格斯全集》中文第2版第47卷第505—509页）

196
约瑟夫·魏德迈（哈姆）给卡尔·马克思（布鲁塞尔）的信

1848年1月17日

1848年1月17日于哈姆

亲爱的马克思：

现给你寄去20本《威斯特伐利亚汽船》的试刊号[125]，请把其中的一部分交给沃尔弗①，如果你们对它的传播有兴趣，请寄几本到伦敦去。如果 20 本不够，还可以再给你寄一些。目前，我正在为了宣传和革命的目的而忙于筹建一个储金处。我想，由此至少可以在我们党内根据这里的条件建立相应数量的组织。吕宁也赞同我的建议。所以我想，我们不久就能拥有比以前更多的经费。在这里，我们正在为《德意志—布鲁塞尔报》的发行而共同奋斗；该报非常适合于事先耕耘这块土地。[……]

手稿

莫斯科苏共中央马列主义研究院

中央党务档案馆，F. 1, op. 5, Nr. 157

节录

第一次用原文发表

197
弗里德里希·恩格斯（巴黎）给卡尔·马克思（布鲁塞尔）的信

1848 年 1 月 21 日

[1848 年 1 月 21 日] 星期五晚上于巴黎

亲爱的马克思：

我终于逮到路·勃朗了，并且知道了为什么我总找不到他的原因。

---

① 可能是斐迪南·沃尔弗。

你看，这个矮小的著作界大老爷仅仅在星期四而且只是午后才接见客人！关于这点他从没有直接对我说过，也从没有让他的看门人告诉过我。在他那里，当然有许多蠢驴，拉蒙·德·拉萨格拉就是其中的一个；此人给了我一本小册子①，我现在随信一起寄上。这本小册子我还没有看过。后来，我终于能够同路易·勃朗谈了几分钟我们的事情。他吞吞吐吐地承认，还没有时间读你的书②……我浏览了一下，发现蒲鲁东先生在这本书里受到相当厉害的攻击……——好啦，我问道，您现在能写您曾经答应为《改革报》写的那篇文章了吧？——文章？哎呀，我的天，不行，我的出版商都正在围着我要稿子呢！这样办吧：文章您自己写，我把它登在《改革报》上。事情就这样商定了。其实，这样做于你无损。由我来叙述我们的观点，起码要比他叙述得正确。我将直接拿我们的观点去对照他的观点——这就是能够做到的一切，在《改革报》上是不能做反对《改革报》的结论的。[……]

手稿   节录
莫斯科苏共中央马列主义研究院
中央党务档案馆，F.1, op.1, Nr.243
(《马克思恩格斯全集》德文版第
27卷第113—114页，参看《马克
思恩格斯全集》中文第2版第47
卷第509—510页)

---

① 拉·德·拉萨格拉《劳动组织和研究这个问题的前提》1848年巴黎版。——编者注
② 马克思《哲学的贫困》。——编者注

198
共产主义者同盟中央委员会决议[126]

1848 年 1 月 24 日

中央委员会致布鲁塞尔区部委员会

1848 年 1 月 24 日决议

中央委员会决定委托布鲁塞尔区部委员会通知卡·马克思：如果今年 2 月 1 日（星期二）之前，他不把在上次代表大会上受托起草的《共产党宣言》寄到伦敦，那就要对他采取进一步的措施。如果他不打算起草《宣言》，中央委员会要求他立即退还代表大会提供给他的各种文件。

代表中央委员会并受其委托

签名：

沙佩尔

鲍威尔

莫尔

1848 年 1 月 25 日于伦敦

手稿
莫斯科苏共中央马列主义研究院
中央党务档案馆，F. 20, op. 1, Nr. 15
（副本）

199
伦敦民主派兄弟协会给法国无产者的信①

1848年1月31日

伦敦民主派兄弟协会致法国无产者

"人人皆兄弟"②

法国的男子汉们③：

时代的征兆预示着规模巨大的、对你们的等级④具有重大意义的变革即将来临。

我们怀着无比激动的心情密切注视着那些进步的群众集会和人民胜利的先兆——改革宴会。不久前，你们的一些最爱国的公民在这些宴会上表现了坚韧毅力和卓越才能。"制度"⑤现在简直就像一个吸血鬼，正在吮吸着法国心脏的血液。它心劳日拙地企图通过诽谤和暴力阻挠这

---

① 这封由朱利安·哈尼提议、由约瑟夫·莫尔、亨利希·鲍威尔和卡尔·沙佩尔附议的信不仅在《北极星报》上发表，而且还在1848年2月18日《德意志伦敦报》第151号上发表。德文版中出现的内容方面的重要差别，均在脚注中加以注明。
② 《德意志伦敦报》上没有这句口号。
③ 《德意志伦敦报》上为：法国的无产者。
④ 《德意志伦敦报》上为：阶级。
⑤ 《德意志伦敦报》上为：可耻的"制度"（路易-菲力浦）。

些群众集会取得胜利。诸如此类的企图只会加剧危机，而在危机中，人民主权的强大威力将证明变节者和叛徒们是微不足道的。我们没有必要充当预言家，预言你们将很快就摆脱受屈辱的、灾难性的桎梏，最近17年来，法国就是在这样的桎梏下辗转呻吟的。[……]

在这个国家（大不列颠）中，千百万工人已经同骑在他们头上的各阶级彻底决裂，日益获得政治认识和政治权力；他们在坚持自身解放的同时，对暴力斗争并不采取漠不关心的旁观态度，他们的战场就是欧洲大陆。[……]

这个国家的人民任劳任怨、不知疲倦的劳动及其在机器和化学工业方面完成的各种了不起的发明和改进，为统治阶级创造了巨大财富，而给工人们却只带来了绝望的生活①、褴褛的衣服、忍饥挨饿以及种种可怕的贫困。工厂主和商人及其同盟者——高利贷者积累了大量财富，而千百万人却日益贫困化，这就是这个所有民族中最富有的民族所创造的奇观。在这个民族中，最勤劳阶级的千百万人的社会财富被掠夺一空，而他们所在国家的制度再对人们抬高这些财富的价格。

因此，我们对那些占有一切的人同那些一无所有的人之间横着一条不可逾越的鸿沟能感到奇怪吗？

大不列颠的千百万劳动者同一切凌驾于他们之上的阶级之间就存在着这样一条鸿沟。

政治事变使这条鸿沟成了无法逾越的鸿沟。

1830年，**资产阶级**欺骗并坑害了你们这些法国无产者，同样，资产阶级在宣传"改革法案"时也欺骗并出卖了这个国家的工人。自由贸易派新近取得的成功使这个阶级的无耻谎言更加放肆，也使少数工人

---

① 《德意志伦敦报》上为：工人家庭生活的绝望毁灭。

擦亮了眼睛。在此之前，他们是不相信他们的"正派的"、"自由主义的"引诱者的叛卖行为的。

这个国家的民主运动完全是无产阶级的运动，其结果将是一场使政治平等成为现实的社会变革。①［……］

法国的男子汉们，每个国家的无产者相互表明自己是自由的，并作为公民真诚地联合起来的时代已经到来。

在任何国家里，工人们在政治上都遭到排斥并受尽社会苦难。他们的敌人是共同的敌人，他们的利益是共同的利益。

因此，让我们各国无产者忘记以往的那种可耻的流血冲突，而达到相互谅解，为那个将是其解放的见证的幸福未来而共同工作。

"民族荣誉"并不是对千百万人失去自身权利和遭受社会苦难的补偿；相反，国际间的战争只能日益加剧他们的不幸。如果英国军队在亚洲取得胜利，或者法国军队从非洲凯旋，这同工人阶级有什么关系呢？［……］

国王们已开过多次大会。让今年见证一次各国人民代表大会。让各民族的团结来隆重庆祝②这次大会，让过去那种可笑的反感和野蛮的敌视见鬼去吧。法国人、英国人、德国人③、斯堪的纳维亚人、波兰人、俄国人、意大利人以及其他各国的人们，我们呼吁你们以兄弟情谊相互拥抱，在争取**平等**、**自由**和**博爱**的斗争中肩并肩地奋勇前进。［……］

书记和委员会委员以协会名义并受其委托签名：

---

① 《德意志伦敦报》上为：一场社会改革和一种社会状况。
② 《德意志伦敦报》上为：宣告。
③ 《德意志伦敦报》上为：德国人、瑞士人。

乔·朱利安·哈尼	
厄内斯特·琼斯	大不列颠
查理·基恩	
托马斯·克拉克	
让·奥·米什洛	法国
J. 贝尔纳①	
卡尔·沙佩尔	德国
约瑟夫·莫尔	
雅·沙贝利茨	瑞士
克萨韦尔·克雷尔	
彼得·霍尔姆	斯堪的
古斯塔夫·隆德贝格	纳维亚
路德维克·奥博尔斯基	波兰
卡尔·波泽	俄国
J. 诺伊曼	
P. 尼特拉伊	匈牙利
R. 格罗斯	

1848 年 1 月 30 日于伦敦

1848 年 2 月 5 日《北极星报》（伦敦）第 537 号

节录

---

① 这份名单的英文文本引自《北极星报》，德文文本引自《德意志伦敦报》；在《北极星报》上此处为：H. 贝尔纳，而在《德意志伦敦报》上此处为：J. 贝尔纳。

200
关于伦敦工人共产主义教育协会成立八周年纪念活动的报道

1848年2月7日

伦敦工人教育协会八周年纪念

　　共产主义运动未来的历史学家需要进一步阐明的是，工人团体已为无产阶级的事业建立了多大的业绩。他们将有责任证明，这些团体撒下的种子已经生根发芽，将来势必要长出一个更加美好的新社会。他们要阐述，这些团体不仅是敞开大门的募兵站，源源不断地从这里给无产阶级大军输送新兵，而且（具有更加重大的意义）还是使无产者得到自我训练的学校。这个学校不管外部状况多么恶劣，都使无产者清楚地认识到自己的社会地位，深刻地理解自身的需要和利益，从而使他们成了革命者，成了反对现存制度的不公平和荒唐的自觉战士，并为他们增加了战斗勇气和胜利信心，确实使他们明白，这一次他们将要享受自己的斗争果实，而不再为别人去火中取栗。可是，虽然完全承认这些工人团体的功绩和成就是下一代人的事，但是我们这些还活着的、亲自置身于运动和团体的人，也能很好地评价这种结社的重要意义。

　　2月7日晚上，协会平常开会的会场装饰得焕然一新，洋溢着节日的气氛，200多人欢聚一堂，参加一次简朴的晚宴。鉴于工业危机已经使许多协会会员感到压力沉重，所以有意把晚宴的价格定得非常低，每人1先令。晚宴时的服务人员，也像布鲁塞尔工人协会举行新年庆祝活动①时一样，全由协会会员自己担任。在参加晚宴者中间，还有许多民主派兄弟协会会员（如基恩、奥博尔斯基等等）和一些德国人，他们虽然没有完全加入共产党的行列，但对协会始终采取友好的同情态度。而遗憾的是，这次晚宴尽管价格低廉，但由于工业危机，许多协会会员还是无法参加。晚宴结束后，大厅里才逐渐挤得水泄不通，因此，在晚会的娱乐活动中，出席者竟远远超过300人。晚会期间由**约·莫尔**担任主席。

物质需求得到满足之后，晚会开始，训练有素的协会合唱队首先演唱了一首适合这种场合的歌曲，接着**卡尔·沙佩尔**发言。

[……]"兄弟们，我们的座右铭始终是：各尽所能。本协会的会员们本身都能证明，他们就是这样做的。八年前，我们只有几个人，现在已经有好几百人了。如今是一个协会，下设两个分会（一个在这里，另一个在本市东区）。法国、德国、比利时、斯堪的纳维亚、波兰，甚至美国，总之，凡是有无产者的地方都知道我们。

但是，达到这一步，并不是轻而易举的，而是用斗争换来的。不仅有对外斗争，而且有对内斗争。你们中间那些从协会成立以来就加入协会的人都知道，协会存在还不到一年，由于讨论劳动关系和所有制关系，协会内部就发生了无休止的争吵，使协会濒临解散的边缘。当时，由于一些人付出了巨大努力，进行了艰苦的百折不挠的奋斗才得以保全协会。自那以后，经常有人企图从外部分裂我们，可是我们幸而挫败了这类企图。协会每年在力量上、会员的数量上都有所增长。德国的各个公使馆，特别是把我们的存在视为眼中钉的普鲁士公使馆，反对我们，往我们中间派遣密探，企图消灭我们。但是，我们揭露和驱逐了密探，使协会更加茁壮健康、更加生机勃勃地向前发展。当他们发现这种隐蔽的狠毒手段无济于事时，就试图同我们展开公开的竞争。形象可悲的骑士（本

---

① 参看文件190。

生)创立了一个青年会,即一个基督教日耳曼的羊圈,据说在这里,工人们可以免遭时代思想的灾祸。但是,这种青年会在其真正存活之前就已经可悲地死亡了,而我们却欣欣向荣,精神抖擞、自由自在地继续生存。(热烈鼓掌)

　　但是,我们还不得不经受其他内部的思想斗争。我们进行了许多思想方面的斗争和劳动,最终才认识到我们今天所处的社会状况。有人曾经企图把陌生的、同无产阶级毫不相干的思想塞进我们的队伍;我们中间混进了一些捣乱分子,混进了一些爱好虚荣的利己主义者,他们把无产阶级的事业置之脑后,而只关心自己眼皮下微不足道的个人利益。但是,我们幸而克服了这一切,取得了内部斗争和思想斗争的胜利,如同取得了对外斗争的胜利一样。现在我们懂得了我们将来要做和必须做的事情,懂得了目前和以后在关键时刻要做和必须做的事情。我们懂得了,无产阶级的事业才是发展中的事业,当前我们的主要任务就是帮助无产者认识到,无产者要获得幸福和解放,必须废除私有制,必须坚持不懈地同各种把人类分成阶级的行为作斗争。我们懂得了,现在就是传播这些总体思想,为建立以这些思想为基础的另一种社会制度作准备的时代。但是,分门别类地制定各种具体法律的时代、彻底改组社会的时代离我们还非常遥远。我们懂得这一点,因此,我们幸而也顶住了制度发明者对我们的种种诱惑(他们企图把我们置于他们早已准备好了的社会制度的奴役之下)。我们已把这种索然无味的、所有奴役中最有害的奴役拒于千里之外,因此,我们取得了并非微不足道的精神胜利。

　　当然,在所有这些斗争中不是没有损失的,在这种不流血的战场上也有人倒下。有些变节者和胆小鬼在半路上裹足不前,再也不敢同我们一起继续前进了。但是,我们并没有因此而失去勇气,因为尽管有人退出,我们仍然看到我们的队伍在日益壮大;一个战士倒下去,十个新战士补进来。我们之所以没有丧失勇气,是因为我们深知,在我们伦敦的这几百人后面,有英国和整个大陆的千百万无产者做我们的后盾。我们之所以继续进行斗争并且取得胜利,是因为我们内心充满着本世纪的精神,正是它在不可阻挡地把我们推向前进,它也活在我们千百万无产阶级兄弟的心中,让他们和我们一起永不停步,直到我们在反对任何形式和任何名目的压迫和暴政的斗争中取得胜利为止。(鼓掌)

　　但是,八年来取得成就的,不仅仅是我们,而且还有资产阶级,它在这期间也大大扩展了它的统治。它现在统治着几乎所有的欧洲国家,从塔古斯河直到涅曼河,从埃特纳火山和维苏威火山直到瑞典和丹麦,到处几乎只有立宪王国,即资产者的有组织的统治。专制主义在文明的欧洲几乎到处都已破产或者行将破产,因为奥地利君主国境内的各个民族此时正更加激烈地在进行反对梅特涅专制主义的强有力的斗争,这种斗争与其说是一场民族斗争,不如说是一场资产阶级利益反对封建主义的斗争。而我们可以确信,像在其他地方一样,资产阶级在这里也将赢得胜利,因为专制君主们很快就会明白,他们只有向资产阶级让步,只有把自己交给资产阶级的统治去任意摆布,才符合他们自身的利益。柏林的香槟酒弗里茨①和维也纳的笨伯斐迪南②(他们现在不得不向俄国的暴君③乞求金钱)很快就会认识到,立宪王国要合适多了、有利多了。他们将从法国资产者④搜刮到的几百万、西班牙立宪制的摄政女王⑤盗窃来的几百万、英国傀儡女王⑥轻而易举地每年从工人口袋里窃取的几百万中找到诱人的范例,并将同资产者握手言欢。所以,让我们做好准备,看看资产阶级的统治很快就会在整个欧洲繁荣昌盛;让我们对我们的老压迫者——诸侯和僧侣同我们的新剥削者——资产阶级即将缔结魔鬼联盟做好准备;让我们为今后的暴君不是以成千上万计而是以十万计而做好准备。

现在,我们丝毫也不要被这种前景吓破了胆,(鼓掌)甚至也不要因此而妨碍我们在反对共同的敌人——封建的、官僚的和僧侣的专制主义的斗争中同资产阶级站在一边。(请听!请注意听!)需要使整个社会实现这种尖锐的分化,需要使它这样地分成两大阵营;资产阶级即金钱化身的统治是必要的,以便使无产阶级认识到,它必须反对和消灭金钱,反对和消灭私有制。(鼓掌)我们的行动只是为了我们自身的利益,只要资产阶级为反对王权和僧侣而斗争,我们

---

① 弗里德里希-威廉四世。
② 斐迪南一世。
③ 尼古拉一世。
④ 路易-菲力浦。
⑤ 玛丽亚-克里斯蒂娜。
⑥ 维多利亚。

就支持它，借此促进更快地实现上述那种社会的尖锐分化。此外，我们要扎扎实实地工作，要坦率地告诉资产阶级：'是的，我们将同你们一起走一段路，但只因为这符合我们的利益；是的，我们要帮助你们取得政权，但我们实在不愿意让你们长期占据统治地位；你们的享受只能是短期的，然后就轮到我们无产者、千百万人。我们将颁布人类的新宪章，这个新宪章的第一句话就是：**消灭阶级差别的隔阂，废除私有制，我们大家一律平等，人人都有劳动的义务，不劳动者不得食。**'（热烈鼓掌）

兄弟们，今天的情况就是如此。因此，我们要为我们势必进行的最后的伟大斗争做好准备。这将是一次比以往历次斗争都更高尚的斗争，因为以往进行的任何一次政治革命，其目的仅仅是排挤掉旧的统治阶级，而代之以新的暴君；但是，我们要进行的革命，将不再有被压迫者和统治者；我们要使人人自由、人人平等、人人按照自己的需要分享大自然赐予的一份丰盛食物，我们不给任何人以特权，不让任何人囤积居奇，也不让任何人忍饥挨饿。（鼓掌）

但是，要达到这个我们为之奋斗的目标，不能不通过激烈的暴力斗争，不能不通过反对人的斗争，因为有人说，你们应该反对制度，不应该反对人。而在我们看来，制度是由人来代表的，只有人才同我们作对。我们不应说奉承话，通过和平的方式劝说资产者放弃他们的上帝——钱箱。不，只有当头给资产者最后一棒，只有死神松开了他们紧紧抓住的权柄，他们才会放弃金钱。因此，我们的口号仍然是：**革命，革命**！我们只需再加一句：**勇敢，勇敢，再勇敢**！（暴风雨般的掌声）

我不否认，以前我也曾经相信和平运动的可能性，甚至本协会也曾公开声明：我们只想通过和平结社、宣传等等手段进行活动。但是，我们摒弃了这个幻想，我们已经完全明白，资产者（为了他们的利益我们曾多半希望对事物进行和平的改造）根本不想知道这个地球上的财产也有无产者应得的一份。说穿了就是这样：如果你们资产者不愿改变现状，那么我们就要成为革命者，就要利用手中的武器同你们作斗争。但不要以为我们将为此秘密地或公开地购买武器，不，不是的，我们将只听从诗人的忠告①，在关键时刻，拿起你们堆放在武器库

---

① 指斐迪南·弗莱里格特；暗示他的诗作《不管怎么样》。

第三章　共产主义者同盟的创建及其纲领《共产党宣言》的制定　　　　253

里的、我们用自己的劳动帮助换来的武器。因此，我们的口号仍然是革命：我们要公开承认革命；我们要让资产者对短期统治的高兴变成扫兴；他们应该听到和知道，'现代的野蛮人'就要来了。我们要宣扬对我们的敌人的恨，这将是一种神圣的恨，因为它将点燃我们心中的烈火，激励我们为开创自由平等的王国而斗争，激励我们为人类及其自由的毫无阻碍的发展而斗争并赢得胜利。"（经久不息的、雷鸣般的掌声伴送着演说者回到自己的座位）

路易·海尔贝格在卡·沙佩尔之后发言：

"兄弟们，无产者们！刚才我们听了关于刻骨的恨的有力发言，现在请允许我来唤起这种恨所需要的那种感情，为了达到真正的恨，需要抒发*爱*的感情。因为只有爱得实实在在的人，才能有真正刻骨铭心的恨：这一对矛盾就像在其他许多事物中一样，在这里也是相辅相成的，构成一个恰当的整体；只有对朋友和志同道合者有极其强烈的爱的人，才能对敌人有不共戴天的恨。我想谈爱的问题，就是这个意思。但是，我所说的并不是那种稀里糊涂的、委靡不振的爱，它只表现在空洞而虚伪的言辞中，各国僧侣几个世纪以来一直向我们喋喋不休地鼓吹，而从来不去实行。我说的并不是那种娇滴滴的脆弱的感情，有人正打算让我们沉醉于这种感情，让我们在这种感情的陶醉下不能觉察到有人重新在加紧给我们锻造锁链。不，趁此难得的机会我想要在你们中间，在我的朋友们中间，有力地激发所有的无产者为其共同事业而进行联合和合作的感情；我还要提醒你们，这是联系全世界所有无产者的纽带。对我们来说，今天的晚会应该成为日益巩固这种联系的又一次机会。［……］

我们的外部情况是这样的：我们中间的许多人今天还在这里，但一周之后也许已在远离这里几百里之外的德国、法国或另一个国家，在那里人们才刚刚可以向暴君争取结社自由，而暴君们知道得很清楚，这种自由是一种置他们于死地的武器。因此，归根到底，我们当中的那些在这里或那里通过自己的观察已经认识到结社具有无比优越性的人们，也有义务在他们的新居留地展开活动，直到取得这种权利。而这种活动是每个人力所能及的。我们无产者不仅能够且必须在所有这样的国家里加入那个争取结社自由和出版自由的党（无论这个党的最终目的和它今后对待我们的态度是怎样的),而且能够且必须首先经常地向我们的兄弟、各国的无产者说明结社的本质和作用。我们必须设法在各地创立联合会,我们能够做到这一点,同时无论如何不要同警察局的刽子手发生无益而且危险的冲突。为此我们只需要利用现有的聚会机会;我们只需要在工场、宿舍、饭馆、酒店向我们的兄弟阐明我们的需要和利益,阐明我们这些幸运儿已经取得的地位和权利。[……] 最后,请允许我在这里谈谈我难以忘怀的一种感情,今天的晚会特别强烈地拨动了我的这种感情,即回忆起我们的兄弟们在布鲁塞尔的协会。(喝彩和鼓掌)它像这里的协会一样,开始时人数也很少,但在它存在几个月以后所取得的成果足以证明,它的前途是光明的,同这里的协会过去的情况相比可以说毫不逊色。几天前,我们大家满怀喜悦和同情的心情读到了关于根特(无论在资产者的工业方面,还是在无产阶级的革命方面,根特都是比利时的曼彻斯特)的大规模民主示威游行的报道。这次示威游行就是德意志工人协会所取得的成果之一。因为这次示威游行是由布鲁塞尔民主协会发起的①;而这一民主协会本身又是由布鲁塞尔德意志工人协会创建的。也就是说,德意志工人协会会员在这方面不仅起了间接的作用(因为德国工人也在其比利时的同事中宣传了协会的精神和对协会的优越性的认识),而且非常直接地推动并参与了该协会的创建。但是,民主协会在短期内不仅在布鲁塞尔和比利时的其他地区扎下了茁壮的、不再能被拔除的深根,而且向荷兰伸展了强有力的分支,也在荷兰撒下了民主运动的种子。因此,让我们在今天的晚会上由衷地友好地思念这个布鲁塞尔的兄弟协会,让我们为它和全世界所有其他的无产者团体(不管是秘密的还是公开的)高呼万岁。所有无产者团体万岁,万岁,万万岁!"[……]

亨·鲍威尔 [……] 这位发言人举杯祝酒,**为未来的社会革命干杯**,并发表了如下祝词:

"有些事物是无法阻挡的;愚蠢地企图加以阻挡的人,就会被运动的巨轮碾

---

① 参看文件201。

得粉碎。未来的社会革命也是如此。迄今为止，虽然进行了两次伟大的革命，一次是宗教革命，一次是政治革命，但是没有一次革命是成功的；教皇和教士依然存在，一些被压迫的国家仍在同专制制度作斗争，争取资产阶级的统治。只有当资产阶级到处都取得了胜利，并组织了资产阶级的政府，社会革命才会出现，而这就是我们的希望之星。（热烈鼓掌）

革命这个单纯的字眼曾经是一种可怕的幽灵，这样的时代已经一去不复返了；今天，这个字眼在千百万人心中正唤起喜悦和希望，在他们陷入贫困时给他们以力量和勇气；对于千百万一无所有者来说，革命是最后的救命稻草，是导致摆脱不堪忍受的贫困桎梏的最后手段。（热烈鼓掌）

资产者反对专制制度和僧侣的历次革命，当然对我们是有某些好处的，它们给我们提供了促进我们的利益的某些手段。但是，如果资产者完全取得胜利，他们本身从一个还比较革命的阶级变成一个保守的阶级，那么毫无疑问（现代历史已经充分证明），他们将像过去和现在的专制制度一样也对我们实行反动。（请听，请注意听！）

通过宣传教育抵制上述情况，是我们的当务之急，是我们的主要职责。只有所有无产者都理解自己的需要，或者，即使不可能是所有无产者，至少也是大多数无产者（因为其他部分因受本能或客观情况的驱使而同我们分道扬镳了）理解自己的需要，革命本身才可能爆发并带来丰硕成果。但是，无产阶级的多数只有受到教育和团结一致，胜利才肯定属于我们。到那时，任何人为的力量都无法阻挡，就像以前不能有效地阻挡宗教革命和政治革命一样，因为革命的时代已经到来。（鼓掌）然而，社会革命是什么，它的要求是什么？它要开创一种社会制度，在这种制度下，人人可以充分发挥自己的力量，完全满足自己的需要；那时任何人都不能靠损害他人而享有特权和拥有财产，那时人人都把自己的劳动贡献给共同的事业，因为劳动资料也是大家共有的，因为劳动本身不再像今天这样是换取一点外在收入的雇佣劳动，满足内在的活动欲望才是劳动的本来目的、劳动的本来报酬。**总而言之，社会革命要把所有的人都变成人。"**（全场完全赞同）

接着，**列斯纳**在晚会上朗诵了一首他为晚会所作的诗。[……]

弗伦克尔（伦敦东区不久前重新改组的工人协会的会员）把东区协会看成是大协会的一个分支，呼吁大协会的会员经常到东区去，友好地支持这个新建的、当然还很幼小的协会，通过作报告和提供消息的办法促进该协会的发展。他说，我们的人数固然还很少，大概同你们八年前的人数差不多；但是，进步的精神也鼓舞着我们，我们也不断地关心纠正自己的看法，使自己受到教育；我们也完全理解无产阶级运动的精神，资产阶级越是竭力压抑单个的无产者，运动就越是昂首阔步地向前发展。通常由于不利的外部条件，由于缺乏各种外在的手段，在无产阶级的大多数人中无知和愚昧还是司空见惯的；但是，尽管如此，一些人还是努力摆脱了我们的压迫者总想永远把我们禁锢在其中的无知的长夜；此外，这些人往往还竭力把知识和教育之光带给其他兄弟们。兄弟们，这种情况不仅在这里以及其他享有言论自由和结社自由的国家里发生，而且更多地在以读书会和歌咏会等等团体作掩护的大陆上不自由的国家里发生。在那里，一种使资产者和诸侯们感到恐惧的精神在无产者中传播，在那里，天边也已雷声隆隆、电光闪闪，预示着社会革命即将来临。我们衷心希望它来临，因为在这次革命中只有我们将发展成为人。但是，为了使这次革命真正对我们有利，为了使革命的果实不再被人从我们手中夺走，为了我们不再重蹈以往历次斗争的覆辙——那时无产者血流成河，但他们却不知道为什么流血，以致资产者得以迅速地轻易夺走胜利果实——为了避免上述情况，首要的任务就是通过一切宣传手段，即通过演说和著作来教育无产阶级，使无产阶级做好准备。无产者必须学会认识自己的目标是什么，通向目标的途径是什么，尤其还必须认识和坚信，他们只有团结一致，克服一切无谓的争吵，抛弃一切个人的虚荣，才能取得胜利。无产者必须学会夺取最艰巨的胜利，即战胜自己心中有害的激情，然后他就能轻而易举地战胜外部敌人。（热烈鼓掌）

普芬德就协会八年来所取得的进步同这一时期外部世界的社会发展之间,以及同思想领域所取得的进步之间的联系讲了几句开场白以后,便谈到现在协会内盛行的观点和思想。对这个问题他是这样说的:

"今天晚上我听到人们把革命及其必要性问题反复作为一种新事物来谈论,但我认为,我们多年来一直就是革命者。因为凡是思考自己的状况,设法提升和改善自己的状况的人,就是革命者;因为他为此就始终以推翻现存制度为目标。有的人就像听话的牲口一样,不管偶然事件使他陷入什么境地,他都心满意足、怡然自得地吃着自己的一片面包,其他什么都不想,只有这种人才不是革命者。(鼓掌)

在这个意义上,每一个有思想的人一般都至少经历过一次革命。他一般开始进行的革命是反对我们在童年时代接受的思想,即反对阴暗模糊的幻像。如果这个人通过一次精神革命摆脱这种令人窒息的思想,以至他能以纯真的眼光观察这个世界的状况,那么,他就会看到,在人类社会里,各派之间是截然对立的。开始时,年轻幼稚的人还难以采取旗帜鲜明的态度,他们以为通过爱的途径就能够和平地调解对立。但是,只要不是出于虚伪自私的意图而闭目塞听的人,不久就一定会明白,这与爱的说教毫不相干,喜欢经常说这个词的人通常在他们的行动上也至少会想到这个词。然而人们很快就会认识到,现在我们中的大多数人也已经认识到,确实与爱毫无关系;'爱'这个词竟被如此恣意滥用,以致使它信誉扫地。人们最好把它从语言中、从男人之间的相互关系中清除掉,把它及其派生概念如'献身'等等更多地用到男女之间的关系上。但是,对于男人来说,应当相互尊重对方的权利,如果人们正确地行事,就应当把人人享有的权利和尊重视为社会关系的基础。(热烈鼓掌)

这话在某些人听来似乎有些粗暴,但除此之外,别无他法。无产者必须鼓起勇气,粗暴地抵制外界的那些粗暴的派别。革命已发生过多次,而且,只要不是所有人都能充分享受人的权利,即不是所有人的本质都能得到充分发展,革命还会不断地发生。(鼓掌)至于这种革命是迅猛的还是缓慢的、流血的还是不流血的,则取决于无产阶级在卓有成效地开始外部的革命以前,事先必须经历的精神革命。因此,光记住先进战士的义务还不够,还要运用他们的一切力量,经常从精神上提高并造就他们的兄弟们,因为只有这样才能使社会革命成为它应该成为的那种革命,即最后的、解救性的、真正的人的革命。"(热烈鼓掌)

晚会上还有几个人发表了简短的祝酒词。沙佩尔为操德语但非德意志民族的、加入了协会并参加其讨论的全体会员祝酒,虽然这些讨论是以德语进行的。[……]

1848年2月11日和18日《德意志伦敦报》第150号

节录

201
布鲁塞尔民主协会委员会给伦敦民主派兄弟协会的信

1848年2月13日

布鲁塞尔"民主协会"致伦敦"民主派兄弟协会"

去年12月的来信收到,我们立即讨论了关于召开国际民主派代表会议以及贵会和我会每月进行通信的建议。①

你们考虑到将来要在伦敦召开第二次会议，因而建议第一次会议在布鲁塞尔这里召开；你们建议我会在今年比利时革命纪念时举行第一次会议，并由我会委员会准备会议议程；这些建议都已一致热烈通过了。

你们表示准备每月和我会进行定期的通信，我们同样竭诚欢迎。

现在，概括地叙述一下我们的成就和我们事业的一般情况。

我会正在蓬勃发展，实堪欣慰。会员人数每周都有增加，所有公众，尤其是工人阶级，已愈来愈关心我们的活动。

但是，足以更好证明我们的成就的却是我们的运动在比利时各省所引起的关注。比利时一些最大的城市向我们提出要求，希望我们派遣代表帮助他们建立像我们这样的民主协会，并和首都的协会建立经常的联系。

我们立即对这些要求作了答复。为了召开大会以建立协会的分会，我们派遣了代表团到根特。到会的人数极多，大会以不可名状的热情接待了我们由不同民族所组成的代表团。立即通过了建立民主协会的决议，并编制了会员名单。此后，我们得到根特来的消息，知道协会终于成立，而且举行了第二次大会，到会人数比第一次大会更多，情况也更为热烈。出席会议的有三千多公民，令人高兴的是其中大多数是工人。

我们认为在根特所取得的进展是我们在比利时的事业的最大成就。根特是比利时的主要工业城市，居民达十万以上，可以说是弗兰德斯所有劳动居民的中心。根特所处的地位对整个比利时工人运动具有决定的意义。因此，我们可以认为这个比利时的曼彻斯特的工厂工人的那种再接再厉展

---

① 指"民主派兄弟协会"致布鲁塞尔民主协会的信。该信发表于1847年12月11日的《北极星报》及1847年12月26日的《德意志—布鲁塞尔报》。关于建立各国民主派之间更正规的联系以及准备召开国际民主派代表会议的建议，1847年11月底至12月间"民主派兄弟协会"的代表曾经和代表民主协会委员会的马克思讨论过，当时马克思和恩格斯正在伦敦。——原卷末注

开纯民主运动的决心，体现着、预示着比利时大多数无产者的同样决心。

在下次信中，我们想报道一些我们在比利时其他城市中的进一步成就，这些成就将逐渐恢复比利时的强大、团结而有组织的民主党。

你们最近的告大不列颠和爱尔兰工人书①中关于"国防"问题的见解，我们完全同意。我们希望，这篇告工人书将使英国人民充分认识清楚谁是他们真正的敌人。

我们对英国宪章派的大多数为了最后建立爱尔兰人民和大不列颠人民的紧密同盟所采取的步骤，同样感到非常的满意。爱尔兰人民由于成见，对英格兰的被压迫阶级和两国的压迫者毫无区别地都一概加以憎恨，我们觉得现在消除这种成见的可能性比已往任何时候都要大。我们希望，英格兰和爱尔兰的人民运动将很快由菲格斯·奥康瑙尔一人统一领导起来，同时我们认为，英格兰和爱尔兰的被压迫阶级在民主旗帜下形成的这种团结将是我们整个事业的最重要的成就。

最后，请接受我们兄弟般的敬意。

民主协会委员会

主　　席　律·若特兰

副　主　席　卡·马克思

律师兼秘书　阿·皮卡尔

1848年2月13日于布鲁塞尔

---

① 1848年1月3日"民主派兄弟协会"告大不列颠和爱尔兰工人书，刊载于1848年1月8日的《北极星报》。当时英国资产阶级集团正在宣传沙文主义并放出风声说，似乎法国准备进攻不列颠岛，以便使工人阶级脱离争取民主改革的斗争；告工人书在谈及英国国防时，揭露了这一阴谋。告工人书中号召工人坚决反击"力图挑拨工人的阴谋家，这些人制造卑劣的谎言，把不同国家的人说成是'天生的敌人'"。告工人书中指出，要真正加强英国的防御力量，就应该给英国人民以民主权利和自由。——原卷末注

1848年3月4日《北极星报》第541号(《马克思恩格斯全集》德文版第4卷第601—603页,参看《马克思恩格斯全集》中文第1版第4卷第578—580页)

202
卡尔·马克思和弗里德里希·恩格斯
《共产党宣言》

1848年2月底

共产党宣言

一个幽灵,共产主义的幽灵,在欧洲游荡。为了对这个幽灵进行神圣的围剿,旧欧洲的一切势力,教皇和沙皇、梅特涅和基佐、法国的激进派和德国的警察,都联合起来了。

有哪一个反对党不被它的当政的敌人骂为共产党呢?又有哪一个反对党不拿共产主义这个罪名去回敬更进步的反对党人和自己的反动敌人呢?

从这一事实中可以得出两个结论:

共产主义已经被欧洲的一切势力公认为一种势力；

现在是共产党人向全世界公开说明自己的观点、自己的目的、自己的意图并且拿党自己的宣言来反驳关于共产主义幽灵的神话的时候了。

为了这个目的，各国共产党人集会于伦敦，拟定了如下的宣言，用英文、法文、德文、意大利文、佛拉芒文和丹麦文公布于世。

一　资产者和无产者①

至今一切社会的历史②都是阶级斗争的历史。

自由民和奴隶、贵族和平民、领主和农奴、行会师傅③和帮工，一句话，压迫者和被压迫者，始终处于相互对立的地位，进行不断的、有时隐蔽有时公开的斗争，而每一次斗争的结局都是整个社会受到革命改造或者斗争的各阶级同归于尽。

---

① 恩格斯在1888年英文版上加了一个注："资产阶级是指占有社会生产资料并使用雇佣劳动的现代资本家阶级。无产阶级是指没有自己的生产资料，因而不得不靠出卖劳动力来维持生活的现代雇佣工人阶级。"——编者注

② 恩格斯在1888年英文版上加了一个注："这是指有文字记载的全部历史。在1847年，社会的史前史、成文史以前的社会组织，几乎还没有人知道。后来，哈克斯特豪森发现了俄国的土地公有制，毛勒证明了这种公有制是一切条顿族的历史起源的社会基础，而且人们逐渐发现，农村公社是或者曾经是从印度到爱尔兰的各地社会的原始形态。最后，摩尔根发现了氏族的真正本质及其对部落的关系，这一卓绝发现把这种原始共产主义社会的内部组织的典型形式揭示出来了。随着这种原始公社的解体，社会开始分裂为各个独特的、终于彼此对立的阶级。关于这个解体过程，我曾经试图在《家庭、私有制和国家的起源》（1886年斯图加特第2版）中加以探讨。"——编者注

③ 恩格斯在1888年英文版上加了一个注："行会师傅就是在行会中享有全权的会员，是行会内部的师傅，而不是行会的首领。"——编者注

在过去的各个历史时代，我们几乎到处都可以看到社会完全划分为各个不同的等级，看到社会地位分成多种多样的层次。在古罗马，有贵族、骑士、平民、奴隶，在中世纪，有封建主、臣仆、行会师傅、帮工、农奴，而且几乎在每一个阶级内部又有一些特殊的阶层。

从封建社会的灭亡中产生出来的现代资产阶级社会并没有消灭阶级对立。它只是用新的阶级、新的压迫条件、新的斗争形式代替了旧的。

但是，我们的时代，资产阶级时代，却有一个特点：它使阶级对立简单化了。整个社会日益分裂为两大敌对的阵营，分裂为两大相互直接对立的阶级：资产阶级和无产阶级。

从中世纪的农奴中产生了初期城市的城关市民；从这个市民等级中发展出最初的资产阶级分子。

美洲的发现、绕过非洲的航行，给新兴的资产阶级开辟了新天地。东印度和中国的市场、美洲的殖民化、对殖民地的贸易、交换手段和一般商品的增加，使商业、航海业和工业空前高涨，因而使正在崩溃的封建社会内部的革命因素迅速发展。

以前那种封建的或行会的工业经营方式已经不能满足随着新市场的出现而增加的需求了。工场手工业代替了这种经营方式。行会师傅被工业的中间等级排挤掉了；各种行业组织之间的分工随着各个作坊内部的分工的出现而消失了。

但是，市场总是在扩大，需求总是在增加。甚至工场手工业也不再能满足需要了。于是，**蒸汽**和机器引起了工业生产的革命。现代大工业代替了工场手工业；工业中的百万富翁、一支一支产业大军的首领、现代资产者，代替了工业的中间等级。

大工业建立了由美洲的发现所准备好的世界市场。世界市场使商业、航海业和陆路交通得到了巨大的发展。这种发展又反过来促进了工业的扩展，同时，随着工业、商业、航海业和铁路的扩展，资产阶级也在同一程度上发展起来，增加自己的资本，把中世纪遗留下来的一切阶级排挤到后面去。

由此可见，现代资产阶级本身是一个长期发展过程的产物，是生产方式和交换方式的一系列变革的产物。

资产阶级的这种发展的每一个阶段，都伴随着相应的政治上的进展①。它在封建主统治下是被压迫的等级，在公社②里是武装的和自治的团体，在一些地方组成独立的城市共和国③，在另一些地方组成君主国中的纳税的第三等级④；后来，在工场手工业时期，它是等级君主国⑤或专制君主国中同贵族抗衡的势力，而且是大君主国的主要基础；最后，从大工业和世界市场建立的时候起，它在现代的代议制国家里夺得了独占的政治统治。现代的国家政权不过是管理整个资产阶级的共同事务的委员会罢了。

资产阶级在历史上曾经起过非常革命的作用。

资产阶级在它已经取得了统治的地方把一切封建的、宗法的和田园诗般的关系都破坏了。它无情地斩断了把人们束缚于天然尊长的形

---

① "相应的政治上的进展"在1888年英文版中是"这个阶级的相应的政治上的进展"。——编者注
② 恩格斯在1888年英文版上加了一个注："法国的新兴城市，甚至在它们从封建主手里争得地方自治和'第三等级'的政治权利以前，就已经称为'公社'了。一般说来，这里是把英国当做资产阶级经济发展的典型国家，而把法国当做资产阶级政治发展的典型国家。"

　　恩格斯在1890年德文版上加了一个注："意大利和法国的市民，从他们的封建主手中买得或争得最初的自治权以后，就把自己的城市共同体称为'公社'。"——编者注
③ 在1888年英文版中这里加上了"（例如在意大利和德国）"。——编者注
④ 在1888年英文版中这里加上了"（例如在法国）"。——编者注
⑤ "等级君主国"在1888年英文版中是"半封建君主国"。——编者注

形色色的封建羁绊，它使人和人之间除了赤裸裸的利害关系，除了冷酷无情的"现金交易"，就再也没有任何别的联系了。它把宗教虔诚、骑士热忱、小市民伤感这些情感的神圣发作，淹没在利己主义打算的冰水之中。它把人的尊严变成了交换价值，用一种没有良心的贸易自由代替了无数特许的和自力挣得的自由。总而言之，它用公开的、无耻的、直接的、露骨的剥削代替了由宗教幻想和政治幻想掩盖着的剥削。

资产阶级抹去了一切向来受人尊崇和令人敬畏的职业的神圣光环。它把医生、律师、教士、诗人和学者变成了它出钱招雇的雇佣劳动者。

资产阶级撕下了罩在家庭关系上的温情脉脉的面纱，把这种关系变成了纯粹的金钱关系。

资产阶级揭示了，在中世纪深受反动派称许的那种人力的野蛮使用，是以极端怠惰作为相应补充的。它第一个证明了，人的活动能够取得什么样的成就。它创造了完全不同于埃及金字塔、罗马水道和哥特式教堂的奇迹；它完成了完全不同于民族大迁徙①和十字军征讨②的远征。

---

① 民族大迁徙指公元3—7世纪日耳曼、斯拉夫及其他部落向罗马帝国的大规模迁徙。4世纪上半叶，日耳曼部落中的西哥特人因遭到匈奴人的进攻侵入罗马帝国。经过长期的战争，西哥特人于5世纪在西罗马帝国境内定居下来，建立了自己的国家。日耳曼人的其他部落也相继在欧洲和北非建立了独立的国家。民族大迁徙对摧毁罗马帝国的奴隶制度和推动西欧封建制度的产生起了重要的作用。——原卷末注
② 十字军征讨指11—13世纪西欧天主教会、封建主和大商人打着从伊斯兰教徒手中解放圣地耶路撒冷的宗教旗帜，主要对东地中海沿岸伊斯兰教国家发动的侵略战争。因参加者的衣服上缝有红十字，故称"十字军"。十字军征讨前后共八次，历时近200年，最后以失败而告终。十字军征讨给东方国家的人民带来了深重的灾难，也使西欧国家的人民遭受惨重的牺牲，但是，它在客观上也对东西方的经济和文化交流起到了一定的促进作用。——原卷末注

资产阶级除非对生产工具,从而对生产关系,从而对全部社会关系不断地进行革命,否则就不能生存下去。反之,原封不动地保持旧的生产方式,却是过去的一切工业阶级生存的首要条件。生产的不断变革,一切社会状况不停的动荡,永远的不安定和变动,这就是资产阶级时代不同于过去一切时代的地方。一切固定的僵化的关系以及与之相适应的素被尊崇的观念和见解都被消除了,一切新形成的关系等不到固定下来就陈旧了。一切等级的和固定的东西都烟消云散了,一切神圣的东西都被亵渎了。人们终于不得不用冷静的眼光来看他们的生活地位、他们的相互关系。

不断扩大产品销路的需要,驱使资产阶级奔走于全球各地。它必须到处落户,到处开发,到处建立联系。

资产阶级,由于开拓了世界市场,使一切国家的生产和消费都成为世界性的了。使反动派大为惋惜的是,资产阶级挖掉了工业脚下的民族基础。古老的民族工业被消灭了,并且每天都还在被消灭。它们被新的工业排挤掉了,新的工业的建立已经成为一切文明民族的生命攸关的问题;这些工业所加工的,已经不是本地的原料,而是来自极其遥远的地区的原料;它们的产品不仅供本国消费,而且同时供世界各地消费。旧的、靠本国产品来满足的需要,被新的、要靠极其遥远的国家和地带的产品来满足的需要所代替了。过去那种地方的和民族的自给自足和闭关自守状态,被各民族的各方面的互相往来和各方面的互相依赖所代替了。物质的生产是如此,精神的生产也是如此。各民族的精神产品成了公共的财产。民族的片面性和局限性日益成为不可能,于是由许多种民族的和地方的文学形成了一种世界的文学①。

---

① "文学"一词德文是"Literatur",这里泛指科学、艺术、哲学、政治等等方面的著作。——编者注

资产阶级,由于一切生产工具的迅速改进,由于交通的极其便利,把一切民族甚至最野蛮的民族都卷到文明中来了。它的商品的低廉价格,是它用来摧毁一切万里长城、征服野蛮人最顽强的仇外心理的重炮。它迫使一切民族——如果它们不想灭亡的话——采用资产阶级的生产方式;它迫使它们在自己那里推行所谓的文明,即变成资产者。一句话,它按照自己的面貌为自己创造出一个世界。

资产阶级使农村屈服于城市的统治。它创立了巨大的城市,使城市人口比农村人口大大增加起来,因而使很大一部分居民脱离了农村生活的愚昧状态。正像它使农村从属于城市一样,它使未开化和半开化的国家从属于文明的国家,使农民的民族从属于资产阶级的民族,使东方从属于西方。

资产阶级日甚一日地消灭生产资料、财产和人口的分散状态。它使人口密集起来,使生产资料集中起来,使财产聚集在少数人的手里。由此必然产生的结果就是政治的集中。各自独立的、几乎只有同盟关系的、各有不同利益、不同法律、不同政府、不同关税的各个地区,现在已经结合为一个拥有**统一的**政府、**统一的**法律、**统一的**民族阶级利益和**统一的**关税的**统一的**民族。

资产阶级在它的不到一百年的阶级统治中所创造的生产力,比过去一切世代创造的全部生产力还要多,还要大。自然力的征服,机器的采用,化学在工业和农业中的应用,轮船的行驶,铁路的通行,电报的使用,整个整个大陆的开垦,河川的通航,仿佛用法术从地下呼唤出来的大量人口——过去哪一个世纪料想到在社会劳动里蕴藏有这样的生产力呢?

由此可见,资产阶级赖以形成的生产资料和交换手段,是在封建社会里造成的。在这些生产资料和交换手段发展的一定阶段上,封建社会的生产和交换在其中进行的关系,封建的农业和工场手工业组织,一句话，封建的所有制关系，就不再适应已经发展的生产力了。这种关系已经在阻碍生产而不是促进生产了。它变成了束缚生产的桎梏。它必须被炸毁，它已经被炸毁了。

起而代之的是自由竞争以及与自由竞争相适应的社会制度和政治制度、资产阶级的经济统治和政治统治。

现在，我们眼前又进行着类似的运动。资产阶级的生产关系和交换关系，资产阶级的所有制关系，这个曾经仿佛用法术创造了如此庞大的生产资料和交换手段的现代资产阶级社会，现在像一个魔法师一样不能再支配自己用法术呼唤出来的魔鬼了。几十年来的工业和商业的历史，只不过是现代生产力反抗现代生产关系、反抗作为资产阶级及其统治的存在条件的所有制关系的历史。只要指出在周期性的重复中越来越危及整个资产阶级社会生存的商业危机就够了。在商业危机期间，总是不仅有很大一部分制成的产品被毁灭掉，而且有很大一部分已经造成的生产力被毁灭掉。在危机期间，发生一种在过去一切**时代**看来都好像是荒唐现象的社会瘟疫，即生产过剩的瘟疫。社会突然发现自己回到了一时的野蛮状态；仿佛是一次饥荒、一场普遍的毁灭性战争，使社会失去了全部生活资料；仿佛是工业和商业全被毁灭了。这是什么缘故呢？因为社会上文明过度，生活资料太多，工业和商业太发达。社会所拥有的生产力已经不能再促进资产阶级文明和资产阶级所有制关系的发展；相反，生产力已经强大到这种关系所不能适应的地步，它已经受到这种关系的阻碍；而它一着手克服这种障碍，就使整个资产阶级社会陷入混乱，就使资产阶级所有制的存在受到威胁。资产阶级的关系已经太狭窄了，再容纳不了它本身所造成的财富了。资产阶级用什么办法来克服这种危机呢？一方面不得不消灭大量生产力，另一方面夺取新的市场，更加彻底地利用旧的市场。这究竟是怎样的一种办法呢？这不过是资产阶级准备更全面更猛烈的危机的办法，不过是使防止危机的手段越来越少的办法。

资产阶级用来推翻封建制度的武器,现在却对准资产阶级自己了。但是,资产阶级不仅锻造了置自身于死地的武器;它还产生了将要运用这种武器的人——现代的工人,即**无产者**。

随着资产阶级即资本的发展,无产阶级即现代工人阶级也在同一程度上得到发展;现代的工人只有当他们找到工作的时候才能生存,而且只有当他们的劳动增殖资本的时候才能找到工作。这些不得不把自己零星出卖的工人,像其他任何货物一样,也是一种商品,所以他们同样地受到竞争的一切变化、市场的一切波动的影响。

由于推广机器和分工,无产者的劳动已经失去了任何独立的性质,因而对工人也失去了任何吸引力。工人变成了机器的单纯的附属品,要求他做的只是极其简单、极其单调和极容易学会的操作。因此,花在工人身上的费用,几乎只限于维持工人生活和延续工人后代所必需的生活资料。但是,商品的价格,从而劳动的价格①,是同它的生产费用相等的。因此,劳动越使人感到厌恶,工资也就越减少。不仅如此,机器越推广,分工越细致,劳动量②也就越增加,这或者是由于工作时间的延长,或者是由于在一定时间内所要求的劳动的增加,机器运转的加速,等等。

现代工业已经把家长式的师傅的小作坊变成了工业资本家的大工厂。挤在工厂里的工人群众就像士兵一样被组织起来。他们是产业军的

---

① 马克思和恩格斯在他们的早期著作中曾经使用"出卖劳动"、"劳动价格"这些概念。马克思后来纠正了这一说法,认为工人出卖的不是他们的劳动,而是他们的劳动力。恩格斯在《〈雇佣劳动与资本〉1891年单行本导言》中对此作了详细说明(见《马克思恩格斯文集》第1卷第708—709页)。——原卷末注

② "劳动量"在1888年英文版中是"劳动负担"。——编者注

普通士兵，受着各级军士和军官的层层监视。他们不仅仅是资产阶级的、资产阶级国家的奴隶，他们每日每时都受机器、受监工、首先是受各个经营工厂的资产者本人的奴役。这种专制制度越是公开地把营利宣布为自己的最终目的，它就越是可鄙、可恨和可恶。

手的操作所要求的技巧和气力越少，换句话说，现代工业越发达，男工也就越受到女工和童工的排挤。对工人阶级来说，性别和年龄的差别再没有什么社会意义了。他们都只是劳动工具，不过因为年龄和性别的不同而需要不同的费用罢了。

当厂主对工人的剥削告一段落，工人领到了用现钱支付的工资的时候，马上就有资产阶级中的另一部分人——房东、小店主、当铺老板等等向他们扑来。

以前的中间等级的下层，即小工业家、小商人和小食利者，手工业者和农民——所有这些阶级都降落到无产阶级的队伍里来了，有的是因为他们的小资本不足以经营大工业，经不起较大的资本家的竞争；有的是因为他们的手艺已经被新的生产方法弄得不值钱了。无产阶级就是这样从居民的所有阶级中得到补充的。

无产阶级经历了各个不同的发展阶段。它反对资产阶级的斗争是和它的存在同时开始的。

最初是单个的工人，然后是某一工厂的工人，然后是某一地方的某一劳动部门的工人，同直接剥削他们的单个资产者作斗争。他们不仅仅攻击资产阶级的生产关系，而且攻击生产工具本身[①]；他们毁坏那些来竞争的外国商品，捣毁机器，烧毁工厂，力图恢复已经失去的中世纪工人的地位。

---

① 这句话在1888年英文版中是"他们不是攻击资产阶级的生产关系，而是攻击生产工具本身"。——编者注

在这个阶段上,工人是分散在全国各地并为竞争所分裂的群众。工人的大规模集结,还不是他们自己联合的结果,而是资产阶级联合的结果,当时资产阶级为了达到自己的政治目的必须而且暂时还能够把整个无产阶级发动起来。因此,在这个阶段上,无产者不是同自己的敌人作斗争,而是同自己的敌人的敌人作斗争,即同专制君主制的残余、地主、非工业资产者和小资产者作斗争。因此,整个历史运动都集中在资产阶级手里;在这种条件下取得的每一个胜利都是资产阶级的胜利。

但是,随着工业的发展,无产阶级不仅人数增加了,而且结合成更大的集体,它的力量日益增长,而且它越来越感觉到自己的力量。机器使劳动的差别越来越小,使工资几乎到处都降到同样低的水平,因而无产阶级内部的利益、生活状况也越来越趋于一致。资产者彼此间日益加剧的竞争以及由此引起的商业危机,使工人的工资越来越不稳定;机器的日益迅速的和继续不断的改良,使工人的整个生活地位越来越没有保障;单个工人和单个资产者之间的冲突越来越具有两个阶级的冲突的性质。工人开始成立反对资产者的同盟①;他们联合起来保卫自己的工资。他们甚至建立了经常性的团体,以便为可能发生的反抗准备食品。有些地方,斗争爆发为起义。

工人有时也得到胜利,但这种胜利只是暂时的。他们斗争的真正成果并不是直接取得的成功,而是工人的越来越扩大的联合。这种联合由于大工业所造成的日益发达的交通工具而得到发展,这种交通工具把各地的工人彼此联系起来。只要有了这种联系,就能把许多性质相同的地方性的斗争汇合成全国性的斗争,汇合成阶级斗争。而一切阶级斗争都是政治斗争。中世纪的市民靠乡间小道需要几百年才能达到的联合,现

---

① 在1888年英文版中这里加上了"(工联)"。——编者注

代的无产者利用铁路只要几年就可以达到了。

无产者组织成为阶级，从而组织成为政党这件事，不断地由于工人的自相竞争而受到破坏。但是，这种组织总是重新产生，并且一次比一次更强大、更坚固、更有力。它利用资产阶级内部的分裂，迫使他们用法律形式承认工人的个别利益。英国的十小时工作日法案①就是一个例子。

旧社会内部的所有冲突在许多方面都促进了无产阶级的发展。资产阶级处于不断的斗争中：最初反对贵族；后来反对同工业进步有利害冲突的那部分资产阶级；经常反对一切外国的资产阶级。在这一切斗争中，资产阶级都不得不向无产阶级呼吁，要求无产阶级援助，这样就把无产阶级卷进了政治运动。于是，资产阶级自己就把自己的教育因素②即反对自身的武器给予了无产阶级。

其次，我们已经看到，工业的进步把统治阶级的整批成员抛到无产阶级队伍里去，或者至少也使他们的生活条件受到威胁。他们也给无产

---

① 英国工人阶级从 18 世纪末开始争取用立法手段限制工作日，从 19 世纪 30 年代起，广大无产阶级群众投入争取十小时工作日的斗争。十小时工作日法案是英国议会在 1847 年 6 月 8 日通过的，作为法律于 1848 年 5 月 1 日起生效。该法律将妇女和儿童的日劳动时间限制为 10 小时。但是，许多英国工厂主并不遵守这项法律，他们寻找种种借口把工作日从早晨 5 时半延续到晚上 8 时半。工厂视察员伦·霍纳的报告就是很好的证明（参看《马克思恩格斯文集》第 5 卷第 314—330 页）。

恩格斯在《十小时工作日问题》和《英国的十小时工作日法》（见《马克思恩格斯全集》中文第 2 版第 10 卷）中对该法案作了详细分析。关于英国工人阶级争取正常工作日的斗争，马克思在《资本论》第 1 卷第 8 章（见《马克思恩格斯文集》第 5 卷第 267—350 页）中作了详细考察。——原卷末注

② "教育因素"在 1888 年英文版中是"政治教育和普通教育的因素"。——编者注

阶级带来了大量的教育因素①。

最后，在阶级斗争接近决战的时期，统治阶级内部的、整个旧社会内部的瓦解过程，就达到非常强烈、非常尖锐的程度，甚至使得统治阶级中的一小部分人脱离统治阶级而归附于革命的阶级，即掌握着未来的阶级。所以，正像过去贵族中有一部分人转到资产阶级方面一样，现在资产阶级中也有一部分人，特别是已经提高到能从理论上认识整个历史运动的一部分资产阶级思想家，转到无产阶级方面来了。

在当前同资产阶级对立的一切阶级中，只有无产阶级是真正革命的阶级。其余的阶级都随着大工业的发展而日趋没落和灭亡，无产阶级却是大工业本身的产物。中间等级，即小工业家、小商人、手工业者、农民，他们同资产阶级作斗争，都是为了维护他们这种中间等级的生存，以免于灭亡。所以，他们不是革命的，而是保守的。不仅如此，他们甚至是反动的，因为他们力图使历史的车轮倒转。如果说他们是革命的，那是鉴于他们行将转入无产阶级的队伍，这样，他们就不是维护他们目前的利益，而是维护他们将来的利益，他们就离开自己原来的立场，而站到无产阶级的立场上来。

流氓无产阶级是旧社会最下层中消极的腐化的部分，他们在一些地方也被无产阶级革命卷到运动里来，但是，由于他们的整个生活状况，他们更甘心于被人收买，去干反动的勾当。

在无产阶级的生活条件中，旧社会的生活条件已经被消灭了。无产者是没有财产的；他们和妻子儿女的关系同资产阶级的家庭关系再没有任何共同之处了；现代的工业劳动，现代的资本压迫，无论在英国或法国，无论在美国或德国，都是一样的，都使无产者失去了任何民族性。

---

① "大量的教育因素"在1888年英文版中是"启蒙和进步的新因素"。——编者注

法律、道德、宗教在他们看来全都是资产阶级偏见，隐藏在这些偏见后面的全都是资产阶级利益。

过去一切阶级在争得统治之后，总是使整个社会服从于它们发财致富的条件，企图以此来巩固它们已经获得的生活地位。无产者只有废除自己的现存的占有方式，从而废除全部现存的占有方式，才能取得社会生产力。无产者没有什么自己的东西必须加以保护，他们必须摧毁至今保护和保障私有财产的一切。

过去的一切运动都是少数人的，或者为少数人谋利益的运动。无产阶级的运动是绝大多数人的，为绝大多数人谋利益的独立的运动。无产阶级，现今社会的最下层，如果不炸毁构成官方社会的整个上层，就不能抬起头来，挺起胸来。如果不就内容而就形式来说，无产阶级反对资产阶级的斗争首先是一国范围内的斗争。每一个国家的无产阶级当然首先应该打倒本国的资产阶级。

在叙述无产阶级发展的最一般的阶段的时候，我们循序探讨了现存社会内部或多或少隐蔽着的国内战争，直到这个战争爆发为公开的革命，无产阶级用暴力推翻资产阶级而建立自己的统治。

我们已经看到，至今的一切社会都是建立在压迫阶级和被压迫阶级的对立之上的。但是，为了有可能压迫一个阶级，就必须保证这个阶级至少有能够勉强维持它的奴隶般的生存的条件。农奴曾经在农奴制度下挣扎到公社成员的地位，小资产者曾经在封建专制制度的束缚下挣扎到资产者的地位。现代的工人却相反，他们并不是随着工业的进步而上升，而是越来越降到本阶级的生存条件以下。工人变成赤贫者，贫困比人口和财富增长得还要快。由此可以明显地看出，资产阶级再不能做社会的统治阶级了，再不能把自己阶级的生存条件当做支配一切的规律强加于社会了。资产阶级不能统治下去了，因为它甚至不能保证自己的奴隶维持奴隶的生活，因为它不得不让自己的奴隶落到不能养活它反而要它来养活的地步。社会再不能在它统治下生存下去了，就是说，它的生存不再同社会相容了。

资产阶级生存和统治的根本条件，是财富在私人手里的积累，是资本的形成和增殖；资本的条件是雇佣劳动。雇佣劳动完全是建立在工人的自相竞争之上的。资产阶级无意中造成而又无力抵抗的工业进步，使工人通过结社而达到的革命联合代替了他们由于竞争而造成的分散状态。于是，随着大工业的发展，资产阶级赖以生产和占有产品的基础本身也就从它的脚下被挖掉了。它首先生产的是它自身的掘墓人。资产阶级的灭亡和无产阶级的胜利是同样不可避免的。

二 无产者和共产党人

共产党人同全体无产者的关系是怎样的呢？

共产党人不是同其他工人政党相对立的特殊政党。

他们没有任何同整个无产阶级的利益不同的利益。

他们不提出任何特殊的①原则，用以塑造无产阶级的运动。

共产党人同其他无产阶级政党不同的地方只是：一方面，在无产者不同的民族的斗争中，共产党人强调和坚持整个无产阶级共同的不分民族的利益；另一方面，在无产阶级和资产阶级的斗争所经历的各个发展阶段上，共产党人始终代表整个运动的利益。

因此，在实践方面，共产党人是各国工人政党中最坚决的、始终起

---

① "特殊的"在1888年英文版中是"宗派的"。——编者注

推动作用的部分①；在理论方面，他们胜过其余无产阶级群众的地方在于他们了解无产阶级运动的条件、进程和一般结果。

共产党人的最近目的是和其他一切无产阶级政党的最近目的一样的：使无产阶级形成为阶级，推翻资产阶级的统治，由无产阶级夺取政权。

共产党人的理论原理，决不是以这个或那个世界改革家所发明或发现的思想、原则为根据的。

这些原理不过是现存的阶级斗争、我们眼前的历史运动的真实关系的一般表述。废除先前存在的所有制关系，并不是共产主义所独具的特征。

一切所有制关系都经历了经常的历史更替、经常的历史变更。

例如，法国革命废除了封建的所有制，代之以资产阶级的所有制。

共产主义的特征并不是要废除一般的所有制，而是要废除资产阶级的所有制。

但是，现代的资产阶级私有制是建立在阶级对立上面、建立在一些人对另一些人的剥削②上面的产品生产和占有的最后而又最完备的表现。

从这个意义上说，共产党人可以把自己的理论概括为一句话：消灭私有制。

有人责备我们共产党人，说我们要消灭个人挣得的、自己劳动得来的财产，要消灭构成个人的一切自由、活动和独立的基础的财产。

---

① "最坚决的、始终起推动作用的部分"在1888年英文版中是"最先进的和最坚决的部分，推动所有其他部分前进的部分"。——编者注

② "一些人对另一些人的剥削"在1888年英文版中是"少数人对多数人的剥削"。——编者注

好一个劳动得来的、自己挣得的、自己赚来的财产！你们说的是资产阶级财产出现以前的那种小资产阶级的、小农的财产吗？那种财产用不着我们去消灭，工业的发展已经把它消灭了，而且每天都在消灭它。

或者，你们说的是现代的资产阶级的私有财产吧？

但是，难道雇佣劳动、无产者的劳动，会给无产者创造出财产来吗？没有的事。这种劳动所创造的是资本，即剥削雇佣劳动的财产，只有在不断产生出新的雇佣劳动来重新加以剥削的条件下才能增殖的财产。现今的这种财产是在资本和雇佣劳动的对立中运动的。让我们来看看这种对立的两个方面吧。

做一个资本家，这就是说，他在生产中不仅占有一种纯粹个人的地位，而且占有一种社会的地位。资本是集体的产物，它只有通过社会许多成员的共同活动，而且归根到底只有通过社会全体成员的共同活动，才能运动起来。

因此，资本不是一种个人力量，而是一种社会力量。

因此，把资本变为公共的、属于社会全体成员的财产，这并不是把个人财产变为社会财产。这里所改变的只是财产的社会性质。它将失掉它的阶级性质。

现在，我们来看看雇佣劳动。

雇佣劳动的平均价格是最低限度的工资，即工人为维持其工人的生活所必需的生活资料的数额。因此，雇佣工人靠自己的劳动所占有的东西，只够勉强维持他的生命的再生产。我们决不打算消灭这种供直接生命再生产用的劳动产品的个人占有，这种占有并不会留下任何剩余的东西使人们有可能支配别人的劳动。我们要消灭的只是这种占有的可怜的性质，在这种占有下，工人仅仅为增殖资本而活着，只有在统治阶级的利益需要他活着的时候才能活着。

在资产阶级社会里，活的劳动只是增殖已经积累起来的劳动的一种手段。在共产主义社会里，已经积累起来的劳动只是扩大、丰富和提高工人的生活的一种手段。

因此，在资产阶级社会里是过去支配现在，在共产主义社会里是现在支配过去。在资产阶级社会里，资本具有独立性和个性，而活动着的个人却没有独立性和个性。而资产阶级却把消灭这种关系说成是消灭个性和自由！说对了。的确，正是要消灭资产者的个性、独立性和自由。

在现今的资产阶级生产关系的范围内，所谓自由就是自由贸易、自由买卖。

但是，买卖一消失，自由买卖也就会消失。关于自由买卖的言论，也像我们的资产者的其他一切关于自由的大话一样，仅仅对于不自由的买卖来说，对于中世纪被奴役的市民来说，才是有意义的，而对于共产主义要消灭买卖、消灭资产阶级生产关系和资产阶级本身这一点来说，却是毫无意义的。

我们要消灭私有制，你们就惊慌起来。但是，在你们的现存社会里，私有财产对十分之九的成员来说已经被消灭了；这种私有制之所以存在，正是因为私有财产对十分之九的成员来说已经不存在。可见，你们责备我们，是说我们要消灭那种以社会上的绝大多数人没有财产为必要条件的所有制。

总而言之，你们责备我们，是说我们要消灭你们的那种所有制。的确，我们是要这样做的。

从劳动不再能变为资本、货币、地租，一句话，不再能变为可以垄断的社会力量的时候起，就是说，从个人财产不再能变为资产阶级财产①的时候起，你们说，个性被消灭了。

---

① 在1888年英文版中这里加上了"变为资本"。——编者注

由此可见，你们是承认，你们所理解的个性，不外是资产者、资产阶级私有者。这样的个性确实应当被消灭。

共产主义并不剥夺任何人占有社会产品的权力，它只剥夺利用这种占有去奴役他人劳动的权力。

有人反驳说，私有制一消灭，一切活动就会停止，懒惰之风就会兴起。

这样说来，资产阶级社会早就应该因懒惰而灭亡了，因为在这个社会里劳者不获，获者不劳。所有这些顾虑，都可以归结为这样一个同义反复：一旦没有资本，也就不再有雇佣劳动了。

所有这些对共产主义的物质产品的占有方式和生产方式的责备，也被扩展到精神产品的占有和生产方面。正如阶级的所有制的终止在资产者看来是生产本身的终止一样，阶级的教育的终止在他们看来就等于一切教育的终止。

资产者唯恐失去的那种教育，对绝大多数人来说是把人训练成机器。

但是，你们既然用你们资产阶级关于自由、教育、法等等的观念来衡量废除资产阶级所有制的主张，那就请你们不要同我们争论了。你们的观念本身是资产阶级的生产关系和所有制关系的产物，正像你们的法不过是被奉为法律的你们这个阶级的意志一样，而这种意志的内容是由你们这个阶级的物质生活条件来决定的。

你们的利己观念使你们把自己的生产关系和所有制关系从历史的、在生产过程中是暂时的关系变成永恒的自然规律和理性规律，这种利己观念是你们和一切灭亡了的统治阶级所共有的。谈到古代所有制的时候你们所能理解的，谈到封建所有制的时候你们所能理解的，一谈到资产阶级所有制你们就再也不能理解了。

消灭家庭！连极端的激进派也对共产党人的这种可耻的意图表示愤慨。

现代的、资产阶级的家庭是建立在什么基础上的呢？是建立在资本上面，建立在私人发财上面的。这种家庭只是在资产阶级那里才以充分发展的形式存在着，而无产者的被迫独居和公开的卖淫则是它的补充。

资产者的家庭自然会随着它的这种补充的消失而消失，两者都要随着资本的消失而消失。

你们是责备我们要消灭父母对子女的剥削吗？我们承认这种罪状。

但是，你们说，我们用社会教育代替家庭教育，就是要消灭人们最亲密的关系。

而你们的教育不也是由社会决定的吗？不也是由你们进行教育时所处的那种社会关系决定的吗？不也是由社会通过学校等等进行的直接的或间接的干涉决定的吗？共产党人并没有发明社会对教育的作用；他们仅仅是要改变这种作用的性质，要使教育摆脱统治阶级的影响。

无产者的一切家庭联系越是由于大工业的发展而被破坏，他们的子女越是由于这种发展而被变成单纯的商品和劳动工具，资产阶级关于家庭和教育、关于父母和子女的亲密关系的空话就越是令人作呕。

但是，你们共产党人是要实行公妻制的啊。整个资产阶级异口同声地向我们这样叫喊。

资产者是把自己的妻子看做单纯的生产工具的。他们听说生产工具将要公共使用，自然就不能不想到妇女也会遭到同样的命运。

他们想也没有想到，问题正在于使妇女不再处于单纯生产工具的地位。

其实，我们的资产者装得道貌岸然，对所谓的共产党人的正式公妻制表示惊讶，那是再可笑不过了。公妻制无需共产党人来实行，它差不多是一向就有的。

我们的资产者不以他们的无产者的妻子和女儿受他们支配为满足，正式的卖淫更不必说了，他们还以互相诱奸妻子为最大的享乐。

资产阶级的婚姻实际上是公妻制。人们至多只能责备共产党人，说他们想用正式的、公开的公妻制来代替伪善地掩蔽着的公妻制。其实，不言而喻，随着现在的生产关系的消灭，从这种关系中产生的公妻制，即正式的和非正式的卖淫，也就消失了。

有人还责备共产党人，说他们要取消祖国，取消民族。

工人没有祖国。决不能剥夺他们所没有的东西。因为无产阶级首先必须取得政治统治，上升为民族的阶级①，把自身组织成为民族，所以它本身还是民族的，虽然完全不是资产阶级所理解的那种意思。

随着资产阶级的发展，随着贸易自由的实现和世界市场的建立，随着工业生产以及与之相适应的生活条件的趋于一致，各国人民之间的民族分隔和对立日益消失。

无产阶级的统治将使它们更快地消失。联合的行动，至少是各文明国家的联合的行动，是无产阶级获得解放的首要条件之一。

人对人的剥削一消灭，民族对民族的剥削就会随之消灭。民族内部的阶级对立一消失，民族之间的敌对关系就会随之消失。

从宗教的、哲学的和一切意识形态的观点对共产主义提出的种种责难，都不值得详细讨论了。

人们的观念、观点和概念，一句话，人们的意识，随着人们的生活条件、人们的社会关系、人们的社会存在的改变而改变，这难道需要经过深思才能了解吗？

思想的历史除了证明精神生产随着物质生产的改造而改造，还证

---

① "民族的阶级"在1888年英文版中是"民族的领导阶级"。——编者注

明了什么呢？任何一个时代的统治思想始终都不过是统治阶级的思想。

当人们谈到使整个社会革命化的思想时，他们只是表明了一个事实：在旧社会内部已经形成了新社会的因素，旧思想的瓦解是同旧生活条件的瓦解步调一致的。

当古代世界走向灭亡的时候，古代的各种宗教就被基督教战胜了。当基督教思想在18世纪被启蒙思想击败的时候，封建社会正在同当时革命的资产阶级进行殊死的斗争。信仰自由和宗教自由的思想，不过表明自由竞争在信仰领域①里占统治地位罢了。

"但是"，有人会说，"宗教的、道德的、哲学的、政治的、法的观念等等在历史发展的进程中固然是不断改变的，而宗教、道德、哲学、政治和法在这种变化中却始终保存着。

此外，还存在着一切社会状态所共有的永恒真理，如自由、正义等等。但是共产主义要废除永恒真理，它要废除宗教、道德，而不是加以革新，所以共产主义是同至今的全部历史发展相矛盾的。"

这种责难归结为什么呢？至今的一切社会的历史都是在阶级对立中运动的，而这种对立在不同的时代具有不同的形式。

但是，不管阶级对立具有什么样的形式，社会上一部分人对另一部分人的剥削却是过去各个世纪所共有的事实。因此，毫不奇怪，各个世纪的社会意识，尽管形形色色、千差万别，总是在某些共同的形式中运动的，这些形式，这些意识形式，只有当阶级对立完全消失的时候才会完全消失。

共产主义革命就是同传统的所有制关系实行最彻底的决裂；毫不奇怪，它在自己的发展进程中要同传统的观念实行最彻底的决裂。

---

① "信仰领域"在1872、1883和1890年德文版中是"知识领域"。——编者注

不过，我们还是把资产阶级对共产主义的种种责难撇开吧。

前面我们已经看到，工人革命的第一步就是使无产阶级上升为统治阶级，争得民主。

无产阶级将利用自己的政治统治，一步一步地夺取资产阶级的全部资本，把一切生产工具集中在国家即组织成为统治阶级的无产阶级手里，并且尽可能快地增加生产力的总量。

要做到这一点，当然首先必须对所有权和资产阶级生产关系实行强制性的干涉，也就是采取这样一些措施，这些措施在经济上似乎是不够充分的和无法持续的，但是在运动进程中它们会越出本身，① 而且作为变革全部生产方式的手段是必不可少的。

这些措施在不同的国家里当然会是不同的。

但是，最先进的国家几乎都可以采取下面的措施：

1. 剥夺地产，把地租用于国家支出。
2. 征收高额累进税。
3. 废除继承权。
4. 没收一切流亡分子和叛乱分子的财产。
5. 通过拥有国家资本和独享垄断权的国家银行，把信贷集中在国家手里。
6. 把全部运输业集中在国家手里。
7. 按照共同的计划增加国家工厂和生产工具，开垦荒地和改良土壤。
8. 实行普遍劳动义务制，成立产业军，特别是在农业方面。

---

① 在1888年英文版中这里加上了"使进一步向旧的社会制度进攻成为必要"。——编者注

9. 把农业和工业结合起来，促使城乡对立①逐步消灭。②

10. 对所有儿童实行公共的和免费的教育。取消现在这种形式的儿童的工厂劳动。把教育同物质生产结合起来，等等。

当阶级差别在发展进程中已经消失而全部生产集中在联合起来的个人③的手里的时候，公共权力就失去政治性质。原来意义上的政治权力，是一个阶级用以压迫另一个阶级的有组织的暴力。如果说无产阶级在反对资产阶级的斗争中一定要联合为阶级，通过革命使自己成为统治阶级，并以统治阶级的资格用暴力消灭旧的生产关系，那么它在消灭这种生产关系的同时，也就消灭了阶级对立的存在条件，消灭了阶级本身的存在条件④，从而消灭了它自己这个阶级的统治。

代替那存在着阶级和阶级对立的资产阶级旧社会的，将是这样一个联合体，在那里，每个人的自由发展是一切人的自由发展的条件。

三 社会主义的和共产主义的文献

1. 反动的社会主义

（甲）封建的社会主义

法国和英国的贵族，按照他们的历史地位所负的使命，就是写一些

---

① "对立"在1872、1883和1890年德文版中是"差别"。——编者注
② 在1888年英文版中这一条是："把农业和工业结合起来；通过把人口更平均地分布于全国的办法逐步消灭城乡差别。"——编者注
③ "联合起来的个人"在1888年英文版中是"巨大的全国联合体"。——编者注
④ "消灭了阶级本身的存在条件"在1872、1883和1890年德文版中是"消灭了阶级本身"。——编者注

抨击现代资产阶级社会的作品。在法国的1830年七月革命①和英国的改革运动②中，他们再一次被可恨的暴发户打败了。从此就再谈不上严重的政治斗争了。他们还能进行的只是文字斗争。但是，即使在文字方面也不可能重弹复辟时期③的老调了。为了激起同情，贵族们不得不装模作样，似乎他们已经不关心自身的利益，只是为了被剥削的工人阶级的利益才去写对资产阶级的控诉书。他们用来泄愤的手段是：唱唱诅咒他们的新统治者的歌，并向他叽叽咕咕地说一些或多或少凶险的预言。

这样就产生了封建的社会主义，半是挽歌，半是谤文，半是过去的回音，半是未来的恫吓；它有时也能用辛辣、俏皮而尖刻的评论刺中资产阶级的心，但是它由于完全不能理解现代历史的进程而总是令人感到可笑。

---

① 七月革命指1830年7月爆发的法国资产阶级革命。1814年拿破仑第一帝国垮台后，代表大土地贵族利益的波旁王朝复辟，竭力恢复封建专制统治，压制资本主义的发展，限制言论自由和新闻出版自由，加剧了资产阶级同贵族地主的矛盾，激起了人民的反抗。1830年7月27—29日巴黎爆发革命，推翻了波旁王朝。金融资产阶级攫取了革命果实，建立了以奥尔良公爵路易-菲力浦为首的代表金融贵族和大资产阶级利益的"七月王朝"。——原卷末注

② 改革运动指英国工业资产阶级发动的议会改革运动。英国资产阶级为了同土地贵族争夺政治权力，在19世纪20年代末提出了改革议会选举制度的要求，经过几年斗争，在人民群众的支持下，迫使英国议会于1832年6月通过了选举法改革法案。这次改革削弱了土地贵族和金融贵族的政治垄断，加强了工业资产阶级在议会中的地位。但是，由于财产资格的限制，为争取选举制度改革而斗争的主力军工人和手工业者仍未获得选举权。——原卷末注

③ 恩格斯在1888年英文版上加了一个注："这里所指的不是1660—1689年英国的复辟时期，而是1814—1830年法国的复辟时期。"——编者注

为了拉拢人民，贵族们把无产阶级的乞食袋当做旗帜来挥舞。但是，每当人民跟着他们走的时候，都发现他们的臀部带有旧的封建纹章，于是就哈哈大笑，一哄而散。

一部分法国正统派①和"青年英国"②，都演过这出戏。

封建主说，他们的剥削方式和资产阶级的剥削不同，那他们只是忘记了，他们是在完全不同的、目前已经过时的情况和条件下进行剥削的。他们说，在他们的统治下并没有出现过现代的无产阶级，那他们只是忘记了，现代的资产阶级正是他们的社会制度的必然产物。

不过，他们毫不掩饰自己的批评的反动性质，他们控告资产阶级的主要罪状正是在于：在资产阶级的统治下有一个将把整个旧社会制度炸毁的阶级发展起来。

他们责备资产阶级，与其说是因为它产生了无产阶级，不如说是因为它产生了革命的无产阶级。

因此，在政治实践中，他们参与对工人阶级采取的一切暴力措施，在日常生活中，他们违背自己的那一套冠冕堂皇的言辞，屈尊拾取金苹

---

① 正统派是法国代表大土地贵族和高级僧侣利益的波旁王朝（1589—1792年和1814—1830年）**长系**的拥护者。1830年波旁王朝第二次被推翻以后，正统派结成政党。在反对以金融贵族和大资产阶级为支柱的当政的奥尔良王朝时，一部分正统派常常抓住社会问题进行蛊惑宣传，标榜自己维护劳动者的利益，使他们不受资产者的剥削。——原卷末注

② "青年英国"是由英国托利党中的一些政治活动家和著作家组成的集团，成立于19世纪40年代初，主要代表人物是本·迪斯累里及托·卡莱尔等。他们维护土地贵族的利益，对资产阶级日益增长的经济势力和政治势力不满，企图用蛊惑手段把工人阶级置于自己的影响之下，并利用他们反对资产阶级。——原卷末注

果①，不顾信义、仁爱和名誉去做羊毛、甜菜和烧酒的买卖。②

正如僧侣总是同封建主携手同行一样，僧侣的社会主义也总是同封建的社会主义携手同行的。

要给基督教禁欲主义涂上一层社会主义的色彩，是再容易不过了。基督教不是也激烈反对私有财产，反对婚姻，反对国家吗？它不是提倡用行善和求乞、独身和禁欲、修道和礼拜来代替这一切吗？基督教的社会主义，只不过是僧侣用来使贵族的怨愤神圣化的圣水罢了。

（乙）小资产阶级的社会主义

封建贵族并不是被资产阶级所推翻的、其生活条件在现代资产阶级社会里日益恶化和消失的唯一阶级。中世纪的城关市民和小农等级是现代资产阶级的前身。在工商业不很发达的国家里，这个阶级还在新兴的资产阶级身旁勉强生存着。在现代文明已经发展的国家里，形成了一个新的小资产阶级，它摇摆于无产阶级和资产阶级之间，并且作为资产阶级社会的补充部分不断地重新组成。但是，这一阶级的成员经常被竞争抛到无产阶级队伍里去，而且，随着大工业的发展，他们甚至觉察到，他们很快就会完全失去他们作为现代社会中一个独立部分的地位，在商业、工场手工业和农业中很快就会被监工和雇员所代替。

在农民阶级远远超过人口半数的国家，例如在法国，那些站在无产阶级方面反对资产阶级的著作家，自然是用小资产阶级和小农的尺度去批判资产阶级制度的，是从小资产阶级的立场出发替工人说话的。这样

---

① "金苹果"在1888年英文版中是"工业树上掉下来的金苹果"。——编者注
② 恩格斯在1888年英文版上加了一个注："这里主要是指德国，那里的土地贵族和容克通过管事自行经营自己的很大一部分土地，他们还开设大规模的甜菜糖厂和土豆酒厂。较富有的英国贵族还没有落到这种地步；但是，他们也知道怎样让人家用他们的名义创办颇为可疑的股份公司，以补偿地租的下降。"——编者注

就形成了小资产阶级的社会主义。西斯蒙第不仅对法国而且对英国来说都是这类著作家的首领。

这种社会主义非常透彻地分析了现代生产关系中的矛盾。它揭穿了经济学家的虚伪的粉饰。它确凿地证明了机器和分工的破坏作用、资本和地产的积聚、生产过剩、危机、小资产者和小农的必然没落、无产阶级的贫困、生产的无政府状态、财富分配的极不平均、各民族之间的毁灭性的工业战争，以及旧风尚、旧家庭关系和旧民族性的解体。

但是，这种社会主义按其实际内容来说，或者是企图恢复旧的生产资料和交换手段，从而恢复旧的所有制关系和旧的社会，或者是企图重新把现代的生产资料和交换手段硬塞到已被它们突破而且必然被突破的旧的所有制关系的框子里去。它在这两种场合都是反动的，同时又是空想的。

工场手工业中的行会制度，农业中的宗法经济。这就是它的结论。

这一思潮在它以后的发展中变成了一种怯懦的悲叹。①

（丙）德国的或"真正的"社会主义

法国的社会主义和共产主义的文献是在居于统治地位的资产阶级的压迫下产生的，并且是同这种统治作斗争的文字表现，这种文献被搬到德国的时候，那里的资产阶级才刚刚开始进行反对封建专制制度的斗争。

德国的哲学家、半哲学家和美文学家，贪婪地抓住了这种文献，不过他们忘记了：在这种著作从法国搬到德国的时候，法国的生活条件却没有同时搬过去。在德国的条件下，法国的文献完全失去了直接实践的意义，而只具有纯粹文献的形式。它必然表现为关于真正的社会、关于

---

① 在1888年英文版中这一句是："最后，当顽强的历史事实把自我欺骗的一切醉梦驱散的时候，这种形式的社会主义就化为一种可怜的哀愁。"——编者注

实现人的本质的无谓思辨。这样，第一次法国革命的要求，在18世纪的德国哲学家看来，不过是一般"实践理性"的要求，而革命的法国资产阶级的意志的表现，在他们心目中就是纯粹的意志、本来的意志、真正人的意志的规律。

德国著作家的唯一工作，就是把新的法国的思想同他们的旧的哲学信仰调和起来，或者毋宁说，就是从他们的哲学观点出发去掌握法国的思想。

这种掌握，就像掌握外国语一样，是通过翻译的。

大家知道，僧侣们曾经在古代异教经典的手抄本上面写上荒诞的天主教圣徒传。德国著作家对世俗的法国文献采取相反的做法。他们在法国的原著下面写上自己的哲学胡说。例如，他们在法国人对货币关系的批判下面写上"人的本质的外化"，在法国人对资产阶级国家的批判下面写上所谓"抽象普遍物的统治的扬弃"，等等。

这种在法国人的论述下面塞进自己哲学词句的做法，他们称之为"行动的哲学"、"真正的社会主义"、"德国的社会主义科学"、"社会主义的哲学论证"，等等。

法国的社会主义和共产主义的文献就这样被完全阉割了。既然这种文献在德国人手里已不再表现一个阶级反对另一个阶级的斗争，于是德国人就认为：他们克服了"法国人的片面性"，他们不代表真实的要求，而代表真理的要求，不代表无产者的利益，而代表人的本质的利益，即一般人的利益，这种人不属于任何阶级，根本不存在于现实界，而只存在于云雾弥漫的哲学幻想的太空。

这种曾经郑重其事地看待自己那一套拙劣的小学生作业并且大言不惭地加以吹嘘的德国社会主义，现在渐渐失去了它的自炫博学的天真。

德国的特别是普鲁士的资产阶级反对封建主和专制王朝的斗争，一句话，自由主义运动，越来越严重了。

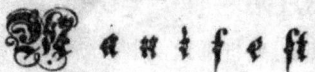

1848年出版的《共产党宣言》封面

1848年出版的《共产党宣言》首页

1848年瑞典出版的《共产党宣言》

于是，"真正的"社会主义就得到了一个好机会，把社会主义的要求同政治运动对立起来，用诅咒异端邪说的传统办法诅咒自由主义，诅咒代议制国家，诅咒资产阶级的竞争、资产阶级的新闻出版自由、资产阶级的法、资产阶级的自由和平等，并且向人民群众大肆宣扬，说什么在这个资产阶级运动中，人民群众非但一无所得，反而会失去一切。德国的社会主义恰好忘记了，法国的批判（德国的社会主义是这种批判的可怜的回声）是以现代的资产阶级社会以及相应的物质生活条件和相当的政治制度为前提的，而这一切前提当时在德国正是尚待争取的。

这种社会主义成了德意志各邦专制政府及其随从——僧侣、教员、容克和官僚求之不得的、吓唬来势汹汹的资产阶级的稻草人。

这种社会主义是这些政府用来镇压德国工人起义的毒辣的皮鞭和枪弹的甜蜜的补充。

既然"真正的"社会主义就这样成了这些政府对付德国资产阶级的武器，那么它也就直接代表了一种反动的利益，即德国小市民的利益。在德国，16世纪遗留下来的、从那时起经常以不同形式重新出现的小资产阶级，是现存制度的真实的社会基础。

保存这个小资产阶级，就是保存德国的现存制度。这个阶级胆战心惊地从资产阶级的工业统治和政治统治那里等候着无可幸免的灭亡，这一方面是由于资本的积聚，另一方面是由于革命无产阶级的兴起。在它看来，"真正的"社会主义能起一箭双雕的作用。"真正的"社会主义像瘟疫一样流行起来了。德国的社会主义者给自己的那几条干瘪的"永恒真理"披上一件用思辨的蛛丝织成的、绣满华丽辞藻的花朵和浸透甜情蜜意的甘露的外衣，这件光彩夺目的外衣只是使他们的货物在这些顾客中间增加销路罢了。

同时，德国的社会主义也越来越认识到自己的使命就是充当这种小市民的夸夸其谈的代言人。

它宣布德意志民族是模范的民族，德国小市民是模范的人。它给这些小市民的每一种丑行都加上奥秘的、高尚的、社会主义的意义，使之变成完全相反的东西。它发展到最后，就直接反对共产主义的"野蛮破坏的"倾向，并且宣布自己是不偏不倚地超乎任何阶级斗争之上的。现今在德国流行的一切所谓社会主义和共产主义的著作，除了极少数的例外，都属于这一类卑鄙龌龊的、令人委靡的文献。①

2. 保守的或资产阶级的社会主义

资产阶级中的一部分人想要消除社会的弊病，以便保障资产阶级社会的生存。

这一部分人包括：经济学家、博爱主义者、人道主义者、劳动阶级状况改善派、慈善事业组织者、动物保护协会会员、戒酒协会发起人以及形形色色的小改良家。这种资产阶级的社会主义甚至被制成一些完整的体系。我们可以举蒲鲁东的《贫困的哲学》作为例子。

社会主义的资产者愿意要现代社会的生存条件，但是不要由这些条件必然产生的斗争和危险。他们愿意要现存的社会，但是不要那些使这个社会革命化和瓦解的因素。他们愿意要资产阶级，但是不要无产阶级。在资产阶级看来，它所统治的世界自然是最美好的世界。资产阶级的社会主义把这种安慰人心的观念制成半套或整套的体系。它要求无产阶级实现它的体系，走进新的耶路撒冷，其实它不过是要求无产阶级停留在现今的社会里，但是要抛弃他们关于这个社会的可恶的观念。

这种社会主义的另一种不够系统但是比较实际的形式，力图使工人

---

① 恩格斯在1890年德文版上加了一个注："1848年的革命风暴已经把这个可恶的流派一扫而光，并且使这一流派的代表人物再也没有兴趣搞社会主义了。这一流派的主要代表和典型人物是卡尔·格律恩先生。"——编者注

阶级厌弃一切革命运动,硬说能给工人阶级带来好处的并不是这样或那样的政治改革,而仅仅是物质生活条件即经济关系的改变。但是,这种社会主义所理解的物质生活条件的改变,绝对不是只有通过革命的途径才能实现的资产阶级生产关系的废除,而是一些在这种生产关系的基础上实行的行政上的改良,因而丝毫不会改变资本和雇佣劳动的关系,至多只能减少资产阶级的统治费用和简化它的财政管理。

资产阶级的社会主义只有在它变成纯粹的演说辞令的时候,才获得自己的适当的表现。

自由贸易!为了工人阶级的利益;保护关税!为了工人阶级的利益;单人牢房!为了工人阶级的利益。这才是资产阶级的社会主义唯一真实的结论。

资产阶级的社会主义就是这样一个论断:资产者之为资产者,是为了工人阶级的利益。

3. 批判的空想的社会主义和共产主义

在这里,我们不谈在现代一切大革命中表达过无产阶级要求的文献(巴贝夫等人的著作)。

无产阶级在普遍激动的时代、在推翻封建社会的时期直接实现自己阶级利益的最初尝试,都不可避免地遭到了失败,这是由于当时无产阶级本身还不够发展,由于无产阶级解放的物质条件还没有具备,这些条件只是资产阶级时代的产物。随着这些早期的无产阶级运动而出现的革命文献,就其内容来说必然是反动的。这种文献倡导普遍的禁欲主义和粗陋的平均主义。

本来意义的社会主义和共产主义的体系,圣西门、傅立叶、欧文等人的体系,是在无产阶级和资产阶级之间的斗争还不发展的最初时期出现的。关于这个时期,我们在前面已经叙述过了(见《资产阶级和无产阶级》①)。

诚然,这些体系的发明家看到了阶级的对立,以及占统治地位的社会本身中的瓦解因素的作用。但是,他们看不到无产阶级方面的任何历史主动性,看不到它所特有的任何政治运动。

由于阶级对立的发展是同工业的发展步调一致的,所以这些发明家也不可能看到无产阶级解放的物质条件,于是他们就去探求某种社会科学、社会规律,以便创造这些条件。

社会的活动要由他们个人的发明活动来代替,解放的历史条件要由幻想的条件来代替,无产阶级的逐步组织成为阶级要由一种特意设计出来的社会组织来代替。在他们看来,今后的世界历史不过是宣传和实施他们的社会计划。

诚然,他们也意识到,他们的计划主要是代表工人阶级这一受苦最深的阶级的利益。在他们的心目中,无产阶级只是一个受苦最深的阶级。

但是,由于阶级斗争不发展,由于他们本身的生活状况,他们就以为自己是高高超乎这种阶级对立之上的。他们要改善社会一切成员的生活状况,甚至生活最优裕的成员也包括在内。因此,他们总是不加区别地向整个社会呼吁,而且主要是向统治阶级呼吁。他们以为,人们只要理解他们的体系,就会承认这种体系是最美好的社会的最美好的计划。

因此,他们拒绝一切政治行动,特别是一切革命行动;他们想通过和平的途径达到自己的目的,并且企图通过一些小型的、当然不会成功的试验,通过示范的力量来为新的社会福音开辟道路。

这种对未来社会的幻想的描绘,在无产阶级还很不发展,因而对本身的地位的认识还基于幻想的时候,是同无产阶级对社会普遍改造的最

---

① 指《共产党宣言》第一章《资产者和无产者》。——编者注

初的本能的渴望相适应的。①

但是，这些社会主义和共产主义的著作也含有批判的成分。这些著作抨击现存社会的全部基础。因此，它们提供了启发工人觉悟的极为宝贵的材料。它们关于未来社会的积极的主张，例如消灭城乡对立②、消灭家庭、消灭私人营利、消灭雇佣劳动、提倡社会和谐、把国家变成纯粹的生产管理机构——所有这些主张都只是表明要消灭阶级对立，而这种阶级对立在当时刚刚开始发展，它们所知道的只是这种对立的早期的、不明显的、不确定的形式。因此，这些主张本身还带有纯粹空想的性质。

批判的空想的社会主义和共产主义的意义，是同历史的发展成反比的。阶级斗争越发展和越具有确定的形式，这种超乎阶级斗争的幻想，这种反对阶级斗争的幻想，就越失去任何实践意义和任何理论根据。所以，虽然这些体系的创始人在许多方面是革命的，但是他们的信徒总是组成一些反动的宗派。这些信徒无视无产阶级的历史进展，还是死守着老师们的旧观点。因此，他们一贯企图削弱阶级斗争，调和对立。他们还总是梦想用试验的办法来实现自己的社会空想，创办单个的法伦斯泰尔，建立国内移民区，创立小伊加利亚，③即袖珍版的新耶路撒冷。而为了建造这一切空中楼阁，他们就不得不呼吁资产阶级发善心和慷慨解囊。他们逐渐地堕落到上述反动的或保守的社会主义者的一伙中去了，所不同的只是他们更加系统

---

① 这段话在1872、1883和1890年德文版中是："这种对未来社会的幻想的描绘，是在无产阶级还很不发展，因而对本身的地位的认识还基于幻想的时候，从无产阶级对社会普遍改造的最初的本能的渴望中产生的。"——编者注
② "城乡对立"在1888年英文版中是"城乡差别"。——编者注
③ 恩格斯在1888年英文版上加了一个注："法伦斯泰尔是沙尔·傅立叶所设计的社会主义移民区；伊加利亚是卡贝给自己的理想国和后来他在美洲创立的共产主义移民区所起的名称。"

　　恩格斯在1890年德文版上加了一个注："国内移民区是欧文给他的共产主义的模范社会所起的名称。法伦斯泰尔是傅立叶所设计的社会宫的名称。伊加利亚是卡贝所描绘的那种共产主义制度的乌托邦幻想国。"——编者注

地卖弄学问,狂热地迷信自己那一套社会科学的奇功异效。

因此,他们激烈地反对工人的一切政治运动,认为这种运动只是由于盲目地不相信新福音才发生的。

在英国,有欧文派①反对宪章派②,在法国,有傅立叶派③反对改革派④。

---

① 欧文派指英国空想社会主义者罗·欧文的拥护者。欧文认为,人是环境的产物,只有实现社会主义才能克服社会的一切罪恶。他曾在美国试办共产主义移民区,实行集体劳动和生产资料公有,最后宣告失败。欧文反对宪章运动,不主张工人开展政治斗争。认为靠知识的传播可以消除社会弊病,解决社会矛盾,并把希望寄托在统治者身上。——原卷末注

② 宪章派指宪章运动的参加者。宪章运动是 19 世纪 30—50 年代中期英国工人的政治运动,其口号是争取实施人民宪章。人民宪章要求实行普选权并为保障工人享有此项权利而创造种种条件。宪章派的领导机构是"宪章派全国协会",机关报是《北极星报》,左翼代表人物是乔·哈尼、厄·琼斯等。恩格斯称宪章派是"近代第一个工人政党"(见《马克思恩格斯文集》第 3 卷第 517 页)。按照列宁所下的定义,宪章运动是"世界上第一次广泛的、真正群众性的、政治上已经成型的无产阶级革命运动"(见《列宁全集》中文第 2 版第 36 卷第 292 页)。宪章运动出现过三次高潮,其衰落的原因在于英国工商业垄断的加强,工人阶级政治上的不成熟,以及英国资产阶级用超额利润收买英国工人阶级上层("工人贵族"),造成了英国工人阶级中机会主义倾向的增长,其表现就是工联领袖放弃了对宪章运动的支持。——原卷末注

③ 傅立叶派指法国空想社会主义者沙·傅立叶的拥护者。傅立叶认为,现存制度应当由理想的和谐制度所取代。在这种和谐制度下,社会的基层单位是工农结合与城乡结合的生产消费协作社法郎吉(Phalange)。在法郎吉中,人人参加劳动,劳动者和资本家都可以入股,产品按资本、劳动和才能进行分配。协作社成员居住和劳动的场所称做法伦斯泰尔(Phalanstere)。傅立叶派在法国和美国都曾进行过法郎吉移民区实验,这些实验均以失败告终。——原卷末注

④ 改革派又称《改革报》派,是聚集在法国《改革报》周围的一个政治集团,包括一些小资产阶级民主共和主义者和小资产阶级社会主义者。其首领是赖德律-洛兰和路易·勃朗等人。他们主张建立共和国并实行民主改革和社会改革。——原卷末注

四　共产党人对各种反对党派的态度

看过第二章之后，就可以了解共产党人同已经形成的工人政党的关系，因而也就可以了解他们同英国宪章派和北美土地改革派①的关系。

共产党人为工人阶级的最近的目的和利益而斗争，但是他们在当前的运动中同时代表运动的未来。在法国，共产党人同社会主义民主党②联合起来反对保守的和激进的资产阶级，但是并不因此放弃对那些从革命的传统中承袭下来的空谈和幻想采取批判态度的权利。

在瑞士，共产党人支持激进派，但是并不忽略这个政党是由互相矛盾的分子组成的，其中一部分是法国式的民主社会主义者，一部分是激进的资产者。

在波兰人中间，共产党人支持那个把土地革命当做民族解放的条件

---

① 北美土地改革派即全国土地改革派，又称美国"全国改革协会"，成立于1845年，是一个以手工业者和工人为核心的政治团体，宗旨是无偿地分给每一个劳动者一块土地。19世纪40年代后半期，协会宣传土地改革，反对种植场奴隶主和土地投机分子，并提出实行十小时工作制、废除农奴制、取消常备军等民主要求。许多德国手工业侨民参加了这一土地改革运动。——原卷末注

② 恩格斯在1888年英文版上加了一个注："当时这个党在议会中的代表是赖德律-洛兰，在著作界的代表是路易·勃朗，在报纸方面的代表是《改革报》。'社会主义民主党'这个名称在它的发明者那里是指民主党或共和党中或多或少带有社会主义色彩的一部分人。"

恩格斯在1890年德文版上加了一个注："当时在法国以社会主义民主党自称的政党，在政治方面的代表是赖德律-洛兰，在著作界的代表是路易·勃朗；因此，它同现今的德国社会民主党是有天壤之别的。"——编者注

的政党，即发动过1846年克拉科夫起义①的政党。

在德国，只要资产阶级采取革命的行动，共产党就同它一起去反对专制君主制、封建土地所有制和小资产阶级。

但是，共产党一分钟也不忽略教育工人尽可能明确地意识到资产阶级和无产阶级的敌对的对立，以便德国工人能够立刻利用资产阶级统治所必然带来的社会的和政治的条件作为反对资产阶级的武器，以便在推翻德国的反动阶级之后立即开始反对资产阶级本身的斗争。

共产党人把自己的主要注意力集中在德国，因为德国正处在资产阶级革命的前夜，因为同17世纪的英国和18世纪的法国相比，德国将在整个欧洲文明更进步的条件下，拥有发展得多的无产阶级去实现这个变革，因而德国的资产阶级革命只能是无产阶级革命的直接序幕。

总之，共产党人到处都支持一切反对现存的社会制度和政治制度的革命运动。

在所有这些运动中，他们都强调所有制问题是运动的基本问题，不管这个问题的发展程度怎样。

最后，共产党人到处都努力争取全世界民主政党之间的团结和协调。

共产党人不屑于隐瞒自己的观点和意图。他们公开宣布：他们的目的只有用暴力推翻全部现存的社会制度才能达到。让统治阶级在共产主

---

① 波兰人民为争取民族解放曾准备在1846年2月举行起义。起义的主要发起人是波兰的革命民主主义者埃·邓波夫斯基等人。但是，由于波兰小贵族的背叛以及起义的领袖遭普鲁士警察逮捕，总起义未能成功。仅在从1815年起由奥地利、普鲁士和俄国共管的克拉科夫举行了起义，起义者在2月22日获胜并建立了国民政府，发表了废除封建徭役的宣言。克拉科夫起义在1846年3月初被镇压。1846年11月，奥地利、普鲁士和俄国签订了关于把克拉科夫并入奥地利帝国的条约。——原卷末注

义革命面前发抖吧。无产者在这个革命中失去的只是锁链。他们获得的将是整个世界。

全世界无产者，联合起来！

《共产党宣言》1848 年伦敦版（《马克思恩格斯全集》德文版第 4 卷第 461—493 页，参看《马克思恩格斯文集》第 2 卷第 30—66 页）

第四章

革命时期的共产主义者同盟及其在工人运动和民主运动中的活动

(1848年2月至1849年7月)

203
弗里德里希·恩格斯《巴黎的革命》一文摘录

1848年2月27日

……刚刚传来的消息说，人民已经获得胜利，宣布了共和国的成立。老实说，我们并没有料想到巴黎的无产阶级会达到如此辉煌的成就。

临时政府中有三个委员是属于激进民主派的，激进民主派的机关报是《改革报》。有一个委员是**工人**①，这在世界任何一个国家里是从来不曾有过的。其余的委员是拉马丁、杜邦·德·累尔和《国民报》的两个活动家②。

由于这次革命获得胜利，法国的无产阶级又成了欧洲运动的领袖。荣誉和光荣属于巴黎的工人们！他们推动了整个世界，所有国家都将一一感到这一点，因为法兰西共和国的胜利就是全欧洲民主派的胜利。

我们的时代，民主派的时代来到了。在土伊勒里宫和皇家之宫燃起的

---

① 即阿尔伯。——编者注
② 在1848年2月24日成立的法兰西共和国临时政府中，资产阶级共和派（拉马丁、杜邦·德·累尔、克莱米约、阿拉戈、马利和恩格斯提到的两位《国民报》的活动家——马拉斯特和加尔涅-帕热斯）占了大部分职位。此外，三个《改革报》派代表（小资产阶级民主派赖德律-洛兰、弗洛孔、小资产阶级社会主义者路易·勃朗）和机械工阿尔伯（本姓马丁）也参加了政府。很快就看出，"社会主义者部长"路易·勃朗和阿尔伯只是资产阶级政府的装饰品而已。——原卷末注

火焰,是无产阶级的朝霞。现在,资产阶级的统治到处都要崩溃,被推翻。

应该相信,德国一定会步法国的后尘。德国现在如果不从屈辱中振作起来,将来就永远做不到这一点!要是德意志人还有毅力、尊严和勇气,那么过了四个星期,我们也会高呼:

"德意志共和国万岁!"

弗里德里希·恩格斯《巴黎的革命》,载于1848年2月27日《德意志—布鲁塞尔报》第17号(《马克思恩格斯全集》德文版第4卷第530页,参看《马克思恩格斯全集》中文第1版第4卷第545—548页) 摘要

204
弗里德里希·恩格斯论布鲁塞尔的革命事件和威廉·沃尔弗的被捕

1848年2月27日

……二月革命爆发了,立刻在布鲁塞尔引起反响。每天晚上人们聚

集在市民自卫团和宪兵队占据的市政厅前面的大集市广场上。广场四周的许多啤酒店和烧酒店挤满了人。人们高喊："Viva la République！"（"共和国万岁！"），高唱《马赛曲》，相互挤来挤去。政府表面上十分平静，然而它却在外省征集预备兵和休假人员。它私下通知比利时最著名的共和派若特兰先生：如果人民要国王退位，国王准备退位，若特兰要是愿意，可以从国王本人那里听到这一点。后来，若特兰果真听到列奥波特国王说，他自己在心里就是一个共和派，如果比利时想成为共和国，他是永远也不会加以阻拦的。他只是希望一切都能有秩序地进行，不要流血；此外，他还希望领到一笔优厚的养老金。这个消息秘密地迅速传开，使人们安静了下来，连起义也不打算举行了。可是，当后备队刚一调集起来，大部分军队刚一集结在布鲁塞尔周围（一个小国只要三四天就行了），国王退位的传说立即无影无踪了。一天晚上，宪兵队拔出马刀，突然冲向聚集在集市广场上的人群，而且还乱捕人。正在安安静静地走回家去的沃尔弗，也是最先遭到毒打和逮捕的一个。他被拖进市政厅，在那里又遭到狂怒和醉醺醺的市民近卫队的殴打。在被捕几天以后，他被押送出境，来到法国。……

弗里德里希·恩格斯《威廉·沃尔弗》，载于1876年7月8日《新世界》（莱比锡）第28号（《马克思恩格斯全集》德文版第19卷第59—60页，参看《马克思恩格斯全集》中文第1版第19卷第68—69页）

摘要

205
共产主义者同盟阿姆斯特丹支部给伦敦中央委员会的信[127]

1848年3月2日

1848年3月2日于阿姆斯特丹

阿姆斯特丹支部致中央委员会①

我们的兄弟扎勒已动身到你们那里去了,因此我们不无遗憾的是,还不能说明,我们可以从支部储金中为中央委员会捐献多少钱。然而,当我们说被奴役的无产阶级也要像多尔一样捐献一小份时,你们就会理解的。因此,我们向法国人欢呼,祝愿他们以及现在的临时政府幸运,祝愿该政府继续以温和的慈父般的声音说话,这种先例不久就会为其他国家所理解。(这里有人对我们说,路易-菲力浦无声无息地溜到英国去了。)现在,卡贝究竟想要干什么,**移民伊加利亚**,简直谈何容易,他可以在法国建立他的伊加利亚。

兄弟们,由于多尔兄弟事先没有把12古尔登②寄给我们,我们只得

---

① 字迹不清,也可能是:伦敦中央委员会。
② 古尔登,德国古代金、银币的名称。——译者注

设法由支部支付,并让扎勒兄弟查收这笔预付的钱。这样我们支部就支付了两笔钱。因此,我们请求你们不要忘了我们在上几封信中对你们说的话[……]在4—6周内支付尽可能多的钱。到那时,你们就可以把这笔钱用于维持那里的《共产主义杂志》①,我们保守这个秘密;我们这里的邮资由我们付,同样,你们那里的邮资则由你们付。如果这件事办成了,那么,今后我们还需要订立一个这样的协议。

多尔这个人非常马虎、轻率,他曾经答应在两周内把钱寄来。在我们这里,都还是新盟员,如果有人在领导人面前犯了这种过错——极端的拖拉作风,就一定会失去新盟员们的信任;要是换了别人,我们就要对他另眼相待了。每次讨论时,他或者上床睡觉,必须由别的盟员去把他接来,或者干脆不来。这一点,我们对他也许太苛求了,超过了你们对我们的信任,因为谁都知道,他是一个极其诚实的盟员!

杂志还没有到。传递人是同盟盟员,你们可以放心,他是一个有道德的人!

Fr.② 许布勒
汉克

手稿 第一次发表
莫斯科苏共中央马列主义研究院
中央党务档案馆,F. 20, op. 1, Nr. 117

---

① 这里可能不是指1847年9月就已出版的《共产主义杂志》(文件156),而是指《共产党宣言》。
② 字迹不清,也许是兄弟(Bruder)的缩写。

206
共产主义者同盟中央委员会关于将其所在地从布鲁塞尔迁往巴黎的决议

1848年3月3日

共产主义者同盟中央委员会决议

全世界无产者,联合起来!

根据共产主义者同盟前伦敦中央委员会的决定,伦敦中央委员会已卸除中央委员会的职权并将其所在地迁到布鲁塞尔,本此决定布鲁塞尔总区部的区部委员会即被确立为中央委员会;布鲁塞尔中央委员会鉴于:

在目前形势下,要在布鲁塞尔将盟员尤其是德国盟员加以联合是不可能的;

布鲁塞尔的同盟领导人员不是已被逮捕或被驱逐,就是随时都有被驱逐出比利时的可能;

目前巴黎是整个革命运动的中心;

目前的形势要求要对同盟进行非常有力的领导,为此无疑地必须使领导人员有权自行处理一切事务;

因此决定:

1. 中央委员会迁到巴黎。

2. 布鲁塞尔中央委员会授权盟员卡尔·马克思在目前独自实现中央对同盟一切事务的领导,这项工作他要对即将成立的新中央委员会和即将召开的代表大会负责。

3. 布鲁塞尔中央委员会委托马克思:一俟情况许可,就亲自选择人员在巴黎成立新的中央委员会,其组成人员应是最适当的盟员,为此甚至可以将不住在巴黎的盟员召去。

4. 解散布鲁塞尔中央委员会。

本决议于1848年3月3日在布鲁塞尔通过。

中央委员会

签名:

恩格斯

弗·费舍

日果

亨·施泰因根斯

卡·马克思

维尔穆特和施梯伯《19世纪共产主义者的阴谋》第1部分1853年柏林版第65—66页(《马克思恩格斯全集》德文版第4卷第607页,参看《马克思恩格斯全集》中文第1版第4卷第586—587页)

207

《人民的要求》

(科隆共产主义者的传单)[128]

1848年3月3日

人民的要求

1. 要求人民掌握立法权和管理权,在各村镇和各州实行普选权和普遍被选举权。
2. 要求言论和出版的绝对自由。
3. 要求取消常备军,实行全民武装,由人民选举指挥员。
4. 要求自由结社权。
5. 要求保护劳动并保障所有人的生活。
6. 要求对所有儿童实行完全免费的教育。

传单
柏林德国统一社会党中央马列主义
研究院中央党务档案馆,St. 6/1

208
关于巴黎的一次德国民主主义民众大会的报道

1848年3月6日

巴黎，3月7日（讯）昨天晚上，巴黎的德国民主主义者在瓦伦廷大厅集会。德国在法国还从未有过如此隆重的集会［……］第一次集会就获得成功，这是出乎意料的，因为在如此庄严的时刻，集会搞得不隆重不宏大，倒是一个难题！有4000多名德国人参加了集会。伦敦派来了代表团，即宪章派的代表团和伦敦各团体的德国人的代表团，其中，我要特别提到的是他们的朋友**沙佩尔、厄内斯特·琼斯、麦格拉斯、哈尼、莫尔**和**鲍威尔**。从布鲁塞尔来的有维尔特、博恩施泰特、瓦劳以及马克思①和若干随行的流亡者，他们是比利时王家警察局大约在三年前从巴黎的老丈人路易-菲力浦那里接收过来的，而今又把他们遣送回去，以示抗议；此外，法国人、意大利人、俄国人和匈牙利人都渴望知道，德国人在其成年时期将有什么样的表现。他们一向勇敢，这是大家公认的。会议开始，先是德国的男声合唱。接着，**格奥尔格·海尔维格**主席宣布开始讨论。他有力地强调说，今天召集德国**民主主义者**开会，旨在通过一封只能是民主意义上而不能是别的意义上的公开信，所以现在开

---

① 1848年3月12日《柏林阅览室》第62号报道说："还有马克思博士，由于比利时政府的一纸驱逐令，他被驱逐出布鲁塞尔后，就带着妻小来到这里，主席在委员会里给了他一个荣誉席位。"

展的每次讨论,也只能在民主的范围内进行。[……]①

来自伦敦的**沙佩尔先生**最先对这封宣读的公开信表示赞同,并提请大家注意——比利时人、英国人、美国人和波兰人等等在七月起义以后不久的进军中,有的通过公开信,有的通过代表,早就对法国革命表示同情,而德国人在这次运动中不应该退却。他和他的几个朋友刚从伦敦来到这里,伦敦方面已表现出极大的热情,为新的共和国尽情欢呼。最近这次革命的思想是各国人民的思想。这次革命由于其社会性质为现在所面临的那些伟大变革开辟了道路。一切意见,一切建议,不管是共产主义的、社会主义的或者其他形式的,都不妨试一试。人人都有机会畅所欲言,阐明自己的体系的优点。同时,人们在这一次集会中不要袖手旁观,而应在德国人中间建立一个持久性的组织,让他们在适当的时候拿起武器返回祖国,为祖国的自由而战。② 演说者提醒大家注意,当前从人民出发的革命,只能为人民、为无产阶级来进行;他让大家记住西里西亚和德国其他地方工人的贫困,并认为:这一点充分证明,对德国无产阶级来说,最后也举行大规模起义,已经是刻不容缓了。德国这个名字遭到了蔑视,曾经到处都是德国人,他们压迫邻国人民,比如压迫伦巴第人和波兰人,德国人甚至还企图强占自由的瑞士。**许多**事情需要德国人来纠正!这一点应该做到,沙佩尔先生要求大家在这首次集会中**团结一致**,然后立即有力地采取下一步骤。演说者讲话结束时反复高呼:"德意志共和国万岁!"

继他(沙佩尔)之后,**瓦劳**先生发言。他以布鲁塞尔工人协会主

---

① 接着,海尔维格论证了由他提出的一封《致法国人民》的公开信,报道转述了该信的全部内容;它的结束语是:"自由、平等、博爱万岁!民主万岁!欧洲共和国万岁!"

② 沙佩尔在这里所代表的关于向德国武装进军的观点,立即遭到了共产主义者的坚决抵制。

席的身份向**这里的**工人讲话。他说，我们的公开信是针对德国的过去发出的一份抗议书；对于德国的过去，我们不愿承担责任，我们要忘了它，而且要通过我们未来的行动使其他国家的人民也忘了它。[……]¹²⁹

双方对这封信反复进行了辩论（尽管毋庸怀疑，公开信将为自己争得大多数票）以后，大厅左右两侧分成了两派，开始表决。最后右侧的人纷纷拥向左侧，民主的公开信终于以六分之五的多数获得通过。

当然，由于这种分化，团结势必受到干扰。必须恢复团结，不能让那个条顿堡森林人①看到团结完全遭到破坏而幸灾乐祸。**琼斯**先生——是一位英国的宪章主义者，他的民族的骄傲，我们全体与会者的喜悦——这次建立了丰功，他的讲话不时被经久不息的掌声所打断（可惜，由于版面有限，我们不得不在下一号上才刊登他的讲话¹³⁰）。团结恢复了。大家同样欢欣鼓舞地高唱《马赛曲》和节奏明快的德国歌曲《奔向远方！》。一个意大利人通过主席声明，德国的诸侯们企图使人相信，似乎意大利人憎恨德国人——简直是无耻的诽谤！每个人都有权憎恨他的压迫者，同样，意大利也憎恨它的奥地利压迫者，但是，每一个意大利人都是**德国人民**的朋友。

一个匈牙利人也发表了类似的声明，另外还有许多人纷纷起立，相继发言，内容大同小异，可惜我们不能把所有发言一一引述。**伯恩施太因**先生在会上的讲话博得了热烈的掌声，他的讲话我们也必须留待下一号刊登。¹³¹

最后，我们为我们的主席三呼万岁，他以自己的全部勇气和令人信服的才能捍卫民主事业！

大会决定，明天把这封信郑重地递交给临时政府，并决定组织一个民主俱乐部；除了少数人以外，每个人在回家时都对巴黎第一次德国民

---

① 雅科布·费奈迭。

主主义者集会所取得的结果感到高兴。自由、平等、博爱万岁!欧洲共和国万岁!

1848年3月10日《德意志伦敦报》第154号

节录

209
共产主义者同盟伦敦区部给巴黎中央委员会的信

1848年3月8日

伦敦区部委员会致中央委员会

兄弟们:

今天晚上,我们收到了你们简短有力的来信。我们全体与会者现答复如下:

你们来到巴黎是必要的,而且肯定会有很大好处。

来自德国的消息固然非常有利,但各家报纸上的说法却大相径庭。

星期天①,我们举行了全体会议。半热心的同盟盟员,如哈克马斯特等等没有出席会议,其他人都表现出良好精神。全体与会者或多或少

---

① 1848年3月5日。

都参加了讨论并表示愿意紧密团结,大家对一切事情都很注意。后来,讨论十分活跃。海尔贝格坚持并首先重复他以前说过的话,接着就被大约8个发言者驳得体无完肤,淋漓尽致,他因而不再锋芒毕露,并友好地表示悔改。

昨天,在讨论"共产主义者在当前运动中应采取什么态度"这一问题时,海尔贝格认为,固然可以手握与共产主义者身份不相称的毛瑟枪或军刀,但**笔杆子**这一锐利的武器,同样能干出惊天动地的事业来。这个热心人引起了哄堂大笑,他到时候会得到同情的。海尔贝格认为,即使是在德国举行起义、绝大部分协会会员都离开伦敦的情况下,仍然要把这个协会维持下去。不幸的是(?),许多非同盟盟员甚至一些同盟盟员几乎都持这种观点。或者密切关注事态发展,或者彻底推翻章程等等。同盟即使可以完成时代提出的要求,但大家的耐心已丧失殆尽了。

现把我们收到的信一并寄去。请于明天给我们寄来50法郎,因为这里很需要这笔钱。收据以后另开。

英国的运动:

在这里,宪章派已寂静无声了,而在格拉斯哥,宪章派则一直坚持到现在。

特拉法加广场的集会被警方禁止,中产阶级的律师柯克伦没有参加集会,但是流氓无产阶级在会上聚众闹事,殴打警察(然而,是警察自己先打人的),砸烂窗户和路灯,冲击威斯敏斯特的几家面包店。昨天又搞了这种恶作剧,而且今天仍在继续。

宪章派的两次大规模露天集会,参加的人很多,而且也很顺利。

敬礼并握手,就此搁笔。

受委员会委托

卡尔·莫尔①

卡尔·普芬德

弗伦克尔

T. 佩茨

迪策

布格哈德

列曼

罗森塔尔

1848年3月8日于伦敦

又及：

奥地利公使让人通过一书商从布格哈德那里取（买）走一本**宣言**。

附言：

你们再写信时，最好直接写给区部委员会，因为这样有利于增进信任和加强团结。

米什洛通过他夫人给我们协会写来一封信，并寄来两本书（他的小说）作为会费，同时还附带谈到，要给各俱乐部写一封信。米歇洛的这封信看来是很早以前写的，是寄给你们的。两本书我们已收下。至于通告信以及其他关于你们的消息，我们就不谈了。

我们把阿姆斯特丹的来信②也寄给你们，因此，你们应该把决议发给我们，这样我们就可以执行这些决议了。

照旧。

（签名）同上③

---

① 卡尔·莫尔同时又是这封信的执笔者。
② 文件205，并参看文件215。
③ 这些签名非常潦草，难以辨认。

手稿　　　　　　　　　　　　　　　　　第一次全文发表
莫斯科苏共中央马列主义研究院
中央党务档案馆，F. 20, Nr. 118

210
弗里德里希·恩格斯（布鲁塞尔）给卡尔·马克思（巴黎）的信

1848 年 3 月 8—9 日

1848 年 3 月 8—9 日
于布鲁塞尔卢万新马路 13 号

亲爱的马克思：

我希望明天能收到你的信。……

鲁普斯[①]在上星期日上午 11 点被带到火车站，送往瓦朗谢讷去了；他从那里有信来，看来他还在那里。没有对他进行审讯。甚至没有允许他回家取自己的东西！

---

① 威·沃尔弗。——编者注

没有人对我怎么样。从这些家伙流露的一些言谈来看，他们害怕驱逐我，因为他们当时给过我通行证，这可以用来对付他们。

科隆发生的事件令人不愉快。三个杰出人物坐了牢。① 我同事件的一个积极参加者谈过话。他们曾经打算进行攻击，但是，他们不用本来很容易弄到手的武器装备自己，而是手无寸铁地前往市政府，让人家包围了自己。据称，军队的大部分都是赞成他们的。事情一开始就非常蠢笨；如果这个人的消息可靠，那么，他们本来可以从容不迫地进行攻击，并且在两小时内解决问题。但是，一切都安排得惊人地蠢笨。

我们的科隆的老朋友们②看来是持观望态度的，虽然他们曾经共同决定要干起来。小德斯特尔、丹尼尔斯、毕尔格尔斯在那里待了一会儿就走开了，尽管那时在市政府正需要小博士③在场。

德国别处的消息都很好。在拿骚，是一次成功的革命；在慕尼黑，

---

① 随着法国二月革命取得胜利的消息传到德国，在莱茵地区，尤其在科隆，开展了广泛的群众运动。1848年3月3日，在科隆市政府前发生了一次由共产主义者同盟地方支部组织的群众游行示威。安·哥特沙克代表游行参加者向市政府递交了一份请愿书，要求民主自由和保护工人的权利。游行示威被军队驱散。示威的三个领导者安·哥特沙克、奥·维利希和弗·安内克被捕，并且毫无起诉理由地被交付法庭审判。由于国王大赦，3月21日他们被释放。科隆三月三日事件成为普鲁士和德意志其他各邦三月资产阶级民主革命的先声。——原卷末注

② 早在1848年三月革命前，科隆可能就有了共产主义者同盟的两个支部。一个支部中有亨·毕尔格尔斯、罗·丹尼尔斯、卡·德斯特尔（马克思和恩格斯的"老朋友们"），另一个支部中有弗·安内克、安·哥特沙克、奥·维利希等人。后面一个支部中的大部分成员受"真正的社会主义者"的影响，反对马克思和恩格斯主张无产阶级参加资产阶级民主革命的策略。——原卷末注

③ 卡·德斯特尔。——编者注

大学生、画家和工人正在全力进行起义；在卡塞尔，革命一触即发；在柏林，是极度的恐慌和动摇；在整个西德意志，已宣布新闻出版自由和建立国民自卫军。目前这样已经足够了。

就让弗里德里希-威廉四世仍然顽固下去吧！那时就万事俱备了，过几个月就会发生德国革命。就让他紧抓着自己的封建形式不放吧！不过鬼才知道这个可笑而疯狂的家伙会干出什么来。

科隆的整个小资产阶级都主张加入法兰西共和国；目前那里正盛行回忆1797年①。

特德斯科还在坐牢。② 我不知道他何时受审。

关于你的事件，已经给《北极星报》寄去了一篇万分激愤的文章③。

星期日④晚上，民主协会的会议开得异常平静。……

---

① 指1797年发生在法兰西共和国军队占领的莱茵河左岸地区的争取建立莱茵共和国的运动。许多莱茵城市（包括科隆）中参加这一运动的共和主义者，力图在这一地区消灭封建等级关系，实行资产阶级民主改革。他们认为达到这一目的的唯一的方法是将莱茵河左岸的土地从德意志联邦彻底分离出去，甚至因此支持法国的吞并企图。1797年9月，在法军总司令奥什将军的同意下，按照巴达维亚共和国（尼德兰）和山南高卢共和国（意大利北部地区）的榜样，拟定了建立左岸的莱茵共和国的草案。但法国资产阶级政府——督政府在对外政策上加强了侵略方针，妨碍了这一计划的实现。1797年10月，根据法国和奥地利之间签订的坎波福米奥和约，莱茵河左岸的地区划归法国。——原卷末注
② 共产主义者同盟盟员维·特德斯科以及其他许多比利时民主主义者，由于参加受法国二月资产阶级革命影响的比利时共和运动，于1848年2月底被捕。特德斯科大约于1848年3月12日获释，于1848年6月在吕蒂希再度被捕并被送审。——原卷末注
③ 恩格斯1848年3月5日《给〈北极星报〉编辑的信》，载于1848年3月25日《北极星报》第544号。——编者注
④ 1848年3月5日。——编者注

再见。

你的 恩格斯

去过你那里的那个警官助手据说已经免职了。这个事件在这里的小资产者中间激起了强烈的愤怒。

手稿　　　　　　　　　　　　　　　　　　　　　　　　　　　节录
莫斯科苏共中央马列主义研究院
中央党务档案馆，F. 1, op. 1, Nr. 249
(《马克思恩格斯全集》德文版第27卷第115—117页，参看《马克思恩格斯全集》中文第2版第48卷第4—7页)

211
共产主义者同盟巴黎区部会议记录

1848年3月8日

支部会议记录

选出　主席：卡·沙佩尔　　秘书：卡·马克思

沙佩尔提议我们组成巴黎区部而不单是一个支部。

马克思等表示同意。通过。

海尔曼被通过。

讨论关于重新接受本支部被暂令离盟的盟员问题。

波尔恩汇报了"欧罗巴"咖啡馆的会议情况，**斯特尔比茨基**也作了同样的汇报。多数票决定不到德克尔和费奈迭举行会议的这个咖啡馆去。

恩格勒、布赫芬克和福格勒（魏特林派）被一致通过。

一致决定：委托上述三位盟员吸收魏特林支部中他们认为可以吸收的人员加入本支部。

席林被一致通过。

批准下列几人为公开的工人团体的负责人：

主席：亨·鲍威尔

副主席：海尔曼

秘书两人：波尔恩和福格尔

财务员：莫尔

干事三人：布赫芬克，沙佩尔，霍尔奈。

决定主席应用"朋友们"来称呼别人，其他人自便。

委托马克思起草工人团体的章程。

公开团体应该命名为**德国工人俱乐部**。①

---

① 德国工人俱乐部是根据共产主义者同盟领导人提议于1848年3月8—9日在巴黎建立的。马克思在这个团体中起了领导作用。建立俱乐部的目的是要团结在巴黎的德国工人流亡者，向他们说明无产阶级在资产阶级民主革命中的策略，反对资产阶级和小资产阶级民主派企图通过民族主义的宣传引诱工人参加志愿军团攻入德国的冒险计划。俱乐部在组织德国工人个别回国参加革命斗争方面，进行了很多工作。——原卷末注

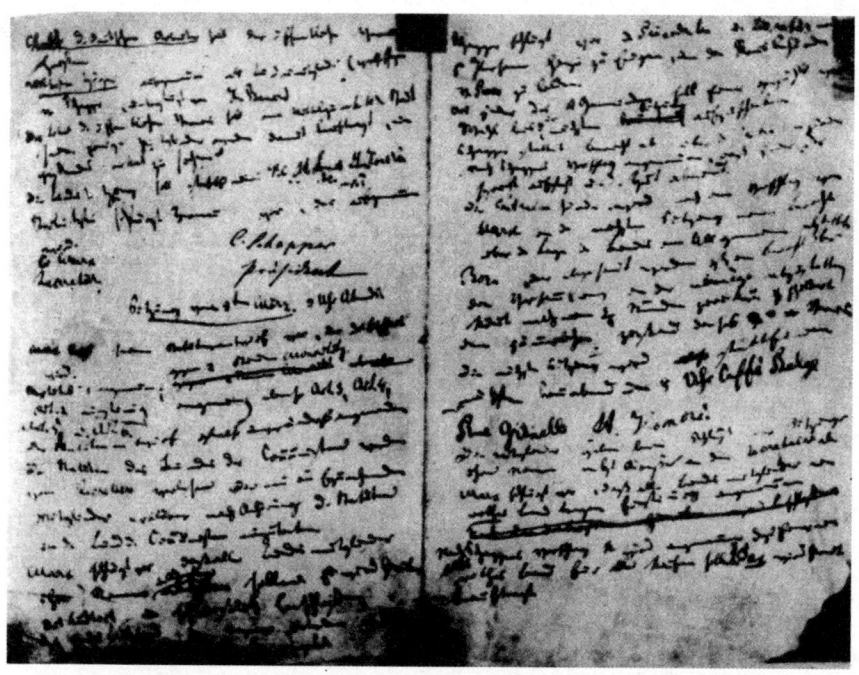

马克思所作的共产主义者同盟巴黎区部 1848 年 3 月 8、9 日会议记录

威廉·赫格尔被接受为盟员（根据沙佩尔的提议并有亨·鲍威尔附议）。

公开团体的地址应在市中心。委托盟员数人去寻找适当的地址。

同盟会议定在圣奥诺莱区圣路易街6号举行。

斯特尔比茨基提议海尔曼为候选人，通过。

秘书　卡·马克思　主席　卡·沙佩尔

手稿

莫斯科苏共中央马列主义研究院中央党务档案馆，F. 1, op. 1, Nr. 248

（《马克思恩格斯全集》德文版第4卷第608页，参看《马克思恩格斯全集》中文第1版第4卷第588—589页）

212
共产主义者同盟巴黎区部会议记录

1848年3月9日

3月9日晚九时举行

马克思把他起草的章程草案①提交会议讨论。

---

① 指德国工人俱乐部的章程草案。——原卷末注

第一条以大多数票对两票通过。

第二条全体一致通过。第三条、第四条、第五条和第六条也同样全体一致通过。

这样，章程草案就无修改地通过了。接着秘书宣读共产主义者同盟的章程。新入盟的盟员听完章程后，声明他们加入共产主义者同盟。

马克思提议全体盟员报告自己的姓名和住址。会上讨论了这个问题，最后通过决议：同盟的每一个盟员要报告他在这里所用的名字和他的住址。

沙佩尔提议除主席和秘书外，再选出五个人组成巴黎区部委员会。

四个支部中每个支部应该选出一人，选举延到下一次会议举行。

沙佩尔作了关于中央委员会的报告。根据沙佩尔的提议，决定每一个人发言时必须起立并脱帽。

根据马克思的提议，中央委员会应在下次会议上提出关于同盟的总的情况的报告。

波尔恩曾被派往骑术学校开会并汇报会议情况。三刻钟后他即返回，描述了这个协会的糟糕情景。

下一次会议定于本星期六8时在圣奥诺莱区格列涅尔街"比利时"咖啡馆举行。

闭会前盟员向秘书报告了自己的名字和住址。

马克思提议全体盟员都缠上**红色**布带。全场一致通过。

通过了沙佩尔的建议：指定一个人给大家代购鲜红色布带。这一任务委托公民**查克斯**去执行。

手稿

莫斯科苏共中央马列主义研究院中央党务档案馆，F.1, op.1, Nr.248（《马克思恩格斯全集》德文版第4卷第609页，参看《马克思恩格斯全集》中文第1版第4卷第590—591页）

213
《人民的要求》
（共产主义者同盟科隆支部的传单）[132]

1848年3月10日左右

人民的要求

国家为人民而存在，而不是人民为国家而存在。政府及各级机构都是人民的公仆；它们必须视为人民谋福利为己任。如果它们做不到这一点，人民就有绝对权力予以废除，并用更好的政府及各级机构取而代之。

德国人民长期以来总是满足于**徒劳地**为他们有权**要求**的东西去**请愿**，然而，现在他们也已失去耐心。在法国的光荣革命鼓舞下，德国人民终于也敢于**强有力地**反对一贯以自由来欺骗他们的诸侯们了。而加冕的诸侯们，比如在科隆，企图用刺刀去征服人民的意志，使其保持沉默，但愿诸侯们的这种企图不能到处得逞。人民的儿子怎能摧残自己的亲骨肉呢？

人民的好男儿们，不要被诸侯们吓唬住，他们只能逞凶一时！你们一开始就为**全国**人民谋求幸福，确有困难；你们应该首先在精神上、物质上支持科隆市民打算向普鲁士的"尚存一息的"王权提出的各项要求。

他们要求：

1. "人民掌握立法权和管理权"，因为自由的、不愿为了少数人的利益而继续忍受剥削的人民，同样需要只考虑人民利益的法律，需要以人民的幸福为自己最高目标的政府官员。他们要求，"在各村镇和各州实行普选权和普遍被选举权"。因为只有人民中的每一个成年的成员都能参加选举和被选举，才有真正的人民代议制可言。

他们要求：

2. "言论和出版的绝对自由"，这是普遍的人民**代议制**的最可靠的支柱，是普遍的人民教育的必不可少的手段。

他们要求：

3. "取消常备军，实行全民武装，由人民选举指挥员"，因为全民武装完全足以保卫国防，而常备军只是暴政和镇压的工具，维持常备军就等于加在全体公民身上一付沉重的负担。

他们要求：

4. "自由结社权"，因为只有在不自由的国家，其公民的结社才有危险。

他们要求：

5. "保护劳动并保障所有人的生活"，因为许多人极度贫困，难以聊生，而另一些人却穷奢极欲，挥霍无度，这正是天大的不公平。为了少数人的利益而实行的不合理分工和对劳动的剥削，大大阻碍了商品的生产，以致不能满足每个个人的需要。因此，国家应当剥夺为了少数人的利益而进行的生产,而要为所有人的利益去管理生产。**每个人都享有劳动的权利,同样也有权得到一份与他的需要相适应的报酬。**

他们要求:

6. "对所有儿童实行完全免费的教育",也就是说,使每一个儿童都能受到完全的培养,而不是使他们因此而屈服于某种新的强迫,使他们服从某种总的框框或者残忍地使他们背井离乡、流离失所。**人人有权要求一种与社会的发展相适应的教育,这无疑是每一个社会成员必须承认的首要权利。**

传单

科布伦茨国家档案馆,Abt. 403,
Nr. 2550

214
卡尔·马克思(巴黎)给弗里德里希·恩格斯(布鲁塞尔)的信

1848年3月12日左右

于巴黎新麦尼尔蒙坦路(博马舍林荫路)10号

亲爱的恩格斯:

……《改革报》在谈到你时语调很友好。弗洛孔病了,我还没有看到他。载勒尔散布的谣言在德国人中间流传很广。阿拉尔直到现在还没有被革命抛弃到一边去。我劝你到这里来。

中央委员会已经在这里成立①,因为琼斯、哈尼、沙佩尔、鲍威尔②、莫尔都在这里。我被选为主席,而沙佩尔被选为书记。委员是:瓦劳、鲁普斯③、莫尔、鲍威尔和恩格斯。

琼斯昨天去英国;哈尼病了。

祝好。

你的　卡·马·

手稿　　　　　　　　　　　　　　　　　　　　　　　　　　　　节录

莫斯科苏共中央马列主义研究院
中央党务档案馆,F. 1, op. 1, Nr. 251
(《马克思恩格斯全集》德文版第
27卷第118页,参看《马克思恩
格斯全集》中文第1版第27卷第
135页)

---

① 指共产主义者同盟中央委员会在巴黎的成立。随着法国革命的爆发,在伦敦的同盟中央委员会在1848年2月底将同盟的领导交给以马克思为首的布鲁塞尔区部委员会。在马克思被驱逐出布鲁塞尔之后,在3月初巴黎成了新的中央委员会的所在地,马克思迁居到那里。在1848年3月下半月至4月初,中央委员会组织了数百名德国工人(大多数是共产主义者同盟的盟员)返回祖国,参加已经开始的德国革命。马克思和恩格斯在3月底写成的《共产党在德国的要求》(见《马克思恩格斯全集》中文第1版第5卷第3—5页)是共产主义者同盟在这次革命中的政治纲领。——原卷末注

② 威廉·沃尔弗。——编者注

③ 亨利希·鲍威尔。——编者注

215
共产主义者同盟伦敦区部给巴黎中央委员会的信[①]

1848年3月15日

1848年3月15日于伦敦

伦敦区部委员会致中央委员会

兄弟们：

我们已于昨天早晨收到了你们的来信。你们在来信中附给沙贝利茨的信已于昨天下午交给他了，而且嘱咐他立即给你们回信。

沙贝利茨到公爵（应叫他彼得）[133]那里去过了，并给我们捎信说，彼得卧病在床，不能接待来访者，叫我们把信或者通过邮局寄给他，或者通过沙贝利茨转给他。针对这一点，我们对沙贝利茨说，**我们的意见是把信直接交给彼得**。接着，再一次要求沙贝利茨向彼得介绍情况，并在今天晚上以前让彼得直接答复我们。由于彼得不能亲自见我们，所以我们想先听听你们的意见，你们是否愿意让沙贝利茨转交这封信。

我觉得这件事有些**蹊跷**，我几乎认为，彼得的小脑瓜里有一个大计划，我甚至觉得，彼得现在想要独自达到当时你们说通过我们可以达到的那个目的。我得出这个结论的理由如下：昨天我把信交给沙贝利茨时，他对我说，彼得真是个奇怪的家伙——他认为，邀请几千名法国人

---

① 当时卡尔·普芬德是书记员，这封信也可能是他执笔的。

到德国去，帮助在那里建立共和国，是完全必要的。彼得很可能认为，他一个人就能建成一个德意志共和国，甚至能成为一个小拿破仑。彼得的答复附在后面。我们认为必须将上述情况通知你们，因为这家伙很可能已在脑瓜里构思出一个愚蠢而狂妄的空中楼阁。

2. 至于宣言和盟章，明天就寄出，**最迟**（？）在后天寄出。

用邮包寄出可能比较贵，不过通过邮局邮寄是最安全可靠的途径。我们特地把这封信通过邮局寄出，我们相信，这样办要好一些。

又及：邮费大概比较贵，可能需要每个委员会分摊。①

3. 你们关于阿姆斯特丹的建议②，我们将照办。因此，明天我们就给那边写信，稍后即把宣言寄出。

你们在巴黎作出的努力似乎没有白费，因为正如我们所看到的那样，我们的事业在那里重新走上了正轨。在巴黎的德国人最清楚不过地向我们证明，管理不善可能而且必定会带来多大的危害，挽回糟糕的局面需要花费多大力气。

兄弟们，请相信，这里的人们很镇定，正以无所畏惧的情绪等待今后事态的发展。大多数人都宁愿在今天而不愿在明天开始行动。尽管如此，他们还是处处谨慎从事，不愿由于操之过急而毁了事业。

现在，无产阶级有要求，而且有一种强烈的要求。幸好，教育已经证明，这种要求需要由理性和思考来引导。

关于英国的动乱，各党派至今没有从政治上作出重要的论证。宪章派走的是一条可靠的道路，他们的集会井然有序，因而群众蜂拥前往参加，而且有条不紊。正因为如此，就比那些轻易就能被镇压下去的起义更使英国政府感到难堪。但是，如果人民的愿望到 4 月 3 日或 10 日得

---

① 这句话是后加的。
② 参看文件 209。

不到满足，那我几乎认为，英国政府将无法对抗数量如此庞大的人民群众。[134]

这里的脓肿也破裂了。

另外：沙贝利茨刚才来信说，他已说服彼得接待**一个人**。说他一定要通过第三者将信交给他。

现在，他愿意接待**一个人**，但**绝对**不接待两个人，而且在明天夜里10时左右。

沙贝利茨指名要普芬德去。我们就此事进行讨论，卡·莫尔表示要么去两个人，要么一个也不去，而普芬德和其他几个人则认为有必要去两个人（因为，如果遭到反对，就要由一个人承担全部责任），最后，为了**我们的事业**，我们同意让普芬德明天夜里单独前往。去一个人总比不去强。①

这件事的结果我们将立即写信告知[135]，今天就写到这里，随信附去一封给**鲍威尔**的信。

顺便再提一下：本来你们一下就能从彼得那里收到一笔相当可观的款子。可他不会再上当了，因为这个家伙已从惊恐中苏醒过来。不过我们还要看看结果如何。

那天，我们住的德鲁里巷的饭店老板来寻找他的执照，大家不让他找，几个邻室的客人抱怨外国人大声喧闹等等。这可能是一种借口；他不过想来看看我们所在饭店的大厅里有没有发生什么事。他们想利用这个借口，以便名正言顺地派一名警察或侦探到正在开会的会场去，亲自看看大家的举动究竟如何镇定自若，如何井然有序。但是，这种人来到会场，无论如何是出自政治原因，因为英国政府已开始盯上这些人了。（要监视外国人同英国人在一起聚会。）因时间关系，我们就此搁笔。

此致敬礼

---

① 这句话是后加的。

你们的兄弟

卡·普芬德

布赫

弗伦克尔

卡尔·莫尔

布格哈德

T. 佩茨

迪策

罗森塔尔

又及:我们收到款子后,用什么方式,通过哪家邮局寄给你们?

手稿　　　　　　　　　　　　　　　　　　　　　　　　第一次全文发表
莫斯科苏共中央马列主义研究院
中央党务档案馆,F. 20, Nr. 119

216
卡尔·马克思(巴黎)给弗里德里希·恩格斯(布鲁塞尔)的信

1848 年 3 月 16 日

1848 年 3 月 16 日于巴黎

亲爱的恩格斯:

这几天我没有一点时间来写一封比较详细的信。我只能写一下最必要的事情。

弗洛孔对你很有好感。

这里所有的施特劳宾人①对你都多少有些愤恨（与谢②打架，等等）。

至于我的东西，请你随身带到瓦朗谢讷去，让人把这些东西在那里用铅印封上。以后我再付款取回。至于**银器**，关税已在巴黎这里付了。但是在瓦朗谢讷你一定要按照信中所附地址去找一下住在该处的那个人③。我的妻子根据福格勒的建议把存放在布鲁塞尔的几个箱子的钥匙寄给他了，但没有附函。你必须从他那里把这些钥匙拿来，否则我们所有的东西将会在这里的海关被撬开。

关于钱的事情，你要向**卡斯尔**说明，如果他不愿意支付期票上的钱，那就应该把期票还给你。那时巴于也许会付期票上的钱。

让日果结算一下账目，至少要把余额交出。

至于布赖尔，你必须再到他那里去一次，告诉他，如果他利用我的困境而不付钱，他就是**卑鄙**。至少他应当向你提供一部分。革命并没有花掉他一文钱。

这里资产阶级又变得极端无耻和反动了，但是有一天会够它受的。

伯恩施太德和海尔维格做事像个流氓。他们在这里建立了一个黑红

---

① 施特劳宾人是德国的流动手工业帮工。马克思和恩格斯这样称呼那些还受落后的行会意识和成见支配的德国手工业者，这些人抱着反动的小资产阶级幻想，认为可以从资本主义的大工业退回到小手工业去。——原卷末注
② 大概指安·谢尔策尔。——编者注
③ 大概指奥·施内。——编者注

黄协会①反对我们。前者今天将被开除出盟②。

你的　马·

通行证我此时找不到，而这封信必须发出去。

如果日果不能更积极一些，就别让他干了③。目前他本应该干得更坚决一些。

代我向迈因茨和若特兰致衷心的问候。最近一号的《社会辩论报》我已收到。

---

① 指1848年3月上旬在巴黎成立的德意志民主协会。该协会的领导者是小资产阶级民主主义者海尔维格、伯恩施太德等人，他们鼓动德国流亡者组成军团，指望用攻入德国的办法在那里引起革命并建立共和制度。马克思和恩格斯坚决反对这种冒险计划。1848年4月，海尔维格组织的军团越过国境后在巴登境内被德意志南部各邦的军队歼灭。

　　黑、红、黄三色是德国小资产阶级民主统一运动的象征。进步的小资产阶级民主主义者把统一运动的目标确定为在德国建立像瑞士联邦那样的自治州联邦。所以该协会又称黑红黄三色协会。——原卷末注

② 这里指共产主义者同盟，共产主义者同盟是历史上第一个建立在科学社会主义基础上的无产阶级政党，1847年在伦敦成立。共产主义者同盟的前身是1836年成立的正义者同盟，这是一个主要由无产阶级化的手工业工人组成的德国政治流亡者秘密组织，后期也有一些其他国家的人参加。随着形势的发展，正义者同盟的领导成员终于确信马克思和恩格斯的理论正确，并认识到必须使同盟摆脱旧的密谋传统和方式，遂于1847年邀请马克思和恩格斯参加正义者同盟，协助同盟改组。1847年6月，正义者同盟在伦敦召开第一次代表大会，按照恩格斯的倡议把同盟的名称改为共产主义者同盟，因此这次大会也是共产主义者同盟的第一次代表大会，大会还批准了以民主原则作为同盟组织基础的章程草案，并用"全世界无产者，联合起来！"的战斗口号代替了正义者同盟原来的"人人皆兄弟！"的口号。同年11月29日—12月8日举行的同盟第二次代表大会通过了章程，大会委托马克思和恩格斯起草同盟的纲领，这就是1848年2月问世的《共产党宣言》。——原卷末注

③ 早在1847年8月，在布鲁塞尔就成立了共产主义者同盟的支部，其中大多数成员都参加过共产主义通讯委员会的活动。在德国工人协会的大多数成员遭到比利时政府的镇压并被驱逐出布鲁塞尔之后，同盟的布鲁塞尔支部虽然依旧存在并尽力发挥着作用，但同盟在比利时的力量已大大削弱。——原卷末注

并向福格勒问好。

我将详细地写信给迈因茨和若特兰。①

祝你健康。

手稿　　　　　　　　　　　　　　　　　　　　　　节录
莫斯科苏共中央马列主义研究院
中央党务档案馆，F.1，op.1，Nr.252
(《马克思恩格斯全集》德文版第27卷
第119—120页，参看《马克思恩格斯
全集》第2版第48卷第8—9页)

217
燕妮·马克思（巴黎）给约瑟夫·魏德迈（哈姆）的信

1848年3月17日

1848年3月17日星期四②

于巴黎格腊蒙街1号"曼彻斯特"旅馆

亲爱的魏德迈先生：

我的丈夫在这个大城市又是那样工作繁忙，四处奔波，他让我请您

---

① 马克思1848年3月16日后给迈因茨和若特兰的信没有保存下来。——编者注
② 可能是手稿笔误，根据信的内容看来，信是写于3月17日星期五。——编者注

在《威斯特伐利亚汽船》上刊登一则通讯：在这里成立了好几个德国团体，其详细情况吕宁先生知道；但是旅居伦敦的德国人沙佩尔、鲍威尔、莫尔和旅居布鲁塞尔的德国人马克思、沃尔弗、恩格斯、瓦劳、波尔恩（他们通过哈尼和琼斯同英国的宪章派也有直接联系）所领导的**德国**工人俱乐部同伯恩施太因、伯恩施太德、海尔维格、福尔克、德克尔等人所领导的德意志民主协会毫无共同之处①，后者是一个打着黑红黄三色旗②（在这方面联邦议会现在已经赶在它前面了）的团体，正在大谈长老布吕歇尔，并且在普鲁士退伍军官指挥下进行分组训练。非常有必要向**法国**和德国表示坚决同这个团体划清界限，因为它将使德国人丢脸。如果《汽船》出得太晚，那就请您根据上述事实写一篇短文，交给您现在在南方联系较多的那些德国报纸发表。请您设法尽可能广泛地在德国报纸上报道这件事。

本来还想告诉您有关这里每分钟都在扩展的有趣的运动的许多情况（今天傍晚有40万工人在市政厅门前通过）。示威群众不断增加。但是我要料理家务并照看三个小家伙③，十分忙碌，只好抽这点时间，从远方向您和您亲爱的夫人致以衷心的问候。

敬礼和兄弟情谊。

您的到处流浪的女公民
燕妮·马克思

---

① 指1848年3月初在共产主义者同盟领导人的倡议下在巴黎成立的德国工人俱乐部。俱乐部的章程是马克思草拟的。马克思和恩格斯力图通过这个组织去团结在巴黎的德国工人流亡者，说明无产阶级在资产阶级民主革命中的策略，反对小资产阶级民主派组织志愿兵团打回德国去的冒险主义行径。俱乐部在组织德国工人个别回国参加革命斗争方面，进行了很多工作。——原卷末注

② 指德意志民主协会。——原卷末注

③ 指燕妮·马克思、劳拉·马克思和埃德加尔·马克思。——编者注

手稿
莫斯科苏共中央马列主义研究院
中央党务档案馆，F. 1, op. 1, Nr. 250
(《马克思恩格斯全集》德文版第27卷第604页参看《马克思恩格斯全集》中文第1版第27卷第624—625页)

218
弗里德里希·恩格斯（布鲁塞尔）给卡尔·马克思（巴黎）的信

1848年3月18日

1848年3月18日星期六
于布鲁塞尔

亲爱的马克思：

我将照管你的东西。

你可以给律师维克多·费德尔先生写几句，或者直接寄给他，或者附在给布洛斯的信里，借此表示感谢他为你和你夫人所采取的步骤，并且授权他采取进一步的步骤。情况是这样：突然宣布自己是热心的共和主义者的费德尔，承担了为你辩护的任务，他将以辩护人的身份答复《比利时通报》①，并且处理这一案件。他希望你不要否认他；为了使他能够以坚决的态度办事，最好你给他写封信。这个案件由一个比利时人去办，要比迈因茨去办更好，而他既然自愿效劳，想必会很好地处理这一案件。

你一定要把通行证寄来。这个东西很需要；迈因茨每天都向我问起它。

特德斯科已被释放②，他没有同任何人照面就立即到吕蒂希去了。埃塞朗在这里待了几天，但是他没有看见特德斯科。

这里正处于空前的金融、交易所、工业和商业的危机之中。商人闲着没有事干，在"瑞士"咖啡馆里直叫苦；考韦茨、劳夫一帮先生们垂头丧气地东游西荡；工人们举行集会和递交请愿书；食品普遍严重匮乏。谁也没有现金，就这样还有6000万的强制公债！在这里，交易所硬要给他们制造一个共和国。

吕宁返回这里之后得到消息说，在普鲁士他受到了通缉；他想让他的夫人来这里，再去巴黎。

---

① 1848年3月12日，布鲁塞尔的官方报纸《比利时通报》发表了一篇报道马克思被驱逐出比利时的别有用心的简讯，该简讯恶意歪曲事实，为比利时当局的非法行为辩护。驳斥这篇简讯的文章发表在1848年3月19日的资产阶级激进派和民主派的机关报、比利时报纸《社会辩论报》上。——原卷末注

② 共产主义者同盟盟员维·特德斯科以及其他许多比利时民主主义者，由于参加受法国二月资产阶级革命影响的比利时共和运动，于1848年2月底被捕。特德斯科大约于1848年3月12日获释，于1848年6月在吕蒂希再度被捕并被送审。——原卷末注

德朗克①在逃走之前被维利希一伙接收入盟②。我在这里对他重新考察了一下，对他讲述了我们的观点，他表示同意，所以我就批准了他。即使多少有一些疑问，也没有什么别的办法。同时，这个人很谦虚，很年轻，并且看来很有领会能力；所以我认为，对他进行一些监督，再加上一些学习，他会好起来的。他向我表示，他已否定了他过去的一切作品。可惜他是住在莫泽斯③那里，在这期间莫泽斯会影响他，不过谁都知道这并没有什么关系。如果他同他曾经十分佩服的吕宁在一起，吕宁两句话就会把他征服。

此外，莫泽斯比以前任何时候都友好——这家伙真莫名其妙！

对卡斯尔我毫无办法，因为票据是在迈因茨手里而不是在我手里。布赖尔借口说金融危机，说他的旧的期票债务现在不可能延期，说他的所有主顾都拒绝付款。他甚至表示要卖掉他那匹唯一的马。但是我要尽力弄一些到手，因为迈因茨的钱我不大够用，而最先付款的赫斯所付的钱已经用光了。日果也极为困难。我今天还要到布赖尔那里去一次。

明天《社会辩论报》上将刊登一篇逐字逐句详细反驳《比利时通报》的文章。

你给费德尔写信时要添上这样的话：如果他需要特别的委托书，你将给他寄去。

---

① 自1843年起，恩·德朗克开始在柏林从事他的撰稿工作。1846年秋天，他出版了大部头政论著作《柏林》，其中描述了无产阶级的贫困并尖锐抨击了普鲁士国家。但他的著作带有"真正的共产主义者"的特点。1846年11月，当他前往科隆拜访莫·赫斯之后到达科布伦茨，准备返回（美因河畔）法兰克福之时，被控犯有侮辱国王罪而遭逮捕。1847年春天，他被判处两年监禁。维利希曾到关押他的韦瑟尔要塞监狱看过他一次。——原卷末注
② 这里指共产主义者同盟。——编者注
③ 莫·赫斯。——编者注

你也要给众议院议员布里库尔先生写几句，他在议院里为你讲得很好，他应迈因茨的请求向大臣提出了严厉的质问，并且促成了对这一事件进行调查。他是沙勒罗瓦的代表，是卡斯蒂欧之后最好的。卡斯蒂欧那时正在巴黎。

随信附上一篇涂鸦之作①，请你看一下，送到《改革报》去。对这里的人们必须不断地给以刺激。

如果可能，星期一我就出发。但是钱这方面的困难总是阻碍着我。英国方面，我从信件中或者《星报》上都得不到任何消息。

德国的情况确实非常好；到处起义，而普鲁士人并不让步。这就更好。希望我们在巴黎不会停留太久。

你们把伯恩施太德赶出去，好得很②。这家伙已经证明太不可靠，确实必须把他开除出盟。他和维尔特现在联合起来了，而维尔特在这里到处装出狂热的共和主义者的姿态。

拉马丁一天比一天更恶劣了。这个人在他的所有的演说中只是面向资产者，并且竭力安慰他们。临时政府③的选举宣言也完全是给资产者准备的，以便使他们安心。这些家伙厚颜无耻是毫不奇怪的。

再见，再见。

弗·恩·

---

① 恩格斯《比利时的状况》。——编者注
② 见《马克思恩格斯全集》中文第 2 版第 48 卷第 9 页。——编者注
③ 指 1848 年巴黎二月革命取得胜利后，法国于 2 月 24 日成立的临时政府，资产阶级共和派（拉马丁、杜邦·德勒尔、克雷米约、阿拉戈、马利、马拉斯特和加尔涅-帕热斯）占了大部分职位。此外，三个《改革报》派代表即小资产阶级民主派赖德律-洛兰、弗洛孔和小资产阶级社会主义者路易·勃朗，以及机械工阿尔伯（本姓马丁）也参加了政府。很快就看出，"社会主义者部长" 路易·勃朗和阿尔伯只是资产阶级政府的微不足道的饰物而已。1848 年 5 月 4 日，制宪国民议会成立，临时政府的行政权也随即丧失。——原卷末注

寄往这里的所有信件，请你按指定的地址发出；我不在时布洛斯会把信件转给日果。

新麦尼尔蒙坦路马克思先生收。

手稿　　　　　　　　　　　　　　　　　　　　　　　　节录
莫斯科苏共中央马列主义研究院
中央党务档案馆，F. 1, op. 1, Nr. 253
(《马克思恩格斯全集》德文版第
27卷第121—123页，参看《马克
思恩格斯全集》第2版第48卷第
10—13页)

219
罗兰特·丹尼尔斯（科隆）给卡尔·马克思（巴黎）的信

1848年3月19日左右

亲爱的马克思：

昨天，我收到你的信[①]以后，从信中看到在巴黎有这样的谣言，说

---

① 马克思的这封信没有保存下来。

什么富尔德要破产。因此,我觉得向他购买期票没有把握,而最有把握的是把你的期票兑换成钱,这样一来,你当然会受到损失。

半年来,我一直没有得到你的直接消息,这次总算让我知道了一些。

你不想申请公民权并参加国民议会的选举吗?

我听舍勒尔小姐说,你计划创办一家报纸[136],你想在巴黎还是在德国创办?

费奈迭总想在《科隆日报》上把你描绘成博恩施泰特的副官,并带着惋惜的口吻说你受了蒙蔽。你应该给这个阴险的家伙一记耳光。

你一定很想知道柏林事件的详情,**我们在这里也一样,因为我们至今没有得到十分确切的消息。**政府首相发出的据以恢复安定①的电报遭到了几篇通讯的驳斥。杜蒙②什么也没有发表,他愿意发表的一些东西才能通过书报检查。只有银行家和商人才保持私人通信。前天,康普豪森在市议会上宣称,不能公开他的通信,因为它会在人民中引起很大震动。我所知道的关于博尔夏特大夫的那封私人信件,谈到了军队竟干出意想不到的暴行。他们驱散了在克罗尔饭店举行的旨在递交请愿书的民众大会,把通过菩提树街勃兰登堡门的民众赶往皇宫广场。大街小巷都挤满了人,而当人群被赶到皇宫广场时,就遇到了骑兵队并被冲散。据说国王在他的阳台上发布了驱散集会的命令。据另一则谣言说,当时集结了两个团的兵力。在人群中施放霰弹一事,已被来此旅行的人所证实。在他们起程时,隆隆炮声已经响了半个小时之久。据谣传,死了好几千人;而《普鲁士总汇报》只提到"一些人受了伤"。这一点是可以肯定的,18日③下午5点钟,还听到大街上有枪声,杜蒙的通讯员就是

---

① 指1848年3月13日以来在柏林出现的骚乱。
② 《科隆日报》的出版者。
③ 在原件上是:17日。

这么说的，但他没有多说，或者像另一个编辑昨天对我说的那样，他由于职务关系，不能有什么说什么。总之，这里的一切都处于混乱和紧张状态。全城居民都想干点事，但是，究竟怎么干又没有把握。掌握来自柏林的消息的那些人不敢把消息拿出来发表。资产者已经决定向国王递交一份公开信，因为他们认为，他们提出的要求得到批准后就会恢复信用。如果他们是可信赖的，他们心爱的肮脏交易和琐碎事务就能重新走上正轨，那他们甚至明天就会宣布成立共和国。但是，在革命时期，财产可能遭受损失，因此，昨天这里召集了一次会议，讨论了建立武装市民自卫军的问题。他们派出一个代表团去会见政府首相，首相问他们想武装**谁**，武装所有的人还是仅仅武装有产者？代表团回答说武装所有的人。因为首相对他们说过，如果仅仅武装有产者，看起来好像资产者要把自己武装起来反对无产者。这个问题当然只能得到否定的回答。这里的居民的当前状况是这样：只要市议会宣布共和国成立，他们就将同意一切。而同意是不会带来危险的。另一方面，如果货币危机继续下去，工人们就不再有工作可干，而饥饿将导致革命。在市议会开会时，几次都有数百名工人成群结队地聚集在市政厅门前要求工作。许多人得到了工作。但是，如果这里的工厂再不能开工，市议会也就无法让所有人都有工作。明天，我们的市议会的代表团就要回来了。它带着否定的答复回来，很容易促使一些资产者盲目地愤怒地煽动自己的亲骨肉，即煽动他们的钱袋。"如果只有老爷们想要武装"，那么，劳工们将立即严阵以待。昨天晚上，军队在这里占领了布瓦塞雷锯木厂，因为正像布瓦塞雷的一个伙计向我保证的那样，全体工人已经"一致"决定焚毁该锯木厂。自从得到柏林的最初消息起，这里的一切都陷入了莫名的期待和紧张状态。其他城市的人都指责科隆人无所作为，胆小怯懦，但真正的原因是科隆的资产阶级大多数非常明智，他们明白，在革命中他们所憎恨的其他一些人可能会起作用，因此，对科隆人来说无非就是冷静等待,让其他城市去为自己火中取栗。再见。

你的①

代我衷心问候你的夫人。斋戒日以后我就将举行婚礼,你夫人认识我的未婚妻。如果没有什么事情缠身,我将作巴黎之行。我希望到时候在巴黎见到你,但我希望事先能收到你的回信。

你的②

手稿 第一次发表

莫斯科苏共中央马列主义研究院
中央党务档案馆,F. 1, op. 5, Nr. 165

220
共产主义者同盟伦敦区部给巴黎中央委员会的信
1848年3月22日

1848年3月22日于伦敦

伦敦区部委员会致中央委员会

我们已于昨天收到了你们本月19日的来信③。中午,我们告诉了沙

---

① 后面是一个模糊不清的签名。
② 下面是一个难以辨认的签名。
③ 这封信没有保存下来。

贝利茨,他已把信转交给彼得①,并且晚上就得到了答复。彼得的答复是:他不再愿意捐款,让别人去捐;如果临时政府不允许征兵,他愿意等待,等到有更好的机会再说,云云。

真正的理由是:起初彼得是被你们镇住了,他就像一头被吓坏了的公牛,所以你们要求什么他就给什么,而现在,他完全想成为德意志共和国的**独一无二的上帝**:不给不恭顺地承认他这种身份的人做任何事情。现在,他顽固得像一头挨了打的公牛,一步也不肯往前走,根本不愿会见任何人;而我认为,他是怕我们的。昨天夜里,我们跟沙贝利茨谈的时候,他建议我们再给彼得写封信。今天早晨,我们已把信发走了,我们想看看,今天晚上之前能得到什么结果。

这件事只能等等再说。

下面谈谈最近的情况,虽然是支部的情况,但很重要,因为将来一定会显出它的重要性来。

星期一②晚上,民主派兄弟协会举行会议,发出了告法国人民和临时政府书。哈尼和埃·琼斯的讲话很精彩,他们要在4月10日之前把宪章派完全组织起来,等等。③——一切都是合法、正当的,而且有警察的特别保护,警察私下也参加了。〔……〕

到现在,我们还没有得到彼得的答复,可能也不会得到理想的答复。在这件事上,我们认为,要想让彼得再捐一点出来,只有让我们的

---

① 卡尔第二,前不伦瑞克公爵,参看文件215。
② 3月20日。
③ 参看文件234。

兄弟沙佩尔和莫尔①（他们刚好路过这里）先去同他谈。② 我们认为并且相信，你们如果也碰到这种情况，为了我们事业的利益，你们也会采取这种有利于我们的事业和荣誉的措施的。

我们一得到彼得的答复，就马上转寄给你们。

就此搁笔，等待你们的其他消息。

敬礼并握手

卡尔·莫尔：请立即亲自答复，这是事业的需要。

阿·列曼

罗森塔尔

迪策

布格哈德

弗伦克尔

普芬德

T. 佩茨

星期六③，《宣言》销售了1000册。

手稿
莫斯科苏共中央马列主义研究院
中央党务档案馆，F. 20, Nr. 121

节录
第一次用原文发表

---

① 约瑟夫·莫尔。
② 关于这件事的结果，参看文件225。
③ 3月18日。

221
共产主义者同盟布鲁塞尔总区部给巴黎中央委员会的信

1848年3月22日

1848年3月22日于布鲁塞尔

马克思先生收

十万火急

布鲁塞尔总区部致同盟中央委员会

在我们昨天召开的同盟会议上，经过长时间的讨论之后，通过了一个决议：目前德国境内所发生的事件，已部分地具备了共和政体的性质，或者，在不久的将来可能发生这种转折。因而，形势要求旅居这里的德国共产主义者**积极参加**。由于对德国事态的关注，请求中央委员会即刻告知布鲁塞尔：在这方面，巴黎正在发生什么事情，你们认为必须向我们发出什么指示。我恳求你们**刻不容缓地**回答。25日，星期六，我们将再次集会。请告诉我们有关**德国**民主匪帮的全部真情。这伙人急于投入战斗，把我们这里的人也搞得晕头转向。请施加你们的个人影响，拯救这里的临时领导人吧。特德斯科也出席了。

菲力浦①

---

① 菲力浦·日果。

手稿　　　　　　　　　　　　　　　第一次用原文发表
莫斯科苏共中央马列主义研究院
中央党务档案馆，F. 20, Nr. 16

222
格奥尔格·维尔特（科隆）给卡尔·马克思（巴黎）的信

1848 年 3 月 25 日①

1848 年 3 月 25 日于科隆

亲爱的马克思：

我来到科隆已经有好几天了，这里的一切全都武装起来了，人们不相信柏林的诺言，他们只有争得普选权、绝对的出版自由和结社权才会感到满足。旧的邦议会在人民心目中已成了一具僵尸，而现在还能见到的不完全民主的所有前议员都被撵下了台。今天有 5 名议员前往柏林，去向国王汇报这里所发生的一切情况。而人们只同意通过普选产生的新的邦议会。至于法兰克福国民议会，人们也将采取措施，派几个人到那

---

①　这封信包括一小段 3 月 26 日或 27 日来自布鲁塞尔的附言。

第四章　革命时期的共产主义者同盟及其在工人运动和民主运动中的活动

里去，严密监督其议员。

尽管这里所实行的一切相当民主，但是，只要一提起共和国这个词，人们就感到毛骨悚然。而这里是不会欢迎巴黎的德国人进驻的。

与此相反，据说科布伦茨和上莱茵河一带则比较赞成共和国。

共产主义是一个非常可怕的字眼，共产主义者如果公开抛头露面，有人可能会用石块把他们砸死。丹尼尔斯、毕尔格尔斯和德斯特尔正在商量创办一家新报纸。① 他们认为可以筹得基金，但我觉得还值得怀疑。

你别待在巴黎了，如果你到这里来，肯定会有好处，如此等等。因为目前在这里无论如何有许多事情可做。警察当局是无能为力的，到现在为止，大赦似乎已为期不远。

致以衷心的问候

你的维·

特德斯科又到布鲁塞尔去了。迈因茨和我们都在科隆。科隆人可能要派毕尔格尔斯去美因河畔法兰克福。② ［……］

手稿　　　　　　　　　　　　　　　　　　　　　　　　　节录
莫斯科苏共中央马列主义研究院
中央党务档案馆，F. 1, op. 5, N r. 167

---

① 参看注 136。
② 参加 1848 年 3 月 31 日至 4 月 3 日在美因河畔法兰克福举行的所谓预备议会的科隆议员，除了亨利希·毕尔格尔斯之外，还有卡尔·德斯特尔。

223

安德烈亚斯·哥特沙克（科隆）给莫泽斯·赫斯（布鲁塞尔）的信

1848 年 3 月 26 日

亲爱的朋友：

我奉劝你根本不要参加海尔维格的进军行动，因为我认为你受不了这种进军的紧张强度；我尤其奉劝你不要采取这种行动，因为"共和国"这个字眼还没有完全流行，无产阶级至少在这里还没有强大到足以能够独立登台表演的地步。我们暂时能够而且必须对已经取得的东西，即以宪章运动（主要在英国）为基础的王国感到满足，努力争取出席不久即将举行的立法议会。在议会里，忍受着社会危机痛苦的知识分子是唯一占压倒优势的力量，同刀剑的锋芒相比，他们将更能实现我们的原则。我将尽力以这种方式作出我的一点牺牲，以至我能以候选人的身份出现；即使我不能获胜，但施奈德律师和毕尔格尔斯可能会成功。德斯特尔因以狡猾著称而腐朽堕落下去了；所有的党派都反对他。如果马克思愿意回到特里尔，恩格斯愿意回到巴门，并设法在那里以候选人的身份出现，那当然是好事情。

看来，像德国目前形成的这种君主立宪制，将导致德国各民族联合成一个整体，而不会导致目前正在进行的建立共和国的尝试。你不知道，我们的资产者对共和国这个词是多么害怕，在他们眼里，共和国一词与强盗、谋杀、俄国人的入侵是同义词；而你们的军团将被斥之为一群杀人放火的匪徒，以致只有很少的无产者能充实你们的队伍。〔……〕

维利希和安内克听从了我的劝告，留在这里了。如果军队已经宣告

第四章 革命时期的共产主义者同盟及其在工人运动和民主运动中的活动

成立，那么，就应当给它配备以前被驱逐的那些反对派，以便使它与君主专制制度永远冰炭不相容，进而使资产阶级有一定的安全感。我坚信，这样，人们将向我们的朋友们敞开心扉，于是他们就得以回到那块因好感等等而仍然属于他们的、可以进行广泛活动的国土上去，为未来进行准备工作。那两个人并不属于我们①；诺特荣克也不是我们的人，他是在我被赞德库尔监禁期间得到任命的。要是我在场，是决不会同意的，因为我了解他，此人好争吵，而且自私，等等。我曾经想在这里把他搞得声名狼藉。如果他要回来，我将感到遗憾。让他到巴黎去吧，不要让他到科隆来，这样做可能是上策；我认为他什么坏事②都能干得出来，但从来不干好事。从现在起，我让我们的俱乐部以工人辩论协会的名义公开活动③，也就是说，表面上在别人领导下而不是在我的领导下公开活动，因为"我们党"④ 这个词已成了名副其实的稻草人。我在这里的工人中有很大影响，而资产阶级自从在市政厅见到我和这些工人群众在一起以后，就吓得失魂落魄。[……]

诺特荣克可能已向你阐述了那次晚会⑤的情况，所以我在此就不赘述了。

手稿　　　　　　　　　　　　　　　　　　　　　　　节录

莫斯科苏共中央马列主义研究院
中央党务档案馆，F. 173, op. 1, Nr. III/
2634

---

① 在修改前为："不属于同盟"。哥特沙克后来在他的原稿上作了一些更正。或把语气改得缓和点。
② 在修改前为："背叛行为"。
③ 参看注141。
④ 在修改前为："共产主义"。
⑤ 参看注128。

224
共产党在德国的要求

1848年3月27日左右

共产党在德国的要求①

"全世界无产者,联合起来!"

1. 全德国宣布为一个统一的、不可分割的共和国。

2. 凡年满21岁的德国人,只要未受过刑事处分,都有选举权和被选举权。

---

① 《共产党在德国的要求》是卡·马克思和弗·恩格斯在1848年3月21日至29日之间在巴黎写成的。这些要求是共产主义者同盟在刚开始的德国革命中的政治纲领。3月30日左右《共产党在德国的要求》印成了传单,4月初发表在《柏林阅报室》、《曼海姆晚报》、《特里尔日报》和《德意志总汇报》等民主报纸上。

《共产党在德国的要求》是作为指示性的文件分发给回国的共产主义者同盟盟员的。在革命的进程中,马克思、恩格斯和他们的拥护者竭力在人民群众中宣传这个纲领性的文件。1848年9月10日以前,《要求》在科隆印成了传单并分发给莱茵省一些地方的科隆工人联合会的会员。除了一些词句上的更动外,传单的原文第10条的条文也与1848年4月所发表的原文略有不同(见《马克思恩格斯全集》中文第1版第5卷第4页)。1848年10月在柏林召开的第二届民主主义者代表大会上,科隆工人联合会的代表博伊斯特以社会问题处理委员会的名义,建议通过一个纲领,这个纲领中的措施几乎完全摘自《要求》。1848年11月和12月在科隆工人联合会的各次会议上曾讨论过《要求》中的个别条文(特别是第1条和第4条)。

1848年底或1849年初《要求》在莱比锡由魏勒印成小册子,原文有所删节:文件开头的口号、第9条的第2段、第10条的最后一句话都被删掉了,另外,在签名中少了"委员会"这几个字。——原卷末注

3. 发给人民代表薪金，使德国工人也有可能出席德国人民的国会。

4. 武装全体人民。今后，军队同时也应当是劳动大军，使部队不再像以前那样光是消费，并且还能生产，而所生产出来的东西要多于它的给养费用。此外，这也是组织劳动的一种方法。

5. 诉讼免费。

6. 无偿地废除一切至今还压在农民头上的封建义务，如徭役租、代役租和什一税等等。

7. 各邦君主的领地和其他封建地产，一切矿山、矿井等等，全部归国家所有。在这些土地上用最新的科学方法大规模地经营农业，以利于全社会。

8. 农民的抵押地宣布为国家所有。这些抵押地的利息由农民缴纳给国家。

9. 在租佃制流行的地区，地租或租金作为赋税缴纳给国家。

实行第6、7、8、9各条中提出的这些措施，是为了减轻农民和小租佃者所担负的社会义务和其他义务，同时也不致减少抵偿国家开支所需的资金，而且不使生产本身遭受损失。

至于既不是农民，又不是租佃者的土地所有者是不参加任何生产的。因此他们的消费纯粹是挥霍。

10. 成立国家银行来代替所有的私人银行，国家银行发行的纸币具有法定的比价。

实行这一措施就能按照全体人民的利益来调节信用事业，从而破坏大金融资本家的统治。实行这一措施就能逐渐以纸币代替黄金和白银，使资产阶级流通的必要工具，即一般的交换工具减价，因而就有可能把黄金和白银用到对外贸易上去。最后，为了把保守的资产者的利益和政府的存在联系起来①，这个措施也是必要的。

---

① 后来在科隆印发的传单上用的不是"和政府的存在联系起来"，而是"和革命联系起来"。——编者注

在巴黎首次印刷的《共产党在德国的要求》

11. 国家掌握一切运输工具：铁路、运河、轮船、道路、邮局等等。它们全部归国家所有，并且无偿地由无产阶级支配。

12. 所有官员的薪金没有任何差别，只有有家眷的官员，即需求较大的人的薪金可以比别人高一些。

13. 彻底实行政教分离。各教派牧师的薪金一律由各个自愿组织起来的宗教团体支付。

14. 限制继承权。

15. 实行高额累进税，取消消费品税。

16. 建立国家工厂。国家保证所有的工人都有生活资料，并且负责照管丧失劳动力的人。

17. 实行普遍的免费的国民教育。

为了德国无产阶级、小资产阶级和小农的利益，必须尽力争取实现上述各项措施。因为只有实现了这些措施，一直受少数人剥削，并且今后还有可能受少数人压迫的德国千百万人民，才能争得自己的权利和作为一切财富的生产者所应有的政权。

   委员会：卡尔·马克思 卡尔·沙佩尔 亨·鲍威尔
       弗·恩格斯 约·莫尔 威·沃尔弗

传单
莫斯科苏共中央马列主义研究院中央党务档案馆，DF I/1（《马克思恩格斯全集》德文版第5卷第3—5页，参看《马克思恩格斯全集》中文第1版第5卷第3—5页）

225

卡尔·沙佩尔（伦敦）给巴黎共产主义者同盟中央委员会的信

1848年3月28日

伦敦，星期二上午

烦请特使转交中央委员会

兄弟们：

没有什么可谈的！没有什么可谈的！

同那个顽固的老混蛋①简直没有什么可谈的！他谁也不见，而且已经带着他的金钱和贵重物品逃之夭夭了。②

我在星期日夜里11点半来到伦敦，因为直到那天中午12点我才可以离开布洛涅。在福克斯通，又因为我的笨重行李而被扣留在海关很长时间，结果火车早已不见踪影了，我只好等到6点半钟。

我刚一到达，就立刻派人去找卡尔·莫尔。他在参加协会的会议，过了一个钟头才来找我，并且情绪非常激动。因为在协会的会议上，大家一致决定把认捐的款项收集起来，连同武装和装备运往巴黎，从那里

---

① 卡尔第二，当时的不伦瑞克公爵。——译者注
② 参看文件215和220。

同我们一起再运往德国。

遗憾的是，我不得不给他的热情泼冷水。的确，一开始他很不高兴，但最后还是同意了我的意见。随后我邀请了沙贝利茨、普芬德、列曼和其他一些人。这些人昨天早晨在我这里集会，因为在我从前的住所里还空着一个大房间，我们就租用了一个星期，供常务委员会开会用。沙贝利茨已经知道我们的事，所以昨天已**隆重地**把他吸收入盟，以便使他同我们的关系更加巩固。随后他受委托去找这个坏蛋，并争取让他会见我。沙贝利茨听了一番认真的叮嘱之后走了，过了好久，到6点才终于回来，带回来的是令人失望的消息：" **已经完全没有办法了。**"

彼得这个无耻的坏蛋说，如果他出钱，大家就得听他的，然后由他当头头。还说，我们只是想要他的钱，否则把他看得分文不值。他干什么，他会去找英国人和法国人想办法的；说这两个国家的人还是服从指挥的，他还允许他们自行去纵火抢劫；他的唯一目的就是要恢复无政府状态，而我们共产主义者什么用处也没有，等等。

你们看，同这个卑鄙的家伙是无法再打交道了。为了筹到钱，我可以不惜代价，或者听从这个可怜的家伙，或者我请求给他一点厉害看看。——会见沙佩尔，他说，我可以无条件会见他，看他能把我**生烤**不成，说到底，在我的家里他能拿我怎么样。——向他要那些信件时，他说，那是我不能出让的财产。接着，沙贝利茨按我们的约定吓唬他。这个骗子回答说："我得提防一点，暂时不回德国去。在那里，那帮人不会为我做什么的。此外，我知道，那帮人同英国的宪章派有联系，他们可能会仿效英国事件的样子来对付我。为此我已操了不少心。我的金银首饰和其他值钱的东西现在还安然无损。因此他们至多毁了我的宫殿，不会得到更多的东西，起码他们抓不到我本人。"

现在你们看到了，我们碰到的是个骗子和狡猾的狐狸，这只狐狸蛰居在它的洞穴里，并且还侮辱我们。我们现在没有办法，只有好好地记住这一切，一旦有机会就给这个下流胚一点厉害。

这里再也留不住人了。因此，为了使住在这里一无工作二无生计的德国人能够回国，我已同意募捐——但只是在德国人中间。

今天7点钟召开委员会会议，明天召开全体会议，后天在第恩街召开群众大会。我将想尽办法来推动我们的事业，同时不使我们丢脸。读书会已定于星期四召开德国人大会，要起草一份**告德国人书**。丑角海尔贝格已经写好了这份东西，并在这出蹩脚的滑稽剧中扮演主要角色。

我从我们这些人的夫人们那里要来几英镑，给了路特希尔德，以便鲍威尔和莫尔能够缴付房租，他们俩哪怕有一个人能够来伦敦也好，他们出席这里的大会是极为必要的。我今天只能顺便和哈尼谈谈，晚上他还会再来，可是，看样子希望很小。

我怎样才能离开——真见鬼，至今还不知道。但无论如何，我反正都要走，哪怕不得已卖掉自己的床。请立即给我回信，那样我还可以收到。

敬礼并握手。

你们的兄弟
卡尔·沙佩尔

普芬德的情况并不像我们所担心的那样糟。

手稿 　　　　　　　　　　　　　　　　　　　　第一次全文发表
莫斯科苏共中央马列主义研究院
中央党务档案馆，F. 20, Nr. 122

226
弗里德里希·安内克（科隆）给弗里茨·哈马赫尔（埃森）的信

1848年3月28日

1848年3月28日于科隆

亲爱的胆小的弗里德：

［……］关于对我们的预审，我要对你说的话并不多。我只被提审过一次，据我所知，别人也没有经常被提审。当局审问了一大批证人，并要我们承认这些证人的证词。证人说了些什么，我不知道。可能他们说得不会太多。考虑到时间的关系，参议院认为结束案件并释放我们是上策。① 整个关押事件是一项纯政治性的措施。弗里德，现在亟须到处都保持生气；全国都拥护制宪议会，即由普选产生的制宪议会。如果我们争得了普选权和必要的生存条件，即通信自由、言论自由、集会自由、结社自由和人民武装，那么我们就达到了必需的一切。但愿这一切都是同科隆决议相吻合的！可惜，看来柏林已经完全丧失理智，或者说根本没有理智。如果不找别的途径来确立民主的国家基础，那么我们的志愿军就要赶赴柏林。

要确定整个德国的形式，尚且来日方长。人民联邦议会不要召开得

---

① 参看注128。

太早，最好晚一些召开，以便出版自由和言论自由能更早更多地埋葬君主们和稻草人。

在这里创办一家民主报纸的条件还不成熟。① 不过，只要推倒旧的②出版法，条件就会变好的。但愿在一周内就能废除旧的出版法。[……]

今天晚上，维利希应邀前往海德堡组织市民炮兵。[……]

手稿
波茨坦德国中央档案馆，哈马赫尔
遗著

节录
第一次发表

227
关于柏林工人俱乐部成立的报道[137]
1848年3月30日

工人俱乐部在艺术家咖啡馆成立

昨天晚上，这里举行了一次约有150名工人参加的大会，其目的是

---

① 参看注136。
② 原件上为：新的。

成立工人俱乐部。

  吕霍夫[①]先生当选为临时主席，他宣布大会开始。当时他分析说，谁真正干了革命，这是无关紧要的，关键在于用联合起来的力量去维护已经取得的成果，而维护这些成果也许比取得这些成果更困难。因此，他不想强调与会者即工人同其他所有等级和政党之间的矛盾；他说，关键在于组成对付反动派的统一战线。此外，人们现在不迈出第一步，今后就绝不能迈出第二步。所以他提议，现在暂且不谈工人即一个特殊等级所面临的重大问题，而是根据民主原则先把俱乐部建立起来。

  黑策尔先生作了内容相同的发言，他指出，目前应当很好地依靠现有的各个政治俱乐部，尤其要依靠俄国人旅馆里的那个俱乐部，这个俱乐部同其他俱乐部相比，在处理问题时具备更敏锐的洞察力和更深奥的专门知识。但遗憾的是，经验告诉我们，知识要得到充分发挥，毕竟需要思路敏捷的群众；他们愿意为自由的事业再次献出鲜血和生命，但是，首先希望每一个战士也要完全懂得为什么而战。因此，首先必须努力对工人阶级进行深刻的政治教育。不过他现在认为，不能通过大规模的群众集会来达到上述目的；他主张实行他们早已作过若干次试验的链式体系。

  在他讲话后，关于原则问题的讨论就宣布结束，继而开始一般的形式问题的讨论。**弥勒、米夏埃利斯、约翰、施拉姆和恩格尔哈特**先生全都表示赞成链式体系；而**魏夏特、盖尔克**先生和报告人则主张举行大规模的群众集会。此后，黑策尔先生再次发言，他说有些人不懂政治，由

---

① 原件上为：李霍夫。

于缺乏政治教育和政治主张，我们的群众大会暂时还没有意义。他暗示了星期日①在丽人门前举行的群众大会，并提醒大家注意，**沃宁格尔**博士先生也曾证明，对于没有受过政治教育的群众来说，最大的危险莫过于巧妙的提问，因此，我们只有在范围较小的俱乐部内习惯于议会形式，习惯于逻辑地分析问题，才能预防这种危险。此外，关于实际效果（有时是必要的）问题，他也肯定链式体系的优点；他认为，只要好好组织，这种链式体系就能轻而易举地在24小时内达成共同决议，并根据决议采取协调行动。这就是链式体系必定成功的决定性因素。根据主席的提议，会议决定，全体与会者组成一个临时中央俱乐部；要求一些成员组成基层俱乐部，允许他们派出自己的代言人或主席作为代表，出席将来中央定期召开的代表会议。

下次集会暂定于星期日②晚上举行，人数不限。

值得注意的是，整个晚上的讨论自始至终没有偏离讨论的主要问题。当有人引导某个发言者谈到工资问题时，**黑策尔**和**普尔茨勒尔**先生就立即声明，**有关提高一定工资的要求在当前是一种不公正的要求，这无非是叫工人的师傅，最后叫工人本身遭到毁灭。**

H. 马隆

1848年3月31日《柏林阅览室》
第77号

---

① 1848年3月26日。
② 1848年4月1日。

228
共产主义者同盟某个盟员（巴登）给巴黎中央委员会的信[138]

1848年3月底

致同盟中央委员会

亲爱的兄弟们：

我们收到你们的信以后不久，这里就开始了大逮捕，我和布拉①以及我们的许多人都没有幸免（不过那封信并未落入狗崽子们手里，还可以迅速抢救出来）。我们在拘留所里待了3个星期，借助于伊茨施太因和海克尔的力量才得以获释，当然，如果全体工人群众不站在这两个人一边，他们的努力也是枉然的。他们威胁说，要是我们在24小时内不能得到自由，他们就要捣毁拘留所。因此，我们得到了自由；一直守卫到现在的那帮看守人员可能也不相信军队，所以他们要把我们作为国事犯释放。

我还有许多话要说，可是没有时间了。但我请求你们回到德国来。
我们向你们大家、你们的家属致敬。
德意志共和国万岁。

---

① 字迹辨认不清，可能是布劳。

手稿　　　　　　　　　　　　　　　　　　　第一次用原文发表
莫斯科苏共中央马列主义研究院
中央党务档案馆，F. 20, Nr. 123

229
共产主义者同盟中央委员会反对巴黎德意志民主协会的声明①

1848 年 3 月底

下面署名的委员会认为自己有责任向**德国工人联合会**在欧洲各国的各个支部声明：它同向法国公民要服装、金钱和武器的那些行动、声明和宣言毫无关系。在巴黎，**德国工人俱乐部**是和联合会保持联系的唯一组织，它同自称为巴黎**德意志民主协会**的并由海尔维格先生和冯·伯恩

---

① 马克思和恩格斯给埃蒂耶纳·卡贝的信和反对德意志民主协会的声明是根据芒特辽（法国塞纳河省）历史博物馆送给苏共中央马克思列宁主义研究院的原稿的照相副本发表的。根据声明和信都出自恩格斯的手笔这一点来判断，这两个文件是在 1848 年 3 月底，即在恩格斯到达巴黎以后写的。在这个时候，马克思、恩格斯和共产主义者同盟中央委员会的其他委员正进行反对德意志民主协会的斗争，因为该协会的领导人海尔维格和伯恩施太德企图利用在法国组织的军团把共和政体输入德国。《德意志—布鲁塞尔报》的前任编辑伯恩施太德由于这种计谋于 3 月 16 日被开除出共产主义者同盟。
　　根据共产主义者同盟的领导人的倡议，1848 年 3 月初在巴黎建立了德国工人俱乐部，它的章程是由马克思起草的。马克思和恩格斯利用俱乐部来竭力团结巴黎的德国流亡工人，阐明无产阶级在资产阶级民主革命中的策略，并且同海尔维格和伯恩施太德的冒险计划相反，组织德国工人个别地回国去参加那里的革命斗争。——原卷末注

施太德先生领导的那个协会毫无共同之处。

德国工人联合会中央委员会
签名：卡·马克思　卡·沙佩尔　亨·鲍威尔
弗·恩格斯　约·莫尔　威·沃尔弗

手稿　　　　　　　　　　　　　　　第一次用原文发表

莫斯科苏共中央马列主义研究院
中央党务档案馆，F. 1, op. 1, Nr. 6003
(《马克思恩格斯全集》德文版第 5
卷第 6—7 页，参看《马克思恩格斯
全集》中文第 1 版第 5 卷第 6—7 页)

230

卡尔·马克思和弗里德里希·恩格斯（巴黎）给埃蒂耶纳·卡贝①（巴黎）的信

1848 年 3 月底

1848 年 3 月 24 日前后于巴黎

卡贝公民：

我们请求您把随函寄上的声明发表在最近一号《人民报》上。声

---

① 马克思和恩格斯给埃·卡贝的信和随信寄出的反对德意志民主协会的声明

明涉及的问题是：共产党对于已经在一部分德国人中煽起反对法国人民的旧的反动民族成见那种事情和做法没有责任。

德国工人联合会①，即欧洲各国各种工人协会的联合会（英国宪章派②的领袖哈尼和琼斯两位先生也是这个联合会的成员）是完全由共产主义者组成的，并公开宣布自己是共产主义的组织；所谓巴黎德意志民

（续前注）都出自恩格斯的手笔。恩格斯于1848年3月21日之后到达巴黎并同马克思一起签署了这份于1848年3月24日写的声明。在此期间，马克思、恩格斯和共产主义者同盟中央委员会的其他委员正进行反对德意志民主协会的斗争，因为该协会的领导人海尔维格和伯恩施太德企图利用在法国组织的军团把共和政体输入德国（伯恩施太德由于这种计谋已于3月16日被开除出共产主义者同盟）。他们为了从巴黎人民那里得到组建军团的物质和武器捐赠，以爱国主义的名义展开了大肆的宣传活动。以伯恩施太德为主的该协会的领导人，经常在巴黎各俱乐部进行游说活动，这使他们从巴黎市民那里得到了一定的物质援助。这种想把革命强行输入德国的冒险行为遭到了马克思和恩格斯的坚决反对。

这封信和声明的原文是法文。第一次用英文发表在《科学和社会》1940年纽约版第4卷第2期，用原文发表在《共产主义者同盟。文件和资料》1970年柏林版第1卷。——原卷末注

① 指共产主义者同盟。——原卷末注
② 宪章派是宪章运动的参加者。宪章运动是19世纪30—50年代中期英国工人的政治运动，其口号是争取实行包括要求普选权和一系列为工人保证此项权利的许多条件的人民宪章。英国工人阶级为实现人民宪章掀起了广泛的群众性政治运动，宪章运动出现过三次高潮。由于资产阶级收买工人上层和工人阶级政治上的不成熟，到50年代中期运动终于失败。宪章派的领导机构是"全国宪章派协会"，机关报是《北极星报》，左翼代表人物是哈尼、琼斯等。恩格斯在他1892年为《社会主义从空想到科学的发展》写的英文版导言中称宪章派是"近代第一个工人政党"。——原卷末注

主协会①实质上是反共产主义的，因为它声明自己不承认无产阶级和资产阶级之间的对抗和斗争。因此，这里所谈的是为了共产党的利益而采取行动，发表声明，正是为了这一点，我们请阁下大力协助。（这封便函仅是私人信件）

致以敬礼和兄弟般的情谊。

弗里德里希·恩格斯
卡尔·马克思

手稿
莫斯科苏共中央马列主义研究院中央党务档案馆，F.1, op.1, Nr.6003
（参看《马克思恩格斯全集》德文版第5卷第6页，《马克思恩格斯全集》中文第2版第48卷第13—14页）

第一次用原文发表

---

① 指1848年3月上旬在巴黎成立的德意志民主协会。该协会的领导者是小资产阶级民主主义者海尔维格、伯恩施太德等人，他们鼓动德国流亡者组成军团，指望用攻入德国的办法在那里引起革命并建立共和制度。马克思和恩格斯坚决反对这种冒险计划。1848年4月，海尔维格组织的军团越过国境后在巴登境内被德意志南部各邦的军队歼灭。

黑、红、黄三色是德国小资产阶级民主统一运动的象征。进步的小资产阶级民主主义者把统一运动的目标确定为在德国建立像瑞士联邦那样的自治州联邦。所以该协会又称黑红黄三色协会。——原卷末注

231
关于共产主义者同盟盟员从巴黎返回德国的报道[139]

1848年3月31日

[……]今天,信奉共产主义的德国人①也离开了巴黎。但是,他们不像德国民主派那样队伍严整,而是每个人都独当一面,零星前往各个不同地方去的。临行前他们以宣言的形式发表了下列声明②:[……]

1848年4月6日《柏林阅览室》
第82号特别附刊

摘要

232
共产主义者同盟中央委员会的收付款单据③

1848年4月2日

共产主义者同盟

---

① 该通讯员以前曾批判地报道过巴黎的海尔维格军团。
② 下面是《共产党在德国的要求》(文件224)。
③ 三张单据都是恩格斯亲笔写的。——《马克思恩格斯全集》中文第1版第43卷第484页。——原卷末注

全世界无产者联合起来!

中央委员会确证其成员卡尔·马克思交来贰拾伍法郎（受托转交）

1848 年 4 月 2 日于巴黎

代表中央委员会

卡·马克思

恩格斯

亨利希·鲍威尔

约瑟夫·莫尔

手稿　　　　　　　　　　　　　　　　　　　　　　　　第一次发表

莫斯科苏共中央马列主义研究院

中央党务档案馆，F. 1, op. 1, Nr. 259

共产主义者同盟

全世界无产者联合起来!

中央委员会已收到本委员会成员马克思提交的贷款柒拾肆法郎贰拾生丁，特此证明。

1848 年 4 月 2 日于巴黎

代表中央委员会

恩格斯

鲍威尔

约·莫尔

手稿　　　　　　　　　　　　　　　　　　　　　　　　第一次发表

莫斯科苏共中央马列主义研究院

中央党务档案馆，F. 1, op. 1, Nr. 260

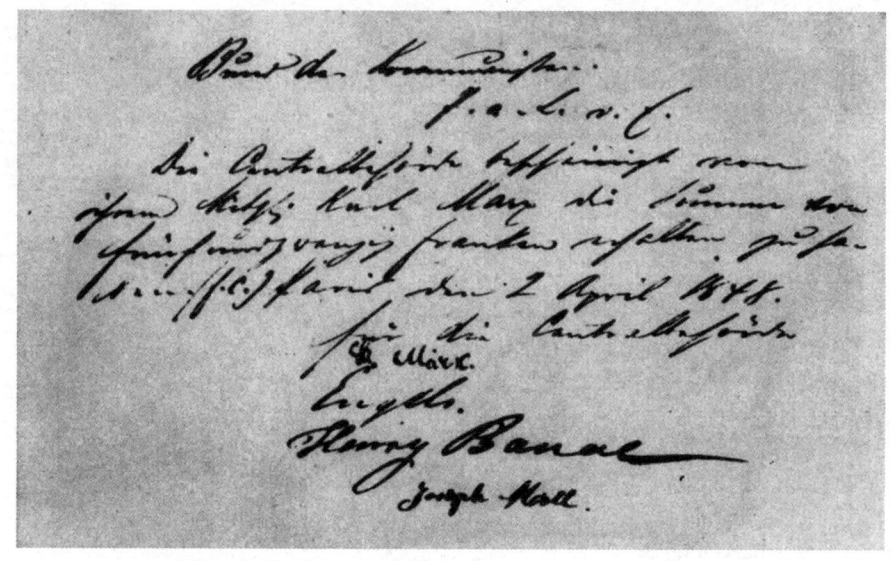

共产主义者同盟中央委员会 1848 年 4 月 2 日的付款单据

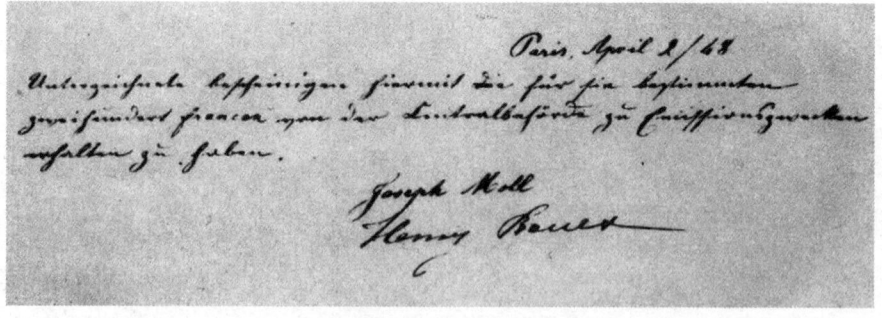

约瑟夫·莫尔和亨利希·鲍威尔 1848 年 4 月 2 日的收款单据

共产主义者同盟

全世界无产者联合起来!

同盟盟员弗里德里希·克吕格尔,今向中央委员会借得贰拾伍法郎正,特具证明,此款一俟可能,当立即归还中央委员会。

1848年4月2日于巴黎

弗里德里希·克吕格尔

手稿　　　　　　　　　　　　　　　　　　　　　　　第一次发表

莫斯科苏共中央马列主义研究院
中央党务档案馆,F.1,op.1,Nr.261

下面签字者证明,收到中央委员会为发行目的而决定给他们的200法郎。

约瑟夫·莫尔
亨利希·鲍威尔

手稿　　　　　　　　　　　　　　　　　　　　　　　第一次发表

莫斯科苏共中央马列主义研究院
中央党务档案馆,F.1,op.1,Nr.259
(参看《马克思恩格斯全集》中文第1版第43卷第484—485页)

233
美因茨工人教育协会告全体德国工人书[①]

1848年4月5日

告全体德国工人书

工人弟兄们!

如果我们不愿意再做最受欺骗的人,如果我们不愿意在以后漫长的岁月里再受一小撮人的剥削、蔑视和蹂躏,我们就不应该错过时机,我们绝不应该死气沉沉,无所作为。

如果我们还像过去那样是一盘散沙,尽管我们人数众多,我们也会软弱无力。相反地,如果我们团结起来,组织起来,我们就会成为一支不可战胜的力量,因此,弟兄们,在城乡各地建立起工人联合会来,在联合会里给大家说明我们目前的处境,提出改变这种处境的办法,考虑和选举工人阶级出席德国议会的代表,并且采取其他一切必要的措施来维护我们的利益。此外,德国所有的工人联合会应该尽快地建立联系并且保持这种联系。

我们建议暂定**美因茨**为所有工人联合会的中心,并且建议大家和本

---

① 《告全体德国工人书》是从巴黎来美因兹的共产主义者同盟特派员、同盟中央委员瓦劳和盟员克路斯起草的。1848年4月8日马克思和恩格斯赴科隆途中在美因兹停留下来,他们在那里与当地的共产主义者讨论了今后的行动计划。——原卷末注

美因茨工人教育协会1848年4月5日告全体德国工人书

卡尔·瓦劳

委员会通信，以便磋商共同的计划，尽快地在各联合会代表会议上最后确定中央委员会的驻地等。

我们期待着**未付邮资**的来信，我们也将寄这种信给各个组织。

1848年4月5日于美因茨。

美因茨工人教育协会委员会代表第一主席　瓦劳
书记　克路斯

通信处：

美因茨　弗兰契斯卡内尔街156 1/2号

美因茨工人教育协会书记处**阿道夫·克路斯**先生亲收

1848年4月11日《美因茨报》第102号（《马克思恩格斯全集》德文版第5卷第483页，参看《马克思恩格斯全集》中文第1版第5卷第575—576页）

234
弗里德里希·列斯纳关于共产主义者同盟盟员参加伦敦宪章派的示威游行的回忆

（摘自《1848年前后》1898年版）

1848年4月10日

[……]4月初，在伦敦召开了宪章派公会，它的任务是比以前更

强硬地向议会提出请愿,要求实现工人多年来提出的政治自由。请愿书应于 4 月 10 日交到,并且不是像从前那样经过一些全权代表转交,而是由工人群众亲自递交。这样做是要使议会懂得无产阶级准备在必要时用武力满足自己的要求。

4 月 10 日早晨,伦敦出现了一种奇特的情景。所有工厂、商店都关了门。伦敦的资产者们拿起武器来维护"秩序"。这些武士中也包括小拿破仑,即后来的威廉堡①公民。

共产主义者同盟的盟员决定参加示威游行。我们用各种武器装备起来。我们清楚地记得格奥尔格·埃卡留斯的那一副滑稽相,他拿着一把闪闪发光的、锋利的裁缝大剪刀给我们看,说他打算在警察进攻时用这把剪刀自卫。

工人们已经在肯宁顿广场集合起来准备向议会前进。可是,我们突然听说组织这次示威游行的菲格斯·奥康瑙尔不主张结队游行,因为政府准备用武力对付我们。不少人听从了他的劝说,但是其余的人仍勇往直前,结果宪章主义者同警察之间发生了流血冲突。既然游行群众的团结已因奥康瑙尔的失策而动摇,自然也就不可能获得成功。这一点我们当即就明白了。我们万分失望地离开了这个广场,而一小时之前我们来的时候还是满怀希望的。[……]

弗里德里希·列斯纳《1848 年前后》,载于 1898 年《德意志言论》第 3 期第 110—111 页 摘要

---

① 威廉堡是卡塞尔附近的一个城堡,路易·波拿巴(法国皇帝拿破仑第三)在色当战役(1870 年)失败后被普鲁士人俘掳后囚禁在这里。

235
亨利希·楚劳夫（埃尔伯费尔德）给莫泽斯·赫斯（科隆）的信

1848年4月10日

1848年4月10日于埃尔伯费尔德

亲爱的赫斯：

在我动手办报以前，请你回答我，听说毕尔格尔斯早已着手准备创办《莱茵报》并且不久就将出版[140]，这是不是真的？如果是真的，我想，这对你们的计划简直太糟糕了，因为你的支持人安内克——不管他如何真诚，但他在文学方面还没有多大名气，因此，特别新近在那里发生的事件①以后——不可能被提名，即不可能宣布他担任编辑。请你别责怪我，这很有些浓厚的利己主义味道。我觉得，关键是要弄清楚什么是**可靠的**，你们**无疑**是可靠的合作者。据我所知，马克思将在美因茨出版一份报纸。对这种四分五裂现象深感惋惜！各派之间最好能加强团结。

请速来信，但愿你能在我所希望的方面给我一种有益的启迪；如果能给我启迪，那我将尽力而为。

你的 亨·楚劳夫

埃德蒙·济伯纳编《莫泽斯·赫斯通信集》1959年海牙版第184页

---

① 即1848年3月3日的示威游行；参看注128。

236
约翰·席克耳（美因茨）给卡尔·马克思（科隆）的信

1848 年 4 月 14 日

1848 年 4 月 14 日于美因茨

亲爱的马克思：

　　我在曼海姆我弟弟那里逗留了几天，今天刚从那里回来。到家后，发现了一封你夫人的来信，因此，我赶紧寄给你。从这里，我没有什么喜讯告诉你。美因茨人就像所有这些德国南部的黑红黄三色蠢驴一模一样，全是可鄙的、怯懦的却是爱吹牛皮放大炮的蠢猪！在这群流氓中间，我感到深恶痛绝，必须经常同他们作斗争。在这里，一个人如果以共产主义者的身份出现，肯定就会被人用石头砸死，尽管这群蠢驴对于什么是共产主义一窍不通。但我由于不善于隐瞒自己的观点和信仰，或者说不善于说服这些家伙收回他们的那一套胡说，所以我并不怎么喜欢这个地方。工人—资产者联合会有 300 名成员，瓦劳任主席，而我总觉得这一切都非常滑稽，就像一所小学，工人在那里学习朗读、书写和计算，而卡利施每周上一堂课，也使这群蠢驴学习说话！这简直是发疯！同盟组织进展缓慢，因为必须谨慎从事；施土姆普弗在非常积极地活动，我也是，可该死的美因茨笨蛋呢？如果我还在这里待下去，又要开始变成傻瓜了。我什么也不想，只是一心想回到你们身边，紧跟你，就像从前信徒们紧跟他们的基督那样！噢，赶快使我摆脱这帮可怜的自由派资产者和共和派畜生吧，否则我就要被这帮人感染了。

代我向恩格斯兄弟和德朗克等人转致衷心的问候，祝好，别忘了永远忠实于你的

约·席克耳
写于奥古斯丁纳巷

下周我将给恩格斯寄去他的最后一笔存款，给我写信！

手稿　　　　　　　　　　　　　　　　　　　第一次全文发表
莫斯科苏共中央马列主义研究院
中央党务档案馆，F. 1, op. 5, Nr. 171

237
科隆工人联合会[141]给美因茨工人教育协会的信

1848年4月14日

致美因茨工人协会

兄弟们：

通过3月18和19日光荣的街垒战，柏林人民证明了：他们在政治

上业已成熟，对普鲁士以及对整个德国来说，他们已经进入这样一个时代，大家把几十万人在莱比锡和滑铁卢战场上用紧张努力和鲜血保证的允诺，不仅已写在纸上，而且已付诸实现了。他们的自由的力量经受了34年的压制，如今像汹涌澎湃的江河冲垮了堤岸；人民从压在自己身上的重负下站起来了，在争取自由庇护所的流血斗争中显示了崇高精神和英勇气概。这一点清楚地证明，对人民判断错误是何等卑劣，到现在为止，对他们隐瞒了多少东西。在街垒上撰写历史的并不是自豪的贵族、高傲的官僚和见钱眼开的资产者，而是人民中间的这样一些人，即工人，是这些长期遭受蹂躏的人，用鲜血浇灌了幼小的自由之树；为德国开创了一个新时代，使美丽的朝霞放出耀眼光芒，随之而来的将是自由而无限的精神运动的艳阳天。因此，鉴于时代精神的要求，我们仿效姐妹城市美因茨，也组成了一个工人联合会，并给自己提出这样的任务：始终从政治事件入手来解决社会问题。我们要为工人的权利和利益提供保障，以便使每个工人都能生活自由、身体健康、安居乐业；以便我们成为在数量上、质量上都能显示实力的人。在追求这一目标的进程中，我们向你们伸出友谊的手；团结就是力最，而我们必须有力量，以便我们能够捍卫德国革命所取得的成果和所争得的权利，反对任何专制主义的死灰复燃。我们要一切为了人民，一切**通过人民**，我们的口号是：**自由、博爱、劳动**！

科隆工人联合会

1848年4月23日《科隆工人联合会
会刊》第1号

238
海尔曼·艾韦贝克（巴黎）给莫泽斯·赫斯（科隆）的信

1848年4月16日

4月16日，星期日

亲爱的赫斯：

我立即给你复信。我首先要对你说的是，你必须向我保证，不再给本来已经四分五裂的党制造新的分裂，我才能苟同你的建议。也就是说，你不得再妨碍马克思的事业。① 如果马克思的事业不再受到妨碍，我才能勉强同意定期为你的亚琛的报纸②提供通讯；但要避免使用《莱茵报》这个名称，这一名称只会引起人们的误解。天哪，还愁没有名称！〔……〕

科隆的沃尔弗③还在这里，我估计他要为马克思的报纸写通讯；也就是说肯定不会为你的报纸写通讯。祝你安好；我应该什么都对你说，而我宁可什么也不说；我相信，你将从我的通讯中得到一些我对世界上孕育着的事物进行探讨的东西，而这是不便在书信中探讨的。再见。

---

① 指创办《新莱茵报》。艾韦贝克后来是《新莱茵报》常驻巴黎的通讯员之一。
② 赫斯试图暂时在埃尔伯费尔德或亚琛实现他本想在科隆办报的计划，参看注136。
③ 斐迪南·沃尔弗。

埃德蒙·济伯纳编《莫泽斯·赫斯通信集》1959年海牙版第186—187页

节录

239
路易·海尔贝格（伦敦）给莫泽斯·赫斯（科隆）的信

1848年4月17日

1848年4月17日
于伦敦德鲁里巷153号

请您注意保存这封信，鉴于我对共产党（党内也许即将发生一些变化）的态度，所以此信对我十分重要。

亲爱的赫斯：

14日晚上，我的挚友弗莱里格拉特把您本月9日和11日的珍贵来信都已及时交给我了。您信中提出的建议至关重要，使我感到由衷的高兴，而我有必要对此进行一番深思，因此，我一直拖到今天才给您回信。由于同样的原因，我的回答也不能是无条件地同意或不同意，而我要接受您交给我的既光荣又重要的职位，就必须考虑到某些条件或起码的前提。下面我想向您简单扼要地陈述一下这些条件或前提。

我肯定没有弄错，如果我假定您并非想恢复出版1843年在阿尔宁①的暴力措施下停刊的《莱茵报》，我过分相信您对时代关系和世界形势有正确的认识，以至我不能不这样想，您和我一样，都认为1843年和目前之间不仅仅相隔5年时间，而且在此期间还发生了一场世界革命，今天的情况与1843年的情况已迥然不同了。您本人在您发表于《德意志—布鲁塞尔报》上的那篇杰作《无产阶级革命》②中极其明确地指出，现在，在世界历史上已出现了一种崭新的原理，以至我用不着再详细地向您阐述我与您的那篇文章中完全一致的观点了。任何东西都不能使我认为，您不想在您新创办的报纸上继续发挥和捍卫在那篇文章中已经包含的思想和观点，直到得出它们的最后结论，**即共产主义社会制度**。什么东西也不能使我认为，您现在与在布鲁塞尔时有何不同，而我不论过去还是现在都是坚定的**共产主义者**。尽管如此，您在《科隆日报》上发表的呼吁书③中说：您想在新创办的报纸上"［彻底］④讨论社会问题……绝对不根据某些理论、思想、原则和体系的观点，而只根据对现有实际情况的实事求是的看法"；即使您觉得这样就在一定程度上不把共产党的旗帜当作贵报的旗帜，但我仍然不会因此就认为您背离了共产主义原则。我只发现一种办法，也许可以暂时避免一次确实很严重也很危险的对某些问题的争论，不过这些问题的最后解决还要等到非常遥远的将来。我本人虽然认为，共产党作为与纯政治的共和派对立的一个党，必须完全公开自己的旗帜和名称；虚伪的名称，比如社会民主党，就更没有什么价值了，因为它在党派斗争的第一个风暴中就将撕去

---

① 冯·阿尔宁-博伊岑堡当时为普鲁士内务大臣。
② 海尔贝格指的是赫斯的连载文章《无产阶级革命的后果》，见文件168。
③ 参看注136。
④ 海尔贝格删去了这个词。

这块面纱，可是这个党到那时仍将以共产党的面目存在，除了枉费心机地掩饰以外，还将不光彩地隐瞒其真正的旗帜。但是，最后问题还是涉及**事业**，而且名称成了次要的东西，所以，我在此表示愿意担任贵报编辑，**只要您和弗·安内克向我书面声明，贵报的任务将是捍卫和发展所附传单中提出的 17 条要求**①（由于时间的推移和条件的变化，要求已有了少许改动，但并不涉及原则问题），同时让报纸的读者随时随地加以监督，这些要求是否用**共产主义**这个名称来表示。

  这 17 条要求，就像您会轻易确信的那样，具有非常**真正革命的、民主共产主义**的性质，为新闻活动和人民演说家活动提供可用于今后 10—15 年的非常丰富的资料；17 条要求是某种独立政策的相当完善的纲领，所谓独立的政策就是这样一种政策，它是强有力的、高瞻远瞩的和十分全面的，足以将德国引入一种强大而繁荣昌盛的状态，并能为我们的下一代过渡到共产主义社会制度开辟道路。**这些要求同时又是我唯一能为之效力的纲领**，由于您希望我的合作不仅仅从英国报纸上作摘录，而且还要参与总的编辑，即还要编辑有关德国问题的文章，所以，我不能不把接受这个纲领作为必不可少的条件。我请求您和弗·安内克两人签字，因为，一家报纸的编辑部即使不能成为日常斗争的战场，大方向一致也是必要的。因此，一旦您和弗·安内克愿意**立即**给我**书面**说明：这 17 条要求（其中多数目前正在法国付诸实施，而且英国的运动派中的最有才干的思想家也都赞同它们）也是你们的纲领，并答应我在这种意义上撰写文章的完全自由，那么，您可以认为我已加入您的编辑部，您也就有权以我的名义同书商取得联系，并且立即可以从我这里得到一份我资助试刊号的捐款。要是不答应，那就算了。［……］至于你们同马克思、恩格斯等人反目，这纯属私人问题，而不是什么原则问题，我本人

---

① 文件 224。

同他们两个人也不是十分融洽，但在原则问题上几乎完全一致；除了一些纯粹形式方面的次要问题以外，我完全赞同他们的意见。[……]

  致以亲切问候

海尔贝格

手稿   节录

莫斯科苏共中央马列主义研究院

中央党务档案馆，F. 173, op. 1, Nr. 2643

240
威廉·沃尔弗（布雷斯劳）代表共产主义者同盟中央委员会给卡尔·瓦劳等人（美因茨）的信[142]

1848 年 4 月 18 日

致瓦劳等人

  马克思、恩格斯、德朗克等人现在哪里？

  不管他们现在哪里，请把他们的地址寄给我。

4 月 18 日于布雷斯劳

  我从本月 13 日来到这里。正如你们知道的那样，我从美因茨到了科布伦茨，并在那里过了一夜。我觉得，施土姆普弗转交给雕塑家的公开信没有多大意义。因此，我整个晚上在几个小酒馆里同小资产者和工人就当前大家关心的问题进行了交谈。首先我使他们相信，组织工人联合会和在一般的民众大会上进行讨论是必要的。

第二天早晨我前往科隆。晚上6点到了那里，之后我就去找哥特沙克，并在他那里碰到了克吕格尔。克吕格尔在为继续旅行筹款。我还拜访了安内克，并参加了一次讨论"荷尔斯泰因—石勒苏益格，两海之间"①的民众大会。然后，我就回去睡觉了，等到天亮继续赶路。科隆的情况大致如下：

我从哥特沙克的话中了解到，同盟已陷入绝境，一切联系都已中断。哥特沙克已答应把这项工作积极地抓起来。我把美因茨工人协会的告德国人民书②交给了他，而他要促成科隆工人联合会与它合并。在轮船上，我同许多人进行了交谈和讨论，散发了许多份告德国人民书。同时，我结识了一位非常精明的工人，他叫勒文尼希，他想去科隆找工作，我就把哥特沙克的地址给了他。

赫斯、安内克、哥特沙克等人刊登了办报启事③，正在忙于招股！！赫斯又耍了一个花招。顺便说一下，法兰克福的费舍（同我们一起在布鲁塞尔待过）正在巴门。我留下了一份美因茨工人协会的告德国人民书，让哥特沙克寄给他。

我从科隆到了汉诺威，在那里住了一夜，并把上述告德国人民书交给了当地工人联合会的一个会员。在这个工人联合会中，资产阶级占大多数，而无产阶级只占极少数。他们已答应提出加入美因茨工人协会的建议并给那里写信告知此事。我在火车上一路进行宣传，简直没有闭过嘴。

柏林。我在柏林待了3天左右，时间太紧，很多事都没有来得及

---

① 马·弗·开姆尼茨《荷尔斯泰因—石勒苏益格联盟之歌》中的第一句。
② 文件233。
③ 参看注136。

做。我先去看波尔恩,他一开始就想成为柏林临时政府的阿尔伯特①公民、马斯酒店(塞巴斯蒂安街)的工人联合会②主席。我见到的第二个人是黑策尔。他向我承认,柏林的同盟组织只是个空架子。由于长期与外界隔绝,致使同盟组织内部相当涣散。他们自从收到同盟第一次代表大会的告同盟书③以来,没有收到伦敦方面的任何东西。他说,这里勉强还有20来名盟员,这些人虽然互相保持联系,但实际上没有任何组织形式。我想把这些人召集在一起,详细研究一下存在的问题。但是,我由于出席一系列的民众集会和会见工人代表团等等,这件事未能办成。不过,黑策尔肯定地答应我,立即向美因茨方面写信,恢复联系,使工作逐步走上正轨。他是一家工人报④的编辑。现在,周报和日报等各种报纸纷纷出版,犹如雨后春笋,而你读这些报纸时就可以看出,它们的编辑和撰稿人脑子里简直一塌糊涂。

黑策尔的地址是:鞋匠黑策尔,齐格尔街25号后院平房

波尔恩的地址是:菩提树街28号后院

13日白天,我到了布雷斯劳。我从柏林带来了一位同盟盟员的地址,所以我一到那里就找到了他。组织虽然不存在了,但在工人当中不乏有识之士,必须同他们一起工作并吸收他们参加我们的事业。为此需要花很多时间,可我们现在很忙,诸如选举之类的事占用了我们所有的时间,且不说为了把这里的情况搞清,为了到时候不致像俗话所说的

---

① 此处把波尔恩比作巴黎的工人领袖,法国二月革命后的临时政府成员马丁·阿尔伯特(亚历山大·阿尔伯特)。
② 参看文件227。
③ 共产主义者同盟第一次代表大会的告同盟书见文件148;第二次代表大会的告同盟书没有保存下来;至于伦敦中央委员会1848年初的通告信,只有格贝尔特在1848年12月1日给恩格斯的信中提到过。
④ 《德国工人报》(柏林),参看文件254。

"抓瞎",我不得不经常会见人。14日,这里成立了工人联合会。我自然立即声明加入。今天又开会,我要发表演说,要谈许多问题,其中包括美因茨的告德国人民书。

随后,我又加入了大约两周前成立的民主俱乐部。俱乐部的大多数人具有共产主义倾向,或者确切些说,具有社会主义倾向。这一点,只要看看他们的许多小册子就可知道;至于少数人,一部分是以前的立宪派,他们现在有了更多的民主色彩,一部分是以前的共和派。杂乱无章、乱七八糟的事情很多。此外,这里还有一个立宪派俱乐部,由格雷夫斯领导,这个俱乐部现在有1400名会员,而民主俱乐部只有180名会员。所以它的活动很多,而且在全省都建立了分部。选举的时候,它可望为它的候选人争得大部分资产者的选票。民主俱乐部正在做它力所能及的事,它在省里也已建立了几个分部。我们俱乐部的告城乡全体选民书已印了3万份,它应当而且一定会产生特别的影响。我们现在在上西里西亚地区印了1.5万份,准备在奥得河右岸地区的人民中间散发。

如果我现在不是忙得四脚朝天(也就是说,我们现在必须有分身法才能同时在几个地方活动),那么,我就要把这里的种种情况、各党派的态度等等详细描述一番。然而,我必须草草结束,以便争分夺秒地到几个选区去组织工人预备会,同他们讨论选民的选举事宜。因此我只能简略地说几句话;这里跟柏林一样,在资产阶级和无产阶级之间出现了明显的、常常是疯狂的敌视和怨恨。我无须强调,资产阶级是局势的主宰,但它还不很强大,只要出现什么预料不到的情况,它就可能失去自己的地位。在这种情况下,它的对手缺乏组织性就会帮它的忙。可以说,民主党派只是二月革命以后才产生的,人们在此之前满足于立宪。现在缺乏的**只是**,几个民主派抓住有利时机,到处采取应急措施,因此我们现在已有了共和国。我非常清楚地知道,柏林和布雷斯劳的情况也是这样。可惜上述有关地区的民主派玷污了这个名称——这个人民早已熟悉的、很可能成为领导者的名称。

但是，现在资产阶级已经取得了大部分胜利，而另一方面，在西里西亚这里（当然，其他省份也是这样），土地贵族和官僚反动派及其同伙在战战兢兢地活动。在农村，农民受了邦议会和地主老爷的挑拨，在反对城市居民，反对城里的共和派。总之，为了选举，一切手段都用上了。如果我们采用**直接**选举制，那么，我能在一天之内，甚至在一次选民大会上就戳穿所有这些阴谋。因为要使农民相信他们的利益所在并不难。可是现在，我们在西里西亚的选举中必须战胜一大批反动派和腐朽的立宪派。目前，只有上述那个告人民书使我寄予希望，其他几场选举能得到另外一种结果，现在已不再由县长老爷们秘密商定了。

前天，这里发生了小小的骚乱，因为几百名无产者给资产阶级的若干头人，即**齐比希**和**米尔德**这两位每况愈下的联合议会的议员，还有**格雷夫**（市参议会议长，一位大腹便便的守财奴和顽固不化的资产者）和市议会议员、面包师傅**路德维希、瓦赫勒**（君主反动派）以及其他几个臭味相投的人演奏了几支十分刺耳的乐曲。现在，这里已有9000多人武装起来了，他们是清一色的资产者。无产阶级派只拥有一支用长矛、火枪或步枪武装的200人左右的"志愿军"。他们的领导人海尔维格、博恩施泰特等人由于自己的志愿军计划不周，给了各地的包括西里西亚的反动的立宪派不少好处。

致以衷心的问候

你们的　海德

手稿　　　　　　　　　　　　　　　　　　　　　第一次全文发表

莫斯科苏共中央马列主义研究院
中央党务档案馆，F. 20, Nr. 125

241

弗·阿·贝格曼（雷根斯堡）给共产主义者同盟中央委员会的信

1848年4月21日①

1848年4月于雷根斯堡

致中央委员会②

亲爱的兄弟们：

  我终于又能给你们写信了，除了洛克勒的格贝尔特给我提供了一些有关你们的消息之外，我有很长一段时间对你们简直是一无所知。几天前，他给我寄来了地址，我就按照地址给你们寄去这封信。我本想立即写信的，但由于那篇文章迟迟没有发表，所以我怀疑我是否还能等到一个回音。现在我又在开始写另一篇文章，大约要花两周时间，因此，如果不一拖再拖，及时作出答复，那我就能等到回音。我以拉绍德封区部的名义收到了格贝尔特和谢林格的两封信（3月19日和31日）；我从

---

① 邮戳日期。
② 信封上写着："美因茨伦滕巷、（圣灵）屠宰师傅诺伊贝克先生寓所，实习教员F.菲力浦·诺伊贝克先生收"。该信于4月23日到达科隆中央委员会；参看文件243。

信中看出，现在已经是指出这一点的时候了：我们不仅仅要用漂亮的言辞来维护我们的原则，而且我们也要拿起武器采取行动了。[143]我还收到一份《共产党在德国的要求》①的副本，按照这些要求我可以进行出色的宣传了。不过，在结尾部分，有些话似乎显得太生硬，恕我用这个词来表达。

我待在这里，真感到不是滋味，尤其在应该而且必须尽可能集中我们的力量，以便卓有成效地为我们的事业而斗争的时候；另一方面，即使有时候一个人待在这种地方（在这里，我们的原则在所谓下层民众眼里还是新鲜事物，加之还有人故意从上往下地歪曲这些原则），确实也不无好处。因此，我从大家的利益出发，愿意听候你们的调遣，你们想叫我干什么，我一定尽力而为。我在这里简直闭目塞听，什么消息也得不到，因为我只能看到两份糟糕透顶的报纸，一份是资产阶级保守派的喉舌；另一份是官僚贵族的传声筒，它们极其放肆极其无耻地怀疑所有人和取得的每个进步。比如其中的一份报纸说，共和派在巴登高地已日暮途穷，海克尔带着80多个无赖已无影无踪，大家都不知道他跑到哪里去了；司徒卢威也带了大约300人从多瑙埃兴根逃之夭夭，并且四处散开了。但是，这一切也表明，所谓的"上层等级"感到惶惶不可终日，甚至把法兰西共和国描绘得那么令人可恨和那么卑鄙无耻，似乎非"上层等级"的人不行。想象不到的形形色色的谣言不胫而走，到处流传，目的就是要欺骗人民：法国人是人民的"凤敌"，掠夺欲望是克服不了的，除非法国换一个国王。比如，3个星期以前，竟有人散布说，4—6万法国强盗入侵了巴登和符腾堡地区，他们所到之处都实行抢光、杀光和烧光；昨天和前天（目前议会正在开始选举，可能也正因为如此）出现了一种流言飞语：法兰西共和国已经垮台，他们已换了一个国

---

① 文件224。

王。但是，这样做的目的根本没有达到，因为谁也不相信这种流言飞语。如果我去辨析它（资产阶级）最后求助于这种谣言的原因，那么我会得到激烈反应，因为人们非常清楚，而你们也能想到，一个人的声音不过是沧海一粟；因此，我非常希望你们能给我寄一些供宣传用的著作来，这可能会取得较大的成功。此外，我们虽然只有3个人，但是，把我们组成一个支部，也是办得到的。因此，如果你们想让我继续留在这里，就把章程①等等寄给我。

还有，请来信谈谈志愿军团的情况，要让人们知道应当进行什么样的宣传，这是非常必要的。因为，如果不是我们占据优势，或者说变革不是按照我们的意愿进行，那么，更好的办法就是设法像以前那样科学地启发人民，鼓励他们共同进行斗争。到那时，我们又可高唱那首古老的歌，又可把人民当作达到目的的手段。此外，我可以向你们保证，我们能争取到很大一部分人民；就像我从慕尼黑获悉的，共和派仍然是当今占统治地位的派别。今天我就写这么多，因为我与其说向你们汇报，倒不如说希望能得到更多的消息。

问候并握手

弗·阿·贝格曼

（格尔巴赫②）

我的地址是：雷根斯堡施赖纳旅馆交弗·阿·贝格曼。

又及：请立即回信。

请来信告诉我，赫斯和斯蒂凡③现在哪里。

---

① 文件183。
② 格尔巴赫可能是贝格曼在同盟中的化名。
③ 斯蒂凡·波尔恩。

手稿　　　　　　　　　　　　　　　　　第一次全文发表
莫斯科苏共中央马列主义研究院
中央党务档案馆，F. 20, Nr. 126

242
共产主义者同盟美因茨支部给科隆中央委员会的信①
1848 年 4 月 23 日

全世界无产者，联合起来！

美因茨支部致中央委员会

我们今天才同你们建立联系，你们可能会认为已晚了一点。我们耽误了这件事，一方面是由于我们自己的过错，但另一方面则由于这动荡不安岁月的外部情况。此外，我们更感到有责任鼓足干劲和奋斗不息。我们先寄上最近几天的会议记录。

1848 年 4 月 20 日会议。

出席巴黎工人联合会的来宾有：莫里茨·萨克斯和约瑟夫·许茨。

---

① 此信不曾通过邮局邮寄。信封上写着："科隆大布登巷1号路易莎·莫尔小姐收"。

从伦敦来的卡尔·沙佩尔宣布会议①开始,并以科隆中央委员会全权特使的身份接收施特赖特曼为同盟盟员。老盟员莱茵费尔斯重新加入同盟,他答应在下次会议上还将介绍3名前盟员。支部宣告成立,施米策当选为支部主席,朗格当选为助理。会议还规定,每人每月的会费至少12个十字币②,并拟定了下列几封信:

致中央委员会的信,寄往巴黎方面和伦敦方面的信。

会议根据沙佩尔和莱茵费尔斯的建议,决定暂时还保留同盟内的化名。支部成员是:

施米策、奈波穆克、朗格、莱茵费尔斯、施特赖特曼、森瑟。③

下次会议定于4月23日星期日下午1时半举行。

这次会议(4月23日)刚刚举行,会上还接收了3名成员,还有若干名成员可望下次接收。此外,我们还谈到了一个准备下星期三交给工人联合会讨论的问题。这个问题是:为什么我们的有产者反对共和国,而中间等级和无产者却拥护共和国?我们一致同意对这个问题作出答复。

这里的工人协会约有400名成员,而且委员人数仍在不断增加。在理事会中,有3名盟员代表我们,多数人将永远站在我们一边,因此,协会完全可以说是在我们的领导之下。通讯掌握在我们手里,因为同盟的助理和工人协会的书记员是**同一个人**。④ 我们安排了书写、计算、绘画、统计和练习上台讲话等课程,旨在吸引广大群众,同时通过教育使广大群众了解并熟悉政治问题和社会问题。到目前为止,我们在这方面

---

① 参看文件248。
② 十字币系1300—1900年德、奥、匈的辅币。——译者注
③ 1848年4月底,美因茨支部的成员有:哥特弗里德和保尔·施土姆普弗、阿道夫·克路斯、热尔曼·梅特涅、菲力浦·诺伊贝克和约翰·席克耳。他们各人使用什么化名,都不清楚。总之,施米策是保尔·施土姆普弗,朗格是阿道夫·克路斯。
④ 阿道夫·克路斯。

取得了很大成就,因为大家都很喜爱我们。每星期三召开会议,就日常问题提出报告并进行讨论。我说这些,是为了使你们中间某一个准备启程来此的人能安排在这一天来到。

至于我们就我们以德国工人联合会临时中央委员会的身份所作的介绍,我们可以向你们宣布,到目前为止,我们收到的报到信相对地说还是很少的。我们得到了布赖斯高的弗赖堡附近的托特瑙、普福尔茨海姆、海德堡、曼海姆、达姆施塔特、奥芬巴赫、哈瑙、美因河畔法兰克福、奥登海姆(莱茵巴伐利亚)、布鲁赫萨尔(巴登)等地成立工人联合会的消息。不久以前,一个手工业者从波恩给我们来信征求意见,后来我们也向他提了意见,但至今还没有收到其他消息。据德朗克说,在科布伦茨也创建了一个工人联合会,而我们没有得到该联合会的其他消息。收到的报告表明,很有必要多搞一些宣传品,甚至向德国南部派遣特使,也是必要的。同样,凡是通过书信能做到的事,我们都倾注了不少心血,使各联合会把握了应有的方针;而个人露面以及与一些头面人物接触,也是大有益处的。除了沃尔弗之外,我们还派了另外一名特使(门克尔)前往德国北部。他是同老约翰一块儿去的,可后者并没有留住他,他很快就走了,所以,走之前没有来得及入盟;他一回来,无论如何要加入同盟;他虽然只是为建立联合会出力,但他的旅行暂时对我们还是很有好处的。

请尽快通知我们,我们对于召开工人联合会代表大会应采取什么态度。如果我们在此立即采取行动,使议会里的先生们头脑发热,那么,这是个机会;但是,如果参加示威的联合会太少,那么,到头来示威游行将是弊多利少。有鉴于此,还不如等到符腾堡、巴伐利亚、萨克森、汉诺威、普鲁士等地的一些联合会来报到以后再举行示威游行,这些联合会以后至少在你们那个地区又能开展活动;只要还有几个邦不参加,这个空白未免就太大了。所以,如果你们还主张推迟大会的召开,那么，我们今后仍将消息的来源告诉你们，以便听取你们对大会的地方选举的意见。我们已经答应业已建立的各个联合会尽快举行大会，因此，甚至已有人向我们提出询问。奥芬巴赫、哈瑙和法兰克福也许想立即召集1万名工人并擅自派一名代表去法兰克福。这些联合会反对开除工人，要求让工人继续留在50人委员会①，并随信附来一份备忘录；但委员会认为此事无关紧要，就把此事转交给各邦政府去处理。

这里的体操协会目前大约有750名会员。在该协会中，还是资产阶级在掌权，不过，不久将有不少无产阶级的代表在其中活动。现在，体操协会对工人联合会的态度大致就像激进资产阶级对无产阶级的态度一样。但是，这些人只要接受一些比较高尚的东西，就会完全变样。

致兄弟般的问候并握手

以支部的名义
理事会理事　施米策
助　　理　朗格

1848年4月23日于美因茨

又及：刚才我们从布雷斯劳收到了附上的一封来信②，我们在此通知你们。请你们给我们寄几份宣言③和章程④以及其他东西来，因为我们这里只有几份宣言和几份章程了。

威斯巴登的印刷工人们已派瓦劳作为代表前往海德堡参加代表大会去了，他们想建立一个大约类似英国印刷工人的团体。[144]瓦劳大约两周以来就已在威斯巴登开展工作，并已当选为那里的一个印刷（凸版印刷术）工人联合会的主席。可我们希望他仍然回到美因茨来，目前他在这

---

① 该委员会是由法兰克福预备议会于1848年选出的。
② 文件240。
③ 文件202。
④ 文件183。

里找不到工作。如果他在美因茨名气再大一些,几天前他也许就被选入市民委员会了,他得了很多选票。沙佩尔仍在威斯巴登,我相信他在那里干了一些事情。

同上。

地址:美因茨奥古斯丁纳街**约翰**·席克耳先生收。

别忘了解决约翰的问题。我们不愿将助理的地址当作通讯员的地址来使用,因为此人把还不明真相的警察的耳目当作工人联合会的书记引到了身边。

手稿　　　　　　　　　　　　　　　　　　　　　　第一次全文发表
莫科科苏共中央马列主义研究院
中央党务档案馆,F. 20, Nr. 127

243

阿道夫·克路斯(美因茨)给科隆共产主义者同盟中央委员会的报告

1848年4月23日左右

附信①

刚才我们收到一封附在雷根斯堡的来信中的附信②,我从信封上未

---

① 标明"附信"的这种信是指没有写明通讯地址的仓促写成的信,该信可能是附在美因茨支部4月23日给中央委员会的信(文件242)中的。
② 文件241。

能看出这是给你们的信。我们之所以擅自拆阅，因为信封上这样书写的信通常是有关工人联合会事务的信件。

还有一些工人联合会的地址如下，其中有关的人也许是同盟盟员：

曼海姆的鞋匠雅科布·罗特韦勒；

海德堡的高中教师莱布蔡泽；

普福尔茨海姆的首饰匠 E. 米勒；

奥芬巴赫的鲁道夫·安斯帕赫；还有 C. 弗·施托伊瓦尔德；

住在布鲁赫萨尔的织袜工彼得·蒂里家的工人约翰·谢弗；

达姆施塔特的木匠帮工 F. 菲·克兰茨；

波恩的制刷匠弗·康姆·jr①

奥登海姆（莱茵普法尔茨）老皇宫的亚当·绍伊尔；

日内瓦炉篦街39号，住在拉姆泽小姐家的卡尔·迈耶尔；

住在布赖斯高的弗赖堡附近托特瑙造纸厂，J. M. 托马家的埃德蒙·贝尔。

朗格

手稿　　　　　　　　　　　　　　　　　　　　第一次用原文发表
莫斯科苏共中央马列主义研究院
中央党务档案馆，F. 20, Nr. 22

---

① 在原件上无法辨认。

244
美因茨工人教育协会以德意志工人联合会临时中央委员会名义给科隆工人联合会的信

1848年4月23日

致科隆工人联合会

兄弟们：

　　一贯不相往来、互不联系的几百万德国工人，现在已能一呼百应。"在维也纳、柏林、布雷斯劳和德国其他许多城市，工人们为美好的未来播种而倾注了鲜血。"但是与此同时，已有一大部分工人坚信，必须毫不迟疑地设法保障工人们取得的成果，确保被非人道榨取的血汗不为那些人贩子增加财富和榨取工人血汗服务，而是为工人争得独立地位撒下种子，向工人指明其在人类社会中应有的地位。这种思想早在这里的联合会诞生不久，在我们决定对联合德国工人采取果断行动时就已经有了。我们高兴地看到，力气非但没有白费，而且在一些真正的民众心目中引起了反响。我们已经从许多城市如布赖斯高的弗赖堡、普福尔茨海姆、布鲁赫萨尔、海德堡、曼海姆、达姆施塔特、奥芬巴赫、哈瑙、法兰克福、日内瓦等地收到了来信。我们希望，也能从边远地区得到消息。总而言之，我们可以满怀信心地说，**德国工人已经开始在世界历史上发挥作用**。我们一天天看到，工人的阶级教育、无产阶级的阶级教育到处都非常明显地取得飞速进步。工人已经意识到自己的存在，这给了我们以安慰和信心。我们还未挣脱专制政体和世袭贵族的魔爪，又落入金钱贵族的手心。

我们应当尽自己的力量,为一些人的这种朦胧预感投以闪烁的光辉。我们要唤醒工人,使他们意识到自己的贫困状况和争取到美好生活的使命,以便实现对**人的**状况的渴望,即实现摆脱我们所处奴隶地位的渴望。如果实现这一点,我们的敌人就不敢再像最近几天所干的那样,把我们几百万人排除在德国议会的代议制以外;我们将派我们的人参加议会,并随时准备强调他们的主张。

你们给我们的两封信①说出了我们的心里话,我们至今也一直在追求这个目标,并试图采取同样的手段达到同一目标。你们的口号是:

"自由,博爱,劳动!"

这一口号从此之后也成为我们的口号。在这个口号下战斗,我们的努力必将硕果累累。

如果我们在这里能为传播你们的工人报纸效劳,那我们是非常乐意的。我们也已开始将我们每周例会的记录在《美因茨日报》上摘要发表。此外,我们还可以利用最近出版的由**卡利施**编辑的星期日刊《民主主义者》。这两家报纸②的编辑都是我们协会里非常积极的会员。

我们希望同你们保持经常联系,就像在你们中间一样。

致以兄弟般的问候并握手。

工人教育协会以德国工人联合会临时中央委员会的名义

理事会

第二发言人　格·施土姆普夫

书　记　员　阿道夫·克路斯

1848年4月23日于美因茨

---

① 只保存下1848年4月14日的信,文件237。
② 《美因茨日报》由卡尔·毕尔舍和路德维希·班贝格尔编辑。

1848年4月30日《科隆工人联合会会刊》第2号

245
布鲁塞尔德意志工人协会给莫泽斯·赫斯（科隆）的信

1848年4月24日

1848年4月24日于布鲁塞尔

尊敬的赫斯先生：

德意志工人协会终于又在这里恢复了，我受其委托，冒昧地问您一下，您编辑的《莱茵报》①何时出版，我们考虑马上要预订一份。

协会非常团结，现在约有30名会员；我们先前的委员会所受到的损失眼下虽然难以弥补，但对纯粹民主事业的热情却已提高了，以往的教训得以很好的总结，现在发展顺利。我们希望，贵报的出版——特别是在目前动荡不安的条件下——能为我们提供可靠的根据。协会让我向您表示由衷的感谢，感谢您将来给协会赠送《莱茵报》，并希望您现在就像以前在国外关心全民福利特别是工人阶级的福利一样，随时随地发挥作用。

同时，如果您需要一名通讯员，我就冒昧自荐充当通讯员，为您效劳。

我们希望您的计划马上实现，所以我们请您立即给予回信。

---

① 参看注136。

受协会委托
书记　施洛特曼
撒马利亚人街4号

手稿
莫斯科苏共中央马列主义研究院
中央党务档案馆，F.20, op.1, Nr.103

246
卡尔·马克思（科隆）给弗里德里希·恩格斯（巴门）的信

1848年4月24日前后

1848年4月24日前后
于科隆使徒街7号

亲爱的恩格斯：

这里已经有相当多的人认股了，我们很快就能够开始。① 但是现在你必须向你的老头儿②提出要求，必须大致**明确地**弄清在巴门和埃尔伯费尔德能做些什么。

计划书（毕尔格尔斯写的）③ 等等已从这里给埃尔伯费尔德的海克

---

① 马克思、恩格斯和他们的拥护者于1848年4—5月在德国各城市为《新莱茵报》（《新莱茵报。民主派机关报》）征股。——原卷末注
② 恩格斯的父亲老弗里德里希·恩格斯。——编者注
③ 指《新莱茵报》的计划书，该计划书未能找到。——编者注

尔寄去。

你没有德朗克的通信地址吗?① 必须立即写信给他。

请立即答复。如果你们那里的人不是显得太胆怯,我本来是要去的。

你的 马·

手稿

莫斯科苏共中央马列主义研究院中央党务档案馆,F.1,op.1,Nr.263(《马克思恩格斯全集》德文版第27卷第124页,参看《马克思恩格斯全集》中文第2版第48卷第23—24页)

247
弗里德里希·恩格斯(巴门)给卡尔·马克思(科隆)的信

1848年4月25日

1848年4月25日于巴门

亲爱的马克思:

---

① 德朗克从韦瑟尔要塞监狱逃出来后于1848年3月11日来到科隆,然后去了科布伦茨和美因河畔法兰克福,并在那里为《新莱茵报》撰写通讯。——原卷末注

我刚刚接到计划书，连同你的信。认股的事①，在这里希望极其渺茫。我曾经就此事给布兰克写过信，②他还是众人里最好的一个，现在实际上已经变成一个资产者；其余的人，自从他们办起企业，开始同工人发生冲突以来，就更是资产者了。这些人都像害怕鼠疫一样害怕讨论社会问题，他们把这叫做蛊惑人心。我费了不少唇舌，使用了各种各样的外交手腕，但答复依然是不肯定的。现在我再做一次最后的尝试，如果失败，那么一切都完了。结果怎样，过两三天你会得到确实消息。问题的实质是，在这里甚至这些激进的资产者都把我们看成是他们未来的主要敌人，不愿意把武器交到我们手里，因为我们很快会把武器掉转过来反对他们自己。

从我的老头儿那里根本什么也弄不到。在他看来，《科隆日报》已经是叛逆到了顶点，他宁愿叫我们吃1000颗子弹，也不会送给我们1000塔勒。

这里最进步的资产者非常满意由《科隆日报》来代表他们这一派。在这种情况下，你说该怎么办呢？

莫泽斯③的代理人施纳克上星期到这里来过，似乎对我们也进行了诽谤。

至于德朗克，我只有这样一个通讯处：科布伦茨的商人阿道夫·多米尼库斯（他的舅舅）。他的老头儿④住在富尔达，好像是个中学校长。

---

① 1848年4月初，马克思和恩格斯为了参加已经开始的革命从国外回到德国。4月11日马克思和恩格斯来到科隆，立即着手筹备出版一种政治性日报——《新莱茵报》。恩格斯为了扩大报纸的股份和组建共产主义者同盟的新支部，于4月15日左右去了莱茵省的巴门、埃尔伯费尔德和其他城市。——原卷末注

② 恩格斯1848年4月25日前给威·布兰克的信没有保存下来。——编者注

③ 莫·赫斯。——编者注

④ 恩·德朗克的父亲恩·弗·约·德朗克。——编者注

这个城镇很小。写信寄：富尔达小恩·德朗克博士收，想必能寄到他手里，如果他在那里的话。他连起码住在哪里都不写明，真够荒唐。

我接到艾韦贝克一封信，他问我，他按约定的地址寄往美因茨的一封据说是重要的信，我们是否已收到？如果你没有收到，就把这个情况写信寄往美因茨［美因茨伦滕巷（圣灵）实习教员菲力浦·诺伊贝克收］。

艾韦贝克请人在巴黎将《宣言》①译成意大利文和西班牙文，请求给他寄去为此目的他答应支付的60法郎。这又是他搞的一个阴谋诡计。这些译文一定是妙得很。

现在我正在搞英译文，这比我原来想象的要困难。但是大半已经弄好了，不久即将全部完成。②

如果我们的十七条③哪怕有一份在这里被传播出去，我们在这里都会失去一切。资产者的心地确实卑劣。工人们正开始有些活动，还很不成熟，但已经是群众性的。他们立即组成了团体。但是这恰好对**我们有**妨碍。埃尔伯费尔德的政治俱乐部④发表告意大利人书，主张直接选举，但是坚决拒绝对社会问题进行任何讨论；虽然这些先生们私下都承认这种问题现在**已经提到**日程上来了，但是却又宣称，我们不应该过早地提出这种问题！

再见。快来信，写详细点。是否已经写信去巴黎，有什么结果吗？

你的　恩·

---

① 马克思和恩格斯《共产党宣言》。——编者注
② 恩格斯未能将《共产党宣言》译成英文的工作做完。1850年秋，他协助海·麦克法林完成了《宣言》的英文翻译工作。该英译文发表在1850年11月《红色共和党人》第21—24期上。——原卷末注
③ 马克思和恩格斯《共产党在德国的要求》。——编者注
④ 埃尔伯费尔德的政治俱乐部是在柏林三月革命爆发后不久成立的。它主张通过温和的改革方式最终建立立宪君主政体，《人民呼声报》是它的新闻机关报。——原卷末注

科隆阿波斯泰尔恩大街7号卡·马克思博士先生收。

手稿
莫斯科苏共中央马列主义研究院中央党务档案馆，F.1, op.1, Nr.264（《马克思恩格斯全集》德文版第27卷第125—126页，参看《马克思恩格斯全集》中文第2版第48卷第25—26页）

248
卡尔·沙佩尔（威斯巴登）给科隆共产主义者同盟中央委员会的信

1848年4月26日

全世界无产者，联合起来！
1848年4月26日于威斯巴登

致共产主义者同盟中央委员会

兄弟们：

我来到美因茨以后，得知瓦劳到威斯巴登去了，并在那里工作。我询问了同盟的情况，听说在美因茨尽管有很多同盟盟员，但至今还没有建立起支部，我大为吃惊。我会见了一些人，得知有5名同盟的老盟员可以吸收参加，我就派人把他们请来，进行选举等等。简而言之，建立支部。① 随后我同梅特涅联系，他成了支部的成员。

在美因茨，有一个工人协会。协会的工作很出色，拥有700多名会员。但是我当时没有机会参加一次这个协会的会议。美因茨有良好的基础，是一个可以取得很大成绩的地方。

在复活节前的星期五②，我同工人协会的书记③，一个漂亮的年轻人和兄弟，起程前来威斯巴登。到了这里以后，我查明瓦劳确实同印刷工人恢复了联系，并被他们选为参加在海德堡召开的印刷工人代表大会④的代表。但除此之外，他什么也没有做。我决定搞清所有的情况，并且很快就确信，共和派在这里已完全失去了影响，因为它的成员很多是愚蠢的牛皮大王，而其他一些人，本身倒是些好人，有见识，但非常缺乏做实际工作的能力。

我能做的都做了——同这些人一起建立工人协会，现有约100名会员，并组织了支部。可惜，情况不允许我在这里再待一个星期，但是我希望，没有我事情也会就绪，因为基础已经打好了。

今天我就要离开，但还要想一下我还能做些什么。

敬礼并握手。

你们的　席尔⑤

---

① 参看文件242。
② 1848年4月21日。
③ 阿道夫·克路斯。
④ 参看注144。
⑤ 卡尔·沙佩尔。

手稿
莫斯科苏共中央马列主义研究院
中央党务档案馆，F. 20, Nr. 128

第一次用原文发表

249
恩斯特·德朗克（美因河畔法兰克福）给卡尔·马克思（科隆）的信

1849 年 4 月 29 日

4 月 29 日于法兰克福

亲爱的马克思：

我有意这么长时间没有写信，因为我总希望能有更好的消息告诉你。就拿股份①来说吧，到现在一份也没有征到，或者说同没有征到一样。现在，这帮狗崽子就是抓住他们的钱不肯松手，好像他们知道将来不付给他们利息似的；而我愿意与之共担风险的少数几个人则首先要一个计划，你知道，一个银行家所理解的计划并不是什么报纸的出版计划，而是财政上的计划。怎么办？我争取到的都是订户，而就连这些订户也总是表现得那么可怜，似乎他们只想证明是在为办报效劳。在法兰

---

① 为《新莱茵报》征股。

克福这里，如果你们愿意给我寄一份由一名**银行家**签字的价目单或预告之类的东西，我也许还可以争取到一些人认股。莫泽斯①在这里，我总觉得这个人阴险狡猾；尽管我没有见过他本人，但我还是得知了他在勒文塔尔和老奥本海姆那里干了些什么。

我在科布伦茨创建了一个同盟组织，当然它现在还很弱小。我把这些人指派到美因茨去，但我后来发现，美因茨人漫不经心到了极点，而且已陷入无政府状态。因此，我在返回科布伦茨的时候，将让这些**非常需要监护**的科布伦茨人到科隆去。在法兰克福，我已经找到**两个人**，并委托他们从手工业者联合会中招募人员，因为那里有能干实在的人，但我却把这些人列为美因茨人，真可悲。不过，如果报纸不马上出版，我将亲自再去一趟，设法使这个组织长期维持下去。在美因茨，这些汉子全都不满意梅特涅，连他们自己都不知道为什么；与此相反，我曾到班贝格尔（可能是此人，而不是齐茨将被选入议会）那里去过，我认为他是可以被吸收入盟的；这一点，对于美因茨同盟组织的存在十分重要。我没有到哈瑙去，因为我同我老头子完全闹翻了，他在经济上把我弄得非常拮据，体面扫地。明天我回科布伦茨，继续办理我的国籍问题②；我到那里以后，如果你愿意把有关报纸的消息（现在正**需要**）告诉我，我将非常高兴。在哥特沙克处，我已给你留下我的地址："考夫曼·A. 多米尼库斯。"［……］

在科布伦茨工人俱乐部的成员中，有非常优秀的工人，成员总数已达150—200人，并且还在迅速增加。如果对这个俱乐部的领导人进行适当的监督，该俱乐部是不难控制的。有关情况我在这封信中就不多谈了，因为我按照哥特沙克处的地址写给你的信通过邮局可能不太安全。详情来日面谈。

---

① 莫泽斯·赫斯。
② 试图重新获得普鲁士国籍。

向你和你夫人致以由衷的问候!

你的矮子

又及:恩格斯知道奥托·维干德已将他的书①的第 2 版寄出去了吗?我觉得斯蒂凡②在柏林扮演了颇为可疑的角色?!如果你给我来信,请详细谈谈这一切。

手稿 节录
莫斯科苏共中央马列主义研究院 第一次用原文发表
中央党务档案馆,F. 20, Nr. 17

250
共产主义者同盟巴黎区部给科隆中央委员会的信
1848 年 4 月 30 日

1848 年 4 月 30 日于巴黎

我们区部今天举行了会议,现在我们立即汇报会议讨论的结果。

我们区部在从一封私人信件中了解到马克思以中央委员会的名义希

---

① 实际上指的是恩格斯《英国工人阶级状况》1845 年第 1 版的剩余部分。1848 年,维干德为这部分加了新的书名,并作为"第 2 版"出版。

② 斯蒂凡·波尔恩。

望得到有关巴黎支部的消息以后，这个支部一方面对它给美因茨寄去的一份详细报告至今没有得到答复不禁感到惊讶，另一方面，对人们根本不让它知道我们的同盟在德国的情况不禁感到诧异。

在这篇报告中，我们谈到了这一支部令人满意的进展情况，并请求中央委员会同它保持经常联系，尤其是因为巴黎区部鉴于其特殊的地位可能对法国人具有一定意义。现在这一猜测已经得到证实，德国的共产主义者在这里能得到承认，我们只得感谢斐·沃尔弗兄弟。沃尔弗兄弟以饱满的热情，以私人交往方面的丰富知识在法国一些俱乐部中分析了实际的工人运动，这截然不同于人们白天在街头巷尾、晚上在许多俱乐部中思考和议论的其他一些理想的和空想的体系，不同于那些从狭隘观点死板地论述工人问题的流水账。

这里的区部委员会虽然乐意听到在科隆即将诞生一家共产主义的刊物的消息，但是，如果我们的兄弟斐·沃尔弗因此就必须放下这里的工作①，那么，这里的支部只得表示遗憾。要是在这里，这位勇敢的支部成员虽然几周以来都不得不同多方面的困境作斗争，但在这里无疑很快就会得到应有的地位。眼下他的穿着很糟糕，而且债台高筑，这个问题亟待科隆方面帮助解决。[……]

特别是艾韦贝克兄弟，他正忙于同手下人一起详细整理有关巴黎各种事件的报告；他还要对各种报刊批判地加以阐明，突出它们的倾向。即使把1塔勒兑换成最小的零钱（9生丁），并且把每份报刊的价格降到最低限度，也几乎不够开列这些报刊的清单。

主席　艾韦贝克

又及：巴黎区部每周都在壮大，它今天**正式希望**斐·沃尔弗兄弟留在这里，因为面对格律恩派和魏特林派等等，他的作用在这里是绝对必

---

① 斐迪南·沃尔弗于1848年6月底7月初到科隆任《新莱茵报》编辑。

要的。

艾韦贝克兄弟刚才让人将《宣言》译成西班牙文和意大利文，但为此需要60法郎。有鉴于此，他要求中央委员会承担这笔费用。[……]

因为时间很宝贵，所以我受特别委托单独在这封信上签字。

主席　艾韦贝克

手稿　　　　　　　　　　　　　　　　　　　节录
莫斯科苏共中央马列主义研究院　　　　　　第一次用原文发表
中央党务档案馆，F. 20, Nr. 129

251
恩斯特·德朗克（科布伦茨）给科隆共产主义者同盟中央委员会的信

1848年5月5日

致同盟中央委员会

亲爱的兄弟们：

根据你们的要求，我在这里向你们汇报我的科布伦茨和库尔黑森之行的成果。

1. 在科布伦茨，我创建了一个支部，至今共吸收了4名成员：文德林·尼克斯（一个非常革命的人）、一个名叫费尔巴哈的商人和两名工人。手工业者联合会主席、市参议员加布里埃尔·德里姆伯恩，尽管他非常愿意加入支部，但我没有吸收他，因为我讨厌他那么爱虚荣。我还要再等等，看该怎么办，因为这个德里姆伯恩在这里很有影响。由于这里要进行选举，所以目前这些人都忙得不亦乐乎。过几天我让支部给你们写一封信。

2. 在法兰克福（有人如果承认自己是共产主义者，就几乎会被人用石头砸死），我已争取到了两个非常能干的人，至于其他人还需要观察一段时间。如果我在那里建立了支部，我将专门向你们作详细汇报。

3. 我在黑森选帝侯国未能采取行动，因为我在法兰克福就没有钱了。不过我确切了解到，在哈瑙和卡塞尔（这里不是已经有一个支部吗？）可以创建同盟。你们是否要派一名特使到那里去，我听凭你们决定，你们可以将下面的通讯处告诉特使：哈瑙：谢特奈尔和弗吕格尔；卡塞尔：克耳纳博士。

4. 在美因茨，我发现在同盟中，地地道道的无政府状态露头了。当时，瓦劳在威斯巴登，诺伊贝克则在预定开会的日子在咖啡馆玩多米诺骨牌；梅特涅简直忙得不可开交，至于事业，似乎根本不在他的眼里；只有席克耳和施土姆普弗在积极活动。于是，我做的第一件事就是叫瓦劳从威斯巴登回到美因茨，我同《美因茨日报》编辑①本人谈了话，此外还委托他把瓦劳安排在美因茨一家印刷所工作。我认为，如果你们再给那里写封信，那就更好了。美因茨人委托我请求你们派一名特使到巴登高地去，据说那里有许多事情要做，而他们自己又没有这方面的人。

5. 各个工人俱乐部简直都沉不住气。他们说，现在不是已经到了

---

① 路德维希·班贝格尔。

在各城市提出像宪章派那样的请愿书，为社会①议会签名的时候了吗？他们并不考虑"要求"②，却提出了一个六至八点的工人请愿书，并附有要实行的备忘录。

如果工人又开始谈请愿书，我该怎么说，请给我指示。

致敬并握手

弗兰茨·梅林《卡尔·马克思〈揭露科隆共产党人案件〉序言》，1914年，柏林版，第16—17页

252
弗里德里希·恩格斯（巴门）给卡尔·马克思（科隆）的信

1848年5月9日

1848年5月9日于巴门

亲爱的马克思：

随信寄上：

（1）截至目前为止的认股单③，共14张；

---

① 原件上是"所谓的"一词的缩写，可能被误认为"社会的"一词的缩写。
② 文件224。
③ 指《新莱茵报》的股份。——编者注

（2）给你的委托书①；

（3）给德斯特尔的委托书（博恩施太特是他的熟人）；

（4）给毕尔格尔斯的委托书。

博恩施太特和海克尔把委托书给了自己的熟人，这是无法避免的。

许纳拜恩将代表自己和两名当地人亲自去那里出席。

认股单还没有完。尽管多次拜访，我仍然没有遇见拉韦里埃和布兰克。楚劳夫负责去说服前者。

另外两个我没有做通工作的人，将由海克尔去说服。

楚劳夫今天去龙斯多夫，在那里他有成功的希望。

最难办的是这两种人：第一种，是戴羔羊皮手套的年轻的共和主义者②，他们为自己的财产担心，害怕共产主义；第二种人，是当地的名流，他们认为我们是竞争者。无论诺尔还是布拉赫特都无法说服。博恩施太特是法学家当中唯一可以交往的人。总之，我们做了不少徒劳无益的事情。

明天我将去恩格斯基兴待两天。请把股东会议的结果立即告诉我。——组建同盟支部的工作也已着手进行。③

---

① 《新莱茵报》的股东会议定于1848年5月（报纸出版之前）在科隆举行。不能亲自出席这次会议的其他城市的股东们向报纸编辑或在科隆的其他人寄去了委托书。——原卷末注

② 戴羊皮手套的年轻的共和主义者是人们对以阿·马拉斯特为首的法国温和的资产阶级共和派的追随者的称呼。——原卷末注

③ 马克思、恩格斯、约·莫尔、卡·沙佩尔和恩·德朗克到达科隆后，大约于1848年4月15日在那里建立了共产主义者同盟中央委员会。科隆中央委员会把恩格斯等人作为特使派往巴门和埃尔伯费尔德，把沙佩尔派往美因茨和威斯巴登，把德朗克派往科布伦茨、美因茨和美因河畔法兰克福，以便了解德国情况和加强同盟的地方组织。此外，威·沃尔弗此前已由巴黎中央委员会作为特使派往德国，并从那里向同盟中央委员会汇报情况。但是，很快就证明，在德国革命爆发后出现的新的社会条件下，同盟的活动有必要采取新的形式。——原卷末注

你的　恩格斯

手稿
莫斯科苏共中央马列主义研究院中央党务档案馆，F.1, op.1, Nr.266（《马克思恩格斯全集》德文版第27卷第127页，参看《马克思恩格斯全集》中文第2版第48卷第27—28页）

253
共产主义者同盟科隆区部会议记录[①]
1848年5月11日

会议主席马克思问哥特沙克对同盟有什么意见和主张，现在打算对

---

① 科隆早在1848年三月革命之前就有共产主义者同盟的支部，德斯特尔、丹尼尔斯、毕尔格尔斯、安内克和哥特沙克等人都是支部的成员，其中大部分人都处在"真正的社会主义者"的影响之下。1848年4月初科隆组织增加了一批从国外回到科隆的共产主义者同盟的盟员。从发表的记录中可以看出，马克思和恩格斯到达科隆后不久，就和哥特沙克发生了严重的意见分歧。这个文件是由毕尔格尔斯和莫尔以科隆组织的领导人的身份签署的；马克思以共产主义者同盟中央委员会主席的身份出席了会议。——原卷末注

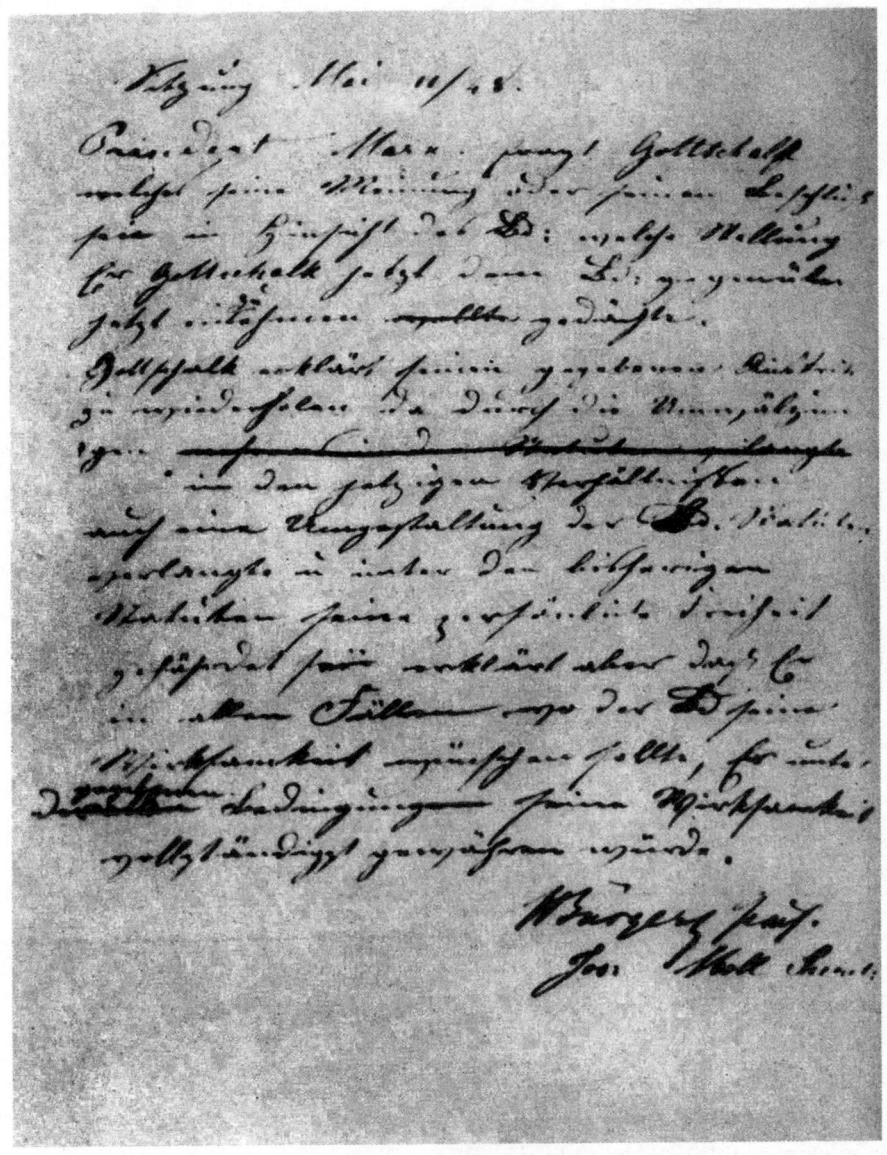

共产主义者同盟科隆区部 1848 年 5 月 11 日会议记录

同盟采取什么态度。

哥特沙克回答,他坚持他的退出同盟的声明,因为目前局势已经发生变化,同盟的章程也必须加以修改;因为他认为现行的章程威胁着他个人的自由。同时他声明:在任何情况下,只要同盟需要,他都愿意在上述条件下给同盟以全力支持。

主席　亨·毕尔格尔斯
书记　约瑟·莫尔

手稿

莫斯科苏共中央马列主义研究院中央党务档案馆,F. 20, Nr. 130 (《马克思恩格斯全集》德文版第 5 卷第 484 页,参看《马克思恩格斯全集》中文第 1 版第 5 卷第 577 页)

254
斯蒂凡·波尔恩(柏林)给卡尔·马克思(科隆)的信

1848 年 5 月 11 日

1848 年 5 月 11 日于柏林

亲爱的马克思:

你也许已从某家报纸上获悉,我在这里同警察当局进行了斗争,因为他们蓄意驱逐我。¹⁴⁵这就是我没有顾上立即给你复信的原因。我马上回答你的3点要求。

1. 这里现有4家报纸。《福斯报》和《施本纳报》是你知道的，它们还是老样子。《柏林阅览室》在革命一结束就大搞激进主义，因而失去了许多订户。看样子，它维持不了多久了。还有一家新出版的报纸，即鲁滕堡编辑的《国民报》，这家报纸要维持下去似乎也很困难。它向各党派卖弄风情，是一家带有温情主义色彩的非常灰色的报纸。这4家报纸都愿意刊登我的文章。至于杂志，这里有：（1）为工人出版的《人民之声》，非常无聊，眼看着就要完蛋了；（2）《德意志工人报》（有一个由手工业者组成的编辑委员会）①，是一只喇叭，人人都可以去吹，因此我离开了编辑部；（3）施勒弗尔②的《人民之友》，一般说来还算健康，有时充满激情，不懂经济学问题，总的说来，它是主张社会主义和共产主义的，因此，无产者喜欢读它。另外还有几家报纸，但都不值一提。我编辑的工人报纸《人民报》将从6月1日出版，每周出3次。我在这里有很多熟人，因此可望受到欢迎。

2. 各党派逐步开始清醒，它们日益分化。不久，每个人就将知道自己属于哪个党派了。立宪派俱乐部（银行家、枢密顾问、教授、犹太人、交易所的行情、法律、丑闻、流言飞语、柏林的俏皮话，这些就是它的内容）变得越来越无聊了，特别是在选举之后——他们在选举中一败涂地。政治俱乐部（荣克、邦议会议员迈耶尔、施勒弗尔、扎斯、大学生、马拉派和罗伯斯比尔派和反对一切庸人的人）现在似乎在争取博

---

① 《德国工人报。工人和雇主的刊物》每周出版两次，它的编委有：比斯基、黑策尔和施瓦尔茨以及波尔恩（从1848年5月20日第13号起），吕霍夫为它捐了一些款。共产主义者同盟盟员曾力图确定该报的方针，未能成功。
② 古斯塔夫·阿道夫·施勒弗尔深受社会主义思想的影响，在该报奉行革命民主主义政策。

得激进派的好感。社会主义在一切阶层（柏林的资产者们——酒店的常客们除外）中间获得很大成绩。慈善事业打开了门路，把人们手中的金钱拿过来让工人分等等。无产阶级愈来愈革命。因此，我尽量阻止发生无益的暴动，但同时又处处把分散的力量组织成一支强大的力量。可以说，我在这里领导着工人运动。资产者们相信我的组织才能，他们不了解我正在把工人团结起来，目的只是为了避免引起不必要的惊慌。他们反对驱逐我的意图。我是这里的类似由很多行会和工厂的代表组成的工人议会的主席。[146]商业大臣①现在和我们建立了联系。② 此人不知道他该干什么，正在瞎干一气。总的说来，激进派最近取得了成绩，这些人不再害怕共和国这个字眼了。

3. 关于同盟本身（它在这里现有的那种样子）的情况，我现在无可奉告。谁也没有时间按照从前的方式去建立一个巩固的组织。它瓦解了——它在各地，并且没有一个地方不是如此。这一点在目前并不使人感到遗憾，因为每一个人都在尽他的义务，等稍微安定一些，有了时间再干也不迟。

我欣然接受你提出的为你的报纸写通讯的请求。我只希望看到你的计划立即付诸实现。向你的夫人以及哥特沙克和恩格斯问好，把你那讨厌的议员、大主教③派到我这里来，我要管教管教他。

忠实于你的　斯蒂凡
于菩提树街28号

---

① 冯·帕托男爵。
② 波尔恩、比斯基和柏林市议会的成员一起参加了商业、工业和公共工程部的一次会议，会上讨论了下层的劳动问题。
③ 指德斯特尔，他在迈恩地区当选为出席1848年5月22日在柏林举行的普鲁士制宪议会的议员。

手稿　　　　　　　　　　　　　　　　　　　　第一次全文发表
莫斯科苏共中央马列主义研究院
中央党务档案馆，F.1, op.5, Nr.173

255
恩斯特·德朗克（美因河畔法兰克福）给卡尔·马克思（科隆）的信

1848年5月15日

5月15日于法兰克福

亲爱的"丘比特"：

我刚刚收到一封你于4月份写的信，它经过富尔达、科布伦茨，最后到达这里。此外，我还收到一封你于本月8日写的信，它似乎只在科布伦茨耽搁了一段时间。

关于股份的事，我没有什么新的情况可以告诉你，无非就是我暂时在一些庸人那里碰了钉子，**不过我确信**，如果你们给我寄一份由一名银行家签字的正式计划来，我就能争取到大约25股，**但这件事要尽快办！**

在科布伦茨，我已经吸收那里的手工业者联合会主席、市参议员

F. 加布里埃尔·德里姆伯恩入盟，并嘱咐他尽快给你们写信。这时，这些人都在忙于他们的牧师事件。在选举中，牧师们获胜了，赢得了一名候选人，当然这一候选人是一文不值的。你的朋友[①]赖辛施佩格也当选了。[……]

我被迫回到了法兰克福，因为我急需钱用，并且要为某一书商写一本关于《普鲁士法律的归宿》的小册子。你的下一封信请寄到我用午餐的"符腾堡饭店"。我可能要到哈瑙去一次，在那里待一天，设法在那里建立一个支部。法兰克福的成员在我不在的时候，由尤利乌斯·弗勒贝尔先生带头干了一件背信弃义的事，而我从昨天开始就跑遍了全城，寻找两个巴黎工人，据说他们在这里，要在这里帮助建立同盟。

恩格斯在干什么？我在轮船上从一个商人（他把恩格斯说得很可怕）那里得知，前一段时间他回巴门去了。沃尔弗[②]在科隆吗？

许多人都准备为预订报纸的事而在摩泽尔河流域，在科布伦茨及其周围地区，以及在黑森选帝侯国积极活动，事情一有眉目，我就把他们的通讯地址告诉你。[……]

手稿	节录
莫斯科苏共中央马列主义研究院	第一次用原文发表
中央党务档案馆，F. 20, op. 5, Nr. 18	

[①] "朋友"一词在这里是带讽刺性的，指的是奥古斯特和彼得·赖辛施佩格兄弟中的一个，他们俩作为反普鲁士的天主教教权主义的代表均被选入了柏林普鲁士立法国民议会。

[②] 这里指的是斐迪南·沃尔弗还是威廉·沃尔弗，难以确定。

256

恩斯特·德朗克（美因河畔法兰克福）给卡尔·马克思（科隆）的信

1848 年 5 月 17 日

5 月 17 日于法兰克福

亲爱的马克思：

如果你在收到这封信时尚未回复我前天写的那封信，那就请立即给我回信！我只能在火车鸣笛启动之前赶紧向你报告一下：

1. 弗勒贝尔和爱德华·佩尔茨那个蠢驴想**征股**在这里创办一家报纸（《民主》）；如果你不立即给我寄一份出版《新莱茵报》的正式计划来，这帮畜生将从我这里夺走仅有的一点股份来源。（在科布伦茨，我**起码**能征到 10—15 股）。

2. 请考虑一下，如果报纸在一个新季度开始之前**一个月**出版，会得到怎样的好处啊！第一批订户总是不太多的，因此，如果在出版 4 周之后，订户扩大了，那么，损失就会减少。

3. 今天晚上，在美因茨举行工人集会；佩尔茨（！）要去参加，以便要求人们加入一个法兰克福佩尔茨—弗勒贝尔中央委员会！① 我立即作了安排，今天也要前往美因茨，参加为今天准备的"资产阶级和无产阶级"的辩论，以便推迟佩尔茨的提案，如不行，就直接进行抨击。但

---

① 当时在法兰克福工人联合会中起领导作用的小资产阶级民主主义者埃塞伦、弗勒贝尔、勒文施坦和佩尔茨，试图把该联合会变成德国工人联合会的组织中心。

恩斯特·德朗克1848年5月17日给卡尔·马克思的信

是，我认为必要的是，你们可以通过中央委员会决议，指示同盟各支部，争取工人联合会，让他们（工人）不要同法兰克福建立联系，而同美因茨人（瓦劳、克路斯）建立联系。

4. 瓦劳被安排在美因茨工作，即安排在那里的《莱茵报》工作！《美因茨日报》出版人察伯恩根本不想过问他的事，目前，他在哪个印刷所工作都无所谓，可他偏在美因茨《莱茵报》工作！

尽快给我来信！

恩格斯在干什么？你夫人在干什么？

你的　矮子

手稿　　　　　　　　　　　　　　　　　　　　第一次全文发表
莫斯科苏共中央马列主义研究院
中央党务档案馆，F. 20, Nr. 19

257

科隆工人联合会给哈瑙工人联合会的信

1848 年 5 月 20 日左右

致哈瑙工人联合会

朋友们，兄弟们：

我们已经荣幸地收到你们 17 日的来信。[147]我们为这封信并为你们对我们明白表示的态度，向你们表示感谢。但是，我们不能同意你们至今还像来信地址所写的那样称我们为德意志工人联合会。只有在德国全部或大部分土地上都已建立了工人联合会，我们才愿意承担召集所有工人联合会代表大会的任务。到那时，代表大会才有权组建一个**德意志工人联合会**。在此期间，我们有幸把你们想要的几期报纸寄给你们，请把你们的报纸通过书商寄给我们，并殷切希望同你们保持真诚友爱的频繁交往。自由、博爱和劳动的胜利已为期不远了。

**工人联合会主席
书记和委员会**①

1848年5月28日《科隆工人联合会会刊》第6号

258
海尔曼·艾韦贝克（巴黎）给卡尔·马克思（科隆）的信

1848年5月21日

［……］我向你简单谈谈这里的情况；如果你觉得我这样谈还可以，那么我可以经常同你这样谈，只要你愿意。

请你也来信同我谈谈德国的情况，让我借此去见弗洛孔和《改革报》，而不致让无赖们霸占报纸。贝尔奈斯在拉马丁那里，后者派他到巴登去，以全权代表身份负责对法国的商务工作；据说现在这个小人竟

---

① 在原件上，下面是签名。

以此四处炫耀，简直让人无法容忍。我觉得，我们党已被那帮人狡诈地利用了；我越来越感到讨厌，而你还明确地让我留在这里充当什么副代表。你的报纸出版了，我们的工人对此非常高兴！工人的人数增加了，他们的积极性也提高了。我们讨论了宣言①，沃尔弗②在非常积极地活动，并且很讨人喜欢。

  祝好

艾韦贝克

  （向你亲爱的夫人问好）

手稿	节录
莫斯科苏共中央马列主义研究院	第一次用原文发表
中央党务档案馆，F. 1, op. 5, Nr. 174	

259
斯蒂凡·波尔恩撰写的社论[148]
1848年5月25日

我们的要求

  我们要首先声明一下，缘何把我们的报纸命名为《人民报》。同

---

① 文件202。
② 斐迪南·沃尔弗。

时，我们想在这个声明中陈述我们编辑出版这份报纸将遵循的方针。

我们所说的人民，通常是指全世界范围内的人民，但是，我们这份报纸主要只代表一个国家中的一个特定的阶级，即**工人阶级**。我们选择《人民报》这一名称的前提是，只要阶级差别还存在，这个名称就始终指社会上的那个被压迫的、依靠工资和面包过活的阶级，只要这个阶级的劳动和工资是别人给予的，它的生存就不会有保障；这个阶级仅仅是为了多活一天，它除了贫困和绝望的反抗没有任何前途。

我们常常听到有人责难那些为人民的利益而写作的人，说什么**他们**只看到这些阶级差别，只看到有产者和无产者之间、资本家和工人之间的对立，而在一个保证人人都享有平等权利来行使国家权力的自由国家里，实际上并不存在这些对立。我们的大臣们最近为我们提供的宪法草案使我们改变了看法；我们发现，由于大量占有财产这一特征差别，在我们的国家还应存在一个贵族卫队；即使不是这种情况，如果我们的人民代表不进行财产调查就实行一院制，那么，就连这些对立也消灭不了；这些对立就是各国人民的历史发展，并不是我们创造的。

我们的论敌认为，当资产阶级剥夺贵族的特权、贵族的特殊优先权时，贵族就融化于资产阶级；同样，当人民获得参加政府的权利、财产失去了在国家中还仅存的代表资格时，资产阶级也必然融化于人民；他们认为，到那时国家的全体成员都可理解为"人民"。

目光何等短浅的历史观！难道看不见——人民取得政治上的自由之后，他们同资本家阶级的社会对立就表现得更加明显，他们还要全力以赴争取社会的自由！

社会中的一个阶级只要取得统治，它的生存状态、它的生活方式和生产方式也就要发生变化。我们看到，历史赋予我们的每一次强大的革命，各文明民族的全部生活状况也就跟着发生变化；资产阶级推翻了贵族统治以后，不仅取得了政治上的权利，它的整个生产方式也发生了变化，而贵族财把行会制度，慢慢地还把中世纪野蛮的最后残余一起带进了它那带有浪漫色彩的坟墓；随着资产阶级的产生，由于自由竞争出现了资本的统治，而人民获得政治上的解放以后，我们并不否认，我们又要迎接一场对全部生活状况的改造。人民有权在议会中投票表决，有权参与立法，今后他们就不愿再向他们的同胞索取工资和面包，也不愿再静静地忍饥挨饿，接受同情者的解囊、施舍，而必然要创造一种崭新的有保障的生活。从这时起，我们要牢记，不再进行任何**暴动**，而要进行**革命**！

我们认为，在德国，资产阶级到处都或多或少地还没有得到完全的自由的发展，这种发展在现在的革命运动时期将越来越迅速；何况我们的法兰克福议会将会成功地废除比如在各汉撒城市、汉诺威、不伦瑞克、梅克伦堡和萨克森的部分地区还残存的中世纪行业关系，从各个方面唤起我们祖国在各种制度上的统一；我们的议会还将成功地消灭贵族统治的最后残余。但是，在达到这一目的以前，本报总应该勇敢地为此进行斗争。因此，我们在德国面临着非常广泛的任务。一方面，在反对贵族制度、反对中世纪、反对天赋神权的斗争中支持资产阶级；另一方面，支持小手工业者和工人，以反对资本的势力和自由竞争的势力，并且要永远勇往向前，必须为人民争得每一种尚未得到的政治权利，以便使他们拥有更快地取得社会自由和独立生存的手段。

因此，本报的宗旨是，为民主，即为人民统治这个词的最广泛的意义上做好准备；同时我们将防备狂热空想者的高谈阔论（他们永远握有断头机的绞索，因为他们本身不会丢掉脑袋），还要防备一切哭哭啼啼的含情脉脉的社会主义。为了有助于认识同社会各阶级状况以及整个国家状况有关的工人现状，通过阐明当前状况来促进人民自由的继续发展，这就是我们的奋斗目标，在此我们希望得到公众的支持。

1848年5月25日《人民报。柏林工人中央委员会机关报》试刊号第1—2版

260
伦敦工人共产主义教育协会给科隆工人联合会的信

约1848年5月底

致科隆工人联合会全体会员

全世界无产者，联合起来！

兄弟们：

我们一向从科隆的消息中获悉，时代精神的呼声并没有徒劳地召唤你们；你们倾听了时代的警告，对自由的爱以及对摆脱旧桎梏的渴望，点燃了你们心中的火焰。你们建立了自己的联合会，从而卓有成效地参加了伟大运动，毋庸置疑，你们的努力必将取得非常出色的成就。

我们的敌人，守财奴们及其同伙，早已直接或间接地联合起来，以便更容易地保卫自己而反对人类社会里的这一个天天遭受剥削的阶级；他们策划于密室，反对这个肩负着国家全部重担的阶级，反对这个生产全部产品的阶级，富人们用这一阶级的血汗修筑自己的宫殿，过着穷奢极欲、纸醉金迷的生活。因此，这正是我们劳动者要刻不容缓地联合起来反对我们的敌人、砸烂残酷的奴隶制桎梏的时候了；很久以来就统治着我们的监护权，如今必须废除，我们不能再而且不应再深信不疑地把我们的事情交到别人手里，我们必须独立自主，自己处理自己的事情；

工人阶级的利益必须上升为国家利益。为了做到这一点，无产阶级必须成为国家的执政党，推翻旧的社会制度；但是，要达到这一目标，只能通过这样的途径：全世界的工人联合起来，与共同的敌人作斗争。因为我们只在单个城市联合，而脱离其他各个地方去实现我们的目标是不够的；各地存在的联合会相互间必须定期通讯，以便到处都能按照一个共同的计划开展活动。因此，我们提议，从现在起，同你们建立每月通讯联系，相互报告至关紧要的事情。

你们伦敦的兄弟们向你们致敬并握手。

受伦敦工人教育协会委托
约·格·埃卡留斯①执笔

1848年6月4日《科隆工人联合会会刊》第7号

261
弗里德里希·恩格斯《马克思和〈新莱茵报〉②(1848—1849年)》

1848年6月1日至1849年5月19日

当二月革命爆发的时候，我们所称的德国"共产党"仅仅是一个

---

① 原件上为：欧亚留斯。
② 《马克思和〈新莱茵报〉》一文是弗·恩格斯纪念马克思逝世一周年为《社会民主党人报》撰写的。——原卷末注

人数不多的核心，即作为秘密宣传团体而组成的共产主义者同盟。同盟所以是秘密的，只是因为当时在德国没有结社和集会的权利。除了同盟得以从中吸收盟员的国外各工人协会之外，同盟在本国大约有三十个支部或小组，此外，在许多地方还有个别的盟员。但是，这个不大的战斗队，却拥有一个大家都乐于服从的第一流领袖**马克思**，并且赖有他才具备了一个至今还保留其全部意义的原则性的和策略的纲领——**《共产党宣言》**。

这里应该谈到的首先是纲领的策略部分。这一部分一般指出："共产党人不是同其他工人政党相对立的特殊政党。他们没有任何同整个无产阶级的利益不同的利益。

他们不提出任何特殊的原则，用以塑造无产阶级的运动。

共产党人同其他无产阶级政党不同的地方只是：一方面，在各国无产者的斗争中，共产党人强调和坚持整个无产阶级的**不分民族的共同利益**；另一方面，在无产阶级和资产阶级斗争所经历的各个发展阶段上，共产党人始终代表**整个运动的利益**。

因此，**在实践方面**，共产党人是各国工人政党中最坚决的、始终推动运动前进的部分；**在理论方面**，他们比其余的无产阶级群众优越的地方在于他们了解无产阶级运动的条件、进程和一般结果。"①

而关于德国党，则特别指出："在德国，只要资产阶级采取革命的行动，共产党就同它一起去反对君主专制、封建土地所有制和小市民的反动性。

但是，共产党一分钟也不忽略教育工人尽可能明确地意识到资产阶级和无产阶级的敌对的对立，以便德国工人能够立刻利用资产阶级统治

---

① 卡·马克思和弗·恩格斯《共产党宣言》；引文中的重点是恩格斯加的。——原卷末注

所必然带来的社会的和政治的条件作为反对资产阶级的武器，以便在推翻德国的反动阶级之后立即开始反对资产阶级本身的斗争。

共产党人把自己的主要注意力集中在德国，因为德国正处在资产阶级革命的前夜"等等（《共产党宣言》第 4 章）①。

从来没有一个策略纲领是像这个策略纲领一样得到证实的。它在革命前夜被提出后，已经受住了这次革命的考验；并且从那时起，任何一个工人政党要是背离了这个策略纲领，都因此而受到了惩罚。而现在，差不多过了四十年以后，它已成为欧洲——从马德里到彼得堡所有一切坚决而有觉悟的工人政党的准则。

巴黎的二月事变加速了即将来临的德国革命，从而还改变了这个革命的性质。德国资产阶级不是用自己的力量取得胜利，而是仰仗了法国工人革命才取得胜利的。它还没有来得及把自己那些旧的敌人即君主专制、封建土地所有制、官僚以及怯懦的小市民彻底打倒，就已经不得不转移阵线来反对新的敌人即无产阶级了。但这时，德国比法英两国落后得多的经济情况以及因此同样落后的阶级关系，立刻就发生作用了。

当时德国资产阶级还刚刚开始建立自己的大工业，它既没有力量也没有勇气去争得在国家中的绝对统治地位，也没有争得这种地位的迫切要求；无产阶级也是同样不发展的，是在完全的精神奴役中成长起来的，没有组织起来，甚至还没有能力独立地进行组织，它只是模糊地感觉到自己的利益同资产阶级的利益的深刻对立。因此，虽然它在实质上是资产阶级的危险敌人，但另一方面它仍然是资产阶级的政治附庸。资产阶级不是被德国无产阶级当时的样子所吓倒，而是被它势将变成而法国无产阶级已经变成的样子所吓倒，所以资产阶级认为唯一的生路就是

---

① 见《马克思恩格斯全集》中文第 1 版第 4 卷第 503 页。——原卷末注

去同君主制度和贵族进行任何的、甚至最懦弱的妥协；而无产阶级则由于还没有意识到自己的历史使命，所以它的绝大多数起初不得不充当资产阶级最先进的极左翼的角色。当时德国工人应当首先争得那些为独立地组成阶级政党所必需的权利：出版、结社和集会的自由——这些权利本是资产阶级为了它自己的统治必须争得的，但它现在由于害怕工人竟不赞成这些权利。两三百个分散的同盟盟员消失在突然卷入运动的广大群众中间了。因此，德国无产阶级最初是作为最极端的民主派登上政治舞台的。

当我们着手在德国创办一种大型报纸的时候，这种情况就决定了我们的旗帜。这个旗帜只能是民主派的旗帜，但这个民主派到处，在各个具体场合，都强调了自己的特殊的无产阶级性质，这种性质是它还不能一下子就写在自己旗帜上的。如果我们当时不愿意这样做，不愿意站在已经存在的、最先进的、实际上是无产阶级的那一端去参加运动并推动运动前进，那我们就会只好在某一偏僻地方的小报上宣传共产主义，只好创立一个小小的宗派而不是创立一个巨大的行动党了。但我们已经不适于做沙漠中的布道者：我们对空想主义者研究得太清楚了而我们制定自己的纲领也不是为的这个。

当我们到达科隆的时候，那里已经由民主党人，部分地也由共产党人在筹备创办大型报纸。他们想把报纸办成纯地方性的，即科隆的报纸，而把我们赶到柏林去。可是，我们（主要是由于有马克思）在二十四小时内就把阵地夺了过来；报纸成了我们的了；不过我们做了让步，**把亨利希·毕尔格尔斯**列入了编辑部。他只写了一篇文章（刊登在第二号上），以后就什么也没有写过。

当时我们要去的地方正是科隆，而不是柏林。首先，科隆是莱茵省的中心，而莱茵省经历过法国革命，通过拿破仑法典①领会了现代法的观念，发展了规模极大的工业，当时在各方面它都是德国最先进的部分。我们根据自己的观察，十分了解当时的柏林，知道它那里有刚刚诞生的资产阶级，有口头上勇敢，但行动上懦怯的奴颜婢膝的小市民，有还极不发展的工人，有大批的官僚以及贵族的和宫廷的奴仆，我们知道它仅仅作为一个"王都"所具有的一切特点。但是，有决定意义的是：在柏林实行的是可怜的普鲁士法，并且政治案件是由职业法官审理的；而在莱茵河地区实行的则是拿破仑法典，由于已经存在书报检查制度，这个法典根本不知道有什么报刊案件；人们受陪审法庭审判并不是由于政治上违法，而只是由于某种**犯罪行为**。在柏林，革命**以后**，年轻的施略费尔为了一点小事就被判处了一年徒刑②，而在莱茵河地区，我们却享有绝对的出版自由，并且我们充分利用了这个自由。

我们于1848年6月1日开始出版报纸时，只拥有很少的股份资本，其中只有一小部分付了款；并且股东本身也极不可靠。第一号出版后就有一半股东退出了，而到月底竟一个也没有剩下。

编辑部的制度简直是由马克思一人独裁。一家必须在一定时刻出版

---

① 恩格斯在这里和下面提到的拿破仑法典，不仅仅是指在拿破仑统治下于1804年通过并以"拿破仑法典"著称的民法典，而是广义地指整个资产阶级法权体系，即在拿破仑统治下于1804—1810年通过的五种法典（民法典、民事诉讼法典、商业法典、刑法典和刑事诉讼法典）；这些法典曾沿用于拿破仑法国所占领的德国西部和西南部，在莱茵省于1815年合并于普鲁士以后仍继续在该省生效。恩格斯称法兰西民法典（"拿破仑法典"本身）为"典型的资产阶级社会的法典"。（见《马克思恩格斯全集》中文第1版第21卷第347页）——原卷末注

② 德国学生、民主主义者古·阿·施略费尔，1848年三月革命后曾在柏林出版《人民之友》报（《Volksfreund》），由于4月19日在该报第5号上发表了他的两篇文章，捍卫劳动群众的权利，他在1848年4月受审，并以教唆暴动的罪名被判处6个月要塞监禁。——原卷末注

的大型日报，在任何别的制度下都不能彻底贯彻自己的方针。而在这方面马克思的独裁对我们来说是理所当然和无容置疑的，所以我们大家都乐于接受它。首先是有赖于马克思的洞察力和坚定立场，这家日报成了革命年代德国最著名的报纸。

《新莱茵报》的政治纲领有两个要点：

建立统一的、不可分割的、民主的德意志共和国和对俄国进行一场包括恢复波兰的战争。

小资产阶级民主派当时分为两个派别：希望有一个民主的普鲁士皇帝的北德意志派，和希望把德国变成瑞士式的联邦共和国的南德意志派，后者当时几乎完全是巴登人的派别。我们当时应该对这两派都进行斗争。不论是把德国普鲁士化，或者是把德国的小邦割据情况永远保存下去，都是同无产阶级利益相抵触的。无产阶级的利益迫切要求德国彻底统一成一个**民族**，只有这样才能把过去遗留下来的一切琐屑障碍除掉而扫清无产阶级同资产阶级较一较量的战场。但是，建立普鲁士的领导地位同样也是与无产阶级的利益相抵触的；普鲁士国家及其全部制度、传统和王朝，正是德国革命应当打倒的唯一的国内劲敌；此外，普鲁士只有先把德国分裂，只有先把德意志奥地利从德国排除出去，才能统一德国。普鲁士国家的消灭，奥地利国家的崩溃，德国真正统一成为共和国，——我们在最近将来的革命纲领只能是这样的。要实现这个纲领，就要通过对俄战争，而且只有走这条路。关于这一点后面还要讲到。

一般说来，报纸的语调完全不是庄严、严肃或激烈的。我们的敌人全是卑鄙的，我们对他们都一律采取了极端鄙视的态度。进行密谋的君

《新莱茵报》编辑（从左到右排列）：
上：卡尔·马克思、弗里德里希·恩格斯、威廉·沃尔弗；
中：格奥尔格·维尔特、斐迪南·弗莱里格拉特；
下：亨利希·毕尔格尔斯、恩斯特·德朗克

《新莱茵报》第一号首页

主国、权奸、贵族、《十字报》①——引起庸人极大的道义愤慨的整个"反动派",我们只用嘲笑和讽刺来对待。但是,我们对那些由革命所创造的新偶像,如三月的大臣们、法兰克福议会和柏林议会(无论对其右派或左派),也没有采取较好的态度。第一号报纸就开始刊载一篇文章来讽刺法兰克福议会形同虚设,讽刺它的冗长的演说无济于事,讽刺它的懦怯决议毫无用处。② 这篇文章的代价就是使我们失去了一半股东。法兰克福议会甚至不是一个辩论俱乐部;这里几乎没有进行过什么辩论,而大多数场合都是宣读预先准备好的学院式论文,通过一些要用来鼓舞德国庸人,但却无人理睬的决议。

柏林议会就具有较大的意义了,它同一种实际力量相对抗,它是在平地上,而不是在法兰克福议会的渺茫太空进行讨论和通过决议的。因此,它就受到了较大的注意。可是,我们对待那里的左派偶像,如舒尔采-德里奇、贝伦兹、埃尔斯纳、施泰因等的态度,也像对待法兰克福分子的态度一样尖锐;我们无情地揭露了他们的犹豫不决、畏首畏尾和作细小打算的态度,向他们指出,他们怎样用自己的妥协一步一步地出卖了革命。这一点自然引起了刚刚制造出这些偶像供自己使用的民主派小资产者的恐惧。但是,这种恐惧正好证明我们打中了目标。

同样,我们也反对了小资产阶级热心散布的一种错觉,仿佛革命已随着三月事变而告结束,现在只需收获它的果实了。在我们看来,2月和3月只有在下述情况下才能具有真正革命的意义,那就是:它们不是

---

① 《十字报》(《Kreuz Zeitung》)是对德国日报《新普鲁士报》(《Neue Preuβische Zeitung》)的称呼,该报从1848年6月至1939年在柏林出版;是反革命的官廷奸党和普鲁士容克地主,以及后来的德国保守党极右派的喉舌;该报在报头上印有后备军的十字章图样。——原卷末注
② 指恩格斯《法兰克福议会》一文。(见《马克思恩格斯全集》中文第1版第5卷第14—18页)——原卷末注

长期革命运动的终点，相反地是长期革命运动的起点，在这个革命运动中，像在法国大革命时期一样，人民在自己的斗争过程中不断发展起来，各个政党越来越明显地自成一家，直到它们同各个大阶级即资产阶级、小资产阶级和无产阶级完全相吻合为止，而无产阶级则在一系列战斗中相继夺得各个阵地。所以，凡是民主派小资产阶级想用它惯用的词句——我们大家希望的东西都是一样的，一切分歧只是出于误会——来抹煞它与无产阶级的阶级对立的场合，我们也反对了民主派小资产阶级。而我们越是不让小资产阶级对我们无产阶级民主派发生误解，它对我们就越顺从，越好说话。越是激烈和坚决地反对它，它就越容易屈服，就对工人政党作更多的让步。这一点我们已经体会到了。

最后，我们揭露了各种所谓国民议会的议会迷（用马克思的说法）①。这些先生们放过了一切权力手段，把它们重新交还给——部分是自愿地交还给——政府。

在柏林和法兰克福，在重新巩固起来的反动政府旁边存在着无权的议会，但这种议会却以为自己的无力的决议能扭转乾坤。这种愚不可及的自我欺骗，支配了直到极左派为止的所有的人。我们告诫他们，你们在议会中的胜利，同时也将是你们实际上的失败。在柏林和法兰克福结果也正是这样。当"左派"获得多数时，政府便把整个议会解散了；政府能够这样做，因为议会已失去人民的信任。

当我后来读到**布日尔论马拉**的一本书时，我便发觉，我们在许多方面都不自觉地仅仅是模仿了真正的（不是保皇党人伪造的）《人民之

---

① 恩格斯指的是载于《新莱茵报》的许多篇批评法兰克福国民议会和柏林国民议会的文章，其中一部分出自马克思之手（见《马克思恩格斯全集》中文第1版第5和6卷）；这一批评也以概括的形式见之于恩格斯的《德国的革命和反革命》一书。——原卷末注

友》①的伟大榜样；一切的怒叫，以及使人们在几乎一百年中只知道马拉的完全被歪曲了的形象的那种全部历史捏造，只不过是由于，马拉无情地扯下了当时那些偶像——拉斐德、巴伊等人的假面具，揭露了他们已经成了十足的革命叛徒的面目，还由于，他也像我们一样不认为革命已经结束，而想使革命被宣布为不断的革命。

我们曾公开声明，我们所代表的派别，只有在德国现有的官方政党中最极端的政党掌握政权的时候，才能开始为达到我们党的真正目的而斗争：那时我们将对这个最极端的政党持反对派态度。但是，事变却要使人除了嘲笑德国的敌人以外，还要表现出一种激昂的热情。1848年6月巴黎工人起义的时候，我们正守在自己岗位上。从第一声枪响，我们便坚决站到起义者方面。他们失败以后，马克思写了一篇极其有力的论文向战败者致敬。②

这时最后一些股东也离开了我们。但是，使我们感到满意的是，当各国资产阶级和小市民对战败者施加龌龊诽谤的时候，在德国，并且几乎是在全欧洲，我们的报纸是高高举着被击溃了的无产阶级的旗帜的唯一报纸。

我俩的对外政策是很简单的：赞助一切革命民族，号召革命的欧洲对欧洲反动势力的强大支柱——俄国，进行一场普遍的战争。从2月

---

① 阿·布日尔《马拉，人民之友》1865年巴黎版第1—2卷（A. Bou geart. «Marat, Amid Peuple», T. G-H, Paris, 1865）。

　《人民之友》（《L Amid Peuple》）是雅各宾派领袖之一让·保尔·马拉于1789年9月12日至1793年7月14日出版的报纸；该报于1789年9月16日至1792年9月21日用这个名称出版；报上有这样的题字：Marat, A-mid Peuple。——原卷末注

② 指马克思《六月革命》一文。（见《马克思恩格斯全集》中文第1版第5卷第153—157页）——原卷末注

24日①起，我们已经清楚了解到，革命只有一个真正可怕的敌人——俄国，运动越是具有整个欧洲的规模，这个敌人也就越是不得不参加斗争。维也纳事变、米兰事变、柏林事变不免延迟了俄国的进犯，然而革命越是逼近俄国，这一进犯的必然性就越是肯定无疑。可是，如果能使德国对俄国作战，那么，哈布斯堡王朝和霍亨索伦王朝就会灭亡，而革命就会在全线获得胜利了。

这一政策贯穿着俄军真正入侵匈牙利以前的每一号报纸，而俄军的入侵完全证实了我们的预见并决定了革命的失败。

在1849年春季，决战临近的时候，报纸的语调就变得一期比一期更猛烈和热情。**威廉·沃尔弗**在"西里西亚的十亿"（共八篇论文）②中提醒西里西亚的农民说，在他们解脱封建义务时，地主是怎样在政府的帮助下骗取了他们的钱财和土地，他并且要求十亿塔勒的赔偿费。

与此同时，在4月间以一组社论的形式，发表了**马克思**关于雇佣劳动与资本的著作③，这一著作明确地指出了我们政策的社会目的。每一号报纸，每一个号外，都指出一场伟大战斗正在准备中，指出了在法

---

① 1848年2月24日是法国路易-菲力浦王朝被推翻的日子。1848年旧历2月24日（3月7日），尼古拉一世在获悉法国二月革命胜利的消息以后，向陆军大臣发布了在俄国实行部分动员的命令，准备对付欧洲的革命。——原卷末注

② 马克思和恩格斯的朋友和战友威廉·沃尔弗的一组文章《西里西亚的十亿》（《Die Schlesische Milliarde》）曾载于1849年3月22日至4月25日《新莱茵报》第252、255、256、258、264、270—272和281号。1886年，这些文章略经修改后，由恩格斯作序言（见《马克思恩格斯全集》中文第1版第21卷第277—289页），以单行本出版。恩格斯在《威廉·沃尔弗》这本著作（见《马克思恩格斯全集》中文第1版第19卷第61—106页）中对这些文章作了详细的评述。——原卷末注

③ 见《马克思恩格斯全集》中文第1版第6卷第473—506页。

国、意大利、德国和匈牙利各种对立的尖锐化。特别是4、5两月间出版的号外，都是号召人民准备战斗的。

在整个德国，人们都因为我们在普鲁士的头等堡垒里敢于面对着八千驻军和岗哨做出这一切事情而感到惊讶；但编辑室内的8枝步枪和250发子弹，以及排字工人头上戴着的红色雅各宾帽，使得我们的报馆在军官们眼中也成了一个不能用简单的奇袭来夺取的堡垒。

1849年5月18日，打击终于到来了。

德累斯顿和埃尔伯费尔德的起义被镇压下去了，伊塞隆的起义被包围了；莱茵省和威斯特伐利亚遍布军队，在彻底镇压普鲁士莱茵区之后就要向普法尔茨和巴登进军。这时政府终于敢来进攻我们了。编辑部的一些人受到法庭迫害；另一些人作为非普鲁士人被依法驱逐。对此是无可奈何的。因为政府有整个军团作为后盾。我们不得不交出自己的堡垒，但我们退却时携带着自己的枪支和行装，奏着军乐，高举着印成红色的最后一号报纸的飘扬旗帜，我们在这号报纸上警告科隆工人不要举行毫无希望的起义，并且对他们说：

"《新莱茵报》的编辑们在向你们告别的时候，对你们给予他们的同情表示感谢。无论何时何地，他们的最后一句话始终将是：**工人阶级的解放！**"①

《新莱茵报》在它创办即将一周年时就这样停刊了。开始时它几乎没有任何资金，——我已经说过，人们答应给它的一笔不大的款子是没有照付的，——而在9月已经差不多发行到五千份了。在科隆宣布戒严时，报纸曾一度被封；在10月中不得不一切重新从头开始。但是，

---

① 见1849年5月19日《新莱茵报》第301号所载、由编辑部署名的《致科隆工人》一文。(《马克思恩格斯全集》中文第1版第6卷第619页）——原卷末注

1849年5月，在它被禁止时，它又有了6000订户，而当时《科隆日报》①，据该报自己承认也不过只有9000订户。没有一家德国报纸——无论在以前或以后——像《新莱茵报》这样有威力和有影响，这样善于鼓舞无产阶级群众。

而这一点首先归功于**马克思**。

遭到打击后，编辑部解散了。**马克思**到巴黎去了，当时那里正准备着1849年6月13日②到来的结局；**威廉·沃尔弗**这时已在法兰克福议会里占有他的席位——当时这个议会必须在被从上面解散或是投向革命之间进行选择；而我则到了普法尔茨，做了维利希志愿部队中的副官③。

1884年3月13日《社会民主党人报》（苏黎世）第11号（《马克思恩格斯全集》德文版第21卷第16—24页，参看《马克思恩格斯全集》中文第1版第21卷第17—26页）

---

① 《科隆日报》（《Kölnische Zeitung》）——德国的一家日报，自1802年起即以此名称出版；1848—1849年革命时期和在此之后的反动统治时期，该报反映了普鲁士自由资产阶级的怯懦的和背叛的政策；它经常猛烈地攻击《新莱茵报》。——原卷末注
② 1849年6月13日小资产阶级政党山岳党在巴黎组织了一次和平示威，抗议派遣法国军队去镇压意大利的革命，破坏法兰西共和国的宪法——该宪法禁止使用法国军队来反对别国人民的自由。这次示威被军队驱散，它的失败证实了法国小资产阶级民主主义的破产。6月13日以后，山岳党的许多领袖以及与他们有关的外国小资产阶级民主派都遭到逮捕和驱逐出境，或者被迫离开法国而流亡。——原卷末注
③ 关于恩格斯作为维利希志愿队中的一员参加1849年巴登—普法尔茨起义一事，见他的著作《德国维护帝国宪法的运动》。（《马克思恩格斯全集》中文第1版第7卷第127—235页）——原卷末注

262
《新莱茵报》编辑委员会的声明

1848年6月1日

《新莱茵报》原定于7月1日出版。和通讯员们商定的也正是这个日期。

但是,鉴于反动派实行新的无耻发动,可以预料德国的九月法令①很快就要颁布,因此,我们决定利用自由环境中的每一天,从6月1日起就开始出报。我们和各界有广泛的联系,本来可以使报道和各种通讯内容丰富,但是由于提前出报,如果在初期还无法做到,尚请读者见谅。我们在最近一定能满足读者在这方面的一切要求。

编辑委员会:
总编辑 卡尔·马克思
编 辑 亨利希·毕尔格尔斯,恩斯特·德朗克,
        弗里德里希·恩格斯,格奥尔格·维尔特,
        斐迪南·沃尔弗,威廉·沃尔弗

---

① 九月法令是法国政府1835年9月颁布的反动法令。这项法令限制了陪审人员的裁判活动,对出版采取了严峻的措施。在出版方面,规定增加定期刊物的现金税,禁止反对私有制和现存国家制度的言论,对发表这种言论的人实行监禁和课以大量罚款。这里是指德国很快就要颁布类似的法令。——译者注

1848年6月1日《新莱茵报》（科隆）第1号（《马克思恩格斯全集》德文版第5卷第13页，参看《马克思恩格斯全集》中文第1版第5卷第13页）

263
弗里德里希·恩格斯《法兰克福议会》一文摘录

1848年6月1日

科隆5月31日。由全体德国人民选举的制宪国民议会在德国已经存在两个星期了。

德国人民几乎已经在国内所有大小城市的街道上，尤其是在维也纳和柏林的街垒中，夺得了自己的主权。而且已经在国民议会的选举中行使了这个主权。

国民议会的第一个行动必须是，大声而公开地宣布德国人民的这个主权。

它的第二个行动必须是，在人民主权的基础上制定德国的宪法，消除德国现存制度中一切和人民主权的原则相抵触的东西。

国民议会在开会期间必须采取必要的措施，以便粉碎反动派的一切偷袭，巩固议会的革命基础，保护革命所夺得的人民主权不受任何侵犯。

　　德国国民议会现在已经开过12次会了，然而却一事无成。……

1848年6月1日《新莱茵报》（科隆）第1号（《马克思恩格斯全集》德文版第5卷第14页，参看《马克思恩格斯全集》中文第1版第5卷第14页）

摘录

264
海尔曼·艾韦贝克等人（巴黎）给莫泽斯·赫斯（巴黎）的信[149]

1848年6月5日

6月5日星期一于巴黎

亲爱的：

　　我已把你来到巴黎的消息通知这里的支部会议了，全体与会者对你没有出席会议普遍感到惊讶。会议不计较**私人恩怨**（也就是说，我按照你的言行认为不说的那种私人恩怨），何况与会的每一个成员都有**私人怨恨**。

此外，我指名的那个人是第一个自愿放弃一切私人恩怨的人，为了证明这一点，他也在这封信上签了名。

本支部今天直截了当地邀请你，会议在铁铺街1号举行。

祝好！

艾韦贝克（主席）

施内贝格尔

施米特

沃尔弗①

埃德蒙·济伯纳编《莫泽斯·赫斯通信集》1959年海牙版第196页

265
《新莱茵报》刊登的《法兰克福激进民主党和法兰克福派的纲领》一文摘录

1848年6月7日

……令人不解的是，这个所谓的激进民主党如何能把君主立宪国、

---

① 斐迪南·沃尔弗。

小公国和小共和国的**联邦**，即以共和政府为首的、由如此不同的成分所组成的联盟国家（左派所主张的中央机关正是如此），宣布为德国的最终国家组织。

毫无疑义，国民议会所选出的德国中央政府最初必然会跟事实上还存在的各邦政府同时**并存**。但中央政府一经产生，就会同各邦政府展开斗争，在这一斗争中，不是中央政府同德国的统一同归于尽，就是各邦政府同它们的立宪君主或小共和国一起消失。

我们并不提出空想的要求，要apriori〔预先〕宣布**统一的、不可分割的德意志共和国**，但是我们要求所谓的激进民主党不要把斗争和革命运动的出发点同它们的最终目的混淆起来。德国的统一以及德国的宪法只能通过这样一种运动来实现，这种运动的决定因素将是国内的冲突或对东方的战争。国家制度的最终确立不能依靠**颁布命令**的办法，而要在我们即将进行的运动中实现。因此，问题不在于实现这个或那个意见，这种或那种政治思想；问题在于理解发展的进程。国民议会只应该采取一些在最近期间切实可行的步骤。……

摘录

1848年6月7日《新莱茵报》（科隆）第7号（《马克思恩格斯全集》德文版第5卷第41—42页，参看《马克思恩格斯全集》中文第1版第5卷第47页）

266
科隆工人联合会给伦敦工人共产主义教育协会的信

1848年6月12日

致伦敦工人教育协会

兄弟们：

我们从德国的远近各地区收到了关于新建工人联合会的来信。我们仅举以下几个城市：杜塞尔多夫、埃尔伯费尔德、哈姆、波恩、美因茨、特里尔、亚琛、哈瑙、马尔堡、莱比锡等等，我们同这些城市的工人联合会建立了经常性的、极其紧密的联系。但我们坦率承认，任何消息都没有像我们从伦敦的兄弟们那里得到的消息使我们如此兴高采烈；它向我们证明，工人教育协会多少年来一直为了工人阶级的利益而卓有成效地、积极地作出努力和开展活动，并且今天仍然在为美好事业而满腔热情地从事活动。

我们非常高兴同海峡对岸的兄弟们保持经常性的联系，这样一来，我们就能联合起来从各方面维护我们的权利，代表我们的利益。

我们顺便提一下，我们联合会的会员数目已超过6000人，而且这个数目还在与日俱增。本周还将在美因河畔法兰克福举行"各工人联合会、民主协会和体操协会代表大会"，这次大会将导致全德国所有团体更紧密的联合。[150]

兄弟们，让我们再一次紧密地团结起来，携手并肩地战斗，审慎从容地反对我们那丧心病狂的敌人的攻击和反动贪婪，不知疲倦地追求我们的目标——工人阶级的胜利和统治。

　　此致问候并紧紧握手

科隆工人联合会

第一书记　扬森

（签名）

1848年6月12日于科隆

1848年6月18日《科隆工人联合会会刊》第9号

267
共产主义者同盟伦敦区部给科隆中央委员会的报告①
1848年6月18日

伦敦区部向共产主义者同盟中央委员会作的季度工作汇报

兄弟们！

　　自中央委员会迁出伦敦后，至今已有整整3个月了。我们竭力忠于职守，因此，现将我们的季度工作汇报如下。

---

　　① 报告出自约·格·埃卡留斯之手，它的结尾部分没有保存下来。

I 概 况

在2月下旬的那些日子里，中央委员会迁出伦敦，并建立了区部委员会来代替它。此后，正像可以预见的那样，区部的处境是极端困难的。① 伦敦区部中断了同运动发祥地的联系。大家都紧张地等待着以后事态的发展。许多人相信，凡是在法国能够做到的，在德国同样也能够并且也应该马上做到。另一方面，有人试图用空话来扼杀人们的热情（这方面，你们已经知道的那位海尔贝格在教育协会的讨论中有出色表演）。现在必须对这股热情之火加以引导，以便使巴黎中央委员会所采取的步骤同时也符合伦敦区部的愿望。

在同盟本身，人们也异常紧张，不讨论别的，只讨论法国和德国革命、法兰西共和国以及当前的一般事态。教育协会的会议因饭店关闭而中断了。② 为恢复被中断了的会议，同盟作了巨大的努力，因而也只有几个晚上浪费了一部分时间。当时，我们这里突然流传一种不可靠的说法，"国王弗里茨被赶跑了"，"在柏林，宣布成立了共和国"，"**全体**德国人正在像武装部队一样由巴黎向德国挺进"。为制止这种谣传，同盟采取了一些措施，即由它出面在**协会**里成立了5人委员会，负责收集捐款，以便在必要时组织盟员奔赴德国。在这些问题上，我们应该首先向巴黎的朋友们了解运动的详细情况。

同盟打算以这种方式在各方面紧跟中央委员会，同时控制协会的非

---

① 最后一词辨认不清。
② 参看文件215。

盟员。第二天，中央委员会的特使沙佩尔①带着有关的全权证书和消息来到我们这里。上述委员会已募到一笔款子，并派遣部分盟员带着这笔捐款分赴德国某些地区，即需要他们或是他们熟悉的地方。

早在沙佩尔兄弟到来之前，就已召开了几次全体会议。现在召开这些会议都是为了听取沙佩尔兄弟和后来到这里作报告的鲍威尔②介绍巴黎所发生的事件的概况。盟员的积极性很高，甚至太高了。从那以后，有一些人的情绪明显地低落下来。但是大多数人则相反，开始更好地去理解整个运动，并且对实现我们的原则怀着更大的期望。

关于英国宪章运动，还需要提出下面一点意见：一些成员，甚至整个区部，特别是我们的英国兄弟，都力图在公开的会议上支持宪章派。由于议会通过了反动决议，公开活动实际上已成为不可能。4月10日③的结局（许多盟员已预见到了其后果）使我们伦敦支部的兄弟们明白了问题所在。如果进行深入的秘密宣传，那可能会使宪章派重整旗鼓，同民众建立较牢固的联系。只要宪章派不设法通过内部关系支持外部的运动，就不能指望取得任何明显的结果。秘密宣传必须而且马上在短期内加以恢复。4月10日伦敦区部的人曾聚集在一起，以便在必要时给宪章派以支援。④

这些都是一般性的问题。现在谈谈区部本身的情况。2月底，伦敦区部拥有10个支部。其中9个支部由德国人、丹麦人、瑞典人、匈牙利人等等组成。剩下的那个支部的成员全是英国人。那9个支部中的一

---

① 卡·沙佩尔于1848年3月底受中央委员会委托，又一次前往伦敦，参看文件225。
② 亨利希·鲍威尔是3月在巴黎成立的新的中央委员会成员，他于4月回到伦敦，与普芬德和埃卡留斯一起领导伦敦区部。
③ 关于1848年4月10日宪章派的大示威的失败，参看文件234。
④ 在原件上，这句话是写在前面一句话的边上的。

个，设在伦敦东区，并负责领导东区的教育协会。① 该支部成员多次提出要求撤销东区的支部和教育协会，但这个建议一直遭到否决。

但是，当人们看到，东区的教育协会尽管作出了努力但还是不能发展，最后它还是被撤销了。支部成员则分别插入伦敦西区的各个支部。而教育协会的成员因为在伦敦东区无法扎根，就并入了西区的教育协会。

到上面提到的时间为止，伦敦区部共有盟员84人。尽管许多盟员已经离开这里，但目前盟员的数量［……］②

从记录中摘录下述有关纪律处分的决议：

1. 库克第一，库克第二，哈特第一，哈特第二和布劳被清除出同盟（他们都是不可靠分子）。

2. 阿尔萨斯的托·迈尔，因他的可耻生活方式玷污了同盟的荣誉，被开除盟籍。有关开除他盟籍的动议，区部要在即将召开的代表大会上提出。

作为总区部（这是以前决定的），我们报告如下：

1. 我们的特使从**美国纽约**来信说，虽然至今他们还没有做出很大的成绩，但他们并没有游手好闲。纽约的教育协会成员大大落后于运动。法国革命也使那儿的气氛活跃起来了。

威·魏特林为了使别人接受他的观点，显然花了不少心血。但是，更年轻、更优秀的人远远胜过了他［……］③

---

① 伦敦工人教育协会的这个分会是1846年6月初成立的。
② 在原件上被删节了。
③ 原件到此结束。

手稿
柏林德国统一社会党中央马列主义
研究院中央党务档案馆，ME. 43

268
《北极星报》刊登的关于《新莱茵报》出版的报道[①]

1848年6月24日

《新莱茵报》

　　《新莱茵报》是一家新日报的名称，不久前在科隆开始出版。这家报纸宣布自己为"民主派机关报"，其编排技巧是无与伦比的，并以胆识过人著称；我们谨向它致敬，它是我们在反对形形色色暴政和非正义行为的伟大运动中的一个可敬的、有才干和英勇的战友。它的主编是**马克思博士**，这是一位才华出众的维护欧洲工人权利的斗士；编辑部同仁则有：布雷斯劳的威·沃尔弗，一位久经考验的民主主义者；科布伦茨的德朗克博士，他曾经是政治犯；科隆的斐·沃尔弗（他曾在巴黎度

---

① 参看1848年6月27日《新莱茵报》第27号对此作出的答复（《马克思恩格斯全集》中文第1版第5卷第136页），在答复中强调指出："在英国报纸中，唯有革命的《北极星报》的赞许才是我们所珍视的"。

过10年）；H.布格尔斯（科隆人，是一位可爱的人民演说家，法兰克福第一届国民议会①议员）；弗里德里希·恩格斯（他的杰出论文经常为《北极星报》的各栏增添光彩），还有格奥尔格·维尔特（他在著名的布鲁塞尔会议上揭露了自由贸易派的谎言②，因而他在我们的读者中享有盛誉）。我们祝愿我们的同仁得到长期的、有益的和胜利的发展。

1848年6月24日《北极星报》
（伦敦）第558号

269
柏林工人代表大会的邀请书[151]

1848年6月26日

邀请德国工人阶级派代表参加8月20—26日在柏林召开的工人议会

工人们，兄弟们：

　　下面签名的参加由柏林手工业者联合会召集的手工业者和工人代表

---

① 指预备议会。
② 参看注113。

大会的代表们，不满意这次大会关于当前社会问题的决议，虽然它的实际效益已得到广泛的承认。代表们一致同意邀请**整个祖国各城市、工厂区和农业区**的工人阶级派代表参加以讨论工人阶级的物质利益为唯一宗旨的**一次联合工人议会**。在以往历次或多或少带有地方性的工人、手工业者和民主主义者代表大会上，在讨论重大社会问题或劳动问题时，或者草率收场，或者毫无结果。因此，我们认为当务之急是：建立**德国工人阶级**的一种尽可能完整的代表机构，独立处理首先同工人阶级有关的问题，在基本问题上即在保证工人阶级摆脱资本、人身依附关系和物质匮乏的问题上联合一致。工人议会确定的各个要点应构成**德国的一部社会的人民宪章**，人民宪章应该使迄今受少数人剥削和压迫的千百万人建立兄弟般的关系，应该全力以赴地使之成为**国家的法律**。

我们认为，实施下列这些措施对工人阶级来说是迫不及待和必不可少的，所以我们把它们看做是我们的提案，而不抢在议会作出决议以前采取行动。

作为工人，我们自己为德国工人阶级的共同利益提出以下要求：

1. 国家有责任为每个愿意劳动的人提供与人的需要相适应的生存条件（劳动保障）；

2. 国家有责任支持并促进独立的手工业或工业的工人团体；

3. 国家应关心一切无依无靠者以及劳动致残者；

4. 调整并限制过长的劳动时间；

5. 为工人阶级的利益调整税收制度，亦即征收高额累进所得税，限制继承权，废除消费税以及一切迄今压在农业工人身上的封建负担、苛捐杂税、劳役、什一税等等；

6. 发行公债。国家实行免费教育，如有必要，应对青年实行免费的因材施教；

7. 实行免费的法律保护；

8. 任命由工人阶级自由选举产生的德国各邦劳动部。

工人们，兄弟们！

我们过去由于四分五裂，孤军作战，因而势单力薄，受人鄙视，现在让我们联合起来。我们有千百万人，形成了全国的绝大多数。只有在同一个目标下联合起来，我们才会变得强大，才能形成一股我们这些创造一切财富的人理应拥有的力量。我们的选票举足轻重，我们应不失时机地在**社会民主运动中**发挥作用！

科尼斯堡工人联合会代表
弗里德里希·克吕格尔
柏林机械制造工人联合会代表
恩斯特·克劳泽
汉堡工人联合会代表
卡·毕林
柏林工人中央委员会代表
波尔恩
汉堡工人教育协会代表
F. E. 施泰因豪尔
机械制造工人联合会代表
A. 卢赫特和克劳泽

备注：

1. 请接到上述邀请书的各联合会转告本地区的联合会，同时请求各家通俗报纸的编辑部在报上刊登我们的邀请书；

2. 请各联合会给其参加工人议会的代表开具证明信；

3. 柏林工人中央委员会（地址：罗斯玛丽亚大街5号波尔恩）将为召开议会临时担任事务性领导工作。开会地点届时将通过官方报纸另行通知。

致德国各工人、手工业者和教育团体，致在瑞士、巴黎、布鲁塞尔和伦敦的德国人团体。

1848年6月27日《人民报》
（柏林）第11号

270
弗里德里希·恩格斯关于巴黎六月起义的《六月二十五日》一文摘录

1848年6月29日

工人在战斗中表现出来的那种英勇精神真是令人惊叹。三四万工人整整坚持了3天，来对付8万多士兵和10万国民自卫军，对付霰弹、榴弹和燃烧弹，对付那些不惜采用阿尔及利亚作战方法的将军们的"宝贵的"军事经验！工人被击溃了，并且大部分被残酷地消灭了。这次阵亡的战士不会受到像七月革命和二月革命的牺牲者所受到的那种尊敬；但是历史将给他们以特殊的地位，把他们看做是无产阶级第一次决战的牺牲者。

1848年6月29日《新莱茵报》（科隆）第29号（《马克思恩格斯全集》德文版第5卷第132页，参看《马克思恩格斯全集》中文第1版第5卷第151—152页）

摘录

271
卡尔·马克思关于巴黎六月起义的社论

1848年6月29日

六月革命

巴黎工人被敌人的优势力量**镇压下去**了，但是并没有向他们**投降**。工人**被击溃**了，但真正**被打败**的是他们的敌人。暴力取得暂时胜利的代价是：二月革命的一切幻想和空想的破产，一切旧共和政党的瓦解，法兰西民族分裂为两个民族即有产民族和工人民族。三色旗的共和国今后只有**一种颜色**，即战败者的颜色，**血的颜色**。它成了**红色共和国**。

没有一个著名的共和主义者［无论是《国民报》(《National》)①派的或《改革报》(《Réforme》)②派的］站在人民方面！人民除了起义本身以外，没有别的领袖，别的手段，可是他们对资产阶级和军阀的联合力量的抵抗，比任何一个拥有一切军事机构的法兰西王朝对任何一部分同人民联合起来的资产阶级的抵抗都要持久。要使人民丢掉最后一些幻想，要使他们和过去决裂，就需要让法兰西历次起义的司空见惯的富有诗意的装饰——充满热情的资产阶级青年、综合技术学校的学生、三角帽等都站到压迫者方面去。医学系的学生拒绝给负伤的平民以科学上的援助。科学不是为犯了弥天大罪的平民（他们这次是为自身的生存而战斗，而不是为路易·M. 菲力浦或马拉斯特先生流血）服务的。

二月革命的最后一点正式的残余物——执行委员会③——已像幻影一样在严重事变的面前消散了；拉马丁的烟火变成了卡芬雅克的密集的炮火。

这就是Fraternité，就是一方剥削他方的那些互相对立的阶级之间的博爱，这就是在二月间所昭示的，用大号字母写在巴黎的三角墙上、写在每所监狱上面、写在每所营房上面的博爱。用真实的、不加粉饰的、

---

① 《国民报》(《National》)派联合了以阿尔芒·马拉斯特为首、以工业资产阶级和一部分同它有关系的自由派知识分子为支柱的温和的资产阶级共和主义者；在40年代，这个派的信徒聚集在《国民报》(《Le National》)的周围，该报自1830年至1851年在巴黎出版。——原卷末注
② 《改革报》(《Réforme》)派联合了以赖德律-洛兰为首的小资产阶级民主共和主义者；附和该派的有以路易·勃朗为首的小资产阶级社会主义者，这个派的拥护者聚集在《改革报》(《La Réforme》)的周围，该报自1843年至1850年在巴黎出版。——原卷末注
③ 指执行权委员会，即制宪议会为了代替已经卸下全权的临时政府而在1848年5月10日建立的法兰西共和国政府。它存在到1848年6月24日卡芬雅克专政确立时为止。——原卷末注

平铺直叙的话来说，这种博爱就是内战，就是最可怕的国内战争——劳动与资本间的战争。在6月25日晚间，当资产阶级的巴黎张灯结彩而无产阶级的巴黎在燃烧、呻吟、流血的时候，这个博爱便在巴黎所有的窗户前面烧毁了。

博爱只有在资产阶级利益还和无产阶级利益结合在一起的时候才继续存在。学究们拘守1793年旧的革命传统；社会主义的空谈家曾为人民向资产阶级乞求施舍，并且被许可做冗长的说教和败坏自己的声誉，直到把无产阶级的狮子催眠入睡为止；共和党人要求全部旧的资产阶级制度，只是不要戴王冠的首领；王朝反对派①从事变中得到的不是内阁的更换，而是王朝的崩溃；正统主义者②不是想脱去奴仆的服装，而是仅仅想改变一下式样，——这些人物就是人民在实现自己的二月革命时的同盟者。人民本能地仇恨的路易-菲力浦并不是路易-菲力浦本人，而是一个阶级的王冠的统治，是坐在王位上的资本。但是人民始终是宽宏大量的，他们以为只要打倒了自己敌人的敌人，打倒了**共同的**敌人，就是消灭了自己的敌人。

二月革命是一个漂亮的革命，是一个得到普遍同情的革命，因为当时激烈反对王权的各种力量之间的矛盾还在**尚未充分发展的状态中**平静地安睡，因为构成这些矛盾背景的社会斗争还只是一种虚幻的存在，还只是一种词句上和言语上的存在。相反，**六月革命**则是一个**丑恶的**讨厌的革命，因为这时行动已经代替了词句，因为这时共和国已经摘掉了保

---

① 王朝反对派是在七月王朝时期法国议院中由奥迪隆·巴罗领导的议员集团。这个集团的代表们反映了工商业资产阶级自由派的情绪，他们主张实施温和的选举改革，认为这种改革是防止革命和保持奥尔良王朝的手段。——原卷末注

② 正统主义者是1830年被推翻的、代表世袭大地主利益的波旁王朝的拥护者。——原卷末注

护和掩饰过它的王冠，显露了恶魔的原形。

秩序！——这是基佐的战斗口号。**秩序！**——基佐的信徒塞巴斯提昂尼曾在俄军攻下华沙时这样高喊。**秩序！**——法国国民议会和共和主义资产阶级的粗野的应声虫卡芬雅克这样高喊。

秩序！——他所发射的霰弹在炸裂无产阶级的躯体时这样轰鸣。

在1780年以来的许多次法国资产阶级革命中，没有一次曾侵害过**秩序**，因为所有这些革命都保持了阶级统治和对工人的奴役，保持了**资产阶级秩序**，尽管这种统治和这种奴役的政治形式时常有所改变。六月革命侵害了这个**秩序**。六月革命罪该万死！

在**临时政府**时期，适当的而且是**必要**的做法是使宽宏大量的工人相信，使成千上万的官方传单上所说的那些"**甘愿贫困3个月来让共和国支配**"的工人相信，二月革命似乎是**为了他们本身的利益**而进行的，二月革命首先关心的是**工人的利益**；这种做法同时也是一种政策，一种引起幻想的手段。**自从**国民议会**开幕后**，平淡无奇的时期来临了。照特雷拉部长的说法，这里的问题只是要**使劳动回到它过去的条件下去**。这样，工人在二月革命中进行战斗是为了使自己陷入工业危机的深渊。

国民议会的工作至少对工人来说就是把二月革命的成果化为乌有，把他们拖回旧的关系中去。但是连这一点都没有做到，因为，像国王一样，任何议会都不能命令具有普遍性的工业危机**不再向前发展**！国民议会极力想结束令人烦恼的二月革命的漂亮词句，可是它连**那些**在旧关系的基础上可能实现的措施都没有实现。它不是强迫17岁到25岁的巴黎工人参军，就是把他们抛到街头；它把外地的工人从巴黎驱逐到索隆，并且连他们在结算时应得的工钱也不发给他们；它临时建议成年的巴黎人到按照军事方式组织起来的工场中去寻求施舍，但是必须具备一个条件：拒绝参加任何人民会议，也就是不再当共和主义者。然而无论是二月革命以后的充满柔情蜜意的花言巧语，无论是5月15日①以后的残忍的法律，都没有达到目的。必须在行动中，在实践中解决问题。坏蛋，你进行二月革命究竟是为谁，为**自己**还是为**我们**？资产阶级既然这样提出问题，就必须用六月革命——霰弹和街垒来回答。

但是，正如一个人民代表在6月25日所说，整个国民议会都惊慌失措了。当问题和回答把巴黎的马路淹没在血泊中时，议员们呆然若失；其中一部分人是由于他们的幻想在战火中消失了，另一部分人是由于他们不了解人民怎么敢**单独地**捍卫自己的**切身利益**。**俄国的金钱，英国的金钱，波拿巴的鹰，国王的百合花**，各种各样的护身符，——他们就在这些东西中间寻找他们无法理解的这一事件的解释。但是，议会中的这**两部分人**都感到他们和人民之间有一条不可逾越的鸿沟。没有人敢替人民讲话。

他们一苏醒过来，就开始了疯狂的进攻。大多数人有充分的权利嘲笑那些犯了时代错误，不断重复博爱（fraternité）词句的可怜的空想家和伪善者。因为这里的问题正是要抛掉这种词句以及由这个词句的模棱两可的含意所产生的幻想。当正统主义者**拉罗什雅克兰**，这个有着武士精神的空想家因那些宣布"**战败者罪该万死！**"（《Vaevictis!》）的人的卑鄙行为而发怒时，议会中的大多数人便疯狂起来，好像被毒蜘蛛咬了一样。他们为了掩饰"**战败者**"正是他们自己，便向工人高叫："**你们罪该万死！**"不是他们现在就得死亡，就是共和国现在就得毁灭。因此他们拼命地嗥叫："共和国万岁！"

横在我们面前的深渊是否能把我们民主主义者引入迷途，使我们认

---

① 在1848年5月15日巴黎工人的革命发动失败后，采取了一系列废除国家工厂的措施，实施了禁止街头集会的法律，封闭了许多民主俱乐部。——原卷末注

为争取国家形式的斗争似乎是空洞的、幻想的和毫无意义的呢？

只有意志薄弱的胆怯的思想家才会这样提出问题。资产阶级社会条件本身所产生的冲突，必须在斗争中加以解决，靠空想是消灭不了的。不掩盖社会矛盾，不用强制的因而是人为的办法从表面上制止社会矛盾的国家形式才是最好的国家形式。能使这些矛盾进行公开斗争，从而获得解决的国家形式才是最好的国家形式。

有人问，难道我们对那些在人民的愤怒面前牺牲的人，对国民自卫军，对别动队，对共和国近卫军，对现役军人不流一滴眼泪，不叹一口气，不发一言吗？

国家将关怀他们的孤儿寡妇，法令将颂扬他们，隆重的殡仪将送他们的遗体入土，官方的报刊将宣布他们永垂不朽，欧洲的反动派将从东方到西方到处赞扬他们。

但是平民则受尽饥饿的折磨，遭到报刊的诬蔑，得不到医生的帮助，被"正直的人"叫做小偷、纵火者和流刑犯；他们的妻子儿女更是贫困不堪，他们的那些幸免于难的优秀代表被放逐海外。给这些脸色严峻阴沉的人戴上桂冠，是一种**特权**，是**民主报刊的权利**。

1848年6月29日《新莱茵报》（科隆）第29号（《马克思恩格斯全集》德文版第5卷第133—137页，参看《马克思恩格斯全集》中文第1版第5卷第153—157页）

272

《新莱茵报》刊登的关于科隆工人联合会领导人被捕的消息

1848年7月3日

逮 捕

科隆7月3日。办事内阁目前的表现说明它只不过是一个警察内阁。它的第一个行动是在柏林逮捕**莫内克**先生和**弗恩巴赫**先生,第二个行动是在萨尔鲁伊逮捕炮兵下士**丰克**。现在,这些"事情"也在科隆这儿开始了。今天早晨逮捕了医师**哥特沙克**先生和退伍中尉**安内克**先生。无论是逮捕的原因或逮捕时的情况,我们都还没有得到确切的消息,因此暂时不发表意见。

工人们是十分理智的,他们不会因挑衅而贸然行动。

1848年7月4日《新莱茵报》(科隆)第34号(《马克思恩格斯全集》德文版第5卷第165页,参看《马克思恩格斯全集》中文第1版第5卷第189页)

273
民主派兄弟协会关于六月起义的呼吁书摘录[152]

1848年7月4日

〔……〕红色共和国的旗帜就是整个欧洲无产者的旗帜。群众受政治空谈迷惑,被名义上的(有名无实的)政治权利蒙蔽的时代已经一去不复返了。现在法国、英国和德国的千百万工人都懂得,最好的宪法既不能包括所有人权,也不能包括其中最重要的人权。在圣安东郊区被扯下的红旗是征服不了的。这面红旗是信仰的象征,而这信仰并非局限在巴黎,它正在人类工业的每个蜂房里滋生蔓延。一次失败甚至50次失败也阻挡不住这种信仰的凯旋。〔……〕

1848年7月15日《新莱茵报》(科隆)第45号

摘要

274
伦敦工人共产主义教育协会给科隆工人联合会的信①

1848年7月4日

伦敦工人教育协会致科隆工人联合会

兄弟们:

你们通过我们的兄弟卡·沙佩尔带来的复信,几天前我们已经收阅了,阅后使我们大家都很高兴。我们很羡慕你们能够享受到丰富多彩的政治生活的乐趣,而我们则因远离运动的发源地而感到悲伤。

你们希望经常保持最密切的联系,这也是我们的愿望。我们的敌人早已在这方面走在我们前头了,现在已是我们开始利用这个武器同敌人进行斗争的时候了,因为这样一来,我们就不仅能持久地牵制敌人,甚至能彻底地击败敌人。

我们完全同意你们的观点,在整个德国建立工人联合会,并使它们相互间保持极其密切的联系。这样一来,我们彼此之间就能得到发展,实现我们的目标,即我们迫切需要的无产阶级的联合。如果能做到这一点,毫无疑问,胜利就属于我们。我们必须勇敢地同敌人对抗,因为我们不会失去什么东西,反而必将得到整个世界。鼓起勇气,坚定不移地前进,未来是属于我们的。

---

① 这封信是在1848年7月14日科隆工人联合会委员会议上宣读的。它是卡尔·沙佩尔从伦敦带来的对6月12日信(文件266)的复信。

致敬并握手

伦敦工人协会

1848年7月4日于伦敦

1848年7月16日《科隆工人联合会会刊》第15号

275
朱利安·哈尼为《新莱茵报》撰写的文章①摘录

1848年7月5日

〔……〕英国的政治运动同一切政治运动一样，它的发展也伴随着大部分社会状况的彻底变革。旧同业公会的终止，消灭了整个手工业者阶层连同师傅和帮工迄今为止与社会对立的那种关系；宗法制的协作正在转变为雇主和工人之间的敌对对立，转变为工人相互之间的竞争。在此期间，80年代的伟大发明导致了一场决定性的变革。

现代工业的开端就是一场打击，它抛弃了千百种关系。在此之前用手工耕种大片土地、居住得很分散的大批人，如今却被赶出了自己的家园，被迫成群结队地蜂拥进入飞速崛起的新城市，沦为机器的奴隶，因为这些机器在竞争的斗争中战胜了他们。英国自从伊丽莎白时代起就试图以每年的济贫款来应付流氓无产阶级，同流氓无产阶级结伴的是产业

---

① 该文刊登在1848年7月4日和5日《新莱茵报》第34和35号上，文中概述了英国工人运动特别是宪章运动的全部历史。

无产阶级，后者的价值同产品的价值一样，是由需求与供给决定的，而且这一阶级是受工业发展的一切后果摆布的；它不久将成为最终奋起反抗、通过政治变革来改善自己社会状况的那些人数众多的革命群众。

在激进派贵族阶级和自由派资产阶级的交替影响下，我们看到，这些起初并没有觉悟的群众经过多次受骗上当，经过多次的挫折失败，终于在宪章运动中逐渐清楚地认识到自己的地位，并摆脱了他们的自由派欺骗者的任何诱导，相信自己的力量，相信自己具有不可抗拒的威力。资产阶级对旧的土地贵族每取得一个胜利，工人群众也就取得一个胜利，因为他们比正取得胜利的中等阶级更优越更坚强。未来的斗争随时随地都将变得更简单、更容易理解。最后，资本的代表和劳动的儿子相互之间将势不两立。［……］

1848年7月5日《新莱茵报》（科隆）第35号　　　　　　　　　　　　　　　　　　　　　　　节录

276
亨利希·弥勒（科隆）给莫泽斯·赫斯（巴黎）的信[153]

1848年7月5日

1848年7月5日于科隆

亲爱的朋友：

我正好碰见特里娜①，她将转交给你一封信，因此，我想乘机也给

---

① 卡塔琳娜·佩施，是赫斯的弟妹。

你略写几行，让她捎给你，向你报告最近在科隆发生的事件，并希望得到你处的消息。人民一直处于极度紧张状态，资产阶级趾高气扬，警察为所欲为，又逮捕了哥特沙克和安内克。其中的原委是微不足道的，你在《新莱茵报》上也会看到这一点。集会仍在继续；德国的一切民主集会都互有联系。巴黎事件使我们遭到沉重打击。无论如何，请你把巴黎的详细情况告诉我——你知道，一个人如果对一个件事只有大概的了解，就比身临其境的人更有兴趣了解它，因为我就是只了解局部情况的人。我从布鲁塞尔给巴黎的一个好友写了好几封信，但没有得到回音。如果你路过他那里，劳驾，请你去看看他，代我向他问好，叫他给我来信。你可以把我的地址告诉他。他住在圣马丁郊区188号，名叫格奥尔格·贝格曼先生。你不妨打听一下，在他旁边，即第186号住的是一位葡萄酒商人，到那里去问格奥尔格就行了，然后你在1—3小时之内就能见到他，他是马车夫。

劳驾，如果你方便的话，就给我找一张巴黎市区图，我把钱交给此信的送交者一起带给你。有了市区图，找人就方便了。除此之外，我没有什么特别新闻相告。

特里娜会把其他事情都告诉你的。请代我向你夫人多多致意，立盼回复。

你们的朋友
亨利希·弥勒
于喜剧街18号

埃德蒙·济伯纳编《莫泽斯·赫斯通信集》1959年海牙版第198—199页

277
科隆工人联合会委员会会议记录

1848 年 7 月 6 日

1848 年 7 月 6 日委员会会议

公民**莫尔**向会议宣布，**扬森**主席走了，因此，会议必须选举一名新主席，接着公民**莫尔**当选。[154]他在会议上作了如下发言：

兄弟们，我将尽力不辜负你们对我的信任，你们选我担任这个光荣职务，我需要你们的支持；维护"安宁和秩序"，并不完全取决于主席一个人，而是取决于会员本身。每一个发言人，不管他是否代表我们的意见，我们都要认真听取。在这里，每个人都可以无拘无束地坦率发表自己的意见，不必担心受到干扰。随后我们就可以自豪地同出卖灵魂的资产阶级作斗争，它甚至企图一如既往地污蔑和谩骂工人是一群粗野无知的二流子和煽动者。

兄弟们，自从 7 月 3 日即上星期一我们集会以来，发生了不少事情。但是，首先我要向工人联合会的会员们表示我的致意，因为他们采取刚强坚定的态度以及镇定自若、深思熟虑的举止，无疑使资产阶级的

1848年7月《科隆工人联合会会刊》关于选举
约瑟夫·莫尔为联合会主席的报道

一切期望都落了空，使警察和与之相互勾结的兵痞异常愤怒，而他们的准备措施是人所共知的，恕不在这里一一复述了。

现在，我不得不再一次重复上星期一我对你们说过的话，即使在今天，警察又已做好准备，士兵已在兵营里待命，据说还加了双岗等等。我们只要镇定自若，坚强不屈，就能接二连三地挫败警察，而他们可能要把我们的主席一个接一个地抓走。因此，我们要向他们表明，我们不受任何人的约束，我们要认识我们的人权，我们大家都是独立自主的，因而我们能够保证值得嘉许的警察机构有事可干，它还必须抓走七八千名主席，方能瓦解工人联合会；因为我坚信，每个会员都乐于担任主席的职务，并尽心竭力去履行这一职务。到那时，反动派最终会狗急跳墙，迫不及待地采取措施，既禁止集会又取消出版自由；到那时，小市民和一切锱铢必较者就要眼看着自己的权利和自由受到威胁，于是就将同工人采取联合行动；未来是属于我们的，而且未来迟早必定属于我们。在巴黎，工人虽然遭到镇压，但他们并没有被战胜；谁知道明天会从柏林给我们传来什么消息呢！

联合会会员名单和本月3日会议的记录已分别在公民哥特沙克和公民扬森家里被没收。继续保留为重新获得这两份文件而采取的措施。

1848年7月13日《科隆工人联合会会刊》第14号

278
海尔曼·艾韦贝克(巴黎)给
莫泽斯·赫斯(巴黎)的信

1848年7月10日①

星期一

尊敬的赫斯:

　　我真倒霉。我上星期去看你,既没有见到你,也没有见到你夫人。现在,我简直像着了魔似的,妨碍我去看望你。今天晚上5点钟,我照例要去国民自卫军值班,可我又答应去参加章程的讨论。[155]你只管去,我已经对章程起草委员会主席施皮斯先生说过你要去参加讨论。参加讨论的,有好几个共产主义者:莱宁格尔、谢尔策尔、沙贝利茨、彭佩尔;其他人也将成为共产主义者。但你不要把这件事告诉卡贝,沃尔弗②对此人一贯非常不满。沃尔弗现在科隆。你今天只管放心地去,7点左右到好人街咖啡店老板那里去找施皮斯或上述任何一个人,并说明自己的身份。

　　再见

艾韦贝克
匆匆草于剧院街33号

手稿
莫斯科苏共中央马列主义研究院
中央党务档案馆,F.173,op.1,Nr. 2618

---

① 邮戳的日期。
② 斐迪南·沃尔弗。

279
科隆工人联合会委员会会议记录

1848 年 7 月 13 日

莫尔宣布会议开始,他说,在上次委员会会议上,为了把联合会议事日程重新纳入正常轨道,委员会全体委员举行了一次特别会议。

他告诉大家说,这次会议作出决定,库存现金要在每次委员会会议上公布,会议记录在付排前要在委员会会议上宣读。

接着,他还说,要任命一个人进入中央委员会,以代替扬森。[156]

沙佩尔获得多数通过。

默滕斯被任命为第二书记。

沙佩尔当选为希尔格分会的临时主席。

通过了沙佩尔提出的在委员会会议上讨论问题的建议。①

提出下列问题准备在下次会议上讨论:机器对人有利还是有弊?

莫尔接着还说,在以往的起义中,人们在捣毁机器时非但没有根除他们身受其害的弊端,反而使这种弊端变本加厉了,因为他们并没有研究这些弊端所由产生的基础,其实这些弊端并不根源于机器 而是根源于社会制度的恶劣组织。

接着,书记还宣读了一封给伦敦工人协会的复信,会议就此结束。

---

① 这个决议作出以后,工人联合会委员会便开始讨论旨在传播马克思主义思想财富的各种政治思想题目。有关机器的作用问题的讨论,见文件280。不久以后,《共产党在德国的要求》就成了讨论的基础,参看文件289。

1848年7月20日《科隆工人联合会会刊》第16号

280
关于卡尔·沙佩尔在科隆工人联合会作报告的报道

1848年7月17日

[……] 接着，沙佩尔还谈到了机器的作用问题，内容大致如下①：上个世纪在机器发明以前，行会制度占统治地位，在这种制度下，绝大多数人就像今天一样被奴役，绝大多数人都成了行会老板的强制或专横的牺牲品，同样，现在的工人则成了资产者老爷的牺牲品；但是，由于机器的发明，由于机器的发明而引起的分工，由于许多人挤在一个地方，使大家意识到，他们会从自然中得到权利，在人类社会中占有比现在更好的地位；意识到他们不仅不愿意用自己的劳动——他们（工人）的劳动报酬几乎还不够买干面包、土豆和破烂衣服，以致食不果腹，衣不蔽体——为他们所谓的主人填满私囊，让后者任意挥霍浪费，而且还向生活提出"要求"，他们要求自己赖以生存的劳动得到保障。这个地球上的物质财富的分配迄今为止都是一种巧合现象，但是人的生命和人的整个本质太高尚，以致人们不能使之依赖于巧合现象，而

---

① 参看沙佩尔1848年9月3日关于这个问题的论述，文件293。

我们的牧师们大约从一千九百年以来就向我们鼓吹的人人平等不是指虚无缥缈的彼岸，而必须在此岸实现。现在，机器虽然给个别人还会带来损失，但多数人目前已经从中得到了很大好处。

1. 由于生产成倍增长。
2. 由于铁路和轮船加速了产品和人员的运输。

但是，如果全部机器都成为国家的即所有人的财产，那么，就连个别人的损失也将得到弥补，而法国临时政府的失策就在于，它没有作价从所有者手中把机器接收过来，保持机器运转，它宁愿让工人在国家工场里从事不必要的或者不实用的劳动。〔……〕

1848年7月23日《科隆工人联合会会刊》第17号

节录

281
《新莱茵报》对柏林工人代表大会纲领的看法

1848年7月25日

都灵的《协和报》①

科隆7月23日。不久以前我们曾经提到，在佛罗伦萨出版的《黎

---

① 《协和报》（《La Concordia》）是意大利资产阶级自由派的日报，1848—1849年间在都灵出版。——原卷末注

明报》越过阿尔卑斯山向我们伸出友谊的手。① 可以预料，另外一家报纸，即具有相反倾向的都灵《协和报》也会发表相反而并不含敌意的意见。有一号旧《协和报》曾经说过，《新莱茵报》每次都站在"**失败者**"那一边。《协和报》根据我们对布拉格事件的评价以及我们对反对反动的文迪施格雷茨之流的民主派所采取的同情态度，做出了这个含糊不清的结论。不过，从那时起，都灵的这家报纸对于所谓**捷克**运动的性质也许有了较好的了解。

可是，不久以前，《协和报》却针对《Nuova Gazzetta Renana》（《新莱茵报》）写了一篇多少带学究气的文章。《协和报》读了我们报上登载的关于在柏林召开的工人代表大会②的纲领，对于其中应由工人讨论的8条大为不安。

《协和报》如实地转载了全部纲领，并发表了如下的批评意见：

"在这些建议中有许多正确和公正的地方，但是《协和报》如果不坚决反对社会主义者的错误，就可能背叛自己的使命。"

对我们来说，我们要坚决反对《协和报》的"错误"，这种错误就是：《协和报》把工人代表大会筹备委员会所起草而仅由我们转载的纲领当做**我们自己的**纲领。虽然如此，只要《协和报》纲领比那一大堆人所共知的博爱词句和关于自由贸易的流行教条更充实的话，我们准备同《协和报》就政治经济问题进行辩论。

---

① 见《马克思恩格斯全集》中文第1版第5卷第179页。——编者注
② 工人代表大会于1848年8月23日至9月3日在柏林举行，该会议是根据许多工人组织的倡议而召集的。会议的纲领是在斯蒂凡·波尔恩的影响下拟定的，它给工人们规定了争取实现许多狭隘的工会要求的任务，以使他们脱离革命斗争。这个纲领曾在《新莱茵报》上发表过，发表时没有注明是柏林的通讯。——原卷末注

1848年7月25日《新莱茵报》（科隆）第55号（《马克思恩格斯全集》德文版第5卷第260—261页，参看《马克思恩格斯全集》中文第1版第5卷第299—300页）

节录

282
科隆工人联合会委员会会议记录

1848年7月31日

［……］公民莫尔说，由于时间关系，不能再继续为报纸承担责任了，并对该报第19号上刊登的一篇文章（政治）提出抗议。该文宣称，德国必须成为联邦共和国；还宣称，当代最卓越的人物一致公认，德国的未来只有成为自由而统一的共和国，才能给人民提供保障。[157]

公民泽尔霍夫指出，这家报纸通常可以销售1400—1500份，甚至1800份，这是一股重要的力量，我们应该利用这股力量。但是，办一家报纸就得具备三个条件：（1）所有者：工人联合会本身可以担任；（2）编辑部：在此之前只是临时性的；（3）承担责任的保证人：刚才莫尔已经说过，不能再继续当保证人了，因此，我们或者为此设立一个委员会，或者专门召开一次委员会会议，处理最重要的报纸事务。

公民莫尔接着提议在星期二召开委员会特别会议。［……］

公民贝克豪森宣读法兰克福工人联合会对法兰克福手工业者代表大会所通过的旨在恢复旧行会制度的各项决议[158]提出的抗议，并提议赞同这个抗议。

勒泽尔附议,并且说,手工业者代表大会通过的这些决议确实是由师傅们拼凑成的一大杰作,它们不仅想用强制手段恢复旧行会制度,而且还要更多更多的东西,师傅想取得一切,而帮工和学徒充其量只能成为他们的奴隶。接着,勒泽尔还宣读了这些决议中的几个条款,并提议,联合会应声明同意刚才宣读的抗议书的内容,并在我们的报纸上刊登。这个提议获得一致通过。[……]

1848年8月6日《科隆工人联合会会刊》第21号 节录

283
关于召开莱茵地区各民主团体第一届代表大会的通知①

1848年8月4日

科隆8月4日。根据法兰克福民主主义者代表大会的决议(决议确定科隆是普鲁士莱茵省的中心[Vorort],并且委托该地民主团体召开区域代表大会,以便组织莱茵省的民主党派),本市各民主团体中央委

---

① 第一届莱茵民主主义者代表大会于1848年8月13—14日在科隆召开。马克思和恩格斯都参加了大会的工作。大会确定科隆三民主团体中央委员会(见下一条注释)为民主主义者莱茵区域委员会。大会的决定使委员会(马克思在其中起领导作用)的活动不仅限于莱茵省,而且扩大到威斯特伐利亚。大会通过了必须在工厂工人中和农民中进行工作的决议。——原卷末注

员会①建议莱茵省所有民主团体派代表出席8月13日（星期日）在本市召开的代表大会。会场设在什托尔维尔卡餐厅楼上大厅。

科隆三民主团体中央委员会

施奈德第二，马克思（代表民主协会）；

莫尔，沙佩尔（代表工人联合会）；

贝克尔，许岑多夫（代表工人业主联合会）

1848年8月5日《新莱茵报》（科隆）第66号（《马克思恩格斯全集》德文版第5卷第485—486页，参看《马克思恩格斯全集》中文第1版第5卷第580页）

284
关于卡尔·马克思在科隆民主协会全体会议上反驳威廉·魏特林的报道②

1848年8月4日

……接着，《新莱茵报》主编马克思博士先生分析了魏特林先生两

---

① 根据在美因河畔法兰克福召开的第一届民主主义者代表大会的决议，6月底成立了由科隆三民主团体（民主协会、工人联合会以及工人业主联合会）的代表组成的中央委员会。该委员会在莱茵民主主义者代表大会召开之前一直暂行区域委员会的职务。——原卷末注

② 1848年8月4日马克思在民主协会的大会上发言，批断地分析了魏特林1848

周前①在民主协会会议上提出的原理；马克思在周密详尽的经过深思熟虑的演说中，根据前几个世纪革命的历史发展所作的分析，力求证明：魏特林所主张的政治利益和社会利益相分离，同二者直接对立起来一样，是不可能的，政治利益和社会利益应该互相交融在一起。断言社会的发展阻碍了政治的发展，也是不正确的；遗憾的是我们德国人在社会发展方面现在刚刚达到法国人早在1789年就已达到的阶段；要解决当前的种种矛盾，只有明确揭示这些矛盾，强调每个阶级本身的利益；只有用一种方法，也就是说只有用精神的武器，才能通过和平途径实现平等；无视各阶层在相互关系中所处的地位，拒绝彼此让步以及错误地理解居民中各阶级的相互关系，这些在巴黎都导致了流血后果。魏特林作为最理想的国家形式提出的那种专政，基于同样的理由被马克思认为是不实际的，而且是完全行不通的，因为政权不能单由一个阶级取得；要想实行个人专政的制度，只配称为痴人说梦；相反地，像巴黎临时政府那样的政权，必须由各种不同的分子组成，他们要通过交换意见，就最

（续前注）　年7月21日的演说。魏特林在这次演说中自称"民主主义者、社会主义者和共产主义者"，他宣布革命的迫切任务是建立一个专制的临时政府，由极少数"最有洞察力的人"组成，意在使自己做握有全权的统治者。魏特林无视革命的资产阶级民主性质，号召立即用革命办法实现他的空想的社会主义改造计划，硬说致力于政治问题是离开了这个主要目标。马克思发言的内容，我们只能从这篇把一些论点讲得十分混乱和不确切的报纸报道来判断。

马克思主要注意的问题是德国革命的特点和革命的迫切任务即消灭封建制度的残余。他在和魏特林论战时强调了政治斗争和社会斗争的密切联系，政治要求和社会要求的不可分割和相互制约。马克思和魏特林两人的立场的根本区别，也表现在由于革命胜利而要建立的政权形式问题上。马克思坚决谴责个人独裁政权的思想，证明必须建立以实现革命的各阶级即无产阶级、农民和小资产阶级的联盟为基础的革命民主专政。——原卷末注

① 1848年7月21日。——编者注

适当的管理方式取得一致看法。

恩格斯先生讲的是马克思博士申请公民权被政府驳回①的事。因为马克思博士按出生地是莱茵普鲁士人,而且三月革命以来所有政治流亡者都恢复了公民权,所以,这种对公民权的解释是不公正的和因人而异的;这一来马克思就被当做外国人看待,随时可以驱逐出境。

1848年8月23日《莱茵守卫者》(科隆)第2卷第1号(参看《马克思恩格斯全集》中文第1版第43卷第500—501页)

摘要

285
科隆莱茵省民主主义者代表大会会议记录摘录

1848年8月13—14日

在执行法兰克福民主主义者代表大会(6月14—17日)决议的过程中,鉴于莱茵区域委员会8月4日的呼吁书②,莱茵省民主主义者代

---

① 关于马克思和恩格斯1848年8月4日讲话的报道见《马克思恩格斯全集》中文第1版第27卷第626页。——译者注
② 文件283。

表大会于8月13和14日举行。参加这次大会的有：

1. 科隆民主协会
2. 科隆工人联合会
3. 科隆工人业主联合会
4. 索林根政治俱乐部
5. 杜塞尔多夫人民俱乐部
6. 杜塞尔多夫民主君主政体联合会
7. 克雷费尔德工人联合会
8. 凯特维希人民联合会
9. 特里尔民主协会
10. 多特蒙德人民联合会
11. 哈姆工人联合会
12. 科赫姆民主协会
13. 莱茵河畔米尔海姆工人联合会
14. 鲁尔河畔米尔海姆民主协会
15. 波恩民主协会
16. 巴门政治俱乐部
17. 柏林莱茵—威斯特伐利亚联合会

以上各团体共派出40名代表。此外，参加讨论的还有其他一些没有受特别委托的民主主义者。[……]在是否准许威斯特伐利亚的代表出席大会的问题上，大会决议如下：因为在法兰克福莱茵省和威斯特伐利亚联合成一个区域委员会，柏林的中央委员会作为基本执行机构，不能违背当地各联合会的意志而把威斯特伐利亚分开；这两个省相互间发生重要的影响，特别是对威斯特伐利亚的民主发展产生影响，如果普鲁士脱离它的一些省，只会促进特殊的普鲁士主义，使威斯特伐利亚各团体拥有完全的表决权。[……]

由区域委员会作为特别草案提出的问题是：

1. 寻找途径和办法，使各个团体相互之间并同理事会建立联系；怎样才能促进各团体的形成；

2. 各团体如何对外开展活动；

3. 怎样筹集资金，应该筹集多少；

接着，代表大会一致认为频繁的通信联系是彼此交往的直接手段，并一致建议通过民主报纸发表文章，责成每个地方联合会务必按月向区域委员会提交报告，区域委员会则务必对这些报告加以汇总和摘录，以通报各团体。① [……]

科隆代表沙佩尔说：他的联合会有 7000 名会员，领导们现在身陷囹圄。联合会并没有参加间接选举。有人对联合会发出了可怕的吼叫。逮捕②并没有损害它的一根毫毛。一个主席总是可以找到的，他们必须把 7000 人关押起来方能消灭这样一个联合会。联合会对法兰克福手工业者代表大会提出了抗议。③ 此外，它还通过各个分会和在销路很广的工人报纸④进行活动。在这个地区民主力量很强大。[……]

科隆代表**沃尔弗**说：我们对当前的法国已不抱任何希望，法国必须进行一场新的革命才能取胜。今天的宗教节日同德国的统一毫不相干，这是科隆的钱袋问题。科隆人是完全正确的。[……]

科隆代表**恩格斯**说：莱茵省的特点就是憎恨官僚的和典型的普鲁士主义；但愿这种思想能继续下去。[……]

有人以这里的工人联合会的名义提出下列提案；组织一个救济银

---

① 关于代表大会的决议，另见文件 293。
② 参看文件 272 和 277。
③ 参看文件 282。
④ 《科隆工人联合会会刊》。

行,(1)救济因民主倾向而遭受迫害者及其家属;(2)救济需要救助的正在旅行的民主团体成员。这个提案的第一点获得通过,第二点因经费有限、委员会手头拮据而遭到拒绝,让各个团体因地制宜地自行处理这方面的问题。

科隆民主协会、工人联合会和体操协会会员,公民尤利乌斯·赖希黑尔姆提交了一份书面建议:

"希望代表大会承认,最广泛地参与体操事业是促进民主的一个重要手段,因而决定,所有派代表出席代表大会或今后准备加入联合会总会的联合会应最有效地参与体操事业,并应在定期的报告中专门提及这个问题。"

多数人赞同赖希黑尔姆的建议〔……〕

1848 年 9 月 13 和 14 日《新莱茵报》(科隆)第 101 和 102 号 摘要

286
科隆工人联合会委员会会议记录
1848 年 8 月 17 日

记录宣读完毕之后,公民莫尔向全体与会者报告了警察当局对公民马克思和公民沙佩尔采取的措施,沙佩尔被驱逐出城。[159]

根据公民诺特荣克的提议,大会任命了一个代表团,责成它就这类警察措施向警察局长盖格尔提出抗议。当选为代表团成员的有公民泽尔霍夫、莫尔、沃尔弗、诺特荣克、卡尔克和勃鲁姆。[……]

1848年8月24日《科隆工人联合会会刊》第25号　　　　　　　　　　　　　　节录

287
布鲁塞尔德意志工人协会给柏林工人代表大会的公开信[160]

1848年8月17日

布鲁塞尔德意志工人协会致柏林工人议会的公开信

德国国内外的各工人团体的代表呼吁举行大会,全面讨论工人阶级的社会状况,选择最好的状况,然后安排必须采取的各项措施。这一呼声也在我们的耳边回响。我们也乐于从我们中间派出一名能维护我们的观点的代表去参加工人议会。不过,我们的协会目前还不很强大,因而缺乏必要的经费。这样,我们就全权委托我们先前的一名成员,斯蒂凡·波尔恩,代表我们参加工人议会的各次会议,他非常了解我们的观点，我们完全信赖他。

在法国和德国最近爆发的革命之后，人们曾经专门考虑过改善工人阶级状况的问题，可惜又完全被忽视了。资产阶级老谋深算，虚伪地、偷偷摸摸地把我们工人用鲜血换来的自由据为己有。它现在大权独揽，自命不凡，动辄压制并奴役无产阶级。不过，我们工人也懂得从我们用高昂代价换来的自由中得到好处，即出版自由和结社权，有了这两条，我们就能公开地讨论我们的利益，并在报纸上维护我们的利益；有了这两条，就使工人有可能在其状况和地位问题上了解到大多数工人至今尚未意识到的东西，即他们受苦受穷的根源，以及摆脱目前被奴役和被资本统治、获得独立性的手段。

但是，我们仅仅了解我们的状况，仅仅清楚地懂得我们作为人应该像富有阶级即贵族和资产阶级一样得到这些享受和权利还不够，我们还完全有必要表明我们的行动，并相互讨论为达到我们的目的、达到共同幸福和改善无产阶级状况所必需的手段，然后将它们付诸实施。

柏林工人议会也就是为此目的在柏林召开的，可以预期，这次议会将指导整个德国的工人组织。

我们只要联合起来，就能做到一切；我们只要联合起来，就能战胜我们的敌人，而我们的胜利将会消除政治上的许多分歧。在结社权早已存在、社会问题已得到进一步发展的法英两国，为我们的利益而开展的宣传鼓动多半由于它的领导人的过错而遭到失败；缺乏完全一致的意见。

为了消除工人阶级的贫困状况，我们不揣冒昧地向柏林工人议会提出下列首先导向我们目标的要求：

1. 国家应为每个工人的生存提供保障，最好建立国家工厂，使每

个失业者能在那里得到生存保证。[……]①

2. 建立国家工厂。

国家工厂主要用于保证每个工人的生存。工人不论干什么工作，都可能有熟练和不熟练、勤奋和懒惰之分，因为对于这个最后的阶级来说总会有刺激本身勤奋的手段的。为了获得这个议论那么多、许诺那么频繁、然而始终都没有得到的**自由**，就有必要使每个人都有**同等的**享受和权利，因而取得**同等的报酬**。

3. 工人结社，也就是说，我们不仅有权在任何地方集会，为我们的利益发表演说，商讨社会状况，而且还有权由自己承担风险建立一个商店（不管是什么商店）。在这里，所有参与者必须为他们自己进行工作，并获得同等的报酬。为了使工人们中间的这种商业团体不再像以前那样，由于缺乏必要的预付资金而又受到资产阶级的压制，国家就得向它们提出保证并提供必要的低息或无息基金。

4. 普选权，即直接选举。[……]

5. 调整10小时工作日。[……]

为了使无产阶级充分获得由人权赋予它的享受，并且使它认识到作为社会成员所应有的地位，缩短劳动时间是非常必要的。即使今后随着工人人数的增加，每天的劳动时间可能是六七小时，但我们认为这在目前是不可取的，我们提议调整10小时工作日。

6. 建立不受教会干涉的国民教育体制。[……]

7. 废除一切行会、垄断和特权。[……]

8. 取消工人阶级税、消费税以及一切强加给小农的徭役、什一税

---

① 由于篇幅有限，这里没有全文刊印一些要求的详细解释，特别是过于冗长的解释。

第四章　革命时期的共产主义者同盟及其在工人运动和民主运动中的活动

等等，取消一切间接的教会杂税以及婚礼费、洗礼费和丧葬费等等；征收累进所得税和限制继承权。[……]

9. 免费提供司法帮助。

10. 建立劳工部。[……]

在我们面前只有两条路：或者不得不为生存而工作，或者不得不饿死，二者必居其一。但是，如果我们得不到工作，就该甘愿像绵羊一样默默饿死吗？这个问题不需要专门回答，每个人都能理解。[……]

但愿我们不久就能听到关于你们的活动和工作的喜讯，你们作为改善人类状况的倡议者，将在历史上树起一个比最伟大的英雄纪念碑更加引人注目的永久性纪念碑。

顺致敬意并紧紧握手！

布鲁塞尔德意志工人协会委员会

主　　席　　豪埃尔瓦斯

第一书记　　施洛特曼

第二书记　　布洛斯

司　　库　　施泰因根斯

图书管理员兼秘书　　勒德尔

1848 年 8 月 17 日于布鲁塞尔

手稿

德累斯顿国家档案馆，MdI, Nr. 11026a

节录

第一次发表

288
汉堡圣乔治工人联合会授予卡尔·毕林参加柏林工人代表大会的全权证书[161]

1848年8月17日

全权证书

汉堡圣乔治工人联合会委任约·卡·毕林为参加柏林工人代表大会的代表。

主席　卡·毕林

书记　莫·海尔曼

1848年8月17日于汉堡

第一次发表

手稿
德累斯顿国家档案馆，MdI，Nr. 11026a

289
科隆工人联合会委员会会议记录

1848年8月28日

［……］公民勃鲁姆通知说，在沃林根也已成立了一个联合会；接

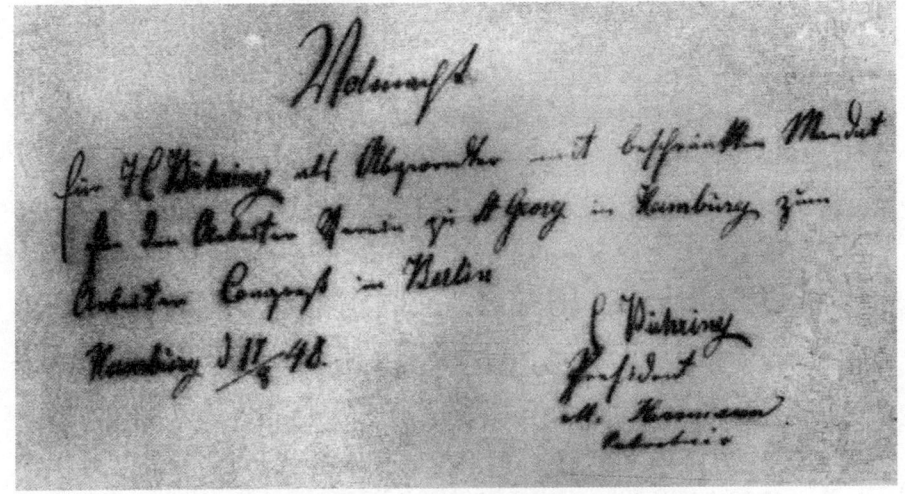

汉堡圣乔治工人联合会授予卡尔·毕林
参加 1848 年 8 月柏林工人代表大会的全权证书

着，公民莫尔提议，把过期的没有卖完的报纸免费转让给这个联合会和类似团体；这一提议获得通过。

公民勃鲁姆接着又说，在下卡塞尔①也已成立了一个联合会；接着开始讨论社会问题。②

公民勒维斯认为，如果优先考虑教育问题，那么，各等级之间的差别就会消失，从目前的条件看，达到这一点是不会有很大困难的，等等。

公民沙佩尔反驳说，前面一个发言人的观点是傅立叶主义的、慈善主义的容忍观点，资产阶级非常赞同这种观点，它同无产阶级势不两立。因此，我们也就针锋相对，也用同样的武器同资产阶级作斗争，一劳永逸地消除"把两颊送过去挨打"这种软弱的基督教的容忍态度。

公民莫尔补充说：提出这个问题，主要是指法国的情况。柏林的大臣们总是暗示法国的国家工厂，告诫人民容忍和仁爱，却没有采取任何达到这一目的的手段。

公民弥勒认为，如果国家把铁路、运河等等收归国有，那么，许多东西都能有助于改善和组织。

公民威斯特曼认为，如果有朝一日人人都有工作，那么就不会再有竞争，但现在是人压迫人。

公民沙佩尔说：一个阶级压迫另一个阶级，这种情况只能延续到某一个阶段。如果所有制形式对绝大多数人不利，那么，这种所有制就必须采取另一种形式。封建所有制必须变为资产阶级所有制，同时设立把抵押地收归国有的机构，特别是向高利贷者征税，城市无产阶级必须建立国家工厂，但不是巴黎那样的国家工厂，而是每种手工业都必须建立

---

① 位于科隆以南的一个村镇。
② 从此，工人联合会开始讨论《共产党在德国的要求》（文件224），从1848年11月份起，讨论就带有系统性和计划性（另见文件303和309）。

自己的工场,比如巴黎的缝纫工场就是这样的工场。此外,国家必须没收一切停产的工场和交通工具,然后才能有所收获。[……]

1848年9月3日《科隆工人联合会会刊》第28号

节录

290
关于卡尔·马克思在维也纳第一届工人联合会会议上作演说的报道

1848年8月30日

……马克思博士谈到工人的问题,也谈到在国外的德国工人的问题。巴黎的国家工厂和最近发生的工人革命。他说:德国工人能够以大批流放者是他们的同胞而感到骄傲。英国的宪章派,他们最近的言论。英国与欧洲工人的彻底解放。比利时……

1848年9月1日《宪法报》(维也纳)第133号(《马克思恩格斯全集》德文版第5卷第490—491页,参看《马克思恩格斯全集》中文第1版第5卷第588页)

291
关于卡尔·马克思1848年9月2日在维也纳第一届工人联合会会议上发表演说的报道①

1848年9月2日

……马克思博士就雇佣劳动与资本问题发表了长篇演说。他在引言中说,所有的革命都是社会革命。资本不是由货币,而是由原料、劳动工具、生活资料组成的;雇佣劳动使资本与生产的产品对立。说资本家和工人的利益相一致,纯属谎言。随着分工的发展,工人之间的竞争加剧,工资下降;而由于使用机器,工资更形下降了。生产费用决定着工资。文明并没有改善工人们的处境,而是起了相反的作用。捐税增加,

---

① 马克思去维也纳,是想巩固同民主主义工人组织的联系,募集出版《新莱茵报》所需的资金,因为在该报挺身捍卫巴黎起义者之后,许多股东都拒绝予以资助。马克思于8月27日抵达维也纳。第二天,他在民主联合会的会议上发言反对柏林民主主义者中央委员会代表尤利乌斯·弗吕贝尔的意见,后者支持一项建议,即向奥皇递交请愿书,要求将劳工大臣施瓦尔策免职,此人是1848年8月23日资产阶级国民自卫军同维也纳工人之间发生流血冲突的罪魁祸首。马克思从原则上反对同君主制协商。8月30日,马克思在维也纳第一届工人联合会会议上作了关于巴黎六月起义的报告,指出这次起义有德国工人流亡者参加;9月2日,在联合会作了关于雇佣劳动与资本的报告。通过同奥地利国民议会(帝国国会)的德意志波西米亚党团领袖博罗施的谈话中,马克思确信捷克人和德意志人之间的对立并没有影响两个民族的工人的相互关系,工人是由共同的阶级利益联系在一起的。——原卷末注

生活必需品价格上涨。

演说人还谈到了曾经试行补救办法，但均告无效，例如马尔萨斯人口过剩的理论，英国的习艺所，工业训练，废除保护关税和捐税，最后他说处境一定要改善，因为不是所有的工人都被当做工人使用，而是有一部分工人留作……

1848年9月5日《宪法报》（维也纳）第136号（《马克思恩格斯全集》德文版第5卷第491页，参看《马克思恩格斯全集》中文第1版第43卷第505页）

292
弗里德里希·恩格斯论比利时的死刑判决
1848年9月3日

科隆9月2日。模范的立宪国家比利时又一次出色地证明了它的制度的优越性。由于里斯康土的滑稽可笑的事件，竟有**17个人被判处死刑**！一些冒失的莽汉企图撩起道德高尚的比利时民族的立宪外衣的衣角，这对她是一种莫大的侮辱，为了洗雪这种侮辱，17个人被判处死刑！17个人被判处死刑，这是多么野蛮！

里斯康土事件是人所共知的。比利时的工人在巴黎聚集起来,企图向祖国实行共和主义的进军。从布鲁塞尔来的比利时民主主义者支持了这种蠢事。赖德律·洛兰尽力促其实现。"心地纯洁的"叛徒拉马丁,对待外国的民主主义者也像对待法国的民主主义者一样,向来是说话漂亮,做事肮脏;他经常吹嘘说,他曾同无政府主义者一起进行秘密活动,就像避雷针同闪电一样。就是说他最初支持比利时军团,是为了后来更好地**出卖**它。军团出发了。诺尔省政府委员德勒克吕兹把第一纵队**出卖**给比利时的铁道官员;运送第一纵队的列车被背信弃义地开进了比利时的领土,落入了比利时的刺刀丛中。第二纵队曾由3**个比利时密探**带领(巴黎临时政府的一位委员亲自对我们说过这件事,后来事情的整个发展过程也证实了这一点),这些密探向导把它领到了比利时领土上的一个森林中,那里有实弹的大炮在等待它。纵队的一部分人被击毙,大部分人被俘虏。

1848年革命的这个小插曲,由于背叛行为的层出不穷和在比利时对它的规模的夸大,而使它变成滑稽可笑的了。它成了比利时检察机关的一块画布,比利时检察机关在这块画布上描绘出了一幅不知何时策划好的规模巨大的阴谋案的景象。安特卫普的解放者梅利奈老将军、特德斯科、巴兰——简言之,布鲁塞尔、列日和根特等地的最坚决最积极的民主主义者都被牵连到这一案件中去了。如果若特兰先生不了解那些内情和没有掌握那些文件(把这些文件公布出来就会使整个比利时政府,包括最英明的列奥波特在内,都要名声扫地),他也许会被巴魏先生牵连进去。……

陪审员和法官把81岁的梅利奈老人判处死刑,他究竟犯了什么罪呢?这位法兰西共和国的老战士在1831年挽救了比利时的最后一点荣誉。他解放了安特卫普,因此安特卫普要把他判处死刑!他的全部罪过就在于:他曾保卫自己的老朋友贝克尔免受比利时官方报纸的攻击,当贝克尔在巴黎进行地下活动的时候，他仍和他保持友好的关系。梅利奈和阴谋没有丝毫关系。可是人们却要轻率地把他判处死刑。

而巴兰呢？他是梅利奈的朋友，他经常去拜访他，有人看见他同特德斯科一起进咖啡馆，——这就是把他判处死刑的充分根据。

最后，特德斯科又是为了什么呢？难道他不是德国工人联合会的会员吗？难道他同那些被比利时警察当做暗投假匕首的对象的人①没有联系吗？难道没有人看见过他同巴兰一起进咖啡馆吗？证据确凿，里斯康土附近人们的战斗是特德斯科煽动起来的，因此把他判处死刑！

对其他人的判决的根据也是如此。

这些"阴谋家"之所以被判处死刑，仅仅因为他们是民主主义者；我们引以自豪的是，我们有权称自己是他们中间很多人的朋友。如果卖淫式的比利时报纸诬蔑他们，我们就要在德国民主派的面前至少替他们的声誉辩护。如果他们的祖国抛弃他们，我们就承认他们是自己人！

当审判长宣布对他们的死刑判决时，他们热烈地高呼："共和国万岁！"在整个审判过程中，以及在宣判的时候，他们都表现出真正革命者的不屈不挠的精神。

1848年9月3日《新莱茵报》（科隆）第93号（《马克思恩格斯全集》德文版第5卷第378—381页，参看《马克思恩格斯全集》中文第1版第5卷第447—450页）   节录

---

① 卡·马克思和弗·恩格斯的战友威廉·沃尔弗侨居比利时期间，比利时警察为了把他逮捕，诬称他家藏有匕首、图谋不轨，实际上是栽赃陷害。——译者注

293
科隆工人联合会全体会议记录

1848年9月3日

2时半，莫尔主席宣布会议开始。他说，召开这次全体会议主要是汇报8月13日在科隆举行的代表大会①的情况。参加这次代表大会的共有41位代表，他们分别代表16个团体。公民施奈德即这里三个团体（民主协会、工人联合会以及工人业主联合会）委员会的主席当选为主席，特里尔公民席利和克雷费尔德公民伊曼特当选为书记。

第一，威斯特伐利亚和莱茵省应该根据法兰克福代表大会的决议组成一个区域委员会，还是威斯特伐利亚应该根据柏林中央委员会的指示单独组成一个区域委员会？这个问题留待即将举行的威斯特伐利亚临时代表大会去决定；但是，大家普遍希望这两个省能组成一个区域委员会，以便消除这两个省之间存在的旧成见。②

第二，会上就达到组织的手段和途径作出如下决议：每个团体必须每月同区域委员会通信，区域委员会必须每月同中央委员会通信，反之亦然。此外，竭尽全力支持公认的民主派机关报，如《新莱茵报》，揭露马虎了草的报纸，如《科隆日报》和《埃尔伯费尔德日报》，揭露反

---

① 参看文件285。
② 1848年9月10—11日，在比勒费尔德举行的第一届威斯特伐利亚各民主团体代表大会否决了加入莱茵区域委员会的提案。

动派的一切卑鄙下流的造谣报纸；此外，各团体应负起责任，在本地区向农村发展，影响农民和工厂工人，在乡村创建联合会，并同它们保持定期联系。¹⁶²

第三，会上作出决议，向每人征收至少2分尼的人头税。三个团体的代表对此表示反对，其中有科隆工人联合会的代表，因为他们并没有从他们的委托人那里得到在这方面的代表权。趁此机会，我不得不再次谈谈已在工人联合会中重复过多次的一个提议，即我们应当取消自愿会费，代之以1银格罗申的强制性会费，像往常一样，我们从未说出一个确切的数字，总说工人联合会共有六七千人，而这是任何时候都能算清的；如果计算不出确切的会费数目，工人联合会就决不能干出什么大事来。因此，我再重复一次我的提议，工人联合会的每个会员每月应定期缴纳1银格罗申会费，其中2分尼上缴给柏林中央委员会。这个提议获得一致通过。

第四，代表大会决定，下次代表大会定于9月24日在科隆举行。①

公民们，反动派和警察当局及其帮凶对我们采取的种种措施，你们是知道的；公民哥特沙克和安内克锒铛入狱已有两个多月；公民埃塞尔在明斯特被捕，案子一拖再拖，他坐牢也已一月有余，而如果按照上级警察当局的愿望，他们还得长期待在监狱里，因为按照警察当局的说法现在还得审讯外来的证人。公民武尔夫也已坐了一个多月的牢②，公民弗莱里格拉特上周被监禁。（在此，公民莫尔就派往杜塞尔多夫的代表

---

① 第二届莱茵地区民主主义者代表大会因九月危机和科隆暂时戒严，直到11月23日才举行。关于这次大会的决议，参看文件313。
② 律师尤利乌斯·武尔夫是杜塞尔多夫民主人民俱乐部的主席，该俱乐部同科隆工人联合会的关系甚密，他于1848年7月被捕。

团一事作了汇报,汇报的内容已刊登在本报上一号上。①)由于我们今天通过的关于缴纳固定会费的决议,代表大会决议中有一项决议已经开始生效,而现在对我们来说,关键在于使其他各项决议尽快付诸实施;如果遍布整个德国的民主派真正组织起来,那么,警察当局就可能要一个接一个地抓人,解散各个团体,限制报刊;而压制组织,它是不会得逞的,如果所有公开的团体都被解散,那么,组织将转入地下,继续存在,而这样一来,可能会使值得嘉许的警察当局感到头痛。进步是阻挡不了的。[……]

公民沙佩尔说:我作为民主主义者代表大会的一员,冒昧地为公民莫尔的讲话再作一些补充。代表们在代表大会上所作的报告清楚地表明,民主派虽然在许多地方占居民的多数,但是,反动派仍然拥有强大的力量,一是因为他们的经费要比民主派雄厚,二是因为他们有官僚制度的强有力支持。因此,我们的任务是全力以赴,力争正义事业取得胜利。

我作为联合会的代表在大会上声明,工人联合会尽管有许多会员遭到迫害,但仍然很强大,而且像往常那样继续发挥作用,丝毫也没有因此丧失勇气。我相信,这些话已表达了所有与会者的想法和决心。(好极了!)

至于宣传所必需的经费,他们已经决定每个联合会会员每月缴纳1银格罗申会费。虽然我知道,无产者中有些人无力支付这个小小的数目,但是,我们多数会员还是能够而且将会做到这一点的。每月只要收入几千银格罗申,那么,我们不仅能为争取自由而坐牢的人及其家属以及逃亡的共和主义者提供资助,履行我们对中央委员会的义务,而且还能在有工人联合会的地方建立阅览室,摆上最好的报刊以及向无产者阐

---

① 1848年9月3日《科隆工人联合会会刊》第28号就弗莱里格拉特因他的诗作《死者致生者》而于8月29日被捕以及紧接着在杜塞尔多夫爆发的抗议行动作了报道。为了向检察官提交抗议书,当时选出了一个由25人组成的代表团,其中有3名代表是科隆工人联合会会员。

明其状况的著作。[……]

让反动派再一次狂吼吧，我们知道，这是一条被踩掉脑袋的长虫的最后一次抽搐。我们并不沮丧，因为我们是大有希望的，我们有着光辉锦绣的前程。有些人会对你们说，世界上总有幸运者和不幸者、巨富和乞丐之分，就人们所了解的人类历史而言，至少是如此，而且这种情况将继续存在，你们无法改变它。请你们回答他们：是的，只要了解历史就会知道，当然总有一个或几个特权阶级对人民进行剥削，但是，我们要消灭的正是这种阶级统治，正是一小撮特权者对人民的这种敲骨吸髓的剥削——这是导致一切斗争、一切贫困的根源。[……]

有人还对我们说，资产阶级的剥削方式比骑士阶层的剥削方式更巧妙、更文明，我们则回答说：我们根本不愿意受任何剥削。如果人权取得胜利，阶级差别就将消失，继而我们的贫困也将消失。到那时才会有真正的人的自由，而人民主权将不再是一句空话。我们只有自己帮助自己，上苍才会帮助我们。（好极了！）[……]

公民勃鲁姆再一次提议，每月举行一次全体会议。这个提议也获得一致通过。

来自杜塞尔多夫的公民富克代表杜塞尔多夫人民俱乐部，为科隆工人联合会对诗人弗莱里格拉特的同情表示感谢，并告诫大家要紧密团结、风雨同舟。[……]

公民沙佩尔说，[……]刚才有人谈到，在科隆还有行会制度和同业工会制度的痕迹，请允许我就此再说几句。由蒸汽力推动的机器消灭了上个世纪的生产方式，开始了大工业。在尚未使用机器的商业部门，人们也同样开始了越来越多的分工，从而工序也日益简化，以致不久机器就能在到处或多或少地代替手工劳动。由于机器的使用，生产大大简化，价格大大降低，而产量却大幅度增长；当前的生产方式之所以产生有害影响，仅仅是由于它完全受资本的控制。现在是蒸汽时代，小资产者惊异地发现，他们的财产也成为蒸汽了，他们变成无产者已为期不远。可惜，他们鼠目寸光，不向前看，不同无产阶级联合，不建立劳动组织，而是向后看，死死盯住他们的行会制度这种已过时的东西。他们力图恢复他们的小资产阶级生产方式，恢复他们的行会制度，想借以拯救自己。小资产者确实应该得到同情，他们得不到真正的尊重，大工业不久就将把他们抛入无产阶级的行列，那时他们将会得到尊重。［……］

1848年9月7日《科隆工人联合会会刊》第29号

节录

294
巴黎德意志协会的呼吁书①

1848年9月10日

巴黎德意志协会致德国民主派

兄弟们：

  我们全神贯注、兴致勃勃地注视着你们为建立组织、通过任命一个

---

① 民主派各团体中央委员会在1848年10月12日的一封长信中对这个呼吁书作了答复，该信载于埃·济伯纳编《莫泽斯·赫斯通信集》1959年海牙版第202—203页。

中央委员会、为有效地开展组织工作所作的努力。我们立即作出决定，以你们为榜样，联合我们的力量，同你们建立联系。令人痛心的六月事件对你们产生不无可悲的反作用，我们的决定也因六月事件而未能及时付诸实施。但六月事件并没有完全失败，几周以前，我们在巴黎又组成了**德意志协会**。①

由于我们所处的地位，我们特别有助于在德法两国民主派之间建立联系，而这种联系迄今完全被忽视了。如果反动派分裂莱茵河左右两岸德法两国人民的图谋暂时得逞，那么，这个短暂时间可能就会葬送正在形成的民族自由，因为在斗争时刻，欧洲民主的胜利取决于德法两国人民的联盟。

因此，我们将坚持不懈地努力，使这两个民族采取共同行动，去应付这一日益迫近的后果严重的决定性时刻。我们指望你们大力支持我们的努力，同样，请你们拭目以待，我们有决心有热情随时用我们的全部力量为德国民主派效劳。

以德意志协会的名义：

谢尔策尔，工人。　　赫斯，政论家。

雷沙特，工人。　　艾韦贝克，医生。

莫伊勒，教授。　　莱宁格尔，工人。

沙贝利茨，新闻记者。

1848 年 9 月 10 日于巴黎

1848 年 9 月 20 日《柏林阅览室》

第 217 号②

---

① 参看注 155。

② 1848 年 9 月 24 日《科隆工人联合会会刊》第 34 号也刊登了这个呼吁书，但删去了日期和签名，而且在文风上也作了较大改动。

295
科隆工人联合会委员会会议记录

1848年9月11日

［……］公民勒泽尔请求联合会委员会邀请弗雷兴工人联合会参加定于15日在沃林根举行的民众大会。书记受托办理这件事。

公民德朗克发言：现在我们已达到了一个也许比有些人所想象的更重要、更富有成果的时刻。办事内阁已连同它那些造福于世界的财政计划一起垮台了。① 但是，我们不要以为我们现在已达到我们预期的目的或者已取得什么成就；我们从来没有指望得到一个左派内阁。不，更确切地说，我们现在宁愿希望出现一个不属于议会、将由先前的那些人（如冯·芬克等）组成的内阁。在这样一个内阁后面，专制主义将有恃无恐，横行无忌，飞扬跋扈，很可能借助波美拉尼亚的刺刀来解散议会，然后，王国和人民之间的斗争就将不可避免。也许我们坐在这里的时候，在柏林有人已经进入街垒，开始战斗了。

接着开始讨论社会问题，莫尔主席指出，建立劳动组织是否可能，这是我们悬而未决的问题。有人指责我们，主要是由于法国的国家工厂

---

① 参看弗里德里希·恩格斯《办事内阁的垮台》，载于1848年9月10日《新莱茵报》第99号。（《马克思恩格斯全集》中文第1版第5卷第460—462页）

没有取得成功,并想以此证明,建立劳动组织是不可能的。

公民恩格斯就这个问题作了长篇报告。他的报告博得了热烈的掌声。[……]

1848年9月21日《科隆工人联合会会刊》第33号

节录

296
关于科隆弗兰肯广场民众大会和选举科隆安全委员会的报道

1848年9月13日

……刚过中午12点钟,民众大会就在弗兰肯广场举行。威·沃尔弗先生宣布开会,他扼要地报告了开会的目的,然后提议选举亨·毕尔格尔斯先生为主席,大会一致通过;毕尔格尔斯登上议台,请沃尔弗先生继续发言。沃尔弗先生这次提议选举安全委员会作为科隆城在目前的合法政权机关中没有代表的那一部分居民的组织。这个提议得到了弗·恩格斯先生以及海·贝克尔先生和恩·德朗克先生的支持,并且在全场不下五六千人的暴风雨般的掌声中通过，只有5票反对；虽然再三邀请，但是没有人表示异议。随即确定委员会的人数为30人，并且选出了这30个委员①。因为在当选人中有两个人——哥特沙克和安内克已被逮捕，所以补选了两个人来代替他们。

随后，弗·恩格斯先生提出了下列致柏林议会书的草案：

为协商制定普鲁士宪法而在柏林召开的议会。

我们科隆市市民鉴于：

为协商普鲁士宪法而召开的议会已责成内阁执行8月9日的决议，立即针对军官的反动意图发布命令②，以便安定全国，并且避免内阁和议会的分裂；

奥尔斯瓦特—汉泽曼内阁已因这一决议辞职，国王已授命刚刚解除帝国大臣职务的贝凯拉特先生组织新内阁；

贝凯拉特先生这个人无论如何不能保证执行议会的决定，相反地，由于他有某些反革命的观点，甚至可能解散议会；

人员选出来协商君民之间的宪法事宜的议会，不能因单方面的行动而解散，因为这样做就意味着王权不是和议会平行，而是**凌驾于**议会**之上**；

因此，解散议会就是政变；

——我们要求：

在有人企图解散议会的时候，议员们能够执行自己的职务，即使在

---

① 选入科隆安全委员会的还有《新莱茵报》编辑马克思、恩格斯、威·沃尔弗、德朗克和毕尔格尔斯，以及科隆工人联合会的领导人沙佩尔和莫尔。——原卷末注

② 见《马克思恩格斯全集》中文第1版第5卷第460—461页。——编者注

刺刀威胁下也不要擅离职守。

大会一致通过了这封呼吁书，然后就闭幕了。……

安全委员会在昨天晚上组成……

委员会选举了主席、书记和3个执行委员会委员，然后，通过了致区督察员、市卫戍司令、市政局、市民自卫团指挥官的信；这封信通知他们安全委员会已经成立，并且声明，委员会将尽量取得各机关的同意，采取一切合法手段来执行自己的任务——维持治安，同时保障人民的权利。委员会还决定张贴宣传画，把这些情况告诉科隆居民。明天，我们将公布这两个文件。

今天早晨，人心不安的情况已经稍有缓和。现在大家都感到昨天的忧虑是可笑的。昨天，人们忧虑委员会会变成临时政府，变成 Comité du salut public（公安委员会），变成建立红色共和国的阴谋，总而言之，不管怎样变，总不会变成这个委员会本来的面目：一个由人民公开、直接选举出来的**委员会**，它的任务是代表在合法的政权机关中没有代表的那部分居民的利益，它只进行合法的活动，除了道义上的影响之外，决不妄想摄取任何权力，而这种道义上的影响，是结社的权利、法律和选民的信任所允许的。

1848年9月15日《新莱茵报》（科隆）第103号（《马克思恩格斯全集》德文版第5卷第493—496页，参看《马克思恩格斯全集》中文第1版第5卷第591—592、594页）

节录

297
科隆工人联合会委员会会议记录

1848年9月14日

主席、公民莫尔没有出席会议，由公民沙佩尔代替他的职位；他在宣读并通过上周的会议记录之后提出，必须邀请杜塞尔多夫人①出席沃林根的民众大会。公民勃鲁姆本来要到杜塞尔多夫去，他愿意口头转达这一邀请，并在那里开展活动，从那里出发，在这个地区建立工人联合会。

接着，公民沙佩尔告诉与会者说，沃林根市长已向这里的警察当局提交一份标有"密件"字样的控告；市长在这个密件中写道："卡尔·马克思还有其他一些人到过那里，这些人把整个地区搞得惶惶不可终日，侮辱尊敬的国王陛下，鼓吹可怕的共产主义；甚至散发写有17条共产主义要求的传单。"由此可见，3月18日和19日这两天是悄悄地从普鲁士警察身旁溜过的，因为这些警察似乎一直还不知道。他们曾一度为自由集会权提供了保障。[……]

公民沙佩尔告知与会者，现在许多反动报纸对工人联合会极尽蔑视和诽谤之能事。它们竟说什么：工人联合会已濒临彻底垮台的边缘，几乎都不存在了。而工人对此则漠不关心，因为他们发现自己受骗上当了。

---

① 指杜塞尔多夫人民民主俱乐部。

因此，工人联合会感到格外高兴的是，我们通过成立安全委员会（它完全属于我们党）向全世界特别是向伪君子们无可辩驳地、证据确凿地证明，我们不仅还存在，而且全都知道，什么时候开始行动，应该干些什么。

此外，沙佩尔还说：有人已产生这样的顾虑，工人联合会承认安全委员会可能使从法兰克福代表大会①以来联合起来的各团体之间出现分裂。因此，他向联合会提出了下面这个问题：联合会同意不同意、承认不承认现有这种形式的安全委员会？

公民沃尔弗表示反对，认为这是多此一举，理由是，这一安全委员会是由5000多居民选举产生的，理应把它看做是人民意志的真正表现。在他表态以后，大家不顾上述那个问题，还是一致作出了肯定的回答，因而安全委员会得到了工人联合会的承认。

公民沙佩尔说：自从泽尔霍夫离开工人报的领导岗位以来，就由他和公民莫尔共同承担该报的领导责任；他要求由另外一人来代替他负责编辑、校对、修改和发行，建议向他支付小额报酬，因为他每周要为此忙碌四五天。亚当建议，工人已经有工资，所以他应无偿从事这项工作。这一建议遭到否决后，大家一致同意把这一任务交给公民莫尔，并同意给他每周3塔勒报酬。②［……］

1848年9月21日《科隆工人联合会会刊》第33号 节录

---

① 第一届法兰克福民主主义者代表大会。
② 关于对该报的领导，另见注157。由于九月事件，莫尔不得不马上离开科隆，所以他直接掌管编辑部工作只有几天时间。

298
关于沃林根民众大会的报道

1848年9月17日

科隆：9月18日。昨天，在沃林根附近举行了一个盛大的民众大会。莱茵河上的五六只大平底船，每只都载着数百人从科隆顺流而下；船头红旗招展。约伊斯、杜塞尔多夫、克雷弗尔德、希特多夫、弗雷亨和莱茵多夫等地都有人数相当多的代表团参加。大会在莱茵河畔的草地上举行，与会的至少有6000—8000人。

科隆的卡尔·**沙佩尔**当选为主席，科隆的弗里德里希·**恩格斯**当选为书记。根据主席的提议，大会以多数票对一票通过成立共和国，即成立社会民主的**红色共和国**。

根据科隆的恩斯特·**德朗克**的提议，沃林根大会一致赞成上星期三弗兰肯广场民众大会所通过的致柏林议会书（信上要求柏林议会即使在刺刀威胁下也不能解散）①。

根据科隆的约瑟夫·**莫尔**的提议，**承认了**在公开的科隆民众大会上选出的安全委员会，并且由一个与会者带头，向委员会3次欢呼致敬。

根据科隆的弗里德里希·**恩格斯**的提议，一致通过了如下的决心书：

---

① 参见文件296。

法兰克福德国国民议会。

在此集会的德国公民兹声明如下：如果普鲁士和德国由于普鲁士政府反对国民议会和中央政权的决议而发生冲突，我们准备为德国而战，直到流尽最后一滴血。

1848年9月17日于沃林根

根据希特多夫的舒尔泰的提议，作出了《科隆日报》不代表莱茵省利益的决定。

此外发言的还有：科隆的威·**沃尔弗**，杜塞尔多夫的斐·**拉萨尔**，约伊斯的**埃塞尔**，科隆的**卫尔、瓦赫特尔、贝克尔**和**赖希黑尔姆**，弗雷亨的**瓦尔拉夫**，沃林根工人联合会的会员**弥勒**，莱茵多夫的**列文**，克雷弗尔德的**伊曼特**。在纽约的亨利·**布里兹倍恩**，民主社会主义的《纽约论坛报》的著名编辑作了简短的发言后，讨论宣告结束。

开会的时候，从可靠方面得到的消息说，"第二十七团在星期二又将开入科隆，该团的其他几个营也要集中，准备挑起军民之间的冲突，借此宣布该城戒严，解除市民自卫团的武装，总而言之，准备把美因茨的那一套拿来对付我们"。

参加大会的科隆郊区的居民答应，只要这个消息被证实，冲突一旦发生，他们就援助科隆人。的确，沃林根人是准备一有召唤就到科隆来的。

此军请通知前市民自卫团指挥官维特根施坦先生。

1848年9月19日《新莱茵报》第106号（《马克思恩格斯全集》德文版第5卷第496—497页，参看《马克思恩格斯全集》中文第1版第5卷第595—596页）

299

卡尔·马克思《科隆革命》一文摘录

1848 年 9 月 25 日

当局打算逮捕工人联合会①中最受爱戴的领袖之一莫尔。沙佩尔和

---

① 科隆工人联合会是由共产主义者同盟科隆支部盟员安·哥特沙克于 1848 年 4 月 13 日创立的。联合会起初约有会员 300 人,到 5 月初就增至 5000 人,他们大多数是工人和手工业者。领导联合会的是主席和由各种职业的代表组成的委员会。联合会的机关刊物是《科隆工人联合会会刊》,而从 1848 年 10 月 26 日起是《自由、博爱、劳动》报。联合会在城市中有许多分会。在哥特沙克被捕后,莫尔于 7 月 6 日当选为主席,他一直担任这个职务,直到科隆 9 月事件发生前,由于有被捕的危险,不得不逃往国外。由于工人的要求,马克思于 10 月 16 日暂代联合会主席职务。2 月 28 日沙佩尔当选为主席,他一直担任到 1849 年 5 月底。

　　工人联合会的大多数领导人(哥特沙克、安内克、沙佩尔、莫尔、列斯纳、扬森、勒泽尔、诺特荣克、伯多夫)都是共产主义者同盟的盟员。

　　工人联合会在初期处于哥特沙克的影响下,哥特沙克根据"真正的社会主义者"的精神忽视无产阶级在资产阶级民主革命中的历史任务的意义,实施抵制全德国民议会和普鲁士国民议会的间接选举的宗派策略,在选举时反对支持民主派的候选人。哥特沙克的词句非常"左"而斗争的方法却非常温和(代表工人向政府和市政府呈递请愿书,只采取"合法的"斗争方式,支持染有手工业者偏见的落后工人的许多要求等)。哥特沙克的宗派策略一开始就遭到赞同马克思和恩格斯的策略路线的许多会员的反对。在他们的影响下,工人联合会的工作在 6 月底开始有了转变。从 1848 年秋天起,科隆工人联合会在农民中也展开了大规模的宣传鼓动工作。联合会的会员在科隆郊区组织了民主联合会和工人联合会,散发革命文献,其中有《共产党在德国的要求》。联合会同莱茵省和威斯特伐利亚的其他工人联合会保持有紧密的联系。

　　1848 年冬,哥特沙克和他的追随者展开了旨在分裂科隆工人联合会的激烈的斗争。从 1849 年 1 月起,他们在自己所办的《自由、劳动》报上对马克思和《新莱茵报》编辑部进行猛烈的攻击和恶毒的诽谤。但是,这个分裂活动没有得到大多数会员的支持。

贝克尔已被逮捕。当局选择了**星期一**来实行这些措施,大家知道,这是一个大多数工人休息的日子。可见,当局预先就知道这些逮捕会引起工人的极大愤怒甚至会造成武力抵抗。这些逮捕恰好都在星期一发生,真是令人奇怪的偶合!愤怒是容易预料到的,因为由于发生了施泰因式的军令问题,以及在弗兰格尔发布了军令①、普富尔被任命为首相之后,时刻都会遭到反革命的坚决的打击,因而也能期待革命的到来,而这个革命的起点一定是柏林。所以工人必然会把逮捕看做**政治**上的措施,而不看做法庭的措施。工人认为检察机关仅仅是反革命的机关。他们觉得有人想在发生重大事件的前夕夺去他们的领袖。工人决定不管付出什么代价也不准逮捕莫尔。他们只是在自己的目的达到以后,才离开了战场。街垒只是在聚集在旧市场的工人得知军队从四面八方向他们逼近的时候才构筑起来的。但是他们没有受到攻击。所以他们也就不需要自卫。此外,他们得知,柏林没有传来任何重要的消息。因此,工人在白

(续前注) 为了巩固联合会,马克思、沙佩尔和其他领导人在1849年1—2月改组了联合会。2月25日通过了新的会章,会章宣布联合会的主要任务是提高工人的阶级觉悟和政治觉悟。4月间,工人联合会委员会决定在联合会的会议上讨论发表在《新莱茵报》上的马克思的著作《雇佣劳动与资本》。

　　工人们在革命进程中所获得的政治经验,他们对小资产阶级民主主义者的动摇政策的失望,——所有这一切都使马克思和恩格斯有可能在1849年春实际提出关于筹备建立无产阶级政党的问题。因此,马克思和他的拥护者在组织上同小资产阶级民主派脱离了关系。4月16日科隆工人联合会决定退出德国民主联合会总会,加入以莱比锡为中心的德国工人联合会总会。1849年5月6日召开了莱茵省和威斯特伐利亚的工人联合会代表大会。

　　但是德国当时的局势(反革命的进攻,警察迫害的加剧)妨碍了科隆工人联合会进一步团结和组织工人群众的工作。自从《新莱茵报》停刊和马克思、沙佩尔以及联合会的其他领导人离开科隆后,该会就日益失去政治的性质而逐渐变成了一般的工人教育团体。——原卷末注

① 勃兰登堡军区司令弗兰格尔将军于1848年9月17日向部队发布了一项命令,内称普鲁士军阀打算公开取消革命的成果。命令指示要保障"社会安宁",恫吓"违法分子",并号召士兵团结在军官和国王的周围。——原卷末注

等了敌人大半夜之后就解散了。

所以,责难科隆工人胆小怕事是最可笑不过的。……

1848年10月13日《新莱茵报》(科隆)第115号摘录(《马克思恩格斯全集》德文版第5卷第419—420页,参看《马克思恩格斯全集》中文第1版第5卷第497页)

300
《新莱茵报》刊登的关于科隆即将举行戒严的消息[①]

1848年9月26日

科隆9月26日。今天我们又出版了一号没有标题的报纸,这是因为我们急于出报的缘故。我们从可靠的消息得知:在几点钟内,城市就要宣布戒严,市民自卫团将被解散和解除武装,《新莱茵报》、《新科隆

---

① 被科隆革命民主运动的高涨吓得魂不附体的当局,"为了保护个人和财产",于1848年9月26日宣布戒严。卫戍司令部发布命令,禁止一切旨在追求"政治和社会目的"的结社活动,禁止集会,解散市民自卫团并令其交出武器,建立军事法庭,《新莱茵报》以及其他许多民主报纸被禁止出版。——原卷末注

报》①、《工人报》② 和《莱茵守卫者》③ 将被禁止出版，同时将要建立军事法庭并取消在3月里争得的一切权利。风闻：市民自卫团将不容许解除它的武装。

1848年9月27日《新莱茵报》（科隆）第113号（《马克思恩格斯全集》德文版第5卷第415页，参看《马克思恩格斯全集》中文第1版第5卷第492页）

301

约瑟夫·莫尔（伦敦）给科隆工人联合会的信

1848年10月10日

1848年10月10日于伦敦

这里可以说是路易-菲力浦、基佐、威灵顿、梅特涅和本生策划阴

---

① 《市民、农民和士兵的新科隆报》（《Neue Kölnische Zeitung für Bürger, Bauern und Soldaten》）是德国的革命民主报纸，1848—1849年由弗·安内克和弗·博伊斯特在科隆出版。报纸的任务是用通俗易懂的形式在城乡劳动者及军队中进行宣传。——原卷末注

② 指《科隆工人联合会会刊》（《Zeitung des Arbeiter-Vereines zu Köln》），1848年4—10月出版，1848年7月以前由安·哥特沙克主编，7—9月由约·莫尔主编。这家报纸报道了科隆工人联合会和莱茵省其他工人联合会的活动。——原卷末注

③ 《莱茵守卫者》（《Der Wächter am Rhein》）是德国的民主报纸，由卡·克拉麦尔主编，1848—1849年在科隆出版。除其他材料外，报纸还发表了关于科隆民主协会会议的报道。——原卷末注

谋的大本营，这个可鄙的集团已经完成了一项任务，也就是使人民演说家（给专制制度）尽可能少一些害处，取消出版和集会自由，再次收缴市民们手中的武器。其实，对科隆来说，这是一项多余的措施，因为普鲁士专制制度及其可鄙的同伙从未有过比科隆市民自卫军更好的帮凶，哪里需要禁唱刺耳的音乐，这位唐·吉诃德就挥舞着得心应手的刺刀，驱散兴致盎然、纯洁无辜的人民。人们经常可以在公开的酒馆里听到这帮流氓在无耻地吹嘘他们的英勇业绩，10个甚至12个武装的资产者袭击一个工人，把他打得遍体鳞伤，血迹斑斑；他们双手沾满工人的鲜血，然后把他带回哨所，以此炫耀自己的战利品。但是，由于有人侵犯人民的权利而使人民面露愠色的时候，掌旗人和大唐·吉诃德就声明无力建立安定和秩序，而所有的小商人则把睡帽向下拉，遮住自己的耳朵，并马上躲到床底下或钻进其他什么地方，再也不出来见见阳光，直到别人叫喊：小市民，交出你们的武器吧。但是，他们所要办的事都办完了，他们能办的事，就是又交出他们最危险的玩具。要是不把科隆市民自卫军的不朽业绩载入史册，那可真是以怨报德。当然，个别例外并没有计算在内。他们的第二个任务（这个任务还没有完成，在完成这一任务时，这帮先生们肯定要吹毛求疵）是，使德国普鲁士化，因此，他们任命了一个遇事只会说声"是"的**老好人米歇尔**[①]为帝国摄政王。如果这个德国的米歇尔变成了普鲁士的米歇尔，那么，他就会大力地、一致地、坚决地依靠僧侣和耶稣教徒的支持，教训共和制的瑞士和革命的法国；这帮先生们就是这样盘算的，但是没有老板。

如果联合会一个接一个地被镇压，人民演说家一个接一个地被监禁，而出版自由和集会自由又被完全取消，整个德国被宣布处于戒严状态，那么，埋在无产阶级特别是农民这一块沃土里的种子就会开花结

---

① 奥地利大公约翰。

果；如果这帮歹徒及其僧侣、耶稣教徒、小市民、官僚和整个特权阶层只管挖掉和铲除这颗种子，他们就不会再有什么果实可以侵吞了；从蒸汽力发明以来，通过蒸汽，现在正取得进步，想要控制和阻挡它，简直是天大的笑话。

人民享受出版自由和集会自由的时间并不长，但这短短的一段时间却足以使无产者和农民懂得，将来不让自己再受上帝、国王和祖国的愚弄和剥削，不再忍气吞声地挨饿，而要永不停息地向前进击，直到被迫同意给他们以权利或他们自己通过暴力取得这些权利为止。这短短的一段时间向他们充分证明，人民在没有表明自己是独立自主的以前，是不会有幸福的；人民将既不相信所谓的人民代表，也不相信所谓的牛皮大王和满嘴空话的民主派，这些人不论在什么时候，总是信口雌黄，说得娓娓动听，但是，一旦到了行动的时刻，需要他们用行动来证明自己早已说过的话时，他们就隐藏得无影无踪（谁觉得这项帽子不合适，就不必戴它），只要人民不能独立自主地信赖别人，那么他们过去被人遗弃，将来还会被人遗弃。

兄弟们，因此，我们必须竭尽全力地组织起来。这样，我们就能在短时间内同挥动魔棍的普富尔之流以及德国的所有霰弹英雄抗争；如果整个德国宣布戒严，你们就分成每19个人一组，把你们分到各个饭店里去，每周举行你们的例行会议①，特别是每个星期天，你们可以下乡去，到附近的村庄去，在那里创建联合会，并使所有这些联合会建立联系，定期通讯。然后，在所有这些联合会中，每周或每月向每个人征收

---

① 1848年9月26日科隆宣布戒严时，所有"政治的和社会的团体"均被取缔，白天在大街上和公共场所举行的20人以上的所有集会，以及晚上、夜里在这些地方举行的10人的集会，均被禁止。（1848年9月27日《科隆日报》第265号）

一定的钱额，以便支援那些在为我们的神圣事业坐牢或流亡在外的男人们的家属。

即使不能在科隆，即使不能在城市，你们也要尽可能经常在（科隆、韦瑟灵根、米尔海姆、下卡塞尔等）郊区的村庄举行全体会议，力争通过各种各样的形式使你们受到教育，以便独立自主，认清敌友，区别牛皮大王和你们真正的朋友。请你们相信，再过一年，也许半年，你们就能收获这一组织的果实。

在英国这里，资产阶级取得了完全的统治，毫无顾忌地把人民演说家判处终身监禁，终身流放。他们竟恬不知耻地宣称，把充当反对人民的主要证人的那些家伙，把公开声明不信上帝的那些家伙，都收买来充当密探（这些人通常是不能作为证人出庭的）；但是，这里的资产阶级对此视而不见。不错，是诽谤人民之友的时候了，这帮恶棍多半都被多次判刑，他们公开声称，他们借口要办一件急事，把他们的武器交给诚实的宪章派暂时保存，然后把警察带到由诚实的宪章派开办的咖啡馆，在喝咖啡时，趁人不备，把火药和子弹放进杯子里。英国资产阶级政府就根据这样的指控判处被告终身流放。请看，兄弟们，这就是我们期望从无耻的资产阶级占统治地位的君主立宪制中得到的东西。

我希望而且也很可能不久就会回到你们中间，就此搁笔。

你们的忠实朋友
约瑟夫·莫尔

1848年10月19日《科隆工人联合会会刊》第39号

302
《新莱茵报》编辑部关于复刊的声明

1848年10月12日

大家为维持《新莱茵报》的存在而给予的援助（特别是在科隆），使我们得以克服戒严状态所造成的财政困难，使报纸得以复刊。编辑委员会原有成员不变。不久前斐迪南·弗莱里格拉特参加了编委会。

《新莱茵报》总编辑　卡尔·马克思

1848年10月12日《新莱茵报》（科隆）第114号（《马克思恩格斯全集》德文版第5卷第416页，参看《马克思恩格斯全集》中文第1版第5卷第493页）

303
科隆工人联合会委员会会议记录

1848年10月16日

临时主席勒泽尔先生宣布，马克思博士接受联合会派去的代表团的请求，同意领导本会。因此，勒泽尔先生请马克思就任主席。

马克思博士说，他在科隆的处境是不稳定的。前任部长屈韦特尔对他的恢复公民权的请求所作的答复，就像是一道隐蔽的驱逐令。自然，他要向国民议会抗议这一决定。另一方面，他因被诬告破坏出版法，必然要出席陪审法庭受审。此外，由于《新莱茵报》编辑委员会的工作迄今还被迫处于停顿状态，他的工作已过度繁重。但是，他愿意在哥特沙克医生获释之前暂时满足工人们的愿望。政府和资产阶级应当相信：尽管他们百般迫害，总有人愿意听工人的吩咐。

接着，马克思博士详细地介绍了在国外的德国工人的革命活动，结束时强调指出了工人在不久前的维也纳革命中所起的杰出作用。因此，他提议向维也纳工人联合会致敬（提议被一致通过）……

关于会议的议程，主席提议第一小时讨论与联合会有关的问题（即联合会的内外事务），第二小时讨论社会问题和政治问题，并且建议会议在8点半钟开始（提议被通过）……

1848年10月22日《科隆工人联合会会刊》第40号（参看《马克思恩格斯全集》中文第1版第5卷第602—603页）

节录

304
科隆工人联合会给伦敦民主派兄弟协会的信

1848年10月19日①

致伦敦民主派兄弟协会

今天,我们非常高兴地获悉,我们的同胞和兄弟、这里的工人联合会主席**约瑟夫·莫尔**安康而愉快地生活在你们中间。你们对我们的兄弟也是你们的兄弟、现正落入司法机关手心的卡尔·沙佩尔表示同情,我们对此同样感到非常高兴。

使我们欣慰的是,你们立即决定给予沙佩尔及其家属以全力资助。[163]

你们把这看成是你们应尽的义务,不忘记遭到不幸的人民儿子;你们像我们一样,都是从同一种观点出发的,这些人必然得到党(他们属于党)的支持。

本工人联合会是用真正的民主思想武装起来的,在此,它为你们所给予的热情支持表示由衷的感谢。

---

① 在这封信上没有注明日期。它是作为10月19日委员会会议记录的附件发表的,报纸的按语指出,"下面这封科隆工人联合会的信是今天寄给伦敦民主派兄弟协会的。"(1848年10月26日《自由、博爱、劳动》第1号)

敬礼并握手！伦敦民主派兄弟协会万岁。

科隆工人联合会

代主席①公民格·勒泽尔

1848年10月26日《自由，博爱，劳动》（科隆）第1号

305
科隆工人联合会全体会议记录

1848年10月22日

主席**马克思**博士宣布开会，接着对间接选举制发表了一些意见。

勒泽尔先生说：我们接受邀请，派代表出席本月26日在柏林召开的民主主义者代表大会，但是这里产生一个问题：工人联合会单独派代表呢，还是和民主协会联合派代表？在工人联合会委员会最近的一次会议上通过了第一个方案，即决定单独行动，可是这一决定要经过全体会议批准才能生效，而且还应该考虑到一个重要的问题，即派代表所需要

---

① 从10月16日起，卡尔·马克思就已担任主席，而此事在工人联合会于10月26日全体会议才获得批准，但马克思没有出席10月19日的委员会会议。

的费用问题。因此我提议:

  派一个代表出席,他只代表我们联合会,其费用采取自愿捐助的办法来解决。

  提议被通过了,并且规定捐款至少为1银格罗申……

  大家推举博伊斯特先生为出席柏林代表大会的代表。

  会议批准马克思博士为联合会主席,勒泽尔先生为副主席……

1848年10月29日《自由、博爱、劳动》(科隆)第2号(参看《马克思恩格斯全集》中文第1版第5卷第604页)

节录

306
卡尔·马克思(科隆)给弗里德里希·恩格斯(日内瓦)的信

1848年10月26日

  ……我早就已经向巴黎寄50塔勒给你和德朗克,并且同时把你的护照寄给了布鲁塞尔的日果。

报纸从10月11日起已照原样复刊。① 现在比较详细地说这件事不是时候,因为必须抓紧时间。你一有可能,就写些通讯和较长的文章来吧。现在除维尔特以外全都走了,而弗莱里格拉特只是几天以前才参加编辑部,所以我忙得不可开交,完全不能做更重要的工作……

手稿 节录
莫斯科苏共中央马列主义研究院
中央党务档案馆,F.1, op.1, Nr.271
(《马克思恩格斯全集》德文版第27卷第128页,参看《马克思恩格斯全集》中文第1版第27卷第145页)

307
社会问题委员会在柏林第二届民主主义者代表大会上的报告[164]

1848年10月30日

民主主义者代表大会坚信,解决社会问题,也就是说,要建立一种

---

① 1848年9月26日,《新莱茵报》和许多其他民主报纸停刊,那时地方当局慑于科隆革命民主运动的高涨,宣布在当地实行戒严。由于马克思·恩格斯和《新莱茵报》的其他编辑参加了科隆的民众大会,提出对他们进行法庭侦讯。马克思在解除戒严后,克服了财政上的和组织上的巨大困难,于1848年10月才使报纸复刊。他为了偿清报纸的欠债和抵补报纸的费用把自己的全部现金都投了进去。(见《马克思恩格斯全集》中文第1版第27卷第629—630页)——原卷末注

最普遍的物质福利和精神福利的制度，只有通过逐步的发展，只有通过整个文明人类的同心协力才有可能。现在这种少数人从精神上、肉体上奴役多数人的社会不平等状况，既不能依靠一次或几次强有力的飞跃，也不能依靠人们想在各种制度的呆板框框里描绘人类的整个发展来加以克服。单个人的或者任何一个社会主义学派的聪明才智和不懈努力，都不能成功地开创可以称之为一切人道的最终目标的那种社会状况，也就是说，开创这样一种状况，在这种状况下，每个人都能拥有满足自己的精神需要和物质需要以及发挥自己的全部才能的一切手段。达到这个目标，乃是几代人的使命，而且将是一种自下而上协作的结果，是一个几代人的组织的结果。社会问题不能通过命令来解决，而只能是一种独立的、通过人类之树上的一切力量的共同协作、富于生气和精力充沛的发展的结果。

同时，民主主义者代表大会同样也坚信，提出一些普遍原则，作为解决社会问题的指导性原则，今天已经是时候了，今天已经有可能了，因而也就成为必要了。通过对这些原则的极其广泛的宣传和非常透彻的讨论，才有可能在多数人中间产生这样的思想和想法，因此，才能出现为建立渴望已久的平等和博爱的制度所必需的相应步骤。同样，代表大会还满怀信心地认为，一些实际步骤，即那些指导性原则的自然结果，今天就可以而且必须被看做是首要的绝对必不可少的步骤，民主共和国成立以后，如果出现解决社会问题的苗头，就必须立即采取这些步骤。代表大会并不隐瞒，那些指导性原则并不是以迄今为止的历史权利和私人权利为基础的，而那些措施在深受其害的人们眼里似乎是专横的极不公平的措施。但是，代表大会觉得自己更坚强了，它深信，同从各种各样的征服和压迫中产生的社会的和所谓合法的现状实行最彻底的决裂，恰恰就是解决社会问题、建立真正的人类状况的首要的、必不可少的步骤。代表大会要发挥自己最大的智慧和才能为各民族绝大多数人谋福利，并且认为现在还不能讨论占有地球上全部地产达几百年之久的一小撮人的利益，应当讨论的问题是，如何使绝大多数迄今一直是被剥削者和被压迫者的人的权利和人的尊严不受侵犯。人民的幸福就是最高的法律。

在这些观点的指导下，民主主义者代表大会提出以下原则，这些原则在将来改造社会制度的过程中必须发挥决定性和指导性作用。

1. 土地是人类的共同财产；它现在的开垦和耕种状况不是个别人努力的结果，而是全人类旷日持久的共同努力的成果。因此，任何人都不享有土地所有权。耕种土地的人有权占有同他本人及其家属的生活必需品一样多的土地产品，多余部分归全体人民所有。因为任何一种人的劳动都不是个人的劳动，更确切地说，每一种劳动都是社会劳动。也就是说，每个个人的劳动能提供较多的产品，因为它是得到全体人民的劳动的支持。

2. 总的说来，所有制并不是私法的关系，而是一种社会的关系，也可以说是一种国家法的关系。一切所有制关系在历史发展过程中都服从于一种由社会内部的每次阶级斗争所制约的社会变更。现代资产阶级私有制是以阶级对立、少数人剥削多数人为基础的产品生产和产品占有的最后而又最完善的表现。所以，无产阶级对资产阶级的阶级斗争一旦有利于前者——这个时刻一到，我们才能进入一种新型的社会状况——现在的资产阶级所有制关系就会自行消亡。然后我们便将从私有制进入公有制。但是，在这个时刻到来之前，通过一些准备措施削弱和限制以剥削群众为基础的资产阶级所有制仍然是革命政党的任务和义务。

3. 人人完全平等，人人有权满足自己的物质需要和精神需要，充分发挥自己的物质才能和精神才能。只有这样一种状况，即既没有物质特权也没有精神特权的状况，才是一种真正的人类状况。

4. 人人承担同样的义务，通过自己力所能及的劳动促进社会资本的增长。谁不愿意劳动，谁就无权满足自己的需要：只有生产者才可能是消费者；个别人游手好闲，就是对所有人的不公平。

这些原则同下列实际措施和法律是相适应的，民主共和国诞生以后，如果要实行帮助大多数受苦受难的人的事业，就必须立即颁布上述措施和法律。

（1）变贵族地产和其他封建地产（如长子继承权）、一切矿山、矿井等等为国家财产；至于私人的矿山等等，应向私人支付其资本价值的4%，作为20年的租金；这些地产一般都应用现代科学的辅助工具进行耕种，使全体人民得益；

（2）在租赁业发达的地区，应把地租或租金作为赋税上缴国家。原来的土地所有者既非农民又非租佃者，根本不从事生产，所以他们的消费纯属滥用；

（3）建立国家银行，代替所有私人银行，国家银行的纸币是法定流通的纸币。这条措施可以为全民利益来调整信用业，从而埋葬大金融家的统治。由于国家银行逐步用纸币代替金币和银币，所以，纸币就使得资产阶级必不可少的交往工具即一般的交换手段更加便宜，并且它还允许让金币和银币对外发生作用。最后，为了使保守资产者的利益与革命结合起来，采取这条措施是必要的；

（4）所有交通工具，如铁路、运河、轮船、公路、邮电等等均由国家掌握，使之变为国有财产；

（5）限制继承权；

（6）实行高额累进税并废除消费税；

（7）全体政府官员的薪水应一律平等。除了**携带**家眷的那些官员——也就是说，具有较多需求的官员——可以得到比其他人更高的收入，但这一切在共和国成立之后的最初25年还应该进行修改；

（8）政教完全分离。各教派的神职人员仅在他们自愿所在的教区领取薪金；

（9）免费提供司法帮助；

（10）实施普及的免费国民教育；

（11）对所有的人都一律实行劳动义务制。取消现有的常备军；由于实行全民武装，设常备军已没有必要。但是，只要中欧的政治局势使德国仍然需要常备军，那么，就必须注意这样一点：军队同时是劳动大军，因此军队不再像以前那样只消费，而且还能生产出比它的费用还要多的东西。这一点也是组织劳动的一种手段；

（12）建立国家工厂。国家保障所有工人的生存，并负担丧失劳动能力的人的生活。这样做符合整个德国的利益；尤其为了德国无产阶级、小资产者和农民阶级的利益，必须全力以赴地为实现上述措施而工作。因为只有实现这些措施，在德国迄今受少数人剥削（而且还有人还想继续压迫）的千百万人，才能取得他们作为财富的创造者应得的那种权利和权力。

委员会提议，代表大会把这个声明当做自己的声明，分送民主总会的各个协会进行讨论和评定。

社会问题委员会
1848年10月30日于柏林

《柏林第二届民主主义者代表大会的讨论》（约·舍内曼和亨利希·贝纳里编《人民报》附刊）（未注明出版日期，柏林版）第28—29页

308
海尔曼·艾韦贝克（柏林）给莫泽斯·赫斯（巴黎）的信[165]

1848年11月1日

1848年11月1日于柏林

亲爱的：

　　直到今天我才有片刻的空闲坐下来写信告诉你，柏林正在一个火山口上保持平衡，处境危险。昨天晚上就已发生骚乱，人民要**绞死**几个右派的代表人物，这时机器制造工人出面调停，市民自卫军的一名**上尉**为了感谢机器制造工人，砍去了他们中一名工人的一个手指，砸破了另一个人的脑袋，这个人当天夜里就一命呜呼了。而市民自卫军仍然不被看做是敌视工人的。

　　我对所有我认为必要的人都说了，德斯特尔对**同盟**中央委员会的迁址甚为不满，并恳求我暂时让它留在原地，即伦敦（或者科隆），等到即将召开的共产主义者代表大会选出新的中央委员会再说。共产主义者代表大会和中央委员会据说在柏林召开，这一点他觉得非常合适。此外，我在同海尔曼·克利盖谈话时发现，他为了不使用一个比较生硬的字眼，而显得出奇的外交式的**冷静**，我也就对他听之任之。详情恕我面告。此外，我在归途中才可能同马克思会谈，去时我简直一点时间也没有。我在科隆没有停留，因此连你给安内克夫人的信也**没有**转交。科隆的夜简直是漆黑的，只有魔鬼才能辨别方向，何况我已精疲力竭、饥肠辘辘。由于你没有给我预订旅馆，所以我在一家饭店里吃了一顿贵得出奇的晚餐后就匆匆赶路了。现在德斯特尔为我订了一个廉价的房间，我将在科隆停留一天一夜。德斯特尔还迫不及待地请求我想方设法在马克思面前说一些友好的话，严肃地提醒他注意：他对恩格斯的同情带有危险性。因此，应该立即把这个意思从巴黎写信告诉伦敦方面。共产主义者代表大会**必须**在4周内举行，而且在这里举行。还应该给那些山区（拉绍德封等地）写信，以便防止恩格斯的各种花招。在我离开巴黎的那天晚上，我还给你发了一封信，谈的也是这个问题，想必你已经收到了。因此，在我回来之前，**你不要拿着这两封信在那里干等**。

我在民主主义者代表大会上取得的成果已摘要刊登在10月31日《柏林阅览室》附刊上，这是我亲自交给该报的①；对此，阿·卢格老爷子强压着对我的怒火，**什么也没有说**。在这里，只有《阅览室》[可供]② 我们利用，它曾向我预约过巴黎的通讯。③

民主派中央委员会现由德斯特尔、爱德华·冯·赖辛巴赫伯爵和赫克萨默博士3人组成，再多我们不想要；但是，通过我们坚定的党的通力合作，安内克、哥特沙克、拜尔霍弗、施纳克、埃尔贝当选为候补委员。恩格斯和马克思没有当选，这是不言而喻的。只有鲁普斯④得了很多选票。

致安

---

① 艾韦贝克在柏林第二届民主主义者代表大会上首先宣读了法国、意大利和波兰3个民主派委员会的贺信，他在他提到的通讯中也谈了这件事。（1848年10月31日《柏林阅览室》第252号）
② 原件缺损。
③ 《柏林阅览室》因柏林实行戒严，被迫停刊。因此，建立通讯联系的计划没有实现。
④ 威廉·沃尔弗。

又及：

把奥尔德和格雷戈里赶出去。①

手稿
莫斯科苏共中央马列主义研究院
中央党务档案馆，F. 20, op. 1, Nr. 154

309
科隆工人联合会委员会会议记录

1848 年 11 月 2 日

[……]公民诺特荣克作关于当前的政治问题的报告。

然后开始讨论社会问题。公民罗斯、赖夫、诺特荣克、卡斯勒、伯多夫、勒泽尔和森格尔讨论了关于"德国宣布为统一的不可分割的共和国"这一条款。[……]

---

① 这两个人的名字字迹不清。

1848年11月9日《自由、博爱、劳动》(科隆)第5号　　　　　　　　　　　　　　　　节录

310
科隆工人联合会委员会会议记录

1848年11月6日

［……］公民博伊斯特简要地报告了柏林民主主义者代表大会的活动情况①，并对这次代表大会没有全部完成自己的任务表示遗憾。他说这要归咎于出席大会的许多立宪派。

主席马克思博士扼要地报告了维也纳事件的经过，并且特别强调指出，只是由于维也纳资产阶级屡次叛变，文迪施格雷茨才得以夺取该城［……］

1848年11月12日《自由、博爱，劳动》(科隆)第6号　　　　　　　　　　　　　　　　节录

---

① 参看文件307。

311
卡尔·毕林受德国工人汉堡地区委员会的委托给莱比锡中央委员会的信[166]

1848年11月12日

1848年11月12日于汉堡

致中央委员会

以前,我们在缴纳会费和呈送报告方面都没有尽到我们的责任,这完全是由不利的地方关系和由此滋生的思想混乱造成的。但是,现在我们可以欣慰地告诉你们,在鞋匠、雪茄烟工人、裁缝、钳工、木工、海员、石匠、抹灰工、圣乔治工人联合会、车辆厂工人同我们联合成完整的团体以后,就能指望,不久将使汉堡的所有工人站在一起,形成一个巨大的兄弟会,使各地的工人兄弟握手言欢,并使之结成一个坚强的严密阵线,它将一劳永逸地消灭工人阶级甚至全人类的贫困和苦难。

遗憾的是,一个令人瞩目的团体,即印刷工人公会,不久以前还作了那么可贵的努力,但至今并不赞同我们的目标,尽管我们提过多次要求。不过,我们希望印刷工人们也会明白,大家只有联合起来,才能得到幸福。

你们要求我们坚持不懈、奋勇前进,对此我们谨表谢意,但是,我们也向你们保证,各地的工人可以相信我们,我们汉堡工人深知我们组织及其使命的尊严和重要性,我们大家将永远高举我们这面旗帜,直到剩下最后一个人。同时,我们请求你们以整个兄弟会的名义向遭到打击但没有被战胜的维也纳的兄弟们,为他们的英勇而高尚的牺牲精神,公开转达我们的敬意,并请求你们向他们保证,他们的**敌人**也就是**我们的敌人**。[……]

手稿　　　　　　　　　　　　　　　　　　　　　　　　　　　节录
德累斯顿国家档案馆,
MdI, Nr. 11026a

312
卡尔·马克思(科隆)给斐迪南·拉萨尔 (杜塞尔多夫)的信

1848年11月13日

亲爱的拉萨尔:

请在你们的民主君主政体俱乐部①里通过如下决议:

---

① 1848年11月初在杜塞尔多夫,同在莱茵省的其他各城市一样,各民主派准备反抗以1848年11月9日普鲁士国民议会的会议从柏林迁往偏僻小城市勃兰登堡为开端而进行反革命政变的普鲁士政府,抗议运动是在联合一切与反动派相敌对的力量的口号下进行的。马克思所说杜塞尔多夫的民主君主政体俱乐部大概是指订于1848年11月14日举行的人民俱乐部、争取建立民主君主政体同盟、市民联合总会和市民自卫团的联合会议。在这次会上拉萨尔提出了马克思所建议的行动计划。——原卷末注

（1）**普遍拒绝纳税**——特别要在农村宣传；

（2）派遣志愿军去柏林；

（3）捐款给柏林民主主义者中央委员会。①

受莱茵省民主委员会②的委托

卡·马克思

……

杜塞尔多夫国家档案馆《杜塞尔多夫1848年。图片和文件》。杜塞尔多夫1948年影印件。（《马克思恩格斯全集》德文版第39卷第520页，参看《马克思恩格斯全集》中文第1版第27卷第509—510页）

节录

---

① 德国民主主义者中央委员会是1848年6月在美因河畔法兰克福第一次民主派代表大会上成立的，大会是为了联合全部德国民主主义同盟而召开的，在1848年10月第二次民主派代表大会上选出了新的中央委员会委员。——原卷末注

② 指民主主义者莱茵区域委员会，该委员会指导着莱茵省和威斯特伐利亚的民主主义团体的活动。马克思在这个委员会中起领导作用。——原卷末注

313
民主主义者莱茵区域委员会关于拒绝纳税的呼吁书

1848年11月14日

呼吁书

民主主义者莱茵区域委员会号召莱茵省各民主团体立即召开会议,并在附近各个地区举行民众大会,发动莱茵省全体居民拒绝纳税;这是反抗政府以暴力对待普鲁士人民代表会议的最好办法。

必须劝告居民,叫他们不要用任何暴力反抗可能按行政方式进行的征税;同时应该建议居民在强制出售财产的情况下不要进行交易。

为了讨论今后必须采取的措施,区域委员会认为有必要召开各民主团体代表会议,请各位代表于本月23日(星期四)上午九时出席(地点:科米迪安街埃塞尔大厅)。

区域委员会代表
卡尔·马克思　施奈德第二
1848年11月14日于科隆

1848年11月15日《新莱茵报》(科隆)第143号(《马克思恩格斯全集》德文版第6卷第20页,参看《马克思恩格斯全集》中文第1版第6卷第24页)

314
海尔曼·艾韦贝克(科隆)给莫泽斯·赫斯
(巴黎)的信

1848年11月14日

1848年11月14日于科隆

亲爱的:

我现在忙得不亦乐乎,在拼着命干,坐在马克思身边,在报纸编辑部办公桌旁看校样,每晚都看到1点半。今天,我看还有点时间,便提笔给你写这封信,因为我(刚刚到达,并希望明天能起程前往巴黎)听说,哲学家沃尔弗①在巴黎。至于我们协会②该怎样对付这个人,我就用不着跟你多谈了。在这个时刻,我也许有必要在巴黎,以便这位哲学家尽情地倾泻他的满腹牢骚和风言风语,因此,我要赶往巴黎。直到现在,我之所以未能早些到巴黎,因为柏林把我困住了,并且我还必须在科隆停留一天,尤其是明天,马克思被传讯③,有**被拘留**的危险。

柏林城由于实行戒严,已完全弗兰格尔化了④;这关系到是共和国

---

① 可能是斐迪南·沃尔弗。
② 巴黎德意志协会,参看注155。
③ 马克思是11月14日被预审法官传讯的。由于艾韦贝克是在夜里写这封信的,所以错写了"明天";关于这封信的日期,他开始也是写的"11月13日",后来才改为"11月14日"。
④ 影射冯·弗兰格尔将军,是他宣布柏林戒严的。

还是哥萨克主义。

消除沃尔弗的一切影响,别让沃尔采尔和其他人听他的那一套。他似乎同马克思有书信往来。马克思十分爱慕恩格斯,把他誉之为"在精神方面、道德方面和性格方面"都是很出色的人物。马克思说,恩格斯**为了美好事业**现住在瑞士[167],——

祝好!

又及:把附件马上寄来。

手稿
莫斯科苏共中央马列主义研究院
中央党务档案馆,F. 20, op. 1, Nr. 155

315
卡尔·马克思(科隆)给弗里德里希·恩格斯(洛桑)的信

约 1848 年 11 月中旬

1848 年 11 月上半月于科隆

亲爱的恩格斯:

你还没有收到我寄去的钱,的确使我惊讶。**我**(不是发行部)很早以前就已经装在信封里按照指定的日内瓦地址给你寄去了61塔勒——11塔勒纸币和50塔勒期票。因此，你查问一下并立即来信。我有邮局收条，可以把钱要回来。

此外，我曾给日果寄去20塔勒，稍后又给德朗克寄去50塔勒，供你们使用，都是我自己的钱，共约130塔勒。明天我再寄一些给你。但是你要查问一下那笔钱。同时在期票里附有一封介绍信，介绍你去见一个有钱的洛桑庸人。

我的钱很紧。我这次旅行带回1850塔勒：从波兰人那里得到1950塔勒，① 旅途中用了100。预支给报纸② 1000塔勒（包括我付给你和其他流亡者的预支金）；这个星期还要付机器费500。剩余350。同时，我还没有从报纸得到一文钱。

至于你们的编辑职务，（1）我在第1号上就立即指明，编辑委员会原有成员不变③，（2）我向愚蠢而反动的股东们声明，他们可以随意把你们不再看做编辑部的人员，但我有权**随意付出我所要给的稿费**，所以，他们在金钱上将丝毫占不了便宜。

本来我可以更理智些，不为报纸投入这样一大笔款子，因为我被三

---

① 《新莱茵报》对巴黎无产阶级六月起义给予的大力支持，使资产阶级股东对报纸的政治路线更加不满，他们拒绝再对报纸进行资助。马克思于1848年8月底至9月初作了一次到柏林和维也纳的旅行，希望取得继续出版《新莱茵报》所需的资金。马克思在同波兰民主主义者洽谈后，从弗·科斯策尔斯基那里得到了2000塔勒。

马克思这次旅行的另外一个重要目的是：加强同当地民主派工人组织的联系，动员他们的领导人同普鲁士和奥地利的反动派进行坚决的斗争。——原卷末注

② 《新莱茵报》。——编者注

③ 马克思《〈新莱茵报〉复刊》。——编者注

四起违反出版法的诉讼案所纠缠①，每天都可能被捕，那时我就会像鹿渴求清水那样渴求金钱了。但是问题在于，在任何情况下都要坚守这个**堡垒**，不放弃政治阵地。

你在洛桑办好钱的事情之后，最好去伯尔尼，完成你预定的计划。②此外，你可以写些你愿意写的东西。你的信一直都到得相当准时。

要我丢开你不管，哪怕是一分钟，都是纯粹的幻想。你永远是我的最知心朋友，正像我希望自己是你的最知心朋友一样。

卡·马克思

你的老头儿是一个浑蛋，我们将写一封最不客气的信给他。

手稿
莫斯科苏共中央马列主义研究院
中央党务档案馆，F. 1, op. 1, Nr. 273
(《马克思恩格斯全集》德文版第27卷第129—130页，参看《马克思恩格斯全集》中文第2版第48卷第39—41页)

---

① 1848年7月初，马克思和科尔夫受到法院指控，罪名是他们在1848年7月5日《新莱茵报》第35号上发表的一篇题为《逮捕》的文章中侮辱检察长茨魏弗尔以及逮捕哥特沙克和安内克的宪兵。1848年9月底，科隆检察机关又开始对马克思、恩格斯和《新莱茵报》其他编辑进行法庭调查，原因是1848年8—9月期间《新莱茵报》上未署名发表的格·维尔特的一组小品文《著名骑士施纳普汉斯基的生平事迹》。1848年10月底，《新莱茵报》上发表了小资产阶级民主党人弗·海克尔的呼吁书，这使得作为报纸主编的马克思再一次受到科隆检察机关的起诉。——原卷末注

② 这里可能是指恩格斯发表他的旅途随笔《从巴黎到伯尔尼》的计划。恩格斯在日内瓦时已开始着手写这篇随笔，后来因为应马克思的要求忙于为《新莱茵报》撰写文章而对此搁笔。这部留存下来的未写完的手稿首次发表在1898—1899年《新时代》杂志第17年卷第1卷上。——原卷末注

316
科隆工人联合会委员会会议记录

1848 年 11 月 16 日

宣读并通过上次会议的记录。

为了民主,为了我们的美好事业,许多会员特别要求下乡活动,在那里进行宣传,为此目的,星期日大家分头奔赴各地,而且从下星期日就开始。这个提议获得一致通过。

勒泽尔主席将莱茵省同西里西亚作了一番比较。他感到遗憾的是,在莱茵省,民主赖以存在的基础还是那么薄弱,而在西里西亚,全体居民都非常喜欢民主的原则。

公民卡斯滕斯①说,之所以会出现这种情况,是因为在西里西亚,饥饿和贫困已经由来已久,而且变本加厉,迫使人们认真思考。

我们的卑下资产阶级虽然已经实现了自己的夙愿,即确立了用大喊大叫要求到的"宪法",但它有朝一日遭到大工业的压制和"自由竞争"的排挤,那么,它也就会认识到自己的真正立足点,就会毫不迟疑地走到我们党一边来。

公民罗斯扼要地概述了当前的政治问题。然后便进行社会问题的讨论;而公民迈耶尔、罗斯和森格尔还进一步讨论了共产党的要求的第1条。②

---

① 弗里德里希·列斯纳为逃避兵役而用的化名。因此,他于 1848 年夏天从英国回国后一直沿用这个名字。原件上为:卡斯滕纳。
② 《共产党在德国的要求》,文件224。

随后，会议结束。

1848年11月19日《自由、博爱、劳动》（科隆）第8号

317
民主主义者莱茵区域委员会的呼吁书①

1848年11月18日

呼吁书

科隆11月18日。民主主义者莱茵区域委员会号召莱茵省各民主团体通过并实施下列措施：

---

① 民主主义者莱茵区域委员会指导着莱茵省和威斯特伐利亚的民主团体的活动，马克思在这个委员会中起领导作用。根据在美因河畔法兰克福召开的第一届民主主义者代表大会的决议，1848年6月底成立了由科隆三个民主团体——民主协会、工人联合会和工人业主联合会的代表所组成的中央委员会。这个委员会在莱茵民主主义者代表大会召开之前暂时执行区域委员会的职能。1848年8月13—14日，在科隆召开的莱茵民主主义者第一届代表大会在马克思和恩格斯的参加下确定，由科隆三个民主团体中央委员会的成员组成民主主义者莱茵区域委员会；该委员会的活动不仅限于莱茵省，而且扩大到威斯特伐利亚。代表大会通过了必须到工厂工人和农民中开展工作的决议。

鉴于普鲁士国内开始了反革命政变，民主主义者莱茵区域委员会还在国民议会作出相应决议之前，便在1848年11月14日号召莱茵省居民拒绝纳税。

由于这个呼吁书，民主主义者莱茵区域委员会的委员——马克思、沙佩尔、施奈德尔第二遭到了控告（见《马克思恩格斯全集》中文第1版第6卷第286—306页）。——原卷末注

（1）在普鲁士国民议会本身已经作出拒绝纳税的决定以后，各地都应当用一切手段反对强行征税。

（2）各地都必须组织民团，抗击敌人。给贫民供应的武器和弹药，应由市镇出钱或靠募捐来购置。

（3）各地都应该要求地方当局正式声明，它是否承认并愿意执行国民议会的决定。在遭到拒绝时，应该成立安全委员会，并尽可能同市镇委员会取得协议。市镇委员会如果反对立法会议，则应该由该地全民投票重新选举。

民主主义者莱茵区域委员会代表
卡尔·马克思　卡尔·沙佩尔　施奈德第二
11月18日于科隆

1848年11月19日《新莱茵报》（科隆）第147号增刊（《马克思恩格斯全集》德文版第6卷第33页，参看《马克思恩格斯全集》中文第1版第6卷第39页）

318
科隆工人联合会委员会会议记录

1848年11月23日

［……］公民丹茨认为，现在已经是采取行动的时候了，不能再

迟疑了，工人现在必须争得自己的权利。他指责科隆人太掉以轻心了。

公民勒泽尔对此回答说，工人党还在孤军作战，并且为了我们的特殊利益，现在还不是行动的时候。他说，现在，各党派应该联合起来，反对专制制度。在科隆这里已从全体人民中选出了一个25人委员会，其中有各党派的代表，这样做也是为了争取信任。这个委员会的任务是，采取必要的措施，就是否采取行动、何时采取行动以及采取什么行动等问题作出决议。虽然这个委员会在这里几乎没有得到有产阶级的任何支持，但是，他认为大家对它至今所做的工作是满意的。

公民罗斯也发表了类似的意见。他认为，未加考虑的草率行动只能给事业带来危害。他提到杜塞尔多夫，那里的情况原先看起来对我们的事业是很有利的，可是现在却不能采取有力措施，而必须对全省人民做更多的教育和启迪工作，为此，在农村开展活动尤为必要。

公民勒泽尔还说，在这里举行的莱茵省民主主义者代表大会也认为这后一点是当代的主要任务，大家取得了一致意见，以各个联合会所在地为出发点，派特使到农村去，设法也在那里传播我们的思想。

接着，主席、公民沙佩尔发言，主要内容如下：

目前，这里并不是多说话的场合，因此，我们现在必须在农村开始行动，使我们已经接受的思想也在农村得到传播。

但是，我们应当牢记，目前，德国有三个相互对立的派别，即贵族和封建统治的天赋派、资产阶级和无产阶级。资产阶级和无产阶级只有在共同反对第一个派别，即贵族和专制制度的时候才实行联合。推翻了贵族和专制制度以后，它们便分道扬镳，因为它们的特殊利益是冰炭不相容的。

专制制度带着一种空洞的光环，带着从前的、如今已一去不复返的时代的微光，在权势欲和复仇欲的驱使下竟敢一意孤行，丧心病狂地解散柏林议会，逮捕议员或者甚至根据紧急状态法对待他们，那么，全国就会举行起义，各党派就会联合起来，并将永远把它消灭掉。

资产阶级和无产阶级都想同专制统治作斗争；前者试图按照自己的

利益实行统治,而后者则试图开辟这样一条统治途径——在这里不再有任何党派利益,而所有人只要活着就一律平等。

但是,资产阶级是有理由同封建政府、贵族作斗争的,并使贵族屈从于资产阶级,同样,我们也要同资产阶级作斗争,并使它屈从于整个人类,因为它代替世袭贵族和金钱贵族,只能说是换了一个反动的统治,但并没有消灭这种统治。

而当代的伟大任务是,不仅要推翻封建的、专制的统治,还要推翻资产阶级的统治,金钱的统治;这个任务并不是很快就能轻而易举地解决的。

不过,我们不用怀疑,这个任务终将得到解决。德国人,一个拥有4000万人口的民族不会永远容忍200万有产者的剥削和榨取。

我们可以相信,在这个地球上的所有人都获得权利和正义以前,就既不会安定,也不会安宁。(鼓掌)[……]

1848年11月30日《自由、博爱、劳动》(科隆)第11号 节录

319
雅科布·沙贝利茨(巴塞尔)给莫泽斯·赫斯(巴黎)的信
1848年11月25日

1848年11月25日于巴塞尔

亲爱的赫斯:

[……]艾韦贝克现在巴黎吗?我很想给他也写一封信。感谢你给

我提供了关于共产主义者同盟的消息；恩格斯的情况，我一点也不知道。如果他在瑞士，想必很安宁，否则我就会知道他的居留地。我一旦得到他的消息，就马上告诉你们。[……]

为了消除我的忧郁情绪，为了尽力为我们的事业工作，我就要以盟员的身份加入爱国者联盟和格留特利联盟①，这一点我必须告诉你，以便通知共产主义者同盟；这两个联盟都是由优秀分子组成的。甚至在工人盟员较少的爱国者联盟中也尽是能干的激进分子，他们谈到无产阶级时都肃然起敬，所以该联盟的作用是显而易见的；比如主席和副主席，后者到维也纳以后就向大学生和工人、向热血沸腾的人民发表了慷慨激昂、富有进取精神的祝词。格留特利联盟的情况还要好，它有70多名成员，其中大部分，更确切地说，十分之九都是工人。这个联盟组织得很好，在瑞士和国外有20多个支部；只是在它的章程中存在着利己主义原则，**只吸收瑞士人**参加。现在我正在不停地填鸭式地向他们灌输博爱精神，但我不敢肯定能不能消除那种规定。在此期间，他们已经不完全反对非瑞士人了，比如在司徒卢威的志愿部队向巴登进军时，他们为此制造了几千发子弹。因此，我满怀希望。

下面就来谈谈"德意志协会"吧！因为我知道有这么一个组织，所以我打算去看看，那里究竟是怎么一回事。这时德国的**梅特涅**（他也是共产主义者同盟盟员）正好来找我，向我打听德意志协会的地址。我当然愿意陪他一同前往，我们是星期一即11月13日去的。我们发现那里约有15—18人，他们小心翼翼地接待了我们；我立即发现，他们中间几乎**没有一个**是工人，我也不抱太大的希望；说真的，他们的讨论简

---

① 格留特利联盟是瑞士小资产阶级改良主义组织，是作为手工业者和工人的教育协会于1838年建立的。"格留特利"一词是强调该组织的瑞士民族性。——译者注

直索然无味，而且一点不庄重，没有一个人站起来说话，也不脱帽。这虽然是形式问题，但他们伤了我的心，因为我在伦敦和巴黎我们协会的会议上看到的都是端庄文雅的举止。梅特涅对这种讨论也感到不满，因为他以民主派中央委员会成员①的身份果断地向他们提出了质问，同情协会事业的人为何这样少，等等。我也发了言，我说，我虽然是瑞士人，但我在伦敦是成员②，在巴黎甚至还是德意志协会的主席，因此我不揣冒昧地问一句，在一个像巴塞尔这样的城市，为何只有15—18人组成一个德意志协会，那么多工人都上哪里去了。总之，我严厉地斥责了他们，特别是由于当时正在讨论的一个问题也给我提供了斥责的材料。他们请求原谅，说什么会员人数少是最近巴登起义遭到失败所致，因而许多人被驱逐出境，许多人被吓破了胆，等等。最后，协会主席表示愿意以协会的名义邀请我作为来宾继续出席他们的会议，因为他们只**接收德国人**为其会员。尽管我本人不太愿意，但这是我应尽的责任，每周出席他们的会议，以便做一些力所能及的工作。如果你们想详细了解在瑞士的各个德国团体的组织情况，可以直接写封信给"巴塞尔金羊旅馆的德意志协会主席（卡·盖特）"。因为据我所知，他们同瑞士的其他联合会建立了联系，并通过了据说是你们寄去的章程，其中谈到了"总区部和区部"等等。

请你经常来信谈谈共产主义者同盟的情况。过不久，我想把一些精干的人，不管是德国人还是瑞士人，组成一个（混合的）支部。[……]

---

① 梅特涅是第一届民主主义者代表大会任命的临时领导机构的成员之一；另见注 150。
② 指伦敦工人共产主义教育协会的成员，沙贝利茨是在 1847 参加该协会的；另见注 100。

埃德蒙·济伯纳编《莫泽斯·赫斯通信集》1959年海牙版第210—213页　　　　　　　节录

320
卡尔·马克思（科隆）给弗里德里希·恩格斯（伯尔尼）的信

1848年11月29日

1848年11月29日于科隆

亲爱的恩格斯：

报纸给你寄去了。如果说这件事没有早点办好，那完全是科尔夫这头蠢驴的过失，因为我非常忙，还有不断的法院传讯①，这就更是忙上加忙了，而他至今没有完成我的委托。

你暂时留在伯尔尼吧。一旦你可以来，我就写信给你。你的来信要封得更好些。有一封被拆开了，我在报纸②上指出了这一点（当然没有说出你的名字）。③

---

① 为抗议普鲁士的反革命政变，民主主义者莱茵区域委员会、科隆工人联合会以及《新莱茵报》分别以各自的方式号召莱茵省居民拒绝纳税。1848年11月20日，马克思、沙佩尔和施奈德第二受到法院检察官的传讯，罪名是"煽动"民众抗税。——原卷末注

② 《新莱茵报》。——编者注

③ 指发表在1848年11月29日《新莱茵报》第155号的号外的那篇编辑部短评。——原卷末注

第四章 革命时期的共产主义者同盟及其在工人运动和民主运动中的活动

要详细地写一写**蒲鲁东**,同时,因为你是一个很好的地理学家,还要详细地写一写匈牙利这个烂摊子(多民族的蜂群)①。谈蒲鲁东时不要忘了我,② 因为很多法文报纸现在都转载我们的文章。

也要写一写抨击联邦共和国的文章,瑞士为此提供了最好的机会。③

卡·海因岑把他那篇反对我们的陈旧的臭文章④发表出来了。

我们的报纸一直站在支持叛乱的立场,尽管多次受到法院传讯,但每次都避开了刑法典⑤。它现在非常受欢迎。我们每天还出附页。⑥ 革命在前进。你努力写文章吧。

我想出了一个如何从你的老头儿那里弄到钱的可靠计划,因为我们

---

① 恩格斯应马克思的要求,于1849年1月撰写了《匈牙利的斗争》一文,该文发表在1849年1月13日《新莱茵报》第194号上。从1848年年底至1849年5月初,恩格斯为《新莱茵报》撰写了一系列有关匈牙利人民反对哈布斯堡王朝为争取民族解放而斗争的文章,它们发表在1849年2—5月初的《新莱茵报》上。——原卷末注

② 指恩格斯1848年12月初为《新莱茵报》撰写的、当时未被发表的文章《蒲鲁东》,恩格斯在这篇文章中提到了马克思的著作《哲学的贫困》。——原卷末注

③ 1848年12月6日,恩格斯写了《国民院》一文,发表在1848年12月10日《新莱茵报》第165号上。——原卷末注

④ 卡·海因岑《德国的共产主义英雄们——献给卡尔·马克思》1848年伯尔尼版。——编者注

⑤ 刑法典是法国的法典,1810年通过,从1811年起在法国以及法国人占领的德国西部和西南部地区实施;1815年莱茵省归并普鲁士以后,刑法典仍和民法典并行于莱茵省。普鲁士政府曾力图采取一系列措施在莱茵省推行普鲁士的法律,但遭到莱茵省的坚决反对。三月革命后,根据1848年4月15日的命令,这些措施被取消。直到1851年7月1日普鲁士各邦刑法典生效,法国刑法典在莱茵省才随之失效。——原卷末注

⑥ 《新莱茵报》编辑部力求让自己的读者们及时知道德国革命和欧洲革命的一切最重要的事件,时常采取出版报纸附刊或增刊的办法,而在收到新的重要消息的时候,则以传单和海报的形式出版特别附刊和号外,再把它们张贴在科隆的街上。以后者为形式的这种呼吁、宣传和告白在政治斗争中起到了重要作用。——原卷末注

现在一点钱也没有了。你给我写一封要钱的信（尽可能说得厉害些），讲述自己迄今的厄运，但是要注意写得使我能够把信告知你的母亲。老头儿开始害怕起来了。

我希望很快就能再见到你。

你的　马克思

手稿　　　　　　　　　　　　　　　　　　　　　　　　　　　　　节录

莫斯科苏共中央马列主义研究院中央党务档案馆，F.1, op.1, Nr.275

（《马克思恩格斯全集》德文版第27卷第131页，参看《马克思恩格斯全集》中文第2版第48卷第44—45页）

321
共产主义者同盟章程[①]

约1848年11月底12月初

全世界无产者，联合起来！

第一章　同　盟

第一条　同盟的目的：推翻资产阶级政权，建立无产阶级统治，消

[①] 共产主义者同盟章程（马克思和恩格斯曾积极参加了该章程的起草工作）于1847年6月在同盟第一届代表大会上拟定。这个章程经过同盟各支部讨论后重新提交第二届代表大会审查，最后于1847年12月8日批准。——原卷末注

灭旧的以阶级对立为基础的资产阶级社会和建立没有阶级、没有私有制的新社会。

第二条 盟员的条件：

（a）生活方式和活动必须符合同盟的目的；

（b）具有革命毅力并努力进行宣传工作；

（c）承认共产主义；

（d）不得参加任何反共产主义的（政治的或民族的）团体并且必须把参加某团体的情况报告有关的领导机关；

（e）服从同盟的一切决议；

（f）保守同盟的一切机密；

（g）必须获得一致通过，才能被接收入某一支部。盟员如果不能遵守这些条件即行开除（见第八章）。

第三条 所有盟员都一律平等，他们都是兄弟，因而有义务在一切场合下互相帮助。

第四条 盟员皆有盟内代号。

第五条 同盟的组织机构是：支部、区部、总区部、中央委员会和代表大会。

第二章 支 部

第六条 支部的组成至少三人至多二十人。

第七条 每个支部选举主席和副主席各一人。主席主持各种会议，副主席管理财务，主席缺席时由副主席代理主席职务。

第八条 接收新盟员须经支部事先同意，由支部主席和充当介绍人的盟员办理。

第九条 各地区的支部彼此不得相识或保持任何联系。

第十条　各支部均须有特别称号。

第十一条　任何一个盟员迁居时均须事先报告本支部的主席。

第三章　区　部

第十二条　区部辖有两个以上十个以下支部。

第十三条　由这些支部的主席和副主席组成区部委员会。区部委员会从委员中选出领导人。区部委员会同本区各支部和总区部保持联系。

第十四条　区部委员会是区内各支部的权力执行机关。

第十五条　各独立支部须加入已有的区部，或同其他各别的支部成立新的区部。

第四章　总区部

第十六条　本国或本省内的各区部隶属于一个总区部。

第十七条　由代表大会根据中央委员会的建议按省划分同盟各区部和指定总区部。

第十八条　总区部是本省各区部的权力执行机关。它同各该区部和中央委员会保持联系。

第十九条　新建立的区部加入邻近的总区部。

第二十条　总区部向最高权力机关——代表大会报告工作，在代表大会闭幕期间则向中央委员会报告工作。

第五章　中央委员会

第二十一条　中央委员会是全盟的权力执行机关，向代表大会报告工作。

第二十二条 中央委员会的成员不少于五人，由代表大会指定为中央委员会所在地区的区部委员会选出。

第二十三条 中央委员会同各总区部保持联系，每三个月作一次关于全盟状况的报告。

第六章 一般规定

第二十四条 支部、区部委员会以及中央委员会至少每两周开会一次。

第二十五条 区部委员会和中央委员会的委员任期为一年，连选得连任，选举者可以随时撤换之。

第二十六条 每年9月进行选举。

第二十七条 区部委员会必须根据盟的意图对各支部所进行的讨论加以领导。如中央委员会认为某些问题的讨论具有普遍的和直接的利害关系，可以提交全盟讨论。

第二十八条 盟员至少每三个月同所属区部委员会联系一次，支部每月联系一次。每个区部至少每两个月向总区部报告一次本地区的工作进展情况，每个总区部至少每三个月向中央委员会报告一次本地区的工作进展情况。

第二十九条 同盟各级机关必须采取必要的措施来保证同盟的安全并加强其活动，按照章程独立负责进行活动，并立即把一切通知上级机关。

第七章 代表大会

第三十条 代表大会是全盟的立法机关。关于修改章程的一切提案均经总区部转交中央委员会，再由中央委员会提交代表大会。

第三十一条 每个区部都可派遣代表。

第三十二条 盟员不超过三十人的区部派代表一名,满六十人者派两名,满九十人者派三名,以此类推。各区部可以选举不属于本地区的盟员为自己的代表。凡属上述情况,则各区部须赋予自己的代表以全权并给予详细的指示。

第三十三条 代表大会于每年8月举行。遇紧急情况中央委员会得召集非常代表大会。

第三十四条 每届代表大会指定本届中央委员会所在地,同时指定下届代表大会的开会地点。

第三十五条 中央委员会得出席代表大会,但无表决权。

第三十六条 代表大会于每次会议后除发指示信件外,还可以代表全党发表宣言。

第八章　反盟罪行

第三十七条 凡不遵守盟员条件者(见第二条),视情节轻重或暂令离盟或开除出盟。凡开除出盟者不得再接收入盟。

第三十八条 开除盟籍的问题只能由代表大会决定。

第三十九条 区部或独立支部可以暂令个别盟员离盟,但必须立即报告上级机关备案。在这种情况下代表大会同样作为最高权力机关作出决定。

第四十条 被暂令离盟的盟员重新入盟问题,须由中央委员会根据区部的提议处理。

第四十一条 反盟的罪行由区部委员会审理;区部委员会还应督促判决的执行。

第四十二条 为了盟的利益必须对被暂令离盟者、被开除盟籍者和可疑者加以监视，使他们不能为害。有关这些人的阴谋活动必须立即通知有关支部。

第九章 盟的经费

第四十三条 代表大会为每个国家规定每一盟员应缴纳的最低盟费。

第四十四条 盟费半数上缴中央委员会，半数由区部或支部留用。

第四十五条 中央委员会的经费用作下列各项支出：（一）联络费用和组织费用。（二）印发传单。（三）中央委员会因执行某种任务所派代表的一切费用。

第四十六条 地方委员会的经费用作下列各项支出：（一）联络费用。（二）印发传单。（三）在必要时派遣代表的一切费用。

第四十七条 凡支部和区部六个月不向中央委员会交盟费，中央委员会即令其暂时离盟。

第四十八条 区部委员会最迟不超过三个月向所属各支部报告收支情况。中央委员会向代表大会报告盟的经费分配情况和盟的收支情况。任何滥用盟的经费的行为都要受到最严厉的惩罚。

第四十九条 特别费用和召开代表大会的费用由特殊收入开支。

第十章 接收盟员

第五十条 支部主席向被接收入盟的盟员宣读和说明章程的第一条到第四十九条，要在简短的讲话中特别强调入盟者应尽的义务，然后向他发问："那么，你愿意加入这个同盟吗？"如果后者回答："愿意！"，那么主席就要他保证尽盟员的一切义务，然后宣布他为盟员并在下一次会议上将他编入支部。

受1847年秋召开的第二届代表大会之委托公布。

秘书　　　　　主席
签名：恩格斯　签名：卡尔·沙佩尔
1847年12月8日于伦敦

手稿

伯尔尼瑞士联邦档案馆，《司法、流亡者（1848—1895年）》第68卷（参看《马克思恩格斯全集》中文第1版第4卷第572—577页）

322
卡尔·布伦[①]（汉堡）给约翰·菲力浦·贝克尔（比尔）的信

1848年12月2日

12月2日于汉堡

亲爱的普拉格曼：

10天前我从柏林回到这里[②]，我是去那里参加民主派代表大会的。

---

① 这封信的落款是"利布林"。当时，布伦为了躲避警方和法庭的追究，借用了一个科尔马人的名字：约瑟夫·利布林；另见文件381。
② 布伦没有直接从柏林回去，而是先从柏林前往梅克伦堡。

可惜我是在回来的时候才收到你的来信,因此,我在柏林没有顾上把这里的情况告诉你。赫克萨默虽然非常了解我,我们俩几乎天天见面,但是,就连他也没有向我表示他对"自助者"[168]的看法。我同各地来的许多人关系都很好,因此,我要是早点收到你的来信,就可以向你谈很多情况。这次代表大会的讨论情况和取得的成果,你们可能已经知道了,因此,我的汇报也许来得太晚了;由于德斯特尔和赖辛巴赫被选入中央委员会,我们已获益匪浅。现在经常发布民主通告信,向各团体报告我们的事业的进展情况。[……]

"自助者"在这里和其他地方发展很顺利,甚至已发展到军人中间去了。不过我了解得还不充分。我在这里还遇到了另外一个团体,而且也具有同一种倾向,这个团体是由伦敦方面领导的,伦敦派来的一名特使①先我几天到达柏林,他现在到东北地区去了,我将设法让他到你们那里去一次,以便亲密无间地联合起来;我是该团体的成员,现在正在为它工作,也就是说,为它物色成员。不过为联合一事[169]还要给伦敦写信。我如果有钱就到你们那里去,然后再去伦敦。[……]

手稿 节录
莫斯科苏共中央马列主义研究院 第一次发表
中央党务档案馆,F. 185,Nr. 48—2

---

① 很可能是指约瑟夫·莫尔。

323

A. 里德尔（列日）给卡尔·马克思（科隆）的信

1848年12月5日

1848年12月5日于列日

亲爱的马克思：

我以列日德国工人社会主义者俱乐部的名义随信给你寄去……①以供民主派中央委员会使用。

祖国已经得到拯救！！最近一周来，列日这里成立了一个"讨论祖国利益"的联合会，由**亚琛**的伊比尔特或者伊贝尔茨②教授（？）任主席，这件大事已在4家报纸上公布！我还没有加入这个联合会，但一些工人对我说过，这个联合会丝毫不为工人着想；有人说它似乎是阅读《科隆日报》社论的场所。我还要告诉你，你身体这样安康，并给我寄来报纸[170]，对此我非常高兴。我在一个师傅那里工作刚刚一个星期；到目前为止，我手头一直十分拮据。如果再工作一段时间，我将尽力设法攒一笔钱，偿还我的债务。

向你全家以及其他熟人致意。

A. 里德尔

---

① 这里删去的是一笔款子的数目，即9法郎50生丁。这是在该信的脚注中给以补充的；从该脚注中可以看出，里德尔因付不起邮费而只想先寄出全部款子的一部分。这条脚注后来又被删掉，最后寄出了2塔勒13银格罗申，该信同时又是汇票，参看本卷第563页注①。

② 这里有一条边注：还有弗里德里希博士？？

第四章 革命时期的共产主义者同盟及其在工人运动和民主运动中的活动　563

为了节省邮资，我暂时将这封信寄往**奥伊彭**；随信寄去9法郎50生丁，邮资已付。①

手稿　　　　　　　　　　　　　　　　　　　　　　　　第一次发表
莫斯科苏共中央马列主义研究院
中央党务档案馆，F.1, op.5, Nr.181

324

洛桑工人联合会给弗里德里希·恩格斯的出席伯尔尼工人代表大会的委托书

1848年12月8日

兄弟！

　　鉴于不可能派代表去出席伯尔尼工人代表大会②，特委托你做我们的代表。作为一个为无产阶级利益而斗争的老战士，在这次大会上你当

---

① 信封上注明。"随信寄去2塔勒13银格罗申"。这笔汇款记在柏林民主派中央委员会的收入栏内，《新莱茵报》（1848年12月16日第170号增刊）宣布："列日德国工人联合会寄来2塔勒13银格罗申"。
② 瑞士工人联合会和德意志民主民族联合会分会的第一次代表大会于1848年12月9—11日在伯尔尼举行。——原卷末注

然也一定能够完成自己的任务，虽然这一次你不必同资产者和其他小商人打交道；要知道这是真正的无产者，你应当同他们一道并且为他们进行工作。那么，让我们把我们对中央联合会的愿望简单地告诉你。

（1）各联合会联合的目的应当是：

（a）成立中央联合会和中央会计处。

（b）对工人进行**社会**的和政治的教育。

（c）同莱比锡德国工人委员会①建立联系，以便加强主要是工人之间的联合。

（2）选出的中央联合会的义务应当是：

（a）同莱比锡工人委员会建立联系。

（b）为了减少通讯，着力推销中央委员会出版的报纸（《博爱报》②）。

（c）掌管中央会计处，每半年提出一次有关报告。（d）把一切重要事件及时地通知各兄弟联合会。

（3）各兄弟联合会之间相互的义务以及对中央联合会的义务是：

（a）每个会员每月交纳一巴茨③以下的会费，同时双方应经常交换

---

① 指1848年8月23日至9月3日在柏林举行的工人代表大会所选出的德国工人中央委员会。这次代表大会是由许多工人团体倡议召开的。在斯蒂凡·波尔恩影响下制定的代表大会纲领，向工人们提出了争取实现一系列狭隘职业要求的任务，从而使他们远离革命斗争。德意志工人中央委员会设在莱比锡。和波尔恩一起被选入中央委员会的还有施温尼格尔和基克。——原卷末注

② 《博爱报·全德工人通讯》（《Die Verbrüderung. Correspondenz Blattaller deutschern Arbeiter》）——德意志工人中央委员会机关刊物，1848年10月至1850年6月在莱比锡出版，每周两期；1849年5月以前该杂志由斯·波尔恩主编。——原卷末注

③ 瑞士货币。——编者注

邮资总付信件。

（b）联合会的每个分会应给自己的会员颁发会员证。

（c）持有会员证的每个联合会会员有权加入任何一个联合会，但会员证须经本人最后所属的那一个联合会的主席签署。

至于我们的选择，那么我们仍和过去一样，认为伯尔尼联合会最适当。如果要讨论我们的最后一个通告，那么它只不过是今年夏天我们就已承认伯尔尼联合会为中央联合会的结果，但是由于缺乏有关事态发展的任何消息，我们便在这里召开了会议，在会上通过了上述通告。我们否决了每人每周交纳半巴茨的做法，因为这样会使会员人数减少，同时并不能使收入增加很多。

代表联合会41名会员向你致敬并握手

格·施奈贝尔格　邦格特克·哈夫

1848年12月8日于洛桑

手稿
莫斯科苏共中央马列主义研究院
中央党务档案馆，F.1, op.1, Nr.5544
（《马克思恩格斯全集》德文版第6卷第574—575页，参看《马克思恩格斯全集》中文第1版第6卷第681—682页）

325

瑞士的德国工人联合会中央委员会（伯尔尼）给三月同盟理事会①（美因河畔法兰克福）的信 （草稿）

1848年12月11日

1848年12月[10日或11日] 于伯尔尼

---

① 由于警察的迫害，恩格斯从1848年10月起不得不暂时离开德国流亡瑞士，在瑞士洛桑和伯尔尼等城市居住，在此居留期间，他同当地的工人联合会和民主联合会建立了密切的联系。并以洛桑工人联合会代表的身份参加了1848年12月在伯尔尼举行的瑞士各德国人联合会第一次代表大会，并当选为中央委员会委员。这封信是恩格斯受这次代表大会的委托写给美因河畔法兰克福三月同盟理事会的。

在1848年12月10日伯尔尼代表大会上，在讨论到瑞士各联合会是否与小资产阶级的三月同盟建立联系时，争论激烈起来。尽管伯尔尼工人联合会的代表根据三月同盟不是持共和派立场这个理由，发言反对同三月同盟通讯（特别是恩格斯也表示反对），但大会仍然通过了给三月同盟写信的决议。这个文件的全文在12月11日的会议上得到批准。恩格斯在起草这封信时，不得不遵从代表大会的决议。但是他终于成功地把无产阶级革命家和《新莱茵报》对三月同盟的立场正式反映到这份文件中。例如，他在信中强调指出，新建立的瑞士各德国人联合会总会的共和主义纲领，使得这个组织不可能与三月同盟进行密切合作。

恩格斯的这封信首次发表在罗·得鲁贝克的《弗里德里希·恩格斯1848年底至1849年初在瑞士的政治活动》一书中。——原卷末注

致美因河畔法兰克福三月同盟①理事会

公民们：

瑞士各德国人联合会于本月9日、10日和11日在伯尔尼这里举行了代表大会，②会上决定建立彼此之间的永久的联合，并确定伯尔尼联合会③为区部联合会。

本中央委员会就此通知你们，联合已经实现。

其次，中央委员会通知你们，代表大会决定同三月同盟进行通讯联系。由于我们共同章程第一条的规定，同三月同盟建立更密切的

---

① 三月同盟是主要在德国南部和中部成立的各种民主同盟的统称，它们加入了中央三月同盟。中央三月同盟是1848年11月底由法兰克福国民议会左翼议员为了集结激进小资产阶级和左翼自由资产阶级各派力量而建立的，其宗旨是保卫德国1848年三月革命的成果。同盟的领导者是一些小资产阶级民主主义者，如弗勒贝尔、西蒙、卢格、福格特等，他们用空话来代替革命行动，不是号召人民起来斗争，而是幻想走议会道路。马克思和恩格斯从1848年12月起就已经开始在《新莱茵报》上和许多著作中尖锐地抨击同盟的领袖们对反革命斗争畏首畏尾、犹豫不决。1849年春，革命力量脱离了中央三月同盟。——原卷末注
② 指1848年12月9—11日在伯尔尼举行的瑞士各德国人联合会第一次代表大会，其目的是使瑞士各德国人民主联合会和工人联合会联合起来采取统一的政治行动。瑞士许多城市的民主联合会和工人联合会的代表参加了这次代表大会。代表大会通过了瑞士各德国人联合会总会的章程，根据章程，领导总会的应该是中央联合会（伯尔尼的工人联合会被选举为中央联合会），而常设领导机构则是五人组成的中央委员会。在12月14日选出的中央委员会委员中有恩格斯，他担任了书记员的职务。——原卷末注
③ 指伯尔尼工人联合会。它是1848年瑞士最大和最有影响的德国工人联合会之一，对伯尔尼州许多较小的工人联合会起着领导作用。它遵循共和民主纲领，但在很大程度上受威·魏特林和斯·波尔恩的影响。工人联合会于1849年春季瓦解。——原卷末注

联系是不可能的，瑞士各联合会在这一条中明确表示赞成民主社会共和国①。

再次，代表大会委托我们通知你们，代表大会坚决反对德意志帝国政权对瑞士所采取的措施。这些既不公正又可笑的措施不仅在整个欧洲面前败坏了德国的声誉，而且对我们即在瑞士的德国工人来说也是特别有害的，因为它危害到我们的物质状况，使我们德国民主派在我们的朋友——瑞士民主派面前处于一种尴尬的境地。②

我们希望，三月同盟中的某个议员能利用最近的适当时机，把瑞士德国工人的这种正式观点通知所谓的国民议会③。

---

① 根据伯尔尼代表大会上所通过的瑞士各德国人联合会总会的章程第一条，总会的宗旨是"以社会民主主义和共和主义精神教育会员，并且以一切合法手段，力求做到使社会民主主义和共和主义的原则和组织得到德国人的承认，并得以实现"。——原卷末注

② 指全德临时中央政权与瑞士当局之间发生的冲突。临时中央政权是根据1848年6月28日法兰克福国民议会的决议、为代替联邦议会于同年7月12日成立的，它由帝国摄政王（奥地利大公约翰）和他任命的帝国内阁组成。这个实际上从一开始就既不掌握预算也不掌握军队的中央政权，并没有任何实际力量，但仍然支持德意志各邦君主实行反革命政策。10月初，这个中央政权因在瑞士的德国共和主义流亡者的密谋活动而向瑞士政府发出了一份照会，要求瑞士政府把德国流亡者从与德国毗邻的瑞士各州中驱逐出境。这份照会以及10月23日的另一份照会都向瑞士政府发出了威胁。瑞士政府拒绝了德国临时中央政权的全部要求。参看恩格斯1848年11月写的文章《德意志中央政权和瑞士》。——原卷末注

③ 法兰克福全德国民议会于1848年5月18日在美因河畔法兰克福召开，其目的是消除德国政治上的分裂状态和制定全德宪法。它的选举采取两级制，不是直接选举。在法兰克福国民议会中，除了勃鲁姆、福格特等人组成的左翼外，还有卢格、施略费尔、齐茨、特留茨什列尔等人组成的极左翼，或称激进民主派。议会的多数派是自由资产阶级中间派，它又分裂成中间派右翼和中间派左翼。中间派拥护君主立宪政体。但是由于自由派多数的胆怯和妥协，以及小资产阶级左翼的动摇和不彻底性，议会害怕接管国家

我们期待着你们的材料和来信。

敬礼和兄弟情谊。

瑞士德国工人联合会中央委员会
美因河畔法兰克福议员特吕奇勒尔先生收。

手稿

伯尔尼瑞士联邦档案馆，《司法、流亡者（1848—1895年）》第68卷（《马克思恩格斯全集》德文版第27卷第490—491页，参看《马克思恩格斯全集》中文第2版第48卷第48—49页）

（续前注）的最高政权，没有成为真正统一德国的机构，最后变成了一个没有实际权力，只能导致群众离开革命斗争的纯粹的争论俱乐部。

当德意志各大邦召回本邦议员，而法兰克福市当局又禁止留下的左翼议员在当地开会时，左翼议员便于1849年5月30日决定把议会地点迁到斯图加特，并试图组织保卫帝国宪法的合法运动。1849年6月6日，国民议会宣布废除帝国摄政及其阁员，建立由温和民主派弗·拉沃、卡·福格特、亨·西蒙、弗·许勒尔和奥·贝谢尔组成的五人摄政，但是没有成功。同年6月18日，议会被军队驱散，停止了活动。马克思和恩格斯曾在《新莱茵报》上发表许多文章，对法兰克福国民议会的活动进行了尖锐的批评。——原卷末注

326
弗兰茨·施彭格勒（慕尼黑）给格奥尔格·基克（莱比锡）的信[171]

1848年12月17日

1848年12月17日于慕尼黑

亲爱的基克先生：

[……] 在我已经看到在联合会内部尽快向会员们阐明真正的社会原则并把他们造就成这一原则的拥护者都是不可能的之后，一些社会主义者（其人数当然是很少的）就组织了一个俱乐部，表示支持联合会，在联合会讨论社会问题时，他们就在那里参加讨论，以便尽快传播这种原则。我们还没有来得及举行三次会议，我在联合会中就遭到了指责，说什么我想搞垮联合会，甚至还有人说什么，这样的会员离开联合会倒是好事。这两个例子也许可以说明这里工人的情况。这里的工人组织发展缓慢。裁缝、木工、五金工人、旋工、制皂工人、鞋匠都已加入组织。他们每星期一举行会议，下周各地的代表将要集会。在组织方面，任何一个城市都不像这里有这么多的障碍，而在协作方面的障碍则更多了。[……]

手稿

德累斯顿国家档案馆，MdI，11026a

节录

第一次发表

327
奥古斯特·格贝尔特（贝桑松）[172]给
弗里德里希·恩格斯（伯尔尼）的信

1848年12月21日

1848年12月21日于贝桑松

亲爱的兄弟：

自从我离开巴黎以来，前几天才第一次听到关于你的点滴消息，也就是说，是通过施洛特贝克了解到的，他和你是同时到达伯尔尼的①；他的信虽然不是直接写给我的，而是写给军团的，他在信中说你是洛桑的代表；他没有详细谈及代表大会的讨论情况，只简单地说了说大会的议程。

自从我们分别以来，当时曾有许多人表示怀疑的某些情况，如今已发生了变化，即使是我当时也不相信，事态在今年会发生这样的变化。不过，综观所发生的一切，就是缺乏行动，或者说，在此以前总还是缺乏这种行动（有力的行动）。你也许还记得，今年年初伦敦中央委员会的一份通告信②中说过的话，任何时候，同盟都应该抓住它所遇到的每

---

① 弗·施洛特贝克和格贝尔特都是共产主义者同盟盟员，前者以拉绍德封工人联合会代表的身份在伯尔尼工人联合会代表大会上会见了恩格斯。格贝尔特把自己的信寄给了施洛特贝克，后者又把它转给了恩格斯，参看文件329。

② 通告信没有保存下来。

一个时机,用行动来证明早就说过的话;而今年春天就有过一次机会,我当时在纳沙泰尔州,这你是知道的。在那里,我们大家都满腔热忱地同情纳沙泰尔革命。① 这次革命结束之后,巴登起义开始了。我们全部有战斗力的人都对此感到欢欣鼓舞,首先是发自内心的激动,其次是由于巴黎的一封来信,信中要求我们把自己武装起来;但几天以后,我们收到了中央委员会的一封信,信中不同意我们参加实际行动。不过,第一封信来得太迟了,而第二封信又违背了我们的信念,如果我出面阻止,人家就会把我看成是叛徒;后面一点我当时就答复了巴黎,而对方回信要我们采取行动,这一点,我们也认为是对的,而且也是这么做的,你们那时要是领导了在巴黎的德国人,同我们一起在巴登开始斗争,那不是更好吗?这样做,我们也许会取得更大的成果,领导在法国的德国人的那些人就不至于全是剥削者和胆小鬼,这些人只想在德国坐上共和国的安乐椅,唯独不愿为此献出自己的生命,因而一切都在倒退。[173]

你对这件事的进程已了如指掌,所以我不想没完没了地向你唠叨,但是,我希望你仍然保持以前那种热情,因为现在首先必须聚集一切力量,使人们能够通过行动取得应有的权利;请愿、协商都是无济于事的,对此我们已有深刻的体会。因此,我们应当设法在各联合会内部使一切有战斗力的人都尽到自己的责任,投身于未来的斗争,而且要建立这样的组织,从每10人或20人中选出一人来管理一些小事,再由他们中间的10人中选出一人。这样可以保持经常联系,重要的是,人们在关键时刻可知道自己拥有的实力。这一点以往总是做得很不够,总是一味相信:人们在必要时能尽到自己的本分。只有我们知道:该怎样同这样一支非正规部队去周旋;每个人都想发号施令,就是没有一个人服从整体。因

---

① 1848年3月1日在纳沙泰尔爆发起义,宣布完全摆脱普鲁士的控制,并颁布了一个共和国的宪法。普鲁士到1857年才最终放弃它对纳沙泰尔的要求。

此，在瑞士只能这样来处理这个问题，知道确实拥有多少力量，因为各联合会对政治局势争论不休，同时像过去那样忽略了实际问题，这没有使我们达到任何目的。因此，我们直接向人们指出，他们是什么人，应该提出什么样的要求；并向他们阐明，确保人的权利，不是靠什么变革，不是靠微小的改善，而是靠同等地参与各种活动，靠大自然和人的勤奋为所有人创造的同等权利；任何人都不能靠损害别人而使自己舒舒服服地过日子，每个人都必须为全体人的幸福作出贡献。这一点必须通过城乡各支部的联合来实现，同时统计出使每个支部像人一样生活所必需的东西。如果做到了这一点，委员会也就可以考虑到生产一切必要的东西了；这样一来，就不再有贫困，任何人都不必再为了生活而乞求于别人了。

我给艾韦贝克写过几封信，也收到了他的回信。军团向他提出了建议，让他设法使法国的各民主协会同"自助者"① 联合起来；对此他回答说，如果在巴黎活动比较方便，他将尽力而为。我们同里昂（那里有一个相当强大的联合会）也有通讯联系；我们想尽力通过巴黎人和里昂人的帮助在法国所有比较大的城市里建立组织。因此，请你们在瑞士尽到自己的责任。我们这里的内部情况是这样的：我们大家每人每天都靠50生丁救济费生活。因此，我们必须支付我们所需要的一切费用。在这里，150人还同我们生活在一起。此外，我们的情况，施洛特贝克会告诉你的。

劳驾，请你在回信中谈谈柏林、科隆、伦敦以及整个同盟的情况，我对此了解甚少。我们军团中还有许多人想知道这方面的情况；波尔恩近况如何，我也很想知道。

希望尽快复信，向你问好

你的兄弟
奥古斯特·格贝尔特

---

① 参看注168。

代我们的司令官奥古斯特·维利希多多致意。

我的通讯处是：贝桑松的德国流亡者　奥·格贝尔特

手稿　　　　　　　　　　　　　　　　　　　　　　第一次发表
莫斯科苏共中央马列主义研究院
中央党务档案馆，F. 1, op. 1, Nr. 277

328
瑞士的德国工人联合会中央委员会（伯尔尼）
给沃韦工人联合会的信（草案）

约 1848 年 12 月 25 日

1848 年 12 月 14 日—25 日之间于伯尔尼

致沃韦联合会

朋友们，兄弟们：

我们以代表大会选出的中央委员会的名义回答你们 12 月 7 日的来信。因为代表大会已经规定各个联合会联合的基本原则，所以我们不再谈论你们对苏黎世联合会的指责，而是直接回答你们信中所涉及的预期的集中统一的各个问题。

你们首先要求，代表大会也应当把一些联合会仅仅用书信方式所进行的投票计算在内,而且还就此引用了民主原则。代表大会讨论了这个问题,也考虑了你们所提出的理由,但是代表大会认为,不能同意这种做法。大会认为,如果这样,就根本用不着召开代表大会,只要各联合会向中央委员会写信,然后中央委员会统计票数,宣布结果就行了。这是各联合会迄今为止或多或少地用以进行联系而又一无成效的方式方法,而代表大会却在几天之内就能轻而易举地把事情办妥。这正是因为,通过几个小时的口头讨论,会比通过多年的通信获得更多的成果,更容易达成协议。没有派代表的联合会不能参加代表大会的讨论,他们无法听到所提出的赞成和反对的理由,而正因为这些理由最后要决定投票的结果,所以他们自然也就无法进行投票。否则任何时候都不可能产生一个多数。尽管你们认为这是不民主的,但是我们认为,你们在这方面的意见,任何时候在世界上任何一个民主国家内都是行不通的,而行得通的始终是我们的意见:在美国、瑞士、法国以及其他一切较早的民主国家里,始终奉行这样的原则:不派代表,就不能投票。况且代表大会为了让每个联合会将来都能派出自己的代表,已经决定承担代表们的全部费用。就连这一次代表大会你们也许本来是能够派代表参加的;洛桑联合会也缺少派遣代表的费用,就让一个住在伯尔尼的公民作为代表,并且给他①发出了指示。

在此以前,瑞士各联合会之间并没有怎么统一起来,这确实是令人

---

① 指1848年11月起旅居伯尔尼的恩格斯。洛桑工人联合会于1848年12月8日给恩格斯寄去了要他作为洛桑工人联合会的代表参加伯尔尼代表大会的委托书和指示。洛桑联合会的领导人施内贝格尔、克·哈夫和班格特于1848年12月8日就这一点写信给伯尔尼工人联合会说:"由于沃韦联合会(它只想承认比尔联合会为中央机关)的冷淡态度,我们不可能派遣代表。所以我们决定以我们的指示授予朋友恩格斯以全权。如果他不出席,则其全权转交给朋友罗斯特。"——原卷末注

遗憾的;同样令人遗憾的是,关于中央联合会居然提出了那么多相互矛盾的建议。正因为如此,苏黎世联合会提出的召开一次代表大会的建议,是一个很好的主意。苏黎世联合会所起草的临时章程,自然只是一个建议,必须经代表大会通过,而且你们从随函附去的记录抄本中可以看出,代表大会已对它作了重大修改。但是现在,当通过10个不同联合会的代表的协商,至少已经有了一个开端的时候,非常希望没有派遣代表的联合会参加已经开始的集中统一行动,并像派出代表的每个联合会几乎都在这点或那点上放弃了自己的意见而服从多数的决议那样作出让步。没有相互间的让步,我们就永远什么事情也做不成。

你们关于把军人联合会"自助者"① 理事会宣布为中央联合会的建议,经过大会非常认真的讨论被否定了。军人联合会"自助者"按照这里的法律(志愿兵法)是一个被禁止的组织,因此,其他联合会以**联合会的身份**加入这个组织同样有被解散和没收财产的危险。其次,军人联合会只愿作为一个军事性的组织,而不把代表各联合会进行社会民主主义宣传并与德国进行通讯联系看做是自己的职责。柏林中央委员会和莱

---

① 军人联合会"自助者"即德国"自救"武装协会。这个组织是根据民主运动和工人运动活动家约·菲·贝克尔的建议,于1848年10月1日创立的,目的在于把在国外的德国人,特别是在瑞士和法国的政治流亡者和手工业者紧密地联合起来。联合会的中央委员会设在比尔(伯尔尼州),联合会的政治领导和军事领导分别由贝克尔和维利希担任。在贝桑松的德国纵队及其在南锡、沃苏勒、里昂等地的分遣队从一开始就归附于这个联合会。军人联合会遵循小资产阶级民主主义方针,试图联合瑞士所有的德国人志愿队,以期在德国建立共和国。这个组织是在法国和意大利的秘密团体的影响下形成的,因而带有密谋的性质。瑞士当局在德意志联邦议会的压力下对贝克尔以及军人联合会的其他组织者进行了司法追究,贝克尔被判处从伯尔尼州驱逐出境,为期一年。——原卷末注

比锡的工人委员会①即使在无可非难的问题上也不会冒险同军人联合会进行通讯联系，否则会使自己遭受被解散和逮捕的危险；反过来说，军人联合会也同样不会同这些委员会进行经常的通讯联系，以免招致瑞士当局对自己的最残酷的迫害。我们首先要求的集中统一，是不给政府以任何借口来对流亡者进行新的迫害的集中统一，是使别人无法进行挑剔因此也就能完成它的任务的集中统一。比尔的代表②本人也有这种看法，他反对把中央联合会的职责转交给军人联合会理事会。不过，对任何人来说，当然都可以自由地加入军人联合会。只是希望不要以**联合会的身份**加入，这样，如果发生新的迫害，就不会连累联合会，而只会涉及个别人。

我们依次回答了你们信中所提的问题，现随信附上大会的记录，让你们了解代表大会的其他决议；我们以代表大会的名义，并受大会的委托，要求你们加入各德国人联合会就此促成的联合行动，并尽快地把你们是否愿意参加的决定通知我们。

我们再一次向你们呼吁：请你们像其他联合会过去已经做了而且将来也会做的那样，为了顾全大局，在次要的问题上作出让步；请你们参加到许多联合会花了不少资金和时间才建立起来的联合中心中来。只有我们大

---

① 莱比锡的工人委员会指设在莱比锡的由斯·波尔恩领导的德国工人中央委员会。它是新成立的工人兄弟会的领导机构，于1848年8月23日—9月3日在柏林举行的工人代表大会上选举产生。

工人兄弟会全名是全德工人兄弟会，这个于1848年8月底至9月初在柏林建立的德国第一个全国性的工人组织，是德国工人阶级发展独立的政治组织的一个重要开端。工人兄弟会的纲领带有改良主义色彩，其活动以经济斗争为主。1849年春马克思和恩格斯筹建独立的无产阶级政党时曾试图以它为基础，但未能成功。工人兄弟会的创建者和领导人，像斯·波尔恩、恩·施韦宁格、安·罗伊斯和卡·冈洛夫，都是共产主义者同盟盟员，或拥护同盟的人。工人兄弟会的许多成员于1848年参加了德国维护帝国宪法的起义。工人兄弟会于1850年中在萨克森被禁止，在其他邦也遭到镇压，但在其后几年仍在个别地方活动，然而已经没有什么影响。——原卷末注

② 尤·施坦道。——编者注

家团结起来，忘掉过去发生的事情，不要因为微小的意见分歧而继续分裂下去，这个联合中心才能有所作为！

敬礼和兄弟情谊。

受代表大会的委托
中央委员会

地址：伯尔尼克菲希巷109号拿·贝格尔先生收。

手稿

伯尔尼瑞士联邦档案馆，《司法、流亡者（1848—1895年）》第68卷（《马克思恩格斯全集》德文版第27卷第486—488页，参看《马克思恩格斯全集》中文第2版第48卷第49—52页）

329
弗·施洛特贝克（拉绍德封）给弗里德里希·恩格斯（伯尔尼）的信

1848年12月29日

1848年12月29日于拉绍德封

亲爱的恩格斯：

随信我把我们的格贝尔特的一封信①寄给你，你知道，他现在

---

① 文件327。

第四章 革命时期的共产主义者同盟及其在工人运动和民主运动中的活动

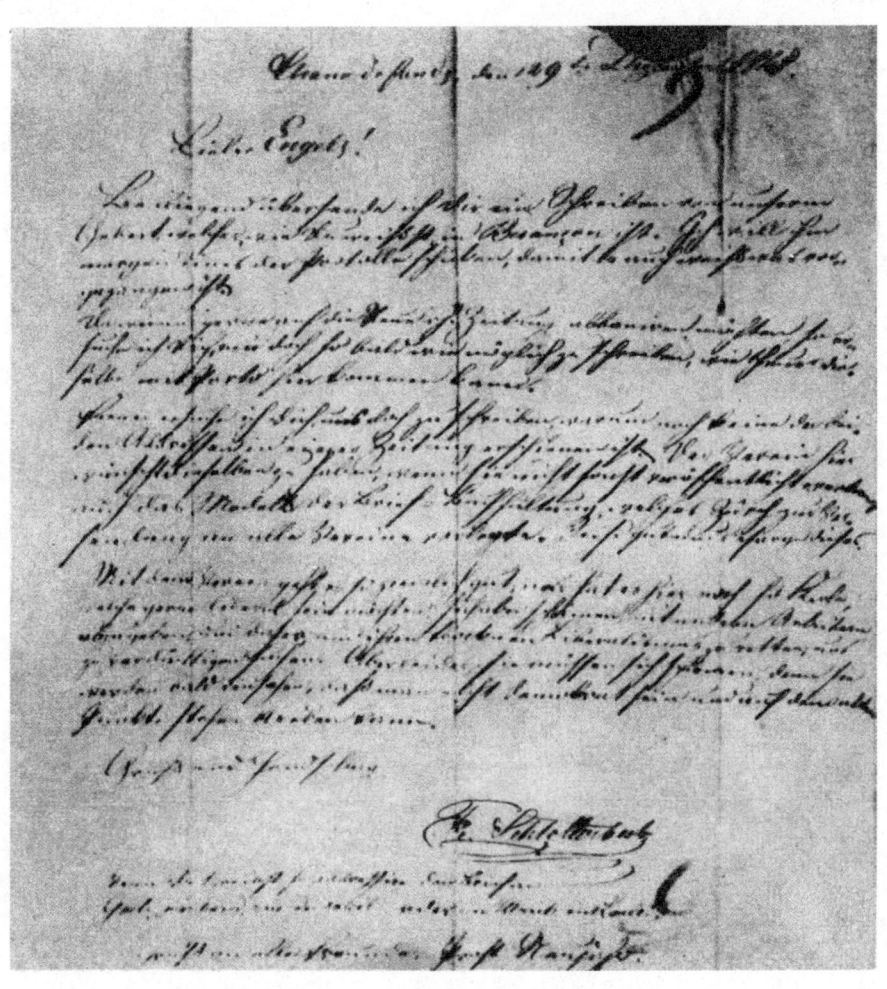

弗里德里希·施洛特贝克1848年12月29日
给弗里德里希·恩格斯的信

贝桑松。明天我想给他寄一份记录①去，让他也了解一下这里发生的情况。

我们很想订阅《新莱茵报》，所以我请你尽快来信告诉我，报费以及寄到这里来的邮费一共需要多少钱。

此外，我还请你来信告诉我们，为什么两封信②一封也没有在报纸上刊登。如果往后不再发表这两封信，请把它们寄给这里的联合会，顺便把苏黎世分发给各个联合会的书信登记格式一并寄来。劳驾，此事请你办理一下。

联合会的境况还算不错，只是还有一些家伙总是向往自由主义，但又羞于同其他工人交往，因此，他们为了挽救自己的那一套可怜的自由主义而企图怀疑我们。但遗憾的是，他们不得不感到羞愧，因为他们很快就会明白，他们不是民主派，总是停留在原地不动。

致敬并握手。

弗·施洛特贝克

你来信时，把信寄给洛克尔市太阳街的商人格茨或乌尔利希。

向所有的朋友们致意，祝新年愉快。

手稿　　　　　　　　　　　　　　　　　　　　第一次发表
莫斯科苏共中央马列主义研究院
中央党务档案馆，F. 1, op. 5, Nr. 183

---

① 指伯尔尼代表大会的记录。
② 很可能是指伯尔尼代表大会通过的两封信，即给柏林民主派中央委员会的信（没有保存下来）和给法兰克福三月同盟的信。（文件325）

330
卡尔·马克思的新年献词《革命运动》

1849年1月1日

科隆12月31日。从来还没有一次革命运动像1848年的革命运动这样以如此动人的序曲开始。罗马教皇给1848年的革命运动以宗教的祝福,拉马丁的风神之琴轻轻地奏出了优美慈爱的曲调,歌唱了所有社会成员和各族人民的《Fraternité》——手足情谊。

"拥抱吧,亿万人民!

普天之下共亲吻。"①

现在,被赶出罗马的教皇在残暴的白痴斐迪南的保护之下稳坐在加埃塔;这个意大利的"Iniciatore"("倡议者")② 正在运用计谋,伙同他在自己的黄金时代曾以开除教籍相威胁的、意大利历来的死敌奥地利来反对意大利。不久前在法国举行的总统选举,对于叛徒拉马丁的不得人心作了统计学上的证明。没有比二月革命和三月革命更仁慈、更人道和更软弱的事变了;没有比这种**软弱性的人道主义**的必然后果更残酷的东西了。意大利、波兰、德国和首先是在六月战败的那些人们就是

---

① 引自席勒的《欢乐颂》一诗。——原卷末注
② 罗马教皇庇护九世为了防止人民运动的发展,在1846年当选以后,随即出面倡导了一系列自由主义改革(特赦部分政治犯,废除书报预检制度,等等)。在罗马人民起义以后,庇护九世于1848年11月24日逃往那不勒斯王国境内的加埃塔要塞。——原卷末注

证明。

然而，随着法国工人在六月的失败，六月的胜利者自己也战败了。赖德律-洛兰和山岳党的其他领袖被资产阶级共和主义者的政党即《国民报》派排挤掉了；而《国民报》派则被王朝反对派即梯也尔—巴罗排挤掉了；如果三次复辟的循环没有完结，如果路易-拿破仑不只是一个空的投票箱（通过这个投票箱，法国农民声明他们参加社会革命运动，而法国工人则诅咒过去几个革命阶段的一切活动家：梯也尔—巴罗，拉马丁和卡芬雅克—马拉斯特），而是一个更有用的东西，那么这个王朝反对派也应该让位给正统主义者①。但是我们要指出如下的事实：革命的法国工人阶级失败的必然结果，便是刚刚镇压了无产阶级的法国共和派资产阶级的失败。

法国工人阶级的失败和法国资产阶级的胜利，同时也就是那些用谋求解放的英勇行动来回答高卢雄鸡的叫声的民族遭受新的奴役。波兰、

---

① 山岳党是聚集在《改革报》（《La Réforme》，1843年至1850年在巴黎出版）周围、以赖德律·洛兰为首的小资产阶级民主共和主义者的政党；和他们结合在一起的有以路易·勃朗为首的小资产阶级的社会主义者。

《国民报》派联合了以阿尔曼·马拉斯特为首、以工业资产阶级和一部分同它有联系的自由派知识分子为依靠的温和的资产阶级共和主义者；在40年代，这一派的信徒聚集在《国民报》（《Le National》）的周围；该报自1830年至1851年在巴黎出版。

王朝反对派是七月王朝时期法国众议院中的一个反对派集团。这个集团的代表人物反映了工商业资产阶级自由派的情绪，他们主张实行温和的选举改革，认为这种改革是防止革命和保持奥尔良王朝的手段。王朝反对派的首领是奥迪隆·巴罗。

正统主义者是1830年被推翻的、代表世袭大地主利益的波旁王朝的拥护者。在反对以金钱贵族和大资产阶级为靠山的当权的奥尔良王朝的斗争中，一部分正统派往往采取社会蛊惑的手段，把自己装扮成保护劳动者免受资产阶段剥削者奴役的好人。——原卷末注

意大利和爱尔兰又一次遭到普鲁士、奥地利和英吉利的警察制度的掠夺、侮辱和残暴的蹂躏。法国工人阶级的失败和法国资产阶级的胜利，同时也就是欧洲各国曾经一度与人民结合起来用反对封建制度的流血起义来回答高卢雄鸡的叫声的中等阶级的失败。那不勒斯、维也纳、柏林！法国工人阶级的失败和法国资产阶级的胜利，同时也就是东方对西方的胜利，文明在同野蛮作斗争中的失败。在瓦拉几亚俄国人及其工具——土耳其人开始对罗马尼亚人实行压迫；在维也纳，克罗地亚人、潘都尔兵、捷克人、奥地利边防军马队和其他的歹徒扼杀了德国的自由，而沙皇目前在欧洲则处处出头露面。因此，打倒法国资产阶级，争取法国工人阶级的胜利，争取整个工人阶级的解放——这就是欧洲解放的口号。

但是，**英国**这个把许多民族变成自己的雇佣工人，并用自己的巨手来扼制整个世界，并且一度担负欧洲复辟费用的国家，这个在自己内部阶级矛盾发展得最尖锐最明显的国家，好像是一座使革命巨浪撞得浪花四溅的岩石，它想用饥饿来扼杀还在母腹中的新社会。英国统治着世界市场。欧洲大陆的任何一个国家甚至整个欧洲大陆在经济方面的变革，如果没有英国参与，都不过是杯水风浪。每个国家内的工业和贸易关系都依赖该国和其他国家的交往，都受该国和世界市场的关系的制约。但是英国统治着世界市场，而资产阶级又统治着英国。

因此，欧洲的解放——不管是各被压迫民族争得独立，还是封建专制政体被推翻，都取决于法国工人阶级的胜利的起义。但是法国的任何一种社会变革都必然要遭到英国资产阶级的破坏，遭到大不列颠在工业和贸易上的世界霸权的破坏。如果要把法国以及整个欧洲大陆的任何一种局部性的社会改革进行到底，那无论现在或将来都不过是一种虚无飘渺的善良愿望。而旧英国只有**世界大战**才能摧毁，只有世界大战才能给宪章派这个英国工人的有组织的政党提供条件，来进行胜利起义以反对它的强大的压迫者。只有当宪章派成了英国政府的首脑的时候，社会革命才会由空想的领域进入现实的领域。但是，凡是有英国参与的**欧洲战争**都是世界战争。这场战争将在加拿大和意大利、东印度和普鲁士、非洲和多瑙河流域进行。而欧洲战争将是法国胜利的工人革命的第一个结果。像在拿破仑时代一样，英国将成为反革命大军的首领，但由于这场战争，英国本身将被投入革命运动，将成为革命运动的领袖并赔偿它对十八世纪革命所犯下的罪过。

法国工人阶级的革命起义，世界大战，这就是1849年的前景。

1849年1月1日《新莱茵报》（科隆）第184号（《马克思恩格斯全集》德文版第6卷第148—150页，参看《马克思恩格斯全集》中文第1版第6卷第173—175页）

331
科隆工人联合会委员会会议记录
1849年1月15日

在宣读和批准了上一次会议的记录以后，主席勒泽尔问编辑普林茨公民是否在座，有人回答说普林茨已经离去，接着他说，由于普林茨最近的所作所为和他不向联合会请示就擅自改变报纸的方针，作为联合会的工作人员，必须对他追究责任。[……]

公民马克思和沙佩尔提出了有许多人附议的提议：在委派普林茨任联合会正式机关报的编辑的同时，再成立一个编辑委员会，它应监督使机关报真正代表联合会的利益，并根据我们党的精神进行编辑工作。

提议被通过了，并委派公民沙佩尔、勒泽尔和赖夫组成编辑委员会。

公民威斯特曼宣读从布鲁塞尔寄来的哥特沙克医生的"声明"①，并且说他不同意后者的行动。

公民马克思提出了有沙佩尔附议的提议，建议现在不讨论这个问题，因为上述的声明太可疑、太模糊，很难从中做出一定的结论；为了弄清这个问题，应该指派一个委员会，由它指出看起来模糊的地方并写信给哥特沙克医生，请他对此加以说明和解释。

这个提议得到一致赞同；经提议选出公民马克思博士、安内克、沙佩尔、勒泽尔和埃塞尔组成委员会……

公民安内克提议在将来的会议上讨论即将进行的选举②问题。

公民沙佩尔认为，如果这是在一个月以前发生的话，那么我们作为

---

① 哥特沙克1849年1月9日在布鲁塞尔写了一篇声明，1月18日发表于《自由、劳动》报上。在这篇声明中，他为自己的"自愿流亡"辩护：尽管陪审法庭已经宣判他无罪，但他的很多同胞仍然认为他是有罪的。他声明：他只有按照"当今国内最高审判官"的召唤或是他的同胞们的召唤才能回国。对这个声明的评价见科隆工人联合会第一支部的决议。（见《马克思恩格斯全集》中文第1版第6卷第699—701页）——原卷末注
② 根据1848年12月5日的命令，定于1月22日选举复选人，1849年2月5日选举普鲁士议会第二议院的议员。——原卷末注

一个特殊的党派，也许可能获得某种重大的结果。但是，现在已经太晚了，因为我们根本还没有组织起来，工人联合会不可能使它所提出的自己的候选人当选。

公民马克思的意见也是这样，认为处在这种状态的工人联合会现在不可能使自己的候选人当选，当前的问题不在于获得某种原则上重大的结果，而在于起来反对政府、反对专制制度、反对封建主的统治；而这连普通的民主主义者，即所谓的自由主义者也是能做到的，因为他们也完全不满意现存政府。考虑问题必须从实际出发。既然现在重要的是要建立一个尽可能强大的反对现存专制制度的反对派，那么根据常识也可以判断：如果已明白在选举中不可能捍卫住自己的原则性观点，那就应该与其他也是站在反对派立场上的党派联合起来，不让我们的共同敌人——专制王权获得胜利。

接着决定参加这个城市里在划分选区之后就应成立的共同选举委员会，并在那里捍卫共同的民主原则。

为了在工人与民主派之间建立更密切的联系，指派公民沙佩尔和勒泽尔参加民主协会委员会的会议，并在本委员会会议上作有关的报道。会议10点半结束。……

1849年1月21日《自由、劳动》报第3号，（《马克思恩格斯全集》德文版第6卷第578—579页，参看《马克思恩格斯全集》中文第1版第6卷第687—688页）

节录

332
约瑟夫·魏德迈(达姆施塔特)给卡尔·马克思(科隆)的信

1849年1月22日

1849年1月22日①于达姆施塔特

亲爱的马克思：

下星期日，工人代表大会将在海德堡举行②，人们非常热切地邀请我们参加。我迫不及待地想知道德国南部工人们的表现，他们是否将完全放弃旧的行会杂念，是否将同意革命的发展。一场艰巨的斗争肯定是不可避免的。我没有看过最近召开的民主派代表大会③通过的纲领，仅仅从艾韦贝克最近发表的一篇文章中对纲领所作的评论中略知一二，该纲领同在伦敦通过的共产主义纲领非常相似。④ 因此，我在即将召开的代表大会上将会受益，原因是我可以根据这个纲领申请加入民主派中央委员会。劳驾你，给我找一份纲领来。

---

① 信上注明的日期辨认不清，也可能是"1月23日"，但从信中提到1月21日举行的大会这一点看，该信是在"1月22日"写的。
② 参看文件335。
③ 参看文件307。
④ 参看注164。

昨天的会议①是我在这里所见到的最好的一次会议。三月同盟②的倾向很快就被我们克服了,我们利用了由三月同盟召集的这次会议。许多人都直言不讳地表示,有必要进行第二次革命,因此下次再演出一系列新的审讯闹剧,我将不会感到惊奇。

我的夫人和我衷心地问候你和你的全家。

你的 约·魏德迈

手稿

莫斯科苏共中央马列主义研究院

中央党务档案馆, F. 1, op. 5, Nr. 191

333
尤利乌斯·利西格诺洛（曼海姆）给伯尔尼德国工人联合会的信

1849 年 1 月 23 日

1849 年 1 月 23 日于曼海姆

亲爱的兄弟们:

我终于有空给你们写信了,而我认为促使我写这封信的主要原因是

---

① 魏德迈在他发表于 1849 年 1 月 26 日《新莱茵报》第 205 号上的一篇通讯中报道了关于这次大会的情况。

② 三月同盟即中央三月同盟；美因河畔法兰克福的中央三月同盟及其在德国各城市的分支,是在 1848 年 11 月底由法兰克福国民议会的左翼议员们组织的。同盟宣称它的宗旨是保卫德国 1848 年三月革命的成果。同盟是由小资产阶级民主派弗勒贝尔等人领导的,他们用空话代替革命行动,同反革命斗争时无能为力。马克思和恩格斯多次尖锐地抨击弗勒贝尔等人的不彻底和不坚决的政策,指出这种政策对革命的敌人有利。——译者注

你们说过，一个人一旦离开了，就再也听不到关于他的一点消息了。

你们急于想知道我们这里的情况怎么样？我只想用两个字来回答你们的问题：很糟！在德国，只有很少的人同情我们的思想，而这很少的人也被强加于他们的惩罚搞得抬不起头来，所以始终兴趣索然。至今他们能保持团结是因为穿上了军服，现在巴登人也穿上了军服。谢天谢地！我已脱离了军队，因为这些家伙全是无能之辈。而今，巴登地区各民主协会的中央机构设在曼海姆，该地区的一些公民正在花大力气；晚报①的编辑格罗厄也是盟员，他多次让人向恩斯林先生致意。我来到这里的联合会时，他们正在讨论三月同盟的问题，讨论结果几乎同我们在伯尔尼②的情况一模一样，人们几乎都不信任他们。

你们那里的情况怎么样，你们新的领导班子工作很努力吧，恩格斯还是担任秘书吧，你们那位善良的德国人凯泽还任主席吧，他是我在齐默尔曼的啤酒馆里亲自介绍入会的，这样做是出于真正的友谊，为的是让他切勿忘记我的好意；这是一种真正的士瓦本式胡闹，我至今还感到遗憾。我是没有带护照来到这里的，而且囊空如洗，多悬哪！〔……〕首先代我向恩格斯致意，我再次感谢他对我的共产主义的友好款待，其次代我问候埃克斯尔博士、街垒战指挥官恩斯林骑士先生以及巴登大公国志愿部队的将军——奥芬堡的奈林格尔先生，我在前往弗赖堡途中，在奥芬堡的天使旅馆有幸结识了奈林格尔将军，我对他杰出的炸弹天才深表钦佩，在那里，人们一谈到这位将军的炸弹就胆战心惊。或许你们需要钱吧？请别向我开口，如果给我写信，我定会感到高兴，但你们务必贴足邮票，因为我分文不名。

---

① 《曼海姆晚报》。
② 参看文件325。

叫恩格斯也给我写信，我再次向他表示敬意和由衷的谢忱。

你们的兄弟

尤利乌斯·利西格诺洛

我的通信地址是：LC4，2号A.利西格诺洛秘书先生收。

手稿	节录
伯尔尼瑞士联邦档案馆，《司法、流亡者（1848—1895年）》第68卷	第一次发表

334

《新莱茵报》关于布鲁塞尔民主派兄弟协会举行宴会的报道

1849年1月28日

1月28日，**布鲁塞尔**。不久前在这里成立的"民主派兄弟协会"（它的主席是费德尔律师），今天在纳穆尔门外的皇宫咖啡馆的一个大厅里举行堪称盛大的宴会。有1000多人参加，事先根本没有发出通知和其他宣传，但大厅还是容纳不下所有的与会者，这一点证明，民主在这里享有多么高的威望。在宴会上发表的许多热情洋溢的讲话和祝酒词中，特别引人注目的是费德尔主席的祝酒词："社会民主共和国万岁！"

这句话引起了巨大反响，不仅在大厅里，而且在临近的大街上都响起了雷鸣般的欢呼声。[……]比利时民主主义者日果以德国人的名义讲了话，他说，我们大家都为同一个目标奋斗，而且要争取做到：将来不再分疆界，不再分民族颜色，总而言之，所有民主派，无论是德国的、法国的还是比利时的，都只承认红颜色。他的讲话博得了非常热烈的掌声。接着宣读了身陷囹圄而不能出席宴会的深受众人爱戴的特德斯科的来信，他在信中说，他虽然长期被关在狱中，但他的信仰并没有变，他还热忱地表示，即使是在狱中，他仍然要尽一切可能为美好事业工作。[……]

1849年2月2日《新莱茵报》（科隆）第211号

节录

335
《新莱茵报》关于海德堡工人联合会地区代表大会的报道[174]

1849年1月28日和29日

海德堡，1月30日。工人代表大会在海德堡召开。应海德堡工人联合会的邀请，德国南部许多工人联合会的代表以及莱比锡和法兰克福两个中央委员会的一些委员都出席了代表大会。在法兰克福中央委员会委员中也有我们德国南部小资产阶级的那位教条主义代表温克尔布莱希教授。他在第一天晚上的预备会议（这位大人物太忙，不能分身出席正式会议）上就使我们感到很无聊，他竟按照专为小资产阶级设想的那一套对工业发展作了历史阐述，并且竟概述了同样由他特意制订（其实并不是他发明的，因为类似的东西早就有了）的小资产阶级复辟体系。他主张重新消灭大资本，非常准确地给每项手工业规定可以使用多大的资本总额，当然手工业只允许由考试合格的师傅来经营；温克尔布莱希先生还为哪些部门可以使用机器，哪些部门不可以使用机器作了安排。为了剥夺大资本家的资本，他主张建立银行，通过银行的调节，使资本用于商业企业。当然大资本家也可以经营一项手工业，从剩余的财产中提取由温克尔布莱希先生和银行所规定的利息。路特希尔德先生要警惕，他会发现这位卡塞尔的教授是比共产主义者还要危险的敌人。

波尔恩在这次预备会议上与温克尔布莱希先生针锋相对，他支持革命的工人，认为革命的工人并不想毁灭大工业，而是想利用大工业。从这两位发言人所得到的不同反应可以看出，德国南部的大多数工人也比温克尔布莱希先生更了解本阶级的利益，尽管后者目前还有一些追随者。德国北部和德国南部的工人联合会联合成一个共同的组织（这一组织是通过两个中央委员会的联合而暂时在莱比锡建立起来的），无疑将有利于堵死温克尔布莱希理论通往劳动无产阶级的去路。

第二天开始的原则性辩论，主要是围绕着小资产阶级的或反革命的态度同工人的革命态度之间的对立进行的。但是，关于这一点，特别是关于工人对资产阶级发展的一些问题所持的态度，大会并没有作出任何决议，而是留待即将举行的全体工人代表大会去解决，因此它们并没有直接的意义。大会作出的决议仅仅同两个中央委员会的联合有关，同德国南部工人联合会的组织有关,本报将向你们详细报道这些决议。

1849年2月4日《新莱茵报》(科隆)第213号

336
科隆工人联合会委员会会议记录

1849年1月29日

[……]公民赖夫代表为帮助联合会会刊编辑而成立的编辑委员会发表如下声明,编辑委员会对该报刊登的《致拉沃先生》一文不负任何责任,因为事先并没有人把该文送给它审阅;因此他拒绝委员会承担全部责任,并建议把本声明全文发表。[175]他的建议获得通过。

公民沙佩尔就这篇带刺激性的文章发表意见:

如果在工人或者在选举人中非常坚定的一派,由于这篇文章或类似的文章和攻击而决定不同其他民主派一起选举,那么,"许岑多夫"反对派的候选人当选就不再是什么出乎意料的事情了。而我们正是要把可能发现的最坏的人,即以前大谈自由主义空话、尔后又变成极端悲观论者的一个人,也就是一个受人蔑视的变节者送往柏林。

但是,目前由于像《致拉沃先生》这类文章,我们要做好一切准备来达到这个目的。

公民勒泽尔说：不可理解，我们联合会机关报的编辑怎么能在发生了有关《致施奈德和拉沃先生》之类文章的事情以后又同意发表这篇文章，更有甚者，竟然不把它送交编辑委员会审阅，而编辑委员会就是因上次那篇文章才成立的，它的职责就是防止这类不合时宜的事情再次发生。

我们在选举人的选举时同民主派联合一起，因为我们确信我们党本身没有足够的选举人可以通过选举。在此期间，民主派的微弱多数，特别是他们在科隆这里取得的微不足道的胜利，已经非常清楚地表明，我们的观点是何等正确。但是，我们通过联合，根据多数，使民主派通过了选举。

但是，如果认为，有了从社会主义者和民主主义者的必要联合中产生的这种民主派选举人的多数，就可以争取到民主派的议员，那么，这种想法是完全错误的。

到现在为止，为了不惜代价地使纯粹的民主派获胜，我们同他们的联合是必要的。可见，在议员的选举开始以前，这种联合也是必要的。

如果说我们以前曾经有过如果不联合就可能屈服于抱怨派的危险，那么，在我们共同取得微小胜利的今天，我们同样面临着这种危险；因为选举刚刚过去一半。

既然我们为这次选举提出了联合的原则，我们为什么不能把这一原则坚持到选举完全结束，何况迄今为止的选举结果已证明这个原则是完全合理的！

我们作为一刻也不放弃自己旗帜的红色共和派，尽管不准备哪怕稍微考虑一下同民主派的原则联合；尽管民主派在前进的道路上远远落后于我们，就像极其可恶的抱怨派落后于民主派一样；尽管他们的所有领导人得不到我们的丝毫同情，但我们仍然认为，在现在这个时刻，即在选举快要结束的时刻,从我们这方面来说,攻击他们的可能当选为议员的那些候选人,简直是一种不可饶恕的虎头蛇尾行为。

而这种行为恰恰就是由**我们的**报纸刊登的那种文章造成的,如以前那篇文章是针对施奈德第二和拉沃的,而现在我们谈论的这篇则是在**我们的**报纸上针对拉沃一人的。联合会曾经对第一篇文章提出过抗议,但那位编辑没有接受教训,今天又一次迫使我们提出抗议。

这样下去,我们的会议只好全都用来抗议我们自己机关报上的文章以及纠正我们那位编辑的错误和不彻底性了。

公民诺特荣克要求普林茨编辑作出肯定的表示,他是否承认为他而成立的编辑委员会,是否愿意将每篇文章在付印前都送交编辑委员会审阅。

公民普林茨虽然愿意承认编辑委员会,但认为每篇文章都要送审是不可能的。

认为不可能的这种说法遭到了公民马克思的反对。

公民普林茨明确表示反对编辑委员会。

对此,许多人表示不满,联合会根据这些人的提议作出如下决定:

《自由、劳动》报不再是联合会的机关报。

原来的《自由、博爱、劳动》报将增设刊头和红旗继续出版。

公民克·约·埃塞尔任该报编辑。

对其他方面应该采取的一些措施,埃塞尔必须同继续存在的编辑委员会取得一致意见。

报纸的刊头将设计成这样:一个人身穿短上衣,手握宝剑和红旗。[176] [……]

1849年2月8日《自由、博爱、劳动》(科隆)第1号 节录

337
卡尔·马克思（科隆）给恩斯特·德朗克（巴黎）的信

1849年2月3日

1849年2月3日于科隆

亲爱的德朗克：

对你的信（其内容恩格斯已告诉我了），我简要答复如下：

（1）关于你到这里来的问题：我曾经写信①告诉你，"在我给你写信以前不要到德国来"，因为克拉茨对我说过，你的事情还没有搞清楚。②

（2）后来我写信给卡普而没有给你，是因为卡普一再用恫吓信纠缠我。我给卡普的汇票，科尔夫没有兑现。在这期间我已向股东会议声明，不是科尔夫就是我应当退出该报③。此外，**普拉斯曼在这期间又扣押了邮局的汇款**，而报纸也正如恩格斯本人到达这里时所看到的那样，

---

① 马克思大约于1848年11月给恩·德朗克的信没有保存下来。——编者注
② 1848年9月，恩·德朗克同《新莱茵报》的其他编辑一样，积极参加了科隆的革命民主运动。为了免遭普鲁士当局逮捕，他和恩格斯一起逃离科隆。10月初，德朗克来到巴黎，在那里继续为《新莱茵报》撰稿。他从法国发来的大部分通讯在《新莱茵报》上发表时标有"H"的记号。由于他在巴黎待的时间较长，他在信中总是一再要求回到科隆，但是马克思坚持自己的意见，即只要在德国遭逮捕的危险还存在，德朗克就不能回来。1849年3月德朗克回到科隆，继续担任《新莱茵报》的编辑。——原卷末注
③ 《新莱茵报》。——编者注

每天都在准备宣告破产。

（3）至于梅耶贝尔的事，我什么也不知道。你知道，处于我们这样每天都有排字工人因为一两个塔勒闹事的情况下，我是不会小看150塔勒的。

（4）至于我谈到卡普的那封信，我有理由这么做。卡普在最严峻的时候以公开攻击进行威胁。如果你想象一下**我们**当时的处境，你就会理解我的气愤。至于维尔特的评注（顺便提一下，它们涉及的**不是你**，而是不断写信来的**伊曼特**），我现在才听说。

（5）至于1月14日寄出的25塔勒，那是在有人在场的情况下用通过艾韦贝克转交的方式给你寄出的。这里的邮局明天将对此事作出说明。请注意：**卡普**在同一时间收到了我寄去的15塔勒。

（6）至于我没有回信的问题，鲁普斯①可以证明，我是经常给你写信的。

（7）我有一次曾以激动的语气给你写信，那是因为：（a）我由于报纸的缘故处境极为困难，报纸的所有通讯员和债权人都找到我的头上。（b）**伊曼特**在给弗莱里格拉特的信中描述了你和卡普等人对我的强烈不满，而高贵的博伊斯特，我想是**博伊斯特**（我知道得不很确切），也寄来了类似的信。

过几天，报纸不是垮台就是**得到巩固**，那时我们立即再给你寄些钱。现在我们**根本**没有钱。25塔勒的事必须弄清楚。

我总是把你看做报纸的编辑，这一点无论是从各种报纸上刊登的新通知②，还是从我在发表你的关于法兰克福流亡者遭驱逐的文章③时注

---

① 威·沃尔弗。——编者注
② 《〈新莱茵报〉1849年第一季度预订通知》。——编者注
③ 恩·德朗克关于法兰克福流亡者维德克尔被驱逐出伦敦的通讯《欧洲警察同盟》。——编者注

明"寄自科隆"这样的做法上，都可以看出来。

你的 马克思

完全同意上述内容。

你的 鲁普斯

手稿 节录
莫斯科苏共中央马列主义研究院
中央党务档案馆，F. 1, op. 1, Nr. 289
(《马克思恩格斯全集》德文版第 27
卷第 494 页，参看《马克思恩格斯全
集》中文第 2 版第 48 卷第 61—63 页)

338
科隆工人联合会全体会议记录

1849 年 2 月 4 日

工人联合会全体会议，1849 年 2 月

主席勒泽尔①宣布会议开始，并作了简短的开场白，接着，他请公

---

① 关于勒泽尔当选为工人联合会主席一事，没有文字记载。他在 1849 年 1 月 25 日的委员会会议上第一次以主席身份出现。2 月 28 日，沙佩尔当选为主席。

民沙佩尔就召开全体会议的宗旨发表意见,汇报联合会自上次全体会议以来所取得的成果。

公民沙佩尔详细报告了以往历次委员会会议和各个分会的活动,并列举了那里讨论的主要问题。

然后,他阐明了联合会的改组计划[177],计划如下:

增加目前分会的数目,在本城最合适的地方增至8个或9个分会[178];提出成为联合会会员的条件,使之在其中一个分会登记注册;每月缴纳1银格罗申会费,其中9分尼留作分会购买图书,3分尼上缴工人联合会总储金处;每两周在埃塞尔大厅举行一次全体会议,各分会的全体会员都可参加,而不必缴纳特别费用,但非会员除外。据悉,马克思和恩格斯先生已允诺,每两周一次同联合会主席轮流就社会问题发表演说,联合会会员仍可免费听讲。

公民沙佩尔提议,就联合会是否同意这个计划进行投票表决,并任命一个委员会起草联合会章程,在章程中明确阐明这一点。这个提议获得通过。会议批准了上面提出的改组计划,还责成上次委员会会议为此任命的委员会按计划起草联合会章程,并提交下次全体会议批准。①

公民伯多夫报告了联合会的收支情况和储金情况。

会议批准了委员会作出的决议,即恢复出版原来的《自由、博爱、劳动》报,并任命克·约·埃塞尔为该报编辑。

会议决定,狂欢节后的星期日举行全体会议,然后确定联合会的章程。

随后,会议结束。

1849年2月15日《自由、博爱、
劳动》(科隆)第3号

---

① 参看文件344。

339

《新莱茵报》关于米尔海姆工人联合会
举行宴会的报道

1849 年 2 月 11 日

莱茵河畔米尔海姆2月11日（迟到）。今天在这里举行了由工人联合会组织的民主宴会。应邀出席宴会的有科隆工人联合会和民主协会的会员。音乐和歌声同演说和敬酒交相更替。

当地工人联合会主席**本格尔**在他的内容丰富的报告中谈论了现在和过去的关系。**鲁卡斯**举杯向客人们表示祝贺，特别是祝贺那些像在座的《新莱茵报》总编辑**卡尔·马克思**那样早在二月革命以前很久就用自己的言行捍卫了工人阶级权利的人。**沙佩尔**提议为"民主共和国"干杯。**卡尔·马克思**谈到了德国工人在法国、英国、比利时和瑞士参加斗争的情况。他提议为协商议会中为数不多的几个真正代表人民利益的议员之一——**格拉德巴赫**干杯。**弗里德里希·恩格斯**举杯为匈牙利人和科苏特祝贺。沃林根的**奥特**谈到了立宪自由主义，谈到了贵族和民主派，而**费希巴赫**则谈到了人民群众的贫困和消灭贫困的办法。**格拉德巴赫**在讲话中评论了被解散的国民议会，并激烈地批评了国民议会的软弱无能、犹豫不决和缺乏革命精神。最后，**克拉埃**谈到了二月革命的口号："自由、平等、博爱"。

莱茵省**第一次**举行的这个民主宴会起了很好的影响，它无疑将成为效法的榜样。

1849年2月18日《新莱茵报》（科隆）第225号（《马克思恩格斯全集》德文版第6卷第581页，参看《马克思恩格斯全集》中文第1版第6卷第692页）

340
卡尔·德斯特尔（莱比锡）给卡尔·马克思（科隆）的信

1849年2月12日

亲爱的马克思：

  如果波尔恩新近不带来关于你们的点滴消息①，如果我不读《新莱茵报》，那么我还真以为你们已经不存在了，因为我从来没有从你们那里得到一鳞半爪的消息。[……]

  现在，我正遇到一个特殊问题，需要向你请教。早在去年10月和11月，就卢格这位大人物的《改革报》问题，在国民议会内外的党员中间引起了对他的极大不满，他们不满的理由，每一个稍微认真阅读《改革报》的读者都能明白。[……]

  现在，在柏林创办一个坚定的民主派机关报已势在必行。[……]在各方面的要求下，我们已为在柏林创办一个民主派机关报采取了一些

---

① 波尔恩在科隆拜访过马克思；参见注174。

步骤，而这种可能性，我说的是极大的可能性，目前已经存在。现在我向你提出请求，请你在这个问题上给我出主意，尤其是你能否给我们这个报纸指定一位主编，特别是指定一位能负责该报国民经济学部分的编辑。请你尽快回信，因为戒严一解除，我们就要开始进行这项工作。[……]

向大家问好。

永远是你的忠实朋友
德斯特尔
1849年2月12日于莱比锡

我在伯尔尼通过工人联合会向恩格斯转达的致敬信，他可能没有收到。

通讯处：莱比锡 C.L. 布特。

手稿 莫斯科苏共中央马列主义研究院 中央党务档案馆，F.1, op.5, Nr.200	节录 第一次发表

341
科隆工人联合会委员会会议记录

1849年2月15日

宣读并通过了上次会议的记录。接着，公民卡斯滕斯①提议，向警

---

① 弗里德里希·列斯纳。

察当局索回当时被没收的红旗和弗莱里格拉特的250首诗等这些工人联合会的财产;这个提案获得通过。[……]接着,公民沙佩尔谈当前的政治问题,他说:

"尽管选举已经完全结束,但还没有确切了解各党派大概的实力。第二议院虽然不完全符合我们的意愿,但是,它面对抱怨派的行贿和威胁还是取得了良好的结果。至于第一议院,它的代表都是极端反动派和极端抱怨派这一大帮流氓,因此它对我们来说不过是例行公事。事态一旦明朗,我们就有好时机来收拾这帮精明能干的抱怨派。

在萨克森,那里选出的议院是非常民主的。本来就已支离破碎的德国,由于人为地把石勒苏益格同荷尔斯泰因分离开来,将更加支离破碎。也就是说,这是目光短浅的无权的德国中央政权干的,它在奥地利问题上已再一次丢脸和受辱,因为法兰克福的联邦之父在奥地利的淫威下表示同意奥地利从德国分离出去,而奥地利内阁对此表示抗议。"[……]

此后,恩格斯提议,任命一个委员会,同民主协会的委员会建立联系,以便为在这里举行一次宴会纪念法国二月革命作出必要的规定。① 最后联合会通过了这一提案,委员会由公民沙佩尔、勒泽尔和赖夫组成。

接着,会议结束。

1849年2月24日《自由、博爱、劳动》(科隆)第6号

节录

---

① 参看文件344。

342
关于汉堡工人教育协会成立四周年纪念活动的报道①

1849年2月21日

×××　1849年2月21日于汉堡

像以前一样,这一次工人教育协会成立纪念日活动也给人留下了难以忘怀的印象。的确可以这样说,这是它唯一的一次不通过革命而获得深远意义的政治性纪念活动。早在几年前,汉堡的革命力量就聚集在它的周围②,旨在唤醒麻木不仁的汉堡人。[……]汉堡的交易所经纪人清楚地看到,尽管有各种群众集会,尽管有各种俱乐部和其他庆祝活动,但他们仍能一如既往地放高利贷,一如既往地受人尊重,一如既往地把穷人同"可尊敬的商人"联系在一起,因此,如果有人跟他们谈起民主,他们总是轻蔑地耸耸肩膀,并且操着浓重的汉堡口音惊叫一声"不怕"。这里的民主派恰好不懂得使他们害怕;民主派咒骂资本,却又长期在创造资本,他们想要资本,只要伸出手来,资本就在那里。如果这些观点出现在工人联合会的成立纪念会上,那么,也许第二天中午交易所的股

---

① 这篇报道已查明是为《新莱茵报》写的通讯,但该报没有刊登;未能查清作者是谁,他的通讯(标记为×)曾在《新莱茵报》上多次出现。关于共产主义者1848年在汉堡的活动,另见注161和166。

② 关于汉堡工人教育协会的成立,参看第1卷文件59。

票行情就要下跌；但是，发言者们没有阐述这种激进主义，而是讲了许许多多别的事情并频频干杯，特别在就餐时，成群的空谈家拥上讲台，以便夺回他们早已在工人中失去的优势。施泰因贝格和鲁斯关于工人的发言最为出色；此外，魏特林讲了感情和牺牲（原文如此）的必要性，并让"渊博的、漂亮的、年轻的"巴尔贝斯和哈根讲了去年的社会革命以及工人联合会的情况。施纳克的发言特别有意思，他谴责了牛皮大王、空谈家和施拉姆①（议员的弟弟），并且为流亡者和**精神病患者**举杯祝了酒！［……］

手稿　　　　　　　　　　　　　　　　　　　节录
莫斯科苏共中央马列主义研究院　　　　　　第一次发表
中央党务档案馆，F. 23，Nr. 21/8

343
J. P. 施米茨（宾根）给卡尔·马克思（科隆）的信

1849年2月22日

科隆的卡尔·马克思先生②：

由于涉及一个崇高的目标，所以我冒昧地给您略写几行。我深信，

---

① 廉拉德·施拉姆。
② 信封上的称谓是：莱茵河畔科隆，《新莱茵报》编辑，卡尔·马克思先生。

这寥寥几行是不会白写的，因为我意识到，［您］现在对我的这件事情能够起很大作用，而且我还知道，您现在身居多高的位置。尽管我是科隆人，但对我这个人和我的名字您也许一无所知。自从本月11日以来，我在宾根这里创建了一个工人教育协会①，旨在对这里的工人进行民主的宣传教育，而这里却非常缺乏这种宣传教育（我是这样看的）。本协会现有30名会员，大部分是工人，我也是其中之一。在这期间，我暂时还是这些未开化人的头头，可惜，牧师们传授的教义问答在这些人的脑子里还太根深蒂固，如果不通过宣传教育来制止牧师们的胡作非为，那么，这种教义问答通过现在主要由君主制度使用的那种工具而将在他们脑子里继续存在。我请求您趁我开始时就在（您认为恰当的）方面给我以支持，并给我寄一些著作来，让我根据它们尽可能写一个真正民主主义的报告，给这些人一些启迪，吸收您的富有特色的思想。因为我是工人，不可能把很多时间都花在学习上。像我这种没有受过教育的人自己写一篇报告，要是没有您这样的人帮忙，是决不能给工人留下什么印象的。

希望尽快得到您的有利于我的目的的答复。

永远忠实于您的
J. P. 施米茨
1849年2月22日于宾根

手稿　　　　　　　　　　　　　　　　　　第一次用原文发表
莫斯科苏共中央马列主义研究院
中央党务档案馆，F. 20, Nr. 20

---

① 宾根工人教育协会1849年4月底也加入了以科隆为中心的莱茵省和威斯特伐利亚工人各联合会的组织联合。

344

《新莱茵报》关于科隆纪念法国二月革命一周年宴会的报道

1849年2月24日

科隆2月27日。前天,为纪念法国二月革命一周年在埃塞尔大厅里举行了一次宴会①。能容纳两三千人的大厅里座无虚席。

卡尔·马克思被大家一致推选为主席,但他由于工作繁忙,不得不婉言谢绝。根据大家的意见,**卡尔·沙佩尔**担任了主席。他在宣布宴会开始时,提议为悼念在巴黎二月起义和六月起义中以及在1848年其他各次革命战斗中牺牲的烈士干杯。

在这以后,科隆的议员**施奈德**律师就向自己的选民告辞了。接着由**格拉德巴赫**议员讲话,他言简意赅地说明了反革命在最近一次取得胜利的原因,并号召科隆的人民群众,如果发生某种反对议院的新的暴力行动,就应起来保卫自己的代表。(这是对今天《科隆日报》上的告发②的回答。)

---

① 在1849年2月15日科隆工人联合会委员会会议上,根据恩格斯的提议通过了一项决议,任命一个由沙佩尔、勒泽尔和赖夫组成的委员会去同一个民主团体联系,以便组织一次纪念法国二月革命一周年的宴会。——原卷末注
② 1849年2月27日《科隆日报》登载了一篇报道2月24日宴会的通讯。在简讯中特别提到:"在许多发言者中,格拉德巴赫议员势如雷霆的发言特别突出,他猛烈攻击了霍亨索伦家族、勃兰登堡伯爵以及其他人。"——原卷末注

举杯祝酒的还有下列人士：**里廷豪森**博士提议为社会民主共和国干杯。——《新莱茵报》编辑弗·**恩格斯**：为正在进行斗争的意大利人、首先为罗马共和国。——**卡·克拉麦尔**：为纪念罗伯特·勃鲁姆。——法兰克祖国民议会议员**维勒**：为德国民主。——商人**古方蒂**：为赖德律-洛兰和法国的民主主义者。——退役炮兵下士**丰克**：为打倒暴君。——**卫尔**博士：为在座的妇女们。——**贝克尔**博士：为各国的民主主义者。——木匠**库尔特**：为科苏特和匈牙利人。——**沙佩尔**：为政治犯和流亡者，特别是贝桑松的德国人①。——工人**卡斯滕斯**②：为未来的社会革命。——《新莱茵报》编辑斐迪南·**沃尔弗**：为劳动权。——工人**豪斯曼**：为统一。——**卡·克拉麦尔**：为梅洛斯拉夫斯基和1848年波兰的战士。——旅馆老板、波恩**康普**：为各国人民的友爱。——大学生**勃鲁姆**：为乌培河谷的民主主义者。——工人**米勒**：为梅利奈、特德斯科和由于里斯康土案件③而在安特卫普被判刑的其他15个人。——工人**勒泽尔**：为纪念罗伯斯比尔、圣茹斯特、马拉和1793年的其他英雄。

宴会有音乐伴奏，人们唱了《马赛曲》、吉伦特派歌曲④及其他歌曲，并且观看了在海尔克斯指挥下的工人合唱团的演出。最后，宴会在

---

① 指一批流亡到贝桑松（法国）的1848年4月巴登起义的参加者；后来这批人在维利希领导下组成所谓贝桑松连队，参加了1849年的巴登—普法尔茨的起义。——原卷末注
② 弗·列斯纳。——编者注
③ 1848年8月9日至30日在安特卫普进行的所谓里斯康土审判案，是比利时国王列奥波特的政府为了迫害民主派而蓄意制造出来的。控诉的理由是，从法国回国的比利时共和军团于1848年3月29日同驻在离法国边境不远的里斯康土小村的一队士兵发生了冲突。——原卷末注
④ 指在1848年二月革命时期很受欢迎的一首法国爱国歌曲《吉伦特党人》（《Les Girondins》）；这首歌也以"誓死保卫祖国"（"Mourir pour la patric"）这个叠句而出名的。——原卷末注

为"普遍社会民主共和国"举杯祝贺声中结束。

在宴会上为贝桑松的德国流亡者组织了一次募捐。募集了相当大一笔款子。

在整个晚间，军队随时准备出动，街上加强了巡逻，但这一切与其说是由宴会引起的，不如说是由士兵之间的殴斗引起的。

1849年2月28日《新莱茵报》（科隆）第233号（《马克思恩格斯全集》德文版第6卷第581—582页，参看《马克思恩格斯全集》中文第1版第6卷第693—694页）

345
科隆工人联合会全体会议记录

1849年2月25日

工人联合会全体会议，1849年2月25日

主席勒泽尔主持会议。他说，新章程起草委员会①已结束自己的工

---

① 参看文件337。

作，即将把章程提交全体会议审议。

公民沙佩尔在会议上宣读委员会起草的章程草案，宣读完毕后，会议决定讨论草案的各个条款。¹⁷⁹

前3条获得通过。

关于第4条，公民安内克提议，为了更明确起见，应把"同样，每周，即每个星期一，举行**一次由各分会参加的全体会议**"这句话改为"一次工人联合会全体会议"。

这个提议获得通过。

从第5至16条未经详细讨论就通过了。

根据公民安内克提议，会议决定把第16条和第17条中的"名誉法庭"（它使人不禁想起鲁普士王室的法庭①）一词改为"仲裁法庭"。

此外，根据公民沙佩尔就第12条的提议通过了关于"在军队服役的会员免交一切费用"的说明，并根据公民埃塞尔的提议通过了"在1849年2月25日工人联合会全体会议上讨论和通过"这一总结说明。

此外，会议还决定，对章程作出令人满意的修改后即行出版，发给每一个会员。在联合会的报纸《自由、博爱、劳动》上冠以"工人联合会机关报"的字样。

根据新章程第8条着手选举由5名会员组成的委员会。结果，公民安内克、伯多夫、勒泽尔、沙佩尔和萨尔盖特当选。¹⁸⁰

公民勒泽尔宣布，本周例行的委员会会议仍要举行，但根据章程规定，第一次全体会议将于下星期一在埃塞尔大厅举行，并提醒全体会员记住在此之前要在某一个分会登记注册。

接着，公民埃塞尔还提议为一名回国的流亡者募捐，以便让他尽快再次离开德国国土；原来他在国外时就问过当地警察当局，他回国是否

---

① 安内克指的是普鲁士军队中的名誉法庭诉讼程序。

会有什么不良后果，得到的答复是：不会有，他可以回国。尽管如此，他现在仍然受到通缉。这个提案获得通过，公民卡斯滕斯①和迈尔受托办理此事，会议就此结束。

1849年3月4日《自由、博爱、劳动》（科隆）第8号

346

海尔曼·艾韦贝克（巴黎）给卡尔·马克思（科隆）的信

1849年2月26日

1849年2月26日于巴黎
万神庙附近乌尔姆街12号

亲爱的：

我同帕亚先生（几个月来，我一直在教他学德语，现已证实他是莱茵河两岸民主派之间的一名优秀联络员）已把你的《共产主义宣言》译成了法文。译文基本上是成功的；这个宣言使他很受鼓舞，他准备尽

---

① 弗里德里希·列斯纳。

快把它出版为一个大开本的小册子，外加一篇关于你的前言和一篇关于你的简讯。① 扉页上只署他的名字，不署我的名字：［……］我知道，凡是我和他写的东西，从1848年8月以来，只要是关于我们德国的，都深受政府部门民主派和社会学家的关注。我知道，我被驱逐的原因有一部分就在于此。所以，劳驾你写信告诉我：你的出生年月日，学历，你的第一批出版物，旧《莱茵报》的出版时间。这一切都是富有特色的。关于你的其他情况，我已经知道了。

现在，他希望尽快得知：你是否允许他减弱第23页下面"**让统治阶级在共产主义革命面前发抖吧**②。无产者在这个革命中失去的只是锁链**"**这句话的语气，不是因为他讨厌这句话，而或许是因为他害怕这句话，这句话**正由于在结尾处**，所以很容易引起准备在《社会辩论报》等等报纸上评论《宣言》这一处的那些反动分子吹毛求疵，对4月选举可能产生不利影响。你当然知道，在法国，怎样领会**一个词，一个音节**，甚至会变成提示语，变成党的语言。"让统治阶级在共产主义革命面前发抖吧"，这个真理在前面的22页上已作了阐述，现在可以不作改动，就用来安慰他那高卢罗曼式的顾虑吧。不是吗？

当他热情地向许多人民代表和其他法国人讲述你在《宣言》中所作的"尖锐的分析、出色的描写、优美的词句"等等时，我不仅多次在场，而且还知道他以前也说过这种话。另一方面，如果仅仅为了那句话就延期到4月选举以后才出版，就未免太遗憾了；这简直是无谓地浪费时间。但是，如果你不允许他改动那句话，他就可能根据法国形形色

---

① 艾韦贝克早在1848年12月12日给马克思的信中就说："你的《共产主义宣言》不久将出版法文版。"（莫斯科苏共中央马列主义研究院中央党务档案馆，F.1, op.5, Nr.182）后来帕亚的法译本没有出版。

② 着重号是艾韦贝克写的。

色民主派的劝说拖延出版。他希望你本人能作修改。

马克思，你看，我并非中庸之辈，我同他之间的分歧就是由于这本书拖这么久没有出版造成的。[……]

祝好。向你亲爱的夫人问候，向孩子们以及维尔特、弗莱里格拉特、丹尼尔斯、克莱因和两位沃尔弗①致意。

你的　艾韦贝克

手稿　　　　　　　　　　　　　　　　　　　　　　　　节录
莫斯科苏共中央马列主义研究院　　　　　　　　　　第一次发表
中央党务档案馆，F. 1, op. 5, Nr. 209

347
恩斯特·德朗克（巴黎）给弗里德里希·恩格斯（科隆）的信

约1849年3月初[181]

亲爱的恩格斯：

收到25塔勒（仅靠这些钱，我确实无法动身）之后，我就给马克

---

①　威廉·沃尔弗和斐迪南·沃尔弗。

思写了一封信,给你写了两封信,至今也没有收到回信。[……]如果你不给我答复,我就只当你们不需要我了。因此,我准备在这里安排一下,力所能及地寄一些通讯。但是,要我回来,就给我写信,以便我不再另找新的住所,背上新的债务。

在这里,**哥特沙克**对报纸简直深恶痛绝,他一是嘲笑艾韦贝克这个傻瓜的通讯,二是嘲笑竟推荐施奈德、哈根和基尔这些意志薄弱者为"民主派"候选人。① 这帮家伙同海尔维格有关系,看来他们在这里策划有组织的反报纸阴谋。[……]

《法兰克福总邮报》刊登的那篇关于"革命漩涡"的通讯(《新莱茵报》也摘要转载过),我认为是**艾韦贝克**本人写的,他也写了反对他本人的话②,那仅仅是为了抬高自己的身价。总之,只有他或者他的朋友**莫泽斯**才能说明,他在《新莱茵报》上发表的通讯就是他自己那些文章的法译文,而这些文章是他发表在法国的地方报纸上的。[……]

手稿 节录
莫斯科苏共中央马列主义研究院 第一次发表
中央党务档案馆,F. 1, op. 5, Nr. 324

---

① 参看文件331、341和345。
② 没有证据可以证明艾韦贝克为《法兰克福总邮报》写过一篇通讯。相反,莫泽斯·赫斯倒是定期地从巴黎为该报写通讯。

348
斐迪南·弗莱里格拉特（科隆）给雅科布·沙贝利茨（巴塞尔）的信

1849 年 3 月 8 日

1849 年 3 月 8 日于科隆

亲爱的沙贝利茨：

你于去年 11 月的友好来信，我至今才回复，千万别生我的气。我收到信时，正忙得不可开交，一时疏忽就把它搁下来了。[……]

下面就谈谈你来信中的主要点吧！《新莱茵报》不能同《瑞士国民报》交换，因为受到邮政条例的限制，比如你最先用捆扎的包裹寄给我们的几期报纸，邮资约 1 法郎，但如果把报纸平邮，那么，邮资对双方来说都要比交换便宜得多，交换无非是把过分高的邮资拱手交给恬不知耻的邮政机关。因此，我准备从新年起在我办公室订阅《瑞士国民报》，如果不发生什么意外，请你也订阅《新莱茵报》。按照恩格斯（他不久前在巴塞尔见过你）① 的意见，我估计要出现后一种情况。

出自你手笔的通讯，我们总是很喜欢、很欢迎。因此，如有好机会，请勤写通讯！

自从去年 10 月获释以来，我一直住在科隆这里，几乎只待在编辑

---

① 恩格斯于 1848 年 10 月底至 1849 年 1 月中曾在瑞士逗留；这是证明恩格斯到过巴塞尔的唯一证据。

部和自己家里。反动派的胜利使我感到沮丧和愤懑。一年前的这个时候，我们曾在白鹿酒馆、在你们那用三种颜色披上节日盛装的办公室①里欢呼雀跃，现在则是另一番景象了！不，这种景象**不会**一成不变，我是这样聊以自慰的！匈牙利和意大利——就连**它**们也忍受不了，那里的人们宁愿马上去战斗，去牺牲！第一次革命和它的反革命有规律地记下了它们的每一个回合；现在，在意大利，第二次革命正发出闪光，它将像一年前一样，蔓延到法国和德国，这是不会也不可能令人失望的。接着将出现国际性混乱——**世界大战**！那时情况无疑会好起来，会明朗化，但是，目前在普鲁士王国的专制制度下生活还很悲惨，索然无味。[……]

沙佩尔自从获释以来继续在从事报纸的校对工作，消除了不少印刷错误（这一点可以证明，他并不像夏绿蒂·科尔黛-伯尔特②小姐认为的那样嗜血成性），而且善于思索，工作卓有成效。节日之夜，他身穿短外套，头戴雅各宾帽，在大街上穿行。大家友好地向你致意。我夫人也向你致意，她现在同孩子们愉快地生活在一起。

再见，亲爱的朋友和兄弟！再次请你别生我的气，**请你尽快来信，以证明你不生我的气！**

谨致友好祝愿

永远是你的老
斐·弗莱里格拉特

手稿　　　　　　　　　　　　　　　　　　　　　节录
莫斯科苏共中央马列主义研究院　　　　　　　　第一次发表
中央党务档案馆，F. 23, Nr. 15

---

① 指《德意志伦敦报》编辑部，1847年和1848年初，沙贝利茨为该报编辑。
② 这里同杀害马拉的女凶手并提的阿梅利·伯尔特是一个侨居伦敦的德国女作家，弗莱里格拉特和沙贝利茨可能是在不伦瑞克公爵周围的至亲好友中间认识她的。

349

索林根民主联合会给马克思、弗莱里格拉特、恩格斯、沙佩尔和沃尔弗(科隆)的邀请信

1849年3月11日

1849年3月11日于索林根

科隆

《新莱茵报》主编

卡尔·马克思先生:

  公民!

  按本地民主联合会全体会议的决议,本月18日将在这里隆重举行民主派宴会,以纪念去年的三月革命。①

  忆及您对这一事业的热爱,我们谨请您以及弗莱里格拉特、恩格斯、沙佩尔和沃尔弗——请您代为转达——参加这一庆祝活动,希望您能接受我们的邀请。

  致兄弟般的民主主义的敬礼

代表纪念会筹备委员会   赫·舍弗尔

  又及:我们请求一定将所附通告发表在星期三的《新莱茵报》上,并

---

① 1849年2月和3月,莱茵省举行了一系列民主派宴会以纪念法国和德国革命一周年。关于索林根宴会的通告刊登在1849年3月14日《新莱茵报》第245号上。马克思和恩格斯没有出席这次宴会。——原卷末注

索林根民主联合会 1849 年 3 月 11 日给马克思、弗莱里格拉特、恩格斯、沙佩尔和沃尔弗的邀请信

将这笔费用记入本人账下。

代表委员会 赫·舍弗尔

手稿

莫斯科苏共中央马列主义研究院中央党务档案馆，F.1，op.5，Nr.213

（参看《马克思恩格斯全集》中文第1版第43卷第516页）

350

符腾堡工人联合会中央委员会（乌尔姆）给斯图加特工人联合会的信[182]

1849年3月11日

1849年3月11日

　　［……］大约两周前，伦敦德意志协会的一名会员①曾光临我们这里，访问了我们的联合会，并在我们的会议上透彻地讲述了工人的悲惨境况。［……］

---

① 指约瑟夫·莫尔，他从慕尼黑来到这里；参看文件351。

所以，如果你们允许我们把这位代表（他从乌尔姆出发，前往斯图加特）指点并介绍给你们，那么，你们朝思暮想同伦敦协会的联系就算接上了，因为我们相信，从英国那些有经验的人那里可以得到不少有利于手工业者和工人事业的教益。[……]但是，如果你们还要会见另一名代表，我们愿意向你们提供伦敦工人协会以及巴黎工人协会的详细地址。[……]

1849年3月15日《太阳报》（斯图加特）：按副本刊印，见美因河畔法兰克福联邦档案馆藏的克瓦克尔遗著 节录

351
弗兰茨·施彭格勒（慕尼黑）给莱比锡德国工人中央委员会的信
1849年3月12日

1849年3月12日于慕尼黑

尊敬的朋友们：

这里的联合会已经收到了你们的珍贵来信。联合会早已决定要在慕尼黑召开一次巴伐利亚区工人代表大会。① [……]

我已经通过泰勒先生[183]收到了"兄弟会"的代表资格证、组织证书和

---

① 巴伐利亚区代表大会并没有在慕尼黑举行，而是于1849年4月3—4日在纽伦堡举行的。（参看注174）

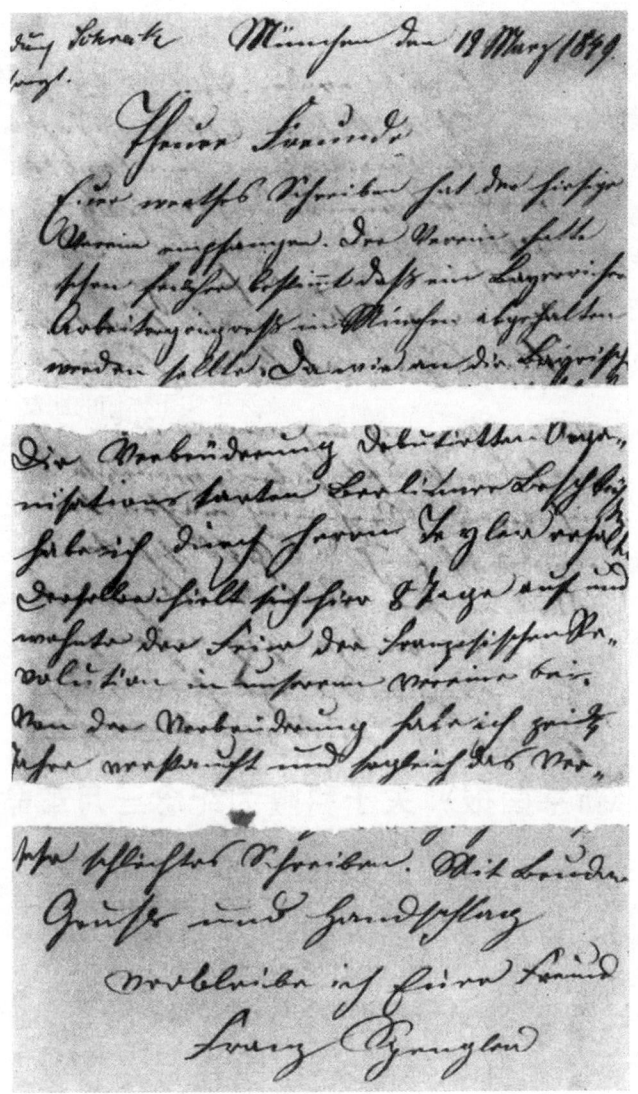

弗兰茨·施彭格勒1849年3月12日给莱比锡德国工人中央委员会的信（第1页、第3页和末页）

柏林决议。泰勒先生在这里逗留了一周,并参加了我们联合会举行的法国革命庆祝会。[184] [……] 我们的工人组织在各方面都倒退了。其主要原因是:**这里精明能干的工人太少,而这几个工人,至多5个工人**①,**简直忙得团团转**,这是可想而知的。我实在不敢答应,我还能做更多的工作。所以,就像这里越来越不同情各个联合会一样,对我们组织的同情也正日益减少。朋友们,我要说的话很多,可是时间不允许,我得马上赶往联合会。我的信写得很糟糕,万望见谅。

致以兄弟般的敬礼并握手

永远忠实于你们的朋友
弗兰茨·施彭格勒

手稿
德累斯顿国家档案馆,MdI,11026a

节录
第一次发表

352
《新莱茵报》关于科隆为纪念三月革命举行宴会的报道

1849年3月19日

科隆3月20日。昨天晚上,在居尔岑尼希举行了纪念去年柏林街垒战一周年的宴会。如果资产阶级为"祝贺允诺"制宪等等而在本月18日举行音乐会时,本城最大的大厅都挤得相当满的话,那么,昨天,这个大厅甚

---

① 参看文件326。

至未能容纳下蜂拥而至的一半公众。在挤得满满的大厅里共有五六千人，而在街上还有好几千人徒劳地等机会进去。大厅很快就被挤得水泄不通，甚至有几个演说者直到晚上九点钟以后才进入了大厅。

担任主席的**卡尔·沙佩尔**先宣布宴会开始，他举杯祝贺一切合法权力的唯一泉源——主权的人民。接着，有下面这些人相继举杯致词：**海·贝克尔**提议为纪念3月18日和19日的牺牲者干杯；公民**瓦赫特尔**举杯祝贺德国的米歇尔聪明起来；公民**卫尔**举杯祝贺**彻底的**、而不是半途而废的革命；公民**里廷豪森**提议为打倒德国皇帝干杯；**卡·克拉麦尔**举杯祝贺出席宴会的民主妇女；《新莱茵报》编辑**威·沃尔弗**举杯祝贺意大利共和国；《新莱茵报》编辑**恩·德朗克**举杯祝贺无产阶级革命；**彼·诺特荣克**提议为匈牙利人和科苏特的胜利干杯；《新莱茵报》编辑**哥·毕尔格尔斯**提议为推翻奥地利干杯；《新莱茵报》编辑**斐·沃尔弗**提议为布尔日案件的被告干杯；《新莱茵报》编辑**弗·恩格斯**提议为巴黎的六月起义者干杯；**卡·沙佩尔**提议为英国的宪章派及其最革命的领袖厄内斯特·琼斯和乔·朱·哈尼干杯；**卡·克拉麦尔**举杯祝贺波兰人；《工人报》①编辑**克利·埃塞尔**提议为红

---

① 指《自由、博爱、劳动》报。在《科隆工人联合会会刊》停刊后，《自由、博爱、劳动》报（《Freiheit, Brüderlichkeit, Arbeit》）便成为科隆工人联合会的机关报。
　　它从1848年10月26日起开始在科隆出版，每周两次。发行人是科隆工人联合会副主席彼·格·勒泽尔，主编是弗·普林茨。1848年12月底，哥特沙克对报纸事务的干预使得该报停刊。1849年1月14日起开始出版《自由、劳动》报（《Freiheit, Arbeit》），发行人是布罗克尔·埃维列尔茨。该报主编普林茨属哥特沙克派，执行分裂科隆工人联合会的路线。普林茨不服从1月15日科隆工人联合会委员会会议任命的由沙佩尔、勒泽尔与赖夫组成的编辑委员会；因此委员会在1月29日会议上通过了一项决议：不承认《自由、劳动》报是联合会的机关报，同时，决定恢复出版《自由、博爱、劳动》报，并任命克·约·埃塞尔为编辑。《自由、博爱、劳动》报于2月8日复刊，一直出版到1849年年中。《自由、劳动》报继续出版到1849年6月17日；它对马克思和《新莱茵报》编辑部进行了激烈的攻击和恶毒的诽谤。——原卷末注

色共和国干杯。

　　宴会是在有条不紊、非常和谐的气氛中进行的。宴会于晚上十一点钟在全体到会者为祝贺红色共和国的干杯声中结束。把我们的宴会同本月18日"抱怨派"在居尔岑尼希举行的音乐会比较一下，我们感到很高兴，因为科隆还没有一个纪念会像昨天晚上在红色旗帜下举行的宴会那样聚集了那么多、那么明理的公众。

1849年3月21日《新莱茵报》第251号（《马克思恩格斯全集》德文版第6卷第583页，参看《马克思恩格斯全集》中文第1版第6卷第695—696页）

353

威廉·沃尔弗《西里西亚的十亿》一书摘录[185]

1849年3月22日至4月25日

　　［……］在去年12月颁布钦定临时赎免法以后，我们紧接着就证明，这项法律为了地主老爷的利益只考虑（在仲裁法庭组成时）把所谓的小人物交给大人物任意宰割或交给他们的敌人任意摆布。尽管如

此，贵族骑士等级对这个法律仍然心怀不满，要求有一项更便于使骑士等级中饱私囊的法律。[……]

现在，这些人觉得梦寐以求的阿兰胡埃斯的美妙日子已经回来了。这帮高贵的老爷们已经非常清楚地估计到，他们如今在刺刀、戒严、整装待发的军队的保护下，在盼望派来俄国内弟的增援部队的保护下，能从西里西亚的农民群众身上榨取比以前更多的东西。

但是，这种估计即使再细致周到，也是在没有主人的情况下作出的。

这个主人就是西里西亚的农民，不是拥有三四个或更多胡符①土地的那些资产者农民——他们大都同骑士老爷的思想和行动完全一致，而是那一批小农、园丁、雇工和"佣人"，这些人在此之前都是大地主的真正役畜。按照大地主的设想，他们始终是另外一种人。

1848年，那一批人对无偿废除封建债务已感到心满意足，这些迄今遭到无耻敲骨吸髓榨取的人们的善良心理表明，他们大多数人都愿意忘记过去，只要求保证他们未来享有权利和自由。

经过1848年最后几个月和1849年到现在为止的艰苦见习期以后，西里西亚的农民即"小人物"越来越清楚地认识到，封建地主老爷必须依法交出他们抢去的财物，至少必须交出他们借助于原来的赎免法占有的那部分财物，而不是让他们根据挖空心思搞出来的赎免法成为新的富翁。

"我的勇敢的军队"毕竟还需要花一段时间用"小人物"的血汗去填满地主们的钱袋；而农民只是在等待他们能够实行清算的时刻，他们在没有主人的情况下确实不会实行清算。

---

① 胡符——德国农户占有土地的计量单位，1胡符在当时的西里西亚约合15公顷。

人们都在越来越热心地对各个村子的问题一一进行研究，强盗骑士老爷仅仅在最近30年内在"天赋神权"的庇护下，究竟从农民那里窃取了多少东西。这里的情况并不像法国那么简单。在法国，一小撮贵族和上等资产者于1825年要求并得到了10亿（近3亿普鲁士塔勒），作为对他们在革命中遭受损失的所谓赔偿。这是一个可观的数字，法国农民因此知道，他们应该收回多少资本和利息。

在普鲁士，贵族骑士老爷们年复一年地进行敲诈勒索，这么一大笔钱他们竟分文未付。在此之前，虽然有个别农民可能知道，他为他个人和他的村子付给了贵族地主多少钱，但是现在有人已经清算并算出了为全省付出的大概数目：在最近30年内，通过赎免，农民竟被西里西亚的强盗骑士抢走了8000多万普鲁士塔勒，其中一部分是以土地的形式、一部分是以现金和地租的形式出现的。此外，还要加上每年的捐税和至今尚未赎免的人所要偿付的徭役费。这笔钱最近30年总计至少为1.6亿塔勒，同上面那笔钱加在一起共计约有2.4亿塔勒。

农民们对这笔现在才得知的账目已经恍然大悟，而封建贵族同伙尽管有他们最高保护人的天赋全权，但对农民们的觉醒还是感到胆战心惊的。他们从农民们的口袋里掏走了2.4亿，而"我们的2.4亿，必须在最近收回"。这就是目前在西里西亚农民中间传播的思想，就是好几千个村子严正提出的要求。

如果一定要谈到对封建负担的赔偿问题，那么，骑士等级必须把他们从农民那里夺去的东西**赔偿**给农民。这样一种正在日益传播的意识就是一项"成就"，而且是不久就会结出丰硕成果的成就。这项成就是任何强制性命令也推翻不了的。下一次革命将帮助它发挥实际作用，到那时，西里西亚的农民可能会懂得制定一项赔偿法。按照这项法律，不仅被夺走的资本，而且"全国流行的"利益利息，都将全部回到人民的口袋里。[……]

如果我们把骑士老爷在最近 30 年中少付或根本未付的土地税这一项算做 4000 万塔勒（这确实还是非常保守的算法），那么，这笔钱再加上他们**直接**从西里西亚农民的口袋里抢走的 2.4 亿，总共就是 2.8 亿。

这就是**西里西亚的 10 亿**！我们不会就此善罢甘休，我们要求偿还其他所有被强盗骑士直接或间接地抢走的东西。

骑士老爷现在又兴致勃勃地跨上了他们自己制造的"赔偿"玩具马，所以，农民也进入了终于能跨上自己那赔偿的纯种马的时代了。骑士老爷还想把他们在这以前以"地租、纺纱税、养鸡税、看守人头税、蛋税、扫帚税、扫烟囱人头税以及保护税"的名义，以"劳役和宫廷服役"的名义，以"谷物交付和其他实物交付"的名义所剥削的中世纪财产即封建财产，迅速地转化成资产阶级的即最现代的地租或典契财产。他们把"赔偿"称为转化过程。

那好吧，你们就不厌其烦地侈谈"赔偿"吧，不过到将来你们还想坚持从上个世纪以来一直闻名于西里西亚的大骗子埃克斯纳的那种原则可不是明智的，原来这个埃克斯纳带着他的一帮强盗抢劫富有的磨坊主时，扬言只要得到一笔等量的钱就不加以伤害。到时，西里西亚的农民最终将采取独立行动，向你们清算，众口一词地赞同"赔偿"的号召，你们可别感到惊奇，这个众口一词的赞同声不久将令人毛骨悚然地在你们耳边回响，响彻整个西里西亚的每一个角落。［……］

迄今为止，农村居民的利益是分开的。一部分人已经赎回了，他们很少关心那些不得不还在服劳役的人；一个村子的人很少过问另一个村子的人的命运；大农和富裕农不同情那些在保护税的重负下压得喘不过气来的**邻居**，等等。而骑士等级和官僚等级对这种分离状态是求之不得、倍加赞扬的。

强盗骑士等级的贪得无厌重新萌发了，这一等级在 1849 年四处叫喊要"赔偿"、"优惠权"，仿佛未曾有过 1848 年，仿佛农民还沉睡未醒，其实农民在挣脱身上的锁链时就有点清醒了，因为骑士等级的这种赔偿叫喊，结束了农民之间按照对封建关系的各种不同利益和等级而形成的分离状态。

现在，农民有着共同的利益：要求收回被骑士掠夺的东西；赔偿由地主从农民的口袋中榨取的一切，赔偿骑士老爷完全没有偿还或者只偿还少许的那些等级税、土地税以及其他各种苛捐杂税。

将来，西里西亚的农民在全地区只高悬这样一面旗帜，上面写着：

"骑士在最近30年内抢走的一切必须全部赔偿。"

"从大小骑士等级的天赋钱袋中收回3亿塔勒！"

1849年3月22日、25日和4月13日《新莱茵报》（科隆）第252号、255号（第2版）和271号

摘要

354
共产主义者同盟一支部主席（柏林）给奥古斯特·黑策尔（柏林）的信[186]

约1849年3月底

亲爱的朋友黑策尔：

今天晚上要接纳几个盟员，劳驾，请给我寄一份章程①来，可能的

---

① 文件321。

话,请寄一份石印的章程来,我将于星期四奉还。

舒尔茨支部
你的朋友　胡果

今天晚上,康内吉塞尔要用他自己的那份章程。

维尔穆特和施梯伯《19世纪共产主
义者的阴谋》1853年柏林版第1册
第46页

355
共产主义者同盟柏林总区部给伦敦中央委员会的信

1849年3月底[187]

柏林总区部致中央委员会

我们荣幸地向中央委员会汇报,同盟从修改章程以来在这里所取得的成就。众所周知,柏林在此之前一直不是我们进行宣传的一个理想场所,即使革命以后也是如此。只是在戒严状态解除之后才有了一些起色,以至同盟的规模每天都在扩大,影响每天都在增长。我们已有100名盟员,共分10个支部,从现在开始,每月将有约12塔勒的收入。但是，鉴于我们这个地方的具体情况和政治意义，我们希望中央委员会授权我们，我们的全部收入均由我们自己支配。新的革命看来即将来临，我们还需要许多钱购买武器弹药。此外，我们还缺乏宣传用书，我们请求中央委员会给我们介绍一些宣传用书。

维尔穆特和施梯伯《19世纪共产主义者的阴谋》1853年柏林版第1册
第46页

356
卡尔·马克思《雇佣劳动与资本》一书摘录

1849年4月5日

雇佣劳动与资本

科隆4月4日。我们听到了各方面的责难，说我们没有叙述构成现代阶级斗争和民族斗争的物质基础的**经济关系**。①我们只是当这些关系

---

① 在《新莱茵报》上发表时，这句话的前面加有"科隆4月4日"。——编者注

在政治冲突中直接突显出来的时候，才有意地提到过这些关系。

过去我们要做的首先是从日常历史进程中去考察阶级斗争，并根据已有的和每天新出现的历史材料来从经验上证明：当进行过二月革命①和三月革命②的工人阶级遭到镇压的时候，工人阶级的敌人（在法国是资产阶级共和派，在整个欧洲大陆则是反对过封建专制制度的资产阶级和农民阶级）也同时被战胜了；法国"正直的共和国"的胜利，同时也就是以争取独立的英勇战争响应了二月革命的那些民族的失败；最后，随着革命工人的失败，欧洲又落到了过去那种受双重奴役即受**英俄**

---

① 二月革命指1848年2月爆发的法国资产阶级民主革命。代表金融资产阶级利益的"七月王朝"推行极端反动的政策，反对任何政治改革和经济改革，阻碍资本主义发展，加剧对无产阶级和农民的剥削，引起全国人民的不满；农业歉收和经济危机进一步加深了国内矛盾。1848年2月22—24日巴黎爆发革命，推翻了"七月王朝"，建立了资产阶级共和派的临时政府，宣布成立了法兰西第二共和国。法国二月革命在欧洲1848—1849年革命中具有重要影响。无产阶级和小资产阶级积极参加了这次革命，但革命果实却落到了资产阶级手里。——原卷末注

② 指柏林群众反对普鲁士政府的三月革命，这是德国1848—1849年资产阶级民主革命的开端。1848年3月初，柏林群众举行集会，要求取消等级特权、召开议会和赦免政治犯。国王弗里德里希-威廉四世调动军队进行镇压，遂发生流血冲突。3月13日，维也纳人民推翻梅特涅统治的消息传到柏林，斗争进一步激化。国王慑于群众的威力，并企图拉拢资产阶级自由派，阻止革命发展，于17、18日先后颁布特别命令，宣布取消书报检查制度；允诺召开联合议会，实行立宪君主制。资产阶级自由派遂与政府妥协。柏林群众要求军队撤出首都，在遭到军警镇压后，于3月18日构筑街垒举行武装起义，最终迫使国王于19日下令把军队撤出柏林。起义获得了胜利，但是起义成果却被资产阶级窃取，3月29日普鲁士成立了康普豪森—汉泽曼内阁。——原卷末注

两国奴役的地位。巴黎的六月斗争①，维也纳的陷落②，1848年柏林11月③的悲喜剧④，波兰、意大利和匈牙利的拼命努力，爱尔兰的严重饥荒——这些就是集中表现了欧洲资产阶级和工人阶级之间的阶级斗争的主要事件。我们曾经根据这些实例证明过：任何一次革命起义，不论它的目的显得离阶级斗争有多么远，在革命的工人阶级没有获得胜利以前，都是注定要失败的；任何一种社会改革，在无产阶级革命和封建反革命没有在**世界战争**中用武器进行较量以前，都是要成为空想的。在我们的阐述中，也如在现实中一样，**比利时**和**瑞士**都是巨幅历史画卷中的悲喜剧式的、漫画式的世俗画：前者是资产阶级君主制的典型国家，后者是资产阶级共和制的典型国家，两者都自以为既跟阶级斗争无关，又跟欧洲革命无关。

现在，在我们的读者看到了1848年以波澜壮阔的政治形式展开的阶级斗争以后，我们想更切近地考察一下经济关系本身，也就正当其时了，因为这种经济关系既是资产阶级生存及其阶级统治的基础，又是工人遭受奴役的根由。

我们分三大部分来加以说明：（1）**雇佣劳动对资本**的关系，工人

---

① 指1848年6月巴黎无产阶级的起义。二月革命后，无产阶级要求把革命推向前进，资产阶级共和派政府推行反对无产阶级的政策，6月22日颁布了封闭"国家工场"的挑衅性法令，激起巴黎工人的强烈反抗。6月23—26日，巴黎工人举行了大规模武装起义，经过四天英勇斗争，起义被资产阶级共和派政府残酷镇压。马克思论述这次起义时指出："这是分裂现代社会的两个阶级之间的第一次大规模的战斗。这是保存还是消灭资产阶级制度的斗争。"（见《马克思恩格斯文集》第2卷第101页）——原卷末注
② 指1848年11月1日维也纳被文迪施格雷茨的军队占领。
③ 在《新莱茵报》上发表时，前面没有"柏林11月"、"1848年"。——编者注
④ 指1848年11月11日的柏林事件。1848年11月8日国王下令把普鲁士国民议会会址从柏林迁往勃兰登堡。国民议会的多数派通过了一项继续把会址设在柏林的决定。11月10日国民议会被赶出它经常举行会议的话剧院。11月11—13日议会在射击俱乐部召开会议，11月15日被弗兰格尔将军的军队驱散。——原卷末注

遭受奴役的地位，资本家的统治；（2）**各个中间市民阶级和所谓的市民等级**①**在现存制度下必然发生的灭亡过程**；（3）**欧洲各国资产者阶级在商业上受世界市场霸主英国的奴役和剥削的情形。**

我们力求说得尽量简单和通俗，我们就当读者连最起码的政治经济学概念也没有。我们希望工人能明白我们的解说。加之，在德国到处都存在着对最简单的经济关系极端无知和理解混乱的现象，从特许的现存制度的辩护者到**冒牌的社会主义者和未被承认的政治天才**都莫不如此，这种人在四分五裂的德国比诸侯王爷还多。……

1849年4月5日《新莱茵报》（科隆）第264号（《马克思恩格斯全集》德文版第6卷第397—398页，参看《马克思恩格斯文集》第1卷第711—712页）

摘要

357
科隆工人联合会委员会会议决议[188]

1849年4月11日

［……］

2. 各个分会应根据《新莱茵报》最近几号就社会问题所发表的社

---

① 在《新莱茵报》上发表时，不是"所谓的市民等级"，而是"农民等级"。——编者注

论去讨论社会问题。①

3. 登报请求莱茵省的所有工人联合会把它们的通讯处寄给我们，此外，要求德国的各工人联合会也讨论工资问题，并要求把他们对这个问题的看法告诉我们。为此应把（《新莱茵报》）的有关各号寄给这些联合会。[……]

会议批准把我们的24份联合会章程转让给多伊茨和杜塞尔多夫，并同意下列救济款项：给1名患病的联合会会员15银格罗申；给4名被驱逐出克拉科夫的波兰人1塔勒15银格罗申；给1名列日工人联合会会员15银格罗申。[……]

1849年4月12日《自由、博爱、劳动》（科隆）第19号

节录

358
关于民主协会莱茵区域委员会会议的报道

1849年4月14日

科隆4月14日

公民卡·马克思、卡·沙佩尔、弗·安内克、海·贝克尔和威·沃

---

① 4月17日的委员会会议也规定，"社会问题（资本与雇佣劳动）"是各个分会的议题。(1849年4月22日《自由、博爱，劳动》第22号)

尔弗（助理）于今日成立了莱茵民主联合会区域委员会。

公民马克思、沙佩尔、安内克和沃尔弗联合发表如下声明：

"我们认为，各民主团体的现行组织成分过分庞杂，这势必将妨碍有利于事业的有效活动的开展。

我们认为最好是建立一个由单一成分组成的工人联合会的更为严密的组织，因此我们声明：自即日起退出各民主团体莱茵区域委员会。"

弗·安内克　卡·沙佩尔　卡·马克思
海·贝克尔　威·沃尔弗（助理）

1849年8月15日《新莱茵报》（科隆）第273号（第2版）（《马克思恩格斯全集》德文版第6卷第426页，参看《马克思恩格斯全集》中文第1版第6卷第509页）

359
科隆工人联合会全体会议决议

1849年4月16日

会议一致决定：

（1）退出德国民主协会总会，加入中央委员会设在莱比锡的德国工人联合会总会①。

（2）为了更加密切地联合纯粹社会的政党，委托委员会在召开莱比锡全国工人代表大会以前在科隆召开莱茵省和威斯特伐利亚各工人联合会的地方代表大会。

（3）派遣代表出席即将在莱比锡举行的全德工人联合会代表大会。

1849年4月22日《自由、博爱、劳动》报（科隆）第22号（《马克思恩格斯全集》德文版第6卷第584页，参看《马克思恩格斯全集》中文第1版第6卷第697页）

360
科隆工人联合会委员会会议决议的摘录

1849年4月17日

……委员会决定……

---

① 指1848年8月23日至9月3日在柏林举行的工人代表大会所选出的德国工人中央委员会。这次代表大会是由许多工人团体倡议召开的。在斯蒂凡·波尔恩影响下制定的代表大会纲领，向工人们提出了争取实现一系列狭隘职业要求的任务，从而使他们远离革命斗争。德意志工人中央委员会设在莱比锡。和波尔恩一起被选入中央委员会的还有施温尼格尔和基克。——原卷末注

（5）为执行昨天全体大会的决定：定于5月的头一个星期日在这里召开莱茵省和威斯特伐利亚各工人联合会的代表大会。

委员会委派公民卡·马克思、威·沃尔弗、卡·沙佩尔、安内克、埃塞尔和奥托六人组成莱茵省和威斯特伐利亚的临时委员会来执行这一决定，并责成他们向各有关的联合会发出适当说明开会理由的邀请书……

1849年4月22日《自由、博爱、劳动》报（科隆）第22号（《马克思恩格斯全集》德文版第6卷第584页，参看《马克思恩格斯全集》中文第1版第6卷第698页）

361
科隆工人联合会第一分会反对安德烈亚斯·哥特沙克的决议[①]

1849年4月22日

提　案

（1）鉴于哥特沙克医生在《自由、劳动》报中把公民卡尔·马克

---

① 这个决议批评了哥特沙克在1848—1849年革命时期的立场。哥特沙克同

思描绘成为法兰克福议会议员弗兰茨·拉沃的朋友和同道者,而公民马克思在2月8日委员会会议上发言的意思是,虽然他在目前支持把拉沃和施奈德第二提为候选人,但他远不是要在原则方面与这些人团结起来;相反地,拉沃恰好在他活动的最盛时期遭到了《新莱茵报》的无情攻击;但是,现在根本谈不到红色民主主义者和无色民主主义者(blassen Demokraten),因为目前的任务主要还是反对君主专制,而为了达到这个目的,红色民主主义者和无色民主主义者就必须联合起来反对"抱怨派";

(2)其次,哥特沙克医生在法兰克福民主主义者代表大会上表示,他能使科隆工人倾向于红色君主政体,就像倾向于红色共和国一样,从而把工人本身描绘成为对他盲目服从的机器;

(3)上述报纸对拉沃的攻击极为卑鄙、恶毒,并且指责他身体上的疾病,说什么他生病是假装的;

(4)这家报纸的其他攻击大部分也是完全没有根据的,其荒唐可笑简直不值一驳;然而这些攻击暴露了它们的作者可鄙的仇恨,狠毒和卑劣的、背信弃义的性格;

(5)哥特沙克医生在被宣判无罪以后,对许多工人联合会会员谈到改组工人联合会的计划以及他为了这个目的想把他本人(作为主席)和由他选定的另外五人(作为委员会委员)置于联合会领导地位的意图,这证明有专制独裁的趋势并违反最基本的民主原则;

(续前注) 马克思和恩格斯在策略路线上的分歧一开始就暴露出来了。1848年7月,哥特沙克同安内克和克·约·埃塞尔一起被捕,接着他们被以"煽动武装起义反对王权"的罪名被交付法庭审判。12月21日至23日举行了审判。在社会舆论的压力下,陪审员不得不宣判被告无罪。哥特沙克被释放后积极进行了分裂科隆工人联合会的活动。本决议于1849年4月24日经科隆工人联合会委员会批准。——原卷末注

第四章　革命时期的共产主义者同盟及其在工人运动和民主运动中的活动　　639

（6）由于企图实现这个新的组织方案，他背弃了真正无产者的政党而投入了小资产者的怀抱，因为他准备把每月会费提高到5个银格罗申；

（7）哥特沙克医生未受联合会委托，甚至没有通知联合会或它的领导机关，就擅自变动联合会的报纸，因而两个星期没有出报；这是违反联合会权利的行为，这种行为是无法开脱的，无论是哥特沙克此后很快就走了，或是有任何必要性或者认真的原因，都不能作为原谅这种行为的理由；

（8）哥特沙克医生在被宣判无罪以后，辜负了科隆工人的期望，没有像以前一样在他们当中重新开始他的进步活动，而是令人奇怪地连一句告别的话也没有说，对工人所表现的忠诚和毅力没有表示任何谢意，就走掉了；

（9）哥特沙克医生由于过分迂腐而自愿流亡国外，并从布鲁塞尔寄来一个声明，这个声明无论如何既不能为他的行为作解释，也不能为他的行为辩护，因为他作为一个共和主义者，竟在这个声明中说，他是否能回来只取决于"**当今国内最高审判官**"或是"**人民的呼声**"，可见他不是把全体人民的呼声，而是把别的什么人当做最高审判官；他这里所说的最高审判官只能是国王，因此他便直接转到正统主义者和君主主义者方面去了；另一方面，在这个声明中他又嘲笑人民，认为人民能够把凡是承认和求助于别的什么最高审判官而不承认和求助于人民呼声的人都召回来，他在这里扮演了一个最可怜的伪君子的角色，并力图为自己保留一条既通向国王又通向人民的道路；

（10）哥特沙克医生对于工人联合会请他解释他那个看来难以了解的所谓声明，尤其要指出他所说的"当今的最高审判官"是谁的要求，没有给予答复；

（11）哥特沙克医生虽然没有得到谁的召请，还是回到了德国，因此这段自愿流亡国外的插曲就完全失去意义，而且，如果估计到这时他的弟兄们和朋友们都为了把他选入柏林议会而卖力活动的话，那么这看来必定是一种考虑不周的竞选花招，——鉴于这一切，科隆工人联合会第一分会声明：

本会无论如何不能赞同哥特沙克医生自从此地陪审法庭宣判他无罪以后的行为，并且坚决地、愤怒地粉碎这样一种意图，即认为工人联合会能够让人利用去为红色君主政体的利益服务，或者容许人家利用对个别人的攻击把它引入歧途，或者强迫它接受一位主席和由谄媚者组成的委员会，或者召回为了赎罪同时恳求国王和人民宽恕的自愿流亡者，或者容许任何人像对待一群无知的小伙子一样对待工人联合会。

1849年4月29日《自由、博爱、劳动》报（科隆）第24号（《马克思恩格斯全集》德文版第6卷第585—587页，参看《马克思恩格斯全集》中文第1版第6卷第699—701页）

362
莱茵省和威斯特伐利亚工人联合会临时委员会召开代表大会的通知

1849年4月24日

不久以前，莱茵省民主联合会区域委员会的一部分成员退出了该委

第四章　革命时期的共产主义者同盟及其在工人运动和民主运动中的活动

1849年《科隆工人联合会会刊》报头

1849年4月22日《科隆工人联合会会刊》刊载的关于召开莱茵省和威斯特伐利亚工人联合会代表大会的决议

员会，同时这里的工人联合会已宣布退出莱茵省各民主团体联合会总会①。所以采取这种步骤，是因为确信：由于这些民主团体成分复杂，很难指望它们会给工人阶级或广大人民群众的利益带来什么好处。

因此，就更加迫切地需要使各工人联合会的单一成分紧密团结起来，使他们致力于共同的活动。

为此目的，这里的工人联合会认为，首先必须建立莱茵省和威斯特伐利亚各工人联合会的临时委员会，并选举下面署名的人为该委员会的成员，责成他们采取一切为达到上述目的所必需的步骤。

临时委员会特邀请一切工人联合会以及所有其他暂时虽不用这个名称然而**是坚决拥护社会民主派原则的**团体，都派遣自己的代表于下个月的头一个星期天（5月6日）② 出席省代表大会。

列入议事日程的将有以下几个问题：

（1）组织莱茵省和威斯特伐利亚工人联合会；

（2）选举出席将于6月间在莱比锡举行的全德工人联合会代表大会的代表；

（3）讨论和批准应交给代表带往莱比锡代表大会的各项建议。

务请被选举出席这里的预备代表大会的代表们于5月6日上午十时前携带委托书前往旧市场上西蒙的"克兰茨"旅馆报到。

卡·马克思（缺席） 威·沃尔弗 卡·沙佩尔

弗·安内克 克·约·埃塞尔 奥托

---

① 见《马克思恩格斯全集》中文第1版第6卷第509和697页。——编者注

② 据报道（1849年5月10日《德意志总汇报》，1849年5月12日《特里尔日报》），莱茵省和威斯特伐利亚的工人联合会代表大会于1849年5月6日（星期日）如期举行。——原卷末注

注意：书面通知请寄：下制帽坊街17号工人联合会主席卡尔·沙佩尔。

1849年4月25和29日《新莱茵报》第282号增刊和第285号第二版（《马克思恩格斯全集》德文版第6卷第587—588页，参看《马克思恩格斯全集》中文第1版第6卷第703—704页）

363
伦敦工人共产主义教育协会给斯图加特工人联合会的信

约1849年4月底至5月初①

兄弟们：

我们及时收到了你们今年3月9日的友好来信，我们高兴地接受了

---

① 从本信中可以看出，这里指的是对1849年3月9日斯图加特工人联合会的信所作的迟到答复；参看注182。因为在5月13日发表的伦敦信件中，还没有提到维护帝国宪法运动的斗争，所以，它可能是在1849年4月底最迟在5月初写的。

你们伸出的友谊之手，并力求保持我们相互之间的友谊。我们对你们给予我们会员①的友好接待表示赞许，并希望找到这样的机会来实际证明我们的这种赞许。

工人们当然需要一个组织，以便认清他们的普遍状况，并找出适合改善这种状况并使工人的生活有保证的各项措施。我们生活在国外，在这里，阶级对立已经极其广泛地形成，资产阶级和无产阶级势不两立。正是在这里，每天都在向工人们表明，他们只不过是资本的奴隶，他们的劳动只不过是增殖资产者的资本，他们如果不设法通过联合来摆脱这种桎梏，就势必永远当工人。

在德国，资本家目前正在企图实现自己的利益，并达到英国资产者早已拥有的那种统治无产阶级的力量。现在，英国产品已经使半个德国濒临毁灭，而且还要完全毁灭德国资产阶级。

在小范围内实行关税保护和协作，只能对我们有害。由于实行关税保护，将产生人数更多的无产阶级，在短期内会出现生产过剩现象，而且比我们估计的来得还要快，因为德国同外国并没有贸易来往。由于小范围的协作，工人们脱离了伟大的运动，陷入了行会制度的残余而不能自拔。

只要工业无产阶级不同农业无产阶级紧密地团结在一起，无论何种小规模的尝试，其结局都将是不幸的。社会改造可以在一个为无产阶级的利益而进行管理的国家内大规模地实行。工人联合起来，就能行使他们的权力，参加一切公开的选举，并在最适当的时机使自己上升为执政党。

我们希望这封信能给你们的联合会带去欢乐，因而请你们不要计较我们因偶然情况表示的暂时沉默。

---

① 约瑟夫·莫尔；参看文件350和351。

如果你们向我们提出什么学术问题或社会问题，我们将竭尽全力尽快地回答你们的问题。

致以兄弟般的问候

受工人协会委托

通讯书记　亨·鲍威尔

1849年5月13日《太阳报》（斯图加特）；根据副本刊印，见美因河畔法兰克福联邦档案馆藏的克瓦尔克遗著

364
科隆工人联合会委员会会议记录
1849年5月1日

各分会代表作有关各分会的情况和作用的报告。

原多伊茨民主协会作为第10分会也加入了科隆工人联合会，它目前拥有230名会员。[……]

主席宣布，已经从宾根、莱比锡和曼海姆收到了表示同意的信。前二者谈到了工人（社会）党脱离民主派一事；后者为寄给它的在《新

莱茵报》发表的《雇佣劳动与资本》一文表示感谢,并说要就这篇文章进行讨论。[……]

1849年5月13日《自由、博爱、劳动》(科隆)第28号　　　　　　　　　　　节录

365

乔治·朱利安·哈尼(伦敦)给弗里德里希·恩格斯(科隆)的信

1849年5月1—2日

1849年5月1日于伦敦
布朗普顿区女王街9号

亲爱的恩格斯:

　　[……]我和奥康瑙尔之间的问题没有进展,仍然同上一次去信时一样。[189]我记得自那时起没有再见过他。你大概已经注意到《北极星报》上他那种虽然不是直截了当表达的但却十分明显的敌意了吧。不过,我没有去理会他,因为我很清楚,他的权力正在迅速地化为乌有;相反,我的朋友则在日益增多。[……]

　　我同朋友磋商后,决定办一个售价3便士的月刊,自6月1日起出版。刊物的名称是:

《不列颠和外国政治、历史和文学民主评论及其他》

我希望能把这个刊物办成功，同时也保留我在《北极星报》报社的工作，至少是保留一段时间。如果这个办月刊的设想成功了①，就将为一些更大的事业的成功奠定基础。

你曾好心地答应过要给我帮助，现在我就写信要你履行自己的诺言了。我已经给沙佩尔写了信，请他写一篇通讯供刊物发表。请你务必也写一篇文章或通讯。题材由你自选，可以是关于德国政治的，也可以是关于英国政治的。如果是后者，请不要涉及**奥康瑙尔**；如果是其他方面的，你写得多激烈都可以。也许写些关于德国情况或大陆的一般情况的东西更好一些。

我觉得最有必要的是每期月刊上都能有你写的东西。

除了政治性的文章，我还欢迎一些——不管多么简短——介绍德国文学的东西；如有可能的话，翻译一些德国的爱国诗歌。弗莱里格拉特或维尔特能够帮助写些文学和诗歌一类的东西吗？回忆**罗伯特·勃鲁姆**的文章大概是能吸引人的。介绍民主运动中的其他烈士和受害者的文章同样是能吸引人的。一个题材可以连载几个月，但作为一般原则，**文章不宜**太长。我大概还得重复一遍上封信中说过的那句话，即我无法允诺给予报酬。如果刊物办得成功，我是不愿让你或其他人白白为我写东西的。当然邮资全部由我支付。

我非常希望每个月都能得到法国和美国的通讯。你知道巴黎有什么人能用英文写东西并愿意提供帮助吗？艾韦贝克怎么样？你的文章或通讯寄得越快越好，最晚不要迟于5月21日。

致以兄弟的敬礼！

乔·朱利安·哈尼

---

① 《民主评论》杂志于1849年6月开始出版。

又及：5月2日勃兰登堡的第二次政变①可能会加快这一天的到来，那时你们不是红色德意志共和国的公民，就是俄国人的奴隶。我很关心你的安全和胜利。

这些新的事件或许会对你写东西有妨碍，但是我知道，只要有可能，你是会写的。

路易·勃朗和科西迪耶尔昨晚同我一起进餐。他们都答应，要对《民主评论》给予帮助。

手稿　　　　　　　　　　　　　　　　　　　　　　　　　　　　节录
莫斯科苏共中央马列主义研究院
中央党务档案馆，F. 1, op. 5, Nr. 222

366
《新莱茵报》告科隆工人书
1849年5月4日

……星期日各个政党都要在科隆这里召开代表大会②。政府不惜任

---

① 普鲁士第二议院于1849年4月27日解散。
② 1849年5月6日（星期日），莱茵省和威斯特伐利亚的三个团体在科隆召开了代表大会。这三个团体是：工人联合会、民主联合会以及君主立宪派的"市民联合会"。其中"市民联合会"的代表大会是在科隆近郊多伊茨举行的。——原卷末注

何代价力图挑起人民和军阀之间的冲突,以便像迫害柏林人那样来迫害我们莱茵省居民。

科隆工人的任务就是粉碎普鲁士的这一诡计。行动要沉着冷静,决不能为军阀们的任何挑衅所动,这样科隆工人就能使政府无法找到采取暴力行动的任何借口。

最近将有决定性的事件发生。维也纳、波希米亚、南德意志、柏林都是怨声载道,只等时机的到来。科隆能够给予支援而且是很有力的支援,但却不能首先**开始**坚决的行动。

科隆工人要记住,特别是在下星期日要记住,政府的一切挑衅行为的目的在于:使暴动**在不利于我们而有利于政府的时机**发生。

只有在发生巨大事件时才能实行革命;如果上了政府挑衅的当,那结果至多也不过是一次骚动。**科隆的工人们,你们要记住九月二十五日事件**[①]**啊!**

1849年5月4日《新莱茵报》(科隆)第289号(《马克思恩格斯全集》德文版第6卷第468页,参看《马克思恩格斯全集》中文第1版第6卷第560—561页) 节录

[①] 1848年9月25日,科隆当局用逮捕民主联合会和工人联合会的许多领导人的办法挑起了当时已开始在市内构筑街垒的工人的过早的发动。马克思及其拥护者们曾尽了很大的努力,来阻止科隆工人举行过早的孤立的发动。次日,当局以"保护生命和财产"为由,在科隆实行了戒严。——原卷末注

367
卡尔·马克思在汉堡为卡尔·布伦开具的前往布雷斯劳①的介绍信

1849年5月6日

1849年5月6日于哈尔堡

布雷斯劳的布雷默②先生：

我恳切地向您介绍持信人布伦先生。由于去年的南德事件③，您也许还记得他的名字。

完全忠实于您的 卡尔·马克思

---

① 波兰语称做：弗罗茨瓦夫。——编者注
② 这封信以及后面两封于1849年5月6日写给《新莱茵报》通讯员爱·弥勒-泰勒林和安·施蒂夫特的信是马克思1849年4月中旬到5月初逗留汉堡及其附近地区期间为卡·布伦写的介绍信。——原卷末注
③ 南德事件指布伦参加的1848年4月的巴登共和派起义和1848年9月初的美因河畔法兰克福起义。1848年4月12日在巴登爆发了德国共和派的武装起义。1848年4月2日，以弗·海克尔和古·司徒卢威为首的共和派少数为了抗议自由派多数的政策退出了预备议会。慑于共和运动蓬勃展开的巴登政府通过了关于扩大军队人数的决议，请求毗邻的德国各邦给以军事援助，并根据自由派分子马提的告密逮捕了共和主义者菲克勒尔。巴登政府采取的这一系列行动便成了起义的导火线，起义的领导者是海克尔和司徒卢威，由于起义的准备不足，组织不力，4月24日被镇压下去，海克尔逃亡瑞士，后去了美国。这次起义也被称为海克尔起义。

1848年9月18日在美因河畔法兰克福爆发了人民起义。法兰克福国民议会于9月16日批准马尔默停战协定是这场人民起义的导火线。当时曾有1000多人参加了街垒战，起主要作用的是工人协会和体操协会的成员。奥地利和普鲁士的军队取得议会中占多数的自由派的同意后镇压了这次起义。——原卷末注

L.诺弗《1814到1852年间的政治革命团体及其革命》（备忘录复印件），1852年2月吉森版，第206页（参看《马克思恩格斯全集》中文第2版第48卷第70页）

第一次发表

368
《新莱茵报》关于弗里德里希·恩格斯参与组织埃尔伯费尔德武装反抗的报道

1849年5月10—15日

科隆5月16日。在埃尔伯费尔德的街垒上也有过《新莱茵报》的代表。为了驳斥形形色色的流言飞语，我们应当请读者注意关于这个问题的简短报道。

5月10日，《新莱茵报》编辑**弗里德里希·恩格斯**从科隆前往埃尔伯费尔德。他从索林根带去了两箱子弹，这是索林根工人在突击格莱弗拉特军械库时获得的。恩格斯到了埃尔伯费尔德以后，给安全委员会作了关于科隆局势的报告，并听候该委员会调动。军事委员会立即委派他领导修筑防御工事的工作，并给了他如下的委任状：

"安全委员会直属军事委员会兹授权弗里德里希·恩格斯先生检查

城内全部街垒，并指导建筑防御工事。请街垒上一切岗哨于必要时给该人以协助。

（签名）**许纳拜恩 特罗斯特**

1849年5月11日于埃尔伯费尔德"

第二天，大炮又交由恩格斯支配：

"兹授权公民弗·恩格斯自行斟酌安装大炮，并招聘为此所必需之工匠。有关开支由安全委员会负担。

安全委员会

委员会代表

（签名）**波特曼 许纳拜恩 特罗斯特**

1849年5月12日于埃尔伯费尔德"

恩格斯在到达埃尔伯费尔德的头一天，就组织了工兵连，并且在该城几个出口处构筑了街垒。恩格斯出席了军事委员会的各次会议，并建议该委员会聘请**米尔巴赫**先生担任卫戍总司令，这个建议得到一致通过。以后几天，恩格斯继续他的活动：改建了许多街垒，拟订了新街垒的布置计划，并加强了工兵连。从米尔巴赫到任的时候起，恩格斯就听从他的指挥，也参加了卫戍总司令所召集的各次军事会议。

恩格斯在埃尔伯费尔德逗留的全部期间，受到了贝尔格和马尔克的武装工人以及志愿部队的无条件信任。

在恩格斯到达的头一天，安全委员会委员里奥泰先生就探询了他的意图。恩格斯说，他来到埃尔伯费尔德，首先是因为受到科隆方面的派遣；其次是因为考虑到也许他对军事方面会有所帮助；第三是因为他本人是贝尔格区人，他认为能够亲身参加在该区人民举行的第一次武装起义是自己的光荣。他只希望进行军事方面的活动，而根本不想涉及运动的政治方面，因为非常明显：目前在这里，运动只能在黑红黄三色旗下进行，因而需要避免反对帝国宪法的一切发动。

里奥泰先生完全同意这种说法。

14日早晨，当恩格斯陪同卫戍总司令米尔巴赫到恩格尔堡去参加总集合的时候，安全委员会的另一位委员赫希斯特先生走到恩格斯跟前，对他这样说道：虽然恩格斯的一举一动丝毫没有可以非议的地方，但是埃尔伯费尔德的资产者对他的到来仍然感到万分惶恐；他们时刻担心他会宣布成立红色共和国，所以一致希望他离开。

恩格斯说，他不想勉强人家接受他的效劳，但是也不愿意胆怯地离开自己的岗位，因此，为了表明他对这件事不负任何责任，只要求把上述愿望用书面形式清清楚楚地写出来之后交给他，上面并且要有安全委员会全体委员的签名。

赫希斯特先生在安全委员会提出了这个问题，当天就通过了如下的决议：

"我们对近来居住在科隆的巴门公民弗里德里希·恩格斯迄今在本城所进行的活动**予以充分公正的评价**，但是还是请求他今天就离开本城区，**因为他的逗留可能引起对运动性质的误解**。"

早在通过这一决议以前，恩格斯就已声明，只有当米尔巴赫命令他执行安全委员会的要求时，他才能这样做。米尔巴赫是按照他的建议来到这里的；因此在米尔巴赫未允许他离开以前，他不能擅自离开。

经安全委员会三番五次的恳求以后，米尔巴赫终于在15日早晨签署了相应的命令，这一命令后来以招贴的形式公布了。

安全委员会的决议激起了武装工人和志愿部队的无比愤怒。他们要求恩格斯留下来，并保证"用自己的生命来保护他"。恩格斯亲自到他们那里去，安定了他们的情绪，同时谈到了米尔巴赫，他说总司令是按照恩格斯本人的建议邀请来的，并且博得了他的无条件的信任，他不能第一个不服从卫戍司令。

然后，恩格斯又在郊区进行了一番视察，在把职务移交给自己的副官以后，就离开了埃尔伯费尔德。

让那些对我们的编辑表示如此深厚的情谊和如此依恋不舍之情的贝尔格和马尔克的工人记住，现在这个运动只是另一个更重要千百倍的运动的序幕，在那个运动中涉及到的将是他们工人切身的利益。这一新的革命运动将是现在这个运动的结果，而只要这个新的运动一开始，恩格斯便会——这一点工人们可以相信！——像《新莱茵报》的所有其他编辑一样，立刻出现在战斗岗位上，那时世界上再也没有任何力量能使他离开这个岗位了。

1849年5月17日《新莱茵报》（科隆）第300号增刊（《马克思恩格斯全集》德文版第6卷第500—502页，参看《马克思恩格斯全集》中文第1版第6卷第596—599页）

369
卡尔·马克思关于《新莱茵报》
被查封的文章

1849年5月19日

科隆5月18日。不久以前，柏林曾要求科隆地方当局重新宣布戒严，企图按军法查封《新莱茵报》，但是遇到了出乎意料的反抗。这之后，科隆行政区政府便请示本地检察机关，企图以非法逮捕的手段来达到那个目的。这一企图由于检察机关在司法上的怀疑而遭到了破产，就同前此曾两度由于莱茵陪审员的明智而遭到破产一样①。无可奈何，只有诉诸**警察诡计**；这次他们达到了目的。《新莱茵报》现在暂时停刊。5月16日该报总编辑**卡尔·马克思**接到了下述荒唐无稽的政府命令：

"查最近几号（！）《新莱茵报》愈益坚决地煽动居民蔑视现存政府，号召暴力革命和建立社会共和国。故该报总编辑**卡尔·马克思**博士应予被剥夺其外人待遇法（！），因它已遭彼粗暴之破坏，鉴于彼未被允准继续留居普鲁士国土，应令其于二十四小时之内离境。若彼对此项要求不服，应着即押送出境。"

王国行政区政府**缪勒尔**致本市王国警察厅长**盖格尔**先生

1849年5月11日于科隆

干吗要玩弄这些愚蠢的词句，编造这个官方的谎言！

最近几号《新莱茵报》按其倾向和语调来说同该报"试刊"第一号丝毫没有差别。在这"第一号"里就曾经说过：

"许泽尔先生的阴谋〈在美因兹〉只不过是柏林反动派企图……把我们徒手交给……军队去摆布的庞大计划的一部分。"②

Eh bien, Messieurs, qu'en dites vous maintenant?（先生们，你们对这一点有什么可说的呢？）

至于我们的倾向，难道政府过去不知道吗？难道我们不曾向陪审法

---

① 指科隆陪审法庭在1849年2月7日和8日的审讯中宣判《新莱茵报》编辑和莱茵省民主主义者区域委员会委员无罪一事。——原卷末注

② 见《许泽尔》一文。(《马克思恩格斯全集》中文第1版第5卷第19—20页)——原卷末注

庭声明过:现时"**报刊的任务是破坏现存制度的一切基础**"①?至于霍亨索伦藩臣,那么请读一读1848年10月19日的《新莱茵报》,那里这样写道:

"国王是始终如一的。遗憾的是,三月事件把这块倒霉的纸片置于陛下和人民之间,不然的话国王就会永远是始终如一的了。看来目前陛下又要像三月事件以前那样相信斯拉夫民族的'**铁蹄**'的威力,而维也纳人民也许就是把铁变成黏土的魔术家。"②

Est-ce clair, messieurs?〔明白了吗?先生们。〕

而"**社会共和国**"呢?难道我们只在"最近几号"《新莱茵报》里才宣布过它吗?

对那些没有看出我们关于欧洲运动的全部议论和报道都贯穿着一条"红"线的蠢人,难道我们没有用坦率明确的语言说过吗?

在11月7日的《新莱茵报》上我们可以读到:"就算**武器**能帮助反革命在全欧洲复活起来,**金钱**也会促使它在全欧洲死亡。欧洲的破产,国家的**破产**,注定要把它的胜利化为乌有。刺刀尖碰上了尖锐的'经济'问题也会变得像软绵绵的灯芯一样。但是发展的进程将不会等待欧洲各国转给欧洲社会的期票的支付日期。

在**巴黎**,六月革命会给以致命的反击。随着'红色'共和国在巴黎的胜利,**军队**将从各国的内地调到边境并越过边境,而各个斗争的党派的**真正力量**也将赤裸裸地暴露出来。那时我们会想起六月和十月,并且也会高声喊道:

Vae Victis!〔**战败者罪该万死!**〕

---

① 见《马克思恩格斯全集》中文第1版第6卷第278页。——编者注
② 见《许泽尔》一文。(《马克思恩格斯全集》中文第1版第5卷第19—20页)——原卷末注

六月和十月的日子以后的无结果的屠杀，二月和三月以后的无止境的残害，——仅仅这种反革命的残酷野蛮行为就足以使人民相信，只有一个方法可以**缩短、减少和限制旧社会的凶猛的垂死挣扎和新社会诞生的流血痛苦，这个方法就是实行革命的恐怖。**"①

Est-ce clair, messieurs?

我们从一开始就认为隐瞒我们的观点是多余的。有一次，我们在和地方检察机关争论的时候，曾大声地宣布过：

"《新莱茵报》的真正的反对立场将在三色共和国的时代开始。"②

要知道，在当时我们是和检察机关说话的呀！我们用下面的话总结了旧的1848年（见1848年12月31日的《新莱茵报》）：

"普鲁士资产阶级以及一般德国资产阶级从三月到十二月的历史证明：在德国不可能发生纯粹**资产阶级的革命**，也不可能建立**君主立宪式的资产阶级政权，可能发生的不是封建专制的反革命，就是社会共和的革命。**"③

试问，难道只是在"最近几号"《新莱茵报》里我们才认为必须明显地以社会共和的精神发表言论吗？难道你们没有读过我们关于**六月革命的文章，难道六月革命的灵魂不就是我们报纸的灵魂吗？**

那么你们干吗要玩弄虚伪的词句，制造荒唐的借口呢？

我们铁面无情，但也不向他们要求任何宽恕。当轮到我们动手的时候，我们不会用虚伪的词句来掩饰恐怖手段。但是保皇恐怖主义者，上帝和法律所宠爱的恐怖主义者，在实践上是残酷的、卑鄙的、

---

① 见卡·马克思《反革命在维也纳的胜利》一文。(《马克思恩格斯全集》中文第1版第5卷第540—543页）——原卷末注
② 见卡·马克思《国家检察官"海克尔"和〈新莱茵报〉》一文。(《马克思恩格斯全集》中文第1版第5卷第521—526页）——原卷末注
③ 见《马克思恩格斯全集》中文第1版第6卷第146页。——编者注

下流的，在理论上是胆怯的、隐讳的、虚伪的，而在这两方面都是**无耻**的。

普鲁士政府的命令荒唐到如此地步，竟说《新莱茵报》总编辑**卡尔·马克思"粗暴地破坏了外人待遇法"**。外人待遇法是厚颜无耻的侵略者 Vorder-Russen（博鲁士）① 在我们自己的国土上给**我们莱茵省居民**钦定的，《新莱茵报》的确"粗暴地"破坏了这个外人待遇法。我们觉得，我们应该因此受到莱茵省的感激。我们拯救了我们祖国的革命荣誉。今后，在莱茵省享受充分公民权的将只有一家《**新普鲁士报**》了。

在临别前，我们谨向读者再提一下我们新年号上的一句话：

"**法国工人阶级的革命起义，世界大战——这就是 1849 年的前景。**"②

看吧，在东方，由各民族的战士组成的革命军已经同以俄国军队为代表的、联合起来的旧欧洲相对峙，而巴黎已经出现了"红色共和国"日益逼近的征兆！

1849 年 5 月 19 日《新莱茵报》（科隆）第 301 号（《马克思恩格斯全集》德文版第 6 卷第 503—506 页，参看《马克思恩格斯全集》中文第 1 版第 6 卷第 600—603 页）

---

① 翻译不出的双关语：马克思以讽刺的口吻称普鲁士人为"Vorder-Russen"（拉丁文是"Borussi"）。——编者注
② 见《马克思恩格斯全集》中文第 1 版第 6 卷第 175 页。——编者注

370

《新莱茵报》告科隆工人书

1849 年 5 月 19 日

致科隆工人

在临别前，我们提醒你们不要在科隆进行任何变乱。在科隆军事管制状态下，你们会遭到悲惨失败的。从埃尔伯费尔德的例子中你们已经看到了，资产阶级怎样要工人去赴汤蹈火，然后又极其卑鄙地出卖他们。科隆宣布戒严会使整个莱茵省精神沮丧，而目前你们只要一起义，戒严就会成为必然结果。你们的平静会使普鲁士人感到绝望。

《新莱茵报》的编辑们在向你们告别的时候，对你们给予他们的同情表示衷心的感谢。无论何时何地，他们的最后一句话始终将是：**工人阶级的解放！**

《新莱茵报》编辑部

1849 年 5 月 19 日《新莱茵报》第 301 号（《马克思恩格斯全集》德文版第 6 卷第 519 页，参看《马克思恩格斯全集》中文第 1 版第 6 卷第 619 页）

371
科隆工人联合会委员会会议记录

1849 年 5 月 21 日

应邀参加这次委员会会议的有委员会委员以及各分会的所有负责人，他们大部分都出席了会议。

公民沙佩尔在宣布会议开始之后说道，他因众所周知的情况将离开科隆，并将脱离工人联合会。①

他就自己作为联合会主席的工作向与会者作了说明，会议对他的说明表示完全满意，并对他担任主席表示赞许，对他迄今所进行的卓有成效的积极活动表示感谢。

然后，会议就联合会今后的结构问题作出如下决议②：

（1）在工人联合会原有的 9 个分会中保留 5 个。

它们是：库尼贝尔特地区海舍尔附近的第三分会，十字街西蒙斯附近的第一分会，罗滕堡的第四分会，旧钟楼地区普法尔附近的第六、七分会以及早先在威克塞霍弗地区的列格曼附近、后来在金德勒附近的第二分会。

---

① 沙佩尔前往威斯巴登；参看文件 377。
② 另见文件 378。

4个停止活动的分会同保留的分会合并，它们是：

普兰克巷的第九分会同海舍尔附近的第三分会合并；凯西利亚大街的第七分会同旧钟楼地区普法尔附近的第六分会合并；希腊门附近的第八分会和比贝尔大街的第五分会同威克塞门地区金德勒附近的第二分会合并。

（2）每个保留的分会选举5名负责人，即主席、书记员、司库、图书管理员和秘书各1人。

（3）各分会的这25名负责人组成工人联合会委员会。

（4）委员会每周举行一次讨论联合会事务管理的会议，并从中选出1名主席（他同时又是全体会议主席）、1名书记和1名司库。

（5）保留的各分会不需要的所有联合会物品暂时由司库伯多夫保管，以后由新任命的主席保管。

（6）这次会议将于本月30日在旧钟楼附近的普法尔继续举行，听取各分会通过这些决议的情况报告，然后确定组成新的委员会等等事项。

（7）联合会全体会议不再像以前那样每周举行一次，而是由委员会根据情况不定期召开。

各分会的议程照旧。

1849年6月10日《自由、博爱、劳动》（科隆）第30号

372
弗里德里希·列斯纳回忆科隆工人联合会在德国维护帝国宪法的运动期间的活动

1849年5月中旬以后

［……］几个月以后，马克思就被驱逐出普鲁士，恩格斯前往已经爆发革命的巴登。我的几个熟人也前往巴登。沙佩尔前往拿骚组织那里的农民。其余留在科隆的同志对乡村展开了宣传工作，因为当时我们已经懂得在农民中进行宣传的意义。（1893年我出席社会民主党科隆代表大会①时，有几个农民邀我到科隆附近的沃林根去。他们还记得我在1848年和1849年的情景）我们利用空闲时间制造子弹，造好之后运往巴登。当然，子弹是秘密地制造的。"红色贝克尔"（后为科隆市长和众议院议员）弄来弹头和火药，我们每一个人都各尽所能，支援革命。［……］

弗里德里希·列斯纳《1848年前后》，载于1898年《德意志言论》（维也纳）第4期第147页

节录

---

① 关于列斯纳出席1893年科隆代表大会的情况，参看本书第4卷文件832。

373

弗里德里希·恩格斯《德国维护帝国宪法的运动》一文摘录

1849年5月中旬至7月

……整个运动的灵魂是**小资产阶级**,主要是所谓的**市民阶层**,而这个阶级在德国,特别是在南方,恰恰是占着主导地位。……

假如事情由小资产阶级来决定的话,那么未必会抛弃处处以法律为依据来进行合法、平和而又规规矩矩的斗争的这种立场,未必会以火枪和石块来代替所谓的精神武器。……

但是,在小资产阶级的背后,处处都有其他阶级来响应由它所发起并为它的利益而服务的运动,它们促使这个运动性质更加明确、更加坚定,而且一有可能就尽力去掌握运动。这些阶级就是**无产阶级**和相当大一部分**农民**,此外,小资产阶级的进步派别也往往暂时依附于它们。

以较大城市的无产阶级为首的这些阶级,对待忠于帝国宪法的矢志保证,比小资产阶级鼓动家本身要认真得多。如果说小资产者像他们所不断发誓的那样,为了帝国宪法不惜"牺牲一切",那么,工人还有许多地方的农民也情愿这样做,而且面临着一个各党派都心照不宣的条件,那就是在胜利之后,小资产阶级必然为维护这部帝国宪法转而反对这些工人和农民。这些阶级曾经推动小资产阶级同现存的国家政权公开决裂。如果说,他们未能制止住自己的小商人式的盟友甚至在斗争期间就在叛卖，那么，他们至少有一点可以感到满意，就是反革命胜利以后，这种叛卖行为却受到了反革命分子的惩罚。……

随着莱茵工人的失败，被工人们认为唯一能公开而坚决地代表他们的利益的报纸——《新莱茵报》也停办了。总编辑①虽然也是土生土长的莱茵普鲁士人，却被逐出了普鲁士；其他的编辑们也都受到或者直接被逮捕或者马上被流放的威胁。科隆的警察直言不讳地宣布要这样对付他们，而且极其具体地指出，它掌握了每个人的足够的罪证，可以随意处置他们。这样一来，报纸恰恰在销售量空前迅速增长确保了它的存在的时候却不得不停止发行。编辑们都分散到德国各个已经起义的或就要起义的地方去了；有些人到了事态又要发生转折的巴黎②。这些编辑们在今年夏天的运动期间或者之后，没有一个人能免于被捕或流放；也就是说，没有一个人能逃过科隆警察殷勤地为他们安排好了的命运，有一部分排字工人跑到普法尔茨，加入了军队。……

我们从卡尔斯鲁厄前往普法尔茨，首先来到施派尔，德斯特尔和临时政府本打算驻扎在这里。但是，他们已经迁到了凯撒斯劳滕，政府认

---

① 马克思。——编者注
② 1849年5月19日，即《新莱茵报》出版最后一号的当天，马克思、恩格斯、恩·德朗克、斐·沃尔弗和威·沃尔弗离开了科隆，前往美因河畔法兰克福，试图说服国民议会的左派议员公开担任武装起义的领导，他们没有达到目的，便于5月21日前往巴登。马克思和恩格斯曾于5月23—24日在卡尔斯鲁厄逗留，在这里他们关于革命力量发起全面进攻的主张又遭到多数的反对。最后两人于6月1日前后分手，马克思带着民主主义者中央委员会的委托书前往巴黎，恩格斯去了凯撒斯劳滕。《新莱茵报》的另外三位编辑格·维尔特、斐·沃尔弗和恩·德朗克也来到巴黎。在巴黎，这时山岳党和革命俱乐部正准备发起反对执政的秩序党的群众运动，这三个人都参与了六月十三日事件。(见《马克思恩格斯全集》中文第2版第10卷第158—190页) ——原卷末注

为这个地方是"普法尔茨战略上最好的据点",因而最终确定为政府所在地。在施派尔,我们没有见到他们,却见到了维利希和他的志愿兵。他带领一支几百人的部队,使得兰道和盖默斯海姆这两个要塞的共4000多人的警备队处在紧张状态之中,切断了他们的供应,并千方百计地骚扰他们。在我们到达的那一天,他带领80名左右的步枪手攻打了盖默斯海姆警备队的两个连,一枪不发就把他们赶回要塞。第二天早晨,我们和维利希一齐到凯撒斯劳滕,在那里我们遇到德斯特尔、临时政府和整个德国民主派的精英。在这里,当然也谈不上什么正式参加对于我们党是完全异己的这个运动。因此,过了几天我们就折返宾根,在路上我们和几个朋友因为有参加起义的嫌疑而被黑森的士兵逮捕。我们被押解到达姆施塔特,随后被送往法兰克福,到了法兰克福才终于被释放。

在这以后不久,我们便离开了宾根,马克思受民主主义者中央委员会的委托前往将要发生决定性事件的巴黎,以便代表德国的革命政党去会见法国的社会民主主义者。① 而我则返回凯撒斯劳滕,想留在那里最初做一个普通的政治流亡者,以后如果有适当的时机和爆发战争的话,或许在这个运动中占据《新莱茵报》唯一能占据的地位——士兵的地位。……

---

① 德国民主主义者中央委员会是1848年10月26—30日在柏林举行的第二届民主主义者代表大会上选出来的。其成员有卡·德斯特尔、爱·赖辛巴赫和赫克萨默。1849年6月初,马克思带了一份由德斯特尔开具的该中央委员会的代表资格证前往巴黎,以德国革命政党代表的身份与法国社会主义者取得联系。

法国社会民主主义者是指聚集在《改革报》周围的小资产阶级民主主义者和社会主义者。马克思抵达巴黎时,代表下院中的《改革报》派的山岳党和保守派之间正酝酿着一场风暴。山岳党于1849年6月13日采取行动。——原卷末注在临时政府幕后站着德斯特尔，他类似于秘密总书记，或者如布伦坦诺先生所说的，是一个"凯撒斯劳滕温和政府周围的红色奸党"。①附带说说，属于这个"红色奸党"的还有其他的德国民主主义者，尤其是逃亡到此地来的德累斯顿起义的参加者。在德斯特尔的身上，普法尔茨的执政者们获得了他们所不大懂得的行政问题的知识以及革命的智慧，这种革命智慧总是限于完成最直接的、无疑地可以实现的任务，从而在贯彻具体措施时从来也不会茫然不知所措，因此它就更加令他们钦佩。德斯特尔凭这一点博得了很大的威信和政府的绝对信任。虽然德斯特尔对待运动有时候过于认真，例如，他认为通过实行自己的、在当时条件下是完全不适宜的市镇施政条例会带来颇大的益处，但是，毫无疑问，正是他推动了临时政府来执行他那多少比较果断的一切措施，特别是在一些具体问题上发生冲突时，他总是能够拿出适当的解决办法。……

自然，也曾经有人建议我去担任这个或那个文职和武职，如果在无产阶级的运动中，我会毫不犹豫地接受，但在当时的条件下，我都一概拒绝了。我唯一同意的一件事，就是为临时政府在普法尔茨广泛推销的小报纸撰写几篇鼓动文章②。我知道，这也是行不通的，但是由于德斯特尔和政府的某些成员的一再请求，我终于接受了这个工作，这样至少也可以表明我的好意。我在遣词用字上当然不十分客气，所以第二篇文章就引起反感，被认为过于"刺激人"；我没有多费唇舌便收回了文章，

---

① 洛·布伦坦诺《1849年5月13日至6月25日革命期间内阁成员的处境和态度》。——编者注
② 临时政府在普法尔茨广泛推销的小报纸指《城乡信使》。实际上恩格斯在该报只发表了一篇文章《普法尔茨和巴登的革命起义》，见1849年6月3日《城乡信使》第110号。——原卷末注

当着德斯特尔的面撕毁了，事情也就到此为止。

到普法尔茨来的民主主义者当中，最优秀的是那些不久前曾在自己的家乡参加过战斗的人，即萨克森和莱茵普鲁士的民主主义者。为数不多的萨克森人大都在各个中央办公厅任职，他们工作努力，行政管理知识丰富，头脑冷静而清醒，没有任何奢望和幻想。莱茵省人，大都是工人，多数参加了军队；最初在机关工作的人，后来也拿起了武器。……

只有两名军官早在普鲁士人进攻以前，积极从事军事活动就已经很出色，这就是维利希和布伦克尔。

维利希率领一支不大的志愿军团，担负着先监视而后包围兰道和盖默斯海姆这两个要塞的任务。逐渐集合在他指挥之下的部队有：一连大学生、一连在贝桑松同他生活在一起的工人、三连人数不多的来自兰道、诺伊施塔特和凯撒斯劳滕的体操家，两连来自附近地区的志愿人员以及一连配备着大镰刀的莱茵普鲁士人，这些人多半是参加普吕姆和埃尔伯费尔德起义之后流亡到这里来的。他们最后一共有七八百人；不管怎样，这是全普法尔茨最可靠的士兵；下级军官大都是服过军役的人，其中有的人在阿尔及利亚时已经习惯于游击战。……

这时候，普鲁士人开始从霍姆堡向前推进，由于现在事情开始发生引人注意的转变，由于我不愿放过取得军事经验的机会，最后，由于《新莱茵报》为了荣誉应该在普法尔茨—巴登军队中有自己的代表，于是我也腰佩战刀到维利希那里去了。……

第二天早晨，我同维利希到拉施塔特去，在那里又遇到了莫尔。

报刊和各个民主团体对巴登起义中牺牲的那些多少有教养的人物，又写文章又作诗，歌颂备至。至于那成百上千的工人，却谁也没有提起过，是他们把斗争坚持到底，战死在沙场上，是他们活活瘐死在拉施塔特的牢房中，是他们目前身居异乡，在所有流亡者中间唯一在流放中受尽贫穷困苦的折磨。工人受剥削，这是由来已久、非常习见的现象。所以我们的正牌的"民主派"先生们只能把工人当做一种可以鼓动的、可以引爆的、可以剥削的材料，当做纯粹的炮灰。我们的"民主派"太无知了，资产阶级气味太浓了，他们无法理解无产阶级的革命立场，无法理解工人阶级的未来。因此，对于真正的无产阶级气质他们也是仇视的，因为无产阶级自尊心非常强，决不会对他们阿谀逢迎；因为无产阶级眼光非常远大，决不会被他们所利用，然而每次发生推翻现政权运动的时候，这些人总是手握武器站在最前方，在任何革命运动中，这些人都直接体现着无产阶级的党。既然所谓的民主派没有兴趣对这样的工人给予肯定，那么，无产阶级的党就有责任给这些工人以应有的荣誉。科隆的**约瑟夫·莫尔**就是这些工人中最优秀的一个。

莫尔的职业是钟表匠。很多年以前他离开了德国，参加过法国、比利时和英国的所有公开的和秘密的革命团体。1840年他参与组建伦敦德意志工人协会①。二月革命以后他回到德国，不久就和他的朋友沙佩

---

① 德意志工人教育协会是1840年2月7日正义者同盟的卡·沙佩尔、约·莫尔和其他活动家在伦敦建立的。有时用会址名称大磨坊街协会。共产主义者同盟成立后，在协会中起领导作用的是同盟的地方组织。1847和1849—1850年，马克思和恩格斯积极参加了协会的活动。在马克思和恩格斯领导下的共产主义者同盟中央委员会多数派同宗派主义冒险主义少数派（维利希—沙佩尔集团）之间的斗争中，协会中大部分会员站在少数派一边，因此马克思、恩格斯和他们的许多拥护者在1850年9月17日退出了协会。从50年代末起，马克思和恩格斯重新参加了该协会的活动。国际工人协会成立之后，协会（弗·列斯纳是协会的领导人之一）就加入了国际工人协会。伦敦教育协会一直存在到1918年为英国政府所封闭。——原卷末注

尔一起担负起科隆工人联合会①的领导工作。1848年科隆九月事件②后曾经流亡伦敦，不久又化名回到德国，在各个地区进行宣传鼓动，别人都不敢去执行的危险任务他都一力承担起来。在凯撒斯劳滕我又遇到了他。他在这里接受了到普鲁士去的使命，他所要执行的任务一旦被发觉马上就有被枪毙的危险。在第二次执行完任务以后，他顺利地闯过了所有的敌军驻地，一直来到拉施塔特，到了这里立即加入我们这支队伍的贝桑松工人连。三天之后他就阵亡了。我失去一位老朋友，党则少了一个不知疲倦的、无所畏惧的和忠实可靠的先进战士。

无产阶级的党在巴登—普法尔茨军队里的力量相当强大，特别是在志愿军团里，例如在我们这一队，在流亡者军团等等。这个党敢于对一切其他党派这样说：谁也无法对无产阶级的党的任何成员提出丝毫的责难。最坚定的共产主义者也是最勇敢的士兵。……

---

① 科隆工人联合会是共产主义者同盟盟员于1848年4月13日在科隆创立的。领导联合会的是主席和各行各业代表组成的委员会。起初，在联合会中起领导作用的是安·哥特沙克，他在"真正社会主义"的影响下，忽视资产阶级民主革命的任务，奉行抵制间接选举全德和普鲁士国民议会的政策，反对支持民主派候选人，煽动性地要求立即建立"工人共和国"。马克思、恩格斯及其拥护者反对哥特沙克的宗派主义政策的斗争巩固了联合会，改变了它的政治路线。到1848年8月，联合会已有7000会员。哥特沙克被捕后，7月6日约·莫尔被选为联合会主席，这个职务他担任到1848年9月因被捕的危险而侨居国外为止。1848年10月马克思被选为联合会的主席，而从1849年2月起卡·沙佩尔被选为联合会的主席。联合会这时实行了改组。2月25日通过的新章程宣布，提高工人的阶级觉悟和政治觉悟是联合会的首要任务。1849年德国反革命得胜后，科隆工人联合会丧失了它的政治性质，变成了普通的工人教育协会。——原卷末注

② 1848年9月25日科隆当局在资产阶级的支持下，逮捕了科隆工人运动的活动家卡·沙佩尔和海·贝克尔，恩格斯和莫尔也面临被捕的危险。当局企图煽起一场风潮后再镇压无产阶级运动。然而，在马克思和恩格斯领导下的科隆工人，没有受到煽动的影响，没有进行过早的起义。9月26日科隆宣布处于戒严状态，《新莱茵报》及其他民主派报纸暂停出版，10月12日恩格斯、约·莫尔和其他许多撰稿人被迫侨居国外。——原卷末注

《新莱茵报。政治经济评论》（汉堡），1850年1月第1期和1850年3月第3期（《马克思恩格斯全集》德文版第7卷第111、112—113、131—132、146、149—150、151—152、156、161、184—185页，参看《马克思恩格斯全集》中文第2版第10卷第5—6、6—7、29—30、47—48、51—52、53—54、59、65、92—94页）

摘要

374

《新莱茵报》编辑部反对《西德意志报》的声明

1849年5月31日

声　明

《新莱茵报》编辑部认为自己有责任通知自己的通讯员和公众，以《西德意志报》①名义在科隆出版的一家小报跟它毫无关系。下面署名

---

① 《西德意志报》（《Westdeutsche Zeitung》）是德国民主派报纸，1849年5月25日至1850年7月21日由海·贝克尔在科隆出版。该报在《新莱茵报》停刊后紧接着开始出版，它企图以《新莱茵报》的继承者自居；该报编辑部声明，对《新莱茵报》的订户今后将改送《西德意志报》。——原卷末注

的编辑部同人保留单另通知《新莱茵报》将在何时何地复刊的权利。

《新莱茵报》编辑部
卡尔·马克思　恩斯特·德朗克
弗里德里希·恩格斯斐·弗莱里格拉特
格奥尔格·维尔特　斐·沃尔弗威·沃尔弗

手稿

莫斯科苏共中央马列主义研究院中央党务档案馆，F.1, op.1, Nr.298（《马克思恩格斯全集》德文版第6卷第523页，参看《马克思恩格斯全集》中文第1版第6卷第623页）

375

卡尔·马克思（巴黎）给弗里德里希·恩格斯（凯撒斯劳滕）的信①

1849年6月7日

1849年6月7日于巴黎
百合花路45号

亲爱的恩格斯：

在这封信中不准备和你详谈。首先你应该回信告诉我，这封信到达

---

① 1849年5月19日《新莱茵报》停刊后，马克思和恩格斯立即先后前往美

时是否**完好无损**。我想，又会有人乐此不疲地拆阅信件了。

　　这里是保皇主义反动派进行统治，比在基佐时代更无耻，只有1815年以后的时期能与之相比。巴黎是一片阴沉。而且霍乱异常猖獗。尽管如此，革命火山口的大爆发从来没有像目前在巴黎这样逼近。关于这一点以后再详谈。我正同全体革命派会晤，过几天我就将掌握**所有的**革命报刊。

　　至于这里的普法尔茨—巴登的使节们，布林德由于被真的或假的霍乱病吓倒，已经搬到离巴黎有几小时路程的农村去了。①

　　关于许茨，这里要指出以下情况：

　　（1）临时政府给他一个虚设的职位，不给他寄任何情报。法国人要求提供实情，而谁也不写东西给他，他从哪里得到实情呢？他必须尽可能经常得到文件。显然，目前他是什么也做不成的。唯一能做到的是迷惑普鲁士政府，因为许茨能时常同山岳党②的领袖们会晤。

　　（2）普法尔茨临时政府第二个不可原谅的错误是，有人背着官方

（续前注）　因河畔法兰克福，试图唤起全德国民议会的左派议员采取坚决行动以维护革命成果，但遭到左派议员的拒绝。于是，马克思和恩格斯又从那里前往正在发生维护帝国宪法运动的德国西南部即巴登、普法尔茨和宾根等地进行活动。6月初他们两人在宾根分手，马克思带着德国民主主义者中央委员会的代表资格证赴巴黎，代表德国革命党人会晤法国社会民主主义者。恩格斯则前往当时普法尔茨临时政府的所在地凯撒斯劳滕，不久他又从那里前往奥芬巴赫，加入巴登—普法尔芬茨的革命军。——原卷末注

①　布林德当时是普法尔茨和巴登的临时政府派驻巴黎的外交代表，临时政府是1849年春在德国西南部发生维护帝国宪法运动的时候成立的，领导者是小资产阶级民主主义者布伦坦诺。——编者注

②　山岳党（1848—1851年）指法国制宪议会和立法议会中集合在《改革报》周围的小资产阶级民主主义者和社会主义者。其领袖人物为赖德律-洛兰、皮阿等人。以路·勃朗为首的小资产阶级社会主义者也参加了这一党。他们自称是1793—1795年法国国民公会中的山岳党思想的继承人。1849年2月后该党又称新山岳党。——原卷末注

的使节向一伙卑鄙的德国人授以这样或那样的使命。这种情况必须坚决制止,以便使许茨起码能够在山岳党人面前保持自己这一职务的尊严,而这正是目前他的使命的全部涵义(对普鲁士来说)。

此外,许茨消息相当闭塞,这是不言而喻的,因为他只同某些官方的山岳党人来往。但我将经常使他熟悉情况。

我也要求你定期写信给我,每星期至少两次;遇到重要事情发生,则立即写信。

《科隆日报》上有一篇注明寄自哈尔特山下的迪克海姆的关于普法尔茨运动的小品文①,其中有这样一段话:

"人们不满意《新莱茵报》编辑马克思先生。似乎他曾向临时政府声明,他的时机尚未到来,他将暂时退居一旁。"

这中间有什么联系呢?这里的可怜的德国人(顺便说一下,我尽量避免同他们见面)会尽力把这事传遍整个巴黎。所以我认为,你们最好在给《卡尔斯鲁厄日报》或《曼海姆晚报》的通讯中直截了当地说明,我是作为**民主主义者中央委员会**②的代表去巴黎的。我认为这样做有

---

① 《巴登和普法尔茨来信》,载于1849年6月6日《科隆日报》第134号。——编者注
② 即德国民主主义者中央委员会。它是1848年6月在美因河畔法兰克福第一届民主主义者代表大会上成立的,大会是为了联合所有德国民主主义同盟而召开的。根据代表大会决议,6月底成立了由科隆三个民主团体(民主协会、工人联合会以及工人雇主联合会)的代表组成的中央委员会。它在莱茵民主主义者代表大会召开之前一直暂行区域委员会的职能。在1848年10月26—30日在柏林举行的第二届民主主义者代表大会上选出了新的中央委员会,其成员有卡·德斯特尔、爱·赖辛巴赫和卡·赫克萨默。中央委员会的任务是促使德国的各民主力量都行动起来。在柏林实行戒严以后中央委员会由柏林迁到克滕。——原卷末注

第四章 革命时期的共产主义者同盟及其在工人运动和民主运动中的活动　　675

利,还因为目前在这里还不能直接取得任何成果,必须使普鲁士人相信这里正在进行一场可怕的阴谋。必须使贵族感到恐怖。

卢格在这里等于零。

德朗克在干什么?

此外,你务必**设法在什么地方给我弄些钱**;你知道,我为了履行《新莱茵报》的义务已经把最近的收入用光了,而在目前情况下我不能闭门不出,更不能陷入经济困境。

你如果有可能,请给我寄一篇法文文章,把整个匈牙利问题作一概述。① 请把这封信的内容告诉德斯特尔。请代我向他衷心问候。如果我必须用新地址写信,请把新地址告诉我。

马·

按下面的地址给我来信:百合花路45号腊姆博先生收。

德斯特尔博士转交**弗·恩格斯**先生。

手稿　　　　　　　　　　　　　　　　　　　　　　　　节录

莫斯科苏共中央马列主义研究院
中央党务档案馆,F. 1, op. 1, Nr. 301
(《马克思恩格斯全集》德文版第27
卷第137—138页,参看《马克思恩
格斯全集》)中文第2版第48卷第
75—77页)

---

① 马克思请恩格斯寄的关于匈牙利民族解放斗争的文章,恩格斯可能没有写。——编者注

376

奥斯瓦尔德·狄茨（弗兰肯塔尔—普法尔茨）给弗里德里希·卡尔·海特尔（威斯巴登）的信[190]

1849年6月8日

亲爱的海特尔：

几天以前，我收到了你的来信，不过未能及时回信，因为邮递太不安全，而且今天我才有机会给你写信。我在等待拿骚的消息，据说那里比较安全。但是，我对此并不抱任何幻想，所以我宁愿等待你的来信加以证实。我寻思，短期内我们将采取强有力的决定性行动，到那时，希望拿骚也能贡献一份力量。如果需要早一点谈谈其他什么事情，那么就请你立即把这件事告诉我，以便我们同巴登—普法尔茨取得联系，与他们携手并肩地共同前进，而且我也可以立即为能干的军官们做点事。我在这里听说，好些村镇（迪伦堡、拿骚）都由自己负责购买了大炮，如果这是真的，那就出色地证明了我们人民的精神。我们的自卫军在威斯巴登的情况怎么样？因此，请你同古德马尔谈谈，并代我向所有的人表示衷心的问候；另外，别忘了内罗塔尔①的哈恩，告诉他，我随时都准备去。如果发生什么事情，最好派一个可靠的人（无产者）通知我；来人可以到布伦克尔上校那里找我，我住在他家。我们的大本营现在驻扎在弗兰肯塔尔；边境地区牢牢地掌握在我们手里；齐茨率1500人在

---

① 位于威斯巴登西北郊。

阿尔森茨塔尔安营扎寨，他的前哨部队驻扎在克罗伊茨纳赫附近。

再见，由衷地向我们所有的熟人致意，并向你本人问候。

你的忠诚的

奥斯瓦尔德·狄茨

波茨坦国家档案馆，Rap. 30 C, Tit. 94, 　　　　　　　　第一次发表
Lit. W., Nr. 301, Bd. 1, 1fd. Nr. 14037
（副本）

377

卡尔·沙佩尔在伊德施泰因全邦代表大会上的讲话[191]

1849 年 6 月 10 日

［……］沙佩尔说：同胞们！请允许我陈述我的提案的理由。[192]我们现在正面临这样一个时代：我们必须清晰而明确地表明我们需要什么。我不怕残忍的暴力对准我们的刺刀，人民的精神将轻而易举地摧毁它；但害怕普鲁士的花招。为了使人们在解释我们的决议时不走样，我再说一遍，我们必须把它表述得清晰而明确。祖国的叛徒已经宣布到哥达召开会议，以便在那里成立新的国民议会。这是由亨利

希·冯·加格恩和我们的拿骚议员马克斯·冯·加格恩签署的。因此，我们必须补充说："在斯图加特召开"，我们必须赞赏所有坚持到最后的人们，赞赏所有不怕掉脑袋的人们，赞赏所有声明"要同德国的自由共存亡"的人们；所以，我们除了斯图加特的国民议会以外，不承认其他任何地方的国民议会。（妙极了！）其次，我们必须声明，不管这次在斯图加特召开的国民议会的人数多寡，我们都承认它是国民议会，因为德国的诸侯们和祖国的叛徒们甚至说过这样的话，斯图加特人已不再是多数，所以是一个准议会。我们必须清晰而明确地声明，关键不在于数量，而在于活在这些人心中的精神，关键只在于，这些人下决心同德国的自由共存亡。因此，我们声明，在这个意义上，那里即使只有50人，即使只有5人，但他们确实是为德国的自由、为德国人民的幸福而生存、战斗和牺牲的；我们承认他们是最高的德国权力。（热烈喝彩！）同胞们！我衷心希望我关于第一条款的提案获得通过。[……]

主席说：沙佩尔先生提议，代表团应由56名成员组成，每个单位出2名。

其次，会议任命一个由7名成员组成的全邦委员会，从今天起就举行会议，为实施各项决议采取必要措施。（获得支持）

沙佩尔说：同胞们！为了实施我们的决议，我们固然需要做一些工作，但我们不能说，像我们今天在这里一样，我们要前往威斯巴登，要推翻政府，这种事我们不能干。所以，今天我们什么也不能干。干什么事都不能随心所欲，我们不能过高地估计自己的力量。因此，必须任命一个委员会，但不是由15名成员组成，因为那样不能代表拿骚的所有单位，所以每个单位出2名代表要好一些，可能的话，明天就去找赫尔佐克和内阁。议院要到下星期五才开会，现在重要的问题是，它是否又

第四章　革命时期的共产主义者同盟及其在工人运动和民主运动中的活动　　679

恢复每周开会。此外，我们必须考虑到，如果代表团此行一无所获，那该怎么办？格劳博士提议，拿骚的左派应当领导人民。但是，话根本不能这么说。谁算是左派，我们不知道，这里并没有指特定的人。我们不能决定，也不允许决定——比如要在3月4日——开往威斯巴登，因为如果我们作出这种决定，那么，今天晚上在威斯巴登就会尽人皆知，而明天普鲁士人就会进驻那里。所以，我们任命一个由7名成员组成的全邦委员会是有必要的，旨在为实施这些决议采取措施，而且它可以在全邦范围内采取必要措施，而敌人却无从知道我们的意图；敌人打的是暗牌，如果我们打明牌，就会输牌。因此，我们必须挑选那些我们深信能完成我们的事业、能对我们负责的人。在这里，讨论实施决议的方法，是不切实际的。我是老革命了，曾经历过多次革命，并且知道，如果公开说明实施这些决议的方法，那将一事无成。

　　主席把**朗格**的提案的第一部分，即"委托办公室起草三份呈文（一份呈交拿骚议院，一份呈交内阁，一份呈交赫尔佐克）"一事提交会议表决，并被通过。

　　沙佩尔提议对**朗格**的提案的第二句话加以修改，认为应选举一个由56人组成的代表团，这个提案获得通过。[……]

　　卡·沙佩尔的提案说："会议任命一个由7名成员组成的全邦委员会，从今天起就举行会议，为实施我们的决议采取必要措施。"

　　我首先提出附议迈耶尔博士的提案的问题。迈耶尔先生收回了自己的提案并赞同卡·沙佩尔的提案，我对卡·沙佩尔的提案也表示支持。（获得支持）

　　沙佩尔说，同胞们！我刚才已向你们阐明了理由，为什么这个全邦委员会是必要的，为什么它不应当公开辩论为实施我们的决议采而取的必要措施。尽管现在正是我们变言论为行动的时候，但是我们采取什么

方式，不必让反对我们的那些人知道。[……]

主席将卡·沙佩尔的提案提交会议表决，该提案获得通过。

沙佩尔说：同胞们！主席先生征求我的意见，应当用什么方式选举这个全邦委员会，我认为可以用两种方式来选举：或者先提出提案，对它进行表决，或者委托办公室提出 14 名候选人，其中得选票最多的 7 名当选。这一选举非常重要。[……]

沙佩尔说：我完全赞同朗格博士刚才提出的意见。① 左派成员深得爱自由的拿骚人民的信任。他们在威斯巴登，正因为他们在那里，所以，最适合进行我们的事业。我希望并相信，不管出现什么情况，我们大家都能要求这 7 人执行我们的决议。[……]②

沙佩尔说：同胞们！你们现在选出了全邦委员会，我请你们牢记这个名字，如果这些同胞不执行我们的决议，他们将受到人民的审判。（好极了，太棒了！）[……]

《威斯巴登陪审法庭就魏因巴赫指控校对员和语言教师卡尔·沙佩尔犯有叛国罪、污辱国王陛下、污辱普鲁士国王和亲王罪的辩论（1850年2月8—15日）》1850 年威斯巴登版，第 70—71、97—99、100、102、103 页

摘要

---

① 有人提议，会议应提出 21 名成员。从中选出 7 名委员会委员，针对这个提案朗格代表提议：7 个委员会委员从拿骚议院的左派中选举产生。
② 接着便从出席伊德施坦代表大会的左派议员中选举产生了 7 人委员会。

378
科隆工人联合会全体会议记录

1849年6月18日

9时之前，主席、公民勒泽尔宣布会议开始并首先陈述了联合会及其各分会的现状。他提醒说，由于反革命暂时取得胜利，参加政治联合会的人比较少，所以有必要将原来的9个分会压缩为5个，并对委员会做一些调整；他向会议报告说，根据前主席卡·沙佩尔的提议，委员会由保留下来的各分会的全体负责人组成，公民勒泽尔、赖夫和伯多夫分别当选为主席、书记员和司库，但这都是临时的，条件是须经全体会议批准。①

会议对此表示同意，并批准了委员会进行的选举。

司库就最近4个月来现金的核算和结算情况作了详细报告。

接着，主席谈到了报纸问题。他说，报纸由于缺乏股份已经被迫停刊。可是有一个公民（他认为报纸是联合会的机关报，具有重要意义，所以不能停刊）愿意负担4号报纸的费用，于是，委员会作出了决议，试着继续出版该报，并把编辑工作移交给了由公民赖夫、奥托、萨尔盖特和格律恩组成的委员会。②

---

① 参看文件371。
② 5月13日《自由、博爱、劳动》报出版了第28号以后就被迫暂时停刊，自从4号报纸的费用有了保证以后又以周报形式出版至8月24日，在此期间，由赖夫担任编辑。最后几号是用红色油墨印刷的。

接着，会议就钦定选举法进行了讨论①，并一致通过决议，如果这个分为三次过滤的法律生效，就不参加任何选举。

会议概述了当前的政治问题以后便宣布结束。

门票收入为6塔勒18银格罗申。

为沙佩尔募捐2塔勒4银格罗申3分尼。

1849年6月24日《自由、博爱、
劳动》（科隆）第32号

379
斐迪南·弗莱里格拉特（科隆）给卡尔·马克思（巴黎）的信[193]
1849年6月22日

1849年6月22日于科隆

亲爱的马克思：

我从阿姆斯特丹回来后就已立即通知你夫人，在目前情况下，波斯特未经在吕登沙伊德的格施泰因的特别同意，是不愿把那1000塔勒交出来的。关于我这次旅行的不愉快后果，想必她已立即告诉你了。从那时起，我就再没有得到有关波斯特的其他消息，这一点或许可以说明：

---

① 1849年5月30日，在普鲁士开始施行三级选举制。

格施泰因并没有同意。

至于楚劳夫的问题①，楚劳夫（就是为了不让银行出卖他的股票）已用另外3张股票（每张通常为100塔勒）自行弥补了因股票行市下跌而由银行要求的100塔勒差额，所以，现在必须用340塔勒去赎回每张为100塔勒的整整13张股票。我准备听从瑙特的劝告，让人扣留这340塔勒以及波斯特还在期待的这笔钱的可能费用；采取这个步骤，你会发现，是完全对你有利的。［……］

手稿　　　　　　　　　　　　　　　　　　　　　　　　　　　　节录
莫斯科苏共中央马列主义研究院
中央党务档案馆，F. 1, op. 5, Nr. 228

380
关于科隆工人联合会纪念六月起义一周年宴会的报道[194]

1849年6月25日

科隆，6月25日。这里的工人联合会为纪念巴黎六月起义一周年在埃塞尔大厅举行宴会，参加者相当踊跃。党的几位重要领导人也出席

---

① 1849年1月，亨利希·楚劳夫给《新莱茵报》资助了13股贝尔格—马尔克铁路股票，此事由马克思作保。

了宴会，而当那些在任何情况下都坚韧不拔的真诚可靠的战士入场时，更是受到了忠厚正直的工人们——民族的核心——的热烈欢迎。铿锵有力的演说、祝酒词和歌曲为宴会增添了乐趣。当一些人为高级人士喝倒彩而主席又未能及时制止这种讨厌的举动时，一个警官强令纪念活动结束，说是因为时间拖得太长。可是活动并没有结束，而当再次要求人们离开大厅时，又一次奏起了《马赛曲》。这时军队开来了，并且用刺刀将人们赶出了大厅。

自由结社权和法定权力万岁！

1849年6月26日《新科隆日报》
第146号

381
弗·格吕伯尔（汉堡）给卡尔·马克思（巴黎）的信

1849年7月2日

1849年7月2日于汉堡

亲爱的朋友：

今天收到了你从巴黎的来信（没有注明详细日期），尽管内容令人不快，但我还是很高兴，因为这毕竟表明你还活着！哈哈！我们曾经同战斗，共患难，风雨同舟。这里也碰到一些不愉快的事情，因此我立即

坐下来给你写这封信，以便你一听到这种不愉快的、布伦给你的信没有
回答的消息时，不致吃惊。那个梅克伦堡人弗里施①当时比你还早一天
就旅行去了，此后再没有回来，估计他还在康斯坦茨！他的地址，也许
是比较详细的地址，我能在最近两三天内了解到，到时候我再写信告诉
你；因此，今天我提笔写信，就是为了至少暂时消除一些不愉快的消
息。至于布伦，最近（在使用罗德的地址时）他没有收到过一封信。
除此之外，布伦是会得到宽恕的，也就是说，要排除极大障碍。我很奇
怪，你竟然对此事一无所知？？这是所有官方报纸都登过的呀！布伦现
正蹲在普鲁士的监狱里！！！……巴登革命爆发以后，他想要同施拉姆和
石勒苏益格-荷尔斯泰因的胖子上尉（我知道你也认识此公）一起去旅
行；于是他们三人同行，他们要路经爱森纳赫。（不知是这里的人告密
的，还是像后来返回的默勒上尉所说的，是一个同路的大个子军人告密
的？）够了，他们在莱尔特（汉诺威）就被拘留，文件被查抄，而且布
伦发疯似地非要随身带走的印刷品和其他著作也统统被抄走；而警察至
今似乎还认为这次逮捕是完全合理的，因为他们以为布伦就是德斯特
尔，他们早已不需要任何伪装；从此我再不知道，而且也不可能得知有
关布伦的任何消息了，只获悉他很快就被从汉诺威押走，交给了普鲁士。
我们考虑再三，尽了最大的努力，但都是枉然，我们无能为力；他动身
时带走的是这里签发的一个法国护照（身份是来自科尔马的利布林），施
拉姆护照上的名字是特奥多尔·哈根。此外，这次旅行安排得极其糟糕，
他们的做法轻率得有些不可思议，愚蠢得有些不能想象！比如，布伦竟
把1846年对施拉姆的相貌特征描述随身带着，这是他不久前像珍品一样

---

① 原件上为：弗里奇。1849年5月6日，克罗克辛的具有激进民主主义思想
的贵族地主冯·弗里施在汉堡交给马克思50塔勒，以供继续出版《新莱茵
报》之需。

收藏的。施拉姆也无影无踪了,据估计,他被交到多伊茨他以前所在的卫戍部队。这两个人的命运凶多吉少,已经是"九死一生"。①

埃克尔曼已被驱逐,现在住在旺茨贝克,他的居留证已经到期,有人就抓住这一点,不予更换新的居留证,从而把他驱逐出境。此外,这些民主派,哈根、勒韦、埃克尔曼等人还作了垂死挣扎,不过他们没有阿谀奉承的本领;然而他们出了洋相,现在挺"合适",正在等待事件的发生,而这种事件是会发生的;制宪议会还希望实现它的制宪成果,汉堡人还希望而且相信,只在他们的羊圈里就能处理自己的事情!他们很快就会发现完全不同的情况,这种情况对于这帮愚蠢的自由化的资产者无赖来说是再合适不过的。[……]

他们大谈特谈缔结和约,即同丹麦缔结和约,而汉堡人在想象中觉察到他们的三桅船正扬帆起程;如果普鲁士人在巴登应付得了,这件事是完全可能发生的;反革命的最后这一幕可能将在石勒苏益格-荷尔斯泰因上演。

再见!今天就谈这些。过几天我再给你写信,可惜心有余而力不足。

罗德衷心地向你问好。

　　　致以亲切的问候

　　　　　　　　　　　　　　　　　　　　弗·格吕伯尔

通信地址:斐迪南大街25号欧根·施特龙收。

又及:这个地址非常合适,完全可靠。

　　　　　　　　　　　　　　　　　　　　　　　同上

---

① 根据但丁·阿利吉耶里《神曲》中"这里必须根绝一切犹豫,这里任何怯懦都无济于事"一句的随意改写。

手稿　　　　　　　　　　　　　　　　　　　节录
莫斯科苏共中央马列主义研究院　　　　　　第一次发表
中央党务档案馆，F. 1, op. 5, Nr. 229

382
恩斯特·德朗克（巴黎）给
约瑟夫·魏德迈（美因河畔法兰克福）的信

1849年7月25日左右

　　[……]马克思还在这里——由于红色沃尔弗①，他最近很倒霉。我们准备临时——在我们的报纸时来运转之前——搞一个印刷厂："《新莱茵报》编辑部出版社"，在这里或在日内瓦印刷东西，可能的话，一开始就立即出版马克思的小册子《雇佣劳动与资本》并出版一个社论集《〈新莱茵报〉选辑》。195为了筹集经费，马克思和我给德国的许多人都写了信；成败将取决于能否筹集到经费；如此等等。

　　向你夫人、吕宁及其夫人问好。最近几天内我将再告详情。

你的　恩·德朗克
阿萨德路9号（用我的真名）

　　另外，请写信告诉我，你是否知道恩格斯的近况；马克思尽管给恩

---

① 斐迪南·沃尔弗。

格斯写了三四封信，但仍然杳无音讯。

手稿 节录
莫斯科苏共中央马列主义研究院 第一次发表
中央党务案馆档，F. 181, Nr. 4/2

383

弗里德里希·恩格斯（沃韦）给燕妮·马克思（巴黎）的信

1849 年 7 月 25 日

1849 年 7 月 25 日于沃州沃韦

亲爱的马克思夫人：

您和马克思想必都会感到奇怪，我这么久没有给你们一点音信。原因在于：就在我从凯撒斯劳滕给马克思写信①的那一天，传来消息说，霍姆堡已被普鲁士人占领，因而同巴黎的联系被切断了。当时我不能再

---

① 指恩格斯1849年6月中旬给马克思的信，这封信没有保存下来。——编者注

发信，就到维利希那里去了。在凯撒斯劳滕，我本来没有参加任何所谓的革命活动①；但是当普鲁士人到来时，我就情不自禁地参加了战斗②。维利希是唯一有些才干的军官，于是我就到他那里去，做了他的副官。我参加了四次战斗，其中有两次，特别是拉施塔特会战③，是相当重要的；我发现，备受赞扬的冲锋陷阵的勇敢是人们能够具备的最平常的品质。子弹飞鸣简直是微不足道的事情；在整个战役中，虽然有不少胆怯行为，但我并没有看到有多少人**在战斗中**畏缩不前。而更多的却是"蛮勇举动"。总之，我幸运地摆脱了各种危险；不管怎样，《新莱茵报》方面有一个人参加了战斗是件好事，因为所有的民主派无赖当时都在巴登和普法尔茨，而目前他们正在吹嘘他们所没有干过的英雄业绩。否则，又会有人叫嚷什么《新莱茵报》的先生们胆子太小，不敢参加战斗。

---

① 这里说的革命活动是指维护帝国宪法运动。这是1848—1849年德国资产阶级民主革命的最后阶段。以普鲁士为首的德意志各邦拒绝承认法兰克福国民议会于1849年3月28日通过的帝国宪法，但是人民群众认为帝国宪法是唯一还没有被取消的革命成果。1849年5月初在萨克森和莱茵省，5—7月在巴伐利亚的巴登和普法尔茨相继爆发了维护帝国宪法的武装起义。6月初，两个普鲁士军团约6万人与一个联邦军团开始对两地起义者实行武力镇压，而法兰克福国民议会却不给起义者任何援助。1849年7月，维护帝国宪法运动被镇压下去。——原卷末注
② 1849年6月初，恩格斯来到普法尔茨临时政府所在地凯撒斯劳滕。在那里，他拒绝担任临时政府为他提供的文职和军职。随后他前往奥芬巴赫，参加巴登—普法尔茨革命军。——原卷末注
③ 拉施塔特会战发生在1849年6月29—30日，巴登革命军和普鲁士军队在拉施塔特城下展开了最后一次激战，被包围在拉施塔特要塞的巴登革命军坚持到7月23日才无条件投降，德国1848—1849年革命就此结束。参看恩格斯《德国维护帝国宪法的运动》第四章《为共和国捐躯！》(《马克思恩格斯全集》中文第2版第10卷第719页)。——原卷末注

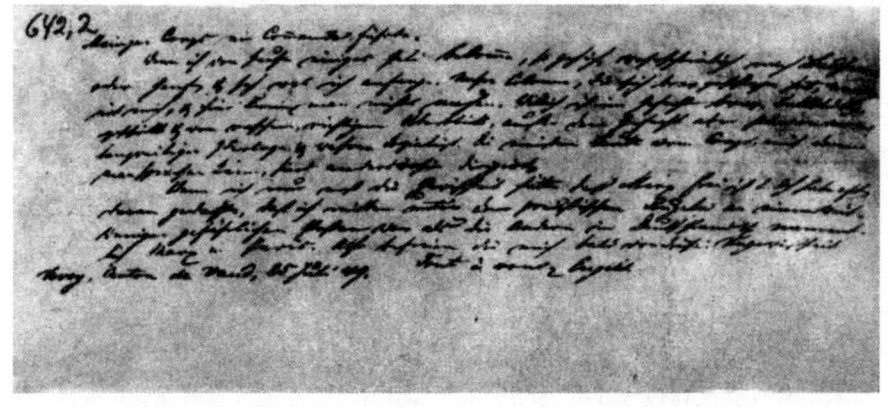

弗里德里希·恩格斯1849年7月25日给燕妮·马克思的信（末页）

可是，在所有的民主派先生当中，除了我和金克尔，没有一个人参加过战斗。金克尔加入我们的军团当了火枪手，他干得很出色；他在第一次参加战斗时头部被枪弹擦伤，并被俘。

在我们的军团掩护巴登的军队撤退以后，我们比其他所有部队都晚24小时进入瑞士，于昨天到达沃韦这里。① 在战役中以及在进入瑞士的行军途中，我根本无法写信，甚至连一行也写不了。但是现在，我要赶快报告一下情况，尤其是赶紧写信给您，因为我在巴登某处听说马克思已在巴黎被捕。我们看不到任何报纸，因而什么也不知道。这件事情究竟是真是假，我根本无法断定。您可以理解，我为此多么焦急不安，我急切地恳求您消除我的不安，把有关马克思的命运的确实情况告诉我。因为马克思被捕的这个传闻我还没有得到证实，所以我仍然希望它不是真的。不过，德朗克和沙佩尔都在监狱里，对此我几乎是深信不疑的。总之，如果马克思还是自由的，那就请您把这封信转交给他，并请他马上给我写信。如果他感到在巴黎不安全，那么他在瓦特州②这里将会是十分安全的。政府本身自称是红色的，是不断革命的拥护者。日内瓦的情形也是一样。曾在美因茨军团里担任过指挥官的那个特里尔人席利，目前就在那里。

如果我能从家里搞到一些钱，那我很有可能到洛桑或日内瓦去，然后再考虑以后怎么办。我们那个曾经勇敢地作过战的部队现在使我感到腻烦，我在这里简直无事可做。维利希在战斗中勇敢、沉着、机智，并且能迅速而准确地总览全局，但是在不作战时他却或多或少是一个无聊

---

① 巴登—普法尔茨起义失败以后，恩格斯所在的维利希军团于1849年7月12日作为革命军的最后一支部队在洛特施泰滕越过瑞士边界，7月24日到达沃韦，在那里驻守了一个月。——原卷末注
② 瓦特州（Waadtland）即沃州（Vaud）。——编者注

的意识形态家①,一个"真正的社会主义者"②。军团里能够谈得来的人大都分配到别的地方去了。

但愿我能确实知道马克思是自由的!我常常这样想,处在普鲁士的枪林弹雨中的我同在德国的其他人相比,特别是同在巴黎的马克思相比,危险还是小得多的。因此,请您立即使我摆脱这种不明真相的处境。

您的 恩格斯

来信寄瑞士沃韦德国流亡者弗·恩格斯收(如有可能,就用寄到蒂永维尔或梅斯的信封)。

燕妮·马克思,父姓冯·威斯特华伦收。

手稿
莫斯科苏共中央马列主义研究院
中央党务档案馆,F.1,op.1,Nr.305
(《马克思恩格斯全集》德文版第27卷第501—502页,参看《马克思恩格斯文集》第10卷第59—61页)

---

① 马克思和恩格斯把那些抱有唯心主义观念、认为思想具有独立作用而不懂思维和意识对物质现实的依赖性的哲学家、社会学家和历史学家称为意识形态家。——原卷末注
② 指"真正的社会主义者"的论调。卡·格律恩是"真正的社会主义"的代表人物之一。1846—1847年间,他在巴黎德国工人中散布"真正的社会主义"的市侩温情观点,同时也大力宣扬蒲鲁东的小资产阶级改良主义思想。"真正的社会主义"是从1844年起在德国的小资产阶级知识分子中间传播的一种反动学说,其代表人物有卡·格律恩、莫·赫斯和海·克利盖等人。"真正的社会主义者"崇拜爱和抽象的人性,拒绝进行政治活动和争取民主的斗争。他们把假社会主义思想同沙文主义、市侩行为和政治上的怯懦结合起来,否认在德国进行资产阶级民主革命的必要性。在19世纪40年代的德国,这种学说成了不断发展的工人运动的障碍,不利于实现当时的主要任务,即团结民主力量进行反对专制制度和封建秩序的斗争,同时在进行革命的阶级斗争的基础上形成独立的无产阶级运动。马克思和恩格斯在1846—1847年对"真正的社会主义"进行了不懈的批判。——原卷末注

384
彼得·格尔哈德·勒泽尔1853—1854年关于1848—1849年革命时期的共产主义者同盟的供词摘录[196]

今天①，20号罪犯回答问题如下：

1848年革命后不久，我成为在科隆成立的工人业主联合会以及民主协会的会员。在工人业主联合会里，我当选为理事会成员。1848年6月以前我一直是这些联合会和协会的会员。1848年6月，我退出了业主联合会，因为工人在那里享有的权利大大少于业主享有的权利。稍后我退出了民主协会，因为我提出的关于救济第一次巴登起义的参加者，即当时在贝桑松流亡的维利希、扬森以及其他科隆人的建议遭到拒绝。这时和稍后，我还不是科隆工人联合会的会员，因为我不喜欢它的组织。已故的哥特沙克医生被捕后，约瑟夫·莫尔代替他履行联合会主席的职责。在莫尔的领导下，工人联合会采取了一种比较坚定的立场，所以我这时加入了联合会，并立即参加了联合会的讨论。9月，由于众所周知的街垒事件，沙佩尔和贝克尔被捕，此后不久莫尔流亡伦敦。这时我当选为工人联合会的主席。②

---

① 1853年12月30日审讯。
② 九月事件之后，卡尔·马克思当选为科隆工人联合会主席，参看文件303，勒泽尔当选为负责日常工作的副主席。

在工人联合会的会员当中，我认为最有教养和最能干的工人是理发师老伯多夫（住在奶油市场）；我同他结识，在他的帮助下对社会主义和共产主义的原则有了更多的认识。我同他结交并成了朋友之后，我终于从他那里知道，还在1848年革命**以前**就有共产主义者同盟；**哥特沙克**医生、土地测量员**扬森**和他在科隆建立了支部，哥特沙克医生在革命前平均每周同工人会见两次，但工人人数不超过15人，在这些集会上哥特沙克作有关共产主义的报告和有关历史题材的报告。伯多夫还告诉我，同盟的主要驻地是伦敦，那里有4个支部，共60人，同盟中央委员会设在那里。在布鲁塞尔有两个支部，在巴黎有两个，在瑞士有几个。1847年在伦敦召开了代表大会，会上讨论并通过了章程，后来还给哥特沙克医生寄来了几份石印的。但伯多夫不知道哥特沙克把它们存放在什么地方。伯多夫读过这个章程，但他手头没有。我本人从未见过章程，但这无疑是在科隆审判时提到的1847年12月8日的章程。在这次代表大会上，**马克思**受委托起草后来发表的《党的宣言》，这一宣言据说是用同盟的资金印刷散发的。正像伯多夫告诉我的那样，革命之后不久，伦敦各支部就通过决定，让尽可能多的盟员回德国宣传同盟的原则。还决定临时把中央委员会迁往布鲁塞尔，并从同盟的储金中拿出些钱给没有钱的盟员，供他们回德国。马克思、恩格斯和其他一些伯多夫不知道姓名的人暂时留在布鲁塞尔，同布鲁塞尔支部共同领导同盟。这些到达布鲁塞尔的盟员和布鲁塞尔支部成员召开了联席会议，一致决定委托马克思全权实施对同盟事务的领导。他记得，马克思当时还去了巴黎，尔后同其他一些著名的革命者到了科隆，旨在接受将要在科隆出版的《新莱茵报》主编职务。在这之后不久，在著名的**罗马旅馆**专门为此租赁的房间里召开了会议，参加这次会议的人是：

1. 卡尔·马克思。
2. 弗里德里希·恩格斯。

3. 哥特沙克医生。
4. 土地测量员扬森。
5. 理发师**伯多夫**。
6. 卡尔·沙佩尔。
7. 约瑟夫·莫尔。
8. 鞋匠**弥勒**（他在科隆期间在格拉斯街蒂尔鞋店里工作。如果我没有记错，他是萨克森人，1849年参加了梅洛斯拉夫斯基的巴登进军，如果他这时没有回到德国，那就可能在瑞士）。
9. 裁缝帮工**豪德**（眼下在伦敦）。

会上发生十分激烈的争论。因为科隆工人联合会组织方面的问题，哥特沙克遭到严厉的指责，此外，马克思建议解散同盟。在第一个问题上，马克思和沙佩尔意见一致；在第二个问题上，哥特沙克和马克思意见一致，都赞成解散同盟。由于在这个问题上意见不一致——沙佩尔和莫尔要求，无论如何要保留同盟，——马克思就运用交给他的自行酌定行动的权力，解散了同盟。① 马克思认为同盟继续存在是不必要的，因为同盟不是密谋组织，而是宣传组织，在现在的条件下可以进行公开的宣传，不需要有秘密组织，因为已有出版自由和集会自由。

1849年春，沙佩尔——我在工人联合会里结识了他——约我第二天晚上同他和其他几个人会面，如果我没有记错，地点是在赫伯茨的小饭馆里，因为他想秘密告诉我们一些事情。② 我到赫伯茨饭馆时，下面

---

① 这种说法是错误的。交给马克思的自行酌定行动的权力只能使用到1848年3月初中央委员会从布鲁塞尔迁至巴黎为止，参看文件206。有关细节，参看康捷尔《一个拙劣案件的拙劣辩护》，载于1962年《苏共历史问题》第3期，德译文载于1963年《德国工人运动史论丛》第2期。

② 勒泽尔所说的莫尔已在1848年11月到德国作特使旅行，所以，这里提到的会面大约是在1848年底，至少是11月中以后，而那时沙佩尔还在监狱里。

一些人已经在那里，或者稍后来到那里。

1. 卡尔·沙佩尔。
2. 鞋匠弥勒。
3. 裁缝豪德。
4. 裁缝迈耶尔（现在伦敦，娶了英国女子为妻，他是科隆工人联合会会员，他的其他情况我就说不清了）。
5. 商人**赖夫**。
6. 理发师**伯多夫**。
7. 裁缝**诺特荣克**。
8. 克里斯蒂安·约瑟夫·**埃塞尔**（后来是《西德意志报》的出版者，现在大概流亡英国）。

沙佩尔通知我们说，以前有同盟，被马克思解散了，但他从未同意解散同盟。他又说，1848年的钦定宪法颁布后，出版自由和言论自由已大受限制，今后无疑还要受到更大的限制，是该重新建立同盟的时候了。他说，我们知道，莫尔当时流亡伦敦，同以前留在伦敦的盟员一起，建立了支部。这个支部选出了新的中央委员会。由莫尔、亨利希·鲍威尔和埃卡留斯组成。莫尔受这个中央委员会的委托，甚至未经马克思的同意，就在科隆建立了支部。沙佩尔给我们讲了同盟的组织和目的，然后问我们想不想加入同盟并同他一起建立支部。我们回答说同意，但要求他先把新章程给我们看看，我们，尤其是**赖夫**还声明，我们将不参加密谋性同盟。沙佩尔答应立即写信给伦敦，让他们把章程寄来，等章程一寄到，他就拿给我们看。这天晚上的谈话就到此结束。不久，约瑟夫·莫尔以特使的身份，受重新建立的中央委员会的委托，来说服马克思和恩格斯赞成重新建立的同盟。莫尔持有英国护照，用的是英国人姓名，但我记不得这个姓名了；他住在他的密友沙佩尔那里。我得到沙佩尔的邀请，叫我第二天晚上到《新莱茵报》**编辑部**去。在那

第四章　革命时期的共产主义者同盟及其在工人运动和民主运动中的活动

里，在二楼出口右边的一个房间里召开会议，参加会议的人是：

1. 卡尔·沙佩尔。
2. 弗里德里希·恩格斯。①
3. 威廉·沃尔弗（鲁普斯）。
4. 卡尔·马克思。
5. **诺特荣克**。
6. 弥勒（鞋匠）。
7. 赖夫。
8. 伯多夫。
9. 豪德。
10. 埃塞尔。
11. 莫尔。
12. 我。

讨论的问题是：是否应建立同盟。主要是马克思、恩格斯和沃尔弗为一方，沙佩尔和莫尔为另一方进行辩论。马克思重新声明说，既然还有言论自由和出版自由，同盟是不必要的。沙佩尔和莫尔则声明，同盟的存在是极其必要的。马克思及其支持者还反对伦敦支部制定和通过的章程，章程是莫尔拿出来的。这个章程也就是在柏林的鞋匠黑策尔那里没收的那份章程，名称叫做《革命党章程》。② 马克思反对这个章程，原因是它宣布斗争的目的是"建立统一的、不可分割的共和国"，所以章程不是共产主义的，而是社会主义的；另一个原因是它倾向于密谋活动。在表决时，赞成新的同盟组织的，只有沙佩尔、莫尔、弥勒、豪

---

① 如果恩格斯参加讨论的话，那么，最早是在1849年1月下旬才有可能，因为他这时才从瑞士回到科隆。
② 文件321。

德、迈耶尔，如果我没有记错，还有埃塞尔。**莫尔**不久即离开科隆到全德旅行。他在此行期间，正如马克思后来从伦敦来信告诉我的，接纳了下面的人加入同盟：

1. 比勒费尔德的商人雷姆佩尔。
2. 汉堡的木材商马尔滕斯。
3. 什未林的水疗医师迈尔。
4. 柏林的鞋匠黑策尔。
5. 莱比锡的裁缝马尔齐乌斯（马尔齐乌斯兄弟中的小马尔齐乌斯）。

莫尔写信给伦敦说，人们对他很冷淡，因为当时正在酝酿巴登运动。

在莫尔旅行期间，马克思和恩格斯被警察当局驱逐出科隆。沙佩尔去了威斯巴登，打算在那里进行鼓动活动。豪德和**弥勒**去**普法尔茨**，在维利希的指挥下参加巴登进军，后来流亡瑞士，豪德后来从那里去了伦敦。这样，计划中的组织也就完了，因为领导人都已离开，或者已被驱逐出科隆。[……]①

波茨坦国家档案馆，Rep. 30 C, Tit. 94, Lit. R., Nr. 208b

---

① 勒泽尔关于革命以后历次事件的供词，见本书第3卷。

注　释

99　约瑟夫·莫尔带着这份由卡尔·沙佩尔起草的委托书，实际上是正义者同盟人民议事会的一封信，前往布鲁塞尔会见马克思并前往巴黎会见恩格斯，就邀请他们加入正义者同盟一事进行谈判。恩格斯在《关于共产主义者同盟的历史》中记述了这次谈判的经过，而马克思则在《福格特先生》中写道："我们还出版了一系列抨击性小册子，有的是铅印的，有的是石印的；我们在这些小册子里，对构成当时'同盟'的秘密学说的那种英法两国社会主义或共产主义同德国哲学的混合物进行了无情的批判；为了代替这种混合物，我们提出把对资产阶级社会经济结构的科学认识作为唯一牢靠的理论基础，最后并用通俗的形式说明：问题并不在于实现某种空想的体系，而在于要自觉地参加我们眼前发生的革命地改造社会的历史过程。在我们的活动的影响下，伦敦中央委员会同我们建立了通讯联系，并在1846年年底派了一个中央委员、钟表匠**约瑟夫·莫尔**（他后来作为一个革命士兵在巴登战场上阵亡了）到布鲁塞尔来，邀请我们加入'同盟'。我们对这种建议存有疑虑，但是被莫尔打消了，因为他通知说，中央委员会准备在伦敦召开同盟代表大会，大会上，我们所坚持的各种批判的观点，将作为同盟的理论在正式宣言中提出来；他又说，为了同保守派和反对派作斗争，我们必须亲自参加大会，而这就要求我们加入'同盟'。于是，我们就加入了。"（卡尔·马克思《福格特先生》，载于《马克思恩格斯全集》德文版第14卷第439页，参看《马克思恩格斯全集》中文第2版第19卷第137页）马克思和恩格斯在同莫尔交谈中也反对形形色色的"迷信权威"的东西，对此马克思后来写道："我们两人都把声望看得一钱不值。举一个例子就可证明：由于厌恶一切个人崇拜，在国际存在的时候，我从来都不让公布那许许多多来自各国的、使我厌烦的歌功颂德的东西；我甚至从来也不予答复，偶尔答复，也只是加以斥责。恩格斯和我最初参加共产主义者秘密团体时的必要条件是：摒弃章程中一切助长迷信权威的东西。（后来，拉萨尔的所作所为却恰恰相反。）"（马克思1877年11月10日给威廉·布洛斯的信，载于《马克思恩格斯文集》第10卷第422—423页）——3

100 雅科布·沙贝利茨在日记（藏于巴塞尔大学图书馆，沙贝利茨遗著1）中也谈到了出版一个杂志的尝试。沙贝利茨是一个进步的瑞士出版商的儿子，于1846年5月来到伦敦。不久以后就担负了《德意志伦敦报》的编辑工作，这家报纸是德国流亡者的机关报，由失去王位后移居伦敦的不伦瑞克公爵资助。沙贝利茨最初只是由于社交活动才于1846年9月加入工人共产主义教育协会的，但不久他就成了教育协会和民主派兄弟协会的积极会员，最后，于1848年初加入了共产主义者同盟（参看文件225）。沙贝利茨在其日记中写道，1847年2月7日，他在工人教育协会中参加了一次"关于准备出版协会刊物的讨论，**赞同**采用《无产者》为刊名，而反对用《工人》为刊名"。接着他还写道："我们也取得了胜利。"关于2月14日会议上的一次讨论，沙贝利茨继续写道："上星期天，在**刊名**的问题上我们取得了胜利，而这次在出版协会刊物的问题上我们失败了。沙佩尔、普芬德、舍尔瓦尔德［应为舍尔瓦尔］、班贝格尔和我分析了我们主张出版**月刊**的理由。只有施奈德和舒斯特（他们对这种事简直一窍不通，如果可以这么说的话）不同意我们的观点，而主张出版半月刊。沙佩尔、班贝格尔和我都将不再插手此事，让这些人去干去。这就叫做'万事开头难'，因此凡事都应从小事做起，不要过高估计自已的力量。"共产主义者同盟第一次代表大会召开以后才出版了《共产主义杂志》的试刊号。——13

101 魏德迈接着比较详尽地论述了马克思的打算，即准备在《威斯特伐利亚汽船》（帕德博恩）上发表其批判卡尔·格律恩所著《法兰西和比利时的社会运动》一书的文章（即《德意志意识形态》的一部分）。这段论述和魏德迈1847年7月22日给马克思的信（莫斯科苏共中央马列主义研究院中央党务档案馆，F. 1, op. 5, Nr. 141.）一样，都说明了当时出现的种种困难。有些困难是由于误解造成的，而产生误解的原因首先是丹尼尔斯的疏忽大意，他到7月中旬才把手稿寄给魏德迈，而马克思早在4月就已经预告要在《威斯特伐利亚汽船》发表手稿（《马克思恩格斯全集》德文版第4卷第37—39页，参看《马克思恩格斯全集》中文第1版第4卷第42—45页）；另一方面的原因则是由于吕宁反对对"真正的"社会主义作原则性批判（参看注102）。——58

102 奥托·吕宁（魏德迈把马克思的信转给了在瑞士的吕宁）在1847年7月16日给马克思的信中也谈到了这个问题。从该信中可以看出，马克思反对吕宁竟对批判格律恩持保留态度并提醒大家注意吕宁在刊登《反克利盖的通告》（参看本书第1卷注85）时竟作了篡改。这封给马克思的信充分证明了吕宁的动摇不定态度，信中这样写道：

"您的来信使我很高兴，我早就希望同您建立更为紧密的联系。[……]

"关于您预告在《威斯特伐利亚汽船》上发表您的著作，事先您没有同我商量，我并不想因此责怪您。您无论如何可以指望《汽船》，因为我相信，不仅魏德迈的著作，而且我本人的著作，都同您的观点相差不远。我在有关的章节中指出了一些难以通过书报检查的地方，在其他章节中我作了如下改动。恕我直言。

"您对我们的现状的看法，我是知道的，而且非常赞成，而您的论战方式我不能苟同。您向以某种方式不同意您的观点的所有人开火，也就是说，您常常把这些人说得一无是处，仿佛他们从此以后就成了时代的废物，必须尽快把他们从运动者的行列中清除出去。尽管我本人决不充当四平八稳的和事佬，而且也不相信我会对任何一个我所认识的人留下这种印象，但我不认为这是正确的，无论如何不认为这是符合实际情况的。一个人对自己可以随便批判和指责，但当一个人在同一个方向的半道上停步不前（虽然一度曾是同路人）为什么就要打棍子呢？为什么要让愚昧无知的或者幸灾乐祸的公众看笑话呢？而公众是把它看成自己阵营内部的一场激烈斗争的。这对于本来就不太巩固的党是有百害而无一利的。我非常赞同您对克利盖的极端无知所作的批判性阐述，但是，如果我可以把您的原话作一番重大修改，那么，为了读者起见，我宁愿把责备之词弄得温和些。顺便说一句，我没有把这些责备当做**自我批评**，而只是清楚地介绍了布鲁塞尔的通告；我只是考虑到书报检查这一关才没有直接把这个通告看做是布鲁塞尔共产主义者的一道命令。我不知道您不愿意刊登这一通告;此外,它在我们这里已经不胫而走,广为传播,甚至已寄给克利盖本人去刊登。

"言归正传,凡是对格律恩先生的种种非难,我全都了解,他的夸夸其谈,他的抄袭才能,如此等等。您不要以为我对他抱有什么幻想;我从一开始就非常了解他。尽管如此,但我不能不认为,他过去的所作所为是无害的,是顺从党的;尽管他犯过那么多的错误和干过那么多的欺人勾当,但公众的愚昧无知确实是严重的,以致他们还能从他那里学到一些东西。此外,不能否认,他是一个多产作家,因此他曾激励了一些人,至少使一些人感到好奇。又由于他正好在社会主义为自己开辟道路的时期偶然在威斯特伐利亚出现,由于他那满怀信心的举动,他在我们这里居然成了一个公众人物。因此,为了党的利益,我认为,在他的个人品德没有表现出来以前,就把他弄得太丢人现眼是有害的。因此,我希望您不要把您的非难搞得过于尖酸刻薄,过于令人厌恶,希望不要把他整得太惨。我没有读过您的手稿,所以,我已请求魏德迈征得您同意,把一些地方改得缓和一点。我希望您能认可我的理由,并对此表示赞同。"(莫斯科苏共中央马列主义研究院中央党务档案馆,F. 1, op. 5, Nr. 140)

马克思的文章发表在《威斯特伐利亚汽船》8月和9月合刊第439—463、505—525页上,这次编辑部未作修改。(《马克思恩格斯全集》德文版第3卷第473—520页,参看《马克思恩格斯全集》中文第1版第3卷第573—628页)——58

103 说"10月"是不对的,很可能是"7月"。共产主义者同盟第一次代表大会以后,恩格斯就从伦敦回到巴黎,但他在巴黎只住到7月底,后来就到布鲁塞尔去住了几个月。波尔恩所说的分手想必就是在这段时间。从伯尔尼工人联合会理事会的记录本中可以看出,波尔恩1841年9月初就已同这个联合会有来往。(参看罗尔夫·德卢贝克《关于弗·恩格斯1848年底至1849年初在瑞士的政治活动》,载于1960年《德国工人运动史论丛》第2年卷第4期第749页)如果我们根据波尔恩关于他的逗留所作的说明,从这时推算他的旅程的各个阶段，那么就能算出他离开巴黎的时间大约是在7月底。关于波尔恩在其特使旅行中所起作用的重要说明，见中央委员会1847年9月14日的告同盟书（文件160）。——59

104 布鲁塞尔德意志工人协会的建立是以布鲁塞尔的共产主义者同盟组织为基础的。马克思在后来的一则笔记中曾谈到他和恩格斯在建立该工人协会时所起的作用。他说："在他旅居布鲁塞尔时，他和马克思建立了德意志共产主义工人协会，这个协会同佛兰德和瓦隆的工人俱乐部保持了联系。他们两人和伯恩施太德一起创办了《德意志—布鲁塞尔报》。"（马克思《弗·恩格斯〈社会主义从空想到科学的发展〉1880年法文版前言》，载于《马克思恩格斯全集》德文版第19卷第181页，参看《马克思恩格斯文集》第3卷第491页）

协会主席是卡尔·瓦劳，莫泽斯·赫斯曾一度担任副主席。马克思曾在协会作过几个报告，其中包括《雇佣劳动与资本》。正如恩格斯所说，威廉·沃尔弗是"最受爱戴的演讲人之一。他每星期都到那里去发表时事评论。这种评论每次都是一篇叙述通俗、幽默而又十分有力的杰作，特别是对德国的统治者和臣民的狭隘性和卑劣性，进行了应有的抨击。这种政治评论成了他十分喜爱的题材，在他参加的每一个社团里，他都要发表这种评论，而且每次都讲述得同样完美而通俗"。（恩格斯《威廉·沃尔弗》，载于《马克思恩格斯全集》德文版第19卷第59页，参看《马克思恩格斯全集》中文第2版第25卷第71页）威廉·沃尔弗写的会员名单（文件191）清楚地表明，这个工人协会建立几个月后就拥有约100名会员。——62

105 《共产主义杂志》是共产主义者同盟中央委员会在同盟第一次代表大会以后出版的，1847年春同盟曾对创办一个同盟的机关刊物作了初次尝试，但没有成功（参看注100）。在杂志的扉页上首次出现了同盟第一次代表大会通过的口号："全世界无产者，联合起来！"此外，卷首还印有下列告示："我们敬请国外所有支持我们事业的朋友们，把稿件和订阅本杂志的订单一并邮寄给'工人教育协会'，地址是：伦敦霍尔博恩车站德鲁里巷191号，邮资统付。杂志定价：在德国每份为2新银格罗申或6十字币，在法国和比利时为4苏，在瑞士为1.5巴岑。"在杂志的封底上印有这样的附注："在伦敦瑞琴特公园梅里勒榜街8号德国书店，西区霍尔博恩车站德鲁里巷191号教育协会，东区怀特查珀尔善人城堡街教育协会均有出售。"版权说明："伦敦西蒂区圣玛丽·阿克斯街18号，梅尔多拉—坎恩出版公司出版。内部发行。"

杂志编辑部由卡尔·沙佩尔负责，开头两篇绪论可能出自他的手笔，关于卡贝移民计划的那篇文章可能也是他写的。政治思想极其明确的那篇论文是威廉·沃尔弗写的，他可能也是编辑部成员之一。从沙贝利茨9月4日的日记（参看注100）的一则记载中可以看出，试刊号是1847年9月的头几天出版的。在日记中是这样记载的："昨天，沙佩尔来看望我们，带来几本《共产主义杂志》，让我们发送。"（藏于巴塞尔大学图书馆，沙贝利茨遗著1）原计划把威廉·沃尔弗召回伦敦，参加杂志编辑部的工作，杂志应于1848年初开始定期出版。但是，这个计划未能实现，原因不明。关于试刊号的推销情况，参看文件160。

莫斯科苏共中央马列主义研究院保存着一份《共产主义杂志》，上面有弗里德里希·列斯纳的两条题词，其中一条是写在封面上的："共产主义杂志。伦敦工人共产主义教育协会于1847年出版"；另一条是："弗里德里希·列斯纳为当代和未来工人运动史收藏。1890年于伦敦。"（莫斯科苏共中央马列主义研究院中央党务档案馆，F. 20, op. 1l, Nr. 111）

本卷完整地刊印了《共产主义杂志》，除了最后的那篇《政治和社会评论》，这是一个关于各国发生的事件的简讯汇编，可能出自威廉·沃尔弗的手笔。

完整的重印本见韦尔纳·科瓦尔斯基《从小资产阶级民主主义到共产主义》1967年柏林版第391—417页；此外参看影印本，载于《社会科学新版图书检索丛刊》（苏黎世）第1期（未注明出版日期）。——67

106 卡尔·海因岑在九点要求中阐述的小资产阶级纲领具有明显的空想、反动的特征。在前四点要求中，他要求推翻君主制，建立一个能保障公民的"物质"和"政治"幸福的共和国。在第五点中，海因岑认为，共和国的第一条原则就是"任何一个人都无权占有公共土地，所以土地必须是人类的公共财产，即必须是国家的财产"。但是，根据第七点，每一个公民在不损害他人权利的前提下,都有权"按照自己的个性,在这个公共财产上……建立和理应要求个人生存"。海因岑把"个人所得"和"所得者的个人占有"明确地称之为"个人生存的需要"。在第七点中,海因岑试图通过直接的"最高限度"的占有或者累进税来防止因自由竞争的"迫切需要"而产生的"有害的不平等",并且声明:"任何人都不得要求更多的报酬,只能得到根据约略估算所必需的东西,以维持人的生存,过得像他人一样幸福。"同时,在海因岑看来,国家的任务应当是"限制个人的任意所得"。根据第八点,国家应当负责为成年公民的自由发展而向他们提供"最低限度"的东西,即"有一定期限的自由住房"以及为"从事所选择的职业的开始阶段"准备"最低限度"的物质和资金。海因岑在第九点中力图非常详尽地证明,国家"在一切有利益冲突的场合充当发挥调停作用的第三者"。[卡尔·海因岑《共产主义的》,载于《德意志代言者报》(米尔豪森)1847年第2期第125—132页]

马克思和恩格斯发表在《德意志—布鲁塞尔报》上的文章反映了他们同海因岑的小资产阶级观点的争论是多方面的,见文件162和172,参看文件163和170。——73

107 早在1843年,当伦敦的共产主义者还深受卡贝影响的时候,他们就已反对他的移民计划了(参看本书第1卷文件40)。1847年5月,卡贝在他出版的《人民报》(巴黎)上发表了一项呼吁书,题为《伊加利亚旅行记》。《共产主义杂志》上的一篇文章的作者,可能是卡尔·沙佩尔,同这一呼吁书展开了争论。1847年9月8日,卡贝离开法国来到英国,利用在那里逗留的机会试图说服共产主义者同盟盟员支持他的计划。对此,列斯纳在回忆录中写道:"1847年夏,著名的《伊加利亚旅行记》的作者埃蒂耶纳·卡贝向法国共产主义者发出了呼吁。[……]这一号召也传到了伦敦工人教育协会。大约在1847年9月,卡贝亲自到伦敦,要我们相信他的思想。我们对他这个建议讨论了整整一个星期,最后,同盟表示反对一切试验。"列斯纳接着详细地引证了《共产主义杂志》上那篇文章所列举的论据,然后继续写道:"这就是我们给卡贝的答复。我之所以在此把这些都详细地记述下来,是因为它们很有历史价值。这些东西表明,那时已经在马克思和恩格斯的影响下的有思想的共产主义者，当时就驳斥了各种空想的尝试；此外还证明，我们是正确的；时间则完全证实了我们的忧虑。"［弗里德里希·列斯纳《1848年前后》，载于1898年《德意志言论》（维也纳）第8期第106—108页；参看《人间的普罗米修斯》1983年人民出版社版第5—6页］

1847年9月22日卡贝回到德国后，又在10月8日和10日的《人民报》上发表了一篇文章，详细地引用了《共产主义杂志》上的那篇文章的论据，试图对它们一一加以驳斥。［参看阿图尔·莱宁《卡贝答沙佩尔》，载于1953年《国际社会史研究所公报》（阿姆斯特丹）第8年卷第1期第7—15页。］1847年12月，卡贝又一次到伦敦，为他的移民计划辩护。对此，沙贝利茨在日记中写道："**星期二**（12月28日）晚上协会举行了一次有趣的会议。巴黎的卡贝到会阐明了他的移民计划并驳斥了反对这个计划的意见。这一点他做得很不光彩，因为**鲍威尔**和**沙佩尔**的讲话是无懈可击的。"（巴塞尔大学图书馆，沙贝利茨遗著1）——74

108 有一段时间，恩格斯也被猜想为这篇论文的作者。但是，只要把这篇文章同威廉·沃尔弗发表在《德意志—布鲁塞尔报》上的各篇文章作一比较，就可以看出，《共产主义杂志》上的那篇文章也是出自沃尔弗之手。（参看瓦尔特·施米特《威廉·沃尔夫为〈德意志—布鲁塞尔报〉撰稿》，载于1961年《德国工人运动史论丛》第3年卷第2期第334—335页）现在，这个事实已为1847年9月14日的中央委员会告同盟书（文件160）所证实。——76

109 1847年夏天，马克思在威廉·沃尔弗的帮助下，终于对小资产阶级民主主义者阿达尔贝特·冯·伯恩施太德和从1847年年初开始作为布鲁塞尔德国流亡者的报纸出版的《德意志—布鲁塞尔报》产生决定性的影响。早在1847年春天，沃尔弗就已经为该报撰稿，同年6月，恩格斯在《德意志—布鲁塞尔报》上发表了第一篇文章。从1847年9月开始，马克思和恩格斯根据同伯恩施太德达成的一项特别协议，成了该报的经常撰稿人，并且他们很快便确定了编辑部的政治路线，而已经相继加入工人协会和共产主义者同盟的伯恩施太德表面上仍然是编辑部的领导人。从此，《德意志—布鲁塞尔报》（马克思和恩格斯在该报上发表了一系列重要文章）实际上就成了共产主义者同盟的机关报。

为《德意志—布鲁塞尔报》撰稿,曾经遭到各方面的反对,比如魏德迈就顾虑重重,在他看来,伯恩施太德这个人原先在政治上比较糊涂。关于伯恩施太德同德国各邦政府有勾结的谣传不胫而走,但他在出版《德意志—布鲁塞尔报》的时候,也遭到了普鲁士政府的迫害,尽管他过去曾经向普鲁士政府写过报告,但现在,普鲁士政府还是千方百计唆使比利时政府把他驱逐出境。而马克思在评价《德意志—布鲁塞尔报》时,主要着眼点是支配一家新闻刊物对共产主义运动所具有的意义;他在1847年8月8日给海尔维格的信中阐明了自己的观点。他在信中谈了普鲁士公使馆的阴谋诡计以及针对伯恩施太德的三个案件,并补充说,这些案件对伯恩施太德来说是不会有结果的,接着又说:"不过在另一方面,《布鲁塞尔报》却面临突然发生经济破产的危险。这家报纸虽然存在许多缺点,毕竟还有一些功绩,特别是现在,伯恩施太德已经表示愿意在各方面都适应我们,报纸将会办得更好些。那些高贵的德国人在这个事件中采取了什么态度呢?书商们诓骗了伯恩施太德,因为他不能依法对他们提起诉讼。形形色色的反对派,不是在写作上或经济上尽哪怕微薄之力,而是认为,更方便的是对伯恩施太德的名字有反感。这些人什么时候会找不到什么也不干的借口呢?这次是说某人不行,下次是某女人不行,这次是倾向欠妥,下次是文风不佳,再下次就是版面有问题,或者推销起来多少有一些危险,等等。这些先生想要坐享其成。如果有一家不受书报检查制度约束而又是政府所讨厌的反对派的报纸,而报纸的编辑通过他的工作的结果本身表明他是愿意从事一切进步活动的,难道不应该首先利用这种机会吗?!如果认为这家报纸还不令人满意的话,难道不应该使它令人满意吗?!"(《马克思恩格斯全集》德文版第27卷第467页,参看《马克思恩格斯全集》中文第2版第47卷第468页)1848年3月,伯恩施太德在巴黎被开除出共产主义者同盟(参看文件216)——93

110 哥特沙克在这里显然是指一个社会主义者小组,这个小组的核心就是共产主义者同盟盟员,其中有安德烈亚斯·哥特沙克、弗里德里希·安内克和奥古斯特·维利希。这个科隆小组中的有些人接受了"真正的"社会主义的影响;与此相反,以亨利希·毕尔格尔斯、罗兰特·丹尼尔斯和卡尔·德斯特尔为首的同盟支部则与马克思和恩格斯有紧密联系。(参看恩佐别尔《关于共产主义者同盟的历史。三月革命前的同盟科隆支部》,载于《马克思恩格斯文库》1924年莫斯科版第1卷第76—104页;德译文载于1925年《社会主义和工人运动史文库》第11年卷第299—335页)——96

111　1847年9月25日,《北极星报》(伦敦)刊登了一篇关于周年庆祝活动的报道,详细地复述了厄内斯特·琼斯的讲话;根据这一报道,他在谈到卡贝的移民计划(参看文件156)时说:"我们必须防止两种危险——移居国外和我们的力量在家乡分成小股力量。我已发现这两种危险倾向确已存在。兄弟们,我把每个移居国外的宪章主义者看成是人民大军的逃兵。(请听,请注意听!)那些移居国外的人都是最有实力的人,最有进取心的人,而我们在家乡恰恰就需要这些人。[……]我遗憾地看到,一个伟大而有天才的人转移了他的力量和2万名法国人的力量。可怜的爱国者!他们在不久的将来就会失去三色旗和《马赛曲》。而路易-菲力浦如果看到他的2万个敌人在他面前落荒而逃,一定会在土伊勒里宫里捧腹大笑。他很清楚,他们是逃往自己的政治坟墓。兄弟们,要做男子汉大丈夫,留在这里,别像胆小鬼一样逃跑。[……]你们应当在自己的国家建立你们的移民区。在你们自己的国家里已有现成的材料,使你们的努力更容易实现。你们在自己的国土上更新旧的国家,就定能组成新的国家。"(热烈鼓掌)——116

112　佩尔·格特雷克的小册子,是根据共产主义者同盟第一次代表大会之后在同盟内部进行的纲领讨论写成的,其中的主要部分再现了纲领草案(文件147),该草案是在恩格斯直接参与下由第一次代表大会制定的,构成了恩格斯的《共产主义原理》的草案基础。格特雷克的著作是瑞典同盟盟员具有巨大积极性的一个明证,这种积极性在其他一系列文件中也有所表现。格特雷克本人是同盟盟员,1848年出版了《共产党宣言》的第一个瑞典文本。格特雷克在斯德哥尔摩开有一家小书店,他早在三四十年代就是一位空想社会主义和共产主义的出色宣传家,翻译过圣西门学派和卡贝的一些著作,对于卡贝的学说,他最后还专门进行过研究。格特雷克是斯德哥尔摩工人教育协会和斯德哥尔摩斯堪的纳维亚工人教育协会的领导成员。

斯德哥尔摩工人教育协会（教育社），是1845年10月在裁缝帮工奥洛夫·伦胡尔特、斯文·特雷高和一些资产阶级知识分子代表人物的共同倡议下成立的。它很快就从一个小团体发展成了一个庞大的组织，在1848—1849年间拥有会员1500多人。不久，在瑞士的其他城市也相继成立了类似的团体。在建立这些团体的过程中，同盟盟员起了重要作用。早在1846年7月，在伦敦共产主义通讯委员会的一封信（本书第1卷文件109）中，哥德堡就被称为根据地。1847年2月的人民议事会告同盟书（文件139）就强调了同盟在瑞典，特别是在斯德哥尔摩所取得的成就，同时指出了继续建立团体的必要性。1847年9月14日的中央委员会告同盟书（文件160）特别详尽地探讨了同盟在瑞典所取得的进展。

在共产主义者同盟瑞典的盟员中，裁缝帮工卡尔·丹尼尔·福尔塞尔的表现也很突出。他于1843年漫游到了巴黎，在那里发展成为共产主义者，1846年旅游到过伦敦。1847年1月，一个牧师在斯德哥尔摩工人教育协会作的一个报告（后在《晚报》上发表）中试图证明，共产主义和真正的基督教是一致的。福尔塞尔当时可能在瑞典南部，他撰写了一篇反驳文章，寄给了格特雷克。后者于2月21日在工人教育协会中宣读了这篇文章，此外还把它出版，题为《共产主义和基督教。[1847年2月21日在教育协会的演说，评牧师英内尔关于共产主义的报告]。共产主义者卡·丹·福尔塞尔作。[应多方要求予以出版]》。

正当工人教育协会的会员迅猛增加的时候，在1847年这一年，它的领导权却日益落入反动势力之手。这种反动势力禁止进行各种讨论，给特雷高和伦胡尔特的报告活动设置了越来越大的障碍。斯德哥尔摩的同盟盟员，正如他们在1847年7月8日的信（见文件160所引证的）中表明的，被迫把自己的活动重点转移到格特雷克所领导的斯堪的纳维亚协会去。

《论无产阶级》这本小册子是匿名出版的。警察当局的调查报告认为它可能是格特雷克的挚友、裁缝勒夫斯泰特写的。尽管如此，仍然可以有把握地假定，它的作者是格特雷克。这里只能提供一些大致的说明，用以比较确切地确定该小册子的出版日期。从扉页上看，它是1847年出版的，这一点同下列情况是吻合的：在第10页上，在评论卡贝的移民计划时谈到"明年，即1848年"实现这个计划。它也不可能在1847年9月以前出版，因为在小册子中引用了9月初出版的《共产主义杂志》上的论述；但是，要是把伦敦和斯德哥尔摩之间交通路线较远这一点也考虑在内，那么，10月以前出版的可能性似乎也很小。因此，这本小册子的出版时间最早也不可能是在同盟第二次代表大会以前、纲领讨论达到高潮的那两个月。

格特雷克的这本小册子共有24页，分成三章，此外，前面还有一个简短的序言，后面加了一个说明卡贝的移民计划（参看注107）的附录。这几个部分各有各的特点，因为格特雷克的小册子是用各种不同的材料再加上自己的论述编写而成的。从这个小册子中可以看出，格特雷克受到空想主义观点，特别是卡贝观点的深刻影响，有的地方还竭力运用基督教的思想。但同时他又努力接受并宣传科学共产主义的思想。第三章，即内容最为丰富的一章，题目是《共产主义是一种社会形态》，这里集各种论述和评语之大成，几乎全是空想共产主义的思想；而开头的两章则基本上再现了同盟第一次代表大会的纲领草案，因此可以明显地看出同恩格斯《共产主义原理》有许多共同之处。各章依据纲领草案的程度差别很大，但无论如何，问答方式已被连贯的行文所取代。在第一章《无产阶级》中，格特雷克几乎寸步不离伦敦《信条》的文本。这一章的第一部分，即最大的一部分，除少数例外，有些地方是逐字逐句地，有些地方是基本上逐字逐句地翻译了第七至十二个问题的答案，也就是说，正好翻译了伦敦草案中可以最明显地看出是出自恩格斯手笔的那一部分。与此相反，第一章的第二部分，即结论部分，则是格特雷克自己的阐述。在第二章《过渡时期的共产主义》中，格特雷克复述了第二至六和第十三至二十二个问题的答案。但他同时使用了较多承前启后的过渡语，并加进了本人的不少论述，在引用第四、五两个问题时还作了一些小的改动，不再逐字逐句地照抄纲领草案。最明显的是，他在引述第二十二个问题的答案时，把伦敦纲领草案的内容同他自己的观点掺杂在一起。这个问题的答案本来很短，而格特雷克却添加了对自己的宗教观的详细论述。

格特雷克作为草案引用的也许不是同盟第一次代表大会结束后立即发出

的那个复制本（参看文件149），而是1847年7月中旬前后专为瑞典的同盟盟员准备的拉丁文副本（参看文件160），而这个副本可能含有某些出入或修改。因此，在格特雷克特别准确地引用草案、没有插入自己的评语的地方，可能也会出现一些文字上的出入，当然是细微的出入。本书印行了格特雷克小册子的第一部分，即引言和开头两章，只作了很少删节。印行的部分，没有把正字法现代化。

关于瑞典工人运动的开端和格特雷克的作用以及他的著作《论无产阶级》，参看克努特·贝克斯特伦《瑞典工人运动》1958年斯德哥尔摩版第1卷第47—75页、1961年莫斯科版第61—87页；康捷尔《〈共产党宣言〉的历史的新材料》，载于1960年《近代和现代史》（莫斯科）第4年卷第2期第111—126页、1961年《德国工人运动史论丛》第8年卷第1期第63—76页；G.亨里克松-霍尔姆贝里《社会主义在瑞典。（1770—1886年）》1913年斯德哥尔摩版第156—192页；伊瓦尔·文纳斯特伦《瑞典乌托邦》1913年斯德哥尔摩版第126—181页。——139

113 马克思、恩格斯、格奥尔格·维尔特和威廉·沃尔弗也出席了1847年9月16—18日在布鲁塞尔举行的讨论自由贸易问题的国际经济会议。维尔特在会上发言，阐述了共产主义者的立场。（格奥尔格·维尔特《在讨论自由贸易问题的布鲁塞尔会议上的演说》，载于《维尔特全集》，布鲁诺·凯泽尔编，1956年柏林版第2卷第128—133页。关于格奥尔格·维尔特在共产主义者同盟中的作用，参看科切特科娃《格奥尔格·维尔特》，载于《马克思恩格斯和第一批无产阶级革命家》1963年生活·读书·新知三联书店版第313—359页）马克思本来也要发表演说，但被大会主席拒绝了。（参看恩格斯《讨论自由贸易问题的布鲁塞尔会议》，载于《马克思恩格斯全集》德文版第4卷第299—308页，参看《马克思恩格斯全集》中文第1版第4卷第285—296页）会议以后，马克思把他的讲稿加以整理，发表于比利时报纸，即1847年9月29日的《民主工场报》（布鲁塞尔）。但是，这个演说除了恩格斯在报告中引述的部分外，保存下来的只有第一部分的德文译文（《马克思恩格斯全集》德文版第4卷第296—298页，参看《马克思恩格斯全集》中文第1版第

4卷第282—284页），这一部分是由约瑟夫·魏德迈于1848年初以《卡尔·马克思关于自由贸易和保护关税问题的两篇演说》为题发表的（1848年哈姆版），魏德迈先把演说从法文译成德文，然后加上了前言和注释。至于手稿，马克思可能在1847年9月底或10月初寄给了《威斯特伐利亚汽船》的出版人奥托·吕宁（参看文件167）。在1848年1月9日布鲁塞尔民主协会的公众大会上，马克思宣读了他的关于自由贸易问题的经过扩充后的演说稿（参看文件194）。根据这次大会的决议，马克思的演说出版了小册子《关于自由贸易问题的演说。1848年1月9日在布鲁塞尔民主协会召开的公众大会上》。（参看《马克思恩格斯文集》第1卷第744—759页）——149

114 《无产阶级革命的后果》一文（本书只刊印了引言部分），是在1847年10月14日至11月11日《德意志—布鲁塞尔报》第82、87、89和90号上连载的一组文章，再版于《莫泽斯·赫斯〈哲学和社会主义文集（1837—1850年）〉》第425—444页。赫斯的文章在一定程度上反映了（尽管有些歪曲）共产主义者同盟第二次代表大会以前进行的关于同盟纲领草案的讨论情况；除了1847年9月14日的中央委员会告同盟书（文件160）中的一些说明外，这组文章是保留下来的能够证明布鲁塞尔区部所属各支部的讨论的唯一证据。赫斯在其论述中许多地方没有遵守自己许下的"扼要概述这些讨论"的诺言，而是阐明了自己的观点。因此，他的这组文章前后矛盾百出：一方面，他引用了马克思和恩格斯的许多重要思想，并且以布鲁塞尔工人协会和布鲁塞尔各同盟支部在马克思领导下进行的讨论为依据；但是另一方面，他采取折衷的办法掺进了他的"真正的社会主义的"观点，同时主要把马克思和恩格斯关于工人在资产阶级民主革命中所起作用的思想庸俗化并加以歪曲。参看恩格斯在信中对重印这组文章的评论（文件171和177）。——152

115 1847年10月10日《德意志—布鲁塞尔报》第81号上刊登了一幅图画，（另见一本旅行手册中按原件复制的一页插图，插图下面有这样的说明："因请求施舍而挨了十棍子惩罚的业主，今天继续穿过美因茨和兰道。1847年8月11日作于哈瑙。"）这幅图画是《德国的伤口》一文的插图，它描绘的是"一名穷苦的手工业学徒"，该文比较真实地描绘了图画中所勾勒的情景。——158

116　恩格斯的《共产主义原理》是《共产党宣言》的一项重要准备工作，是同盟纲领讨论过程中的一个草案，产生于共产主义者同盟第一次和第二次代表大会之间。《原理》的基础就是第一次代表大会起草的、1847年6月中旬发表的信条草案（文件147），而恩格斯对信条的起草曾起了决定性作用。当恩格斯于1847年10月15日前后从布鲁塞尔到达巴黎时，巴黎的讨论早已展开，讨论的基础是经莫泽斯·赫斯修改后的草案。10月22日的区部委员会会议决定撤销赫斯的草案，并委托恩格斯在10月29日以前起草一个新的信条（参看文件171）。巴黎的讨论一直继续到11月27日恩格斯离开巴黎为止（参看文件177）。

现在保存下来的恩格斯所拟草案的文本，从时间上看可能是写得比较早的一个稿本；它可以说是一个残稿，因为其中没有第九、二十二和二十三个问题的答案。但是，只要把它同伦敦代表大会的草案作一比较，残缺部分就可以在一定程度上得到弥补。在第九个问题（它同伦敦草案中第十二个问题是吻合的）下面，恩格斯留出了写答案的空白。与此相反，在另外两个问题下面，恩格斯注明"见"伦敦草案，但也可能是"见"一个后来又经过加工的文本。只要同伦敦代表大会的草案比较一下就可以看出，恩格斯在撰写一些问题时比较尊重伦敦代表大会的草案，在有的段落中，几乎逐字逐句地引用了该草案；这一点在第二、三、四、七、八和十六个问题的答案（在伦敦草案中是第七至十一和十四个问题的答案）中表现得尤为明显。在另一些答案中，恩格斯作了彻底加工，而在他的《原理》中基本上都用详尽的答案对一系列问题作了全新的阐述。在撰写《原理》时，恩格斯纯粹是表面上采用了当时流行的信条（教义问答）形式。但在大多数答案中，恩格斯都作了叙述性的阐述，从而突破了以简短的回答为特征的教义问答的框框。在后来起草纲领草案的时候，恩格斯认为，教义问答的形式是不适用的，最好把纲领改称《共产党宣言》（参看文件177）。

恩格斯的《共产主义原理》后来又作了许多增补和删改（参看《马克思恩格斯全集》1932年柏林历史考证版旧版第1部分第6卷第501—522页），本书在印行时参考了这些增补和删改（参看《马克思恩格斯文集》第1卷第

676—693 页）。——168

117 卡尔·格律恩把蒲鲁东的书（当时还没有出版）从长条校样翻译成德文（约·皮·蒲鲁东《国民经济学的哲学或贫困的必要性》，卡尔·格律恩译，1847年达姆施塔特版，两卷本）。他竭力在德国搜罗更多的蒲鲁东追随者，使他们同布鲁塞尔共产主义通讯委员会相对立。格律恩除了在《特里尔日报》上发表的那些文章外，还在1847年10月8—30日《科隆日报》第281、285、290、293、294、300、301和303号上连载了一篇关于蒲鲁东的书的长文，公然诽谤共产主义者。在这一方面，他同阿尔诺德·卢格站在一条战线上，后者在《关于共产主义的三封信》中详尽地评价了蒲鲁东的书，并明确主张批判共产主义者。

哥特沙克的这封信表明，科隆的共产主义者曾为在报纸上反对格律恩作出了努力。例如，他们成功地在1847年11月1日的《杜塞尔多夫日报》第303号上刊登了下面这篇论战性文章：

"⊙**科隆**，10月30日。《科隆日报》现已载完蒲鲁东的大部头著作《贫困的哲学》的摘要。干了这件费力不讨好的蠢事的那个人，即向德国人特别是《科隆日报》的读者公布这个经济学的神秘主义者的废话的那个人，从他对自己的暗示，对他的'朋友蒲鲁东'的暗示，以及对他未来的《现代经济学史》的暗示来看，他不可能是别人，只能是该书的译者**卡尔·格律恩**先生。**卡尔·格律恩**先生最充分地表明，他以前曾作过不少努力，试图向'德意志祖国'介绍世界上所发生的一切，甚至要给已故的歌德冠以共产主义圣人的美名，而对他的同乡**卡尔·马克思**的著作，即他在布鲁塞尔用法文出版的旨在驳斥和否定蒲鲁东那套胡说八道的著作却只字不提。但是，**格律恩**先生根本就不知道有这样一本书吗？否，他在发表于同一家《科隆日报》上的共产主义小说中曾提到了这部书；不错，他给他的小说起了一个滑稽可笑的题目《格律恩先生的贫困》；他**想必要**使自己重振家业，也就是说，在未来，**卡·格律恩**先生也将在《科隆日报》的编辑部天堂里引人注目。"——187

118 创建"以各国人民的团结和友谊为目的的**民主协会**"的倡议是在1847年9月27日举行的公开宴会上提出的（参看文件171），会上选出了一个临时委员会。创建工作本身是在两次全体会议上完成的，这两次会议的记录见路易·若特兰《沙尔·路易·斯皮特霍恩传》1872年布鲁塞尔版第40—46页和L.贝尔特兰德《1830年以前的比利时民主主义和社会主义史》1906年布鲁塞尔—巴黎版第258—263页。

马克思和其他许多共产主义者同盟盟员在其中起了重大作用的民主协会，很快便发展成了革命力量的重要中心。它同民主派兄弟协会的联系非常紧密，并准备同它一起召集一次国际民主主义者代表大会（参看文件186）。

在11月7日举行的第一次会议上主要讨论了章程草案，草案的头两条是：

"第1条 一个名叫'以各国人民的团结和友谊为目的的民主协会'的组织，是由下列各署名者以及由希望不考虑国别、职业和等级而加入协会，并根据下面规定的程序被准许入会的那些人建立的。

"第2条 本协会的一切活动都将是公开的，并且将限制在比利时宪法许可的范围内。本协会将通过报刊和公开举行定期或不定期的集会从事活动。它将提出、讨论并决定达到其目的的各项适当措施。它将通过宣言、公开信和请愿书以及通过联合比利时或其他国家现有的类似协会进行活动。"

关于草案讨论的情况，记录是这样写的：

"特德斯科先生就协会的原则和目标发表了一些总的看法，最后要求删去'协会的活动将限制在比利时宪法许可的范围内'这句话。

"主席先生请他考虑：这种讨论是不可能得到许可的，此外也不属于议事日程之列。

"布赖尔先生试图驳回特德斯科先生的意见。他认为，这个协会并不是行动的协会，因此它可以把自己限制在一个保障绝对思想自由和讨论自由的宪法范围内。但他希望将第1条阐述得更加准确。

"海尔贝格先生认为**民主**这个词已经够准确了。"

最后，大家一致同意费德尔提出的补充意见。按照他的意见，章程有效期暂定为三个月，然后再作最后的检验。根据记录，在章程草案上签名的有：梅利奈将军、吕·若特兰（律师）、安贝尔、斯皮特霍恩（律师）、弗·克吕格尔（著作家）、迈因茨（律师）、冯·伯恩施太德（德文报纸编辑）、海尔贝格（教授）、雅科布·卡茨、威·沃尔弗（著作家）、斯·波尔恩、卡尔·马克思（著作家）、康·扎莱夫斯基、让·佩列林、列列韦尔、路德维克·卢布林纳、格·维尔特、特德斯科（律师）、布赖尔（医生）、维克多·费德尔（律师）、莫·赫斯、安东·卡茨、保罗·德托马、菲力浦·日果、卡·格·福格勒、阿德里安·范贝弗伍尔德、斐·沃尔弗、施洛特曼、巴利于、奥内曼斯、阿尔伯·皮卡尔、J.梅斯肯斯。"——188

119 "阿格奈桑人民协会"是比利时工人在布鲁塞尔建立的一个组织。在1844年作为传单散发的《致社会各阶级的公开信》中提出的、责成大会讨论的该组织的要求如下：普选权、累进税、对儿童实行公费教育（其中包括社会义务和权利，学会一种职业）、组织劳动、废除死刑。该协会的主席是钳工梅斯肯斯，他同时也是布鲁塞尔民主协会的创始人之一（参看注118）。——188

120 民主派兄弟协会于1845年秋天成立（参看本书第1卷文件70），此后很长一段时间都没有固定的组织形式。它非常重视同宪章派保持紧密联系，力图避免任何组织对抗的现象，首先它不制定章程，而且也不建立领导委员会。1846年3月，它明确声明，它不是政党，也不是联合会，只采用一些非常一般的有关组织问题的规定（参看本书第1卷文件79）。它在1846年9月21日通过的一封公开信（本书第1卷文件130）中也表明了同样的立场。民主派兄弟协会决定通过一个自己的章程，这首先说明它正在日益壮大，并开始独立自主地发挥作用，这一点首先表现在它准备召集一次国际民主主义者代表大会上。民主派兄弟协会1848年1月3日会议（见文件193）上的讨论最能说明它同宪章派的关系。1847年12月13日会议通过的章程，一开头就是一项原则声明，而这项声明除了细小差别外，可以说是1846年9月通过的那封公开信的翻版。原则和前6条（一共11条）是这样写的：

"本协会由英国、法国、德国、斯堪的纳维亚、波兰、意大利、瑞士、匈牙利和其他国家的公民组成，它的

宗旨

协会会员相互进行宣传教育，宣传协会的口号中所体现的崇高原则：

'人人皆兄弟'。

本协会会员决定通过下列

原则声明

根据上述人类博爱的声明，我们要抵制和谴责一切传统的政治上的不平等和'社会等级'差别，因此，我们把国王、贵族以及根据其占有的财产而垄断政治特权的各个阶级统统称之为人类博爱原则的破坏者和践踏者。由全体人民选举产生并对人民负责的政府是我们的政治信条。

我们声明，土地及其自然产品是所有人的共同财产；因此，我们谴责一切破坏这条显然公正而自然的法则的行为，把它们看成是掠夺和违法的行为。我们声明，当前的社会制度本质上是不公平的，因为它允许游手好闲者和阴谋家独占土地产品和工业产品，迫使工人阶级为低廉的工资而劳动，甚至使他们注定成为社会奴隶，注定忍受贫困和屈辱。我们的社会信条是，劳动和工资应该对等。

我们谴责那种'民族'仇恨，它至今还在分裂人类，是愚蠢的、可耻的。它之所以愚蠢，是因为任何人也无法决定自己生在哪个国家；它之所以可耻，是因为就像争端和流血的战争业已证明的那样，这种民族虚荣心的后果竟造成了土地荒芜。此外，我们深信，各国人民的压迫者利用了各个时代的民族成见，使各国人民互相厮杀，而他们本应为了共同幸福而相互合作；不管谁使用、也不管针对谁使用'外国人'这个词，社会都应众口一词地加以谴责。我们的道德信条是，不分'国别'，把我们的同胞一律看成是一个家庭的成员，即人类的成员，看成是我们的大集体即世界的公民。最后，我们承认伟大的道德法则是：'你怎样对待你的兄弟，你的兄弟也就怎样对待你。'我们认为这是公众幸福和私人幸福的伟大保证。

章程

第1条　各国民主主义者，不管他们住在哪里，都可以成为本协会会员。

第2条　准备入会的人必须由两名会员在一次例会上予以介绍，而介绍人应对被介绍人的民主原则和道德品质负责。被介绍人是否被接纳入会，由到会会员的多数票决定。

第3条 为了筹集邮资、印刷费和其他必要开支，每个会员每年应至少缴纳1先令的会费。会费在每年9月22日缴纳（每个会员可以用任何其他方式支付）。会费可以分期付款。

第4条 在本协会有代表的每个国家应各选出一名总书记，他们的名字应列在会员证上和由本协会发出的所有公开文件上。这些总书记应从他们中间再选出一名或多名通讯书记。

第5条 任命一个委员会，该委员会由这些总书记和在本协会有代表的每个国家各增选一名成员组成，其任务是筹备和掌管本协会的一般性事务和财务。

第6条 任命一名司库和负责财务的书记。[……］"——220

121 布鲁塞尔民主协会也已就瑞士宗得崩德战争的问题向瑞士联邦议会发出了告瑞士人民书（文件178）。民主派兄弟协会的告瑞士人民书（载于韦尔纳·内夫《德国革命中的瑞士》1929年莱比锡版第178—184页）也为工人共产主义教育协会所接受，在上面签名的有："主席：亨利希·鲍威尔，副主席：古斯塔夫·比贝尔，司库：蒂·约·皮茨，图书管理员：阿舍尔曼，书记：格奥尔格·埃卡留斯"。此外，工人教育协会于12月21日也发了一封自己的公开信（文件189）。——220

122 召集这次代表大会最后成了马克思于1847年11月底同民主派兄弟协会领导人进行讨论的主题（参看文件185）。1848年1月1日《北极星报》第532号上的一篇关于民主运动在英国和大陆上的进展情况的报道中有这样一段话："有人提议，于明年9月比利时革命纪念日在布鲁塞尔举行上述代表大会，在同一时间，联合的计划制定者，即自由贸易派也要在同一城市召开他们的代表大会。这个建议目前在法国、德国和瑞士引起了深入的讨论，在我国，它已在伦敦代表委员会的一次会议上获得一致通过（有两名宪章派执行委员会委员参加了这次会议），此后又相继得到了伦敦一些地方组织的认可。将来我们还要回过头来讨论这个重大问题，现在我们已把这个问题推荐给英国整个宪章派组织冷静考虑。"

关于12月13日的报道中提到的派往伦敦工人共产主义教育协会的代表

团一事，1847年12月18日《北极星报》第530号上的一则关于工人教育协会12月14日的一次集会的报道中写道："一般的日程确定以后，卡尔·沙佩尔、贝尔纳、约翰·阿诺特、塞缪尔·布恩翰和约瑟夫·莫尔被推荐组成民主派兄弟协会代表团，要求参与民主主义者代表大会的筹备工作。代表团受到热情接待，他们的建议得到一致赞同。"——220

123 伦敦工人共产主义教育协会早已同意民主派兄弟协会的公开信（参看注121）。关于工人教育协会的公开信的起草和传播情况，雅科布·沙贝利茨在日记中是这样写的："21日（星期二）沙佩尔和我起草了为捐款（100法郎）致瑞士议会的附信。这封公开信我们一共印了数百份，其中许多是以每份1便士出售的。"（巴塞尔大学图书馆，沙贝利茨遗著1）——223

124 这份名单是当时担任协会秘书的威廉·沃尔弗写的，1847年8月1日抄家时，在他的房间，即在布舍大街14号鞋匠安德里安·瓦格曼家被没收。括号里的名字在原件上就删去了，有些名字后面的破折号和其他符号以及个别说明都表明，这可能是沃尔弗写的原始本。这份名单可能是不完整的。至于开具这份名单的日期，可能是在1848年1月初至2月中旬；阿道夫·云格1848年1月1日已经离开比利时（参看文件190），所以名单上没有他的名字。——229

125 指1848年《威斯特伐利亚汽船》1月号，上面发表了斐迪南·沃尔弗的文章《马克思反对蒲鲁东》的第一部分，该文是评论马克思的《哲学的贫困》的。关于《威斯特伐利亚汽船》的邮寄，安德烈亚斯·哥特沙克在1848年1月26日从科隆给马克思的信中写道："这里有18本《威斯特伐利亚汽船》，一有机会就给您寄去。"（莫斯科苏共中央马列主义研究院中央党务档案馆，F.1, op. 5, Nr. 158）——240

126 马克思和恩格斯在共产主义者同盟第二次代表大会上被委托起草同盟的纲领，但从这个文件中可以看出，显然是马克思对执行中央委员会的委托负责。

1月24日的决议原件没有保存下来。中央委员会把该决议附在1月25日的信中寄给了布鲁塞尔区部委员会；在布鲁塞尔是菲力浦·日果收阅的。由于马克思当时不在布鲁塞尔，日果就写了一封信连同这封伦敦来信的副本于1848年1月28日一并寄给了马克思；信中说："星期五早晨。亲爱的马克思，昨天晚上我收到了一封写给我的信，并且**邮资已付**，看来是塞·载勒尔（？）写来的。发信地点的邮戳简直模糊不清，难以辨认，我看是从科隆寄出的。还有一件公文，也是昨天收到的，我想逐字逐句转抄给你。你的忠实的菲力浦。"（莫斯科苏共中央马列主义研究院中央党务档案馆，F. 20, op. 1, Nr. 15）——243

127 中央委员会于1847年8月派遣一名特使（可能是裁缝帮工约翰·巴尔塔扎尔·多尔）前往阿姆斯特丹，委托他把那里的同盟盟员组成一个支部（见文件160）以后，它于10月份就报告说，那里已经建立了一个支部，有8名成员，并计划建立一个区部，其中可能也包括鹿特丹支部（参看文件169）。1847年2月14日，工人教育协会（工人阶级道德教育协会）的建立也是以同盟盟员为基础的。该协会领导人开始是多尔，他回到伦敦后，领导人则是旋工和木材商克里斯蒂安·戈德克，他们两人都是盟员。阿姆斯特丹支部的其他成员是：这封信的两位签名者，即许布勒和裁缝帮工卡尔·汉克，可能还有裁缝帮工布吕格曼和W. 罗斯以及木工戈特利布·马丁。这些人在工人教育协会中表现很积极，协会的口号（1847年3月8日的章程中明确地写明）是："人人皆兄弟"。1848年三月革命的头几天，该协会就收到了伦敦工人共产主义教育协会寄去的100本《共产党宣言》。[参看汉斯·施泰因《阿姆斯特丹工人教育协会（1847年）和西欧现代社会运动的先驱》，载于1937《国际社会史评论》（莱顿）第2卷第105—170页]

《科隆日报》驻阿姆斯特丹通讯员出于对工人教育协会的活动的关心，于1848年3月12日写道："就在我们这个世界贸易的中心，豪富和赤贫之间的对立竟明显得惊人，但在工人阶级内部已成立了一个共产主义者协会，这一点我可以绝对肯定地向您担保。这个协会在它出版的一个小册子中极其明确地鼓吹反对私有制。据说该协会已拥有1000多名成员。但愿事先通过合理措施，通过社会改革，通过提高工资等能够抵制这种危险的煽动。"（1848年3月14日《科隆日报》第74号）上述小册子是指戈德克的著作《道德教育协会及其口号：人人皆兄弟。工人内部状况简述》，教育协会编，1847年［阿姆斯特丹］版第1部分。

二月革命和柏林街垒战之后，阿姆斯特丹的共产主义者同盟盟员在3月14日召集了一次大规模的民众大会，但结果是遭到强大的警察镇压。3月31日，荷兰政府下令大搜捕，并对16名被告进行审判，其中戈德克、汉克和马丁被判处死刑。但是，他们相继于1848年6月6—20日被宣告无罪。

本书刊印的这封信，因中央委员会此时已从伦敦迁往布鲁塞尔，接着又从布鲁塞尔迁到了巴黎，而几经转寄。（参看文件209）该信执笔是两位签名者之一许布勒。这封信存在一些正字法方面的错误，凡是行文明确的地方，本书作了订正，但未作说明。至于某些不准确甚至意思也不明确的句子结构，本书未作改动。——308

128 《人民的要求》是共产主义者同盟科隆各支部（其成员有：弗里德里希·安内克、伯多夫、亨利希·毕尔格尔斯、罗兰特·丹尼尔斯、卡尔·德斯特尔、安德烈亚斯·哥特沙克，约翰·扬森、奥古斯特·维利希等人）作为革命民主主义的纲领在他们1848年3月8日组织的民众大会上散发的。此后不久，又据此写出了内容更为广泛的第二稿（文件213）。法国二月革命胜利的消息最初传到德国以后，在莱茵省，首先在科隆也爆发了广泛的人民运动。2月28日和3月1日，在科隆就先后举行了两次由维利希主持的秘密工人集会。科隆支部委员会3月3日的特别会议本是讨论致柏林政府当局的一份自由主义的呈文，科隆共产主义者便乘机提出了自己的革命民主主义要求。德斯特尔所作的记录（约瑟夫·汉森《关于政治运动史的莱茵来信和文件（1830—1850年）》1942年波恩版第2卷第1分册第493—498页）表明，他作为支部委员会成员根据《人民的要求》提出了许多建议，但都被拒绝了。还在支部委员会开会期间，几千人——主要是工人——集合在一起，在哥特沙克、维利希和安内克带领下来到市政厅，同时散发了作为传单的《人民的要求》。在宽敞的市政厅里，哥特沙克向示威群众发表了演说，并要求市长接受《人民的要求》。根据支部委员会的记录，当时还增添了第2条要求，即《与各国人民和平共处》。这次示威行动最后遭到了武力镇压，哥特沙克、维利希和安内克被捕，但于1848年3月21日被宣布无罪释放。维利希获释后没有留在科隆，而是到德国西南部去了，他在那里参加了巴登第一次起义；巴登起义失败后，他逃往法国，在贝桑松组织了一支流亡者军团（参看注172）。关于科隆事件，可能是到布鲁塞尔去的彼得·诺特荣克告诉恩格斯的（参看文件210）。——312

129 报道中接下去是对费奈迭的一次演说所作的一些讽刺性评论。费奈迭在演说中提出了他自己的一个公开信草稿（报道中也引述了）。巴黎的一个德国流亡者组织团结在费奈迭周围，他在评价德国对二月革命的态度时代表了民族主义观点。不久就成了预备议会成员的费奈迭，后来又成了50人委员会成员，他主张在君主立宪制的范围内实行资产阶级改革，并强烈反对在德国建立共和国的一切计划。——315

130 此外，琼斯还反对"德国的可怜的民族主义。反对一大批各自代表其特殊民族利益的小侯国和小王国……但我告诉你们，在这次大会上，我既不承认普鲁士人，也不承认奥地利人，既不承认巴伐利亚人，也不承认士瓦本人；我把你们大家都看做是希望获得一个伟大德国的自由的一些**德国人**，都看做是一个德意志共和国的公民"。琼斯在发言结束时说："我给你们带来了英国宪章派的问候；这是同样希望获得自由的300万人。德国的兄弟们！我呼吁你们来一个比赛，看谁先获得自由，是英国还是德国？"（1848年3月17日《德意志伦敦报》第155号）——315

131 亨利希·伯恩施太因在讲话中还谈到了德国的革命工人参加巴黎二月革命的情况。"当德国穷人在圣安东郊区高高筑起无法攀越的街垒时，在罗亚尔宫附近的来势凶猛的枪林弹雨中，德国人视死如归，大声喊出人所共知的口号'前进'时，当德国人站在法国人一边冲进已被占领的土伊勒利宫，一劳永逸地推翻王位时，冷酷无情的利己主义者竟说什么，这帮德国人为什么这样徒劳无益地为一个外国民族战斗？——鼠目寸光的蠢驴！德国工人在街垒上、德国战士在罗亚尔宫，他们非常清楚地知道，他们究竟在为谁而战——他们是在为自由而战，在为他们的自由、在为大家的自由而不仅仅是在为法国的自由而战：不是的！他们也在为德国的自由、在为欧洲的自由而战。"（1848年3月17日《德意志伦敦报》第155号）——315

132 指1848年3月3日在科隆散发的传单（文件207）的扩充稿本，对原来的六点要求作了详细论证。这个稿本可能是在3月3日事件以后，在哥特沙克、维利希和安内克被捕（参看注128）之后起草的，作者很可能是德斯特尔、丹尼尔斯和毕尔格尔斯。现在只有一个材料可以证明这个传单的散发日期，从而也能间接证明印刷日期；普鲁士行政专区长官从阿恩斯贝格给内务大臣艾希曼（科隆）的一封信表明，该传单是1848年3月13日在伊瑟隆、多特蒙德和哈根通过市邮局寄送给许多公民的。伊瑟隆市参议员和阿恩斯贝格行政区长官都估计，这个传单是在科隆印刷的（科布伦茨国家档案馆，Abt. 403, Nr. 2550），传单共两页。——327

133 指卡尔·冯·不伦瑞克。他倒台后于1830年9月流亡，同由他暂时给以资助的民主主义流亡者建立了联系。40年代中期，他买下了《德意志伦敦报》，1846年9月至1848年5月，由雅科布·沙贝利茨任该报编辑。共产主义者同盟领导成员同公爵（他在1848年3月初曾答应捐助一大笔款项）的谈判失败了（参看文件220和注135）。——331

134 关于宪章派所领导的人民运动和共产主义者同盟盟员参加人民运动的情况，弗里德里希·列斯纳写道："巴黎的事件对英国工人阶级产生了巨大的影响。从30年代中期就在英国无产阶级思想感情中起主导作用的宪章运动，由于二月革命的胜利而受到新的推动。这个革命刚一开始，伦敦工人就举行大规模游行示威表示祝贺。共产主义者同盟盟员参加了这次游行示威，尽力支援宪章运动。

"宪章派最有声望、最有才干的领袖厄内斯特·琼斯有时来到我们协会；我在那里有机会认识了这位勇敢的、富于自我牺牲精神的宣传家。琼斯个子不高，但长得很结实。他那端正、严肃、刚毅的面貌令人一望而知是一位坚决果断、无所畏惧的人民领袖。他精通德文，是当时少数懂得社会主义并宣传社会主义的宪章派领袖之一。

"3月13日，在伦敦肯宁顿广场召开了群众大会，琼斯在会上讲了话，他号召人民不要害怕可怜的资产阶级辩护士，不要害怕宪警、士兵以及那些供特别警察驱使的胆小如鼠的家伙。'推翻内阁，解散议会，颁布宪章——我们决不让步!'"〔弗里德里希·列斯纳《1848年前后》,载于1898年《德意志言论》(维也纳)第3期第110页,《人间的普罗米修斯》1983年人民出版社版第8—9页〕关于1848年4月10日的大规模游行示威,参看文件234。——333

135 卡尔·普芬德在1848年3月17日的信(莫斯科苏共中央马列主义研究院中央党务档案馆,F.20,Nr.120)中,向中央委员会详细报告了这次拜访的情况。他在信中写道:"昨天晚上10点钟,我们就到了彼得家,今天早晨我们离开他家时,正好敲响两点。也就是说,我们在那里穷泡了4个小时,没有谈及**任何**直接性事务。昨天我已经对你们说过,就只有我和沙贝利茨两个人,我迫切希望卡·莫尔也来,以便至少有**一个证人**。"

关于公爵的政治观点和他的委托人的活动,普芬德报告说:"安德劳直接去巴黎拜访一些政府要员,以便向他们提出一些问题。如:现政府是否庇护攻入德国;它是否派人或者说它是否允许招募人攻入德国;法国的武器是否同英国一样便宜。我觉得这家伙是在献殷勤,想争取政府支持自己,带领一支军队(约6000—10000人,而我们就将属于这支军队)去德国,然后像上帝一样,以一个伟大胜利者的姿态出现在德国,以一个可敬小人的身份高踞要位,一下子就把共产主义建立起来。

"也就是说,彼得将一切荒诞不经的事情都理解为共产主义,凡是他**不理解**的东西他**都**称之为共产主义。"

普芬德最后报告说,公爵希望,"你们,特别是沙佩尔同安德劳建立联系。要沙佩尔把地址留给彼得那里的通讯员,因为安德劳一到那里就要去找通讯员。彼得将同安德劳继续谈判,如果你们认为可以信任他的话"。从公爵的笔记中可以看出,普芬德在这次谈判中可能要求500英镑。〔参看蒂博尔·德奈什《一个瑞士年轻人的学徒期和漫游期(1845—1848年)。雅科布·卢卡斯·沙贝利茨、卡尔第二·冯·不伦瑞克公爵和〈德意志伦敦报〉》,载于1966年《瑞士历史杂志》(巴塞尔)第16年卷第1期第76页〕——333

136 罗兰特·丹尼尔斯的这句话表明,马克思在1848年3月中旬就已在巴黎说过要出版一家报纸。恩格斯刚到巴黎不久,约在3月21日,这一计划就开始付诸实施。3月26日,恩格斯在给伦敦的埃米尔·布兰克的信中写道:"我给母亲写信要钱,准备再过几天离开这里回德国去,我们打算在德国重新出版《莱茵报》。"(《马克思恩格斯全集》德文版第27卷第474页,参看《马克思恩格斯全集》中文第1版第27卷第499页)

马克思和恩格斯的这个打算同科隆的盟员毕尔格尔斯、丹尼尔斯和德斯特尔所作的准备是一致的(参看文件222)。马克思、恩格斯和沙佩尔在4月11日回到科隆时就利用了他们的这些准备工作。

4月初,莫泽斯·赫斯回到科隆以后也曾试图创办一家报纸。他离开布鲁塞尔前不久,从安德烈亚斯·哥特沙克的一封信(文件223)中了解到,有人正在科隆筹备创办一家民主报纸。赫斯便同弗里德里希·安内克联名在报上"呼吁重新出版《莱茵报》"。(1848年4月7日《科隆日报》第98号附刊;埃德蒙·济伯纳编《莫泽斯·赫斯通信集》1959年海牙版第181—183页)

这一呼吁其实是一个模糊不清的、小资产阶级的、同资产阶级民主革命的实际任务不相适应的纲领。赫斯还写信要求一些共产主义者给以合作。他的计划实际上是反对马克思和恩格斯的,从给赫斯的一些回信(文件235、238和239)中可以看出,这个计划立即引起怀疑和抵制(参看注140),它在马克思和恩格斯回到科隆以后完全成了泡影。关于《新莱茵报》的创办经过,主要参看文件261。——344

137 在3月18日革命事件以后试图在柏林建立一个独立、合法的工人组织这一过程中,同盟盟员奥古斯特·黑策尔、约翰·克里斯蒂安·吕霍夫和海尔曼·弥勒起了领导作用(关于他们在1845—1846年的活动,参看文件75)。工人俱乐部("临时中央俱乐部")于4月4日发出了一篇由恩格尔哈特、弗罗姆、吕霍夫、弥勒和米夏埃利斯签署的呼吁书(发表在1848年4月5日《柏林阅览室》第81号上),要求柏林各工人组织在4月6日聚集一堂共同协商。4月7日召开的俱乐部会议是由当时从巴黎到达柏林的斯蒂凡·波尔恩主持的,根据报纸上的一篇报道,当时他作了如下阐述:"现在,工人必须懂得什么是他们的权利,以便他们手里的革命果实不致被骗走。但是,要完全享受革命果实,不能靠**暴动**来实现,更确切地说,必须按照统一而确定的计划去行动。他听到了一些有关工人要毁坏机器的谣传,感到很遗憾;这类谣传就该受到诅咒;他知道得很清楚,这是反动派居心险恶的捏造,是资产阶级所采取的一种措施。但同时他严肃地警告工人要消除一切个人恩怨,必须期待在工人中间出现完全的统一。为此目的,要求从各个手工业部门中选举产生一个代表团的通告信已发往各地。"(1848年4月8日《柏林阅览室》第84号附刊)

在4月11日的会议上,为柏林全体工人的共同组织选出了一个以波尔恩为首的28人委员会(参看1848年4月13日《柏林阅览室》第89号附刊),它作为"工人中央委员会"在柏林从事活动。在4月19日的代表会议上通过了章程,并组成了一个7人执行委员会,其成员是:波尔恩、比斯基、米夏埃利斯、沃宁格尔、里斯、瓦尔德克和吕霍夫。接着便开始了导致"工人兄弟会"创立的发展过程(参看文件269和288)。柏林中央委员会的建立是正在谋求组织联合的工人的一大成就,但是,同业工会的划分助长了本来就严重存在着的经济主义倾向,斯蒂凡·波尔恩就是这种倾向的代表人物(参看注146)。关于柏林工人运动的历史,参看库尔特·韦尼克《1848—1849年革命前、中、后柏林工人运动中的共产主义者和政治积极分子》,载于《德国工人运动史论丛》1968年第10年卷第2期第298—344页。——362

138 从这封信的内容来看——尤其是从提到伊茨施太因和海克尔两人这一点来看——所谈的是巴登的革命事件。巴登的革命事件是紧接着巴黎二月革命的最初消息于1848年2月27日传到曼海姆和奥芬堡开始的,3月1日在卡尔斯鲁厄的巴登议会前举行了大规模集会并在整个巴登爆发了农民骚动,使上述事件达到了第一个高潮。在这些日子里,首先在卡尔斯鲁厄有一些人被捕,其中显然也有此信中提到的同盟盟员。由于在信中提到3个星期的监禁,所以该信很可能是在3月下半月写的。信中还提到,1848年春天,在巴登,很可能在曼海姆或卡尔斯鲁厄有一个共产主义者同盟支部。可以认为,当时在曼海姆已有一个对巴登来说是比较强大的工人阶级,它在1848年三月革命中和1849年德国维护帝国宪法的运动中先后组成了"曼海姆农民军"和"曼海

姆工人营"。——365

139 伦敦也以同样的方式组织了同盟盟员返回德国的工作。关于德国共产主义者离开伦敦的情况,一个普鲁士奸细报告说:"大约一个月以来,种种迹象表明,德国新的政治和社会运动正在促使这个协会[伦敦工人共产主义教育协会]开始把自己的作用直接扩展到德国,该协会从众多的会员中挑选出最能干、最积极地捍卫自己原则的会员派往德国,以便设法在那里实现这些原则。为了在到达德国时不致引起当局的注意,这些使者通常都是单独行动的。从4月20日以来,已有一大批人离开伦敦,而且还有许多人将陆续离开。"(梅泽堡德国中央档案馆,Rep. 77, Tit. 509, Nr. 43, Bd. 1)——370

140 从亨利希·楚劳夫1848年4月4日给莫泽斯·赫斯的一封信中可以看出,他起初曾同意与科隆共产主义者采取共同行动。他在信中写道:"但是,他们要在科隆立即恢复出版《莱茵报》,除了老订户之外无疑会增加一些新订户;这件事我还是会像往常一样表示赞同。海克尔收到了恩格斯从巴黎的来信,说他和马克思今天到达埃尔伯费尔德;我也想同他们谈谈。"(莫斯科苏共中央马列主义研究院中央党务档案馆,F. 173, Nr. 2686)4月4日至10日之间,楚劳夫才了解到,这是两个不同的计划(参看注136)。——379

141 科隆工人联合会在组织方面初步作了各种尝试之后,终于在1848年4月13日宣告成立。参加组建工作的同盟盟员有:弗里德里希·安内克、伯多夫、安德烈亚斯·哥特沙克、莫泽斯·赫斯、约翰·扬森和彼得·诺特荣克。科隆工人联合会成立时,美因茨工人教育协会的告工人书(文件233)已于4月5日发表。威廉·沃尔弗于4月6—7日把已印成传单的告工人书带到科隆,并以中央委员会委员的身份同安内克和哥特沙克进行了磋商(参看文件240)。科隆工人联合会的这个答复是由其中一名书记海克尔起草的,并在4月14日第一次委员会会议上根据哥特沙克的提议获得通过。这个文件的一些措词表明哥特沙克曾参与了它的起草工作,同时显示出他的一些模糊不清的想法。

哥特沙克在工人联合会中奉行了一条同共产主义者同盟的路线背道而驰的政策,他反对遵循党的原则,从而在科隆中央委员会成立之后导致了激烈的争论（参看文件253）。哥特沙克同赫斯是莫逆之交，并且深受"真正的社会主义"的影响；他以表面上激进的高谈阔论反对工人参加选举，同时在许多实际政策问题上都把自己的宗派策略同极端机会主义态度紧紧结合在一起。在建立共和国还是君主国的问题上，哥特沙克的态度也动摇不定（参看文件223）。当威廉·李卜克内西于1889年10月26日写信给恩格斯，打听哥特沙克在1848年革命中所起的作用并询问哥特沙克何时说过"我在这里代表2万名无产者说，我们不管建立共和国还是君主国，对我们来说是无所谓的"这句话时，恩格斯详尽地描绘了哥特沙克其人。他在1889年10月29日给李卜克内西的回信中写道：

"关于先知者哥特沙克，我能告诉你的很少：这个人我早就忘记了。莫泽斯·赫斯在1848年以前接收他加入同盟，并把他说成是一位杰出的、非凡的人物。1848年3月初，他在科隆把自己装扮成一位工人领袖。在当时的条件下，他是一位出色的宣传家，他奉承那些刚刚觉醒的群众，纵容他们的种种传统偏见。此外，正如一个先知者所应具备的那样，他是一个头脑十分空虚的人，因此他以先知者自居。同时他作为一个真正的先知者是从不犹豫的，因为什么卑鄙的事情他都做得出来。他是否讲过你引的那些话，我表示怀疑。他曾经系统地编造过关于自己的一些神话。只要说一点就够了，3月初他在科隆曾经起过某种作用，曾制定一些令人完全难以置信的计划，计划的细节我记不得了，但是根据那些计划，一夜之间就应当出现奇迹。这都是在我们之前发生的事。当我们4月间来到科隆时，他的声誉已经急转直下，当我们大家为确定出版一份报纸而又聚集在那里时，他已经几乎被遗忘了。报纸和我们的工人联合会使他面临一种抉择：或者是跟我们走，或者是反对我们。算他幸运，7月初，他和安内克都被捕了，大概是由于发表了某些演说。1848年底或1849年初，他们被宣告无罪（我在《新莱茵报》上寻找了一段日子等等，毫无结果。为了赶上把信寄出，我不得不停止寻找）。后来先知者哥特沙克自愿流亡到巴黎，希望通过强大的示威把他召回，但是谁也没有动静。在我们离开之后，哥特沙克回到科隆（也可能是在我们离开之前不久），由于他过去为贫民治病出了名，当霍乱突然流行时，他便热心地重新为无产者病人治疗，结果自己得了霍乱而死。"（《马克思恩格斯全集》德文版第37卷第298页，参看《马克思恩格斯全集》中文第1版第37卷第292页）

如同本卷刊印的科隆工人联合会的许多文件所证明的那样，该联合会在其发展过程中克服了哥特沙克及其追随者的影响，并在它的各任主席约瑟夫·莫尔（从1848年7月初起）、卡尔·马克思（从1848年10月中起）和卡尔·沙佩尔（从1849年2月底起）的领导下，成为无产阶级革命的群众性组织。参看格尔哈德·贝克尔《马克思和恩格斯在科隆（1848—1849年）。关于科隆工人联合会的历史》1963年柏林版；另见康捷尔的有关评论，载于1964年《近代和现代史》（莫斯科）第8年卷第2期第149—152页。——381

142 马克思、恩格斯、约瑟夫·莫尔、卡尔·沙佩尔和恩斯特·德朗克到达科隆以后，约于1848年4月15日在那里成立了同盟中央委员会，从而结束了美因茨支部短暂的临时职能。后来凡寄给美因茨给中央委员会的信（参看文件241）都寄到了科隆（参看文件242和243）。科隆中央委员会派恩格斯为特使前往巴门和埃尔伯费尔德，派沙佩尔前往美因茨和威斯巴登，派德朗克前往科布伦茨、美因茨和莱茵河畔法兰克福（参看文件247、248、249、251和252）。——387

143 从这封信中可以看出，贝格曼是从瑞士或从法国经瑞士到达巴伐利亚的。格贝尔特1848年12月21日给恩格斯的信（文件327）表明，革命爆发后，在瑞士的同盟盟员大都打算参加返回德国的志愿部队。因此，贝格曼在临行前以及他后来提到的1848年3月19日和31日两封信（可惜没有保存下来）都受到这方面的影响。——393

144 1848年4月23日，应海德堡印刷工人联合会4月16日的邀请（《告德国全体印刷工人书》），美因河畔法兰克福、卡尔斯鲁厄、达姆施塔特、威斯巴登、美因茨和曼海姆的印刷工人代表，在海德堡举行了一次代表会议。这份邀请信是排字工人格奥尔格·亨克尔起草并签署的，他可能是在瑞士漫游的时候接触到了那里的正义者同盟。海德堡代表会议决定，促使德国各城市的印刷工人建立起委员会，以便在预定于1848年6月11—14日在美因茨举行的代表大会上把它们联合成一个全国性的组织。美因茨代表大会是以"全国印刷工人代表会议"的名义举行的,与会代表共 44 人,分别代表 90 个城市大约 1 万名印刷工人。瓦劳也是代表之一;美因河畔法兰克福的代表名叫格奥尔格·洛伦茨·勒弗,原是法兰克福流亡者同盟盟员,并秘密印刷过该同盟的材料。在美因茨代表大会上成立了德国印刷工人联合会,这是德国第一个规模巨大的工会团体。参看《德国印刷工人联合会。德国工会工作 50 年,附前史》1916 年柏林版第 1 卷第 199—202、209—222 页。——398

145 波尔恩在回忆录中写道,在计划好要驱逐他的时候,政治俱乐部在柏林警察厅长面前成功地为他说了好话。"冯·米努托利先生装作对此事一无所知,他甚至说我是对柏林居民非常有利的人,何况那时正缺少能对失业工人产生有利影响的人;不言而喻,驱逐我的措施不久就会取消。……我一点也没有把警察当局的反动企图将要造成的后果放在心上。"(斯蒂凡·波尔恩《一个四八年战士的回忆》第 133 页)——421

146 波尔恩在 1848 年 4 月 21 日给赫斯的信中已经说过类似的话:"现在,我在相当程度上已占据了这里工人运动的领导地位。再过几天,我就将完成建立工人组织的准备工作。[……]资产阶级也像工人一样团结统一,几年之后,他们将作为各自巩固的群体而相互对立。我的计划得到了这里尚未觉吾的市民阶级的同情,因此,我定能成功。"(《莫泽斯·赫斯通信集》第 192—193 页)

斯蒂凡·波尔恩来到柏林之后,在柏林工人运动(当时运动中存在着一种对组织联合的强烈的自发追求)中很快就发挥了领导作用(参看注 137)。但是,波尔恩显然不能胜任他作为共产主义者同盟盟员的任务,他的态度不久便引起了其他盟员的怀疑(参看文件 240 和 249)。他遵循同《共产党在德国的要求》的观点格格不入的一条机会主义政治路线。波尔恩不是把刻不容缓的政治任务提到首位,而是迎合那种不可避免地要在落后工人阶级中出现的仅仅局限于纯粹经济方面的要求,从而对企图在现存资产阶级关系下废除资本主义剥削的那种幻想的传播起了推波助澜的作用。在 1848 年 4 月的一篇通讯中,波尔恩说:"我们非常清楚,如果盲目地试图进行一次新的革命,那么,我们面临的危险将是丧失我们刚刚才得到的一切,并使德国陷入一种无政府状态；而在无政府状态下，我们知道谁有可能取得政权。在这方面，我们的利益同资本家的利益发生了冲突，我们双方都要和平，我们必须达到和平。"（1848年4月23日《柏林阅览室》第97号附刊）

波尔恩在论述中，经常把自己那些基本上是机会主义的观点同从《共产党宣言》中摘出的思想混淆在一起（参看文件259）。——422

147　1848年5月17日哈瑙工人联合会的信是这样说的："我们在公开的报纸上非常欣喜地获悉了你们获得的成就，因此，我们责成我们的代表瓦格纳同你们建立通讯联系。他今天向我们作了汇报，从而使我们欣喜地了解了你们卓有成效的活动，特别是看到你们在联合工人时独具匠心地选择了一条切合实际的方针，奉行了一条必将使越来越多的人参加联合的路线，而这一点正是问题的关键。你们有了这条方针，加之身处地广人多的科隆城，就有可能比我们（身处地窄人稀的小工厂城市的我们）采取更强硬的态度来对付雇主。朋友们，兄弟们，由于这一点，加之莱茵人天生具有的对政治的兴趣和激情，你们有义务树立榜样，向别人证明，你们是捍卫迄今为止一直受压迫的第四等级利益的先锋战士，并向整个工人阶级阐明，你们的认识是切合实际的，是普遍的要求。你们将拥有越来越有力的物质手段和精神力量。〔……〕

"为了达到这种联合，我们将不时向你们通报有关我们的讨论和决议，同时请你们也这么做，暂时请按时给我们邮寄两份你们的《工人报》，不管是通过邮局还是书店邮寄，只要邮费便宜即可。让我们警惕，避免争吵和分裂，让我们在你们业已光荣地开始的为美好事业的斗争中永不松懈，我们的口号是：'自由、博爱、劳动和工资'。"（1848年5月28日《科隆工人联合会会刊》第6号）——427

148　斯蒂凡·波尔恩在发表于《人民报》试刊号上的这篇文章中，竭力以《共产党宣言》的思想为根据，同时却拒不根据《共产党在德国的要求》（文件224）来阐述实际的政治要求；他的机会主义观点（参看注146）在该文中表露得尚不明显。

《人民报》于1848年6月1日开始出版，每周出版3次，是柏林中央委员会的机关报。工人兄弟会（参看注161）成立之后更名为《博爱报》，由波

尔恩在莱比锡出版。——429

149 共产主义者同盟中央委员会成员和一批同盟盟员于 1848 年 4 月初离开巴黎（参看文件 231）以后，这个在人员数量上有所减少的组织重新由海尔曼·艾韦贝克领导（参看文件 258）。但是，巴黎组织从其组成来看，政治上也不很强大，并且受到小资产阶级观点的影响，在以后的一段时间里，没有再在同盟内部起任何重要作用。莫泽斯·赫斯在他的办报计划（参看注 136）失败之后回到巴黎并很快对巴黎同盟组织产生了影响，于是他就大搞政治阴谋，反对马克思和恩格斯。就连艾韦贝克本人也一度受到他的影响（参看文件 308）。——449

150 第一届民主主义者代表大会于 1848 年 6 月 14—16 日在美因河畔法兰克福举行。这次大会是由拜尔霍弗领导的马尔堡民主协会倡议召开的，该协会早在 1848 年 5 月 30 日的邀请书中就提出要上法兰克福召开一次大会，并明确邀请各工人联合会参加。与此同时，马尔堡工人联合会（拜尔霍弗也是该联合会的领导人）也邀请各工人联合会参加同时在法兰克福举行的讨论会（参看 1848 年 6 月 7 日《新莱茵报》第 7 号副刊）。因此，参加法兰克福民主主义者代表大会（共有代表 234 名）的代表中，有一部分是工人联合会的代表。代表中也有共产主义者同盟盟员，如弗里德里希·安内克、亨利希·毕尔格尔斯、阿道夫·克路斯、奥斯瓦尔德·狄茨、恩斯特·德朗克、斐迪南·弗莱里格拉特、热尔曼·梅特涅、约瑟夫·莫尔、卡尔·沙佩尔、奥古斯特·谢特奈尔、约瑟夫·魏德迈等人；安德烈亚斯·哥特沙克是科隆工人联合会派去的代表。然而，无产阶级运动的代表未能控制大会的讨论进程，因为大会的领导权掌握在小资产阶级民主派左翼手里。

代表大会在其决议中要求建立民主共和国，并为即将建立的民主党选出了一个最高委员会——中央委员会，所在地设在柏林，但这个委员会并没有实行彻底的革命民主主义政策，而且表现得也不够积极。中央委员会由小资产阶级民主派尤利乌斯·弗勒贝尔、符腾堡的哥·劳和海尔曼·克利盖组成，在柏林还增补了阿道夫·赫克萨默和爱德华·梅因；候补中央委员有拜尔霍弗、许特、安内克。中央委员会在柏林最终成立以前，有一个委员会，也叫临时中央委员会,在法兰克福存在了数周之久,其委员有齐茨、拜尔霍弗、隆格、梅特涅和莫尔。该委员会还于6月20日向各民主协会发了一份呼吁书(参看1848年6月25日《新莱茵报》第25号)。这届中央委员会的职权一直行使到1848年10月召开第二届民主主义者代表大会为止(参看注164)。

《新莱茵报》、《柏林阅览室》和《曼海姆晚报》被指定为中央委员会的机关报。1848年7月10日,柏林中央委员会公布了一个组织计划(刊登于1848年7月15日《新莱茵报》第45号),指定科隆为莱茵省的"区域领导机关所在地"。在马克思的领导下,按照这个计划,在科隆成立了莱茵各省民主团体区域委员会(参看文件279和283)。——452

151 作者在起草这份邀请书时,曾设想召集一次同国民议会并存的代表工人阶级利益的"工人议会";当时,这类要求十分普遍,但都证明是无法实现的。

召开柏林工人代表大会的建议,是由斯蒂凡·波尔恩领导的柏林工人中央委员会提出的(参看注137)。柏林工人中央委员会同汉堡的工人组织有着密切的合作关系,而共产主义者同盟对汉堡工人组织的影响很大。1848年5月20日,弗里德里希·马尔滕斯作为汉堡工人联合会的代表到达柏林,并参加了当天举行的手工业者代表会议,会议决定在柏林召集一次手工业者代表大会。这次代表大会于1848年6月18和19日举行,与会代表共35人,主要代表萨克森和普鲁士东部地区的95个联合会(参看1848年6月22日《新莱茵报》第22号)。大会没有取得太大的成果,只决定在柏林召开一次普通的工人代表大会,6月22日发出了这份参加大会的邀请书,会上成立了"工人兄弟会"(参看注161)。

6月22日的这份邀请书表明,共产主义者同盟盟员同波尔恩、克吕格尔和毕林一起都为这次组织活动作出了努力,并起了领导作用。邀请书中没有提出任何政治上的要求,但却明显地反映了波尔恩的经济观点(参看注146)。1848年7月1日《新莱茵报》第31号,根据《柏林阅览室》上的原文,摘要刊登了这份邀请书的主要片断。然而此后不久,马克思和恩格斯就在一篇文章中明确表示他们不同意邀请书中提出的纲领(文件281)。——458

152 《新莱茵报》刊登了一篇1848年7月8日来自伦敦的通讯,并加了下面的按语:"伦敦'民主派兄弟协会'向大不列颠和爱尔兰工人发了一份呼吁书,我向您介绍其中的几段……"本卷刊印了该呼吁书的结尾部分。这份呼吁书是由朱利安·哈尼和卡尔·沙佩尔签署的,而《新莱茵报》在刊印时只印了书记哈尼的签名。

沙佩尔7月初到达伦敦,把他的家属接回科隆。他把科隆工人联合会给工人共产主义教育协会的一封信(文件266)带到伦敦,并将伦敦工人教育协会的回信(文件274)带回了科隆。7月4日,他在伦敦参加了欢迎会,这是民主派兄弟协会和工人共产主义教育协会为了欢迎他而联合举行的;会上为沙佩尔及其家属,为科隆工人联合会,"为马克思和恩格斯的健康以及《新莱茵报》取得的成功表示祝贺"(参看列维奥娃《卡尔·沙佩尔》,载于《马克思恩格斯和第一批无产阶级革命家》1963年生活·读书·新知三联书店版第93页)。——469

153 这封信的作者,与布鲁塞尔工人协会会员名单(文件191)中的那个弥勒很可能是同一个人。这封信在正字法方面有很多错误,信的内容表明作者曾经在布鲁塞尔逗留过。出生于萨克森的鞋匠亨利希·弥勒是共产主义者同盟盟员,科隆工人联合会的领导人之一,并多次参加过委员会的讨论。1849年5月,弥勒离开科隆,前往参加维护帝国宪法的运动,当时他在维利希领导下进行斗争。后来他流亡瑞士,1850年在共产主义者同盟拉绍德封区部委员会中从事活动。——472

154 早在1848年7月3日,安德烈亚斯·哥特沙克和弗里德里希·安内克刚刚被捕,约翰·扬森就被指定为工人联合会主席。但是,扬森也随时有被捕的危险,必须躲避,所以必须进行一次补选。结果由约瑟夫·莫尔当选为主席,一直到1848年9月底,后来他也有被捕的危险,必须离开科隆(参看文件299)。莫尔是共产主义者同盟的领导人之一,他的当选在科隆工人联合会的政治发展中出现了新的转折,其主要特点是系统地传播《共产党宣言》和《共产党在德国的要求》的思想,消除了哥特沙克的影响。——474

155 很可能是指共产主义者同盟盟员所创立的德意志协会的章程,但该协会到8月份才最终成立。根据共产主义者同盟的政治路线,该协会属于民主派左翼,但它的一些通信（参看文件294）表明，它并没有摆脱小资产阶级民主主义的影响，尤其是还存在着巴黎同盟组织的弱点（参看注149）。

在一张可能与德意志协会有关的既没有日期又没有标题的纸条上，分三栏列出57个德国工人和知识分子的名字，其中有许多是同盟盟员。

"阿普恩、赫斯、艾韦贝克、奈特、库斯特、载勒尔、鲍威尔、施伦德、莱宁格尔、恩格沙尔、哈泽尔、劳施、申克尔、亨利希、韦勒、甘萨尔、哈特；

"富尔曼、赫尔、福尔考、申特勒、朗根贝克尔、宾德尔、许尔伯特、贝克尔、列曼、施米特、加布斯、格里希、布利萨特、默克、菲比格尔、卡普、许尔特、林奇、鲍威尔（亚历克斯）；

"韦拉尔特、阿勒斯、杜恩、施普罗克霍夫、德尼克、卡恩、施米茨、格雷廷、雷沙特、勒文施坦、西蒙、布鲁赫、博内、施泰恩、诺伊厄曼、施雷克、于贝尔、朗格、达内斯、施赖伯、哈特曼。"（莫斯科苏共中央马列主义研究院中央党务档案馆，F. 20, op. 1, Nr. 105）——477

156 美因河畔法兰克福第一届民主主义者代表大会（参看注150）之后，有人在科隆试图促成民主协会同工人联合会和工人业主联合会的联合，同时保证工人联合会组织上的独立。但讨论的结果是在科隆各民主团体的委员会（中央委员会）这一形式下进行合作，该委员会不久之后便成为莱茵省各民主团体区域委员会（参看格尔哈德·贝克尔《马克思恩格斯在科隆（1848—1849年）》1963年柏林版第74页等）。

关于中央委员会的成立，科隆工人联合会1848年7月14日委员会会议记录中是这样写的："公民卡尔曼还提出下列问题：民主协会同工人团体实行了联合，这是不是真的。当公民莫尔肯定了这一点并报告了由现存的三个团体——民主协会、工人联合会以及工人业主联合会组成目前这个委员会的经过以后，会议宣布结束。"（1848年7月16日《科隆工人联合会会刊》第15号）该委员会成员有：工人联合会的代表约瑟夫·莫尔和卡尔·沙佩尔；民主协会的代表卡尔·马克思和卡尔·施奈德（第二）；工人业主联合会的代表海尔曼·贝克尔和鞋匠师傅许岑多夫。

工人业主联合会的人数很少，而且主要成员都来自落后的手工业者阶层，因此没有产生多大的影响，而民主协会则是一个重要的政治组织。它是在始于1848年3月20日科隆什托尔维尔克旅馆大厅里的几次民众集会的基础上产生的，因而也被称之为"什托尔维尔克协会"。民主协会成立时，科隆共产主义者卡尔·德斯特尔表现很突出。该协会在1848年4月的普鲁士邦议会和国民议会的竞选中，形成了比较固定的组织形式，并在4月25日的民众大会上宣告最后成立；它的第一次全体会议于5月12日举行。1848年5月底，马克思、恩格斯、威·沃尔弗和其他共产主义者成为民主协会会员，并做了大量的政治工作。关于民主协会的发展，参看科切特科娃：《马克思恩格斯在科隆民主协会中的活动（1848年4—10月）》，载于《马克思主义形成和发展史纲》1959年莫斯科版第303—322页；德译文载于1960年《苏联科学。社会科学论丛》（柏林）第11期第1155—1167页。——478

157 从1848年4月23日至10月22日，《科隆工人联合会会刊》每周出版一次，尔后更名为《自由、博爱、劳动》继续出版。该报主要是联合会的消息报，定期报道联合会委员会会议和全体会议的情况，同时还报道一些通信和联合会的其他事务。除此之外，该报还刊登一些有关现实政治问题和一般问题的文章。报纸在联合会主席（从7月份起，约瑟夫·莫尔担任主席）的主持下出版。但是，莫尔无暇过问编辑部的事，于是主管编辑部的大权便落到了泽尔霍夫手中，而此人并没有坚持工人联合会的政治路线。在莫尔形式上的职责先被架空而各种临时解决办法也无济于事之后，莫尔在9月14日的委员会会议上被委任接管编辑部的工作（参看文件297）。在7月31日委员会会议上遭到批评的那篇题为《政治》的文章没有署名，该文显然同《共产党在德国的要求》中阐述的原则背道而驰。——482

158 1848年7月中，手工业者代表大会在美因河畔法兰克福举行，许多手工业帮工也参加了大会，但是手工业者师傅掌握了大会的领导权，并执行了一条由他们的行会观点决定的落后路线。最后，手工业帮工退出大会并举行了自己的代表大会，然而他们的大会还是没有摆脱行会制度的强烈影响。关于在美因河畔法兰克福建立的手工业帮工的组织，参看文件335。——482

159 卡尔·沙佩尔于1848年8月11日收到警察当局要他离开普鲁士的通知，并在当天提出了书面抗议（参看1848年8月19日《新莱茵报》第80号）。1848年8月12日《新莱茵报》第73号刊登了一篇文章，其中写道："对于《新莱茵报》总编辑**卡尔·马克思**的普鲁士国籍问题所发生的冲突，我们以后再报道。现在来谈谈《新莱茵报》的撰稿人和校对**卡尔·沙佩尔**先生。

"沙佩尔先生今天早晨曾经被所在区的警察署长传去。警察署长先生通知他，遵照盖格尔先生的命令，他这个外国人应在明天一早离开科隆和普鲁士国境。署长先生又补充说，他出于好意，把出境期限延长了一星期。

"沙佩尔先生不仅是德国人，而且还是**拿骚人**，他有完备的拿骚身份证。沙佩尔先生和他的妻子以及3个孩子都住在科隆。他是民主协会和工人联合会的会员，又是《新莱茵报》的校对，因此他是身犯三重罪过。

"业已通过的德国公民的基本权利第1条称：'**凡是德国人皆享有全德公民权**'。按照盖格尔先生的解释，这大概是说：凡是德国人皆享有被驱逐出37个德意志邦的权利。除了国民议会的立法还有盖格尔的立法！"（《马克思恩格斯全集》德文版第5卷第364—365页，参看《马克思恩格斯全集》中文第1版第5卷第432—433页）。

8月18日，科隆工人联合会委员会发出了《工人联合会致警察署的抗议书》，要求无条件撤销这道专横的驱逐令（参看1848年8月24日《科隆工人联合会会刊》第25号）。

8月19日，警察署长又用书面重复了这道驱逐令，但是，正如约瑟夫·莫尔8月21日在工人联合会委员会会议上所说的，抗议成功了，致使警察当局声明，暂时撤销对沙佩尔采取的措施（参看1848年8月27日《新莱茵报》第26号）。

科隆工人联合会还坚决反对屡次驱逐马克思的企图。——490

160 革命爆发以后，共产主义者同盟的几乎所有德国的领导成员都离开了布鲁塞尔，回到了自己的故乡。布鲁塞尔德意志工人协会的活动一时几乎陷于瘫痪状态，此后再也没有重整旗鼓。

这封信中提出的一系列要求都超越了要求参加柏林工人代表大会的呼吁

书（文件269）中所阐述的纲领范围，这也算是对它的答复。首先，这封信提出的经济要求明确拒绝了那些行会概念。此外，它还提出了政治要求，即要求普选权；这个要求和小农摆脱封建负担的要求一样，都是以《共产党在德国的要求》（文件224）为依据的。但是，这封信同时也表现出强烈的经济主义倾向（这是早期工人运动的特点），并且在关于国家工厂的论述中存在着空想平均共产主义色彩，在关于国家保障"工人的劳动组合"的论述中还存在着蒲鲁东的小资产阶级社会主义色彩。

经查明，布鲁塞尔德意志工人协会和工人兄弟会之间后来并没有发生任何联系。——490

161 在汉堡和附近的阿尔托纳，共产主义者同盟盟员，主要是雅科布·奥多尔夫、卡尔·毕林、克里斯蒂安·弗里德里希·路德维希·格吕伯尔、威廉·莱梅和弗里德里希·马尔滕斯，早在革命以前就在工人联合会中进行了积极活动（参看本书第1卷文件59），从1848年春开始还多次参与了联合各工人团体的尝试。早在1848年5月，马尔腾斯就访问过柏林，并参加了关于组织工人代表大会的前几次讨论（参看注151）；6月，毕林进入了那个在柏林发布关于召开工人代表大会呼吁书（文件269）的委员会。毕林是马克思的私人朋友（参看注166）。

柏林工人代表大会于1848年8月23日至9月3日举行，大约有40多位代表出席了大会，他们主要代表普鲁士东部几个省以及萨克森和汉堡的联合会；相反，莱茵省、威斯特伐利亚以及德国南部，只有很少几个联合会派代表参加了大会。共产主义者同盟盟员对一些派代表出席大会的联合会曾产生比较强烈的影响。所以，除了汉堡工人联合会外，慕尼黑工人联合会也派出了自己的代表，同盟盟员弗里德里希·卡尔·特奥多尔·洪特是该联合会的领导人之一，该联合会主席弗兰茨·施彭格勒可能是同一名同盟盟员一起去柏林的；而同盟盟员弗里德里希·克吕格尔则是科尼斯堡工人联合会的代表；斯蒂凡·波尔恩主要代表柏林的几个联合会，同时还接受了外地工人团体的委托，如布鲁塞尔德意志工人协会（参看文件287）的委托，他在这次大会上起了很大作用。总之，在这次代表大会上，同盟盟员并没有产生多大影响，因为那些重要的、在共产主义者同盟领导下的工人联合会，如科隆工人联合会和美因茨工人联合会，都没有参加大会。

代表大会决定成立工人兄弟会，这是在"德国工人中央委员会"（会址设在莱比锡，委员有斯蒂凡·波尔恩、弗兰茨·施韦宁格和格奥尔格·基克）领导下的各工人联合会的一个非正式总会。这次各工人联合会的联合是组织上的一大进步，促进了工人觉悟的提高。然而，在此次大会筹备期间就已经起了很大作用的经济主义观点（参看注146），首先决定了工人兄弟会的活动。此外，在对待行会观点方面还存在姑息迁就的态度，不过，工人兄弟会后来在这个问题上总的说来还是起了积极作用。手工业帮工和师傅之间在政治思想上以及在组织上的分离倾向日益明显。关于抵制行会倾向的努力，也可以从下列事实中看出：有少数人对柏林代表大会关于"国家帮助"的两条决议提出了反对意见：如第27条规定，若要取得师傅的资格，必须具备已学会手艺的证明，外加一次特别测验。对此，波尔恩、毕林、比斯基、迪斯纳、埃歇尔、施韦宁格、施潘道和施泰因豪尔明确表示反对；第31条则规定了学徒在数量上的限制。对此，比斯基、毕林、迪斯纳、费尔默、基克、施韦宁格和蒂尔恩施泰因也表示反对（参看《柏林工人代表大会决议》1849年莱比锡版第20页）。

在革命的进程中，工人兄弟会得以壮大，这不仅是由于新加入了其他一大批联合会，更是由于它自身的显著发展。革命的经验越来越有力地向加入兄弟会的各联合会的工人表明，政治斗争有着重大意义，帮助他们丢掉各种幻想，并为工人兄弟会在1849年初打破其经济主义的局限性创造了条件。关于工人兄弟会后来的发展，参看注174。——494

162 在科隆郊区农业居民中所做的工作已于8月份在工人联合会中发挥了显著作用。8月24日的委员会会议记录是这样写的："公民沙佩尔然后说，在组织工作方面，应该考虑到两点：（1）农村无产阶级；（2）城市无产阶级。［……］为了帮助农村无产阶级，应该把荒芜的土地分给没有土地的人耕种，必须尽量合理地利用国有土地，为全民造福，同时把土地集中起来，统一耕种。"（1848年8月31日《科隆工人联合会会刊》第27号）工人联合会立即照此建议办理，因此该报不久之后便作了如下报道："上上个星期日，即8月26日，这里工人联合会的一些会员前往离此3个小时路程的沃林根。他们在那里同农民讨论了当前的政治和社会状况。沃林根人提出的问题和作出的回答清楚地表明，农民十分清楚他们的隐衷所在，他们也有足够的勇气和力量来改善自己的处境。当会员们谈到科隆工人联合会所作的努力并希望沃林根也组织一个类似的联合会时，农民们便高兴地接受了这个建议。联合会很快建立起来了，不久便有40多人参加了联合会。**我们希望新生的联合会繁荣昌盛**，我们沃林根的兄弟们可以相信，科隆工人联合会将竭尽全力支持他们为美好事业而进行的活动。农民和工人是国家的主要支柱，但他们在各方面都是被压迫者。资本家总是想方设法把本来应由他们自己承担的捐税转嫁给人民。不过，金融统治的末日就要来临，因为工人和农民的呼声越来越高：'我们愿意劳动，但不是为懒汉和高利贷者劳动，而是为我们自己劳动；我们也要享受我们的劳动成果。'德国的革命力量在于农民阶级和工人阶级，这一点，从三月革命以来已在我们祖国的绝大部分地区得到了证明。而革命力量在目前就是唯一能带来福音的力量。如果农民和工人联合起来，如果他们紧密地团结在一起，那么，他们很快就能摆脱封建负担，摆脱高利贷，摆脱资本的压迫。我们希望各城市工人联合会的会员们，到处都同农村的兄弟们建立联系。"（1848年9月7日《科隆工人联合会会刊》第29号）

关于弗里德里希·列斯纳在1893年科隆党代表大会上对1848年农村宣传工作的回忆，见本书第4卷文件832；另见文件372。

1848年秋，杜塞尔多夫人民俱乐部的成员也在郊区农村开展了积极的政治工作。——503

163 科隆工人联合会1848年10月19日委员会会议记录这样写道，约瑟夫·莫尔的弟弟克里斯蒂安·莫尔通知说："伦敦工人教育协会给沙佩尔的家属寄去了5英镑捐款，同时还说明，以后还将酌情给予资助。"（1848年10月26日《自由、博爱、劳动》第1号）10月22日，首饰匠克里斯蒂安·莫尔被选入科隆工人联合会委员会（参看文件305），但他在10月30日的委员会会议上声明说，他不能接受这次选举（参看1848年11月5日《自由、博爱、劳动》

第4号)。——525

164 德国第二届民主主义者代表大会于1848年10月26—30日在柏林举行,当时的柏林由于在酝酿政变,政治气氛显得极为紧张。这次代表大会继续了第一次代表大会的工作(参看注150),但首先是为了加强民主力量之间的合作。约有220名代表出席了大会,他们在一定程度上代表了140个城市的工人团体。代表大会的成分很不统一。参加大会的除了政治思想极不一致的民主团体外,还有一些工人团体。总的说来,这次代表大会是一次小资产阶级民主主义的讨论会,特别是在最初几天的讨论中,明显表现出政治上、思想上和组织上的松散现象。会上,一个地道的温和派分子表示反对建立共和国的纲领性要求;此外,联邦共和国的拥护者对此也表示强烈反对;即使在原来的民主阵营中,也存在着各种不同的思潮,尤其是在工人运动问题上。《新莱茵报》在其报道(1848年10月31日、11月1日和3日第130、131和133号)中严厉批判了代表大会的这种模棱两可、动摇不定的态度。马克思为此专门著文指出,代表大会为10月29日维也纳革命而通过的、由阿尔诺德·卢格起草的告人民书是毫无根据的。(参看1848年11月3日《新莱茵报》第133号;《马克思恩格斯全集》德文版第5卷第445—447页,参看《马克思恩格斯全集》中文第1版第5卷第528—530页)

在代表大会的进程中,与会者逐渐分为两大派:一个是温和的准备妥协的民主派,它起初拥有多数;另一个是由革命民主派、小资产阶级社会主义者和共产主义者组成的左翼,在这一派中,一些共产主义者同盟盟员得以产生显著的影响。同盟盟员就代表大会上的态度及同盟内部的若干问题进行了讨论(参看文件308)。他们同一些革命民主主义者一起组成了一个极左翼的小组。关于这个小组的成立,《新莱茵报》在一篇报道中写道:"第二天,会议的一方就试图结束这种客套,他们自成一派,表示要拥护'红色共和国',并定期私下集会。"(1848年11月5日《新莱茵报》第135号)这个小组的成员有:拜尔霍弗、博伊斯特、布劳泽韦特、克吕格尔、德斯特尔、艾韦贝克、格律恩、哈根、海恩、海尔贝格、海泽、伦敦和施纳克,可能还有布伦(参看文件322)。他们的代表要求建立"社会民主共和国",并在代表大会的进程中产生了越来越强烈的影响,首先因为其他派别的代表纷纷离开大会,最后只剩下三分之一的代表参加讨论。这次大会的向左转,主要表现在对新中央委员会的选举上:新中央委员会由民主主义者卡尔·赫克萨默和爱德华·赖辛巴赫以及共产主义者同盟盟员卡尔·德斯特尔组成。

在起草和审议社会问题委员会报告的过程中,极其强烈地反映出共产主义的影响。由于原先为这个委员会确定的成员早已离开大会,所以,路易·海尔贝格和科隆工人联合会的代表弗里德里希·博伊斯特(参看文件305)于10月29日提议,必须组织一个新的委员会。新的委员会在第二天就提出了自己的报告,因而这个报告的起草工作是在很短的时间内完成的。

在讨论博伊斯特提出的报告时,多数人不同意把报告的原则和要求作为代表大会的纲领基础。大会决定把这个报告作为这次大会文件的基础公开发表,并寄发给各联合会,听取他们的意见。

关于代表大会的进程,艾韦贝克曾作过一些描述,其中不乏有价值的材料,但有些地方夸大了代表大会的意义。在他为《新莱茵报》写的一篇通讯(该通讯的前半部分重复了他亲笔为一家法国报纸写的通讯)中写道:"**巴黎12月10日**。巴黎一家坚定地为'工人'说话的报纸《公社社会报》,在其最后一号中说:'[……]10月底,柏林民主主义者代表大会发表的宣言(它是在2月份,即在革命以前就用德文在伦敦出版的《共产党宣言》的基础上写成的),是各地出现的最进步的宣言。现在人们看到,社会主义在普鲁士和整个德国具有多么大的威力。这个宣言的基础完全是共产主义的,而其中提出的要求必然成为共产主义的开端;因此,我们高兴地表示完全赞同,何况它的实现不会太困难。不管是法国的还是非法国的共产主义者,他们都想在过渡时期用国家代替银行家和商号。在这个重要的德文宣言中,游手好闲者受到了诅咒,资本自以为能够备受赞扬的那些津贴、地租、利息和特权,都被看做对劳动的掠夺而受到了批判和废除。在我们这里,在各个地方,工人都处于1789年之前的第三等级阶段,**他们一无所有,却生产一切东西**。这种不合理状况,这种对理性的讽刺,必须结束。四八年革命像八九年革命一样,也将纪念它的8月4日之夜。在这一夜,将连根拔掉人对人的可耻剥削的最后一条须根；然后，我们才能像我们的先辈取得政治平等那样，也取得社会平等。我们吁请我们的所有朋友，把这个德国代表大会的宣言认真研究一下。不管怎么说，这个宣言是那个早已家喻户晓、深入人心的准则的结果，有些人不愿理解安居乐业这个非常复杂的问题只有通过革命才能解决的道理。因此，我们迫切请求这些人进行严肃的思考'。"（1848年12月13日《新莱茵报》第167号）

在科隆，博伊斯特在11月6日的工人联合会委员会会议（参看文件310）和11月19日的全体会议上，先后报告了柏林代表大会的讨论经过。记录中是这样写的："会议开始之后，公民博伊斯特作关于他参加民主主义者代表大会的报告。他详尽阐述了被代表大会树为样板的西里西亚民主组织的情况。公民沙佩尔宣读了柏林代表大会任命的社会问题委员会的报告草案，并对草案作了扼要说明，博得了与会者的热烈欢迎。"（1848年11月23日《自由、博爱、劳动》第9号）

社会问题委员会的报告基本上是一个小资产阶级民主主义观点和共产主义观点的杂拌儿。第一部分，即总纲部分，论述得极其模糊；第二部分分为四点，是一个原则声明，强调指出了无产阶级阶级斗争的意义，因而明显地突出了共产主义思想；报告的第三部分几乎照搬了《共产党在德国的要求》（文件224），两者之间的差异仅仅是，报告照抄了第1.2.3.6.8条，其中第2.3.6条由代表大会通过的决议作了很大补充。至于第1条，代表大会虽然表示拥护共和国，但没有作出明确的原则声明，并且只字不提共和国必须是统一的、不可分割的这一要求。（参看列维奥娃《马克思和恩格斯在1848—1849年德国革命中制定无产阶级纲领的情况》，载于《马克思主义和国际工人运动史。纪念第一国际成立100周年》1964年莫斯科版第489—495页；格尔哈德·贝克尔《1848年第二届民主主义者代表大会上讨论的"社会问题"》，载于1967年《历史杂志》第15年卷第2期第260—280页）——528

165 海尔曼·艾韦贝克是由巴黎德意志协会派往柏林参加第二届民主主义者代表大会的代表。他在这封信中谈到，莫泽斯·赫斯企图在巴黎建立一个特别小组，抵制马克思和恩格斯的政策（参看注149）。这封信表明，在这段时间里，艾韦贝克受了赫斯相当大的影响，被诱导去进行阴谋活动，反对马克思和恩格斯。艾韦贝克关于他在柏林的辩论的报道中，有些地方还谈到，当时伦敦和巴黎方面曾试图改组共产主义者同盟领导机关。关于伦敦共产主义者（他们大约在同时还派约瑟夫·莫尔前往德国）的计划，现在缺乏具体的资料。关于巴黎方面的计划，可资说明的就只有艾韦贝克的这封信，信中有把中央委员会迁往柏林的打算，而这正意味着要削弱马克思和恩格斯的影响。艾韦贝克打算回巴黎后去找马克思（参看文件314），但这个打算没有如愿。——533

166 毕林的这封信经编辑部加工后，刊登在1848年11月24日《博爱报》第16号上。

卡尔·毕林是汉堡共产主义者同盟的积极盟员，早在准备和建立工人兄弟会期间就进行了积极活动（参看文件288），此后又在汉堡区部组织的建设中发挥了重要作用。他起先是汉堡区部委员会的第二书记，该委员会同兄弟会领导机关和莱比锡"德国工人中央委员会"的文书交换工作，大部分由他承担。约瑟夫·莫尔访问汉堡之后，共产主义者同盟汉堡组织的活动有了明显恢复。从1849年2月起，毕林任汉堡区部委员会第二主席。工人兄弟会德国北部区域代表大会（于1849年2月10—14日在汉堡举行）之后不久，在准备选举新的领导班子时，他于1849年2月22日写信给中央委员会说："星期一就要进行新的区域执委会的选举，我希望获得理想的结果，这样，我们就还能在委员会里更好地继续活动。"（德累斯顿国家档案馆，MdI, Nr. 11026a）关于这次选举的结果，威廉·豪普特（他是汉堡工人运动中超群出众的人物）在1849年3月6日给莱比锡中央委员会的信中写道："我们还要向你们报告：区域委员会执行委员会已经改选，温德勒任第一主席，毕林任第二主席，希尔施任第一书记，豪普特任第二书记。我们相信，**现在**，我们将以更活跃更充沛的精力从事工人的事业，工人兄弟会在这里将把各种利益融为一体。在工人代表大会召开以后，这里人的精神面貌为之一新。"（德累斯顿国家档案馆，同上）

从毕林1849年1月23日的一封信中可以看出，他同马克思也有联系，信中写道："亲爱的马克思：如果我的消息对您顶用，我乐意尽力向您提供消息。"（莫斯科苏共中央马列主义研究院中央党务档案馆，F. 23，Nr. 6—9）毕林是不是《新莱茵报》的通讯员，现在尚未查明。——537

167 这封信表明，艾韦贝克不顾马克思的坚决反对，始终没有放弃反对恩格斯的阴谋活动（另见他1848年11月1日的信，文件308）。关于马克思和艾韦贝克商谈的其他内容，德朗克在1849年1月31日给马克思的信（莫斯科苏共中央马列主义研究院中央党务档案馆，F. 1，op. 1，Nr. 323）中只是说，他们之间达成了关于艾韦贝克继续并扩大为《新莱茵报》从事通讯活动的协议。

关于恩格斯在瑞士的活动：他利用1848年11月初在洛桑短暂停留的机会，同委托他参加伯尔尼工人代表大会（参看文件325和328）的洛桑工人联合会建立了联系，随后他于11月9日到达伯尔尼。——542

168 "德国共和主义军人联合会'自助者'"，1848年10月在瑞士成立，同时还出版《自助者》杂志。该联合会首先提出的任务是，参加德国的共和派起义，同时争取侨居瑞士的德国民主派参加武装斗争。它所吸收的成员主要是侨居瑞士和法国的德国政治流亡者，而这些流亡者中有些人曾经参加过海克尔的四月起义，其中很多是工人。在瑞士的一些德国工人联合会直接加入了军人联合会，在这个组织中，许多共产主义者积极参加了工作。该联合会的领导人除最早的创始人约翰·菲力浦·贝克尔之外，还有奥古斯特·维利希，他的贝桑松纵队（参看注172）加入了军人联合会。军人联合会组织严密，在内部联合了小资产阶级民主派左翼和共产主义者，因此，总的说来，它具有革命民主主义的性质，但仍然不乏盲动主义倾向。——561

169 布伦试图把共产主义者同盟和军人联合会"自助者"融为一体。这说明他混淆了这两个组织迥然不同的阶级性质。卡尔·布伦是军人联合会"自助者"的领导人之一，并以特使身份代表该组织主要在德国从事活动。在这封信的下一部分（本卷未加刊印）中，他详细地叙述了准备在德国北部地区，主要是在石勒苏益格-荷尔斯泰因进行武装起义的情况。——561

170 里德尔1848年12月27日给马克思的信表明，在邮寄《新莱茵报》时，在筹集费用方面碰到了困难。里德尔在信中写道："恩格斯在这里时曾亲口对我说过，有人会免费给你寄报。当然我认识一些工人，他们很喜欢看这份报纸，他们说，只要有办法，他们也愿意付一些钱，而对我来说，这却是一个不小的数目，每天要花4生丁邮资。［……］我不相信，理事先生们竟是这样一些庸人，竟然要我这样的无产者为139份报纸支付9塔勒15银格罗申。9塔勒15银格罗申真是谈何容易。"（莫斯科苏共中央马列主义研究院中央党务档案馆，F. 23, op. 1, Nr. 3—8）——562

171 弗兰茨·施彭格勒是慕尼黑工人教育协会主席，他同格奥尔格·基克所属的工人兄弟会中央委员会有着频繁的书信来往。从他的这封信中可以看出，工人协会中有一个社会主义者小组，其中可能也有共产主义者同盟盟员，如装修工弗里德里希·洪特曾一度是这个小组的成员。1849年3月，约瑟夫·莫尔拜访了慕尼黑工人教育协会。

　　协会秘书约瑟·雅各（他显然也是施彭格勒所说的那个小组的成员），在1848年10月26日给莱比锡中央委员会的信中写道："在我们所处的时代有了一个良好的开端；它将变得伟大而美好，变得比这个世界上以往任何一个时代都更伟大、更美好。我们面临的不是一个普通的新的历史阶段，不是，而是一个崭新的时代。是的，这个时代已经来临，这个时代已经开始到来。看吧！我们不是觉察到人类到处都越来越意识到自己的苦难吗？不是正在寻找造成这些苦难的原因和消灭这些苦难的手段吗？看看那些穷人——人类真正的殉难者吧！我们对他们竟然长期不闻不问，他们由于这种所谓世俗的偏见而像瞎子一样乖乖地任凭领路人的指使摆布。我们还要开始思考，开始说话，开始写作。我们要更多地工作，我们要联合起来，以便通过联合的力量摆脱精神和贫困的羁绊。"（德累斯顿国家档案馆，MdI, Nr. 11026a）这封信经编辑部修改后，发表在1848年11月7日《博爱报》第11号上。——570

172 在贝桑松，有一支被大家称为"贝桑松纵队"的德国政治流亡者的志愿部队。这些流亡者都是在1848年4月第一次巴登起义失败后为免遭迫害而被迫逃到那里去的。这支部队主要由工人组成，奥古斯特·维利希是它的创始人。部队中也有不少人是共产主义者同盟盟员，其中木工奥古斯特·格贝尔特同奥古斯特·维利希紧密合作。格贝尔特在革命爆发以前是拉绍德封共产主义者

同盟瑞士总区部的成员（参看文件241），并参加过巴登起义。——571

173 法国二月革命爆发之后，侨居瑞士的德国流亡者也准备在德国举行一次革命起义。这次运动是由小资产阶级民主派领导的，侨居瑞士的许多德国工人也参加了运动。这次运动不仅同德国西南地区正在作出的努力有关，而且同受到共产主义者同盟中央委员会批评的海尔维格的行动有关，并最终导致了海克尔的四月起义。格贝尔特曾指出，当时瑞士的同盟盟员还不懂得如何同小资产阶级盲动主义倾向明确划清界线，他们的这种态度可以从贝格曼1848年4月21日的信（文件241）中得到证实。正如格贝尔特在这封信中所表明的，他本人也深受这种倾向的影响。——572

174 达篇报道可能出自约瑟夫·魏德迈之手。

海德堡代表大会于1849年1月28—29日举行，参加大会的有来自巴登、普法尔茨、莱茵黑森以及符腾堡地区的一些工人联合会的代表。这次大会表明，德国工人联合会和工人兄弟会在其总的发展进程中进入了一个崭新阶段。从1848年底到1849年初，举行了一系列工人联合会代表大会，这些大会扩大了工人兄弟会的影响。

1848年12月27—29日，举行了萨克森工人代表大会，接着又举行了海德堡代表大会。此后，1849年2月10—14日在科隆举行了德国北部地区代表大会（参看注166）、1849年2月11—12日举行了图林根代表大会、1849年3月14日举行了哥廷根—符腾堡地区工人联合会代表大会（参看注182）以及1849年3月2—4日举行了纽伦堡—巴伐利亚工人联合会代表大会。关于纽伦堡代表大会，1849年4月13日《新莱茵报》第271号作了详细报道。上述代表大会表明，革命的经验也在广泛的工人运动中焕发并促进了人们对政治斗争的伟大意义的认识，同时激发并发展了人们对组织联合的追求。因此，工人兄弟会也日益具有明确的政治性质，但同时并不放弃总的经济目标。在试图实现工人运动政治上独立的发展进程中，共产主义者同盟盟员对工人兄弟会和其他分散在各地的地方工人团体产生了日益扩大的影响。科隆工人联合会在1849年1—2月进行了改组之后，马克思恩格斯领导下的莱茵省和威斯特伐利亚的工人联合会与德国的政治上最先进的工人联合会在1849年4月直接参与了这个发展过程（参看文件366）。

海德堡代表大会辩论的中心是分析批判1848年夏天组成的所谓法兰克福中央委员会（参看注158）的反动的行会观点。这种观点在革命的进程中日益失去影响，并且在法兰克福控制下的联合会中也明显遭到了日益强烈的反对。法兰克福帮工组织的领导人派遣了拥护反动的行会等级学说的温克尔布莱希教授，以思想代表的身份参加了海德堡代表大会。这次大会以温克尔布莱希的彻底失败而告终。大会决议的基本条款如下：

"一、关于社会信条问题，留待下次**全体**工人代表大会取得**一致意见**。

"二、为了避免工人的分裂，本次代表大会经有关委员会同意，特作出如下决议：

"a. 目前在法兰克福和莱比锡的两个中央委员会合并成唯一的'德国工人中央委员会'；中央委员会所在地设在莱比锡，在那里领导工人组织并从各方面共同代表工人组织的利益；

"b. 把中央委员会在莱比锡出版的杂志《博爱报》确定为参加海德堡代表大会的各联合会的机关刊物。[……]

"三、决定成立一个**全德工人同盟**。但是，由于德国工人本身还不足以代表一个同盟的临时组织，由于代表大会相信上述两个联合起来的中央委员在下次**全体**代表大会召开之前将会全力发展同盟组织，因此，大会认为没有必要提出专门的组织章程。

"四、为各地区出席代表大会的组织通过下列规定：

"第1条：工人在各地组织成工人**联合会**。在联合会中，工人定期举行集会，设法在会上作报告、讨论和学习一般的文化知识，特别是在政治和社会问题上，要弄清自己的地位、要求和未来。

"在工人自己认为必要的那些地方，把一些工业部门变成工人联合会的独立分支，以便讨论他们的物质利益，并通过总的联合会发挥作用。"（1849年2月9日《博爱报》第38号）

共产主义者同盟盟员也参加了海德堡代表大会的工作。早在代表大会召开之前，约瑟夫·魏德迈就从达姆施塔特写信给马克思，请他提供材料（参看文件332)。他是作为《新莱茵报》编辑同奥托·吕宁一起以来宾身份出席大会的。保尔和亨利希·施土姆普弗兄弟作为美因茨的代表出席了大会。

斯蒂凡·波尔恩在代表大会后参加了美因茨民主协会,接着在科隆拜访了马克思、恩格斯和《新莱茵报》的其他编辑。但是,他在回忆录中却没有提到他们之间谈话的内容(参看斯蒂凡·波尔恩《一个四八年战士的回忆》1898年莱比锡版第196—199页)。可以认为,他们的谈话内容是关于工人运动的组织问题,并对波尔恩的观点产生了一定影响。——591

175 普林茨不顾1849年1月15日委员会会议决议(参看文件331),竟在联合会会刊上发表了一篇攻击拉沃的文章(《致拉沃先生》,载于1849年1月28日《自由、劳动》第5号),而事先没有把草稿送交于1月15日成立的编辑委员会审阅。为此,编委会发表了下列声明:

"本工人联合会为《自由、劳动》编辑设立的编辑委员会并没有参与攻击拉沃先生一文的起草工作,该文在付印之前也未被送交本编委会审阅。1849年1月29日于科隆。**勒泽尔、赖夫、沙佩尔。**"(1849年1月31日《新莱茵报》第209号附刊)——593

176 关于工人联合会会刊恢复原来名称出版的决议很快就落实了。从1849年2月8日开始,《自由、博爱、劳动》恢复出版,由克里斯蒂安·约瑟夫·埃塞尔担任编辑。第1号由《新莱茵报》印刷所印刷,后来由安内克出版的《新科隆日报》印刷所承印。《自由、劳动》报仍然作为哥特沙克的报纸出版,但已经完全失去意义,对工人联合会的领导和《新莱茵报》极尽诽谤攻击之能事。——595

177 联合会的改组早在1849年1月25日的委员会会议上就开始了。关于这一点,会议记录说:"公民沙佩尔提议,起草一个新的联合会章程。为此,要任命一个委员会,然后讨论章程,待章程通过后付印,发给会员们人手一册。他说:早就觉得有必要按一定的方式组织联合会了。从它建立以来,我们取得了许多在它建立时未曾有的经验,在当时也许是非常必要的东西,现在不再必要了。总之,联合会必须拥有牢固的基础和明确的规定,以便使每个人知道,应该采取什么态度,也不能因为没有法规而产生不团结。此外,必须把这些规定或章程交给每一个会员，使他们也马上了解到联合会的倾向和体制。然后，还有许多人阐发了制订章程的必要性并通过了沙佩尔的上述提案。为了临时起草章程，任命了由公民沙佩尔、埃塞尔、卡斯滕斯、萨尔盖特和赖夫组成的委员会。"（1849年2月8日《自由、博爱，劳动》第1号）——599

178 1849年2月5日的委员会会议就分会还作出了其他决议。会议记录如下：

"鞋匠联合会，罗滕堡街7号，表示愿意作为分会加入工人联合会，并愿意遵守那些章程。鼓掌。

"公民沙佩尔接着指出，继这个分会之后，将要建立的分会有以下6个，即：

"第一个：主席　弥勒，在克兰茨街西蒙夫妇家；

"第二个：主席　萨尔盖特，在福勒尔街莱格曼家；

"第三个：主席　沙佩尔，在库尼贝特附近小十字街赫歇尔家，

"第四个：主席　埃塞尔，在莱茵高地的普法尔家；

"第五个：主席　勒泽尔，在使徒街希尔格斯家；

"第六个：主席　威斯特曼，在罗滕堡街7号。

并提议，暂时任命公民卡斯滕斯（列斯纳）、诺特荣克和赖夫为另外三个分会的主席，责成委员会在合适的地方再建立3个分会。"（1849年2月15日《自由、博爱、劳动》第3号）

3月初，在一个公告中列举了以下几个分会：

"第一分会，在克兰茨街西蒙夫妇家，每星期日8点钟；

"第二分会，在福勒尔街莱格曼家，每星期三和星期六8点钟；

"第三分会，在菩提树街（库尼贝特）赫歇尔家，每星期日8点钟；

"第四分会，在罗滕堡7号达尔豪森家，每星期一6点钟；

"第五分会，在拜恩塔附近比贝尔巷拐角处卡斯特里家，每星期天和星期二8点钟；

"第六分会，在老塔附近普法尔家，星期四8点钟；

"第七分会，在武器库巷胡梅尔斯海姆家，星期四8点钟；

"第八分会，在希腊门89号法斯本德尔家；

"第九分会,在布兰肯堡布兰克巷许纳沙伊特家,星期日8点钟。"(1849年3月4日《自由、博爱、劳动》第8号)——599

179 委员会于1849年2月14日起草的章程草案,刊登在2月22日《自由、博爱、劳动》第5号上,随后在2月25日(误认为24日)第6号上又刊登了一次。它的全文如下:

"第1条 科隆工人联合会的宗旨是,通过订购书籍、报刊、宣传读物,并通过学术报告和讨论,在政治、社会和科学方面培养它的会员。此外,联合会将在力所能及的范围内设法保护其会员不受压迫,必要时给予资助。

"第2条 为了便于会员们就近参加会议,工人联合会分设9个分会。

"第3条 每个分会选举一名主席,一名书记员,一名图书管理员,一名司库和一名秘书,管理本分会的事务。

"第4条 每个分会每周至少举行一次会议;同样,每周,即每周一,举行一次各分会全体会议。

"第5条 凡希望成为工人联合会会员的人应在会议上向分会书记提出申请。书记在下次会议上宣读申请者名单,如果没有人反对,主席随后就宣布申请者已被接收为会员。

"第6条 如果某个候选人遭到反对,那么,工人联合会委员会在听取有关接收或拒绝接收这个人入会的正反两方面意见之后,通过表决作出决定。

"第7条 工人联合会的工作由一个15人组成的委员会主管。

"第8条 这15名委员中的5人由工人联合会全体会议任命,另外10人是9个分会的主席和联合会会刊的编辑。如果某个分会的主席被工人联合会全体会议任命为委员会委员,那么,该分会的书记就代表分会主席出席联合会委员会会议。

"第9条 委员会在其委员中任命一名主席、一名书记员和一名司库,负责本委员会的工作。委员会主席同时是全体会议的主席。

"第10条 工人联合会委员会和各分会委员会每3个月改选一次。但是,如果这些官员有不正当行为,选民随时都可以罢免他们。

"第11条 工人联合会委员会每周至少举行一次会议,为全体会议及各分会会议确定一周的议事日程。

"第12条 工人联合会的每个会员每月向自己所在的分会缴纳1银格罗申会费；没有工作的会员，可事先向司库说明情况，在找到工作之前，可以免缴会费。

"第13条 在这1银格罗申中，9分尼留在分会储金处，3分尼上缴给工人联合会的总储金处。

"第14条 每个会员都有一个会员证，背面载明他每月缴纳的会费。

"第15条 某个会员如果连续3个月不缴会费（因失业而免缴的除外），按自动离会处理。

"第16条 委员会每次改选之后，必须在全体会议和各分会会议上说明过去3个月的收支情况。

"第17条 由委员会和各分会的书记组成名誉法庭，受理对联合会会员的各种控告。

"第18条 如果某个会员要提出反诉，必须向他所在分会的主席报告，而主席须召集名誉法庭审理。"

章程的附录部分共分5节，对各分会所藏图书作了规定。

章程草案也曾在《博爱报》上发表过，在一篇标明"科隆2月25日。"字样的按语（可能是科隆工人联合会的一名领导成员写的）中这样写道：

"如果所有的人都不想联合，如果联合不是有意识的，如果700名会员都不倾向于采取有力的行动，那么，他们在这个文件中能得到什么？我认为，章程能详细告诉你们。这个章程也许可以供我们国外的兄弟们借鉴。"（1849年3月6日《博爱报》第45号）——610

180 根据章程第8条（参看注179），委员会的其他委员是9个分会的主席或书记。

从章程第9条可以看出，委员会必须从自己的委员中任命工人联合会的主席、书记和司库。关于这一点，1849年2月28日的委员会会议记录是这样写的：

"公民勒泽尔宣布会议开始后便根据章程第9条进行委员会的选举。

"选举采取投票的方式，其结果是：

"公民沙佩尔当选为主席,

"公民勒泽尔当选为副主席,

"公民赖夫当选为书记,

"公民伯多夫当选为司库。

"会议决议:

"章程印刷2000册。"(1849年3月4日《自由、博爱、劳动》第8号)科隆工人联合会的改组,以这次领导机构的改选而告结束。——610

181 德朗克给恩格斯的这封信和另外两封信(莫斯科苏共中央马列主义研究院中央党务档案馆,F. 1, op. 5, Nr. 325 和 326)都未注明日期,它们前后间隔的时间可能很短。恩格斯后来补上的日期是"[18]49年3月"。其中第三封信是直接答复恩格斯的一封信,此信没有保存下来。恩格斯在信中肯定要求德朗克立即赶到科隆。而德朗克答应在两天最多在三天后到达科隆。3月19日,德朗克已在科隆参加了一次集会(参看文件352)。可见,德朗克从巴黎起程的日子最晚是3月17或18日。只要把这三封信联系起来看,就能得出这样的结论:本卷刊印的这封信是在3月1—10日这段时间内写的。——613

182 1849年3月14日,符腾堡地区的11个工人联合会在格平根举行代表大会,决定采取措施以达到在组织上的联合,并建立符滕堡地区的组织同莱比锡工人兄弟会中央委员会的紧密联系。会上,乌尔姆工人联合会当选为"领导",作为符腾堡地区各工人联合会中央委员会发挥作用。《太阳报》发表了关于格平根代表大会的报道,1849年3月13日《博爱报》第47号转载了这篇报道。

从乌尔姆工人联合会的这封信中可以看出,这是对斯图加特工人联合会的复信,后者在来信中请乌尔姆工人联合会帮助它同伦敦工人共产主义教育协会建立联系。但是,斯图加特工人联合会在3月9日即还没有得到乌尔姆的答复时就直接给伦敦方面写了信(见文件363)。

乌尔姆工人联合会的信发表在斯图加特工人联合会出版的《太阳报》即符腾堡地区工人联合会的机关报上。但是,现在已找不到这份报纸(可能没有保存下来),只有一份手写的摘录,是在麦克斯·克瓦尔克的遗物中发现的。——619

183 指约瑟夫·莫尔,他以伦敦新组成的共产主义者同盟中央委员会特使身份,带着一张注明英国名字的护照访问德国。他相继访问了汉堡、科隆、柏林、莱比锡等城市之后,又于2月下旬在慕尼黑待了一周。从施彭格勒1849年11月21日的信(见本书第3卷)中可以看出,"泰勒"在慕尼黑逗留期间,曾要求他同伦敦方面建立联系。为德国工人传递莱比锡中央委员会的材料一事表明,莫尔在莱比锡曾同工人兄弟会的领导人举行了会谈。关于莫尔在莱比锡逗留的情况,后来维利希—沙佩尔宗得崩德的通信中也有证明材料。巴黎区部在1851年4月7日给宗得崩德中央委员会的一封信中,试图开脱自己的罪责,它说,它曾经资助中央委员会派往巴黎和瑞士的特使,而这一点并没有任何人委托它去做;并且还说:"当约瑟夫·莫尔1848年出使德国途中缺少继续旅行的费用时,是它在莱比锡给他预支了一笔钱,使他不致由于等待而失去宝贵的时间。后来同盟认可了这次借款。"(梅泽堡德国中央档案馆,Rep. 97, lfd. Nr. 11)

文件350表明,约瑟夫·莫尔由慕尼黑前往乌尔姆,大约在2月底到达乌尔姆,并同乌尔姆工人联合会(它在前不久刚担负起符腾堡工人联合会中央委员会的重任,参看注182)的领导人进行了会晤。莫尔接着从乌尔姆出发,前往斯图加特;至于莫尔在德国究竟还到过哪些地方,现在还没有找到证明材料。正如施泰因根斯1849年10月24日的信(见本书第3卷)表明的,莫尔大约于1849年5月初在布鲁塞尔作了短暂停留。后来,约瑟夫·莫尔参加了德同维护帝国宪法的运动。在运动中,他以特使身份又作了一次危险的旅行之后,在穆尔格河畔的罗腾费尔斯战役中阵亡(参看文件373)。——620

184 后来的一篇关于慕尼黑工人联合会活动的总结报告曾提及该联合会的二月宴会和因此而遭到的迫害:"1849年2月24日,我们平常开会的地方——十字酒店的大厅装饰得焕然一新。为了纪念法国革命,也就是为了纪念同工人阶级的解放休戚与共、血肉相关的革命,至少是使它有希望获得解放的革命,我们在这里举行了宴会。"其他一些具有自由思想的联合会委员会以及邦议会的左派都应邀出席了宴会。在宴会上,许多人发表了热情洋溢的演说,结果却招致了大规模的司法追究,至今还没有了结。从那以后,这次宴会(人们普遍称之为"革命宴会")便成了我们的敌人用来反对我们的把柄。(1850年6月29日《博爱报》第39号)——622

185 威廉·沃尔弗的一组文章《西里西亚的十亿》,于1849年3月22日至4月25日在《新莱茵报》上连载,文中揭露了农民和农业工人所遭受的封建剥削和奴役。该文不愧是农村劳动人民的革命斗争纲领。沃尔弗撰写此文,为农民阶级在资产阶级民主革命中制定无产阶级策略作出了重大贡献。

从1848年12月17日开始,《新莱茵报》连续发表了一系列关于农业问题的文章,而《西里西亚的十亿》是其中最出色的作品。这组文章几乎全部出自威廉·沃尔弗的手笔。(参看瓦尔特·施米特《威廉·沃尔弗——〈新莱茵〉编辑(1848—1849年)》,载于1964年《历史杂志》第12年卷第4期第615—627页)

《西里西亚的十亿》这组文章引起了巨大反响,先后在许多报纸上转载,《博爱报》也转载了其中的几篇,而且还出版了单行本。关于这组文章的意义和影响,恩格斯写道:"沃尔弗就这样开始了反封建主义的运动,这个运动在《西里西亚的十亿》中达到了顶峰[……]这个运动实际上应该由资产阶级来进行。反封建主义的斗争本来就是这个阶级的世界历史性任务。可是,正如我们所看到的,资产阶级没有进行这个斗争,即或进行,也只是为了做做样子。由于德国的社会和政治落后,德国资产阶级处处都不去保卫他们自身的政治利益,因为无产阶级已经在他们背后带有威胁性地兴起了。巴黎工人在2月里的模糊的希望和意愿,尤其是他们在1848年6月的4天殊死斗争,不仅吓倒了法国的资产阶级,而且吓倒了整个欧洲的资产阶级。而在德国,在胆小的资产者看来,即使是早已在瑞士取得了法律效力的普通民主要求,也会侵害到他们的财产、他们的安全、他们的生命。像往常一样怯懦的德国资产者为了使得他们每个人都能拯救自己私人的利益,拯救自己的资本,而牺牲了他们的共同利益,即政治利益。最好是恢复旧的官僚封建专制制度,而不要让资产阶级这个阶级获得胜利,不要在革命阶级——无产阶级加强的情况下通过革命方式赢得的现代资产阶级的国家!这就是使得反动势力全线胜利的德国资产阶级的惊慌叫声。

"所以，在资产阶级放弃战场的地方，无产阶级的政党就要担负起斗争的责任。于是，沃尔弗就在《新莱茵报》上同封建制度展开了斗争。但是他进行斗争并没有使资产阶级感到高兴；没有，他是以真正的革命方式进行斗争的，因此，资产阶级见了这些充满法国大革命精神的文章，就同封建老爷们和政府一样地感到惊慌。"（《马克思恩格斯全集》德文版第19卷第63页，参看《马克思恩格斯全集》中文第1版第19卷第73—74页脚注）

在布雷斯劳，民主总会于4月11日作出决议："把《新莱茵报》上发表的关于西里西亚封建的土地关系和《西里西亚的十亿》的文章汇编成册，先印1000册，免费分发给农民。"（1849年4月15日《新莱茵报》第273号第2版）《新莱茵报》通讯员爱德华·弥勒-泰勒林在1849年4月8日给马克思的信中说："关于西里西亚的文章，现在正在农村向农民宣读，当然遭到了公开的冷嘲热讽，往后我将不断报道这方面的消息，以便让《西里西亚的十亿》常见于报端。"（莫斯科苏共中央马列主义研究院中央党务档案馆，F.23, Nr.5—21）——624

186 这封信是1849年3月底在柏林的大搜捕（参看注187）中被没收的。当局在审讯奥古斯特·黑策尔和其他被捕者的过程中，试图证实"胡果"和"康内吉塞尔"是同一个人，但是枉费心机。黑策尔说这两个名字都是化名，并拒绝作其他说明。但是，康内吉塞尔可能并不是化名，而是在印刷工人罢工运动中起过领导作用的一名编辑海尔曼·康内吉塞尔。这封信的大概日期是根据另一名被告卡尔·韦格纳的供词确定的，他在3月中旬石印了章程。——628

187 这封信可能是1849年3月30日前不久写的，现在只保存下该信的开头部分。3月30日这天，柏林警察进行大逮捕大搜查，奥古斯特·黑策尔就是在这一天被捕的。

大约在1848年12月中旬，约夫瑟·莫尔以共产主义者同盟中央委员会特使身份到达柏林，并把一份新章程交给了黑策尔。从那以后，早在1848年春就已负责柏林同盟组织（参看文件240）的黑策尔，便开始在柏林积极进行同盟的改组活动。大约在3月中，新章程由画家卡尔·韦格纳（同盟盟员，可能还是某个支部的领导人）石印，当时共印了14份。黑策尔同卡尔·德斯特尔也有联系。后者在离开柏林时曾把一箱子文件存放在他家里。

　　参加这次改组工作的（其中有些人是支部主席），除黑策尔和韦格纳以外，还有裁缝师傅弗里德里希·本德勒，机械师博茨勒，手套织工希尔德布兰德，手套织工李希特尔和他的弟弟、裁缝李希特尔，鞋匠尤利乌斯·海尔曼·施米特，以及裁缝海尔曼·施奈德。在1849年3月30日和以后几天里，由于有人告密，除黑策尔外，海尔曼·康内吉塞尔（参看注186）、手套织工李希特尔、施米特和韦格纳也相继被捕。

　　在柏林的大搜捕过程中，封建反动派的政治企图昭然若揭，他们千方百计想延长柏林的戒严期。当普鲁士第二议院越来越紧迫地要求政府解除1848年12月开始的戒严时，冯·曼托伊费尔首相在1849年4月25日的会议上声称，内阁早已考虑了解除的问题，但由于又要进行大搜捕，因此把解除戒严一事耽搁了。（参看《关于奉1848年12月5日圣谕召开的议会辩论的速记记录。第二议院》，载于《普鲁士国家通报》1849年柏林版第667—668页）黑策尔、韦格纳、本德勒和李希特尔审判案到1850年8月14日和15日才审理，结果全部被无罪释放。不过，黑策尔被驱逐到布雷斯劳，李希特尔被驱逐到巴伐利亚。关于这一期间柏林同盟的活动，参看库尔特·韦尼克：《1848—1849年革命前、中、后柏林工人运动中的共产主义者和政治积极分子》，载于1968年《德国工人运动史论丛》第2期。——629

188 1849年4月，马克思和恩格斯及其拥护者为创建一个德国工人阶级的独立的群众性革命政党采取了一系列措施。当时，他们以1849年初建立的科隆工人联合会为基础，首先着手促使莱茵省和威斯特伐利亚工人联合会的联合，以便筹备预定在1849年6月举行的德国工人代表大会。同时，他们在组织上脱离了小资产阶级民主派。采取这些措施的一个重要条件就是从1848年底以来历次地方性的工人代表大会所取得的成就（参看注174），而这些成就可能都同马克思和恩格斯有关。在这些成就中，首推海德堡代表大会作出的决议——即召开一次工人代表大会和成立一个全德工人同盟的决议——最为重要。在莱茵省，以科隆为出发点的发展之所以具有重大意义，是因为在联合的过程中克服了在斯蒂凡·波尔恩领导的工人兄弟会中还盛行的经济主义观点。（参看《德国工人运动史（8卷本）》第1卷1966年柏林版第150—155页）

自从马克思在《新莱茵报》上发表《雇佣劳动与资本》（文件356）一书，做好思想上的准备以来，4月11日的委员会会议初步确定了组织方面的措施，同时可能还讨论了有关退出民主协会的问题。（参看文件358和359）在4月11日委员会会议之后，发表了下面一则消息："**科隆工人联合会委员会相信**，保护隐藏在民主派这个多义名称下的一切努力都是枉费心机的，并且认为，必须导致只代表一种利益即本阶级利益的整个工人阶级的团结友爱。因此，本委员会邀请**普鲁士莱茵省的所有工人联合会**，把自己的地址寄给《新科隆日报》编辑部，以期达到这种团结友爱。"（1849年4月12日《新科隆日报》第84号）4月11日的决议发表之后，科隆共产主义者在马克思和恩格斯领导下，又为组织莱茵省和威斯特伐利亚的地方代表大会及筹备全国代表大会采取了一系列其他措施（参看文件360、362和366）。——633

189　朱利安·哈尼的这封信是对恩格斯1849年4月6日来信的答复，而恩格斯的来信是对哈尼1849年3月19日的去信的答复。哈尼在这封信中阐述了同反对宪章派的革命发展的菲格斯·奥康瑙尔的分歧，此外还报告了创办一家独立的革命报纸的计划。哈尼在1849年3月19日给恩格斯的信中还写道："我需要你的帮助。我希望这个报纸不仅仅是**宪章派**的报纸，我希望它成为欧洲民主派的机关报。希望你每周寄来一封信。"（莫斯科苏共中央马列主义研究院中央党务档案馆，F.1, op.5, Nr.216）

《新莱茵报》刊登了哈尼的一个声明，以表示支持他同奥康瑙尔的斗争（参看1849年3月16日《新莱茵报》第247号）。

《民主评论》从1849年6月开始由哈尼在伦敦出版，马克思和恩格斯在1850年也曾为该报撰稿。——647

190　这封信不是原件，而是明登警察局在1852年8月29日的每周报告中所引用的一个副本。从这个报告中可以看出，当时，莱茵普法尔茨的弗兰肯塔尔的印刷工人弗里德里希·卡尔·海特尔是从美国回国后不久在明登被捕的,从他家里抄出了许多信件,其中包括奥斯瓦尔德·狄茨1849年6月8日写的这封信。——676

191 1849年6月10日,为组织黑森—拿骚的维护帝国宪法的斗争,在威斯巴登附近的伊德施泰因举行了一次地方代表大会。大会筹委会于6月5日就发出号召,要求黑森—拿骚的每个村镇都选派5名代表参加伊德施泰因代表大会。同时,邀请他们参加6月9日在伊德施泰因举行的预备会议。卡尔·沙佩尔是从科隆来到威斯巴登的,早在革命开始时,他就已在那里为共产主义者同盟进行活动并建立了一个工人联合会。他参加了伊德施泰因代表大会的筹备工作,同时被威斯巴登"维护人民权利协会"推选为出席伊德施泰因代表大会的代表。沙佩尔还是纲领起草委员会的成员。在伊德施泰因代表大会上,沙佩尔是主要发言人之一。根据他的提议,会上选出了一个由7名代表组成的地区委员会,此外还选出了向公爵提交纲领的由56人组成的代表团。

1849年6月13日,沙佩尔和伊德施泰因代表大会的其他组织者相继被捕。1850年2月8日至13日,在威斯巴登对他和其他被告进行了审判,审理了伊德施泰因事件。由于代表大会的发言被一名与会者作了速记记录,并在庭审期间被宣读,所以这个速记记录又被收入了公开发表的庭审记录。——677

192 在1849年6月9日的预备会议上通过了纲领草案第1条,全文如下:"我们认为,德国制宪国民议会就是国民议会,它的决议具有绝对约束力。"沙佩尔对此提出了下列补充意见,在"制宪国民议会"一词后面应加上"在斯图加特,不论成员多寡"的字样。这一修改意见没有获得通过,但是,第1条经过长时间的讨论,最后改成:"我们认为,德国制宪国民议会就是国民议会,它的决议具有绝对的约束力;国民议会不论设在哪个城市,都是我们的最高机构。"——677

193 1849年5月底,弗莱里格拉特曾到阿姆斯特丹旅行,开始时同格奥尔格·维尔特偕行,去同卡尔·波斯特商谈钱的问题,以便偿还《新莱茵报》被查禁后欠下的债务。波斯特因参加了1849年5月10—12日的伊瑟隆起义而流亡在外，他原来同民主主义者弗里德里希·盖尔施泰因共同掌管着1000塔勒。这笔钱是雷达的一位女民主主义者——奥托·吕宁的一个好友——寄给《新莱茵报》的，但她在报纸停刊时又把钱收回了。(参看《马克思1849年7月13日给约瑟夫·魏德迈的信》，载于《马克思恩格斯全集》德文版第27卷第500页，参看《马克思恩格斯全集》中文第1版第27卷第524页；曼弗雷德·海克尔编《〈弗莱里格拉特和马克思恩格斯通信集〉第1卷1968年柏林版序言》第LVII—LX页、第2卷第2—5页）——682

194 这次宴会是遭到反革命日益猖狂迫害的科隆工人联合会的最后一次公开活动。6月27日，它出版了最后一号会刊。尽管如此，联合会（这时由彼得·格尔哈德·勒泽尔领导）善于继续进行广泛活动。1849年7月，它改名为工人读书协会，秋天又更名为工人教育协会；1850年秋天，它最终被查禁。——683

195 关于这个计划，马克思在1849年8月1日左右给魏德迈的信中写道：

"现在请你告诉我，用什么办法可以把小册子发行出去？

"我想从论**工资**的小册子着手——《新莱茵报》只刊登了它的开头一部分。我要给这本小册子写一篇关于目前情况的政治性短序。"（《马克思恩格斯全集》德文版第27卷第506页，参看《马克思恩格斯全集》中文第1版第27卷第530页）——687

196 彼得·格尔哈德·勒泽尔在1852年科隆共产党人案件的法庭调查和审讯中表现得很坚定。当一名刑事在押犯以间谍身份同他取得联系后，他在1853年底即要塞监禁期间表示愿意详细招供。他希望获得释放，并趁此机会移居美国，但政府当局没有同意，相反，勒泽尔夫人却每月得到15塔勒的救济。他后来的请求也遭到了拒绝。当局进行审讯时采取了极其严密的安全措施。勒泽尔原先和弗里德里希·列斯纳一起被关押在格劳登茨要塞，后来被极端秘密地押送到柏林的莫阿比特监狱，在那里接受了第一次详细审讯；最后他被押解到什切青要塞。同时，共产党人案件的其他在押犯也被转移到了别的要塞。勒泽尔到了什切青之后又继续接受审讯。

从他的大量供词中可以看出，他一方面还竭力掩护自己的同伴以及其他盟员，因此，他在许多方面干脆作了伪供。这样一来，警察当局未能从他的供词中得到有价值的东西；但另一方面，勒泽尔也供出了共产主义者同盟的活动情况。由于勒泽尔的供述是值得怀疑的、模棱两可的，因而也是不可靠的，甚至是伪造的、骗人的。然而，这些供词也提供了一些有关共产主义者同盟内部情况的有意义的证明，而有关这些情况，以前很少或者根本没有文字记载。勒泽尔的供词只有较小一部分涉及1848—1849年革命期间发生的事件，本卷刊印的就是这一部分，刊印时未作详细分析，但凡是明显不一致的地方都在脚注中作了说明。他的大部分供词所涉及的都是革命之后的事件。——693

图书在版编目(CIP)数据

共产主义者同盟文献(2)/张文红主编.
—北京:中央编译出版社,2011.12
(国际共产主义运动历史文献.第2卷)
ISBN 978-7-5117-1149-6

Ⅰ.①共…
Ⅱ.①张…
Ⅲ.①共产主义者同盟-史料
Ⅳ.①D11
中国版本图书馆 CIP 数据核字(2011)第 245802 号

共产主义者同盟文献(2)

出 版 人	和 龑
责任编辑	苗永姝
责任印制	尹 珺
装帧设计	田晗工作室
排版制作	醍醐(北京)文化发展有限公司
出版发行	中央编译出版社
地 址	北京西城区车公庄大街乙 5 号鸿儒大厦 B 座(100044)
电 话	(010)52612345(总编室) (010)52612335(编辑室)
	(010)66161011(团购部) (010)52612332(网络销售)
	(010)66130345(发行部) (010)66509618(读者服务部)
网 址	www.cctphome.com
经 销	全国新华书店
印 刷	北京印刷一厂
开 本	787 毫米×960 毫米 1/16
字 数	635 千字
印 张	49.5
版 次	2011 年 12 月第 1 版第 1 次印刷
定 价	290.00 元

本社常年法律顾问:北京大成律师事务所首席顾问律师　鲁哈达
凡有印装质量问题,本社负责调换,电话:(010)66509618